M. DE CERVANTÈS SAAVEDRA

NOUVELLES

TRADUITES ET ANNOTÉES

PAR LOUIS VIARDOT

NOUVELLE ÉDITION

PARIS
LIBRAIRIE DE L. HACHETTE ET Cie
BOULEVARD SAINT-GERMAIN, N° 77

LES
NOUVELLES

DE

MIGUEL DE CERVANTÈS SAAVEDRA

IMPRIMERIE GÉNÉRALE DE CH. LAHURE
Rue de Fleurus, 9, à Paris

LES
NOUVELLES

DE

MIGUEL DE CERVANTÈS SAAVEDRA

TRADUITES ET ANNOTÉES

PAR LOUIS VIARDOT

NOUVELLE ÉDITION

PARIS

LIBRAIRIE DE L. HACHETTE ET Cie

BOULEVARD SAINT-GERMAIN, N° 77

1867

Tous droits réservés

PRÉFACE

DU TRADUCTEUR.

Dans la *Notice sur la vie et les ouvrages de Cervantès*, qui précède ma traduction du *Don Quichotte*, je disais, en parlant des *Nouvelles* :

« Depuis les guerres de Charles-Quint, qui leur ouvrirent la connaissance de la littérature italienne, les Espagnols s'étaient bornés à traduire les contes licencieux du *Décaméron* et des imitateurs de Boccace. Cervantès put dire dans son prologue : « Je me donne pour le
« premier qui ait écrit des nouvelles en espagnol, car celles en grand
« nombre qui circulent imprimées dans notre langue sont toutes tra-
« duites de langues étrangères. Celles-ci sont les miennes propres, non
« imitées, ni volées à personne ; mon esprit les engendra, ma plume les
« mit au jour.... » Il les nomma *Nouvelles exemplaires* (*Novelas ejemplares*), pour les distinguer des contes italiens, et parce qu'il n'en est aucune, comme il le dit lui-même, dont on ne puisse tirer quelque utile exemple. Elles sont, en outre, divisées en *sérieuses* (*serias*) et *badines* (*jocosas*). On en compte sept de la première espèce et huit de la seconde.

« Ce fut en 1612 que Cervantès publia les douze *Nouvelles* qui forment, avec les deux intercalées dans le *Don Quichotte* et celle qu'on a retrouvée depuis, le recueil des quinze nouvelles qu'il avait successivement composées depuis son séjour à Séville (entre 1588 et 1603). Ce livre, qu'on qualifiait dans le privilége de « très-honnête passe-temps, où se montrent la hauteur et la fécondité de la langue castillane, » fut reçu, en Espagne et à l'étranger, avec autant de faveur que le *Don Quichotte*. Lope de Vega l'imita de deux façons, en composant à son tour des nouvelles, très-inférieures à celles de Cervantès, et en mettant sur la scène plusieurs des sujets traités par celui-ci. D'autres grands auteurs dramatiques puisèrent à la même source, entre autres don

Agustin Moreto, don Diego de Figueroa, don Antonio Solis, et le moine Fray Gabriel Tellez, connu sous le nom de Tirso de Molina, qui appelait Cervantès le *Boccace espagnol*.... »

« Les *Nouvelles* sont, après le *Don Quichotte*, le plus beau titre de Cervantès à l'immortalité. Là se révèlent aussi, sous mille formes variées, la fécondité de son imagination, la bonté de son cœur aimant, la verve de son esprit railleur sans causticité, les ressources d'un style qui se plie à tous les sujets; enfin, toutes ces qualités diverses qui brillent au même degré dans la touchante histoire de la tendre *Cornélia*, et dans cet admirable tableau de mœurs intimes qu'on appelle *Rinconete y Cortadillo*, dont l'unique défaut, peut-être, est de ne pouvoir passer dans aucune autre langue. »

Malgré cette espèce de sentence portée contre moi par moi-même sur l'impossibilité de traduire quelques-unes des *Nouvelles* de Cervantès, j'ai tenté depuis d'accomplir cette tâche, presque toujours plus hardie et plus difficile que la traduction même du *Don Quichotte*, et j'ai publié, après cet immortel roman, le recueil entier des *Nouvelles*. La présente édition, soigneusement revue, les reproduit toutes, à l'exception d'une seule que nous avons cru devoir en exclure : celle qui se nomme *la Tante supposée* (*la tia fingida*), qui ne fut longtemps connue que de nom, et qui, récemment retrouvée manuscrite dans les archives du collége de San-Hermenegildo à Séville, n'a été publiée pour la première fois qu'en 1826, dans l'édition des œuvres choisies (*obras escogidas*) de Cervantès, imprimée à Paris par les soins de don Joaquin Maria Ferrer. Ce n'est pas qu'elle soit indigne de son auteur par la grâce et l'esprit, par l'amusement qu'elle offre et le plaisir qu'elle donne. Loin de là; sous tous ces rapports, aucune autre ne la surpasse. Mais Cervantès lui-même l'avait condamnée, en l'excluant de son recueil, par cette seule raison qu'elle ne mérite pas, comme les autres, le nom d'*exemplaire*. Nous devons ratifier son arrêt.

Elle se trouvera, d'ailleurs, remplacée ici par une autre *Nouvelle*, qui manquait à la collection complète, et qui devait y manquer, parce que, sous la forme que lui a donnée Cervantès, elle échappe à toute traduction. C'est le *Licencié Vidriera*. Ayant à m'excuser de ne pouvoir la joindre au recueil, lorsque je publiais toutes les autres, je disais, après en avoir sommairement indiqué le sujet : « Pour transporter dans notre langue un tel sujet avec tous ses détails, il n'y avait que deux partis à prendre : ou rester traducteur, et alors chaque phrase exigeait un vrai commentaire, des notes beaucoup plus longues que le texte, ce qui aurait rendu insupportable une lecture devenue d'ailleurs sans utilité; ou se faire imitateur, traiter cette nouvelle comme Le Sage, par exemple, a traité le *Diable Boiteux* de Luis Velez de Guevara, dont il a pris seulement la charpente pour achever lui-même l'édifice, et remplacer enfin les satires espagnoles par des satires françaises. De ces deux partis, aucun ne me convenait; je voulais demeurer simple traducteur, mais traducteur lisible, et non commentateur assommant. J'ai pris, comme dit Montaigne, un *tiers chemin* pour sortir d'embarras. Je n'ai ni traduit ni imité. »

Aujourd'hui je vais prendre exemple sur Le Sage, et, m'emparant du cadre adopté par Cervantès, dont je donnerai une traduction libre et abrégée, je remplirai ce cadre par une matière nouvelle, non de mon invention toutefois, mais empruntée au même pays, à toutes ses provinces et en quelque sorte à tous ses habitants. En un mot, au lieu des intraduisibles *lazzi* que prête Cervantès au fou raisonnable de sa nouvelle, j'emprunterai les proverbes de l'Espagne, et *le Licencié Vidriera* s'appellera *le Petit-fils de Sancho Panza.* Dans cette espèce d'habit d'arlequin, il n'y aura de moi que la couture.

Plusieurs des Nouvelles de Cervantès ont un fondement historique. Ainsi les aventures de deux célèbres voleurs qui furent pendus à Séville en 1569, et dont l'histoire y était restée populaire, lui fournirent la matière de *Rinconète et Cortadillo;* ainsi, le sac de Cadix, où débarqua, le 1er juillet 1596, la flotte anglaise, commandée par l'amiral Howard et le comte d'Essex, lui suggéra l'idée de *l'Espagnole-Anglaise.* D'autres nouvelles sont de vrais tableaux de mœurs, et presque de petits romans historiques. Telle est, par exemple, *la Bohémienne de Madrid,* où Cervantès fait une curieuse peinture de la vie que menait cette race vagabonde, isolée, avilie, dont les descendants parcourent encore, en bandes errantes, les provinces de l'Espagne. Il est plusieurs nouvelles qui rappellent probablement certaines aventures arrivées au temps et dans les lieux où il les écrivit, comme *la Force du Sang,* à Tolède, ou *le Jaloux Estrémadurien,* à Séville; d'autres où il a consigné des souvenirs de ses voyages, comme *l'Amant généreux,* ou *les Deux jeunes filles.* Les unes, enfin, n'ont que l'attrait d'un récit attachant, comme *Cornélia;* les autres couvrent un sens philosophique et moral, comme *le Dialogue des chiens.*

Ces nouvelles, si diverses par l'objet et le caractère, sont en outre d'un mérite inégal, moins dans l'invention toutefois que dans le style. Peut-être serait-il possible, en se guidant sur cette seule observation, en suivant les progrès d'une plume d'abord inexpérimentée, qui se trempe et s'affermit, de les replacer dans l'ordre où Cervantès les composa. Il vaut mieux laisser ce travail aux esprits exercés. Je veux seulement hasarder une observation générale : l'immense développement donné, depuis le temps de Cervantès, et dans toutes les littératures de l'Europe, à ce qu'on nomme le *roman,* doit faire paraître les nouvelles sérieuses un peu simples, un peu écourtées, et trop dénuées d'incidents. Elles ne sont plus, peut-être, que *l'enfance de l'art.* Les nouvelles badines, au contraire, sœurs plus proches du *Don Quichotte* et filles plus dignes de son illustre auteur, peuvent encore lutter hardiment contre toutes sortes de rivales. Voilà pourquoi je n'ai pas suivi, dans le classement des nouvelles, l'ordre adopté par les divers éditeurs espagnols, qui ont toujours séparé soigneusement les *sérieuses* des *badines.* Il m'a semblé préférable, au contraire, de mêler les unes avec les autres, et de faire suivre d'une nouvelle plaisante chaque nouvelle sérieuse. Leur nombre égal se prêtait justement à cette combinaison, qui doit ajouter à l'intérêt des récits le charme de la variété.

Quant à la traduction, j'ai suivi la règle de scrupuleuse exactitude que je m'étais imposée pour celle du *Don Quichotte*, où l'on a pu voir, dans la préface, comment j'envisage le devoir d'un traducteur, et, dans le corps du livre, jusqu'à quel point il m'est donné de le remplir.

LES NOUVELLES

DE

MIGUEL DE CERVANTÈS SAAVEDRA.

PROLOGUE AU LECTEUR.

Je voudrais, si c'était possible, lecteur bien-aimé, me dispenser d'écrire ce prologue ; car celui que j'ai mis à mon *Don Quichotte* n'a pas si bien tourné pour moi, qu'il me reste encore l'envie de recommencer avec celui-ci [1]. La faute en est à quelqu'un des nombreux amis que je me suis faits, dans le cours de ma vie, plutôt par mon caractère que par mon esprit. Cet ami aurait bien pu, comme c'est l'usage et la coutume, me faire graver sur la première feuille de ce livre, puisque le fameux don Juan de Jauregui [2] lui aurait donné mon portrait. Avec cela, mon ambition eût été satisfaite, ainsi que le désir de quelques personnes qui voudraient savoir quelle figure et quelle mine a celui qui ose paraître avec tant d'inventions au grand jour du monde et à la vue des gens. On aurait mis sous le portrait :

« Celui que vous voyez ici avec un visage aquilin, les cheveux châtains, le front lisse et découvert, les yeux vifs, le nez courbe, quoique proportionné, la barbe d'argent (il n'y a pas vingt ans qu'elle était d'or), les moustaches grandes, la bouche petite, les dents peu nombreuses, car il n'en a que six

---

1. Dans le prologue de la première partie du *Don Quichotte*, Cervantès avait fait une satire ingénieuse et piquante de quelques habitudes des écrivains de son temps.
2. Poëte et peintre, ami de Cervantès.

sur le devant, encore sont-elles mal conditionnées et plus mal rangées, puisqu'elles ne correspondent pas les unes aux autres, le corps entre deux extrêmes, ni grand ni petit, le teint clair, plutôt blanc que brun, un peu chargé des épaules, et non fort léger des pieds ; ce visage, dis-je, est celui de l'auteur de la *Galatée*, du *Don Quichotte de la Manche*, du *Voyage au Parnasse*, qu'il fit à l'imitation de Cesare Caporale de Pérouse, et d'autres œuvres qui courent les rues, égarées de leur chemin, et peut-être sans le nom de leur maître. On l'appelle communément Miguel de Cervantès Saavedra. Il fut soldat bien des années, et cinq ans et demi captif, pendant lesquels il apprit à avoir patience dans les adversités. A la bataille navale de Lépante, il perdit la main gauche d'un coup d'arquebuse ; blessure qui peut sembler laide, mais qu'il tient pour belle, par ce qu'elle fut reçue dans la plus mémorable rencontre qu'aient vue les siècles passés et qu'espèrent voir les siècles à venir, en combattant sous les bannières victorieuses du fils de ce foudre de guerre, Charles-Quint, d'heureuse mémoire. »

Quand même il ne viendrait pas à la pensée de cet ami dont je me plains autres choses à dire de moi que celles que j'ai dites, je me dresserais à moi-même deux douzaines de témoignages, et je lui en ferais part en secret, pour qu'il étende ma renommée et accrédite mon esprit. Penser, en effet, que ces sortes d'éloges disent ponctuellement la vérité, c'est une sottise : car ni les louanges ni les reproches n'ont de point fixe et déterminé. Enfin, puisque cette occasion s'est perdue, et que je reste en blanc, sans figure, force me sera de me faire valoir par ma langue, laquelle, quoique bègue, ne le sera pas pour dire des vérités qui se font bien entendre par signes.

Je te dis donc une autre fois, lecteur aimable, que de ces *Nouvelles* que je t'offre, tu ne pourras en aucune façon faire un ragoût d'abatis [1], car elles n'ont ni pieds, ni têtes, ni entrailles, ni rien qui y ressemble; je veux dire que les propos d'amour que tu trouveras dans quelques-unes sont si honnêtes, si mesurés sur la raison et le discours chrétien, qu'ils ne pourront donner de mauvaises pensées à celui qui les lira, soit-il sur ses gardes ou pris au dépourvu. Je leur ai donné le nom d'*exemplaires* : car, si tu y regardes de près, il

---

1. En espagnol *pepitoria*.

n'en est aucune de laquelle on ne puisse tirer un exemple profitable, et, n'était la crainte de trop allonger ce sujet, je te montrerais peut-être quel fruit savoureux et honnête se pourrait cueillir aussi bien de toutes ensemble que de chacune en particulier. Mon intention a été de mettre sur la place de notre république une table de billard[1], où chacun pût venir s'amuser bagues sauves, je veux dire sans préjudice de l'âme ni du corps, car les exercices honnêtes et agréables profitent plutôt qu'ils ne nuisent. En effet, on n'est pas toujours agenouillé dans les temples et les oratoires, on ne s'occupe pas toujours d'affaires, quelque importantes qu'elles soient ; il y a des heures de récréation où l'esprit accablé se repose. C'est pour cela qu'on plante les promenades publiques, qu'on recherche les fontaines, qu'on aplanit les montées, que l'on cultive curieusement les jardins.

J'oserai te dire une chose : c'est que si je pouvais, par un moyen quelconque, deviner que la lecture de ces *Nouvelles* pût suggérer à celui qui les lira quelque désir coupable ou quelque mauvaise pensée, je me couperais la main qui les écrivit, plutôt que de les livrer au public. Je ne suis plus en âge de jouer avec l'autre vie : car, à me donner cinquante-cinq ans, j'en gagnerais neuf et quelque chose[2]. C'est à cela que s'est appliqué mon esprit, c'est là que me porte mon inclination. D'ailleurs, je m'imagine, et il en est ainsi, que je suis le premier qui ait écrit des nouvelles en espagnol : car celles en grand nombre qui circulent imprimées dans notre langue sont toutes traduites de langues étrangères. Celles-ci, au contraire, sont les miennes propres, non imitées, ni volées à personne. Mon esprit les engendra, ma plume les mit au jour, et elles grandissent dans les bras de la presse.

Après elles, si la vie ne m'abandonne point, je t'offrirai les *Travaux de Persilès et de Sigismonde*, livre qui ose lutter contre Héliodore, si toutefois, par trop de hardiesse, il ne revient avec les étrivières. Mais tu verras d'abord, et sous peu de temps, la continuation des exploits de don Quichotte et des gracieusetés de Sancho Panza ; puis, après, les *Semaines du jardin*. Je promets beaucoup, avec des forces aussi chétives que les miennes ; mais qui mettra une bride aux désirs ? Je

---

1. Qu'on appelait alors *mesa de trucos*.
2. Cervantès avait, en effet, soixante-quatre ans passés lorsqu'il publia ses *Nouvelles*.

veux seulement que tu considères que, puisque j'ai eu l'audace d'adresser ces *Nouvelles* au grand comte de Lémos[1], elles doivent renfermer quelque mystère caché qui les rehausse. Rien de plus, sinon que Dieu te garde et qu'il me donne assez de patience pour bien supporter le mal que vont dire de moi plus de quatre beaux esprits subtils et empesés. *Vale.*

1. Protecteur de Cervantès.

CORNÉLIA.

Don Antonio de Isunza et don Juan de Gamboa, gentilshommes de haute naissance, du même âge, sensés, spirituels, et amis intimes, se trouvaient ensemble étudiants à Salamanque. Mais emportés par le sang bouillant de la jeunesse, et, comme on dit, par le désir de voir du monde, ils résolurent de laisser là leurs études et de s'en aller en Flandre, parce qu'il leur semblait que l'exercice des armes, qui sied et convient à tous, sied mieux encore aux gens bien nés et d'illustre origine. Ils arrivèrent donc en Flandre quand la paix était rétablie, ou du moins qu'on négociait pour l'obtenir bientôt. Ils reçurent à Anvers des lettres de leurs parents, qui leur mandaient le grand déplaisir qu'ils avaient éprouvé en apprenant l'abandon de leurs études, et leur reprochaient aussi de ne pas les en avoir informés, pour qu'ils eussent pu les faire voyager avec les commodités qu'exigeait leur naissance. Les deux jeunes gens, voyant le chagrin qu'ils causaient à leurs parents, se décidèrent à retourner en Espagne, puisqu'il n'y avait rien à faire en Flandre ; mais, avant de rentrer dans leur pays, ils voulurent voir les plus fameuses villes d'Italie, et, quand ils les eurent toutes visitées, ils s'arrêtèrent à Bologne. Là, charmés des fortes études de cette insigne université, ils voulurent y terminer les leurs. Ils donnèrent avis de ce dessein à leurs parents, qui s'en réjouirent beaucoup, et témoignèrent leur approbation en les pourvoyant avec magnificence, afin qu'ils montrassent dans leur train de vie ce qu'ils étaient, et de quels parents ils étaient nés. Dès le premier jour qu'ils parurent aux écoles, ils furent unanimement reconnus pour gentilshommes, galants, spirituels et bien élevés. Don Antonio atteignait l'âge de vingt-quatre ans, et don Juan n'en avait pas plus de vingt-six. Ils ornaient encore cet âge heureux par leur bonne mine, par leurs talents de musiciens et de poëtes, par leur adresse et leur bravoure ; qualités qui les rendaient aimables et les faisaient chérir de tous ceux qui les fréquentaient. Ils eurent bientôt une foule d'amis, non-seulement parmi les étudiants espagnols qui suivent en grand nombre les cours de cette université[1], mais parmi ceux de la ville et des autres nations. Ils se montraient avec tous pleins de libéralité et de courtoisie, et bien éloignés de cette arrogance qu'on a coutume de reprocher aux Espagnols.

Comme ils étaient jeunes et de bonne humeur, il ne leur déplaisait pas d'avoir connaissance des beautés de la ville ; et, bien qu'il y eût alors beaucoup de dames, filles ou mariées, en grande réputation de vertu et de beauté, l'une d'elles les surpassait toutes : c'était Cornélia Bentibolli, de l'antique et généreuse famille des Bentibolli, qui furent un temps seigneurs de Bologne. Cornélia, merveilleusement belle, se trouvait sous la garde et la protection de Lorenzo Bentibolli, son frère, respectable et vaillant gentilhomme. Ils étaient orphelins de père et de mère ; mais leurs parents, en les laissant seuls, les avaient laissés riches, et la fortune est un grand soulagement à cette position. La retraite où vivait Cornélia était si profonde, et son frère mettait tant de sollicitude à la garder, que ni l'une ne se laissait voir, ni l'autre ne permettait qu'on la vît. La réputation de la beauté qu'avait Cornélia donnait grand désir aux deux amis de la voir, ne fût-ce qu'à l'église ; mais toute la peine qu'ils se donnèrent fut perdue, et leur désir s'en alla en diminuant par l'impossibilité qui détruit l'espérance. Ainsi donc, livrés à l'amour de leurs études et à quelques honnêtes amusements, ils passaient une vie aussi gaie qu'exemplaire. Ils sortaient peu la nuit, et s'ils sortaient, c'était ensemble et bien armés.

Or, il arriva que, devant sortir un soir, don Antonio dit à don Juan : « Je veux rester encore pour réciter certaines oraisons ; mais partez, et je vous suivrai bientôt. — C'est inutile, répondit don Juan, je vous attendrai ; et, si nous ne sortons pas cette nuit, qu'importe ? — Non, par votre vie ! répliqua don Antonio ; allez prendre l'air ; je vous rejoindrai bientôt, si vous passez par où nous avons coutume de passer ensemble. — Allons, faites à votre goût, reprit don Juan ; si

---

[1]. Le cardinal Albornoz avait créé, à l'université de Bologne, un collége spécial pour les Espagnols, ses compatriotes.

vous sortez, je ferai cette nuit les mêmes stations que les nuits précédentes. » Don Juan sortit en effet, et don Antonio resta.

L'heure était avancée, et la nuit obscure. Lorsque don Juan eut parcouru deux ou trois rues, se voyant seul et n'ayant personne à qui parler, il résolut de retourner à la maison. En effet, il rebroussa chemin ; mais, en passant dans une rue bordée de galeries en marbre, il entendit que, d'une porte, on l'appelait tout bas du bout des lèvres. L'obscurité de la nuit et l'ombre que projetaient les galeries ne lui laissaient point voir d'où venait cet appel. Il s'arrêta, prêta toute son attention, et vit entr'ouvrir une porte. Il s'en approcha, et entendit qu'on lui disait à voix basse : « Êtes-vous Fabio, par hasard ? » Don Juan, sans trop savoir pourquoi, répondit : « Oui. — Eh bien, prenez, reprit-on du dedans ; mettez-le en sûreté, et revenez vite ; c'est important. » Don Juan étendit le bras, rencontra un paquet, et, quand il voulut le prendre, vit qu'il fallait y mettre les deux mains. Dès qu'on l'eut laissé dans les siennes, on ferma la porte, et il se trouva dans la rue, chargé, sans savoir de quoi.

Mais, presque aussitôt, un enfant nouveau-né se mit à vagir, et don Juan, aux cris qu'il poussait, resta aussi embarassé que surpris, sans savoir que faire, ni quel parti prendre dans une telle aventure ; car il lui semblait qu'à revenir frapper à la porte, c'était mettre en péril la mère de l'enfant, et, à le laisser là, l'enfant lui-même. D'une autre part, s'il l'emportait chez lui, il n'y avait personne qui pût en prendre soin, et, dans toute la ville, il ne connaissait pas davantage quelqu'un à qui le confier. Enfin, voyant qu'on lui avait dit de mettre l'enfant en sûreté et de revenir aussitôt, il se décida à le porter à sa maison, et à le laisser au pouvoir d'une gouvernante qui le servait, puis à revenir voir si son aide était nécessaire en quelque chose : car il s'était bien aperçu qu'on l'avait pris pour un autre, et que c'était par erreur qu'on lui avait remis l'enfant.

Finalement, sans faire plus de réflexions, il l'emporta chez lui, et rentra lorsque don Antonio venait de sortir. Arrivé dans son appartement, il appela la gouvernante, découvrit l'enfant, et reconnut que c'était le plus beau qu'il eût jamais vu. Les langes dans lesquels il était enveloppé témoignaient qu'il était né de parents riches, et la gouvernante, les ayant écartés, trouva que c'était un enfant mâle. « Il faut, dit aussitôt don Juan, donner à teter à cette petite créature ; voici comment nous allons faire : vous, gouvernante, vous lui ôterez ces riches enveloppes pour lui en mettre de plus humbles, et, sans dire que c'est moi qui vous l'ai remis, vous le porterez chez une sage-femme ; là, on trouve d'ordinaire des ressources contre semblables nécessités. Vous porterez de l'argent pour la satisfaire, et vous donnerez à l'enfant les parents qu'il vous plaira, afin de cacher la vérité et de ne pas dire comment il m'est venu. » La gouvernante répondit qu'elle allait obéir, et don Juan retourna en toute hâte voir si on l'appellerait une seconde fois. Mais, un peu avant d'arriver à la maison où on l'avait appelé, il entendit un grand cliquetis d'épées, comme si plusieurs personnes étaient aux prises. Il prêta l'oreille, et n'entendit aucune parole ; le combat se livrait à la sourdine. Mais, à la lumière des étincelles que jetait le pavé frappé par les épées, il put entrevoir que plusieurs hommes en attaquaient un seul, ce qui fut confirmé lorsqu'il l'entendit s'écrier : « Ah ! traîtres ! vous êtes plusieurs et je suis seul ; mais cependant votre déloyauté ne vous servira de rien. » A cette vue et à ces mots, don Juan, emporté par son cœur généreux, mit l'épée à la main, embrassa un bouclier qu'il portait, se jeta en deux sauts aux côtés de celui qui se défendait, et lui dit en langue italienne, afin de n'être pas reconnu pour Espagnol : « Ne craignez rien ; un secours vous arrive qui ne vous manquera qu'avec la vie ; jouez des mains, car les traîtres valent peu de chose, si nombreux qu'ils soient. — Tu en as menti, répondit à ce propos un des adversaires ; il n'y a point de traîtres ici, et la volonté de recouvrer l'honneur perdu autorise toute espèce de violence. » Il ne dit rien de plus, empêché par la hâte que se donnaient à frapper les ennemis, qui devaient être six, au compte de don Juan. Ils serrèrent de si près son compagnon, qu'avec deux coups de pointe qu'ils lui portèrent à la fois, ils le jetèrent sur le carreau. Don Juan crut qu'ils l'avaient tué. Il se précipita bravement au-devant de tous, et les fit reculer sous une pluie de coups d'estoc et de taille. Mais toute sa célérité n'aurait pu suffire pour attaquer et défendre, si la fortune ne l'eût heureusement aidé en faisant mettre aux fenêtres avec des lumières les habitants de la rue, qui appelaient à grands cris la justice. Voyant cela, les ennemis quittèrent la rue et s'enfuirent à toutes jambes.

Sur ces entrefaites, l'homme abattu s'était relevé, car les

épées avaient rencontré une cuirasse dure comme le diamant. Dans la mêlée, le chapeau de don Juan était tombé, et, le cherchant, il en trouva un autre, qu'il se mit au hasard sur la tête, sans regarder si c'était ou non le sien. Le cavalier tombé s'approcha de lui : « Seigneur gentilhomme, lui dit-il, qui que vous soyez, je confesse que je vous dois la vie, et je l'emploierai, en tout ce que je vaux et ce que je puis, à votre service. Faites-moi la grâce de me dire qui vous êtes, ainsi que votre nom, afin que je sache à qui je dois me montrer reconnaissant. — Je ne veux pas être discourtois, répondit don Juan, bien que j'aie agi sans intérêt. Pour faire, seigneur, ce que vous demandez, et pour vous complaire, je vous dirai seulement que je suis un gentilhomme espagnol, étudiant dans cette ville. S'il vous importait de savoir mon nom, je vous le dirais; mais enfin si vous vouliez, par hasard, vous servir de moi en quelque autre chose, sachez que je m'appelle don Juan de Gamboa. — Vous m'avez rendu un service signalé, répondit son interlocuteur; mais pourtant, seigneur don Juan de Gamboa, je ne veux pas vous dire qui je suis, ni mon nom seulement : car j'aurai un plaisir extrême à ce que vous l'appreniez d'un autre que de moi, et j'aurai soin qu'on vous en instruise. » Don Juan lui avait demandé d'abord s'il était blessé, car il lui avait vu donner deux grands coups d'épée. « Non, avait répondu l'autre; après Dieu, une bonne cuirasse que je portais m'a garanti; mais néanmoins mes ennemis m'achevaient, si je ne vous eusse trouvé à mes côtés. »

En ce moment, ils virent venir à eux une troupe d'hommes, et don Juan s'écria : « Si ce sont les ennemis qui reviennent, mettez-vous en garde, seigneur, et faites comme un homme de votre qualité. — A ce que je crois, reprit l'autre, ce ne sont pas des ennemis, mais des amis, qui viennent à nous. » C'était vrai : car ceux qui approchaient, et qui étaient au nombre de huit, entourèrent l'inconnu et échangèrent avec lui quelques paroles, mais si bas et avec tant de mystère, que don Juan ne put les entendre. Alors l'inconnu se tourna vers don Juan, et lui dit : « Si ces amis ne fussent venus, je ne vous aurais nullement quitté, seigneur don Juan, avant que vous n'eussiez achevé de me mettre en lieu sûr; mais à présent je vous supplie avec instance de vous retirer et de me laisser ici; j'y ai grand intérêt. » En parlant ainsi, il porta la main à sa tête, et vit qu'il était sans chapeau. Se tournant alors vers ceux qui venaient de le rejoindre, il leur demanda un chapeau, disant que le sien était tombé. A peine eut-il achevé, que don Juan lui remit celui qu'il avait trouvé dans la rue. L'inconnu le tâta, et le rendant aussitôt à don Juan : « Ce chapeau, dit-il, n'est pas à moi. Par votre vie! seigneur don Juan, emportez-le pour trophée de la bataille, et gardez-le bien ; je crois qu'il est connu. » On lui donna un autre chapeau, et don Juan, pour se rendre à son désir, après avoir échangé quelques compliments fort courts, le laissa, sans savoir qui il était, et revint à sa maison sans vouloir s'approcher de la porte où on lui avait donné l'enfant nouveau-né, parce qu'il lui semblait que tout le quartier s'était ému et éveillé au bruit du combat.

Or, il arriva qu'en retournant à son logis, il rencontra son camarade don Antonio de Isunza, et, dès qu'ils se furent reconnus, don Antonio lui dit : « Revenez avec moi, don Juan, jusqu'au-dessus de la rue, et je vous conterai en chemin une étrange aventure qui vient de m'arriver, telle que vous n'en aurez pas entendu raconter de semblable en toute votre vie. — Je pourrai vous conter une histoire de la même espèce, répondit don Juan ; mais allons où vous voulez, et contez-moi la vôtre. » Don Antonio se mit en marche, et dit : « Il faut que vous sachiez qu'un peu plus d'une heure après que vous eûtes quitté la maison, je sortis pour vous chercher ; mais je n'avais pas fait trente pas, que je vis venir à moi une masse noire, une personne qui s'avançait en toute hâte, et, quand elle fut proche, je reconnus que c'était une femme enveloppée d'une longue robe à la religieuse. Elle me dit, d'une voix entrecoupée de soupirs et de sanglots : « Êtes-vous, seigneur, étranger ou de la ville ? — Étranger et Espagnol, répondis-je. — Grâces au ciel! dit-elle aussitôt ; il ne veut pas que je meure sans sacrements. — Êtes-vous blessée, madame, répliquai-je, ou attaquée de quelque mal mortel? — Il pourrait se faire que celui que j'ai le fût en effet, reprit-elle, si l'on ne me secourt promptement. Par la courtoisie dont se piquent les gens de votre nation, je vous en supplie, seigneur Espagnol, tirez-moi de ces rues, et menez-moi à votre logis avec toute la célérité possible. Là, si vous le désirez, vous saurez le mal dont je souffre, et même qui je suis, fût-ce au prix de ma réputation. »

« Quand je l'entendis ainsi parler, reconnaissant qu'elle avait besoin de ce qu'elle demandait, sans répliquer davantage, je lui tendis la main, et gagnai notre logis par des rues tortueuses. Santisteban le page, vint nous ouvrir ; je le fis retirer, et, sans qu'il la vît, je la conduisis dans ma chambre; à peine entrée, elle se laissa tomber évanouie sur mon lit. Je m'approchai d'elle, et, lui découvrant le visage qu'elle cachait sous sa mante, je découvris la plus merveilleuse beauté qu'yeux humains eussent jamais vue. Elle peut avoir, à ce que je crois, dix-huit ans, plutôt moins que plus. Je restai d'abord stupéfait à la vue d'une telle beauté; enfin, je courus chercher un peu d'eau pour lui en jeter sur le visage. Elle revint à elle, en poussant un douloureux soupir, et la première chose qu'elle me dit fut : « Me connaissez-vous, seigneur? — Non, lui répondis-je; je n'ai pas eu le bonheur d'avoir connu tant de beauté. — Ah! malheureuse, reprit-elle, celle à qui le ciel en a fait le funeste présent! Mais, seigneur, ce n'est pas le temps d'adresser des galanteries, c'est celui de secourir des infortunes. Par qui vous êtes, je vous supplie de me laisser enfermée ici, et de ne permettre à personne de me voir. Retournez bien vite à l'endroit où vous m'avez rencontrée, et voyez si quelques personnes se battent; mais ne favorisez aucun de ceux qui seraient aux prises; séparez-les: car, quelque malheur qui arrive de l'un ou de l'autre côté, il ne ferait qu'accroître le mien. » Alors, je l'ai laissée sous clef, et je viens séparer ces combattants.

— N'avez-vous plus rien à dire, don Antonio? demanda don Juan. — Vous semble-t-il que je n'en ai pas dit assez, répondit don Antonio, puisque je vous ai dit que je tiens sous clef, et dans ma chambre, la plus merveilleuse beauté qu'yeux humains eussent vue? — L'aventure est étrange, en vérité, reprit don Juan; mais écoutez la mienne. » Et sur-le-champ il raconta à son ami tout ce qui lui était arrivé; comment l'enfant nouveau-né qu'on lui avait remis était chez eux, au pouvoir de la gouvernante, et comment il avait donné l'ordre qu'on changeât en plus pauvres les riches langes qui l'enveloppaient, et qu'on le portât où l'on pût l'élever, ou du moins remédier à la nécessité présente. « Quant au combat que vous venez chercher, ajouta-t-il, il est déjà fini, et la paix est faite; j'ai pris part à la mêlée, et, à ce que j'imagine, tous ceux qui s'y trouvaient sont gens de qualité et de grande valeur. »

Les deux amis furent fort étonnés de leur mutuelle aventure, et ils revinrent en toute hâte au logis pour voir ce dont pouvait avoir besoin la dame enfermée. En chemin, don Antonio dit à don Juan qu'il avait promis à cette dame de ne la laisser voir de personne, et que lui seul entrerait dans sa chambre, tant qu'elle ne permettrait pas autre chose. « N'importe, répondit don Juan, je trouverai bien moyen de la voir, et j'en ai un désir extrême, tant vous m'avez vanté ses attraits. » Ils arrivèrent sur cela, et, à la clarté d'une lumière qu'apporta l'un des trois pages qu'ils avaient, don Antonio jeta la vue sur le chapeau que don Juan portait, et vit qu'il était tout resplendissant de diamants. Don Juan se l'ôta, et reconnut que cet éclat venait de plusieurs brillants formant une riche bourdaloue[1]. Ils examinèrent tous deux ces brillants avec attention, et conclurent que, s'ils étaient fins comme ils le paraissaient, le chapeau valait plus de douze mille ducats. Ce fut alors qu'ils reconnurent que les combattants étaient gens de haut parage, principalement celui que don Juan avait secouru, auquel il se rappelait avoir entendu dire : « Prenez ce chapeau et gardez-le, car il est connu. »

Ils firent retirer leurs pages, et don Antonio, ouvrant sa chambre, trouva la dame assise sur le lit, la joue dans la main, versant d'abondantes larmes. Dans le désir de la voir, don Juan s'approcha de la porte, et passa la tête. Aussitôt l'éclat des diamants frappa les regards de la dame éplorée, qui s'écria, en levant les yeux : « Entrez, seigneur duc, entrez; pourquoi voulez-vous me donner avec tant d'avarice le bonheur de votre vue? — Mais, madame, dit alors don Antonio, il n'y a ici aucun duc qui fasse difficulté de vous voir. — Comment! s'écria-t-elle; celui qui se montre là maintenant est le duc de Ferrare. La riche parure de son chapeau ne lui permet pas de dissimuler. — En vérité, madame, reprit don Antonio, ce n'est pas un duc qui porte le chapeau que vous avez vu. Si vous voulez vous désabuser en voyant qui le porte, donnez-lui la permission d'entrer. — Qu'il entre, j'y consens, dit-elle, bien que, si ce n'est pas le duc, mon malheur ne fera que s'en accroître. »

Don Juan avait entendu tous ces propos, et, voyant qu'il avait permission d'entrer, il se présenta dans la chambre, le chapeau à la main. Dès qu'il fut devant elle, et qu'elle reconnut que ce n'était pas celui qu'elle avait dit, elle s'écria en balbutiant, et d'une voix troublée : « Ah! malheureuse que je suis! seigneur, parlez vite, et sans me tenir davantage en suspens. Connaissez-vous le maître de ce chapeau? où l'avez-vous laissé? comment est-ce en votre pouvoir? est-il vivant,

---

[1]. Tresse entourant la forme d'un chapeau.

par bonheur? ou bien sont-ce les nouvelles de sa mort qu'il m'envoie? Oh! mon doux ami! qu'est-il donc arrivé? je vois ici tes joyaux; je me vois enfermée sans toi, au pouvoir d'inconnus, et, si je ne savais pas que ce sont des gentilshommes espagnols, la crainte de perdre l'honneur m'aurait ôté déjà la vie. — Calmez-vous, madame, répondit don Juan; le maître de ce chapeau n'est point mort, et vous n'êtes pas en un lieu où l'on vous fasse aucun outrage; nous ne pensons qu'à vous servir, autant que nos forces nous le permettent, jusqu'à risquer la vie pour vous défendre et vous secourir; il serait mal à nous de tromper la foi que vous avez dans la loyauté des Espagnols; et, puisque nous le sommes, ainsi que gens de qualité (cette espèce d'arrogance n'est pas déplacée ici), soyez certaine qu'on vous portera le respect que mérite votre personne. — Je le crois ainsi, répondit-elle; mais cependant, dites-moi, seigneur, comment ce riche chapeau est-il tombé en votre pouvoir? où se trouve son maître, qui n'est rien moins qu'Alphonse d'Este, duc de Ferrare? » Alors don Juan, pour ne pas la tenir en suspens davantage, lui conta comment il s'était trouvé au milieu d'un combat, comment il avait secouru un gentilhomme, qui, d'après ce qu'elle disait, devait être le duc de Ferrare. « Dans la mêlée, ajouta-t-il, j'ai perdu mon chapeau et trouvé celui-ci, et ce gentilhomme m'a dit de le garder, parce qu'il était connu. Le combat s'est terminé sans que nous fussions blessés ni le gentilhomme ni moi; puis ensuite quelques hommes sont arrivés, qui doivent être des serviteurs ou des amis de celui que je pense être le duc, lequel m'a prié de le laisser et de m'éloigner, en se montrant très-reconnaissant du service que je lui avais rendu. Voilà, madame, comment ce riche chapeau est venu en mon pouvoir; et quant à son maître, si c'est le duc, comme vous le dites, il n'y a pas une heure que je l'ai quitté sain, sauf et bien portant. Que ce récit véritable serve à votre consolation, si vous en trouvez à savoir que le duc est hors de danger. — Afin que vous sachiez, ô seigneurs, reprit la dame, combien j'ai raison de m'informer de lui, prêtez-moi votre attention, et écoutez, je ne sais si je dois dire ma malheureuse histoire. »

Tout le temps qu'avait duré cet entretien, la gouvernante l'employa à graisser la bouche de l'enfant avec du miel, et à lui changer ses langes. Quand elle l'eut arrangé, elle voulut le porter chez une sage-femme, suivant l'ordre que lui en avait donné don Juan. Mais comme elle passait avec l'enfant devant la chambre où se trouvait celle qui allait commencer son histoire, la petite créature se mit à pleurer, de façon que la dame l'entendit. Elle se leva tout debout, prêta l'oreille, et entendit plus distinctement les pleurs de l'enfant. « Quel est cet enfant, messeigneurs, s'écria-t-elle? on dirait qu'il est nouveau-né. — C'est un petit garçon, répondit don Juan, qu'on a déposé cette nuit à la porte de notre maison, et la gouvernante va chercher quelqu'un qui lui donne à teter. — Qu'on me l'apporte ici, pour l'amour de Dieu, reprit la dame, et je ferai cette charité aux enfants d'autrui, puisque le ciel ne veut pas que je le fasse aux miens propres. »

Don Juan appela la gouvernante, lui prit l'enfant, et le mit dans les bras de celle qui le demandait, en lui disant : « Voilà, madame, le présent qu'on nous a fait cette nuit, et ce n'est pas le premier, car peu de mois se passent sans que nous rencontrions de semblables trouvailles sur le seuil de nos portes. » La dame le prit dans ses bras, regarda attentivement son visage et les langes pauvres mais propres qui l'enveloppaient; puis, sans pouvoir retenir ses pleurs, elle étendit sa coiffe de nuit sur son sein pour pouvoir le donner avec décence à l'enfant, lui approcha la bouche de sa mamelle, baissa son visage sur le sien, et, tandis qu'elle le nourrissait de son lait, elle le baignait de ses larmes. Elle resta dans cette posture, sans relever la tête, tant que l'enfant ne voulut pas abandonner le sein. Cependant, tous quatre gardaient le silence. L'enfant tetait; mais il ne prenait point de lait, parce que les nouvelles accouchées ne peuvent donner le sein; aussi la dame, s'en étant aperçue, rendit l'enfant à don Juan. « En vain, dit-elle, je me suis montrée charitable; je suis trop neuve sur semblables matières. Faites, seigneur, qu'on arrose un peu la bouche de cet enfant avec du miel, mais ne permettez pas qu'on l'emporte à cette heure-ci par les rues. Laissez venir le jour, et qu'on me le rapporte avant de l'emmener; je trouve à le voir une grande consolation. »

Don Juan remit l'enfant à la gouvernante. Il lui recommanda d'en avoir soin jusqu'au jour, de lui remettre les riches langes dans lesquels il l'avait apporté, et de ne point l'emmener sans l'en prévenir. Il rentra, et, quand ils furent tous trois seuls, la belle Cornélia leur dit : « Si vous voulez que je parle, donnez-moi quelque chose à manger, car je me sens défaillir, et n'en ai que trop de raison. » Don Antonio courut ouvrir son secrétaire, et en tira plusieurs conserves, dont la dame évanouie mangea quelques bouchées. Elle but ensuite un verre d'eau froide, qui la fit revenir à elle, et, se trouvant plus tranquille, elle reprit : « Asseyez-vous, seigneurs, et écoutez-moi. » Ils obéirent; alors, s'arrangeant sur le lit, et se couvrant bien avec les pans de sa robe, elle laissa tomber le long de ses épaules un voile qu'elle portait sur la tête, montrant, dans son visage découvert, la figure même de la lune, ou, pour mieux dire, du soleil lui-même, quand il se lève pur et dans tout son éclat. Des perles liquides lui coulaient des yeux, qu'elle essuyait avec un mouchoir d'une extrême blancheur et des mains telles, qu'entre elles et le mouchoir il eût été difficile d'établir une différence. Finalement, après avoir laissé échapper bien des soupirs, après avoir essayé de calmer un peu sa poitrine oppressée, elle dit d'une voix faible et tremblante :

« Je suis, seigneurs, celle que vous aurez sans doute entendu nommer bien des fois dans cette ville : car, telle qu'est ma beauté, il y a peu de langues qui n'en publient la renommée. Je suis, en effet, Cornélia Bentibolli, sœur de Lorenzo Bentibolli, et peut-être m'aura-t-il suffi de dire cela pour avoir dit deux choses reconnues, ma noblesse et ma beauté. Toute jeune, je restai orpheline, au pouvoir de mon frère, qui, dès l'âge le plus tendre, mit tous ses soins à ma garde, bien qu'il eût encore plus de confiance en mes sentiments d'honneur qu'en la sollicitude qu'il mettait à me garder. Finalement, entre les murs et dans la solitude, n'ayant pour compagnie que celle de mes femmes, j'allai grandissant, et en même temps que moi grandissait la renommée de ma gentillesse, divulguée dans le public par les serviteurs de la maison et par ceux qui me visitaient dans l'intimité, ainsi que par un portrait que mon frère fit faire à un peintre fameux, afin, disait-il, que le monde ne fût pas complétement privé de moi, si le ciel me rappelait à une meilleure vie. Mais tout cela n'aurait servi que faiblement à hâter ma perdition, s'il n'était arrivé que le duc de Ferrare consentît à être le parrain des noces d'une de mes cousines, où mon frère me mena, en toute bonne intention, et pour faire honneur à ma parenté. Là, je vis et je fus vue; là, si je ne m'abuse, je fis rendre des cœurs et conquis des volontés; là, je reconnus quel plaisir donnaient les louanges, même adressées par des langues menteuses; là, finalement, je vis le duc, et fus vue de lui, et cette vue mutuelle a été cause que je me vois maintenant comme je me vois. Je ne veux pas vous raconter, seigneurs, car ce serait à n'en jamais finir, les ruses, les artifices, les moyens de toutes sortes par lesquels le duc et moi nous parvînmes, au bout de deux ans, à satisfaire les désirs que cette noce avait fait naître. Ni reclusion, ni gardiens, ni remontrances, ni aucune diligence humaine, ne suffirent pour empêcher notre réunion, qui eut lieu, enfin, sous la parole qu'il me donna d'être mon époux; car, sans cette promesse, il ne lui eût pas été possible de faire capituler la forteresse de mon honnête et valeureuse fierté. Mille fois je lui dis de demander publiquement ma main à mon frère, puisqu'il était impossible que celui-ci la refusât, et que pour lui, il n'aurait aucune excuse à donner au vulgaire pour se disculper de la faute qu'on lui reprocherait de contracter une mésalliance, puisque la noblesse de la famille Bentibolli ne démentait en rien celle de la famille d'Este. A cela, il me répondit par des prétextes, que je trouvais justes et suffisants. Subjuguée et confiante, je je le crus avec la foi de l'amour, et je livrai ma volonté à la sienne, par l'intermédiaire d'une de mes femmes, plus souple aux présents du duc que ne le méritait la confiance qu'avait mise mon frère en sa fidélité.

Enfin, au bout de quelques jours, je me trouvai enceinte, et, avant que mes vêtements ne publiassent mes libertés, pour ne pas leur donner un autre nom, je feignis d'être malade, mélancolique, et j'obtins de mon frère qu'il me conduisît chez cette cousine, dont le duc avait été parrain de noce. Là, je fis savoir au duc en quelle situation je me trouvais, le péril dont j'étais menacée et le peu de sécurité qui restait à ma vie, car j'avais quelques doutes que mon frère soupçonnait ma faute. Il demeura convenu entre nous qu'à l'entrée du dernier mois de ma grossesse je le ferais avertir, et qu'il viendrait me chercher avec d'autres amis pour m'emmener à Ferrare, où il se marierait alors publiquement avec moi. Cette nuit où nous sommes fut celle dont nous convînmes pour son arrivée, et cette même nuit, tandis que je l'attendais, j'ouïs passer mon frère avec plusieurs autres hommes, armés, sans aucun doute, puisque j'entendais le cliquetis des armes. La frayeur dont je fus saisie provoqua un accouchement subit, et je mis au monde un bel enfant. Celle de mes femmes qui était dans le secret de mon aventure et en avait été l'intermédiaire, s'étant préparée pour l'événement, enveloppa la petite créature dans des langes autres que ceux que portait celle qu'on a déposée sur le seuil de votre maison; puis, s'étant avancée à la porte de la rue, elle remit l'enfant, m'a-t-elle dit, à un serviteur du duc. Pour moi, peu de temps après, m'étant arrangée le mieux que je pus dans une si pressante nécessité, je quittai la maison, croyant que le duc était dans la rue. Je n'aurais pas dû sortir avant qu'il fût arrivé à la porte; mais la frayeur que m'avait causée l'approche de la troupe armée de mon frère, duquel je croyais sentir l'épée sur ma gorge, ne me laissa pas réfléchir plus sagement. Hors de moi, insensée, je m'enfuis de la maison, et il m'arriva ce dont vous fûtes témoins. Maintenant, bien que je me voie sans mon enfant, sans mon époux, et menacée de plus grands malheurs, je rends grâces au ciel de ce qu'il m'a conduite en votre pouvoir, vous de qui je me promets tout ce qu'on peut attendre de la courtoisie espagnole, de la vôtre surtout, que vous saurez rehausser par la noblesse qui vous est personnelle. » En achevant ces mots, elle se laissa tomber tout de son long sur le lit. Les deux amis accoururent, croyant qu'elle était évanouie; mais ils virent qu'elle pleurait amèrement. Don Juan lui dit : « Si jusqu'ici, belle et noble dame, don Antonio et moi avons eu pitié de vous, seulement parce que vous étiez femme, maintenant que nous connaissons votre qualité, cette pitié devient un devoir impérieux de vous servir. Reprenez courage, cessez de défaillir, et, quelque peu faite que vous soyez à de tels événements, vous prouverez d'autant mieux qui vous êtes, que vous les supporterez avec plus de fermeté. Croyez-moi, madame; j'imagine que ces événements étranges doivent avoir une heureuse fin. Les cieux ne permettront pas que tant de beauté se perde, que de si chastes intentions soient déçues. Couchez-vous, madame, et prenez soin de votre santé; vous en avez besoin. Notre gouvernante viendra vous servir, et vous pouvez avoir en elle autant de confiance qu'en nous-mêmes. Elle saura aussi bien garder le silence sur vos disgrâces que remédier à vos nécessités. — Celle où je me trouve, répondit la dame, est telle qu'elle me forcerait à des choses plus difficiles. Faites entrer, seigneur, qui vous voudrez. Envoyée par vous, cette femme ne peut manquer d'être bonne pour ce que j'attends d'elle. Mais toutefois, je vous en supplie, que personne ne me voie, autre que votre gouvernante. — Vous serez obéie, » répondit don Antonio; et les deux amis la laissèrent seule en quittant la chambre.

Don Juan dit à la gouvernante d'y entrer, et de porter l'enfant avec ses premiers langes, si elle les lui avait remis. La gouvernante répondit que l'enfant était comme il l'avait apporté. Elle entra donc, bien avisée de ce qu'elle devait répondre à ce que lui demanderait, au sujet de cet enfant, la dame qu'elle trouverait dans la chambre. En la voyant entrer, Cornélia lui dit : « Soyez la bienvenue, mon amie ; donnez-moi cet enfant, et approchez cette lumière. » La gouvernante obéit ; mais Cornélia n'eut pas plutôt pris l'enfant dans ses bras, qu'elle changea de visage, et le dévorant des yeux : « Dites-moi, dame gouvernante, s'écria-t-elle, cet enfant, et celui qu'on m'apporta tout à l'heure, est-ce le même ? — Oui, madame, répondit la gouvernante. — Mais pourquoi ces langes sont-ils changés ? répliqua Cornélia. En vérité, mon amie, ce ne sont pas les mêmes langes, ou ce n'est pas le même enfant. — Tout cela peut bien être, repartit la gouvernante. — Comment ! tout cela peut bien être ! s'écria la dame. Sainte Vierge ! que dites-vous là, gouvernante ? Ah ! le cœur me bondit dans la poitrine, jusqu'à ce que je sache d'où vient cet échange. Apprenez-le moi, mon amie. Par tout ce que vous aimez le mieux, je vous en conjure, dites-moi d'où vous sont venus ces langes si riches ! il faut que vous sachiez qu'ils sont à moi, si la vue ne me trompe, ou si la mémoire ne m'abuse ; c'est dans ces langes, ou d'autres tout semblables, que j'ai remis à ma camériste le bijou chéri de mon âme. Qui les lui a ôtés, malheur à moi ! qui les a apportés ici ? »

Don Juan et don Antonio, qui entendaient toutes ces plaintes, ne voulurent pas permettre que la pauvre dame les continuât davantage, et que l'erreur où l'avait jetée le changement des langes la tînt plus longtemps en peine. Ils entrèrent, et don Juan lui dit : « Ces langes et cet enfant vous appartiennent, madame. » Aussitôt il lui conta de point en point comment il était la personne à qui sa camériste avait remis l'enfant, comment il l'avait apporté à la maison, ainsi que l'ordre qu'il avait donné à la gouvernante de changer ses langes, et à quel propos il avait agi de cette façon. « Depuis le moment, ajouta-t-il, où vous nous avez conté les circonstances de votre accouchement, j'ai tenu pour certain que cet enfant était votre fils ; et, si je ne l'ai pas dit sur-le-champ, c'est que je craignais qu'après le doute où vous étiez de le reconnaître, ne survînt trop tôt la joie de l'avoir reconnu. » Alors, les larmes de joie que versa Cornélia furent infinies, comme les baisers qu'elle donna à son fils, comme les actions de grâces qu'elle rendit à ses protecteurs, les appelant ses anges gardiens sur la terre, et leur donnant d'autres noms où éclatait toute sa reconnaissance.

Ils la laissèrent avec la gouvernante, en recommandant à celle-ci de veiller sur elle, de la servir avec tout le soin possible, et après lui avoir révélé la situation de l'étrangère, pour qu'elle lui donnât tous les secours utiles, puisque, femme, elle en savait plus long qu'eux sur ce point. Là-dessus, ils allèrent reposer le peu qui restait de la nuit, bien résolus à ne point entrer dans l'appartement de Cornélia, à moins de nécessité absolue, ou qu'elle ne les appelât elle-même. Le jour vint, et la gouvernante amena quelqu'un pour donner secrètement et en cachette à teter à l'enfant. Les jeunes gens s'informèrent des nouvelles de Cornélia; la gouvernante répondit qu'elle reposait un peu. Ils allèrent aux écoles et passèrent par la rue du combat, devant la maison d'où Cornélia était sortie, pour voir si son absence était déjà publique, et si l'on en caquetait dans le voisinage; mais ils n'entendirent pas souffler mot ni de la querelle, ni de la disparition de Cornélia. Leurs leçons prises, ils revinrent au logis. Cornélia les fit appeler par la gouvernante; ils répondirent qu'ils avaient résolu de ne pas mettre les pieds dans sa chambre, pour mieux garder le respect qu'elle se devait à elle-même. Mais elle répliqua, les larmes aux yeux, qu'elle les priait en grâce de la venir voir, et que c'était la bienséance la plus convenable, sinon pour remédier à ses maux, du moins pour l'en consoler. Ils obéirent, et elle les reçut d'un visage riant, avec une extrême politesse. Elle leur demanda de lui faire la grâce de parcourir la ville, et de voir s'ils apprendraient quelque nouvelle de son aventure; ils répondirent qu'ils avaient déjà fait cette démarche avec tout le soin possible, et que rien ne se disait encore.

En ce moment, un des trois pages qu'ils avaient s'approcha de la porte de la chambre, et leur dit du dehors : « Un gentilhomme est à la porte de la rue avec deux valets, qui dit s'appeler Lorenzo Bentibolli, et demande mon seigneur don Juan de Gamboa. » A ce message, Cornélia ferma ses deux poings, se les mit sur la bouche, et, laissant échapper entre ses doigts une voix suffoquée et tremblante : « C'est mon frère, seigneurs, s'écria-t-elle, c'est mon frère. Sans doute, il doit savoir que je suis ici, et vient pour m'ôter la vie. Au secours, seigneurs, défendez-moi. — Calmez-vous, madame, lui dit don Antonio; vous êtes en un lieu sûr, et au pouvoir de gens qui ne vous laisseront pas faire le moindre outrage. Descendez, seigneur don Juan, allez voir ce que veut ce gentilhomme. Je resterai ici pour défendre Cornélia, s'il en est besoin. » Don Juan, sans changer de visage, descendit aussitôt. Don Antonio fit apporter deux pistolets chargés, puis donna l'ordre aux pages de prendre leurs épées et de se tenir prêts. La gouvernante, en voyant les préparatifs, tremblait de tous ses membres, et Cornélia, qui craignait quelque méchante affaire, n'était pas moins effrayée. Seuls, don Antonio et don Juan conservaient leur sang-froid, et s'occupaient avec calme de ce qu'ils avaient à faire.

Don Juan trouva don Lorenzo à la porte de la rue, et, dès que celui-ci l'eut aperçu, il lui dit : « Je supplie Votre Seigneurie (c'est la formule italienne) de vouloir bien entrer avec moi dans cette église qui est en face. J'ai à traiter avec Votre Seigneurie d'une affaire où il s'agit pour moi de la vie et de l'honneur. — Très-volontiers, répondit don Juan; allons, seigneur, où il vous plaira. » Cela dit, et bras dessus bras dessous, ils allèrent à l'église et s'assirent sur un banc à l'écart, de manière à n'être pas entendus. Lorenzo parla le premier. « Seigneur Espagnol, dit-il, je suis Lorenzo Bentibolli, sinon des plus riches, au moins des plus nobles gentilshommes de cette ville. La notoriété de ce fait servira d'excuse à la louange que je me donne moi-même. Je restai orphelin, il y a quelques années, et en mon pouvoir resta une sœur si belle, que, si elle ne me touchait pas d'aussi près, les expressions et les hyperboles me manqueraient pour vous en faire l'éloge, car aucune ne saurait répondre dignement à sa beauté. De ce que l'honneur m'est cher, de ce qu'elle est jeune et belle, je mettais tous mes soins, toute ma sollicitude, à la garder. Mais l'humeur légère et hardie de ma sœur Cornélia, c'est ainsi qu'elle s'appelle, a trompé mes précautions et mes mesures. Finalement, pour abréger et ne vous point fatiguer, car cette histoire pourrait être longue, je me borne à dire que le duc de Ferrare, Alphonse d'Este, vainquit avec des yeux de lynx ceux d'Argus, et qu'il triompha de mon adresse, en triomphant de la vertu de ma sœur. Hier soir, il me l'enleva, en l'emmenant de la maison d'une de nos parentes; on dit même qu'elle était récemment accouchée. Je le sus hier soir, et je sortis sur-le-champ à sa poursuite. Je crois même que je le rencontrai et l'attaquai l'épée à la main ; mais il fut secouru par quelque ange qui ne permit pas que je lavasse dans son sang la tache de mon outrage. Ma parente m'a dit, et c'est d'elle que je sais tout, que le duc a séduit ma sœur en lui donnant parole de la prendre pour épouse. Je ne crois point cela, parce que le mariage serait trop inégal quant aux biens de la fortune, car, quant à ceux de la nature, le monde connaît la qualité des Bentibolli de Bologne. Ce que je crois, c'est que le duc s'y est pris comme s'y prennent tous les puissants qui veulent triompher d'une jeune fille timide et vertueuse ; il aura fait fait briller à ses yeux le doux nom d'époux, en lui faisant accroire que certaines considérations l'empêchaient de se marier sur-le-champ : mensonge facile à prendre pour la vérité, mais trompeur et coupable. Quoi qu'il en soit, je me vois sans sœur et sans honneur, bien que j'aie tenu jusqu'à présent toute cette aventure sous la clef du silence, et que je n'aie voulu confier à personne l'outrage que j'ai reçu, avant de voir si je puis le réparer en quelque façon. Dans ces affaires de déshonneur, il vaut mieux laisser le monde présumer et soupçonner que l'instruire complétement. Entre le oui et le non du doute, chacun peut incliner du côté qui lui plaît et les deux opinions ont leurs défenseurs. Finalement, j'ai résolu d'aller à Ferrare pour demander au duc lui-même satisfaction de mon offense, et, s'il me la refuse, pour lui porter un défi. Ce ne sera point avec des escadrons armés, puisque je ne puis ni les réunir ni les solder ; mais ce sera d'homme à homme. Pour cela, je voudrais votre assistance, je voudrais que vous m'accompagnassiez dans ce voyage ; et j'ai la confiance que vous ne me refuserez pas, étant Espagnol et gentilhomme, comme je m'en suis informé. D'ailleurs je ne veux confier mon dessein à aucun parent, à aucun ami, dont je n'attends que des conseils timides faits pour m'en dissuader, tandis que de vous, j'attends des avis sensés et honorables, que nul péril ne saurait influencer. Il faut, seigneur, que vous me fassiez la grâce de venir avec moi ; menant un Espagnol à mes côtés, et tel que vous me paraissez être, je compterai mener pour ma défense les armées de Xerxès. Je vous demande beaucoup, mais le devoir de répondre à ce que la renommée publie de votre nation exige encore davantage.

— Assez, seigneur Lorenzo, s'écria don Juan, qui l'avait jusqu'alors écouté sans l'interrompre ; n'allez pas plus loin.

Désormais, je me constitue votre défenseur et votre conseiller, et je prends à ma charge la satisfaction et la vengeance de votre affront. Ce n'est pas seulement parce que je suis Espagnol, mais parce que je suis gentilhomme, et que vous l'êtes aussi, noble comme vous l'avez dit, comme je le sais, et comme le sait tout le monde. Voyez, quand voulez-vous que nous partions? Le mieux est que ce soit sans retard, car il faut battre le fer tandis qu'il est chaud; d'ailleurs le feu de la colère allume le courage, et l'injure récente éveille la vengeance. » A ces mots, Lorenzo se leva et serra étroitement don Juan dans ses bras : « Pour un cœur aussi généreux que le vôtre, seigneur don Juan, lui dit-il, il n'est pas nécessaire de l'exciter en faisant valoir d'autre intérêt que celui de l'honneur à gagner en pareil cas. Cet honneur, je vous l'assure dès maintenant, si nous sortons heureusement de cette affaire, et je vous offre de plus tout ce que j'ai, tout que je puis, tout ce que je vaux. Notre départ aura lieu demain; aujourd'hui je préparerai tout ce qui est nécessaire. — J'en suis d'accord, répondit don Juan; mais permettez-moi, seigneur Lorenzo, de confier cette aventure à un gentilhomme, mon camarade, dont vous devez vous promettre plus de valeur et de discrétion que de moi-même. — Seigneur don Juan, répliqua Lorenzo, puisque vous avez pris, comme vous le dites, mon honneur à votre charge, disposez-en comme il vous plaira, parlez-en à qui et de la façon qu'il vous plaira. D'ailleurs, qui pourrait être votre camarade, à moins d'être noble et bon? » Sur cela ils s'embrassèrent et prirent congé l'un de l'autre, après être tombés d'accord que le lendemain matin Lorenzo enverrait appeler don Juan, pour monter à cheval hors de la ville, et suivre leur chemin sous un déguisement.

Don Juan revint aussitôt chez lui; il rendit compte à don Antonio et à Cornélia de ce qui venait de lui arriver avec Lorenzo, et de l'engagement qu'il avait pris. « Sainte Marie! s'écria Cornélia, votre courtoisie est grande, seigneur, ainsi que votre confiance. Comment! vous vous êtes si vite et si témérairement engagé dans une entreprise remplie d'obstacles! mais que savez-vous, seigneur, si mon frère vous mène à Ferrare ou à quelque autre endroit? Au reste, en quelque part qu'il vous mène, vous pouvez compter que la loyauté en personne vous accompagne. Pour moi, malheureuse, j'ai peur d'une ombre et je m'effraye d'un atome de lumière; et comment voulez-vous que je ne tremble pas, quand la réponse du duc doit prononcer sur ma vie ou sur ma mort? Sais-je même s'il répondra assez modérément pour que la colère de mon frère se contienne dans les limites de sa discrétion? Si elle s'en échappe, croyez-vous qu'il ait un faible adversaire? Ne dois-je pas, les jours que vous tarderez à revenir, rester dans l'inquiétude et dans l'effroi, en attendant les douces ou amères nouvelles du résultat de l'entreprise? Est-ce que j'aime assez peu le duc ou mon frère, pour n'avoir pas à craindre le malheur de l'un comme de l'autre, et pour ne pas le sentir au fond de l'âme? — Votre imagination va loin, madame Cornélia, dit don Juan, et vos appréhensions sont excessives. Parmi tant de frayeurs, laissez quelque place à l'espérance, et fiez-vous à Dieu, à mon adresse, à mon bon désir, du soin de voir s'accomplir le vôtre avec bonheur. Le voyage de Ferrare ne peut s'éviter, et je ne puis me dispenser davantage de seconder votre frère. Jusqu'à présent, nous ne savons pas l'intention du duc, ni même s'il connaît votre fuite. Tout cela, nous devons l'apprendre de sa bouche, et personne mieux que moi ne peut le lui demander. Comptez, madame, que le salut et la satisfaction de votre frère et du duc, je les porte, comme on dit, dans les prunelles de mes yeux.

— Ah! seigneur don Juan, répondit Cornélia, si le ciel vous donne autant de pouvoir pour remédier aux maux que de grâce pour en consoler, je dois, au milieu de mes peines, me tenir pour bien fortunée. Je voudrais déjà vous voir aller et revenir, quelques dures émotions que me donnent en votre absence l'espérance et la crainte. »

Don Antonio approuva la résolution de don Juan, et loua la noble manière dont il avait répondu à la confiance de Lorenzo Bentibolli. Il ajouta même qu'il voulait les accompagner, dans le cas où sa présence deviendrait utile. « Pour cela, non, répondit don Juan, tant parce qu'il serait mal de laisser seule Mme Cornélia, qu'afin que le seigneur Lorenzo n'aille pas penser que je veux me prévaloir du bras d'autrui. — Le mien est le vôtre même, répliqua don Antonio. Aussi, dussé-je garder l'incognito et vous suivre de loin, encore vous suivrai-je. Je sais que Mme Cornélia n'en sera point fâchée. D'ailleurs, elle ne reste pas tellement seule, qu'elle n'ait personne pour la servir, la garder et lui faire compagnie. — Oh! oui, reprit Cornélia, ce sera pour moi, seigneurs, une grande satisfaction de savoir que vous partez ensemble, ou du moins de façon que vous puissiez vous prêter mutuellement assistance, si le cas l'exigeait ; et, puisque l'entreprise me semble, à moi, périlleuse, faites-moi la grâce, seigneurs, de porter ces reliques avec vous. » En disant cela, elle tira de son sein une croix de diamant d'inestimable valeur, et un *agnus* d'or, aussi riche que la croix. Les deux amis examinèrent ces précieux bijoux, et les estimèrent plus haut encore qu'ils n'avaient estimé la bourdaloue du chapeau ; mais ils les lui rendirent, et ne voulurent les accepter en aucune façon, disant qu'ils portaient des reliques sur eux, sinon aussi richement ornées, au moins d'une égale efficacité. Cornélia regretta vivement de ne pouvoir leur faire accepter les siennes ; mais enfin elle dut se rendre à leur volonté.

La gouvernante avait grand soin de Cornélia, et, sachant le départ de ses maîtres, qui le lui apprirent, mais non où ils allaient, ni ce qu'ils allaient faire, elle se chargea de veiller si bien sur la dame, dont elle ne savait pas même le nom, qu'on ne s'apercevrait point de l'absence de Leurs Grâces.

Le lendemain, de grand matin, Lorenzo était à la porte. Don Juan s'était mis en habits de voyage, avec le précieux chapeau qu'il avait orné de plumes noires et jaunes, et dont il avait caché la bourdaloue sous une ganse noire. Il alla prendre congé de Cornélia, qui, sachant son frère si près d'elle, était saisie d'une telle frayeur qu'elle ne put venir à bout d'adresser une seule parole aux deux amis qui lui disaient adieu. Don Juan sortit le premier, et se rendit avec Lorenzo hors de la ville, où, dans un jardin écarté, ils trouvèrent deux bons chevaux avec deux valets qui les tenaient en main. Ils montèrent dessus, les valets prirent les devants, et, par des sentiers peu battus, ils cheminèrent du côté de Ferrare. Don Antonio les suivait, sur un bidet à lui, ayant changé de vêtement et dissimulant de son mieux ; mais il s'aperçut que Lorenzo le regardait avec défiance, et il résolut dès lors de suivre le grand chemin de Ferrare, bien sûr qu'il les retrouverait dans cette ville.

A peine les voyageurs eurent-ils quitté Bologne, que Cornélia raconta à la gouvernante toutes ses aventures ; elle lui avoua que cet enfant était à elle et au duc de Ferrare, et lui confia tous les détails de cette histoire qu'on a jusqu'à présent rapportés ; elle ne lui cacha pas davantage que le voyage de ses maîtres était à Ferrare, en compagnie de son frère, qui allait porter un défi au duc Alphonse. Quand la gouvernante eut entendu tout cela, comme si le démon lui en eût donné l'ordre pour embrouiller les choses et reculer la délivrance de Cornélia, elle lui dit : « Comment! dame de mon âme, toutes ces choses vous sont arrivées, et vous êtes là, sans souci, couchée sur le dos! Ou vous n'avez point d'âme, ou vous l'avez comme un chiffon. Comment! pensez-vous, par hasard, que votre frère va à Ferrare? N'en croyez rien ; mais croyez et soyez sûre qu'il a voulu emmener mes maîtres d'ici et les éloigner de la maison, pour y revenir ensuite et vous ôter la vie. Il le peut faire, ma foi, comme boire un verre d'eau. Voyez un peu sous quelle garde nous restons, et qui nous avons pour nous défendre : trois pages qui ont plus à faire de se gratter la gale dont ils sont pleins que de se mêler de choses qui ne les regardent pas. Pour moi, du moins, je puis dire que je n'aurai pas le courage d'attendre le ravage qui menace cette maison. Le seigneur Lorenzo, Italien, qui se confie à des Espagnols, qui leur demande aide et faveur! Allons donc, qu'on me crève l'œil si j'en crois rien. (Ce disant, elle se faisait à elle-même la figue, en passant son pouce entre ses doigts.) Mais si vouliez, ma fille, prendre mon conseil, je vous en donnerais un tel qu'il vous tirerait d'affaire. »

Cornélia était restée frappée de stupeur et d'effroi, en écoutant les propos de la gouvernante, qui parlait avec tant de feu et montrait une telle frayeur, que la pauvre dame crut que tout ce qu'elle disait était la vérité pure. Elle s'imagina que don Juan et don Antonio étaient morts peut-être, que son frère passait déjà la porte, et qu'il la perçait à coups de poignard. Elle répondit donc : « Et quel conseil me donneriez-vous, mon amie, qui fût salutaire, qui prévînt cette prochaine catastrophe? — Je vous le donnerai si bel et si bon, reprit la gouvernante, qu'on ne saurait le rendre meilleur. Moi, madame, j'ai servi anciennement le curé d'un village qui est à deux milles de Ferrare. C'est une bonne et sainte personne, qui fera pour moi tout ce que je lui demanderai, car il m'a plus d'obligation que celle de l'avoir servi. Allons-nous-en là ; je vais chercher quelqu'un pour nous y conduire, et, quant à celle qui vient faire téter l'enfant, c'est une pauvre femme qui nous suivra au bout du monde. Enfin, madame, en supposant que vous deviez être retrouvée, il vaut mieux qu'on vous rencontre chez un bon curé de village, vieux et honnête, qu'au pouvoir de deux jeunes étudiants espagnols, lesquels, comme j'en suis chaque jour témoin, ne laissent point échapper l'occasion. Maintenant que vous êtes malade, ils vous portent respect ; mais si vous reprenez la santé étant dans leurs mains, Dieu fera bien de vous être en aide. Car, en vérité, si ma froideur et mes rebuffades ne m'eussent bien gardée, ils auraient déjà mis mon honneur à l'envers. Tout ce qui reluit en eux n'est pas or. Ils disent blanc et font noir ; mais heureusement qu'ils ont affaire à moi. Je suis fine, et sais bien où le soulier me blesse. Mais surtout je suis bien née, car j'appartiens à la famille des Cribelli de Milan, et je porte la question de l'honneur à dix mille pieds au-dessus des nuages. Par là vous pouvez voir, madame, quels malheurs j'ai essuyés, puisque étant qui je suis, me voilà réduite à être gouvernante d'Espagnols. Toutefois, je n'ai pas à me plaindre de mes maîtres, car ce sont deux petits anges, quand ils ne sont pas en colère. »

Enfin, elle lui en dit tant et de tant de façons, que la pauvre Cornélia se disposa à suivre son avis. En moins de quatre heures, l'une se laissant faire, et l'autre disposant tout, elles se virent toutes deux dans un carrosse avec la nourrice de l'enfant ; puis, sans être aperçues des pages, elles se mirent en chemin pour le village du curé. Tout cela se fit à la persuasion de la gouvernante et avec son argent, car ses maîtres ui ayant payé une année de gages, il ne fut pas nécessaire d'engager un joyau que lui donnait Cornélia. Comme elles avaient ouï dire à don Juan que Lorenzo et lui ne se rendraient point à Ferrare par le droit chemin, mais par des sentiers détournés, elles voulurent prendre la grand'route, et marcher doucement pour ne point les rencontrer. Le maître du carrosse fit à leur volonté, puisqu'elles le payaient suivant la sienne.

Laissons-les aller, puisqu'elles vont aussi bravement que bien dirigées, et sachons ce qui arriva au seigneur Lorenzo Bentibolli et à don Juan de Gamboa. On dit qu'ils apprirent en chemin que le duc n'était point à Ferrare, mais à Bologne ; ainsi donc, cessant de faire des détours et des circuits, ils gagnèrent la grand'route, considérant que c'était par là que reviendrait le duc au retour de Bologne. Un peu après qu'ils y furent arrivés, ayant jeté les yeux du côté de Bologne, pour voir si quelqu'un venait par là, ils aperçurent une grande troupe de gens à cheval. Alors don Juan dit à Lorenzo de s'écarter du chemin, parce que, si par hasard le duc se trouvait au milieu de ces gens, il voulait lui parler avant qu'il rentrât à Ferrare, qui n'était qu'à une petite distance. Lorenzo approuva le conseil de don Juan, et lui obéit. Dès qu'il se fut éloigné, don Juan ôta la ganse noire qui couvrait la bourdaloue de diamant, non sans quelque imprudence, comme il l'avoua depuis.

En ce moment arriva la troupe des voyageurs. Parmi eux se trouvait une femme, montée sur un cheval pie, en habits de route, et le visage couvert d'un masque en taffetas, soit pour mieux se cacher, soit pour se garantir de l'air et du soleil. Don Juan arrêta son cheval au milieu du chemin, et resta, la figure découverte, attendant l'arrivée des voyageurs. Quand ceux-ci approchèrent, la bonne mine, le beau cheval, la riche parure du gentilhomme espagnol, et surtout l'éclat de ses diamants, attirèrent les regards de tous ceux qui venaient à lui, principalement du duc de Ferrare, qui se trouvait au milieu de la troupe. Dès que celui-ci eut jeté les yeux sur la bourdaloue, il imagina sur-le-champ que celui qui la portait était don Juan de Gamboa, son libérateur dans le combat nocturne, et cette pensée lui parut si certaine, que, sans plus de réflexion, il poussa son cheval à don Juan. « Je ne crois pas me tromper, lui dit-il, seigneur gentilhomme, si je vous appelle don Juan de Gamboa; votre bonne mine et l'ornement de ce chapeau me le disent assez. — C'est vrai, répondit don Juan, car jamais je n'ai su ni voulu cacher mon nom. Mais dites-moi, seigneur, qui vous êtes, afin que je ne commette point quelque impolitesse. — Ce serait impossible, répliqua le duc, car je tiens pour avéré que vous ne pourrez être en aucun cas impoli. Toutefois, seigneur don Juan, je dois vous dire que je suis le duc de Ferrare, celui qui est tenu de vous servir tous les jours de sa vie, car il n'y a pas quatre nuits que vous la lui avez donnée. »

Le duc n'avait pas achevé de dire ce peu de mots, que don Juan sauta de cheval avec une extrême promptitude, et courut baiser les pieds du duc. Mais, quelque hâte qu'il eût prise, le duc avait déjà quitté la selle, de façon qu'à la descente de l'étrier, don Juan le reçut dans ses bras. Le seigneur Lorenzo, qui regardait de loin ces cérémonies, ne les attribuant point à la politesse, mais à la colère, lança aussitôt son cheval; mais il le retint au milieu du premier élan, quand il vit serrés dans les bras l'un de l'autre le duc et don Juan. Le duc aperçut Lorenzo par-dessus les épaules de don Juan; il le reconnut, et cette vue lui causant quelque émoi, il demanda à

don Juan, toujours serré sur sa poitrine, si Lorenzo Ben
bolli, qui était là, venait ou non avec lui. « Écartons-no
d'ici, répondit don Juan, et je conterai de grandes choses
Votre Excellence. » Le duc s'éloigna des siens, et don Ju
lui dit : « Seigneur, Lorenzo Bentibolli, que vous voyez l
a contre vous un grief, et non petit. Il assure qu'il y a quat
nuits, vous avez enlevé sa sœur, Mme Cornélia, de la mais
d'une de ses cousines, et que vous l'avez trompée, déshon
rée. Il veut savoir de vous quelle satisfaction vous pensez l
donner, pour qu'il voie ce qu'il lui convient de faire. Il m
prié d'être son médiateur et son second. Je me suis offert d
bon cœur pour ce rôle : car, sur quelques détails qu'il m
donna du combat, je reconnus que vous étiez, seigneur, l
maître de cette bourdaloue, dont votre libérale courtoisie
voulu que je restasse possesseur. Voyant donc que personn
mieux que moi ne pouvait s'entremettre en cette affaire, je lu
offris mon assistance. Maintenant je voudrais, seigneur, qu
vous me dissiez ce que vous savez à ce sujet, et si Lorenzo :
dit lui-même la vérité. — Ah! mon ami, répondit le duc
c'est tellement la vérité, que je n'aurais pas l'audace de l
nier, si j'en avais l'envie. Je n'ai point trompé Cornélia, bie
que je sache qu'elle a disparu de la maison dont vous parlez
je ne l'ai point trompée, car je l'ai prise pour mon épouse ; j
ne l'ai point enlevée, car je ne sais ce qu'elle est devenue. S
je n'ai pas publiquement célébré nos noces, c'est parce qu
j'attendais que ma mère, qui est mourante, eût passé de cette
vie à une vie meilleure, afin de ne pas contrarier le désir
qu'elle a que j'épouse Livia, fille du duc de Mantoue, et à
cause d'autres obstacles, peut-être encore plus puissants que
ceux-là, mais qu'il ne convient pas de révéler à présent. Voici
ce qui est arrivé : la nuit que vous m'avez secouru, je devais
l'emmener à Ferrare, parce qu'elle était dans le mois où devait venir au monde le gage que le ciel avait accordé à notre
amour. Mais, soit à cause du combat, soit à cause de mon
retard, quand j'arrivai à la maison, je trouvai la confidente
de nos secrets arrangements qui sortait. Je m'informai de
Cornélia; elle me répondit que sa maîtresse était déjà partie,
après être accouchée cette nuit même d'un garçon, le plus
beau du monde, et qu'elle l'avait remis à Fabio, l'un de
mes gens. Cette femme est celle qui nous accompagne; Fabio est également ici; mais l'enfant ni Cornélia ne sont pas
retrouvés. Je suis resté ces deux jours à Bologne, attendant

cherchant de toutes parts quelque nouvelle de Cornélia, mais je n'ai rien appris. — De façon, seigneur, interrompit don Juan, que, si Cornélia et son fils viennent à paraître, vous ne nierez point que l'une est votre épouse et l'autre votre fils? — Non certes, répondit le duc; car, bien que je me pique d'être gentilhomme, je me pique encore plus d'être chrétien. D'ailleurs Cornélia est telle qu'elle mérite la couronne d'un royaume. Elle n'a qu'à paraître, et, que ma mère meure ou survive, le monde saura que, si je sus être amant, je sais aussi garder en public la parole que j'ai donné en secret. — Vous direz donc volontiers, reprit don Juan, ce que vous venez de me dire à votre frère le seigneur Lorenzo? — Tout ce que je regrette, répondit le duc, c'est qu'il tarde tant à le savoir. »

A l'instant même, don Juan fit signe à Lorenzo de mettre pied à terre et de venir les rejoindre. L'autre obéit, bien éloigné de croire à la bonne nouvelle qui l'attendait. Le duc s'avança, les bras ouverts, pour le recevoir, et la première parole qu'il lui adressa fut de l'appeler frère. A peine Lorenzo put-il répondre à un accueil si courtois, à un salut si tendre. Tandis qu'il restait confondu, n'ayant pas encore prononcé un mot, don Juan lui dit : « Le duc, seigneur Lorenzo, confesse les rapports secrets qu'il a eus avec votre sœur, Mme Cornélia; il confesse aussi qu'elle est sa légitime épouse, et que, de même qu'il le dit ici, il le dira publiquement, quand le moment en sera venu. Il convient également qu'il alla, il y a quatre nuits, l'enlever de la maison de sa cousine pour la conduire à Ferrare, et attendre l'occasion favorable de célébrer ses noces, qu'il n'a retardées que par de très-justes motifs dont il m'a fait confidence. Il raconte encore le combat qu'il eut à soutenir contre vous, et que, lorsqu'il alla chercher Cornélia, il rencontra Sulpicia, sa camériste, qui est cette femme mêlée dans ce groupe, de laquelle il apprit que Cornélia était accouchée il n'y avait pas une heure, qu'elle avait donné l'enfant nouveau-né à un serviteur du duc, et qu'aussitôt Cornélia, pensant que le duc était proche, s'était échappée de la maison, tout épouvantée, parce qu'elle croyait que vous connaissiez, seigneur Lorenzo, sa secrète intrigue. Sulpicia n'a point donné l'enfant à un serviteur du duc, mais à un autre à sa place; Cornélia n'a point reparu; le duc s'accuse de tout le mal, et dit qu'aussitôt que Cornélia sera retrouvée, il la reconnaîtra pour sa légitime épouse. Voyez, seigneur Lorenzo, s'il y a quelque chose de plus à dire ou quelque cho[se] de plus à désirer, si ce n'est la découverte de ces deux êtr[es] aussi chers qu'infortunés. »

Le seigneur Lorenzo répondit, en se jetant aux pieds [du] duc, qui s'efforçait de le relever : « De votre grandeur et [de] vos sentiments chrétiens, sérénissime seigneur et frère, no[us] ne pouvions, ma sœur et moi, espérer un moindre bienfa[it] que celui dont vous nous comblez tous deux, elle, en l'ég[a]lant à vous, moi, en m'élevant au rang des vôtres. » En d[i]sant cela, les larmes lui venaient aux yeux, et le duc aus[si] semblait se mouiller les siens, attendris tous deux, l'un d'a[voir] voir perdu son épouse, l'autre d'avoir trouvé un si noble beau[-]frère. Mais, s'apercevant qu'il y aurait faiblesse à témoigne[r] leur attendrissement par des pleurs, ils parvinrent à les re[-]tenir, tandis que les yeux de don Juan, pleins d'allégresse[,] leur annonçaient en quelque sorte que Cornélia et son fi[ls] étaient retrouvés, puisqu'il les avait laissés dans sa propr[e] maison.

Sur ces entrefaites, on aperçut don Antonio de Isunza, qu[e] don Juan reconnut d'assez loin à son cheval. Quand il se fu[t] approché du groupe, il s'arrêta, et vit les chevaux de Lorenz[o] et de don Juan, que les valets de pied tenaient par la bride [à] l'écart. Il reconnut don Juan et Lorenzo, mais non le duc, e[t] ne savait que faire, incertain s'il irait ou non rejoindre do[n] Juan. S'étant approché des gens du duc, il leur demanda, e[n] montrant le duc lui-même, s'ils connaissaient ce gentilhomm[e] qui était avec les deux autres. On lui répondit que c'était l[e] duc de Ferrare, ce qui ne fit qu'accroître son embarras et sa perplexité. Enfin don Juan l'en tira, en l'appelant par son nom. Don Antonio descendit de cheval, voyant qu'ils étaient tous à pied, et s'approcha d'eux. Le duc l'accueillit avec beau[-]coup de politesse, don Juan lui ayant dit que c'était son ca[-]marade. Finalement, celui-ci conta à don Antonio tout ce qui leur était arrivé avec le duc, jusqu'à ce qu'il les eût rejoints. Don Antonio s'en réjouit beaucoup, et dit à don Juan : « Pour[-]quoi, seigneur don Juan, n'achevez-vous pas de porter à son comble la joie, le bonheur de ces gentilshommes, en leur an[-]nonçant que Cornélia et son fils sont retrouvés ? — Si vous n'étiez point arrivé, seigneur don Antonio, répondit don Juan, je l'aurais déjà fait; mais annoncez-leur vous-même cette bonne nouvelle : je suis sûr qu'ils vous en sauront gré. » Comme le duc et Lorenzo entendirent parler de bonne nou[-] velle et de Cornélia retrouvée, ils demandèrent ce que cela voulait dire. « Rien autre chose, répondit don Antonio, sinon que je veux faire aussi un personnage dans cette tragi-comédie; ce sera le rôle de celui qui vient demander ses étrennes pour avoir retrouvé Mme Cornélia et son fils. Ils sont tous deux dans ma maison. » Là-dessus, il se mit à leur conter en détail tout ce qu'on a jusqu'ici rapporté. Le duc et Lorenzo en éprouvèrent une joie si vive, que Lorenzo embrassa don Juan, et le duc don Antonio. Le duc promettait tout son État pour étrennes [1], et Lorenzo sa fortune, sa vie, son âme. Ils appelèrent la camériste qui avait remis à don Juan l'enfant nouveau-né, laquelle, ayant reconnu Lorenzo, était toute tremblante. On lui demanda si elle reconnaîtrait bien l'homme à qui elle avait donné l'enfant. « Non, répondit-elle; je lui demandai seulement s'il était Fabio, et, comme il me répondit que oui, je lui livrai l'enfant sans concevoir aucun doute. — Cela est vrai, ajouta don Juan; et vous, madame, avez aussitôt fermé la porte, en me disant de mettre l'enfant en sûreté, et de revenir sur-le-champ. — C'est cela même, seigneur, reprit la camériste éplorée. — Allons, ajouta le duc, les larmes ne sont plus de saison, mais bien l'allégresse et les réjouissances. En tout cas, je ne veux pas entrer à Ferrare, je veux retourner immédiatement à Bologne : car toutes ces joies ne sont que des ombres de bonheur, tant que la vue de Cornélia ne leur aura pas rendu la réalité. » Sans parler davantage, toute la troupe, d'un commun accord, reprit le chemin de Bologne.

Don Antonio prit les devants pour préparer Cornélia, afin que la vue soudaine du duc et de son frère ne lui causât pas une trop vive émotion. Mais ne la trouvant point, et les pages ne pouvant lui dire ce qu'elle était devenue, il se trouva l'homme le plus triste et le plus embarrassé du monde. Quand il vit que la gouvernante avait également disparu, il imagina que c'était elle qui avait fait disparaître Cornélia. Les pages lui dirent que la gouvernante s'en était allée le jour même du départ de ses maîtres; et que, quant à la Cornélia dont il s'informait, ils ne l'avaient jamais vue. A cet événement inattendu, don Antonio resta hors de lui, craignant que le duc n'allât les prendre pour des menteurs et des fourbes, ou n'imaginât même quelque chose de pire encore, qui compromît leur honneur et celui de Cornélia.

1. *Albricias*, cadeau qu'on fait à ceux qui apportent une bonne nouvelle.

Il était plongé dans ces tristes pensées, quand le duc entra avec don Juan et Lorenzo, lesquels, ayant laissé leurs gens hors de la ville, avaient gagné par des rues écartées la maison de don Juan. Ils trouvèrent don Antonio assis sur une chaise, la joue sur la main, et pâle comme un mort : don Juan lui demanda aussitôt quel mal il avait, et où était Cornélia. « Quel mal voulez-vous que je n'aie point, répondit don Antonio, puisque Cornélia est disparue? Le jour même où nous sommes partis d'ici, elle est partie avec la gouvernante que nous avions laissée pour sa garde. » Peu s'en fallut, en recevant de semblables nouvelles, que le duc et Lorenzo n'expirassent de désespoir. Ils demeurèrent tous dans le trouble, la tristesse et la désolation. En ce moment, un des pages s'approcha de don Antonio et lui dit à l'oreille : « Seigneur, depuis le jour que vous êtes partis, Santisteban, le page du seigneur don Juan, tient enfermée dans sa chambre une très-jolie femme. Je crois qu'elle s'appelle Cornélia, car je lui ai entendu donner ce nom. » Don Antonio se troubla de nouveau, et certes il aurait mieux aimé qu'on n'eût point retrouvé Cornélia (car il s'imaginait que c'était elle que le page tenait sous clef) que de la trouver en un tel endroit. Toutefois, et sans répondre un mot, il monta à la chambre du page; mais il trouva la porte fermée, car le page était sorti de la maison. Il s'approcha de la porte, et dit à voix basse : « Ouvrez, madame Cornélia, et venez recevoir votre frère et le duc votre époux, qui viennent vous chercher. — Est-ce qu'on se moque de moi? répondit-on du dedans. En vérité, je ne suis ni si laide, ni si passée, que des ducs et des comtes ne puissent me chercher. C'est ce que mérite une personne qui fréquente des pages. » A ces paroles, don Antonio reconnut que ce n'était point Cornélia qui répondait. Sur ces entrefaites, Santisteban le page revint à la maison, et courut à sa chambre. Quand il trouva là don Antonio, qui demandait qu'on lui apportât toutes les clefs de la maison pour voir si quelqu'une irait à la serrure, il se jeta à deux genoux, et s'écria, tenant la clef à la main : « L'absence de Vos Grâces, ou plutôt une tentation du diable, m'a fait amener cette femme, qui a passé ces trois nuits auprès de moi. Je supplie Votre Grâce, seigneur don Antonio de Isunza (puissiez-vous recevoir de bonnes nouvelles d'Espagne!) de ne rien dire, s'il ne sait rien, à mon seigneur don Juan de Gamboa : je vais la chasser à l'instant même. — Et comment s'appelle cette femme? demanda don Antonio. — Elle s'appelle Cornélia, » répondit le page. En ce moment, le page qui avait découvert la cachette, et qui n'était pas fort ami de Santisteban, descendit où se trouvaient le duc, don Juan et Lorenzo, et se mit à dire, soit par simplicité, soit par malice : « Attrape, beau page ! Pardieu, on lui a fait rendre Mme Cornélia. Il la tenait bien cachée, et n'aurait pas mieux demandé que les maîtres ne revinssent pas si vite, pour allonger le *gaudeamus* de trois ou quatre jours. » Lorenzo entendit ce propos : « Que dites-vous là, mon gentilhomme ? demanda-t-il ; où est Cornélia ? — En haut, » répondit le page. Le duc eut à peine entendu cette réponse qu'il partit comme un éclair, et monta l'escalier quatre à quatre pour voir Cornélia, s'imaginant qu'elle était retrouvée. Il se précipita dans la chambre où était don Antonio, et dit en entrant : « Où est Cornélia ? où est la vie de ma vie ? — La voici, Cornélia, répondit une femme qui était roulée dans les draps du lit, le visage caché. Par sainte Marie ! est-ce qu'il s'agit du vol d'un bœuf ? est-ce une chose si nouvelle qu'une femme couche avec un page, pour qu'on en fasse tant de bruit et d'exclamations ? » Lorenzo, qui se trouvait présent, tirant les draps par un coin, dans son dépit et sa colère, découvrit une femme, jeune et d'assez bonne mine, laquelle, toute honteuse, se mit les mains devant le visage, puis saisit ses vêtements qui lui servaient d'oreiller, et par lesquels on reconnut que c'était quelqu'une de ces filles perdues qui courent le monde. « Est-il vrai, lui demanda le duc, que vous vous appeliez Cornélia ? — Oui, répondit-elle ; j'ai d'honnêtes parents dans la ville, et personne ne doit dire : *Je ne boirai pas de cette eau.* » Le duc fut si honteux, si confondu, qu'il se demanda presque si les Espagnols se moquaient de lui. Mais, pour ne pas donner accès à un si odieux soupçon, il tourna le dos, et, sans mot dire, suivi de Lorenzo, il monta à cheval et s'en alla, laissant don Juan et don Antonio plus confondus encore qu'il ne l'était lui-même.

Ceux-ci résolurent de faire toutes les démarches possibles, et même impossibles, pour trouver Cornélia, et prouver au duc leur sincérité et la bonne volonté qui les animait. Ils congédièrent Santisteban, pour sa hardiesse, et mirent à la porte Cornélia la Coquine. En ce moment, ils se souvinrent qu'ils avaient oublié de parler au duc du riche *agnus* et de la croix en diamants que leur avait offerts Cornélia. A ces enseignes, le duc aurait cru que Cornélia avait été en leur pouvoir, et que, si elle avait disparu, ce n'était pas leur faute. Ils sortirent aussitôt pour réparer cet oubli; mais ils ne trouvèrent point le duc dans la maison de Lorenzo, où ils croyaient qu'il serait encore. Pour Lorenzo, il était chez lui, et il leur dit que, sans s'arrêter un instant, le duc était retourné à Ferrare, en lui laissant l'ordre de chercher sa sœur. Les deux amis lui dirent ce qui les amenait; mais Lorenzo leur assura que le duc était très-satisfait de leur noble façon d'agir, et que tous deux avaient jeté la faute de Cornélia sur sa frayeur extrême, ajoutant que Dieu permettrait sans doute qu'elle reparût, puisque la terre n'avait pas dévoré elle, l'enfant et la gouvernante. Ces confidences les consolèrent tous. Ils ne voulurent pas faire de perquisitions par le moyen de bans publics, mais seulement de secrètes démarches, puisque personne, hormis sa cousine, ne savait la disparition de Cornélia. Parmi ceux qui ne connaissaient pas les intentions du duc, sa réputation eût couru grand risque, si on l'avait publiquement réclamée, et c'eût été un travail infini que d'effacer dans l'esprit de chacun les soupçons que leur aurait donnés une présomption puissante.

Le duc continua son voyage, et la bonne fortune, qui disposait tout maintenant pour son bonheur, le fit arriver au village du curé chez lequel étaient déjà réfugiés Cornélia, l'enfant, la nourrice et la conseillère. Ces femmes lui avaient raconté leur histoire, et demandé conseil sur ce qu'il y avait à faire. Le curé était fort ami du duc, tellement que, dans sa maison, arrangée à la manière d'un prêtre riche et amateur des beaux-arts, le duc venait souvent de Ferrare pour se livrer à la chasse. Il aimait beaucoup la société de ce prêtre, tant à cause de son goût pour les choses curieuses, que de son esprit et de l'agrément qu'il savait mettre à tout ce qu'il faisait. Le curé ne fut donc point surpris de voir le duc venir à son presbytère, puisque, ainsi qu'on l'a dit, ce n'était pas la première fois : mais ce qui là fâcha, ce fut de lui voir un visage triste; et il reconnut sur-le-champ que son cœur était agité de quelque passion. Pour Cornélia, ayant entr'ouï que le duc de Ferrare était là, elle fut saisie d'un trouble extrême, car elle ne savait point quelle intention l'amenait. Elle se tordait les mains et courait de côté et d'autre, comme une personne qui a perdu l'esprit. Cornélia aurait voulu parler au curé; mais il entretenait le duc, et l'on ne pouvait l'aborder. Le duc lui dit : « Je viens plein de tristesse, mon père, et ne veux point aujourd'hui rentrer à Ferrare; je serai votre hôte. Dites à ceux qui m'accompagnent de se rendre à Ferrare, et que Fabio reste seul avec moi. » Le bon prêtre obéit aussitôt, puis alla donner ses instructions pour qu'on reçût le duc convenablement. Ce fut pour Cornélia une occasion de lui parler; elle le prit par les mains, et lui dit : « Ah! mon père et seigneur, qu'est-ce que veut le duc? Par amour de Dieu! touchez un mot de mon affaire, et tâchez de découvrir ses intentions; enfin, menez la chose du mieux qu'il vous semblera, et suivant les inspirations de votre grande habileté. — Le duc est triste, répondit le curé, et, jusqu'à présent, il ne m'a pas dit la cause de sa tristesse. Ce qu'il faut faire, c'est habiller et parer cet enfant. Mettez-lui, madame, tous les joyaux que vous aurez, principalement ceux que vous a donnés le duc, puis laissez-moi faire; j'espère qu'aujourd'hui le ciel nous donnera un heureux jour. » Cornélia l'embrassa, lui baisa la main, et s'en alla parer l'enfant.

Le curé revint entretenir le duc, en attendant l'heure du dîner; et, dans le cours de la conversation, il lui demanda s'il serait possible de savoir la cause de sa mélancolie, car on reconnaissait d'une lieue qu'il était profondément affligé. « Il est vrai, père, répondit le duc, que la tristesse du cœur monte au visage, et qu'on lit dans les yeux ce que souffre l'âme. Le pire est que je ne puis à présent confier à personne le sujet de ma tristesse. — Eh bien! en vérité, seigneur, reprit le curé, si vous étiez en état de voir des choses précieuses et récréatives, je vous en montrerais une qui, j'en suis sûr, vous ferait grand plaisir. — Celui-là serait bien simple, répondit le duc, qui, lorsqu'on lui offre un soulagement à ses maux, refuserait de l'accepter. Par ma vie! père, montrez-moi ce que vous dites : ce doit être quelqu'une de vos curiosités, qui sont toutes pour moi de grand agrément. » Le curé se leva, et alla trouver Cornélia, qui venait de parer son fils, en lui mettant ses plus riches bijoux, la croix et l'*agnus*, ainsi que trois autres pièces de joaillerie d'un grand prix, toutes données par le duc. Ayant pris l'enfant entre ses bras, le curé revint où le duc l'attendait; et, lui disant de se lever pour s'approcher du jour que donnait une fenêtre, il lui mit l'enfant dans les bras. Quand le duc eut aperçu et reconnu les bijoux, quand il eut vu que c'étaient ceux-là mêmes qu'il avait donnés à Cornélia, il resta hors de lui; puis, regardant l'enfant de tous ses yeux, il lui sembla qu'il regardait son propre portrait. Dans sa surprise extrême, il demanda au curé quel était ce jeune enfant, qui semblait, à sa parure, être le fils de quelque prince. « Je ne sais, répondit le curé ; tout ce que je puis dire, c'est qu'il y a je ne sais combien de jours qu'un gentilhomme de Bologne me l'apporta ici, en me chargeant d'en avoir soin et de l'élever ; il est, me dit-il, fils d'un père de haut rang et d'une mère aussi noble que belle. Le gentilhomme amena aussi une femme pour donner le sein à l'enfant. Quand je lui ai demandé si elle savait quelque chose touchant les parents du nourrisson, elle a répondu qu'elle n'avait rien ouï dire. Mais, en vérité, si la mère est aussi belle que la nourrice, ce doit être la plus admirable beauté de l'Italie. — Ne pourrons-nous la voir ? demanda le duc. — Si vraiment, répondit le curé. Venez avec moi, seigneur, et, si la parure et la beauté de cet enfant vous étonnent, comme je m'en aperçois, je suppose que la vue de sa nourrice vous causera le même effet. »

Le curé voulait reprendre l'enfant au duc, mais celui-ci ne voulut pas s'en dessaisir ; au contraire, il le serra dans ses bras et lui donna mille baisers. Le curé prit les devants, et dit à Cornélia de venir, sans aucun trouble, recevoir le duc. Elle obéit ; mais l'émotion lui fit monter au visage de si fraîches couleurs, qu'elles lui donnèrent une beauté plus qu'humaine. Le duc, en la voyant, resta comme frappé de la foudre, tandis que, se jetant à ses genoux, elle voulait lui baiser les pieds. Sans dire un seul mot, le duc tendit l'enfant au curé, et, tournant les talons, il sortit de la chambre en grande hâte. A cette vue, Cornélia, s'adressant au curé. « Hélas ! mon bon seigneur, s'écria-t-elle, est-ce que le duc s'est effrayé de me voir ? est-ce qu'il me hait à présent ? est-ce que je lui semble laide ? a-t-il donc oublié les obligations qu'il a prises envers moi ? ne me dira-t-il pas seulement un mot ? son fils le fatiguait-il déjà tellement qu'il dût ainsi le rejeter de ses bras ? » A tout cela le bon curé ne répondait mot, tout surpris de la fuite du duc, car sa sortie paraissait plutôt une fuite qu'autre chose. Cependant le duc n'avait fait que sortir pour appeler Fabio. « Cours, ami Fabio, lui dit-il, retourne à Bologne en toute diligence, et dis à Lorenzo Bentibolli qu'à l'instant même, et sans nulle excuse, il se rende à ce village avec les deux gentilshommes espagnols don Juan de Gamboa et don Antonio de Isunza. Reviens, ami, sur-le-champ, mais ne reviens pas sans eux, car à les voir il y va de ma vie. »

Sans plus tarder, Fabio exécuta l'ordre de son seigneur. Le duc aussitôt retourna dans la chambre où Cornélia versait de ses beaux yeux d'abondantes larmes. Il la prit dans ses bras et, mêlant des pleurs à ses pleurs, il aspira mille fois la douce haleine de sa bouche. La joie leur paralysait la langue, et c'est dans un chaste et amoureux silence que les deux tendres amants, que les deux vrais époux jouissaient de leur mutuel bonheur. La nourrice de l'enfant et la Cribella, comme s'était appelée la gouvernante, qui avait entrevu par la porte de la chambre tout ce qui se passait entre le duc et Cornélia, se frappaient de joie la tête contre les murs, au point qu'elles paraissaient avoir perdu la raison. Le curé couvrait de baisers l'enfant qu'il tenait dans ses bras, et de la main droite, qu'il avait dégagée, il ne cessait de jeter des bénédictions sur les deux époux embrassés. La gouvernante du curé, qui ne s'était pas trouvée présente à l'événement, parce qu'elle était occupée à préparer le repas, entra, dès que le dîner fut prêt, pour prier les convives de se mettre à table. Son arrivée mit fin aux étroits embrassements. Le duc débarrassa le curé de l'enfant, le prit dans ses bras, et l'y tint tout le temps que dura le repas, moins somptueux que propre et bien accommodé. Pendant qu'on mangeait, Cornélia raconta tout ce qui lui était arrivé jusqu'à ce qu'elle se fût réfugiée dans cette maison, sur le conseil de la gouvernante de ces deux gentilshommes espagnols qui l'avaient servie, gardée et défendue avec tous les soins et le respect imaginables. Le duc lui raconta de son côté tout ce qu'il avait fait jusqu'à ce moment. Les deux gouvernantes se trouvèrent présentes à l'entretien et reçurent du duc les plus favorables promesses. Enfin la joie fut générale à cet heureux dénoûment, et l'on n'attendait plus, pour combler tous les désirs, que l'arrivée de Lorenzo avec don Antonio et don Juan. Ceux-ci vinrent au bout de trois jours, empressés de savoir si le duc avait appris quelque nouvelle de Cornélia : car Fabio, qui avait été les chercher, ne put pas leur dire, n'en sachant rien, qu'elle était retrouvée.

Le duc alla les recevoir dans une salle qui précédait celle où était Cornélia, et cela, sans aucun signe de joie, ce qui attrista les nouveaux venus. Le duc les fit asseoir, s'assit lui-même au milieu d'eux, et, adressant la parole à Lorenzo, il lui parla de la sorte : « Vous savez bien, seigneur Lorenzo Bentibolli, que je n'ai jamais abusé votre sœur. Le ciel et ma conscience m'en sont témoins. Vous savez aussi avec quel empressement je l'ai cherchée, et le désir que j'avais de la trouver pour lui donner ma main, comme je lui en avais fait la promesse. Elle ne paraît plus, et ma parole ne peut être éternellement engagée. Je suis jeune, et pas assez revenu des choses de ce monde pour que je me prive des plaisirs qui me sont offerts à chaque pas. La même passion qui me fit promettre à Cornélia d'être son époux me fit aussi donner, avant cela, parole de mariage à une paysanne de ce village-ci. Je pensais la séduire, l'abandonner, puis me rendre aux charmes de Cornélia, bien que ce ne fût pas me rendre aux cris de la conscience, et certes ce n'était pas un faible témoignage d'amour. Mais enfin, puisque personne ne peut se marier avec une femme qui a disparu, et, puisqu'il n'est raisonnable à personne de chercher la femme qui le fuit, crainte de trouver la haine pour l'amour, voyez, seigneur Lorenzo, quelle satisfaction je puis vous donner pour l'affront que ne vous ai pas fait, puisque jamais je n'eus l'intention de le faire. Ensuite, je veux que vous me donniez pleine autorisation de tenir ma première parole, et d'épouser la paysanne, qui est déjà dans cette maison. »

Tandis que le duc parlait ainsi, Lorenzo changeait à chaque instant de visage, et il ne pouvait se tenir assis sur son siége, preuves évidentes que la colère s'emparait de tous ses sens. La même chose arrivait à don Juan et à don Antonio, qui résolurent aussitôt de ne pas laisser le duc exécuter son projet, dussent-ils lui ôter la vie. Lisant donc leurs sentiments sur leurs visages, le duc ajouta : « Calmez-vous, seigneur Lorenzo ; avant que vous me répondiez une seule parole, je veux que les attraits dont vous allez voir qu'est pourvue celle que je veux prendre pour épouse vous obligent à me donner la permission que je vous demande. Sa beauté est telle, qu'elle peut excuser de plus grandes erreurs. » Cela dit, il se leva et entra dans la chambre où se tenait Cornélia, richement parée de tous les bijoux qu'avait l'enfant et d'autres encore. Quand le duc tourna le dos, don Juan se leva, et, posant les deux mains sur les deux bras du fauteuil où Lorenzo était assis, il lui dit à l'oreille : « Par saint Jacques de Galice, seigneur Lorenzo, par ma foi de chrétien et de gentilhomme, je laisserai le duc se passer sa fantaisie comme je me ferai Turc. Ici, ici et sous mes mains, il perdra la vie, ou il tiendra la parole qu'il a donnée à votre sœur Cornélia. Du moins il nous donnera le temps de la chercher, et, jusqu'à ce qu'on sache positivement qu'elle est morte, il ne se mariera point. — Je suis du même avis, répondit Lorenzo. — Eh bien ! ce sera encore celui de mon camarade don Antonio, » répliqua don Juan.

En ce moment, Cornélia parut à la porte de la salle, entre le duc et le curé, qui la tenaient chacun par la main. Derrière eux venaient Sulpicia, la camériste de Cornélia, que le duc avait envoyé chercher à Ferrare, la nourrice de l'enfant et la gouvernante des étudiants espagnols. Quand Lorenzo vit sa sœur, quand il eut achevé de la bien envisager et de la reconnaître (car d'abord l'impossibilité qu'il trouvait à un tel événement ne le laissait pas apercevoir la vérité), il alla, s'embarrassant dans ses propres jambes, tomber aux pieds du duc qui le releva et le mit dans les bras de sa sœur. Cornélia le serra sur son cœur avec toutes les démonstrations possibles de joie et de tendresse. Don Juan et don Antonio dirent au duc que c'avait été la plus discrète et la plus exquise plaisanterie du monde. Le duc prit l'enfant, que portait Sulpicia, et le donnant à Lorenzo : « Recevez, seigneur mon frère, lui dit-il, votre neveu, mon fils, et voyez s'il vous plaît de me donner permission pour que j'épouse cette paysanne, la première à qui j'aie donné promesse de mariage. »

Ce serait à n'en jamais finir, s'il fallait raconter ce que répondit Lorenzo, ce que demanda don Juan, ce qu'éprouva don Antonio, l'allégresse du curé, la joie de Sulpicia, le contentement de la conseillère, les réjouissances de la nourrice, l'étonnement de Fabio, et finalement la commune satisfaction de tout le monde. Bientôt le curé maria les deux amants, qui prirent pour parrain de noce don Juan de Gamboa. Ils convinrent entre eux que ce mariage resterait secret jusqu'à ce qu'on sût comment finirait la maladie qui menait au tombeau la duchesse douairière, et qu'en attendant, Cornélia retournerait avec son frère à Bologne. Tout se fit ainsi. La duchesse mourut; Cornélia entra à Ferrare, réjouissant le monde par sa vue; les habits de deuil se changèrent en habits de fête; les gouvernantes furent enrichies; Sulpicia épousa Fabio. Pour don Antonio et don Juan, ils étaient charmés d'avoir rendu service au duc, qui leur offrit deux de ses cousines pour femmes avec des dots considérables. Ils répondirent que les gentilshommes de la nation biscaïenne se mariaient pour la plupart dans leur patrie, et qu'ainsi, non par dédain, ce qui n'était point possible, mais pour suivre cette louable coutume et la volonté de leurs parents, qui devraient sans doute les avoir déjà fiancés, ils n'acceptaient point une offre si brillante. Le duc admit cette excuse; mais, par des moyens mutuellement honorables, et cherchant des occasions permises, il leur adressa plusieurs présents à Bologne, si riches quelques-uns et envoyés si bien à propos, que, bien qu'on eût pu les refuser pour ne point paraître recevoir un salaire, les époques où ils arrivaient rendaient leur acceptation facile : principalement ceux qu'il leur envoya au moment de leur départ pour l'Espagne, et ceux qu'il leur donna quand ils vinrent à Ferrare prendre congé de lui. Ils trouvèrent Cornélia mère de deux petites filles, et le duc plus amoureux que jamais. La duchesse donna la croix de diamant à don Juan, et l'*agnus* à don Antonio, qui furent, sans pouvoir s'en défendre, contraints cette fois de les accepter. Ils revinrent tous deux en Espagne, et dans leurs pays, où ils épousèrent de riches, nobles et belles dames, et ils continuèrent toujours à entretenir correspondance avec le duc et la duchesse, ainsi qu'avec le seigneur Lorenzo Bentibolli, au grand plaisir des uns et des autres.

RINCONÈTE ET CORTADILLO.

Un jour des plus chauds de l'été, se rencontrèrent par hasard à l'hôtellerie du Molinillo, qui est au bout de la fameuse plaine d'Alcudia, quand nous allons de la Castille à l'Andalousie, deux jeunes garçons de quatorze à quinze ans. Ni l'un ni l'autre n'en avait plus de dix-sept; tous deux de bonne mine, mais décousus, déchirés, en guenilles. De manteaux, ils n'en avaient pas; leurs culottes étaient en toile, et leurs bas en chair. Il est vrai que les souliers relevaient leur toilette, car ceux de l'un étaient des sandales de corde [1] aussi usées que traînées, et ceux de l'autre sans semelles, de manière qu'ils lui servaient plutôt d'entraves que de souliers. L'un avait sur sa tête une *montera* [2] verte de chasseur; l'autre, un chapeau sans ganse, bas de forme et large d'ailes. L'un portait sur le dos, et rattachée devant la poitrine, une chemise couleur de peau de chamois, toute roulée dans une manche; l'autre avait les épaules libres et sans bissac; mais on lui voyait sur l'estomac un énorme paquet que l'on sut depuis être un collet, de ceux qu'on appelle *wallonnes empesées*, lequel était empesé de graisse, et si effilé par les déchirures qu'il semblait un paquet de charpie. Dans ce collet était roulé et précieusement conservé un jeu de cartes de figure ovale : car, à force de servir, leurs coins s'étaient usés, et, pour les faire durer davantage, on les avait écorniflées et mises en cet état. Tous deux étaient brûlés du soleil, avec les ongles bordés de noir, et les mains peu nettes. L'un avait au côté un demi-estoc; l'autre tenait un couteau à manche de bois jaune, de ceux qu'on appelle *couteaux de vachers*.

Ces deux gaillards vinrent passer la sieste sous le porche ou auvent qu'il y a d'habitude à l'entrée d'une hôtellerie, et

---

[1]. Appelées *alpargates*. — [2]. Espèce de casquette sans visière.

s'étant assis en face de l'un de l'autre, celui qui semblait le plus âgé dit au plus jeune : « De quelle terre [1] est Votre Grâce, seigneur gentilhomme, et de quel côté portez-vous vos pas ? — Ma terre, seigneur chevalier, répondit l'interrogé, je ne la connais point, ni pas davantage en quel lieu je me dirige. — Eh bien ! par ma foi, reprit l'aîné, Votre Grâce ne semble pas venir du ciel, et, comme cet endroit-ci n'est pas fait pour qu'on s'y fixe, il faut à toute force que vous alliez ailleurs. — Cela est vrai, répliqua le cadet, et pourtant j'ai dit la vérité en tout ce que j'ai dit. En effet, mon pays n'est plus le mien, puisque je n'y ai plus qu'un père qui ne me regarde pas comme son enfant, et une belle-mère qui me traite en beau-fils. Quant à mon chemin, je vais à l'aventure, et je m'arrêterai où je trouverai quelqu'un qui me donne de quoi passer cette misérable vie. — Est-ce que Votre Grâce sait quelque métier ? demanda le plus grand. — Je n'en sais autre, répondit le plus petit, sinon que je cours comme un lièvre, que je saute comme une chèvre, et que je découpe au ciseau fort délicatement. — Tout cela est très-bon, très-utile et très-avantageux, reprit le grand, car il se trouvera bien un sacristain qui donnera à Votre Grâce le pain d'offrande de la Toussaint pour qu'au jeudi de la semaine sainte vous lui découpiez des fleurons de papier pour le *Monument* [2]. — Ce n'est pas ainsi que je découpe, répliqua le petit. Mon père, par la miséricorde du Ciel, est tailleur et chaussetier ; il m'a appris à découper de ces sortes de guêtres qui couvrent le devant de la jambe et l'avant-pied, et qu'on appelle de leur nom propre *polainas*. Je les coupe si bien, que je pourrais, en toute vérité, me faire examiner pour la maîtrise, si ma méchante étoile ne me laissait méconnu dans un coin. — Tout cela, et plus encore, arrive aux gens capables, répondit le grand, et j'ai toujours ouï dire que les beaux talents sont le plus tôt perdus. Mais Votre Grâce est d'âge à corriger sa mauvaise fortune. Toutefois, si je ne me trompe, et si votre œil ne ment pas, Votre Grâce a d'autres qualités secrètes, qu'elle ne veut pas déclarer. — Oui, j'en ai, répliqua le petit ; mais elles ne sont pas de nature à se révéler publiquement, comme Votre Grâce l'a parfaitement observé. — Eh bien ! repartit le grand, je puis vous assurer que je suis un des garçons les plus discrets qui

---

1. Expression espagnole, pour dire de quel pays.
2. On appelle ainsi une espèce de théâtre élevé dans l'église, où l'on représente la Passion pendant la semaine sainte.

se puissent trouver loin à la ronde. Pour obliger Votre Grâce à m'ouvrir son cœur et à s'en reposer sur moi, je veux d'abord lui ouvrir le mien; j'imagine, en effet, que ce n'est pas sans mystère que le sort nous a réunis en cet endroit, et je pense que nous devons être amis intimes, depuis ce jour jusqu'au dernier de notre vie.

« Moi, seigneur hidalgo, je suis natif de la Fuenfrida, lieu fort connu, et célèbre par les illustres voyageurs qui le traversent continuellement. Mon nom est Pedro del Rincon[1]; mon père est homme de qualité, puisqu'il est ministre de la saintecroisade; je veux dire qu'il est *buldero*, ou colporteur de bulles, comme dit le vulgaire[2]. Je le servis quelque temps dans le métier, et fis si bien le compère, que je ne m'en laisserais pas revendre, pour débiter des bulles, à celui qui se piquerait de mieux s'en tirer. Mais un jour, ayant pris goût à l'argent des bulles plus qu'aux bulles elles-mêmes, je pris un sac d'écus dans mes bras, et tombai, toujours le portant, au beau milieu de Madrid. Là, avec les facilités qu'on y trouve d'ordinaire, en peu de jours je tirai les entrailles du ventre de mon sac, et le laissai plié en plus de doubles qu'un mouchoir de nouveau marié. Celui qui était chargé de l'argent courut après moi; on m'arrêta, je ne trouvai pas grande faveur; cependant, voyant mon jeune âge, ces messieurs se contentèrent de me faire approcher du poteau, puis émoucher quelque peu les épaules, et de m'exiler pour quatre ans de la capitale. Je pris patience, je pliai les reins pour recevoir la volée correctionnelle, et me hâtai tellement d'exécuter la sentence d'exil, que je n'eus pas le temps de chercher une monture. J'ai pris de mes nippes ce que j'en pouvais emporter, et ce qui me parut le plus nécessaire, entre autres ces cartes (en même temps il montra celles qu'on a dit qu'il portait dans son collet), avec lesquelles, en jouant au vingt-et-un, j'ai gagné ma vie, par les hôtelleries

---

1. *Rincon* veut dire coin, lieu obscur et caché.

2. Sous prétexte qu'ils sont toujours en guerre avec les infidèles, les rois d'Espagne font vendre des bulles de la croisade (bulas de la cruzada), auxquelles sont attachées certaines indulgences. Dans l'origine, le produit de ces bulles était affecté aux dépenses de la guerre contre les Mores; depuis la prise de Grenade, il se partage entre l'Église et l'État. Ces bulles sont colportées dans les villages par des commissaires appelés *bulderos*.

On peut voir, dans le *Lazarille de Tormès*, un fort curieux chapitre sur les *bulderos* et les inventions qu'ils employaient pour duper les dévots et les imbéciles.

et les auberges qu'on trouve de Madrid jusqu'ici. Bien que Votre Grâce les voie si sales et si maltraitées, elles ont, pour celui qui sait s'en servir, une vertu merveilleuse : c'est qu'on ne coupe pas sans laisser un as par-dessous. Si Votre Grâce est versée dans la connaissance de ce jeu, vous verrez quel avantage c'est de savoir qu'on a sûrement un as pour la première carte, lequel peut servir tantôt d'un point, tantôt de onze. Avec cet avantage, quand le vingt-et-un est engagé, l'argent reste à la maison. Outre cela, j'ai appris du cuisinier d'un certain ambassadeur certains tours de quinola et de lansquenet, et, de même que Votre Grâce peut être examinée pour la coupe de ses guêtres, moi je puis me faire recevoir maître dans la science académique. Avec cela, je suis sûr de ne pas mourir de faim : car, je n'arriverais qu'à une ferme isolée qu'il se trouverait bien quelqu'un pour passer un moment à jouer. Nous n'avons qu'à en faire nous deux l'expérience. Tendons le filet, et voyons s'il n'y tombera pas quelque oiseau, des muletiers qui sont ici ; je veux dire que nous jouions ensemble au vingt-et-un, comme si c'était tout de bon ; et si quelqu'un veut faire le troisième, il sera le premier à laisser la pécune. — Très-volontiers, dit l'autre aussitôt ; et je tiens à grande faveur celle que Votre Grâce m'a faite en me racontant sa vie. Vous m'avez obligé à ne pas vous cacher la mienne, et, pour la dire en peu de mots, la voici :

« Je suis né à Pedroso, village situé entre Salamanque et Medina del Campo. Mon père est tailleur ; il m'apprit son métier, et de la coupe au ciseau, mon bon naturel aidant, je vins à couper les bourses. La vie mesquine du village m'ennuya, ainsi que les mauvais traitements de ma belle-mère. Je quittai le pays et vins à Tolède exercer mon état, où j'ai fait des merveilles, car il n'y a ni reliquaire pendu aux coiffes, ni poches si bien cachées que mes doigts ne visitent et que mes ciseaux ne coupent, les gardât-on avec des yeux d'Argus. En quatre mois que je restai dans cette ville, je ne fus ni pris entre deux portes, ni réveillé en sursaut, ni poursuivi de recors, ni dépisté de mouchards. A la vérité, il y a huit jours qu'un espion double[1] fit part de mon habileté au corrégidor, lequel, enchanté de mes petits talents, aurait désiré me voir en personne. Mais moi, qui suis trop humble pour vouloir fréquenter de si graves personnages, je tâchai de ne pas le

---

1. Alguazil qui sert la justice et prévient les voleurs.

rencontrer, et pour cela je sortis de la ville si précipitamment, que je n'eus pas le temps de m'accommoder d'une monture, ni d'un carrosse de retour, ni même d'une charrette. — Effacez cela, reprit Rincon, et, puisque nous nous connaissons déjà, il est fort inutile de faire les fiers. Confessons tout bonnement que nous n'avons ni sou ni maille, et pas même de souliers.

— J'y consens, répondit Diego Cortado [1] (ainsi dit s'appeler e plus jeune); et puisque notre amitié, comme l'a très-bien dit Votre Grâce, seigneur Rincon, doit être éternelle, commençons à la consacrer par de saintes cérémonies. » Alors, se levant tous deux, Cortado embrassa Rincon, et Rincon Cortado avec tendresse et effusion; puis ils se mirent à jouer au vingt-et-un, avec les cartes ci-dessus dépeintes, quittes de droits de gabelles [2], mais non de graisse et de malice, et, au bout de quelques parties, Cortado tournait aussi bien l'as que son maître Rincon.

En ce moment, un muletier se mit sur la porte pour prendre le frais, et leur demanda de jouer en troisième. Ils accueillirent très-volontiers sa proposition, et, en moins d'une demi-heure, ils lui gagnèrent douze réaux et vingt-deux maravédis. C'était comme s'ils lui eussent donné douze coups de lance à travers le corps, et vingt-deux mille désespoirs. Le muletier croyant, à les voir si jeunes, qu'ils ne sauraient pas bien le défendre, voulut leur reprendre son argent; mais les deux gaillards, mettant à la main, l'un son demi-estoc, l'autre son couteau à manche de bois, lui donnèrent si fort à faire, que le muletier, si ses compagnons ne fussent venus au bruit, eût passé un mauvais quart d'heure. Au même instant, passait par hasard une troupe de voyageurs à cheval, lesquels allaient faire la sieste à l'hôtellerie de l'Alcade, qui est à une demi-lieue plus loin. Ceux-ci, voyant la bataille du muletier contre les deux petits garçons, les séparèrent, et dirent aux derniers que si, par hasard, ils allaient à Séville, ils n'avaient qu'à s'en venir avec eux. « Nous y allons justement, dit Rincon, et nous servirons Vos Grâces en tout ce qu'il leur plaira de nous commander. » Puis, sans plus d'hésitation, ils se mirent à sauter devant les mules, et s'en allèrent avec les voyageurs, laissant le muletier dépouillé et furieux, et l'hôtesse très-édifiée de la

1. *Cortado*, nom dérivé de *cortar*, couper.
2. L'expression espagnole, pour dire *quitte de tout droit*, est *net de poussière et de paille*.

bonne éducation des deux vauriens, dont elle avait entendu tout l'entretien sans qu'ils s'en aperçussent. Quand elle rapporta au muletier qu'elle leur avait ouï dire que leurs cartes étaient fausses, le malheureux s'arrachait la barbe, et voulait courir après eux à l'autre hôtellerie pour rattraper son bien. C'était, disait-il, un mortel affront, une aventure déshonorante, que deux polissons eussent trompé un homme de sa taille et de son âge. Mais ses compagnons le retinrent, et lui conseillèrent de ne point aller à leur poursuite, ne fût-ce que pour ne pas publier sa maladresse et sa niaiserie. Enfin, ils lui donnèrent de telles raisons, que, sans le consoler pourtant, ils l'obligèrent à rester tranquille.

Cependant, Cortado et Rincon mirent tant de zèle à servir les voyageurs, que ceux-ci les prenaient en croupe presque tout le long du chemin; et, bien que plusieurs occasions s'offrissent aux deux amis de palper les valises de leurs maîtres de rencontre, ils ne les mirent pas à profit, afin de ne pas perdre l'occasion, meilleure encore, de faire le voyage de Séville, où ils avaient grande envie de se voir arrivés. Néanmoins, lorsqu'ils entrèrent dans la ville, à l'heure de l'*angelus*, et par la porte de la Douane, à cause de la visite et des droits à payer, Cortado ne put se contenir, ni s'empêcher de fendre une valise que portait en croupe un Français de la compagnie. Avec son couteau jaune, il fit à cette valise une si large et si profonde blessure, qu'on lui voyait manifestement les entrailles. Il en tira fort subtilement deux bonnes chemises, une montre solaire et un livre de poche : toutes choses dont la vue ne l'enchanta pas beaucoup. Pensant que, puisque le Français portait cette valise en croupe, il devait l'avoir remplie d'objets plus pesants que ces prises légères, les deux amis auraient bien voulu y remettre la main; mais ils n'osèrent pas, imaginant qu'on se serait aperçu du dommage, et qu'on aurait mis le reste en sûreté. Ils avaient pris congé, avant de faire leur coup, de ceux qui les avaient nourris jusque-là; et le lendemain, ayant vendu les deux chemises au marché de friperie qui se tient à la porte de l'Arsenal, ils en tirèrent vingt réaux.

Cela fait, ils s'en allèrent voir la ville. La grandeur et la somptuosité de sa cathédrale les étonnèrent, ainsi que l'immense concours des gens travaillant au port, car c'était le temps du chargement des flottes. Il y avait sur le fleuve six galères dont la vue les fit soupirer, et craindre même le jour où leurs fautes les y feraient prendre domicile pour le reste de leur vie. Ils aperçurent aussi les nombreux portefaix qui allaient et venaient dans ces parages. Ils s'informèrent auprès de l'un d'eux de ce qu'était ce métier, si l'on y avait beaucoup de travail, et ce qu'on y pouvait gagner. Un portefaix asturien, auquel ils adressaient ces questions, leur répondit que le métier était fort doux, qu'on n'y avait point à payer de gabelle, que souvent il s'en tirait, au bout de la journée, avec cinq ou six réaux de profit, qu'avec cela il mangeait, buvait, s'amusait comme un roi, sans avoir besoin de chercher un maître à qui donner des garanties, et sûr de dîner quand il lui plaisait, car on trouvait à manger à toute heure dans le plus chétif cabaret de toute la ville, où il y en a tant et de si bons. La relation de l'Asturien ne déplut pas aux deux amis, ni le métier non plus, car il leur sembla que ce métier leur allait comme au moule pour pouvoir se livrer au leur en toute sécurité, à cause des facilités qu'il offrait d'entrer dans toutes les maisons. Ils résolurent aussitôt d'acheter les ustensiles nécessaires à l'exercice du métier, puisqu'ils pouvaient l'exercer sans examen. Ils demandèrent à l'Asturien ce qu'il fallait acheter. L'autre répondit qu'il leur suffirait d'avoir chacun un sac de toile, petit et propre, et trois cabas ou paniers de jonc, deux grands et un petit, pour y répartir la viande, le poisson et les fruits, tandis qu'on mettrait le pain dans le sac. Il les conduisit où se vendaient ces objets, et, de l'argent qu'avait produit la défroque du Français, ils achetèrent tout leur bagage. Au bout de deux heures, ils auraient pu être gradués dans ce nouveau métier, tant ils portaient galamment et sans embarras les paniers et le sac. Leur guide les instruisit des endroits où ils devaient se tenir : le matin, à la boucherie et au marché San-Salvador; les jours maigres, à la poissonnerie; toutes les après-midi sur le quai, et les jeudis à la foire.

Ils retinrent bien par cœur toute cette leçon, et le lendemain, de grand matin, ils se plantèrent au milieu de la place San-Salvador. A peine furent-ils arrivés là, qu'ils se virent entourés par d'autres portefaix qui reconnurent aisément, à ce que les paniers et les sacs étaient tout neufs, que c'étaient deux apprentis dans le métier. Aux mille questions qui leur furent adressées, ceux-ci répondirent avec justesse et complaisance. Sur ces entrefaites, arrivèrent une espèce d'étudiant et un soldat, qui furent alléchés par la propreté des paniers neufs que portaient les deux novices. L'étudiant appela Cortado, et le soldat Rincon. « Que ce soit au nom de Dieu[1], dirent-ils tous deux à la fois. — Et que le métier tourne bien, ajouta Rincon, car Votre Grâce m'étrenne, mon bon seigneur. — L'étrenne ne sera pas mauvaise, répondit le soldat ; hier, au jeu, j'étais en veine, et je suis amoureux, de façon qu'aujourd'hui je régale d'un festin les amies de ma dame. — Eh bien ! reprit Rincon, que Votre Grâce me charge à sa fantaisie. J'ai des forces et du courage pour emporter sur mon dos tout ce marché. Et même, s'il est besoin que j'aide à la cuisine, je le ferai de très-bon cœur. » Le soldat fut charmé de la bonne grâce du jeune homme. « Si tu veux me servir, lui dit-il, je te tirerai de ce pauvre et bas métier. — Comme c'est le premier jour que je l'exerce, répondit Rincon, je ne veux pas le quitter sitôt, avant de voir au moins ce qu'il a de bon et de mauvais ; mais, dès que j'en aurai assez, je vous donne ma parole de vous servir par préférence à un chanoine. » Le soldat se mit à rire, le chargea de provisions, et lui montra la maison de sa dame, pour que Rincon la connût désormais, et qu'il n'eût plus besoin de l'accompagner, lorsqu'il l'y enverrait une autre fois. Rincon promit zèle et fidélité. Il reçut trois *cuartos*[2] du soldat, et revint d'un vol au marché, pour ne pas perdre une autre occasion. L'Asturien lui avait aussi recommandé cette diligence, et l'avait de plus averti que, lorsqu'il porterait du menu poisson, comme des goujons, des sardines ou des carrelets, il pouvait bien en prendre quelques-uns et en avoir l'étrenne, ne fût-ce que pour la dépense du jour ; mais que cela devait se faire avec beaucoup de prudence et de sagacité, afin de ne pas perdre la confiance, chose qui importait le plus dans ce métier-là.

Quelque hâte que mît Rincon à revenir, il trouva déjà Cortado à son poste. Celui-ci s'approcha de son camarade, et lui demanda comment la chance lui avait tourné. Rincon ouvrit la main, et montra les trois *cuartos*. Cortado mit la sienne dans son sein, et en tira une bourse, qui paraissait avoir été de fil d'ambre dans les temps passés. Elle était passablement enflée. « C'est avec cette bourse, dit Cortado, que m'a payé Sa Révérence l'étudiant, et avec ces deux *cuartos* de plus. Prenez-la, vous, Rincon, crainte de ce qui peut arriver. » A peine la

---

1. Formule usitée quand on fait une chose pour la première fois.
2. Le *cuarto* vaut quatre maravédis, à peu près les deux tiers d'un sou.

lui avait-il secrètement glissée dans la main, que voici l'étudiant qui arrive, suant, haletant, mortellement troublé. Celui-ci n'eut pas plus tôt aperçu Cortado qu'il lui demanda s'il avait vu, par hasard, une bourse de telles et telles enseignes, qui avait disparu avec quinze écus d'or en or, trois doubles réaux, et tant de maravédis en menue monnaie. « Me l'auriez-vous prise, ajouta-t-il, pendant que j'achetais avec vous par le marché? » Cortado répondit avec un sang-froid merveilleux, sans se troubler, sans changer de visage : « Ce que je puis dire de cette bourse, c'est qu'elle ne doit pas être perdue, à moins pourtant que Votre Grâce ne l'ait mise en de mauvaises mains. — C'est cela même, pécheur que je suis! répliqua l'étudiant; il faut bien que je l'aie mise en de mauvaises mains, puisqu'on me l'a volée. — J'en dis tout autant, reprit Cortado; mais il y a remède à tout, si ce n'est à la mort. Ce que Votre Grâce a de mieux à faire, c'est d'abord de prendre patience; car de moins Dieu nous a faits, et après un jour en vient un autre, et quand l'un donne, l'autre prend; il pourrait donc se faire qu'avec le temps, celui qui a pris la bourse vînt à se repentir, et la rendît à Votre Grâce avec les intérêts. — Des intérêts nous lui ferions bien grâce, répondit l'étudiant. — D'ailleurs, continua Cortado, il y a des lettres d'excommunication[1]; il y a aussi la bonne diligence, qui est mère de la bonne fortune. A la vérité, je ne voudrais pas être le filou de la bourse : car, si Votre Grâce a reçu quelqu'un des ordres sacrés, il me semblerait que j'ai commis un inceste ou un grand sacrilége. — Comment donc, s'il a commis un sacrilége! s'écria le plaintif étudiant. Bien que je ne sois pas prêtre, mais seulement sacristain de religieuses, l'argent de la bourse était le tiers du revenu d'une chapellenie que m'avait chargé de toucher un prêtre de mes amis. C'est de l'argent béni et sacré. — Que le filou mange son péché avec son pain, reprit alors Rincon; je ne me fais pas sa caution. Il y a un jour du jugement dernier, où tout s'en ira, comme on dit, dans la lessive; alors on verra quel est l'audacieux qui a osé prendre, voler et filouter le tiers en revenu de la chapellenie. Mais dites-moi, je vous

---

1. On appelait *paulinas* (probablement du nom d'un pape, Paul III ou Paul IV) ces lettres d'excommunication, expédiées par les tribunaux ecclésiastiques pour la découverte des choses que l'on croyait volées ou cachées méchamment.

prie, seigneur sacristain, combien cette chapellenie rend-elle par année? — Que le diable vous emporte! s'écria l'étudiant étouffant de colère ; est-ce que je suis en état de vous dire ce qu'elle rend? Dites-moi, frère, si vous savez quelque chose, sinon, que Dieu vous conserve. Je veux faire publier ma bourse. — C'est un moyen qui ne me semble pas mauvais, reprit Cortado. Mais que Votre Grâce prenne garde à bien donner le signalement de la bourse, à indiquer bien ponctuellement l'argent qu'elle renferme. Si vous vous trompez d'une obole, la bourse ne paraîtra plus d'ici à la fin du monde. C'est ce que je vous donne pour article de ma foi. — Quant à cela, il n'y a rien à craindre, répondit le sacristain. Je me souviens mieux du compte de l'argent que de sonner les cloches, et je ne me tromperai pas d'un atome. »

Ce disant, il tira de sa poche un mouchoir orné de grosse dentelle, pour essuyer la sueur qui lui coulait du visage comme d'un alambic. A peine Cortado eut-il vu ce mouchoir qu'il le marqua pour sien. Quand le sacristain s'en fut allé, Cortado le suivit, l'atteignit sur les marches de l'église où il l'appela et le prit à part; là, il se mit à lui dire tant de balivernes, tant de gausseries, à propos du vol de la bourse, lui donnant de bonnes espérances, sans jamais finir un propos commencé, que le pauvre sacristain l'écoutait bouche ouverte; et, comme il ne comprenait pas ce que l'autre lui disait, il le faisait recommencer deux ou trois fois la même chose. Cortado, cependant, le regardait fixement au visage, et n'ôtait pas les yeux de ses yeux ; le sacristain le regardait de la même manière, attentif et, comme on dit, pendu à ses paroles. Cet état d'extase permit à Cortado de finir sa tâche; il lui enleva subtilement le mouchoir de la poche, et, prenant congé du pauvre diable, il lui dit de faire tout son possible pour venir le retrouver le tantôt au même endroit, parce qu'il soupçonnait qu'un certain garçon, du même état et de la même taille que lui, un peu voleur de son métier, avait pris la bourse, et qu'il s'obligeait à tirer la chose au clair, en quelques ou en plusieurs jours.

Le sacristain, tant soit peu consolé par cette assurance, quitta Cortado, lequel vint retrouver Rincon, qui avait tout vu de quelques pas à l'écart. Un peu plus loin se tenait un autre portefaix, qui vit tout ce qui s'était passé; et, au moment où Cortado donnait le mouchoir à Rincon, il s'approcha d'eux : « Dites-moi, seigneurs galants, Vos Grâces sont-elles ou non de mauvaise entrée? — Nous n'entendons pas ce que cela veut dire, seigneur galant, répondit Rincon. — Comment, vous n'y êtes pas, seigneurs Murciens[1]? répliqua l'autre. — Nous ne sommes ni de Murcie, ni de Téba, reprit Cortado. Si vous avez autre chose à dire, dites-le; sinon, que Dieu vous conduise! — Ah! vous n'entendez pas la chose! dit le portefaix. Eh bien! je vais vous la faire entendre, et même vous la faire boire avec une cuiller d'argent. Je demande à Vos Grâces si vous êtes voleurs; et je ne sais pourquoi je vous en fais la question, puisque je vois bien que vous l'êtes. Mais dites-moi, comment n'êtes-vous point passés à la douane du seigneur Monipodio? — Tiens, dit Rincon, est-ce qu'on paye dans ce pays patente de voleur, seigneur galant? — Si l'on ne paye patente, répondit le portefaix, du moins on passe la visite devant le seigneur Monipodio, qui est le père à tous, le maître et le protecteur. Je vous conseille donc de venir avec moi lui rendre obéissance; sinon, ne vous avisez pas de voler sans sa permission : il vous en cuirait. — J'avais pensé, reprit Cortado, que le métier de voleur était un état libre, quitte d'octroi et de gabelle, et que, si l'on a des droits à payer, c'est sous le cautionnement de la gorge et des épaules. Mais, puisqu'il en est ainsi, et que chaque pays a sa coutume, obéissons à celle de celui-ci. Puisque c'est le premier pays du monde, la coutume en sera la plus sage. Ainsi Votre Grâce peut nous conduire auprès de ce gentilhomme dont il est question. Je me figure déjà, d'après ce que j'ai ouï dire, qu'il est fort considéré, fort généreux, et de plus fort habile dans le métier. — Comment donc! s'écria le portefaix, s'il est considéré, habile et propre à l'emploi! C'est au point que, depuis quatre ans qu'il est chargé d'être notre supérieur et notre père, il n'y a que quatre de nous qui aient souffert au *finibus terræ*, une trentaine à la main chaude, et soixante-deux aux *gurapes*[2]. — En vérité, seigneur, interrompit Rincon, nous entendons ces mots comme le grec. — Commençons par marcher, reprit le portefaix; en chemin, je vous les expliquerai, ainsi que plusieurs autres dont la connaissance vous est aussi nécessaire que le pain à la bouche. » En effet, il leur dit et leur expliqua successivement d'autres noms et paroles de ce qu'ils appellent l'*argot*[3], pendant le cours de leur entretien, qui ne fut pas bref, car le chemin était long.

1. *Murcio*, dans l'argot bohémien, veut dire voleur. — 2. C'est-à-dire la potence, au fouet et aux galères. — 3. La *germania* ou *gerigonza*.

Pendant le trajet, Rincon dit à leur guide : « Êtes-vous, par hasard, voleur? — Oui, répondit l'autre, pour servir Dieu et les honnêtes gens; bien que je ne compte point parmi les plus versés dans la pratique, car je suis encore dans l'année du noviciat. — C'est pour moi une chose nouvelle, reprit Cortado, qu'il y ait des voleurs au monde pour servir Dieu et les honnêtes gens. — Quant à moi, reprit le portefaix, je ne mêle point de théologie. Ce que je sais, c'est que chacun dans son métier peut fort bien louer Dieu, surtout d'après l'ordre qu'en a donné Monipodio à tous ses filleuls. — Sans doute, ajouta Rincon, cet ordre doit être saint et édifiant, puisqu'il fait que les voleurs servent Dieu. — Il est si saint et si édifiant, répliqua le portefaix, que je doute qu'on puisse jamais en établir un meilleur dans notre métier. Monipodio nous a donné l'ordre de prélever, sur tout ce que nous volons, quelque aumône pour l'huile de la lampe d'une très-dévote image qui est dans cette ville. Et, en vérité, nous avons vu de grandes choses à la faveur de cet ordre. Ces jours passés, on a donné trois *angoisses* à un *cuatrero* qui avait *murcié* deux *braillards*, et, bien qu'il fût chétif et fiévreux, il les a souffertes sans *chanter*, comme si ce n'eût rien été du tout. Nous autres du métier, nous avons attribué cette constance à sa bonne dévotion, car ses forces n'étaient pas de taille à tenir bon contre le premier *crac* du bourreau. Et maintenant, comme je sais que vous allez me questionner sur quelques-uns des mots que j'ai dits, je veux me guérir en santé et vous les expliquer avant que vous me le demandiez. Que Vos Grâces sachent donc que *cuatrero* est un voleur de bétail, *angoisses*, la question, *braillards*, les ânes, parlant par respect, *chanter* avouer le vol, et premier *crac* le premier tour de corde que donne le bourreau. Nous faisons plus; nous récitons notre chapelet en le divisant pour la semaine; plusieurs d'entre nous ne volent pas le vendredi, et le samedi nous ne faisons la conversation avec aucune femme du nom de Marie. — Tout cela me semble d'or, s'écria Cortado. Mais dites-moi, je vous prie, fait-on quelque restitution, ou quelque autre pénitence de plus que celle-là? — Quant à restituer, répondit le portefaix, il ne faut pas en parler, car c'est chose impossible, à cause des nombreuses parts qu'on fait des objets volés, de façon que chacun des agents et contractants ait la sienne. Ainsi, le premier voleur ne peut rien restituer. D'ailleurs il n'y a personne pour nous commander cette démarche, car nous ne nous confessons jamais. Si l'on publie des lettres d'excommunication, elles n'arrivent jamais à notre connaissance, parce que jamais nous n'allons à l'église pendant qu'on les lit, à moins que ce ne soit les jours de jubilé, à cause des profits que nous offre le concours de tant de monde. — Et seulement avec ce qu'ils font là, reprit Cortado, ces messieurs disent que leur vie est sainte et bonne? — Et qu'a-t-elle donc de mauvais? répliqua le portefaix. N'est-il pas pire d'être hérétique, ou renégat, ou de tuer père et mère, ou d'être sodomiste? — Tout cela ne vaut rien, ajouta Cortado; mais, puisque notre étoile a voulu que nous entrassions dans cette confrérie, que Votre Grâce allonge un peu le pas : je meurs d'envie de me rencontrer avec le seigneur Monipodio, auquel on attribue tant de vertus. — Votre désir sera bientôt rempli, répondit le portefaix; d'ici l'on aperçoit sa maison. Que Vos Grâces demeurent à la porte; j'entrerai pour voir s'il est libre, car voici les heures où il a coutume de donner audience. — Que ce soit à la bonne, » repartit Rincon.

Le portefaix, prenant un peu les devants, entra dans une maison, non des plus somptueuses, mais, au contraire, de fort mauvaise apparence. Les deux amis restèrent à la porte en attendant. L'autre revint bientôt, les appela et les introduisit. Leur guide les fit attendre encore dans une petite cour[1], carrelée en briques, si propre, si bien frottée, qu'elle semblait enduite du carmin le plus pur. D'un côté était un banc à trois jambes; en face, une cruche ébréchée avec un pot dessus, en aussi bon état que la cruche; d'un autre côté était jetée une natte de jonc, et au milieu se dressait un pot de basilic. Les nouveaux venus examinaient attentivement le mobilier de la maison, pendant que le seigneur Monipodio descendait à leur rencontre. Voyant qu'il tardait à venir, Rincon se risqua à entrer dans l'une des deux petites salles basses qui donnaient sur la cour. Il y vit deux fleurets et deux boucliers de liége pendus à quatre clous, un grand coffre sans couvercle ni rien qui le bouchât, et trois autres nattes de jonc étendues par terre. Sur la muraille en face, était collée une image de Notre-Dame, de ces grossières estampes; un peu en-dessous était suspendu un petit panier de paille, à côté d'une cuvette de faïence enchâssée dans le mur. Rincon en

---

1. *Patio*, c'est la cour carrée qui forme le centre des maisons à Séville, où elles ont conservé la forme arabe, et qui sert de salon l'été.

inféra que le panier servait de tronc pour les aumônes, et la cuvette de bénitier ; ce qui était vrai.

Sur ces entrefaites, entrèrent dans la maison deux jeunes gens d'une vingtaine d'années, vêtus en étudiants ; un peu après, deux portefaix et un aveugle, et, sans dire un seul mot, ils commencèrent à se promener en long et en large dans la cour. Bientôt entrèrent aussi deux vieillards habillés de serge noire, avec des lunettes sur le nez qui les rendaient graves et respectables, et chacun un chapelet de grains bruyants dans les mains. Derrière eux vint une vieille à longue jupe ; celle-ci, sans rien dire, entra dans la salle basse, et, quand elle eut pris de l'eau bénite avec une grande dévotion, elle se mit à genoux devant l'image ; puis, au bout d'un long recueillement, après avoir d'abord baisé trois fois la terre, et levé trois autres fois les bras et les yeux au ciel, elle se releva, jeta son aumône dans le petit panier, et vint rejoindre les autres dans la cour. Finalement, il s'y réunit en peu de temps jusqu'à quatorze personnes, de différents costumes et de différentes professions. Parmi les derniers, arrivèrent aussi deux braves et élégants gaillards, avec la moustache longue, le chapeau à large bord, le collet à la wallonne, les bas de couleur, les jarretières à grande rosette, les épées longues outre mesure, chacun un pistolet en guise de dague, et leurs boucliers pendus à la ceinture. A peine furent-ils entrés qu'ils jetèrent un regard de travers sur Rincon et Cortado, comme étonnés de les voir, ne les connaissant pas. Ils s'approchèrent d'eux, et leur demandèrent s'ils étaient de la confrérie. « Oui-répondit Rincon, et très-humbles serviteurs de Vos Grâces. »

Enfin arriva le moment où descendit le seigneur Monipodio, aussi attendu que bien accueilli par toute cette vertueuse compagnie. C'était un homme de quarante-cinq à quarante-six ans, haut de taille, brun de visage, les sourcils joints, la barbe noire et très-épaisse, les yeux enfoncés. Il venait en chemise, et, par la fente de devant, il laissait voir une forêt, tant il avait de poil sur la poitrine. Il était couvert d'un manteau de serge qui lui tombait presque jusqu'aux pieds, lesquels étaient chaussés de souliers mis en pantoufles. Des chausses en toile, longues, larges et plissées, lui couvraient les jambes jusqu'aux chevilles. Son chapeau était à la bravache[1], de forme renflée et de bords étendus. De ses épaules et sur sa poitrine

---

1. *De los bravos de la hampa*, nom qu'on donnait aux *bravi* d'Andalousie.

descendait un baudrier de cuir, d'où pendait une épée large et courte, à la manière de celles du *petit chien*[1]. Ses mains étaient courtes et velues, les doigts gros, les ongles épatés. On ne voyait pas ses jambes sous les chausses; mais ses pieds étaient d'une largeur démesurée, avec de gros os saillants. Finalement, il représentait le barbare le plus rustique et le plus difforme du monde.

L'introducteur des deux nouveaux venus descendit avec lui, et les prenant par la main, il les présenta à Monipodio. « Voici, dit-il, les deux bons enfants dont j'ai parlé à Votre Grâce, seigneur Monipodio. Que Votre Grâce les désamine, elle verra comme ils sont dignes d'entrer dans notre congrégation. — Je le ferai très-volontiers, » répondit Monipodio. J'avais oublié de dire qu'au moment où Monipodio parut, tous ceux qui l'attendaient lui firent une longue et profonde révérence, à l'exception pourtant des deux braves, qui soulevèrent seulement un coin de leurs grands chapeaux, et continuèrent à se promener. Monipodio se promenait aussi d'un bout à l'autre de la cour; et, tout en marchant, il questionna les nouveaux venus sur leur métier, leur pays et leurs parents. A cela Rincon répondit : « Le métier, c'est déjà dit, puisque nous paraissons devant Votre Grâce; quant au pays, il ne me semble pas très-important de le déclarer, ni les parents non plus, puisqu'il ne s'agit pas de faire une enquête pour prendre l'habit dans quelque ordre noble. — Vous, mon fils, répondit Monipodio, vous êtes dans le sûr et dans le vrai; c'est une chose fort sensée de cacher ce que vous dites : car, si la chance tournait autrement qu'elle ne doit, il n'est pas bon qu'on laisse inscrit sous parafe de greffier et sur le livre des entrées : un tel, fils d'un tel, habitant de tel endroit, fut pendu tel jour, ou fouetté, ou autre chose semblable, qui pour le moins sonne mal aux oreilles délicates. Je répète donc qu'il est d'un usage profitable de taire son pays, de cacher sa naissance, et de changer son nom propre. Entre nous, cependant, il ne doit rien y avoir de caché, et, pour le moment, je ne veux savoir que vos noms à tous deux. » Rincon dit le sien, et Cortado fit de même. Eh bien, dorénavant, reprit Monipodio, je veux et ma volonté est que vous, Rincon, vous vous appeliez Rinconète, et vous, Cortado, Cortadillo. Ce sont des noms qui vont à

---

[1]. Ce petit chien était la marque d'un célèbre fourbisseur de Tolède, appelé Julian del Rey, et Morisque de naissance.

merveille à votre âge et à nos règlements, lesquels obligent à savoir le nom des parents de nos confrères. En effet, nous avons coutume de faire dire chaque année un certain nombre de messes pour le repos de l'âme de nos défunts et de nos bienfaiteurs, en prélevant pour le casuel du prêtre qui les dit une certaine partie de ce qui est *garbë*[1]. Ces messes, ainsi dites et ainsi payées, font, dit-on, grand bien à ces âmes, par voie de naufrage. Sous le nom de nos bienfaiteurs nous comprenons le procureur qui nous assiste, l'alguazil qui nous avertit, le bourreau qui prend pitié de nous, celui enfin qui, lorsque l'un de nous se sauve dans la rue, et qu'on le poursuit en criant : « Au voleur, au voleur ! arrêtez, arrêtez ! » se jette en travers et retient la foule qui se précipite aux trousses du fuyard, en disant : « Laissez ce pauvre diable, il est assez malheureux ; qu'il aille en paix et que son péché le punisse. » Nous comptons aussi pour bienfaitrices les entretenues qui nous entretiennent dans la *trena* ou dans les *guras*[2]; et de même nos pères et mères qui nous mettent au monde, et enfin le greffier : car, s'il est de bonne composition, il n'y a pas de crime qui ne soit faute, ni de faute qui soit bien punie. C'est pour tous ceux que je viens de nommer que notre confrérie fait chaque année son adversaire avec le plus de poupe et de solitude[3] que nous pouvons.

— Assurément, reprit Rinconète, déjà baptisé et confirmé de ce nom, c'est là une œuvre digne du très-haut et très-profond esprit qu'à ce que nous avons ouï dire, seigneur Monipodio, Votre Grâce possède. Mais nos parents jouissent encore de la vie; s'ils s'en vont avant nous, nous en donnerons sur-le-champ connaissance à cette très-heureuse et très-accréditée confraternité pour qu'on fasse à leurs âmes ce naufrage ou tempête, ou cet adversaire que vous dites, avec la solennité et la pompe accoutumées, à moins cependant que ce ne soit mieux avec la poupe et la solitude, comme Votre Grâce l'a fait entendre dans ses propos. — C'est ce qui se fera, répondit Monipodio, ou il ne restera pas morceau de moi-même. » Appelant alors l'introducteur, il lui dit : « Holà, Ganchuelo[4], les postes sont-ils placés? — Oui, reprit le guide, qui s'appelait, en effet Ganchuelo, trois sentinelles sont aux aguets, et il n'y a

1. Volé. — 2. La prison ou les galères.
3. En espagnol, *solodad* ressemble plus à *solemnidad* que *solitude* à *solennité*.
4. Diminutif de *gancho*, crochet; et, par métaphore, raccoleur.

pas à craindre qu'on nous prenne en sursaut. — Revenant donc à notre affaire, reprit Monipodio, je voudrais savoir, mes enfants, ce que vous savez faire, pour vous donner un emploi conforme à votre inclination et à votre habileté. — Moi, répondit Rinconète, je sais un peu la blague du badaud; j'entends la réserve; j'ai bonne vue pour la dépiste; je joue bien de la seule, des quatre et des huit; j'ai la tricherie plus aux mains qu'aux pieds; j'entre dans la bouche du four comme dans ma maison; je m'engage à ranger un régiment de tours mieux qu'un régiment de Naples, et à donner l'assaut au plus huppé mieux qu'à lui prêter deux réaux[1]. — Voilà des principes, dit Monipodio; mais tout cela ne sont que de vieilles fleurs de coquelicots, si usées, si rebattues, qu'il n'y a pas un débutant qui ne les connaisse; elles servent tout au plus contre un niais assez blanc pour se laisser rafler après minuit. Mais le temps marchera et nous nous reverrons. En échafaudant sur ce fondement une demi-douzaine de leçons, j'espère en Dieu que vous deviendrez un habile ouvrier, et peut-être maître à la fin. — Tout cela sera pour servir Votre Grâce et messieurs nos confrères, répondit Rinconète.

— Et vous, Cortadillo, reprit Monipodio, que savez-vous? — Pour moi, répondit Cortadillo, je connais le tour qu'on appelle *mets deux et tire cinq*, et je sais sonder une poche avec beaucoup d'adresse et de ponctualité. — Savez-vous quelque chose de plus? dit Monipodio. — Hélas! non, pour mes grands péchés, répliqua Cortadillo. — Allons, ne vous affligez pas, mon enfant, repartit Monipodio; vous êtes arrivé à un port où vous ne vous noierez pas, et à une école d'où vous ne sortirez pas sans être bien pourvu de tout ce qu'il convient d'apprendre. Et quant au courage, comment cela vous va-t-il, enfants? — Comment cela pourrait-il nous aller, répondit Rinconète, si ce n'est très-bien? Du courage, nous en avons pour hasarder toute entreprise relative à notre art et à notre profession. — C'est fort bien, répliqua Monipodio; mais je voudrais aussi que vous en eussiez pour souffrir, s'il en est besoin, une demi-douzaine d'angoisses, sans desserrer les lèvres, sans dire : « Cette bouche est à moi. » — Nous savons déjà, seigneur Monipodio, reprit Cortadillo, ce qu'ici veut dire angoisses, et nous avons du courage pour cela comme

---

[1]. Toutes ces expressions, autant qu'on pouvait les rendre en français, signifient, dans l'argot bohémien, divers tours de filouterie.

pour autre chose : car enfin nous ne sommes pas tellement ignorants que nous ne comprenions fort bien que ce que dit la langue, la gorge le paye, et le ciel fait vraiment trop de grâce à l'homme hardi (pour ne pas lui donner un autre nom) lorsqu'il remet à sa langue sa vie ou sa mort, comme si un *non* avait plus de lettres qu'un *oui*. — Halte-là! c'est assez, s'écria Monipodio. Cette seule réponse me persuade, me convainc, me force et m'oblige à ce que je vous couche sur-le-champ au rang des confrères de première classe, et que je vous exempte de l'année de noviciat. — Je suis de cette opinion, » dit un des braves. Et tous les assistants, qui avaient écouté l'examen, l'appuyèrent d'une voix unanime. Ils demandèrent à Monipodio d'accorder aux deux jeunes gens la jouissance immédiate des immunités de leur confrérie, disant que leur bonne mine et leur agréable conversation méritait bien cet honneur. Monipodio répondit que, pour complaire à tout le monde, il leur accordait dès ce moment ces immunités; mais il les avertit de tenir une telle faveur en grande estime, puisqu'elles consistaient à ne point payer la demi-annate sur le premier vol qu'ils feraient; à ne point faire d'offices mineurs dans tout le cours de cette année, c'est-à-dire à ne point porter de commission à quelque frère majeur, à la prison ou chez lui, de de la part de ses contribuants; à humer le turc pur[1]; à faire ripaille, où, quand et comme il leur plairait, sans demander permission au supérieur; à entrer immédiatement en partage dans ce que les frères majeurs apporteraient à la masse, comme eux-mêmes; et, finalement, en plusieurs autres choses que les nouveaux venus tinrent à faveur signalée, et dont les autres leur firent compliment dans les termes les plus polis.

Sur ces entrefaites, entre en courant un jeune garçon, tout essoufflé, tout haletant. « L'alguazil des vagabonds, dit-il, vient en droiture à cette maison; mais il n'amène pas de *gurullade*[2] avec lui. — Que personne ne s'effraye, s'écria Monipodio; c'est un ami, et jamais il ne vient pour nous nuire. Remettez-vous, je vais aller lui parler. » Tous se remirent, en effet, car ils s'étaient un peu alarmés; et Monipodio, sortant sur le seuil de la porte, y trouva l'alguazil, avec lequel il resta quelques moments à causer. Bientôt Monipodio revint.

---

1. Boire le vin pur. — 2. Quadrille de recors ou de soldats de la maréchaussée.

« Qui était de garde aujourd'hui, demanda-t-il, à la place San-Salvador? — Moi, répondit l'introducteur. — Eh bien ! reprit Monipodio, comment n'avez-vous pas signalé une bourse d'ambre qui, ce matin, dans cet endroit, a fait naufrage avec quinze écus d'or, deux doubles réaux, et je ne sais combien de maravédis ? — Il est vrai, reprit le guide, qu'aujourd'hui cette bourse a disparu; mais ce n'est pas moi qui l'ai prise, et je ne puis imaginer qui a pu la prendre. — Pas de chansons avec moi, répliqua Monipodio; la bourse doit se trouver, puisque l'alguazil la demande, et que c'est un ami qui nous rend chaque année mille petits services. » Le portefaix jura de nouveau qu'il ne savait pas ce qu'elle était devenue. Mais Monipodio entra dans un tel accès de colère, qu'il paraissait jeter feu et flammes par les yeux. « Que personne ne s'avise, s'écria-t-il, de violer le plus petit règlement de notre ordre : il lui en coûterait la vie. Que la *cica*[1] se trouve, et, si quelqu'un la recèle pour ne pas payer les droits, je lui donnerai toute la part qui lui revient, et je mettrai le reste de ma poche, car il faut à tout prix que l'alguazil s'en aille content. » Le portefaix recommença pour la troisième fois son serment, l'accompagnant de malédictions sur lui-même, et disant qu'il n'avait ni pris ni vu prendre cette bourse.

Tout cela ne faisait qu'enflammer davantage la fureur de Monipodio, et l'assemblée entière s'en émut, voyant qu'on violait ses statuts et ses sages règlements. A la vue de ces dissensions et de ce tumulte, Rinconète s'imagina qu'il serait bon de calmer ses confrères et de donner satisfaction à leur supérieur, qui bouillonnait de rage. Il entra en conseil avec son ami Cortadillo, et étant tombés d'accord, il tira la bourse du sacristain. « Cessez tout ce tapage, monseigneur, s'écriat-il; voici la bourse, sans qu'il lui manque rien de ce qu'annonce l'alguazil. Aujourd'hui mon camarade Cortadillo l'a attrapée avec ce mouchoir, qu'il a pris au même maître pardessus le marché. » Aussitôt Cortadillo tira de son sein le mouchoir, et le mit en évidence. A cette vue, Monipodio s'écria : « Cortadillo le Bon, car ce titre et ce surnom vous restera désormais, gardez le mouchoir, et je prends à ma charge le payement de ce service. Quant à la bourse, l'alguazil va l'emporter, car elle appartient à un sacristain de ses parents, et il est juste d'accomplir à son égard le proverbe qui dit :

1. La bourse.

A celui qui te donne la poule entière, tu peux bien lui en donner une patte. Ce bon alguazil laisse passer à nous plus de choses en un jour que nous ne pouvons ni ne pensons lui en donner en cent. » Tous les assistants, d'un avis unanime, approuvèrent le procédé noble et délicat des deux nouveaux frères, ainsi que la sentence et la résolution de leur supérieur, lequel alla donner la bourse à l'alguazil. Pour Cortadillo, il fut confirmé avec le titre de *bon*, tout comme s'il se fût agi de don Alonzo Perez de Guzman, surnommé le *Bon*, qui jeta du haut des murs de Tarifa la dague pour égorger son fils unique [1].

Au retour de Monipodio, deux filles entrèrent avec lui, le visage fardé, les lèvres couvertes de carmin et la gorge de blanc de céruse, des demi-mantes de camelot sur les épaules, libres, hardies, dévergondées. A de si claires enseignes, Rinconète et Cortadillo reconnurent au premier coup d'œil qu'elles étaient du métier galant, et certes ils ne se trompaient pas. Dès qu'elles furent entrées, elles allèrent toutes deux, les bras ouverts, l'une à Chiquiznaque, l'autre à Maniferro : tels étaient les noms des deux braves, et celui de Maniferro lui avait été donné parce qu'il portait une main de fer, au lieu de l'une des siennes, qu'on lui avait coupée par autorité de justice. Ils embrassèrent joyeusement les deux donzelles, et leur demandèrent si elles apportaient de quoi humecter la maîtresse voie. « Comment donc! cela pouvait-il manquer, mon brétailleur ? répondit l'une d'elles, qui s'appelait la Gananciosa [1] ; Silvatillo, ton goujat [2] ne tardera pas à venir avec le panier à lessive, farci de ce qu'il plaira à Dieu. » Cette promesse n'était pas vaine, car à l'instant même entra un jeune garçon chargé d'un panier à lessive couvert avec un drap de lit. L'arrivée de Silvato mit tout le monde en belle humeur, et Monipodio donna sur-le-champ l'ordre d'apporter, de la chambre basse, une des nattes de jonc, et de l'étendre au milieu de la cour; puis il ordonna que tous les confrères s'assissent à la ronde,

---

1. En 1294, l'infant don Juan de Castille, frère révolté de Sancho IV, assiégeait, avec une armée musulmane, la ville de Tarifa. Il apprit qu'un jeune fils du gouverneur Alonzo Perez de Guzman était en nourrice dans un village voisin. Il l'envoya prendre, le porta au pied des murailles, fit appeler Guzman, et le menaça, s'il n'ouvrait sur-le-champ les portes de la place, de faire périr son fils à ses yeux. Le père, pour toute réponse, détacha son épée et la jeta au prince, qui eut la barbarie d'en percer l'enfant.

2. La Gagneuse. — 3. En espagnol *trainel*, valet de rufian.

disant qu'après qu'on aurait coupé la colère, on parlerait de ce qui ferait plaisir. A cet ordre, la vieille qui avait récité son chapelet devant la sainte image s'approcha. « Mon fils Monipodio, dit-elle, je ne suis pas en train de fête aujourd'hui, car j'ai depuis deux jours une migraine qui me rend folle. D'ailleurs, avant qu'il soit midi, je dois aller faire mes dévotions et offrir mes petits cierges à Notre-Dame des Eaux et au saint crucifix de saint Augustin, ce que je ne manquerais pas de faire quand même il tomberait de la neige et du verglas. Ce qui m'amène ici, c'est qu'hier soir le Renégat et Centopiès[1] apportèrent chez moi un panier à lessive, un peu plus grand que celui-ci, tout plein de linge blanc ; et, en mon âme et conscience, ce panier avait encore toute sa charrée. Ces pauvres enfants n'avaient pas eu le temps de la jeter là ; aussi suaient-ils à si grosses gouttes, que c'était une compassion de les voir entrer tout haletants et la figure ruisselant d'eau, si bien qu'ils semblaient de petits chérubins. Ils me dirent qu'ils étaient à la poursuite d'un marchand de bétail qui avait fait peser quelques moutons à la boucherie, pour voir s'ils ne pourraient faire une caresse à un grand chat[2] plein de réaux que portait le marchand. Alors ils ne comptèrent pas le linge et ne l'ôtèrent point du panier, se fiant à la délicatesse de ma conscience ; et aussi bien Dieu exauce mes bons souhaits et nous préserve tous de tomber au pouvoir de la justice, que je n'ai pas touché au panier à lessive, et qu'il est aussi intact qu'en venant au monde. — Nous n'en doutons pas, respectable mère, répondit Monipodio ; gardez le panier là-bas, j'irai le chercher à la tombée de la nuit, j'en ferai l'inventaire, et je donnerai à chacun ce qui lui revient, bien et fidèlement, comme j'ai coutume de faire. — Qu'il en soit comme vous l'ordonnez, mon fils, répondit la vieille ; et, puisqu'il se fait tard, donnez-moi à boire un coup, si vous avez de quoi, pour consoler ce pauvre estomac, qui tombe à chaque minute en défaillance. — Qu'à cela ne tienne, s'il vous faut à boire, ma mère ! » s'écria la Escalanta (ainsi s'appelait la compagne de la Gananciosa) ; puis, découvrant le panier, elle mit en évidence une outre, à la façon de celles qu'on fait de deux peaux de bouc, pleine d'au moins trente pintes de vin, et une tasse en liége qui pouvait tenir paisiblement et sans effort jusqu'à deux bouteilles. La Escalanta remplit la tasse et

---

1. Cent pieds. — 2. Bourse en peau de chat.

la remit à la dévote vieille, qui la prit à deux mains, souffla un peu d'écume, et s'écria : « Tu en as versé beaucoup, ma fille Escalanta ; mais Dieu me donnera des forces ; » puis, appliquant la tasse à ses lèvres, d'un trait et sans reprendre haleine, elle se versa tout dans l'estomac. Quand elle eut fini : « Il est de Guadalcanal, dit-elle, ce petit monsieur, et même il empâte un peu la bouche. Dieu te console, ma fille, comme tu m'as consolée. Mais seulement j'ai peur qu'il ne me fasse mal, parce que je suis encore à jeun. — Non, mère, il n'en fera rien, reprit Monipodio, car il a pour le moins ses trois ans. — Je l'espère en la sainte Vierge, » répliqua la vieille. Puis elle ajouta : « Voyez donc, petites filles, si vous auriez par hasard quelques maravédis pour acheter les cierges de ma dévotion ; je me suis si pressée d'apporter les nouvelles du panier à lessive, que j'ai oublié à la maison mon escarcelle. — Oui, j'en ai, dame Pipota (c'était le nom de la bonne vieille), répondit la Gananciosa ; tenez, voici deux *cuartos* : avec l'un, je vous prie d'acheter un cierge pour moi, et de l'offrir au seigneur saint Michel ; si vous pouvez en acheter deux, vous mettrez l'autre au seigneur saint Blaise : ce sont mes avocats. Je voudrais encore que vous en missiez un autre à Mme sainte Lucie, car, à propos des yeux, je lui ai aussi grande dévotion ; mais je n'ai pas de monnaie : un autre jour, nous nous mettrons en règle avec tout le monde. — Ce sera fort bien fait, ma fille, reprit la vieille ; allons, ne sois pas chiche ; il est bien important qu'on porte ses cierges devant soi avant l'heure de la mort, plutôt que d'attendre qu'ils soient offerts par les héritiers ou les exécuteurs testamentaires. — Bien dit, mère Pipota, » s'écria la Escalanta. Et, mettant la main dans sa poche, elle en tira un autre *cuarto* qu'elle donna à la vieille, en la chargeant d'offrir deux autres petits cierges aux saints qui lui sembleraient devoir être les plus avantageux et les plus reconnaissants. Sur cela, la Pipota partit en disant : « Enfants, divertissez-vous bien, maintenant qu'il en est temps pour vous ; la vieillesse viendra, et vous pleurerez, comme je les pleure, les moments que vous aurez perdus dans la jeunesse. Priez Dieu pour moi dans vos oraisons ; je vais faire de même, pour moi et pour vous, afin qu'il nous protége et nous conserve dans notre dangereux métier, sans alarmes de la justice. »

La vieille partie, tous les autres s'assirent à l'entour de la natte de jonc, sur laquelle la Gananciosa étendit le drap en guise de nappe. La première chose qu'elle tira du panier, ce fut une grosse botte de radis et deux douzaines d'oranges et de limons ; puis une grande casserole pleine de tranches de merluche frite ; puis un demi-fromage de Hollande, un pot d'excellentes olives, un plat de crabes et d'écrevisses avec leur sauce de câpres au piment, et deux miches de pain blanc de Gandul. Les convives du déjeuner étaient au nombre de quatorze ; chacun d'eux tira son couteau à manche de bois, excepté pourtant Rinconète, qui prit sa demi-dague. Les deux vieillards en serge noire et l'introducteur furent chargés de verser à boire dans la tasse de liége. Mais à peine les convives avaient-ils commencé à donner l'assaut aux oranges, que de grands coups frappés à la porte leur donnèrent l'alarme en sursaut. Monipodio leur ordonna de se tenir tranquilles ; il entra dans la salle basse, décrocha un bouclier, mit l'épée à la main, et, s'approchant de la porte, demanda d'une voix creuse et formidable : « Qui frappe là ? — Personne ; ce n'est que moi, seigneur Monipodio, répondit-on du dehors. Je suis Tagarote[1], la sentinelle de ce matin, et je viens vous dire que voici Juliana la Cariharta[2] qui vient tout échevelée et tout éplorée, comme s'il lui était arrivé quelque désastre. » En ce moment arriva, poussant des sanglots, celle qu'annonçait la sentinelle. Monipodio l'entendit et lui ouvrit la porte. Il ordonna à Tagarote de retourner à son poste, et lui recommanda de donner désormais avis de ce qu'il verrait avec moins de bruit et de tapage ; ce que l'autre promit de faire. Pendant ce colloque, était entrée la Cariharta, fille de la même espèce et du même métier que les autres ; elle venait les cheveux au vent, la figure pleine de bosses et de contusions, et, dès qu'elle entra dans la cour, elle se laissa tomber par terre évanouie. La Gananciosa et la Escalanta s'empressèrent de lui porter secours, et, lui ayant délacé sa robe, elles lui trouvèrent la poitrine noire et meurtrie. Elles lui jetèrent de l'eau au visage, et la pauvre fille revint à elle en s'écriant : « Que la justice de Dieu et du roi tombe sur ce voleur effronté, sur ce lâche filou, sur ce coquin pouilleux, que j'ai sauvé plus de fois de la potence qu'il n'a de poils dans la barbe ! Malheureuse que je suis ! voyez un peu pour qui j'ai perdu ma jeunesse et gâté la fleur de mes années, si ce n'est pour un vaurien dénaturé, scélérat et incorrigible.—Calme-toi, Cariharta,

---

1. Escogriffe. — 2. La Joufflue.

dit alors Monipodio, je suis ici pour te rendre justice. Contenous ton grief. Tu mettras plus de temps à le dire que moi à t'en venger. Dis-moi, est-ce que tu as eu quelque démêlé avec ton porte-respect? Si cela est, et que tu veuilles une bonne vengeance, tu n'as qu'à ouvrir la bouche. — Quel porte-respect? répondit Juliana. J'aimerais mieux me voir respectée dans les enfers, que de l'être de ce lion avec les brebis, de cet agneau avec les hommes. Est-ce que je voudrais plus longtemps manger avec lui pain sur nappe et coucher au même nid? Ah bien oui! je verrais plutôt manger du loup ces chairs qu'il a mises en l'état que vous allez voir. » Et retroussant aussitôt ses jupes jusqu'au genou, et même un peu plus haut, elle se fit voir toute couverte de boue et de meurtrissures. « Voilà, continua-t-elle, comment m'a arrangée cet ingrat de Repolido[1], qui m'a plus d'obligations qu'à la mère qui l'a mis au monde. Et pourquoi pensez-vous qu'il l'a fait? Est-ce que je lui en ai donné le motif? Non vraiment. Il l'a fait, parce qu'étant à jouer et à perdre, il m'envoya demander par Cabrillas, son goujat, trente réaux, et je ne lui en envoyai que vingt-quatre. Et je prie le ciel que la peine qu'ils m'ont coûté à les gagner vienne un jour en déduction de mes péchés. Si bien qu'en récompense de cette courtoisie et de cette bonne œuvre, comme il crut que je lui soufflais quelque chose de ce qu'il se figurait en son imagination que je pouvais avoir, ce matin il m'a menée aux champs, plus loin que le jardin du roi; là, derrière des oliviers, il m'a déshabillée toute nue, et avec sa ceinture de cuir, sans en ôter la boucle en fer (que ne puis-je le voir dans les fers et les chaînes!), il m'a donné tant de coups, qu'il m'a laissée pour morte. De cette véritable histoire, voilà des marques et des contusions qui sont de bons témoins. » Ici la fille recommença à demander justice, et Monipodio à la lui promettre, ainsi que tous les braves qui se trouvaient là.

La Gananciosa prit à tâche de la consoler. « Je donnerais bien volontiers, lui dit-elle, une de mes meilleures nippes, pour qu'il m'en fût arrivé autant avec mon bon ami; car il faut que tu saches, ma sœur Cariharta, si déjà tu ne le sais, que celui qui aime bien châtie bien. Quand ces vauriens nous donnent des taloches et des horions, c'est qu'ils nous adorent. Sinon, dis la vérité, par ta vie : n'est-il pas vrai qu'après

---

1. Pomponné, requinqué.

t'avoir battue et meurtrie, le Ripolido t'a fait quelque caresse?
— Comment quelqu'une ! répondit la pleureuse ; il m'en a fait
cent mille. Il aurait donné un doigt de sa main pour que je le
suivisse à son logis ; et je crois même que les larmes lui sont
presque venues aux yeux après qu'il m'eut bien rossée. — Il
n'en faut pas douter, repartit la Gananciosa, il aura pleuré
de la peine de voir en quel état il t'avait mise. Pour de tels
hommes, et en de telles occasions, ils n'ont pas commis la faute,
que déjà le repentir leur vient. Tu verras, sœur, s'il ne vient
pas te chercher avant que nous sortions d'ici, et te demander
pardon de tout le passé, humble et doux comme un agneau.
— En vérité, s'écria Monipodio, ce lâche gredin n'entrera point
par cette porte avant d'avoir fait une éclatante pénitence du
crime qu'il a commis. Devait-il être assez osé pour mettre la
main sur le visage de la Cariharta, et sur ses chairs, quand
c'est une personne qui peut le disputer en propreté et en
savoir-faire avec la Gananciosa elle-même, ici présente, ce qui
est tout ce que je puis dire de plus fort? — Hélas ! répondit la
Juliana, que Votre Grâce, seigneur Monipodio, ne dise pas
tant de mal de ce maudit ; tout méchant qu'il est, je l'aime
comme l'enveloppe de mon cœur, et les propos que m'a dits en
sa faveur mon amie la Gananciosa m'ont remis l'âme dans le
corps. En vérité, si je m'en croyais, je l'irais chercher. —
Non, c'est ce que tu ne feras point, par mon conseil, répliqua
la Gananciosa, car autrement, il fera l'important, l'orgueilleux,
et te travaillera comme un corps mort. Tiens-toi tranquille,
sœur ; avant peu, tu le verras venir, aussi repentant que je te
l'ai dit. S'il ne revient pas, nous lui écrirons un papier en
couplets qui lui fera de la peine. — C'est cela même, dit la
Cariharta, car j'ai mille choses à lui écrire. — Je serai le secrétaire, quand il en sera besoin, s'écria Monipodio, et quoique je ne sois guère poëte, cependant, si l'on retrousse ses
manches, on vous défilera deux milliers de couplets en un
tour de main ; et, si les couplets n'arrivent pas comme ils
doivent, j'ai pour ami un barbier, grand poëte, qui nous
enflera la mesure à toutes les heures du jour ; quant à celle
d'à présent, achevons le déjeuner, et tout se fera plus tard. »

La Juliana se résigna et obéit à son supérieur. Alors ils se
remirent tous à leur *gaudeamus*, si bien qu'ils virent promptement le fond du panier et sentirent la lie de l'outre. Les
vieux avaient bu *sine fine*, les jeunes tout leur soûl, et les
dames jusqu'à battre les murs. Les deux vieillards deman-

dèrent la permission de s'en aller ; Monipodio la leur donna mais en les chargeant de venir bien ponctuellement rendre compte de tout ce qu'ils verraient d'utile et de profitable à la communauté. Ils répondirent qu'ils n'y manqueraient pas, et s'en allèrent. Rinconète, qui était naturellement curieux, après avoir obtenu la permission de parler, demanda à Monipodio à quoi servaient dans la confrérie deux personnages si chauves, si graves et si compassés. « Ceux-ci, répondit Monipodio, s'appellent, dans notre argot ou façon de parler, les *frelons*[1]. Ils servent à fureter de jour par toute la ville, observant à quelle maison on peut donner assaut la nuit ; à suivre ceux qui reçoivent de l'argent au trésor ou à la Monnaie, pour voir où ils l'emportent, et même où ils le cachent. Quand ils le savent, ils mesurent l'épaisseur de la muraille de cette maison, et marquent la place la plus convenable pour faire les *guzpataros*, c'est-à-dire les trous au mur, qui doivent faciliter l'entrée. Enfin, ce sont des gens aussi utiles qu'il y en ait dans toute la confrérie. Sur tout ce qu'on vole par leur moyen, ils prélèvent le cinquième, comme Sa Majesté sur les trésors découverts. Avec tout cela, ce sont des hommes d'une grande sincérité et de grande droiture, qui mènent une bonne vie et qui ont bonne réputation, craignant Dieu et leur conscience, au point que chaque jour ils entendent la messe avec une dévotion exemplaire. Il y en a parmi eux de si bien élevés, spécialement ces deux qui viennent de sortir, qu'ils se contentent de beaucoup moins que ce qui leur revient d'après nos tarifs. Il y en a deux autres qui sont crocheteurs ; ceux-là, comme ils font chaque jour des déménagements, connaissent les entrées et les sorties de toutes les maisons de la ville, et savent celles qui sont bonnes à un coup de main, et celles qui ne le sont pas. — Tout cela me semble d'or, s'écria Rinconète, et je voudrais être de quelque utilité à une si fameuse confrérie. — Toujours le ciel favorise les bons désirs, » répondit Monipodio.

Au milieu de ce dialogue, on frappa à la porte. Monipodio alla voir qui c'était, et, quand il eut demandé : « Qui est là ? » on lui répondit : « Ouvrez, sieur[2] Monipodio, ouvrez ; je suis le Repolido. » Cariharta entendit cette voix, et, poussant la sienne jusqu'au ciel : « Ne lui ouvrez pas, s'écria-t-elle,

1. *Abispones*. — 2. *Sieur* est ici un diminutif de *seigneur*, pour rendre le mot espagnol, *sor*, diminutif de *señor*.

seigneur Monipodio, n'ouvrez pas à ce matelot de la roche Tarpéienne, à ce tigre d'Ocaña [1]. » Monipodio n'en ouvrit pas moins au Repolido. Mais la Cariharta, voyant qu'on lui ouvrait, se leva bien vite, et se précipita dans la chambre aux boucliers. Fermant la porte sur elle, elle disait du dedans à grands cris : « Qu'on emmène cette mine refrognée, ce bourreau d'innocents, cet épouvantail de pigeons pattus. » Maniferro et Chiquinazque tenaient le Repolido, qui voulait à toute force entrer auprès de la Cariharta. Comme on ne le lâchait point, il disait du dehors : « Allons, que ce soit fini, ma dépitée ; par ta vie, calme-toi ; que ne puis-je te voir aussi bien mariée ! — Mariée, moi, malin ! répondit la Cariharta. Voyez un peu quelle corde il touche. Tu voudrais l'être avec moi, hein ? Eh bien ! je le serais plutôt avec un squelette de mort qu'avec toi. — Allons, niaise, répliqua le Repolido, finissons-en, car il est tard ; prends garde de devenir trop fière en me voyant parler si doux et venir si humble, car, vive Dieu ! si la colère me monte au clocher, pire sera la rechute que la chute ! Humilie-toi, et humilions-nous tous, et ne donnons pas à dîner au diable. — Je lui donnerais même à souper, répondit la Cariharta, pour qu'il t'emporte où jamais mes yeux ne te revoient. — Ne l'avais-je pas dit ? reprit le Repolido. Par Dieu, je flaire et je me figure, madame Lit-de-Sangle, qu'il faut tout mettre au plus haut, dût-on ne rien vendre jamais. — Holà ! s'écria Monipodio ; en ma présence, les choses ne doivent pas aller si loin. La Cariharta sortira, non par menaces, mais par amour pour moi, et tout s'arrangera pour le mieux. Les querelles entre gens qui s'aiment bien sont des occasions de plus grand plaisir quand on fait la paix. Allons, Juliana, ma fille, ma Cariharta, sors ici dehors, par amour de moi ; je ferai en sorte que le Repolido te demande pardon à genoux. — Ah ! s'il fait cela, s'écria la Escalanta, nous serons toutes de son côté, pour prier Juliana de sortir ici dehors. — Si cela doit se faire par voie de soumission qui sente le déshonneur de la personne, dit le Repolido, je ne me soumettrais pas à une armée de Suisses ; mais si c'est par voie de faire plaisir à la Cariharta, je ne dis pas que je me mettrai à genoux, mais que je me planterai un clou dans le front pour son service. » A ce propos, Chiquiznaque et Maniferro se mirent à rire, ce qui fâcha tellement le

---

1. Ocaña est une ville à quinze lieues de Madrid.

Repolido, en lui faisant croire qu'on se moquait de lui, qu'il s'écria, dans un transport de rage : « Quiconque rira ou pensera rire de ce que la Cariharta contre moi, ou moi contre elle, nous avons dit ou dirons, je dis qu'il en a menti et qu'il en aura menti, autant de fois qu'il rira ou pensera rire. » Chiquiznaque et Maniferro se regardèrent avec des yeux si courroucés que Monipodio vit bien que la chose allait mal tourner, s'il n'y portait remède. Se jetant aussitôt au milieu d'eux, il s'écria : « Halte-là, n'allez pas plus loin, gentilshommes ; qu'on cesse les gros mots, et qu'on les broie sous les dents, et, puisque ceux qu'on a dits ne vont pas jusqu'à la ceinture, que personne ne les prenne pour soi. — Nous sommes bien sûrs, répondit Chiquiznaque, que ce n'est pour nous qu'on a dit et qu'on dira de semblables monitoires : car, si l'on s'imaginait que c'est à nous qu'on les dit, le tambour de basque est en mains qui sauraient bien en jouer. — Nous aussi, nous avons notre tambour de basque, sieur Chiquiznaque, répliqua le Repolido, et, s'il en est besoin, nous saurons aussi jouer des grelots. Et j'ai déjà dit que celui qui se raille en a menti, et s'il pense autre chose, qu'il me suive ; avec un palme d'épée, l'homme fera que ce qui est dit soit dit. »

En parlant ainsi, il s'avançait vers la porte de la rue. La Cariharta l'écoutait de son gîte, et voyant qu'il s'en allait furieux, elle sortit en criant : « Tenez-le, tenez-le, qu'il ne s'en aille pas ; il va faire des siennes. Ne voyez-vous pas qu'il est fâché, et que c'est un Judas Maccharée en fait de bravoure ? Allons, reviens ici, bravache du monde et de mes yeux. » Se jetant alors sur lui, elle le saisit fortement par le manteau, et Monipodio accourant aussi, ils parvinrent à l'arrêter. Chiquiznaque et Maniferro ne savaient s'ils devaient ou non se fâcher, et ils se tinrent cois en attendant ce que ferait le Repolido. Celui-ci, se voyant prié par Monipodio et la Carihata, revint en disant : « Jamais les amis ne doivent fâcher les amis, ni se moquer des amis, surtout quand ils voient que cela fâche les amis. — Il n'y a point ici, répondit Maniferro, d'ami qui veuille fâcher un ami, ni se moquer d'un ami, et, puisque nous sommes tous amis, donnons-nous les mains en amis. — Vous avez tous parlé comme de bons amis, dit Monipodio, et, comme tels amis, donnez-vous les mains en amis. » Ils obéirent aussitôt, et la Escalanta, s'ôtant une pantoufle, se mit à en jouer comme d'un tambour de basque. La Gananciosa prit un balai de jonc qui se trouvait là par hasard, et, grattant les brins avec l'ongle, elle en tira un son qui, bien qu'âpre et sourd, se mariait harmonieusement avec celui de la pantoufle. Monipodio cassa une assiette et fit deux palets qui, ajustés entre les doigts et frappés rapidement par les deux bouts, faisaient l'accompagnement de la pantoufle et du balai. Rinconète et Cortadillo s'émerveillèrent de la nouvelle invention du balai, car jusqu'alors ils n'avaient rien vu de semblable. Monipodio s'en aperçut, et leur dit : « Le balai vous étonne? Eh bien! vous avez raison d'être étonnés, car jamais musique plus commode, plus expéditive et moins coûteuse, ne s'est inventée en ce monde. En vérité, j'ai ouï dire l'autre jour à un étudiant que ni l'Orfèvre qui tira son Insipide de l'enfer, ni le Marion qui monta sur un dauphin et sortit de la mer comme s'il fût venu à cheval sur une mule de louage, ni cet autre grand musicien qui bâtit une ville qui avait cent portes et autant de poternes, n'inventèrent jamais un genre d'instrument aussi facile à déprendre, aussi commode à jouer, et qui eût moins de touches, de chevilles, de cordes, et moins besoin d'être accordé. Et même, vive Dieu! on dit qu'il fut inventé par un galant de cette ville, qui se pique d'être un Hector en fait de musique. — Je le crois vraiment bien, répondit Rinconète; mais écoutons un peu ce que vont chanter nos musiciens, car il paraît que la Gananciosa crache : c'est signe qu'elle veut chanter. »

En effet, elle s'y préparait, parce que Monipodio l'avait priée de chanter quelques *seguidillas*, de celles qui étaient à la mode. Mais celle qui émit en train fut la Escalanta, laquelle commença d'une voix grêle et chétive :

« Pour un Sévillien, roux à la flamande, j'ai tout le cœur flambé. »

La Gananciosa continua en chantant :

« Pour un petit brun de couleur verte, quelle est la fougueuse qui ne se perd? »

Aussitôt Monipodio, se donnant grande hâte à remuer ses morceaux d'assiette, ajouta :

« Deux amants se querellent et font la paix; plus la fâcherie est grande, plus grand est le plaisir. »

Alors la Cariharta ne voulut pas goûter son plaisir en silence; elle empoigna une autre pantoufle, se mit dans la danse, et accompagna les autres en disant :

« Arrête, courroucé, ne me rosse pas davantage; car, si tu y regardes de près, tu frappes sur tes chairs. »

« Qu'on chante tout uniment, s'écria le Repolido, et qu'on ne joue pas d'histoires passées; il n'y a pas de quoi. Que le le passé soit passé, et qu'on prenne un autre chemin, et suffit. »

Ils faisaient mine de ne pas finir de sitôt le cantique commencé, quand ils entendirent frapper à la porte à coups redoublés. Monipodio courut voir qui c'était, et la sentinelle lui dit qu'au bout de la rue venait de paraître l'alcade de la justice criminelle, et que devant lui marchaient le Tordillo et le Cernicalo[1], deux recors neutres. Ceux du dedans entendirent le rapport et furent tous pris d'une telle frayeur que la Cariharta et la Escalanta chaussèrent leurs pantoufles à l'envers. La Gananciosa jeta son balai, Monipodio ses castagnettes, et toute la musique se perdit dans un affreux silence. Chiquiznaque devint muet, le Repolido perdit la carte, et les cheveux dressèrent à Maniferro. Tous enfin, l'un d'un côté, l'autre d'un autre, s'enfuirent et disparurent, montant sur les toits et les terrasses pour s'échapper par une autre rue. Jamais coup d'arquebuse inattendu, ni coup de tonnerre soudain, n'épouvanta une troupe confiante de pigeons, comme cette nouvelle de l'arrivée de l'alcade épouvanta et mit en désordre toute cette vertueuse compagnie de braves gens. Les deux novices, Ricomède et Cortadillo, ne savaient que faire, et se tinrent tranquilles, en attendant de quelle façon finirait ce subit orage, lequel finit tout simplement par le retour de la sentinelle, qui vint dire que l'alcade avait passé tout du long de la rue, sans donner la moindre marque d'aucun mauvais soupçon.

Tandis que Monipodio recevait cette nouvelle, un jeune gentilhomme s'approcha de la porte, en habits du matin. Moniponio le fit aussitôt entrer avec lui, et envoya chercher Chiquiznaque, Maniferro et le Repolido, en faisant dire aux autres que personne ne descendît. Comme Riconète et Cortadillo étaient restés dans la cour, ils purent entendre toute la conversation qu'eurent Monipodio et le gentilhomme nouveau venu. Celui-ci demanda à Monipodio pourquoi l'on avait si mal fait ce qu'il lui avait tant recommandé. « Je ne sais pas encore ce qui s'est fait, répondit Monipodio; mais celui du métier qui a été chargé de l'affaire est justement ici : il rendra bon compte de lui-même. » Chiquiznaque descendit en ce moment,

---

1. Gris-pommelé et Crécerelle.

et Monipodio lui demanda s'il s'était acquitté de l'ouvrage qu'il lui avait commandé, la balafre à quatorze points [1]. « Laquelle? répondit Chiquiznaque. Est-ce celle de ce marchand de coin de rue? — Celle-là même, dit le gentilhomme. — Eh bien! voici ce qui en est, reprit Chiquiznaque : hier soir, je l'attendis devant la porte de sa maison; il vint un peu avant l'*Angelus*; je m'approchai de lui, et lui marquai le visage avec les yeux; mais je vis qu'il avait la figure si petite qu'il était tout à fait impossible d'y faire tenir une balafre à quatorze points. Alors, me trouvant dans l'impossibilité de tenir ma promesse, et de faire ce qu'ordonnait ma destruction.... — C'est instruction que veut dire Votre Grâce, interrompit le gentilhomme, et non pas destruction. — Oui, c'est ce que j'ai voulu dire, reprit Chiquiznaque; je dis donc qu'en voyant que sur l'étroitesse et le peu d'ampleur de ce visage le nombre de points indiqués ne pouvait pas tenir, pour n'avoir pas fait la course en vain, je fis la balafre à son laquais, et certes, celle-là peut passer pour être de première classe. — J'aurais mieux aimé, reprit le gentilhomme, que vous fissiez au maître une balafre à sept points qu'au domestique une à quatorze. Enfin, l'on n'a pas tenu ce qu'on avait promis; mais n'importe, les trente ducats que j'ai donnés d'arrhes ne feront pas grande brèche à ma fortune. Je baise les mains à Vos Grâces. » Cela dit, il ôta son chapeau, et tourna les talons pour s'en aller. Mais Monipodio l'empoigna par le manteau bariolé qu'il portait sur le dos. « Que Votre Grâce s'arrête, lui dit-il, et tienne sa parole; nous avons tenu la nôtre avec beaucoup d'honneur et beaucoup de profit. Il reste à payer vingt ducats, et Votre Grâce ne sortira pas d'ici sans les avoir donnés, ou des gages qui les vaillent. — Comment donc! reprit le gentilhomme, Votre Grâce appelle cela tenir sa parole, faire la balafre au laquais, quand on devait la faire au maître? — Que le Seigneur est bien au fait de la chose! s'écria Chiquiznaque. On voit bien qu'il ne se souvient pas du proverbe qui dit : Qui aime bien Bastien aime bien son chien. — Et à quel propos peut venir ce proverbe? répliqua le gentilhomme. — Comment! continua Chiquiznaque, n'est-ce pas la même chose que de dire : Qui aime mal Bastien, aime mal son chien. Or donc Bastien, c'est le marchand; vous l'aimez mal; son laquais est son

---

1. Dans ce temps, où l'on recousait les lèvres d'une blessure, on en désignait l'étendue par le nombre de *points*.

chien ; en frappant sur le chien, on frappe sur Bastien ; la dette est liquidée, et exécutée convenablement. Dès lors, il n'y a plus qu'à payer sur-le-champ, sans ajournement de conclusion. — C'est ce que je jure, pardieu ! ajouta Monipodio, et tu m'as ôté de la bouche, ami Chiquiznaque, tout ce que tu viens de dire. Ainsi donc, seigneur galant, que Votre Grâce ne se mette pas à vétiller avec ses serviteurs et amis. Prenez plutôt mon conseil, et payez d'emblée la besogne faite. Et, s'il vous fait envie qu'on donne une autre estafilade au maître du nombre de points que peut porter son visage, faites état qu'on lui panse déjà la blessure. — Pourvu qu'il en soit ainsi, répondit le galant, je payerai de très-bon cœur l'une et l'autre en entier. — N'en doutez pas plus que d'être chrétien, répliqua Monipodio. Chiquiznaque lui fera la balafre si bien ajustée, qu'elle aura l'air de lui être venue de naissance. — Eh bien donc, reprit le gentilhomme, sur cette promesse et sur cette assurance, recevez cette chaîne en gage de vingt ducats arriérés, et de quarante autres que j'offre pour la balafre future. Elle pèse mille réaux, et il se pourrait bien qu'elle restât ici tout entière, car je me figure qu'avant peu il sera besoin de quatorze autres points. » En même temps, il s'ôta du cou une longue chaîne à petits anneaux, et la remit à Monipodio, qui reconnut bien au poids et au toucher qu'elle n'était pas de similor. Monipodio la reçut avec beaucoup de plaisir et de courtoisie, car il était parfaitement bien élevé. L'exécution fut confiée à Chiquiznaque, qui ne prit d'autre délai que l'arrivée de la nuit.

Le gentilhomme s'en alla fort satisfait, et Monipodio rappela aussitôt tous les confrères que la peur avait dispersés. Ils descendirent tous, et Monipodio, se plaçant au milieu d'eux, tira un livre de poche de la capuce de son manteau, puis le donna à Rinconète pour qu'il lût, car lui ne savait pas lire. Rinconète l'ouvrit, et il trouva ces mots à la première page :

« MÉMOIRE DES BALAFRES A FAIRE CETTE SEMAINE. *La première, au marchand du coin de rue. Prix : cinquante écus ; trente ont été reçus à compte. Sécuteur[1], Chiquiznaque.* »

« Je crois qu'il n'y en a pas d'autres, mon fils, dit Monipodio ; va plus loin, et cherche où il est dit : *Mémoire des coups de bâton.* » Rinconète tourna le feuillet, et vit qu'à la page suivante, il était écrit : *Mémoire des coups de bâton.* On lisait au-dessous :

---

1. Pour exécuteur.

« *Au cabaretier de la* Luzerne, *douze coups de bâton de première volée, à un écu pièce. Huit sont payés à compte. Six jours de terme. Sécuteur, Maniferro.* »

« On pourrait bien effacer cet article de compte, dit Maniferro, car cette nuit j'en apporterai quittance. — Y a-t-il autre chose, mon fils? demanda Monipodio. — Oui, répondit Riconète, voici une autre note :

« *Au tailleur bossu, qui s'appelle par sobriquet le Silguero*[1], *six coups de bâton de première volée, à la demande de la dame qui a laissé son collier en gages. Sécuteur, le Desmochado*[2]. »

« Je suis étonné, s'écria Monipodio, que cet article soit encore à faire. Sans aucun doute, le Desmochado est indisposé, puisqu'il y a deux jours que le terme est échu, et qu'il n'a pas encore entamé la besogne. — Je l'ai rencontré hier, dit Maniferro, et il m'a dit que ce qui l'avait empêché d'acquitter la dette, c'est que le bossu avait été retenu chez lui pour cause de maladie. — Je n'en doute pas, reprit Monipodio : car je tiens le Desmochado pour si bon ouvrier, qu'à moins d'un si juste empêchement, il aurait mis à bout les plus grandes entreprises. Y a-t-il autre chose, garçon ? — Non, Seigneur, répondit Riconète. — Eh bien! passez plus loin, reprit Monipodio, et voyez l'endroit où il est dit : *Mémorial d'offenses communes.* » Riconète chercha plus loin, et trouva sur une autre feuille :

« *Mémorial d'offenses communes, à savoir : coups de bouteille d'encre, taches de poix-résine, attaches de cornes et de san-benitos*[3], *huées, frayeurs, tapages, estocades simulées, publication de nibelles, etc.*[4] »

« Qu'y a-t-il d'écrit au-dessous? demanda Monipodio. — Il y a, reprit Riconète : *Taches de poix-résine, chez....* — Ne lisez pas l'adresse, s'écria Monipodio; je sais bien où c'est, et d'ailleurs, c'est moi qui suis le *tu autem* et l'exécuteur de cet enfantillage. On a déjà donné à compte quatre écus, et le total est de huit. — Justement, reprit Riconète, tout cela s'y trouve écrit. Un peu plus bas il y a : *Attaches de cornes....*
— Ne lisez pas non plus, dit Monipodio, ni le nom, ni l'adresse, c'est assez de leur faire l'outrage, sans le révéler en public; il y aurait à cela remords de conscience. Du moins, j'aimerais mieux clouer aux portes cent cornes et autant de *san-*

---

1. Ou *gilguero*, chardonneret — 2. Le mutilé, le raccourci.
3. Le *san-benito* est la casaque à flammes peintes dont on habillait les condamnés du saint-office. — 4. Pour libelles.

benitos, pourvu qu'on me payât mon travail, que de le dire une seule fois, fût-ce à la mère qui m'a mis au monde. — L'exécuteur de ceci, reprit Rinconète, est le Narigueta[1]. — C'est déjà fait et payé, dit Monipodio : voyez s'il reste quelque autre chose; car, si j'ai bonne mémoire, il doit y avoir par là une frayeur de vingt écus. La moitié est déjà comptée, et l'exécuteur sera toute la communauté, et le terme tout le mois où nous sommes; et la chose se fera au pied de la lettre, sans qu'il y manque une panse d'A, et ce sera une des plus belles choses qui soient depuis longtemps arrivées dans cette ville. Rendez-moi le livre, garçon, je sais qu'il n'y a rien de plus. Je sais aussi que le métier va bien doucement; mais, après ce temps, il en viendra un autre, et nous aurons à faire plus que nous ne voudrons. La feuille d'arbre ne remue pas sans la volonté de Dieu, et nous ne pouvons pas faire que personne se venge par force. D'ailleurs, chacun a l'habitude d'être brave dans sa propre cause, et l'on n'aime pas à payer la façon de son ouvrage quand on peut le faire de ses propres mains. — Cela est vrai, dit alors le Repolido. Mais voyez un peu, seigneur Monipodio, ce que Votre Grâce peut avoir à nous ordonner, car il se fait tard, et le chaud vient plus vite qu'au pas. — Ce qu'il y a à faire, dit Monipodio, c'est que tout le monde s'en aille, chacun à son poste, et que personne n'en change jusqu'à dimanche. Nous nous réunirons en ce même endroit, et l'on fera la distribution de tout ce qui sera tombé, sans faire tort à personne. A Rinconète le Bon et à Cortadillo, il leur est donné pour district, jusqu'à dimanche, depuis la tour de l'Or, en dehors de la ville, jusqu'à la poterne de l'Alcazar. Là, on peut travailler, à cheval sur un banc, avec ses fines fleurs[2]. J'en ai vu d'autres, beaucoup moins habiles qu'eux, revenir chaque jour avec plus de vingt réaux en monnaie, sans compter l'argent, n'ayant qu'un seul jeu de cartes, et qui avait même quatre cartes de moins. Ganchoso vous enseignera ce district, et, quand même vous vous étendriez jusqu'à San-Sebastian et Santelmo, peu importe, bien qu'il soit de bonne justice que personne n'entre dans le domaine de personne. » Les deux jeunes gens lui baisèrent la main pour le remercier de la grâce qu'il leur accordait, et promirent de faire leur métier bien et fidèlement, avec toute diligence et toute précaution. Monipodio tira de la

---

1. Le camus. — 2. Tromper au jeu.

capuce de son manteau un papier plié où se trouvait la liste des confrères, et dit à Rinconète d'y inscrire son nom et celui de Cortadillo. Mais comme il n'y avait pas d'écritoire, il lui donna le papier à emporter, pour qu'il écrivît chez le premier apothicaire venu : « Rinconète et Cortadillo, confrères ; aucun noviciat ; Rinconète fleuriste[1], Cortadillo basson[2] ; le jour, le mois et l'année, sans dire les parents et le pays. »

Sur ces entrefaites entra un des vieux *frelons* qui dit : « Je viens dire à Vos Grâces que j'ai rencontré tout à l'heure sur les degrés Lobillo[3] de Malaga. Il m'a dit qu'il a fait tant de progrès dans son art, qu'avec des cartes propres et nettes il chipera l'argent à Satan lui-même. S'il n'est pas venu tout de suite passer à la visite et faire comme de coutume acte d'obéissance, c'est qu'il est tout déguenillé ; mais dimanche il sera sans faute ici. — Je m'étais toujours fourré dans la tête, dit Monipodio, que ce Lobillo deviendrait unique en son art, car il a les meilleures mains et les plus propres à la besogne qui se puissent désirer ; et, pour devenir bon ouvrier dans son état, on n'a pas moins besoin de bons instruments pour l'exercer que d'un bon esprit pour l'apprendre. — J'ai aussi rencontré, reprit le vieux, dans un logis d'auberge de la rue de Tintorès, le Juif, en habit de prêtre, qui s'est allé loger là parce qu'il a eu connaissance que deux Péruviens[4] demeurent dans la même maison ; il voudrait voir si l'on peut entamer une partie avec eux, ne fût-ce qu'à petite pointe, parce qu'on pourrait de là passer à gros jeux. Il dit aussi que dimanche il ne manquera pas de paraître à l'assemblée, et qu'il rendra compte de sa personne. — Le Juif aussi, dit Monipodio, est un grand faucon, et possède de grandes connaissances ; mais il y a longtemps que je ne l'ai vu : c'est mal à lui. Pardieu, s'il ne se corrige, je lui ôterai sa couronne[5] : car il n'a pas plus reçu d'ordres sacrés, le voleur, que n'en a reçu le Grand-Turc, et il ne sait pas plus de latin que ma mère. Y a-t-il quelque autre chose de nouveau ? — Non, répondit le vieillard, du moins que je sache. — Eh bien ! à la bonne heure, reprit Monipodio ; prenez, vous autres, cette misère. » Et il répartit entre tous une quarantaine de réaux. « Que personne ne manque dimanche, ajouta-t-il ; rien ne manquera du butin. »

---

1. Escroc au jeu. — 2. Filou, coupeur de bourses. — 3. Louveteau. — 4. *Peruleros*; on appelait ainsi les commerçants qui s'étaient enrichis en Amérique. — 5. Sa tonsure.

Tout le monde lui rendit grâce. Le Repolido et la Cariharta se prirent bras dessus, bras dessous, ainsi que la Escalanta avec Maniferro, et la Gananciosa avec Chiquiznaque, en convenant que cette nuit, après avoir fait l'ouvrage de la maison, ils se verraient tous chez la Pipota, où Monipodio dit aussi qu'il irait pour l'inventaire du panier à lessive, avant d'aller expédier l'article de poix-résine. Il embrassa Rinconète et Cortadillo, et leur ayant donné sa bénédiction, il les congédia, en leur recommandant de n'avoir jamais de logis connu ni de demeure fixe, parce que cette précaution importait au salut de tous. Ganchuelo les accompagna pour leur montrer leurs postes, et les fit souvenir qu'ils ne manquassent pas la réunion du dimanche : car, à ce qu'il croyait, Monipodio devait lire une leçon de concours sur les choses relatives à leur état. Sur cela, il s'en alla, laissant les deux camarades bien étonnés de ce qu'ils avaient vu.

Quoique fort jeune, Rinconète avait l'intelligence développée, et de plus, un bon naturel. Comme il avait souvent accompagné son père dans le métier de la vente des bulles, il savait un peu de beau langage, et se mourait de rire rien qu'en pensant aux expressions dont il avait entendu se servir Monipodio et les autres confrères de la sainte communauté : par exemple, lorsque pour dire *per modum suffragii*, il avait dit *par manière de naufrage*, ou bien quand la Cariharta dit que le Repolido était comme un matelot de la roche Tarpéienne, ou un tigre d'Ocaña pour dire d'Hyrcania, ainsi que mille autres impertinences. Ce qu'il trouva surtout charmant, ce fut de lui entendre dire que le ciel voulût bien prendre, à valoir sur ses péchés, la peine qu'elle avait eue à gagner les vingt-quatre réaux. Mais ce qui l'étonnait plus encore, c'était la sécurité de ces gens, et la confiance qu'ils avaient d'aller au ciel en ne manquant point à leurs dévotions, tandis qu'ils étaient si souillés de vols, d'homicides et d'offenses à Dieu; c'était de les voir rire de cette autre bonne vieille de Pipota, qui laissait bien caché dans sa maison le panier de lessive qu'on avait volé, et s'en allait allumer des cierges aux saintes images, croyant ainsi gagner le paradis toute vêtue et toute chaussée. Rinconète n'était pas moins surpris de l'obéissance et du respect que tous ces gens gardaient à Monipodio, lequel n'était qu'un être grossier, barbare et dénaturé; il considérait ce qu'il avait lu dans le livre de poche, et les métiers où s'occupait toute cette bande; finalement, il déplorait combien la justice était aveugle et négligente dans cette fameuse cité de Séville, puisqu'il y demeurait, presque à découvert, des gens si pernicieux, si contraires à la nature même. Il se proposa, au fond du cœur, d'éclairer son camarade par ses conseils, et de ne pas mener longtemps cette vie si honteuse, si souillée, si inquiète et si dissolue. Toutefois, entraîné par sa grande jeunesse et son peu d'expérience, il s'y abandonna quelques mois, pendant lesquels il lui arriva des choses qui demandent un plus long récit. On remet donc à une autre occasion pour écrire l'histoire de sa vie et de ses miracles, avec ceux de son maître Monipodio, et d'autres aventures arrivées aux membres de cette infâme académie, qui seront toutes d'un grand intérêt, et qui pourront servir d'exemple à ceux qui les liront avec fruit.

L'AMANT GÉNÉREUX.

« O lamentables ruines de la malheureuse Nicosie[1], à peine sèches du sang de vos courageux et infortunés défenseurs! Si, au lieu d'être insensibles, vous étiez à cette heure douées de sentiment, nous pourrions, dans la solitude où nous sommes, déplorer ensemble nos disgrâces, et peut-être que les partager allégerait nos tourments. Cette espérance peut vous être restée, tours et murailles injustement abattues : car une autre fois, bien que non pour une si noble défense que celle où l'on vous abattit, vous pouvez vous voir relever. Mais moi, malheureux, quel bien puis-je espérer dans le comble de misère où je me trouve, quand même je reviendrais à l'état où j'étais avant celui où je me vois condamné? Telle est mon infortune, que, dans la liberté, je fus privé du bonheur, et que, dans la captivité, je ne l'ai ni ne l'espère. » Ainsi s'exprimait un captif chrétien, en regardant du haut d'une colline les murailles renversées de Nicosie conquise; il leur parlait, et comparait leurs misères aux siennes, comme si elles eussent été capables de l'entendre : humeur naturelle aux affligés, qui, emportés par leur imagination en délire, font et disent des choses hors de tout bon sens et de toute raison.

En ce moment sortit d'une espèce de pavillon, qui était dressé avec trois autres tentes dans la campagne, un jeune Turc bien fait et de bonne mine, lequel s'approchant du chrétien : « Je gagerais, ami Ricardo, lui dit-il, que ce sont tes ordinaires pensées qui t'ont conduit en cet endroit. — Oui, sans doute, répondit Ricardo (tel était le nom du captif); mais qu'est-ce que je gagne, si, en quelque endroit que j'aille, je ne trouve à ces pensées ni repos ni trêve? Au contraire, ces ruines

---

[1]. Ville de l'île de Chypre, que les Turcs prirent sur les Vénitiens en 1570.

qu'on découvre d'ici en ont encore augmenté l'amertume. — C'est de celles de Nicosie que tu parles? reprit le Turc. — Eh! desquelles pourrais-je parler, répliqua Ricardo, quisqu'il ne s'en offre aucune autre à la vue? — Tu auras de quoi pleurer, dit le Turc, si tu te mets dans ces contemplations. En effet, celui qui a vu, il y a deux ans, cette riche et célèbre île de Chypre dans son repos et sa prospérité, lorsque ses habitants y jouissaient de tout ce que la félicité humaine peut accorder aux hommes, et qui les voit à présent ou bannis, ou captifs et misérables, comment pourrait-il s'empêcher de déplorer leur désastreuse infortune? Mais laissons là ces choses, puisqu'elles n'ont pas de remède, et venons aux tiennes, auxquelles je veux en chercher un. Je te prie donc, par ce que tu dois à la bonne volonté que je t'ai toujours montrée, par l'obligation que t'impose la pensée que nous sommes nés dans le même pays et que nous avons passé ensemble notre enfance, de me dire la cause de ton excessive tristesse. Bien que la captivité soit suffisante pour attrister le cœur le plus enjoué du monde, j'imagine cependant que tes malheurs viennent de plus loin : car ce ne sont pas les cœurs généreux comme le tien qui se rendent et se laissent abattre sous les coups des disgrâces communes, au point de témoigner des regrets si douloureux. Pour croire cela, il me suffit de savoir que tu n'es pas si pauvre qu'il te manque de quoi payer quelque rançon qu'on te demande; et tu n'es pas non plus enfermé dans les tours de la mer Noire, comme un prisonnier d'État, qui n'obtient sa liberté que tard ou jamais. Ainsi donc, puisque le sort rigoureux ne t'a pas ôté l'espoir d'être libre, et que je te vois cependant réduit à laisser éclater misérablement ton affliction, il ne faut pas s'étonner si j'imagine que ta peine vient d'une autre cause que la perte de ta liberté, et cette cause, je te supplie de me la confier, en t'offrant tout ce que je puis, tout ce que je vaux. C'est peut-être pour que je te rende service que la fortune a pris le détour de me faire revêtir ce costume que je déteste. Tu sais, Ricardo, que mon maître est le cadi de cette ville, et que c'est la même chose que d'en être l'évêque; tu sais aussi combien il a de puissance, et combien j'en exerce sur lui; et tu n'ignores pas non plus le désir ardent que j'ai de ne pas mourir dans ce culte que je semble professer; puisque, si je ne pouvais mieux faire, j'irais confesser et publier à haute voix la foi de Jésus-Christ, de laquelle m'éloignèrent mon âge si faible et et ma raison plus faible encore, bien que je sache qu'une telle confession doit me coûter la vie : car, pour ne point perdre celle de l'âme, je donnerais volontiers celle du corps. De tout ce que j'ai dit, je veux que tu te persuades que mon amitié peut t'être de quelque utilité, et que, pour savoir quels remèdes ou quels soulagements peut avoir ta disgrâce, il faut que tu m'en fasses la confidence, de la même façon que le médecin a besoin de la relation du malade ; et je t'assure que je la déposerai dans le plus impénétrable secret. »

A tous ces propos, Ricardo s'était tenu sans rien dire ; mais, obligé par l'intention qui les dictait et par la nécessité, il répondit de la sorte :

« Si, aussi juste que tu as rencontré en ce que tu imagines de mon malheur, ô mon ami Mahamud (ainsi se nommait le Turc), tu parvenais à en rencontrer le remède, je tiendrais ma liberté pour heureusement perdue, et je ne changerais pas mon infortune pour le plus grand bonheur qui se puisse imaginer ; mais je sais qu'elle est telle que tout le monde pourra bien savoir de quelle cause elle vient, sans qu'il y ait une seule personne qui ose, je ne dis pas y trouver de remède, mais même de soulagement. Et, pour que tu sois bien convaincu de cette vérité, je te conterai mon histoire en aussi peu de paroles qu'il me sera possible. Mais avant que je m'enfonce dans le dédale inextricable de mes maux, je veux que tu me dises pour quel motif Hassan-Pacha, mon maître, a fait dresser dans cette plaine ces tentes et ces pavillons, au lieu d'entrer dans Nicosie, dont il vient d'être nommé vice-roi, ou pacha, comme les Turcs appellent les vice-rois.

— Je te satisferai brièvement, répondit Mahamud. Sache donc que, parmi les Turcs, la coutume est que ceux qui sont nommés vice-rois de quelque province n'entrent pas dans la ville où réside leur prédécesseur, avant que ce dernier en soit sorti et laisse celui qui vient le remplacer faire librement l'enquête *de résidence*[1]. Tandis que le nouveau pacha s'en occupe, l'ancien reste dans la campagne, attendant ce qui résultera des charges portées contre lui dans l'enquête, qui se fait sans qu'il puisse y intervenir pour suborner les agents par des cadeaux ou par les démarches de ses amis, à moins qu'il ne l'ait fait à l'avance. L'enquête de résidence terminée, on la lui remet, transcrite sur un par-

---

[1] Le sens de ce mot et de cet usage, que les Espagnols empruntèrent longtemps aux Arabes, va être expliqué dans le texte même.

chemin plié et scellé, avec lequel il se présente à la Porte du Grand-Seigneur, c'est-à-dire à la cour, devant le grand conseil du Turc. Sur le vu de cette pièce, le vizir-pacha et les quatre autres pachas inférieurs, qui sont, comme nous dirions, le président et les auditeurs du conseil royal, le récompensent ou le châtient, suivant le contenu de l'enquête. S'il y est blâmé et accusé, avec de l'argent il évite et rachète la punition ; s'il n'est point accusé, et si pourtant on ne le récompense pas, ce qui est le cas le plus fréquent, il obtient par des présents et des cadeaux l'emploi qu'il convoite le plus. Là, en effet, les charges et les emplois ne se donnent pas pour prix du mérite, mais à prix d'argent ; tout se vend, tout s'achète ; les pourvoyeurs des emplois volent et dépouillent ceux qui en sont pourvus, et ceux-ci tirent la substance de l'office acheté pour en acheter un autre qui promette de plus grands bénéfices. Tout va comme je le dis, tout cet empire est fondé sur la violence, signe qu'il ne devait pas être durable ; mais, à ce que je crois, et ce doit être la vérité, nos péchés le soutiennent en quelque sorte sur leurs épaules ; je veux dire les péchés de ceux qui, sans pudeur et sans relâche, offensent Dieu comme je le fais. Puisse-t-il se souvenir de moi dans sa bonté ! C'est pour la raison que je viens de te conter, que ton maître Hassan-Pacha est resté quatre jours dans cette plaine ; et si le pacha de Nicosie n'est pas sorti, comme il le devait, c'est qu'il a été très-malade. Mais il va mieux, et, demain ou après, il sortira, sans aucun doute, pour aller se loger dans des tentes qui sont derrière cette colline, et que tu n'as pas vues ; alors ton maître entrera sur-le-champ dans la ville. Voilà ce que je puis t'apprendre sur ce que tu m'as demandé.

— Écoute donc à ton tour, reprit Ricardo. Mais je ne sais si je pourrai tenir ce que j'ai promis tout à l'heure, que je te conterais brièvement mes infortunes ; car elles sont si longues, si démesurées, qu'elles ne peuvent se mesurer à aucun entretien. Cependant je ferai ce qui me sera possible et ce que permettra le temps. Avant tout, je te demanderai si tu connais dans notre ville natale de Trapani une demoiselle à qui la renommée donnait le nom de la plus belle personne qu'il y eût dans toute la Sicile ; une demoiselle, dis-je, dont les langues curieuses et les intelligences éclairées affirmaient également qu'elle était la femme douée de la plus parfaite beauté que possédèrent les âges passés, que possède l'âge présent et qu'espèrent posséder les âges à venir; une femme de qui les poëtes disaient à l'envi, dans leurs vers, qu'elle avait des cheveux d'or, que ses yeux étaient deux soleils resplendissants, ses joues des roses purpurines, ses dents des perles, ses lèvres des rubis, sa gorge de l'albâtre; que les parties avec l'ensemble et l'ensemble avec les parties formaient une harmonieuse merveille, et que la nature avait sur tout cela versé à pleines mains une suavité de couleurs si naturelle et si parfaite, que jamais l'envie ne put lui trouver le plus léger défaut. Quoi! Mahamud, est-il possible que tu ne m'aies pas encore dit qui elle est et comment elle se nomme? Je crois, en vérité, ou que tu ne m'écoutes pas, ou que, lorsque tu habitais Trapani, tu étais insensible.

— En vérité, Ricardo, répondit Mahamud, si celle que tu viens de peindre avec tant de charmes et des attraits si merveilleux n'est pas Léonisa, fille de Rodolfo Florencio, je ne sais qui ce peut être, car elle seule avait la réputation que tu dis.

— C'est elle, ô Mahamud, répliqua Ricardo, c'est elle, ami, qui est la cause principale de tout mon bonheur et de toute mon infortune; c'est pour elle, et non pour la liberté perdue, que mes yeux ont versé, versent et verseront des larmes sans nombre; pour elle que mes soupirs enflamment l'air de près et au loin, que mes plaintes fatiguent le ciel qui les écoute et les oreilles qui les entendent; pour elle enfin que tu m'as cru fou, ou jugé du moins sans vertu, sans courage. Cette Léonisa, pour moi lionne, et douce brebis pour un autre, est celle qui m'a réduit à ce misérable état. Il faut que tu saches que, dès nos plus tendres années, ou du moins dès que j'eus l'usage de la raison, non-seulement je l'aimai, mais je l'adorai, et je la servis avec autant de zèle et d'amour que si je n'avais eu ni sur la terre ni dans le ciel aucune autre divinité à qui consacrer mes services et mon adoration. Ses parents connaissaient mes désirs, et jamais ils ne témoignèrent qu'ils en fussent fâchés, considérant qu'ils étaient dirigés vers une fin honnête et vertueuse; au contraire, je sais que maintes fois ils en parlèrent à Léonisa, connaissant ma qualité et ma noblesse, afin de la disposer à ce qu'elle m'acceptât pour époux. Mais elle avait jeté les yeux sur Cornélio, le fils d'Ascanio Rotulo, que tu connais bien, jeune galant, toujours attifé, aux blanches mains, aux cheveux bouclés, à la voix mielleuse, aux paroles d'amour; finalement, tout parfumé d'ambre et de pommades, tout chamarré de plumes et de brocarts. Elle ne voulut plus tourner ses regards sur mon visage, moins délicat que celui de Cornélio; elle ne voulut pas même agréer mes nombreux et continuels services, payant ma bonne volonté par ses dédains et sa haine. Mon amour arriva à cet excès, que j'aurais préféré avec empressement qu'elle achevât de me faire périr sous son ingratitude et ses mépris, plutôt que de lui voir accorder ouvertement, bien qu'avec honnêteté, ses faveurs à Cornélio. Vois donc, lorsqu'aux tourments que me causaient sa haine et ses dédains, s'unissaient les angoisses et la rage de la jalousie, en quel état devait être mon âme, atteinte de ces deux maladies mortelles. Les parents de Léonisa feignaient de ne pas s'apercevoir des faveurs qu'elle accordait à Cornélio, croyant, comme il était raisonnable qu'ils le crussent, que le jeune homme, séduit par son incomparable beauté, la choisirait pour épouse, et qu'ils y gagneraient un gendre plus riche que moi. C'eût été possible, si les choses se fussent ainsi passées; mais, soit dit sans arrogance, ce gendre n'aurait pas été de plus noble condition que moi, ni de sentiments plus élevés, ni d'une valeur mieux reconnue. Enfin, il arriva que, pendant le cours de mes poursuites amoureuses, je vins à savoir qu'un jour du mois de mai passé (il y a maintenant un an et trois jours), Léonisa et ses parents, Cornélio et les siens, avec leurs amis et leurs serviteurs, allaient se divertir au jardin d'Ascanio, qui est près de la plage, sur le chemin des salines.

— Je le sais bien, interrompit Mahamud; car, lorsque Dieu l'a permis, j'y ai fait plus de quatre bonnes parties de plaisir. Continue maintenant, Ricardo.

— J'appris leur départ pour ce jardin, reprit Ricardo, et, dès que j'en eus connaissance, une fureur, une rage, un enfer de jalousie s'empara de mon âme, avec tant de violence que j'en perdis la raison, comme tu vas le voir par ce que je fis aussitôt. Je courus au jardin où l'on m'avait dit qu'ils étaient, et je trouvai presque tout ce monde occupé paisiblement de ses plaisirs; mais sous un noyer étaient assis Cornélio et Léonisa, bien qu'un peu éloignés l'un de l'autre. Ce qu'ils éprouvèrent à ma vue, je ne le sais pas; mais de moi je puis dire que leur vue me fit un tel effet que je perdis celle de mes yeux, et que je restai comme une statue, sans voix, sans mouvement. Toutefois, le dépit ne tarda pas à réveiller le sang du cœur, et le sang la colère, et la colère les mains et la langue; et, si les mains furent enchaînées par le respect qui me semblait dû au divin visage que j'avais devant moi, la langue du moins rompit le silence et s'exprima de la sorte : « Te voilà satisfaite, ô mortelle ennemie de mon repos, puisque tu as si paisiblement devant les yeux l'objet qui condamne les miens à de continuelles et douloureuses larmes. Approche-toi, cruelle, approche-toi davantage, et enlace ton lierre à ce tronc inutile qui t'appelle ; peigne et boucle les cheveux de ce nouveau Ganymède qui te sollicite nonchalamment ; achève de te livrer à la capricieuse jeunesse de cet adolescent où se sont portés tes regards, afin qu'en perdant l'espérance de te posséder, je perde aussi la vie que je déteste. Penses-tu par hasard, fille orgueilleuse et inconsidérée, que pour toi seule vont changer et s'abolir les lois qui règnent dans le monde en cas pareils ? Penses-tu, veux-je dire, que ce jeune homme, fier de ses richesses, vain de sa bonne mine, présomptueux par sa naissance et inexpérimenté par son peu d'âge, va vouloir ou savoir garder la constance dans ses amours, ni estimer ce qui est inestimable, ni connaître ce que connaissent seulement l'expérience et la maturité des années ? Ne le pense pas, si tu le penses : car le monde n'a de bon qu'une chose, c'est que tout s'y passe toujours de la même manière, afin que personne ne soit trompé, si ce n'est par sa propre ignorance. Dans le peu d'années se trouve la grande inconstance ; chez les riches, l'orgueil ; chez les arrogants, la vanité ; chez les beaux garçons, le dédain, et chez ceux qui réunissent tout cela, l'ignorante sottise, qui est mère de tout mauvais résultat. Et toi, ô jeune homme, qui t'imagines remporter sans peine et sans péril le prix plutôt dû à mes généreux désirs qu'à ton oisive fantaisie, pourquoi ne te lèves-tu pas de ce lit de fleurs où tu es couché, et ne viens-tu pas m'arracher cette âme qui t'abhorre ? Et ce n'est point parce que tu m'offenses en ce que tu fais ; c'est parce que tu ne sais pas apprécier le bien qu'un heureux destin t'accorde, parce qu'on voit clairement que tu l'estimes peu, puisque tu ne veux pas t'émouvoir pour le défendre, crainte de courir le risque de déranger l'élégante symétrie de ton galant accoutrement. Si Achille avait eu ton humeur débonnaire, certes, Ulysse eût échoué dans son entreprise, bien qu'il eût montré à l'envi des armes luisantes et des cimeterres d'acier poli. Va-t'en ! va-t'en ! retourne jouer au milieu des femmes de ta mère, et prends-y soin de tes cheveux, ainsi que de ces mains, plus promptes à dévider des écheveaux de soie qu'à tirer l'épée du fourreau. »

« A tous ces propos, Cornélio ne fit pas un mouvement pour se lever de la place où il était assis; au contraire, il resta immobile, me regardant stupéfait et ébahi. Mais, au bruit de mes paroles prononcées à haute voix, tous les gens qui parcouraient le jardin s'approchèrent peu à peu, et se mirent à écouter d'autres insultes que j'adressai encore à Cornélio. Celui-ci, prenant courage à l'arrivée de tout ce monde, qui n'était composé que de ses parents, de ses proches et de ses serviteurs, fit enfin mine de se lever. Mais, avant qu'il se fût mis debout, j'avais mis l'épée à la main, et j'attaquai non-seulement lui, mais tous ceux qui se trouvaient présents. A peine Léonisa vit-elle luire mon épée, qu'elle tomba complétement évanouie, chose qui redoubla mon dépit et ma rage. Je ne saurais te dire si ceux dont je fus assailli ne cherchaient qu'à se défendre, comme on le fait d'un lion furieux, ou si mon heureuse étoile me protégea ainsi que mon adresse, ou si le ciel voulait me réserver pour de plus grands maux; mais enfin je blessai sept ou huit de ceux qui se trouvaient le plus à portée. Pour Cornélio, son agilité lui vint en aide; car celle qu'il mit à fuir fut si grande, qu'il échappa de mes mains. Tandis que j'étais dans cet imminent péril, entouré d'ennemis qui déjà, comme offensés, essayaient de tirer de moi une vengeance éclatante, la fortune m'envoya un secours tel qu'il eût mieux valu que je perdisse la vie, plutôt que d'être amené, en la recouvrant par une voie si inattendue, à la perdre chaque heure mille et mille fois. Tout à coup une nuée de Turcs se précipitèrent dans le jardin; ils sortaient de deux galiotes corsaires de Biserte, qui avaient jeté l'ancre dans une cale près de là, et étaient débarqués sans être aperçus par les sentinelles des tours de la marine, ni découverts par les garde-côtes. Dès que mes adversaires les aperçurent, ils m'eurent bientôt laissé seul pour s'enfuir à toutes jambes. De tous ceux qui se trouvaient dans le jardin, les Turcs ne purent s'emparer que de trois personnes, et de Léonisa, qui était encore évanouie. Pour moi, ils me prirent, atteint de quatre larges blessures, après que ma main les eut d'abord vengées sur quatre Turcs, que de quatre autres coups je jetai sans vie à mes pieds. Les Turcs firent cette expédition avec leur diligence accoutumée, et, non fort satisfaits du résultat, ils se rembarquèrent aussitôt, levèrent l'ancre, et, faisant force de rames et de voiles, ils eurent bientôt gagné la Fabiana. Là, ils firent un appel pour savoir qui leur manquait; et, voyant que les quatre morts étaient quatre soldats de ceux qu'ils appellent Levantins, des meilleurs et des plus estimés, ils voulurent tirer vengeance de leur mort. L'arraëz[1] de la capitane fit donc baisser la grande vergue pour qu'on me pendît.

« Léonisa, qui venait de reprendre ses sens, regardait tout cela, et, se voyant au pouvoir des corsaires, elle versait de ses beaux yeux d'abondantes larmes, tordait ses mains délicates, et, sans dire une parole, elle cherchait attentivement à comprendre ce que disaient les Turcs. Un des esclaves chrétiens de la chiourme lui dit en italien que l'arraëz allait faire pendre ce chrétien (en me montrant du doigt), parce qu'il avait tué en se défendant quatre des meilleurs soldats des galiotes. Quand elle eut entendu et compris cela, Léonisa, qui, pour la première fois, me témoignait de la pitié, dit au captif d'engager les Turcs à ne pas me pendre, parce qu'ils perdraient une grosse rançon, et qu'elle les priait de retourner à Trapani, où l'on me rachèterait sur-le-champ. Ce fut, dis-je, la première action charitable, comme ce sera la dernière aussi, que Léonisa fit à mon égard; encore tourna-t-elle à mon plus grand mal. Quand les Turcs entendirent les propos que leur tenait le captif italien, ils le crurent facilement, et l'intérêt fit taire en eux la colère. Le lendemain matin, arborant un drapeau de paix, ils revinrent à Trapani. Je passai cette nuit dans la douleur qu'on peut imaginer, non pas tant de celle que me causaient mes blessures, que de la pensée du péril que courait parmi ces barbares ma cruelle ennemie. En arrivant à la ville, une des galiotes entra dans le port, hors duquel resta l'autre. Aussitôt les quais et tout le rivage se couronnèrent de chrétiens, et le gentil Cornélio se mit à regarder de loin ce qui se passait dans la galiote. Mon majordome accourut traiter de ma rançon; je lui dis qu'il ne s'occupât en aucune manière de ma délivrance, mais uniquement de celle de Léonisa, et qu'il donnât pour elle tout ce que valaient mes biens. Je lui ordonnai en outre de retourner à terre, et de dire aux parents de Léonisa qu'ils le laissassent traiter du rachat de leur fille, et qu'ils ne s'en missent point en peine. Cela fait, l'arraëz principal, qui était un renégat grec appelé

---

1. Commandant d'un navire turc.

Yzouf, demanda pour Léonisa six mille écus, et pour moi quatre mille, ajoutant qu'il ne donnerait pas l'un sans l'autre. Il demanda cette somme énorme, à ce que je sus depuis, parce qu'il était devenu amoureux de Léonisa, et qu'il ne voulait pas la céder sur rançon. Il aimait mieux me donner, pour le prix de quatre mille écus, à l'arraëz de l'autre galiote, qui avait droit de partager le butin par moitié, avec mille écus en argent, ce qui faisait cinq mille, et garder Léonisa pour cinq autres mille écus. C'est pour cette raison qu'il nous estimait ensemble dix mille écus. Les parents de Léonisa, comptant sur la promesse que leur avait faite de ma part mon majordome, n'offrirent rien de leur côté, et Cornélio n'ouvrit pas la bouche en sa faveur. Enfin, après plusieurs allées et venues, mon majordome finit par offrir cinq mille écus pour Léonisa, et pour moi, trois mille. Yzouf accepta cette offre, contraint par les remontrances de son camarade, et par ce que lui disaient tous ses soldats. Mais comme mon majordome n'avait pas en sa possesion une telle quantité d'argent, il demanda trois jours de délai pour réunir la somme, dans l'intention de dilapider ma fortune autant qu'il le faudrait pour opérer notre rachat.

« Yzouf se réjouit de ce retard, pensant qu'il y trouverait l'occasion de rompre le marché. Il retourna à l'île de la Fabiana, disant qu'à l'expiration du délai de trois jours il reviendrait chercher l'argent. Mais l'ingrate fortune, qui ne se lassait point de me persécuter, ordonna qu'une sentinelle, que les Turcs avaient placée au plus haut point de l'île, découvrît six voiles latines à une grande distance en mer. Il comprit, comme c'était vrai, que ce devait être ou la flotte de Malte, ou quelqu'une des escadres de Sicile. Il vint, en courant, donner cette nouvelle. En un clin d'œil, tous les Turcs qui étaient à terre, l'un préparant son dîner, l'autre lavant son linge, sautèrent à bord, et, levant l'ancre avec une promptitude inouïe, ils jetèrent les rames à l'eau, mirent les voiles au vent, et, tournant la proue sur les côtes de Berbérie, en moins de deux heures ils perdirent de vue les galères. Cachés par l'île et par la nuit qui s'approchait, ils revinrent bientôt de la peur qu'ils avaient eue.

« Je te laisse à penser, ô Mahamud, quel devait être l'état de mon âme pendant ce voyage, si différent de celui que j'attendais. Ce fut bien autre chose quand, le lendemain, les deux galiotes ayant abordé sur la côte méridionale de l'île Pantellaria, les Turcs sautèrent à terre pour faire, comme ils disent, du bois et de la viande, et quand je vis que les deux arraëz, étant aussi descendus à terre, se mirent à faire les parts de tout le butin qu'ils avaient enlevé. Chacune de ces actions fut pour moi une mort redoublée. Lorsqu'ils en vinrent au partage de moi et de Léonisa, Yzouf donna à l'arraëz de l'autre galiote, qui se nommait Fétallah, six chrétiens, à savoir quatre rameurs et deux beaux jeunes garçons de nation corse, et moi avec eux, pour garder Léonisa, ce qui satisfit pleinement Fétallah. Bien que je fusse présent à tout cela, et que je susse ce qu'ils faisaient, jamais je ne pus entendre ce qu'ils disaient, et je n'aurais pas non plus compris alors l'arrangement du partage, si Fétallah ne se fût approché de moi, et ne m'eût dit en italien : « Chrétien, tu es à moi ; je t'ai pris pour deux mille écus d'or : si tu veux être libre, il faut m'en donner quatre mille ; sinon, mourir ici. » Je lui demandai si la chrétienne était également à lui. Il me répondit que non, et qu'Yzouf la gardait dans l'intention de la faire musulmane et de l'épouser ensuite. C'était la vérité, comme me le dit un des captifs de la chiourme qui comprenait bien la langue turque, et qui avait entendu traiter la chose entre Yzouf et Fétallah. Je dis à mon maître qu'il fît en sorte de garder pour lui la chrétienne, et que je lui donnerais, pour sa seule rançon, dix mille écus d'or en or. Il me répondit que c'était impossible, mais qu'il ferait savoir à Yzouf la grande somme d'argent que j'offrais pour la chrétienne, et que peut-être, ébloui par l'intérêt, celui-ci changerait d'avis et la laisserait racheter. Il tint parole, et donna l'ordre à tous les gens de sa galiote de se rembarquer aussitôt, parce qu'il voulait retourner à Tripoli de Berbérie, d'où il était. Yzouf résolut aussi de s'en aller à Biserte. Ils s'embarquèrent donc avec autant de célérité que lorsqu'ils aperçoivent des galères à craindre ou de petits bâtiments à voler. Ce qui les fit se hâter de la sorte, c'est que le temps changeait avec des symptômes de tempête.

« Léonisa était descendue à terre, mais dans un endroit où je ne pouvais la voir : ce ne fut qu'au moment de nous embarquer que nous nous trouvâmes ensemble sur le rivage. Son nouveau maître et plus nouvel amant la conduisait par la main ; et, quand elle monta sur l'échelle qui allait de la terre à la galiote, elle tourna les yeux sur moi, et les miens, qui ne s'écartaient pas d'elle, la regardèrent avec un tel sentiment de tendresse et de douleur, que, sans savoir comment, un nuage se plaça devant eux, qui m'ôta la vue, et je tombai par terre sans connaissance. J'ai ouï dire, depuis, que la même chose était arrivée à Léonisa : on la vit tomber aussi de l'échelle dans la mer, et l'on vit Yzouf s'y jeter après elle et la ramener dans ses bras ; c'est ce qui me fut conté dans la galiote de mon maître, où l'on m'avait porté sans que je m'en aperçusse. Mais quand je revins de mon évanouissement, quand je me vis seul dans la galiote, et que l'autre navire, ayant pris une autre direction, s'éloignait de nous, emportant la moitié de mon âme, ou, pour mieux dire, mon âme tout entière, le cœur me faillit de nouveau ; de nouveau je maudis mon destin, et j'appelai la mort à grands cris. Les transports de ma douleur étaient si violents, que mon maître, impatienté de m'entendre, prit un gros bâton, et me menaça de m'en frapper si je ne me taisais. Je retins mes larmes, je réprimai mes soupirs, espérant que, par la violence que je leur faisais, ils ouvriraient, en éclatant, une issue à mon âme, qui désirait si ardemment abandonner ce misérable corps. Mais le sort impitoyable, non satisfait encore de m'avoir jeté dans une telle détresse, voulut achever de me perdre en m'enlevant toute ressource, toute espérance. En un instant, la tempête qu'on craignait se déclara, et le vent, qui, soufflant du midi, nous frappait en proue, commença à devenir si violent, qu'il fallut lui tourner la poupe, et laisser courir le bâtiment par où le vent voulait l'emporter, au grand danger de ceux qui lui avaient confié le sort de leurs vies. L'arraëz avait dessein de doubler la pointe de l'île, et de se mettre à l'abri sur le rivage du nord ; mais la chose tourna au rebours de sa pensée : car, en moins de quatorze heures, nous franchîmes tout le trajet que nous avions fait en deux jours, et nous nous trouvâmes à six ou sept milles de la même île d'où nous étions partis, prêts à être jetés sans ressource à la côte, et non sur quelque plage, mais contre de hauts rochers qui s'offraient à notre vue, nous menaçant d'une mort inévitable. Nous vîmes à côté de nous la galiote notre conserve, où se trouvait Léonisa ; nous y aperçûmes tous les Turcs et tous les captifs faisant force de rames pour rester au large et ne point heurter aux rochers. Les gens de notre galiote firent de même, avec plus d'avantage et de succès, à ce qu'il paraît, que ceux de l'autre, lesquels, harassés de fatigue, vaincus par la force du vent et de la tempête, lâchèrent les rames, s'abandonnèrent aux flots, et se laissèrent emporter sous nos yeux contre les rochers, où la galiote heurta si violemment qu'elle s'ouvrit et se brisa en pièces. La nuit commençait à tomber, et les cris de ceux qui se perdaient, ainsi que l'effroi de ceux qui, dans notre navire, craignaient de se perdre, furent si horribles, que rien de ce que commandait l'arraëz n'était entendu ni exécuté. On ne prenait garde qu'à ne point laisser échapper les rames des mains, essayant pour ressource de tourner la proue au vent et de jeter deux ancres à la mer, afin de reculer de quelques moments la mort qui semblait certaine. Bien que cette crainte de mourir fût générale et commune à tous, en moi, c'était tout le contraire : car, avec l'espérance qui me berçait de revoir dans l'autre monde celle qui venait de quitter celui-ci, chaque instant que tardait la galiote à sombrer ou à toucher sur les roches était pour moi un siècle d'angoisses mortelles. Les vagues soulevées, qui passaient par-dessus le navire et par-dessus ma tête, me rendaient attentif à voir si elles n'apportaient pas le corps de l'infortunée Léonisa. Je ne veux point m'arrêter à présent, ô Mahamud, à te conter en détail les alarmes, les terreurs, les angoisses, les pensées de toutes sortes qui m'assaillirent dans cette nuit longue et amère, pour ne pas manquer à ce que je m'étais d'abord promis, de te conter brièvement mes tristes aventures. Il suffit de dire que, si la mort fût venue en ce moment, elle aurait eu bien peu à faire pour m'ôter la vie.

« Le jour vint, offrant tous les signes d'une tempête plus affreuse que la précédente; mais nous trouvâmes que le bâtiment avait viré de bord, et que, s'éloignant des rochers à une assez grande distance, il était arrivé à la pointe de l'île. Se voyant si près de la doubler, les Turcs et les chrétiens prirent de nouvelles forces dans cette nouvelle espérance, et au bout de six heures nous doublâmes le cap. Trouvant la mer moins agitée et moins furieuse, nous pûmes facilement faire usage des rames; et, abrités par l'île, les Turcs purent prendre terre pour aller voir s'il restait quelques débris de la galiote qui s'était perdue sur les rochers la nuit précédente. Mais le ciel ne voulut pas même m'accorder la consolation que j'espérais trouver à tenir dans mes bras le corps de Léonisa: car, bien que mort et mis en pièces, j'aurais été ravi de le voir, afin de rompre l'insurmontable barrière qu'avait opposée mon étoile à ce que je m'unisse à lui, comme le méritaient mes bonnes intentions. Je priai donc un renégat, qui voulait descendre à terre, de le chercher avec soin et de voir si la mer l'avait jeté sur le rivage. Mais, comme je viens de le dire, le ciel me refusa tout cela, car au même instant le vent reprit une telle violence que l'abri de l'île ne servit plus à rien. Voyant cela, Fétallah ne voulut pas lutter davantage contre la fortune qui le poursuivait avec tant d'acharnement; il fit hisser la vergue au mât de trinquet et déployer un peu de voile, puis il tourna la proue à la mer et la poupe au vent. Prenant alors lui-même la charge du timon, il se laissa emporter en pleine mer, sûr qu'aucun obstacle ne lui barrerait le chemin. Les rames étaient étendues dans la coursie, et tout l'équipage assis sur les bancs et les meurtrières, sans qu'on aperçût dans toute la galiote d'autre personne que le comite, qui, pour plus de sûreté, se fit attacher fortement au pilier de poupe. Le navire volait avec tant de rapidité, qu'en trois jours et trois nuits, passant à la vue de Trapani, de Melazzo et de Palerme, il enfila le détroit de Messine, au grand effroi de ceux qui se trouvaient dedans et de ceux qui, de la terre, les regardaient passer. Enfin, pour ne pas être aussi prolixe à te conter la tempête qu'elle fut elle-même longue et obstinée, je te dirai que, harassés de fatigue et de faim, après un aussi long détour, qui avait embrassé presque toute la Sicile, nous arrivâmes à Tripoli de Berbérie, où mon maître, avant d'avoir fait avec ses Levantins le partage des prises, et donné le cinquième au roi, suivant l'usage, fut attaqué d'une fluxion de poitrine qui, en trois jours, l'emporta dans l'enfer.

« Aussitôt le dey de Tripoli s'empara de tous ses biens, ainsi que le kaïd des morts qu'entretient là le Grand-Seigneur, qui est, comme tu sais, héritier de ceux qui n'en laissent point en mourant. Ces deux personnages prirent donc toute la fortune de mon maître Fétallah, et je tombai en partage au dernier, qui était alors vice-roi de Tripoli. Quinze jours après, il reçut le brevet de vice-roi de Chypre, et c'est de la sorte que je suis venu jusqu'ici, sans intention de me racheter ; car, bien qu'il m'ait engagé maintes fois à traiter de ma rançon, puisque je suis homme de qualité, comme le lui ont dit les soldats de Fétallah, jamais je n'ai voulu me rendre à son offre ; au contraire, je lui ai dit qu'on l'avait trompé en lui vantant mes moyens de fortune. Si tu veux, Mahamud, que je te dise toute ma pensée, sache que je ne veux point retourner aux lieux où, de quelque manière que ce soit, je puisse trouver la moindre consolation ; je veux que le souvenir et les regrets de la mort de Léonisa, qui ne me quittent jamais, s'unissant aux chagrins de la vie d'esclave, finissent par ne pas me laisser un moment de joie ou de repos. S'il est vrai que les douleurs continuelles doivent forcément, ou se détruire elles-mêmes, ou détruire celui qui les souffre, les miennes ne pourront manquer de le faire, car je pense leur donner carrière de façon qu'en peu de jours elles mettent un terme à la misérable vie que je traîne si fort contre mon gré. Voilà, mon frère Mahamud, le récit de mes tristes aventures ; voilà la cause de mes soupirs et de mes larmes. Vois maintenant, vois si elle est suffisante pour tirer les uns du fond de mes entrailles, pour engendrer les autres dans la sécheresse de mon cœur déchiré. Léonisa est morte, et avec elle mon espérance : car, bien que celle qui me restait de son vivant ne fût suspendue qu'à un cheveu, cependant, cependant... » A ce mot, la voix lui manqua ; il ne put ni prononcer une parole, ni retenir ses larmes, qui coulaient sur son visage en telle abondance qu'elles finirent par humecter le sol. Mahamud y joignit les siennes, et lorsque ce paroxysme, qu'avaient causé les souvenirs réveillés par cette amère histoire, se fut passé, Mahamud essaya de consoler Ricardo par les meilleures raisons qu'il put trouver. Mais celui-ci l'arrêta : « Ce que tu dois faire, ami, lui dit-il, c'est de me conseiller comment il faut que je m'y prenne pour tomber dans la disgrâce de mon maître et de tous ceux avec qui j'aurai des relations, afin qu'étant détesté de lui et d'eux, les uns et les autres me maltraitent et me persécutent, de façon qu'ajoutant douleur à douleur et tourment à tourment, j'arrive bientôt au terme que je souhaite, celui de la vie.

— Maintenant, s'écria Mahamud, je viens de trouver vrai ce qu'on a coutume de dire, que ce qu'on sait sentir on sait l'exprimer, bien que quelquefois la vivacité du sentiment paralyse la langue. Mais quoi qu'il en soit, Ricardo, que ta douleur soit égale à tes paroles ou que tes paroles surpassent ta douleur, sois sûr de trouver toujours en moi un véritable ami, ou pour aide ou pour conseil. Bien que ma grande jeunesse et la faute que j'ai commise en revêtant ces habits semblent crier qu'aux deux choses que je t'offre il ne faut ajouter aucune confiance, je ferai en sorte de démentir ce soupçon et de faire naître une opinion contraire. Bien que tu ne veuilles être ni conseillé ni secouru, je ne laisserai pas néanmoins de faire ce qui te conviendra, comme on a coutume de faire à l'égard du malade qui demande ce qu'on ne lui donne pas et auquel on donne ce qui lui convient. Il n'y a personne dans cette ville qui ait autant d'autorité et de pouvoir que mon maître le cadi ; le tien même, qui vient en qualité de vice-roi, ne saurait avoir la même puissance ; et, puisqu'il en est ainsi, je peux dire que c'est moi qui ai le plus d'autorité dans la ville, car avec mon patron je puis tout ce que je veux. Je dis cela, parce qu'il serait possible d'obtenir de lui que tu vinsses à lui appartenir. Alors, quand nous serons ensemble, le temps nous dira ce que nous avons à faire, toi pour te consoler, si tu veux et si tu peux trouver une consolation, moi pour passer de cette vie à une meilleure, ou du moins à un endroit où je puisse plus sûrement en changer.

— Je te sais gré, Mahamud répondit Ricardo, de tes offres d'amitié, bien que je sois sûr que, quelques efforts que tu fasses, il ne peut rien en résulter qui tourne à mon avantage. Mais laissons cela maintenant et retournons aux tentes : car, à ce que je vois, une foule de monde sort de la ville, et ce doit être l'ancien vice-roi qui se rend dans la plaine pour laiser mon maître entrer dans la ville et y faire résidence. — C'est vrai, dit Mahamud ; viens donc, Ricardo, voir les cérémonies avec lesquelles ils s'abordent ; je sais que tu auras plaisir à les voir. — Allons, je le veux bien, reprit Ricardo ; peut-être aurai-je besoin de toi, si par hasard le gardien des captifs de mon maître s'est aperçu de mon absence : c'est un renégat, Corse de nation, et non de charitables entrailles. » Sur cela, ils cessèrent leur entretien, et arrivèrent aux tentes à l'instant où l'ancien pacha s'approchait, et où le nouveau venait le recevoir à la porte de son pavillon.

Aly-Pacha (ainsi se nommait le gouverneur dépossédé) venait accompagné de tous les janissaires formant la garnison de Nicosie depuis que les Turcs s'en étaient emparés, et qui pouvaient monter au nombre de cinq cents. Ils marchaient en deux ailes, ou sur deux files, les uns avec des arquebuses, les autres avec des cimeterres nus. Ils arrivèrent à la porte du nouveau pacha, Hassan, s'y rangèrent tous, et Aly-Pacha, pliant le corps en deux, fit un salut à Hassan, qui le lui rendit en s'inclinant aussi bas. Ensuite, Aly entra dans le pavillon d'Hassan, et les Turcs élevèrent celui-ci sur un puissant cheval richement harnaché ; puis ils le conduisirent à l'entour des tentes et dans une grande partie de la plaine, en criant à haute voix dans leur langue « Vive le sultan

Solyman, et vive Hassan-Pacha en son nom ! » Ils répétèrent plusieurs fois ces cris avec une force croissante ; après quoi ils ramenèrent Hassan dans la tente où était resté Aly-Pacha. Ils s'y enfermèrent tous deux seuls avec le cadi pendant une heure entière. Mahamud dit à Ricardo qu'ils s'étaient enfermés ainsi pour conférer ensemble sur ce qu'il convenait de faire dans la ville à l'égard des ouvrages qu'y avait commencés Aly-Pacha. Peu de temps après, le cadi parut sur la porte de la tente, et dit à haute voix, en turc, en arabe et en grec, que tous ceux qui voudraient demander justice contre Aly-Pacha, ou lui réclamer quelque chose, pouvaient entrer librement ; qu'ils y trouveraient Hassan-Pacha, envoyé par le Grand-Seigneur pour vice-roi de Chypre, et qui leur rendrait à tous justice et raison. Avec cette permission, les janissaires s'éloignèrent de la porte de la tente, et permirent d'entrer à tous ceux qui en avaient envie. Mahamud fit entrer avec lui Ricardo, qu'on ne refusa point d'admettre, comme étant esclave d'Hassan-Pacha. Des Grecs chrétiens, ainsi que quelques Turcs, se présentèrent pour demander justice, mais tous de choses si peu importantes que le cadi dépêcha la plupart des réclamations sans ordonner de référé à la partie, sans actes de procédures, demandes ni répliques. Toutes les causes, à l'exception des matrimoniales, se jugent séance tenante et sur l'heure, plutôt à jugement de prud'hommes que d'après aucune loi ; et parmi ces barbares (s'ils le sont en cela) le cadi est le juge compétent pour tous les procès : il les dépêche du bout du doigt, et les termine en un tour de main, sans qu'il y ait aucun appel de sa sentence devant un autre tribunal.

En ce moment entra une espèce d'alguazil ou d'huissier, lequel dit qu'il y avait à la porte un Juif qui amenait vendre une très-belle chrétienne. Le cadi ordonna qu'on le fît entrer. L'alguazil sortit et revint presque aussitôt, précédant un vénérable Juif qui conduisait par la main une femme vêtue en costume de Berbérie, si bien mise et si bien parée que la plus riche Moresque de Fez ou de Maroc n'aurait pu l'être mieux ; et ce sont pourtant les femmes de ces deux villes qui l'emportent pour le bon goût de la parure sur toutes les Africaines, y compris celles d'Alger, malgré toutes leurs perles. Elle avait le visage couvert par un masque de taffetas cramoisi. Au-dessus des cous-de-pied, que sa robe laissait à découvert, se montraient deux *carcadj*, nom qu'on donne en arabe aux bracelets des jambes, qui semblaient d'or pur ; et sur les bras, qu'on apercevait aussi à travers une fine chemise de lin, elle portait d'autres bracelets semés de perles. Enfin, quant à l'accoutrement, elle était parée avec richesse et élégance. Étonnés et ravis à son premier aspect, le cadi et les deux pachas, avant de dire ou de demander autre chose, ordonnèrent au Juif d'ôter le masque à la chrétienne. Il obéit, et découvrit un visage qui éblouit les yeux et réjouit les cœurs de tous les assistants, comme le soleil qui, perçant d'épaisses nuées, s'offre aux yeux de ceux qui désirent sa lumière : tant étaient grandes la beauté de la captive chrétienne, sa grâce et sa noblesse. Mais celui sur qui fit le plus d'effet la merveilleuse clarté qui s'était offerte aux regards, fut le déplorable Ricardo, comme étant celui qui la connaissait le mieux, puisque c'était sa cruelle et bien-aimée Léonisa, qui tant de fois et par tant de larmes avait été pleurée par lui pour morte et perdue à jamais. A l'aspect imprévu des rares attraits de la chrétienne, le cœur d'Aly fut percé et vaincu, et celui d'Hassan reçut la même blessure, sans que le trait amoureux épargnât celui du cadi, lequel, plus stupéfait que les autres, ne pouvait ôter ses yeux des beaux yeux de Léonisa. Pour compléter la victoire de l'amour, il faut savoir qu'en ce même instant naquit dans l'âme de tous trois une ferme espérance de l'acquérir et de la posséder. Aussi, sans vouloir seulement savoir où, quand et comment elle était tombée au pouvoir du Juif, ils lui demandèrent le prix qu'il en voulait. L'avaricieux Israélite répondit quatre mille doubles, qui font deux mille écus. Mais à peine eut-il fait connaître son prix, qu'Aly-Pacha dit qu'il donnait quatre mille doubles pour elle, et que le Juif pouvait venir sur-le-champ se faire compter l'argent dans sa tente. Mais Hassan-Pacha, qui était résolu à ne point abandonner la chrétienne, dût-il y risquer la vie, s'écria : « Moi aussi je donne de l'esclave les quatre mille doubles que demande le Juif, et je ne les donnerais pas, ni me mettrais en opposition avec ce qu'a dit Aly-Pacha, si je n'y étais obligé par un motif auquel lui-même trouvera qu'il est raisonnable que je cède. C'est que cette gentille esclave ne doit appartenir à aucun de nous, mais seulement au Grand-Seigneur. Je dis donc que je l'achète en son nom. Voyons maintenant : y aura-t-il quelqu'un d'assez hardi pour me l'enlever ? — Moi, je le serai, répondit Aly, car je l'achète dans le même but. Et il me convient mieux de faire ce présent au Grand-Seigneur, pouvant l'emmener sur-le-champ à Constantinople, pour m'attirer ainsi les bonnes grâces de notre maître. Puisque je reste, comme tu le vois, Hassan, simple particulier et sans aucun emploi, j'ai besoin de chercher les moyens de m'en procurer un autre, chose dont tu es exempt pour trois années, puisque tu commences aujourd'hui à gouverner ce royaume de Chypre. Ainsi donc, par ces motifs et parce que j'ai le premier offert le prix demandé pour la captive, il est juste, ô Hassan, que tu me la laisses acheter. — On me sera d'autant plus obligé, reprit Hassan, si je la procure et l'envoie au Grand-Seigneur, que je l'aurai fait sans être mû par aucun intérêt; et, quant au moyen de la faire arriver à Constantinople, j'armerai, pour l'y conduire, une galiote avec ma chiourme et mes esclaves. »

A ces mots, Aly s'emporta; il se leva debout, et portant la main à la poignée de son cimeterre : « Puisque j'ai, ô Hassan, s'écria-t-il, la même intention, qui est de conduire et de présenter cette chrétienne au Grand-Seigneur, et puisque j'ai été le premier acheteur, il est fondé en justice et en raison que tu me la laisses à moi; et si tu penses autrement, ce cimeterre que je saisis soutiendra mon bon droit, et châtiera ton audace. »

Le cadi, qui était présent à toute cette scène, et qui ne brûlait pas moins que les autres du désir de posséder la chrétienne, imagina comment il pourrait faire pour apaiser la querelle furieuse qui venait de s'allumer, et garder en même temps la captive, sans donner aucun soupçon de son intention et de sa perfidie. Se levant de son siége, il se mit entre les deux pachas qui étaient aussi debout, et leur dit : « Calme-toi, Hassan, et toi, Aly, reste en repos; je suis ici, et je saurai bien arranger votre différend, de manière à ce que vous accomplissiez tous deux votre dessein, c'est-à-dire à ce que le Grand-Seigneur soit servi comme vous le désirez, et qu'il reste aussi reconnaissant envers l'un qu'envers l'autre. » Aux paroles du cadi, ils obéirent aussitôt, et ils eussent fait de même, leur eût-il commandé autre chose plus difficile : tant est grand le respect que portent aux cheveux blancs de leurs magistrats les gens de cette secte maudite. Le cadi continua donc de la sorte: « Tu dis, Aly, que tu veux cette chrétienne pour le Grand-Seigneur; Hassan dit de même : tu allègues qu'ayant été le premier à offrir le prix, elle doit être à toi; Hassan te le conteste, et, bien qu'il ne sache pas fonder sa raison, je trouve qu'il a la même que toi; c'est l'intention, qui dut naître en lui en même temps qu'en toi, de vouloir acheter l'esclave pour le même objet. Seulement tu as eu sur lui l'avantage de t'être déclaré le premier, mais ce n'est pas un motif suffisant pour que son bon désir reste complétement frustré. Ainsi donc, il me semble bon que vous vous arrangiez de la manière suivante : que l'esclave soit à vous deux, et, puisque son usage doit rester à la volonté du Grand-Seigneur pour qui elle est achetée, c'est à lui qu'il appartient de disposer d'elle. En attendant, toi, Hassan, tu payeras deux mille doubles; toi, Aly, deux autres mille, et que la captive demeure en mon pouvoir, pour qu'au nom de tous deux je l'envoie à Constantinople, afin que je ne reste pas sans récompense, ne fût-ce que pour m'être trouvé présent. Je m'offre donc de l'envoyer à mes frais, avec la décence et la pompe dues à celui à qui on l'envoie, en écrivant au Grand-Seigneur tout ce qui vient de se passer, et la bonne volonté que vous avez montrée tous deux pour son service. »

Les deux amoureux pachas ne surent ni n'osèrent le contredire, et, bien qu'ils vissent que ce chemin ne menait pas au terme de leurs souhaits, ils furent contraints de céder à l'opinion du cadi; toutefois chacun d'eux forma au fond de son âme une espérance qui, bien que douteuse, leur promettait encore l'accomplissement de leurs ardents désirs. Hassan, qui restait en qualité de vice-roi de Chypre, pensait faire tant de présents au cadi, qu'il le touchât et l'obligeât à lui rendre la captive. Aly, de son côté, imagina un moyen de s'assurer la réussite de ce qu'il désirait, et chacun tenant son projet pour certain, ils consentirent volontiers à ce qu'exigeait le cadi. D'un commun accord, ils lui remirent aussitôt l'esclave, et payèrent au Juif chacun deux mille doubles. Le Juif dit alors qu'il ne pouvait la livrer avec les habits qu'elle portait, parce qu'ils valaient deux autres mille doubles. C'était la vérité : car, dans ses cheveux, dont une partie tombait et voltigeait sur les épaules, tandis que l'autre partie était attachée et tressée sur le front, brillaient quelques rangs de perles qui s'enchaînaient gracieusement avec les boucles de cheveux. Les bracelets des bras et des jambes étaient également garnis de grosses perles; son vêtement était une tunique moresque[1] en satin vert, toute brodée de petites tresses d'or. Enfin il parut à tous que le Juif n'était pas exigeant dans le prix qu'il demanda pour les habits de la captive, et le cadi, pour ne pas

1. *Almalafa.*

se montrer moins libéral que les deux pachas, dit qu'il voulait les payer, afin que la chrétienne se présentât dans ce costume au Grand-Seigneur. Les deux compétiteurs en furent enchantés, croyant bien chacun que tout cela viendrait en son pouvoir.

Reste maintenant à dire ce qu'éprouva Ricardo en voyant son âme mise aux enchères, quelles pensées lui vinrent en ce moment, et quelles craintes l'assaillirent, lorsqu'il vit qu'il n'avait retrouvé le cher objet de son amour que pour le perdre plus complétement. Il ne pouvait parvenir à s'assurer s'il était éveillé ou endormi, et n'ajoutait pas foi au témoignage de ses propres yeux, car il lui semblait impossible de voir si inopinément devant eux celle qu'il croyait avoir fermé les siens pour toujours. Il s'approcha de son ami Mahamud, et lui dit : « Ami, ne la connais-tu point? — Non, je ne la connais point, répondit Mahamud. — Eh bien, sache, répliqua Ricardo, que c'est Léonisa. — Que dis-tu là, Ricardo? s'écria Mahamud. — Ce que tu as entendu, reprit Ricardo. — Tais-toi donc, dit Mahamud, et ne la découvre pas; le sort arrange les choses pour que le tien soit heureux, car elle va passer au pouvoir de mon maître. — Te semble-t-il, reprit Ricardo, qu'il serait bon de me placer en un lieu d'où je pusse être vu? — Non pas, reprit Mahamud, de peur que tu ne la troubles et que tu ne te troubles, et ne t'avise pas de donner le moindre indice que tu la connais ou que tu l'as vue; cela pourrait tourner contre la réussite de mon projet. — Je suivrai ton avis, » repartit Ricardo. En effet, il mit tous ses soins à ce que ses yeux ne rencontrassent point ceux de Léonisa, laquelle, tandis que tout cela se passait, avait les siens cloués à terre, versant quelques larmes qui pouvaient le disputer en valeur aux perles de l'Orient.

Le cadi s'approcha d'elle, et, la prenant par la main, la remit à Mahamud, à qui il ordonna de la conduire à la ville et de la remettre à sa femme, en lui recommandant de la traiter comme une esclave du Grand-Seigneur. Mahamud obéit, et laissa seul Ricardo, qui suivit des yeux son étoile jusqu'à ce qu'elle eut disparu dans le nuage des murs de Nicosie. Il s'approcha du juif et lui demanda où il avait acheté et de quelle manière était venue en son pouvoir cette captive chrétienne. Le juif répondit qu'il l'avait achetée dans l'île Pantellaria à des Turcs qui y avaient fait naufrage ; et, comme il allait continuer l'histoire, il en fut empêché parce qu'on vint l'appeler de la part des pachas, qui voulaient lui demander ce que Ricardo désirait savoir. Il fut obligé de prendre congé de lui.

Dans le trajet qu'il y avait des tentes à la ville, Mahamud eut le temps de demander à Léonisa, en langue italienne, de quel pays elle était. Elle répondit : « De la ville de Trapani. » Mahamud alors lui demanda si elle connaissait dans cette ville un gentilhomme riche et noble, qui s'appelait Ricardo. A cette question, Léonisa poussa un grand soupir. « Oui, dit-elle, je le connais, et pour mon malheur. — Comment, pour votre malheur ? répliqua Mahamud. — Oui, reprit-elle, parce qu'il m'a connue pour le sien, et pour le mien aussi. — Maintenant, continua Mahamud, avez-vous aussi connu dans la même ville un autre gentilhomme de bonne mine, fils de parents très-riches, et de sa personne très-vaillant, très-libéral et très-discret, qui s'appelait Cornélio ? — Oui, je le connais aussi, répondit Léonisa, et je puis dire encore plus pour mon malheur que Ricardo. Mais qui êtes-vous, seigneur, vous qui les connaissez et vous informez d'eux ? — Je suis natif de Palerme, répondit Mahamud ; divers accidents m'ont amené à prendre ce costume, bien différent de celui que j'avais l'habitude de porter, et je connais ces deux gentilshommes parce que, il y a peu de jours, ils ont été tous deux en mon pouvoir. Cornélio fut fait captif par des Mores de Tripoli de Berbérie, qui le vendirent à un Turc, marchand à Rhodes, lequel l'amena dans cette île avec d'autres marchandises ; il confiait toute sa fortune à Cornélio. — Cornélio saura bien la garder, dit Léonisa, car il sait très-bien garder la sienne. Mais dites-moi, seigneur, comment et avec qui Ricardo est-il venu dans cette île ? — Il est venu dans cette île, répondit Mahamud, avec un corsaire qui l'avait enlevé tandis qu'il était dans un jardin sur le bord de la mer, à Trapani. Ce corsaire, à ce qu'il dit, avait enlevé avec lui une jeune fille dont il ne voulut jamais me dire le nom. Il est resté ici quelques jours avec son maître, lequel allait visiter le sépulcre de Mahomet, qui est dans la ville de Médine ; mais, au moment du départ, Ricardo tomba malade. Son maître me le laissa, parce qu'il était de mon pays, pour que j'en prisse soin jusqu'à son retour, ou, s'il ne revenait point ici, pour que je le lui envoyasse à Constantinople, d'où il me donnerait avis quand il y serait arrivé. Mais le ciel en a ordonné d'une autre façon : car l'infortuné Ricardo, sans éprouver aucun accident, finit en peu de jours une vie qu'il détestait, appelant toujours à voix basse une

Léonisa, qu'il m'avait dit aimer plus que sa vie et que son âme. Cette Léonisa, me dit-il, s'était noyée dans une galiote qui avait fait naufrage sur la côte de l'île Pantellaria, et c'est cette mort qu'il pleurait et déplorait sans cesse, jusqu'à ce qu'elle l'eût réduit à perdre la vie, car je ne lui ai pas vu le moindre mal dans le corps, mais seulement des signes de douleur dans l'âme. — Dites-moi, reprit Léonisa, cet autre jeune homme dont vous venez de parler, dans les conversations qu'il eut avec vous, et qui durent être nombreuses, étant tous deux du même pays, a-t-il nommé quelquefois cette Léonisa? a-t-il conté de quelle manière elle et Ricardo furent faits captifs? — Oui, répondit Mahamud, il l'a nommée, et m'a demandé s'il était venu dans cette île une chrétienne de ce nom, de telles et telles enseignes, qu'il serait bien aise de trouver pour la racheter, si toutefois son maître s'était détrompé et avait cessé de la croire aussi riche qu'il le pensait, bien qu'il pût se faire qu'après l'avoir possédée il l'estimât moins; ajoutant que, pourvu qu'on n'en demandât pas plus de trois ou quatre cents écus, il les donnerait volontiers pour elle, lui ayant porté dans un temps quelque affection. — Elle devait être bien peu vive, reprit Léonisa, puisqu'elle n'allait pas au delà de quatre cents écus. Ricardo est plus libéral, plus vaillant et plus courtois; Dieu pardonne à qui fut la cause de sa mort! Et c'est moi, car je suis l'infortunée qu'il a pleurée pour morte, et Dieu sait si je me réjouirais de ce qu'il fût encore vivant, pour le payer, par le regret qu'il verrait que j'ai de ses malheurs, de celui qu'il a montré des miens. Oui, seigneur, comme je viens de vous le dire, je suis celle qu'a peu aimée Cornélio, et que Ricardo a bien aimée; divers événements étranges m'ont amenée au misérable état où je me trouve, et dans lequel, tout périlleux qu'il soit, j'ai pu, par la faveur du ciel, conserver mon honneur dans toute sa pureté. Cette consolation me fait vivre contente dans ma misère. Maintenant je ne sais ni où je suis, ni qui est mon maître, ni où doit me porter le destin contraire. Aussi je vous supplie, seigneur, ne serait-ce que par le sang de chrétien qui coule dans vos veines, de me conseiller dans mes infortunes : car, si celles que j'ai supportées en grand nombre m'ont rendue quelque peu prudente et avisée, il m'en survient de telles à chaque instant, que je ne sais plus comment les prendre et comment me conduire. »

Mahamud répondit qu'il ferait tout ce qu'il pourrait pour

son service, en la conseillant de son intelligence et en l'aidant de ses forces. Il lui fit connaître le démêlé qu'avaient eu entre eux les deux pachas à son sujet, et comment elle était restée au pouvoir du cadi, son maître, qui l'enverrait en présent au Grand-Turc Sélim à Constantinople. Mais il ajouta qu'avant que ce projet fût effectué, il espérait que le vrai Dieu, auquel il croyait, quoique mauvais chrétien, en ordonnerait autrement. Enfin, il lui conseilla de se mettre bien dans l'esprit d'Halima, la femme du cadi, son maître, au pouvoir de laquelle elle devait rester jusqu'à ce qu'on l'envoyât à Constantinople, et dont il lui peignit le caractère et l'humeur. A ces choses, il ajouta d'autres avertissements profitables, jusqu'à ce qu'il l'eût amenée à la maison et remise au pouvoir d'Halima, à laquelle il transmit la commission de son maître. La Moresque accueillit très-bien la captive, en la voyant si parée et si belle.

Pour Mahamud, il retourna aux tentes dans l'intention de conter à Ricardo ce qui venait de lui arriver avec Léonisa, et, l'ayant trouvé, il lui rapporta tout dans le plus grand détail. Quand il arriva aux regrets qu'avait montrés Léonisa en apprenant que Ricardo était mort, celui-ci sentit les larmes lui venir aux yeux. Mahamud lui dit qu'il avait imaginé l'histoire de la captivité de Cornélio pour voir ce qu'elle éprouvait, et lui fit part de la froideur et de la malice avec lesquelles elle avait parlé de Cornélio. Tout ce récit fut un baume salutaire pour le cœur affligé de Ricardo. « Je me rappelle, ami, disait-il à Mahamud, une histoire que me conta mon père, dont tu connaissais le goût pour les choses curieuses, et dont l'empereur Charles-Quint récompensa honorablement les services militaires. Il me conta que, lorsque l'empereur prit Tunis et la Goulette, un jour qu'il était campé dans la plaine, on vint lui présenter sous sa tente une Moresque, comme un rare objet de beauté. Au moment où elle fut amenée, quelques rayons de soleil entraient par un côté de la tente et frappaient sur les cheveux de la Moresque, qui étaient assez blonds pour le disputer à ceux mêmes du soleil, chose nouvelle parmi les Moresques, qui se vantent d'avoir toujours la chevelure noire. Dans la tente se trouvaient, parmi beaucoup d'autres, deux gentilshommes espagnols, l'un Andalous et l'autre Catalan, tous deux gens d'esprit et tous deux poëtes. A peine l'Andalous l'eut-il aperçue qu'il commença, dans son admiration, à dire quelques vers de ceux qu'on appelle strophes, avec des

rimes très-difficiles, et s'arrêtant au cinquième vers de la strophe, il resta là, sans terminer ni la strophe ni la pensée, faute de trouver sur-le-champ les rimes nécessaires. Mais l'autre gentilhomme, qui était à ses côtés et avait entendu les vers, le voyant embarrassé, comme s'il lui eût pris de la bouche l'autre moitié de la strophe, la continua et la finit avec les mêmes rimes, ce qui causa à l'empereur un très-grand plaisir. Cette même histoire me revint à l'esprit quand je vis entrer sous la tente du pacha l'adorable Léonisa, qui aurait obscurci, non-seulement les rayons du soleil, s'ils l'eussent touchée, mais le ciel tout entier avec ses astres et ses étoiles.
— Arrête, arrête, ami Ricardo, s'écria Mahamud ; je crains à chaque pas que tu ne te laisses emporter si loin dans les louanges de ta belle et charmante Léonisa, que, cessant de paraître chrétien, tu ne sembles idolâtre. Dis-moi, si tu veux, ces vers, ou strophes, ou comme tu les appelles ; ensuite nous parlerons d'autres choses qui soient de plus grand agrément, et peut-être aussi de plus grande utilité. — Volontiers, dit Ricardo ; mais je te rappelle que les cinq premiers vers furent dits par l'un et les cinq derniers par l'autre, tous impromptu. Les voici[1] :

« De même que, lorsque le soleil se montre au sommet
« d'une colline et nous surprend à l'improviste, sa vue dompte
« et éblouit notre vue,
« De même que le rubis balais, qui ne souffre pas de ver-
« moulure, de même ton visage, Aja, cruelle lance de Maho-
« met, perce et déchire mes entrailles. »

— Ils me font plaisir à entendre, dit Mahamud, mais j'ai plus de plaisir encore à voir que tu es en état de dire des vers, Ricardo ; car en dire ou en faire exige un esprit sans passion.
— Cependant, reprit Ricardo, on pleure des élégies[2], tout comme on chante des hymnes, et c'est également dire des vers. Mais, laissant cela de côté, dis-moi, que penses-tu résoudre sur notre affaire ? Bien que je n'aie pu comprendre ce dont les pachas convinrent dans la tente, tout me fut conté, pendant que tu conduisais Léonisa, par un renégat de mon maître, Vénitien de naissance, qui se trouva présent, et qui

---

1. Ces vers, qui ne sont curieux que par la bizarrerie des rimes, ne peuvent manquer de sembler détestables dans une traduction littérale.
2. *Endechas*, chants funèbres.

entend bien la langue turque. Ce qu'il faut avant tout, c'est découvrir un moyen pour empêcher que Léonisa n'aille aux mains du Grand-Seigneur. — Ce qu'il faut d'abord, répondit Mahamud, c'est que tu viennes au pouvoir de mon maître; cela fait, nous nous concerterons sur ce qui sera ensuite le plus convenable. » En ce moment vint le gardien des captifs chrétiens d'Hassan, qui emmena Ricardo. Le cadi retourna à la ville avec Hassan, qui, en peu de jours, termina l'enquête de résidence d'Aly, et la lui donna scellée, pour qu'il se rendît à Constantinople. Aly partit aussitôt, après avoir instamment recommandé au cadi d'envoyer sans retard la captive, et d'écrire au Grand-Seigneur de manière à favoriser ses prétentions. Le cadi lui en fit la promesse avec un cœur perfide, car il l'avait consumé d'amour pour la captive.

L'un des pachas parti, plein de fausses espérances, et l'autre restant, aussi bien leurré, Mahamud s'arrangea de telle sorte que Ricardo vint au pouvoir de son maître. Cependant les jours s'écoulaient, et l'envie de voir Léonisa pressait tellement Ricardo qu'elle ne lui laissait pas un moment de tranquillité. Il changea son nom en celui de Mario, afin que le sien n'arrivât point aux oreilles de Léonisa avant qu'il la vît. Mais la voir était très-difficile, car les Mores sont extrêmement jaloux et cachent à tous les hommes les visages de leurs femmes, bien qu'ils ne trouvent pas mauvais qu'elles se montrent aux chrétiens; peut-être parce qu'en les voyant captifs, elles ne les croient pas hommes complets.

Or, il arriva qu'un jour Mme Halima vit son esclave Mario. Elle le vit et le regarda si bien qu'il lui resta présent à la mémoire et gravé dans le cœur; et, peu satisfaite peut-être des froids embrassements de son vieux mari, elle donna facilement accès à un désir coupable, et non moins facilement elle en fit confidence à Léonisa, qu'elle aimait déjà beaucoup à cause de son humeur aimable et de sa conduite prudente, et qu'elle traitait avec beaucoup de respect, comme bijou du Grand-Seigneur. « Le cadi, lui dit-elle, a amené dans sa maison un captif chrétien, de si bonne mine et de si gracieuse tournure, qu'à mon goût je n'ai jamais vu un si bel homme en toute ma vie. On dit qu'il est *chilibi*, c'est-à-dire gentilhomme, et du même pays que Mahamud, notre renégat. Mais je ne sais comment lui faire entendre la bonne volonté que j'ai pour lui, sans que le chrétien prenne mauvaise opinion de moi pour la lui avoir déclarée. — Comment s'appelle le captif? demanda

Léonisa. — Il s'appelle Mario, répondit Halima. — S'il était gentilhomme et du pays que l'on suppose, reprit Léonisa, je le connaîtrais certainement. Mais, du nom de Mario, il n'en est aucun à Trapani. Toutefois, fais en sorte, madame, que je le voie et que je lui parle ; je te dirai qui il est, et ce qu'il faut attendre de lui. — Ce sera comme tu le désires, dit Halima. Vendredi, lorsque le cadi fera la *azala*[1] dans la mosquée, je le ferai entrer ici dedans, où tu pourras l'entretenir tête à tête ; et, si l'occasion te semble bonne pour lui révéler mon désir, tu le feras du mieux qu'il te sera possible. »

Voilà ce que dit Hamila à Léonisa. Deux heures ne s'étaient pas encore écoulées, que le cadi appela Mahamud et Mario ; et, avec non moins d'empressement qu'Halima avait ouvert son cœur à Léonisa, l'amoureux vieillard ouvrit le sien à ses deux esclaves, leur demandant conseil sur ce qu'il fallait faire pour posséder la chrétienne, sans manquer au Grand-Seigneur à qui elle appartenait, et disant qu'il aimait mieux mourir mille fois que la livrer une seule au Grand-Turc. Le religieux musulman peignit sa passion avec de tels transports, qu'il la communiqua au cœur de ses deux esclaves, lesquels pensaient tout le contraire de ce qu'ils disaient penser. Il demeura convenu entre eux que Mario, comme habitant de son pays, bien qu'il eût dit qu'il ne la connaissait point, prendrait en main le soin de la solliciter et de lui découvrir la volonté de son maître ; que si, de cette manière, on ne pouvait rien obtenir d'elle, le cadi userait alors de violence, puisqu'elle était en son pouvoir, et qu'après cela, en disant qu'elle était morte, on s'excuserait de ne pas l'envoyer à Constantinople. Le cadi fut enchanté de l'avis de ses esclaves, et dans la joie de son bonheur en expectative, il accorda sur-le-champ la liberté à Mahamud, et lui légua la moitié de ses biens. Il promit alors à Mario, s'il obtenait l'objet de ses désirs, la liberté et des richesses avec lesquelles il retournerait dans son pays, riche, honoré et satisfait. S'il fut libéral dans ses promesses, ses captifs furent prodigues dans les leurs. Ils s'offrirent à lui amener la lune du ciel, et non pas seulement Léonisa, pourvu qu'il leur fournît toute facilité de l'entretenir. « Je la fournirai à Mario quand il le voudra, répliqua le cadi. Je ferai en sorte qu'Halima s'en aille pour quelques jours chez ses parents, qui sont chrétiens grecs et, lorsqu'elle sera partie, j'ordonnerai

---

[1]. Prière.

au portier de laisser entrer Mario dans la maison toutes les fois qu'il lui plaira d'y venir, et je dirai à Léonisa qu'elle peut causer avec son compatriote quand elle en aura l'envie. »

Ainsi le vent de la fortune de Ricardo commença à tourner et à souffler en sa faveur, ses maîtres eux-mêmes ne sachant plus ce qu'ils faisaient. Ayant donc ainsi pris tous ensemble cette résolution, la première personne qui la mit en œuvre fut Halima, en sa qualité de femme, car le naturel des femmes est prompt et audacieux en tout ce qui est de leur goût et pour leur plaisir. Ce jour-là même, le cadi dit à Halima qu'elle pourrait, quand elle le voudrait, aller chez ses parents se divertir avec eux autant de jours qu'elle s'y trouverait bien. Mais comme elle était toute hors d'elle-même par les espérances que lui avait données Léonisa, non-seulement elle n'aurait point été chez ses parents, mais pas même au saint paradis de Mahomet. Elle répondit donc à son mari qu'elle n'avait pas cette volonté pour le moment, et que, lorsqu'elle l'aurait, elle le ferait connaître, mais qu'elle voulait emmener avec elle la captive chrétienne. « Pour cela, non, répliqua le cadi ; il n'est pas convenable que la future épouse du Grand-Seigneur soit vue de personne. D'ailleurs, on doit l'empêcher de converser avec des chrétiens : car vous savez fort bien qu'aussitôt qu'elle arrivera au pouvoir du Grand-Seigneur, on va l'enfermer dans le sérail et la faire musulmane, de gré ou de force. — Pourvu qu'elle ne me quitte point, répondit Halima, il importe peu qu'elle vienne chez mes parents et qu'elle communique avec eux ; car moi, qui communique bien davantage, je ne laisse pas d'être bonne musulmane. D'ailleurs, je ne pense pas rester dans leur maison plus de quatre à cinq jours, car l'amour que je vous porte ne me permettra pas de rester plus longtemps absente et sans vous voir. » Le cadi ne voulut rien répliquer, dans la crainte de lui donner quelque soupçon de ses projets.

Bientôt après arriva le vendredi, et le cadi alla à la mosquée, d'où il ne pouvait sortir de quatre heures. Dès qu'Halima l'eut vu passer le seuil de la maison, elle fit appeler Mario ; mais un chrétien corse, qui servait de portier à la porte de la cour, ne l'aurait pas laissé entrer, si Halima ne lui eût crié de lui livrer passage. Il entra donc, agité et tremblant comme s'il fût allé combattre une armée d'ennemis.

Léonisa, vêtue de la même manière que lorsqu'elle parut dans la tente du pacha, était assise au pied d'un grand escalier de marbre qui menait aux galeries de l'étage supérieur. Elle avait la tête appuyée sur la paume de la main droite et le bras sur les genoux, les yeux tournés vers le côté opposé à la porte par où devait entrer Mario, de façon que, bien qu'il s'approchât de la place où elle était, elle ne le voyait pas venir. Lorsque Ricardo entra, il parcourut toute la maison du regard, et n'aperçut partout que le vide et le silence, jusqu'à ce qu'il eût jeté la vue sur l'endroit où était Léonisa. En un moment, tant de pensées assaillirent l'amoureux Ricardo, qu'elles l'arrêtèrent et le tinrent en suspens. Il se voyait à peine éloigné de vingt pas de sa joie et de sa félicité ; mais il se voyait captif, et l'objet de ses amours était au pouvoir d'autrui. Roulant ses idées dans sa tête, il s'avançait lentement, avec espoir et crainte, avec gaieté et tristesse, avec hardiesse et timidité. Il s'approchait ainsi du centre où était celui de tous ses sentiments, lorsque tout à coup Léonisa tourna la tête et jeta les yeux sur ceux de Ricardo qui la regardait fixement ; mais, au moment où leurs regards se rencontrèrent, ils témoignèrent par des mouvements divers ce que leurs âmes avaient ressenti. Ricardo s'arrêta tout court, et ne put plus mettre un pied en avant. Pour Léonisa, qui, d'après la relation de Mahamud, croyait Ricardo mort, le voir vivant si à l'improviste la remplit de crainte et d'effroi. Sans ôter de lui ses yeux et sans tourner le dos, elle recula quatre ou cinq marches d'escalier ; puis, tirant de son sein une petite croix, elle la baisa à plusieurs reprises et se signa mainte et mainte fois, comme si un fantôme ou quelque objet de l'autre monde lui eût apparu tout à coup.

Ricardo revint de son extase, et comprit par les gestes de Léonisa la véritable cause de sa terreur. « Je regrette amèrement, lui dit-il, ô belle Léonisa, que la nouvelle que t'a donnée Mahamud de ma mort ne soit pas vraie ; j'aurais évité la crainte que j'éprouve à présent de penser que tu conserves dans toute sa plénitude la rigueur dont tu as toujours usé à mon égard. Calme-toi, madame, et descends. Si tu oses faire ce que tu n'as jamais fait, t'approcher de moi, approche, et tu verras que je ne suis pas un être fantastique. Je suis Ricardo, Léonisa, Ricardo, celui qui pourrait être aussi heureux que tu voudrais qu'il le fût. » A ce moment, Léonisa mit le doigt sur sa bouche, d'où Ricardo comprit que c'était un signe pour qu'il se tût ou parlât moins haut. Reprenant un peu de courage, il s'approcha d'elle assez près pour entendre ses propos.

« Parle bas, Mario, c'est ainsi que tu t'appelles à présent, il me semble, et ne traite pas d'autres choses que de celles dont je traiterai moi-même. Prends garde que nous faire entendre pourrait suffire pour que nous ne nous revissions jamais. Halima, notre maîtresse, qui, je crois, nous écoute, m'a dit qu'elle t'adore; elle m'a chargée de te révéler son désir. Si tu veux y répondre, tu en tireras sans doute plus grand profit pour le corps que pour l'âme; mais quand même tu ne le voudrais pas, il faut que tu le feignes, ne serait-ce que parce que je te le demande, et pour ce qu'on doit à des désirs de femme déclarés. » Ricardo répondit: « Jamais je n'ai pensé ni pu croire, belle Léonisa, qu'une chose que tu me demanderais serait impossible à t'accorder ; mais celle que tu me demandes m'a tiré de cette erreur. La volonté est-elle, par hasard, si légère qu'elle se laisse tourner et conduire où on veut la mener? ou convient-il à l'homme honnête et sincère, de feindre en des choses de cette gravité? S'il te semble, à toi, que quelqu'une de ces choses se doive ou se puisse faire, fais ce qu'il te plaira, puisque tu es maîtresse de ma volonté. Mais je vois bien qu'en cela aussi tu me trompes, car jamais tu ne l'as connue, cette volonté, et dès lors tu ne sais pas ce que tu peux faire d'elle. Toutefois, pour que tu ne dises pas qu'en la première chose que tu m'as commandée, tu n'as pas été obéie, je perdrai les droits que me donnent ma qualité et mon caractère, pour satisfaire à ton désir et à celui d'Halima, en feignant, comme tu le dis, de m'y rendre, si c'est ainsi qu'on peut obtenir le bonheur de te voir. Feins donc les réponses comme il te plaira; dès à présent ma feinte volonté les signe et les ratifie. Mais en récompense de ce que je fais pour toi, et qui me semble tout ce que je pourrais jamais faire, quand même je te donnerais de nouveau l'âme que je t'ai déjà tant de fois donnée, je te prie de me conter brièvement comment tu t'es échappée des mains des corsaires, et comment tu es venue tomber dans celles du Juif qui t'a vendue.

— L'histoire de mes malheurs, répondit Léonisa, demanderait plus de temps et de loisir ; cependant je veux te satisfaire en quelque point. Tu sauras donc qu'un jour après que nous fûmes séparés, le navire d'Yzouf fut ramené par un vent violent contre l'île Pantellaria, où nous vîmes aussi votre galiote. Mais la nôtre, sans qu'on pût l'empêcher, alla heurter contre les rochers. Mon maître, voyant donc sa perte certaine, se hâta de vider deux grands barils pleins d'eau, puis il les boucha bien, et les attacha l'un à l'autre avec des cordes. Ensuite il se déshabilla, me plaça entre les deux barils, en prit un autre entre les bras, s'attacha au corps un cordeau qui aboutissait à mes barils, et, avec une intrépide résolution, il se jeta dans la mer, m'emmenant après lui. Moi, je n'eus pas le courage de me précipiter du bâtiment, mais un autre Turc me poussa et me jeta derrière Yzouf, près duquel je tombai sans connaissance. Quand je revins à moi, je me trouvai à terre, entre les bras de deux Turcs, qui me tenaient la tête en bas pour me faire rendre la grande quantité d'eau que j'avais bue. J'ouvris les yeux, tout éperdue, et je vis à côté de moi, Yzouf, la tête en pièces, car, à ce que j'appris depuis, en abordant il frappa les rochers de sa tête et périt sur le coup. Les Turcs me dirent aussi qu'en tirant la corde ils m'avaient amenée au rivage à demi noyée. Huit personnes seulement s'étaient échappées de la malheureuse galiote. Nous restâmes huit jours dans l'île, les Turcs me gardant autant de respect que si j'eusse été leur sœur, et même davantage. Nous restions cachés dans une caverne, parce qu'ils craignaient que des soldats chrétiens ne descendissent d'un fort qui est dans l'île, et ne les fissent prisonniers. Ils se nourrirent du biscuit mouillé provenant de la galiote, que la mer jetait sur le rivage, et qu'ils allaient recueillir la nuit. La fortune ordonna, pour mon plus grand malheur, que le fort se trouvât sans chef ; le commandant était mort quelques jours auparavant, et il n'y avait pas dans la place plus de vingt soldats : c'est ce qu'on apprit d'un jeune garçon dont les Turcs s'emparèrent, et qui était descendu du fort pour ramasser des coquillages sur la grève. Au bout de huit jours, un navire moresque s'approcha de cette côte ; les Turcs le virent et sortirent de leur retraite, faisant des signaux au bâtiment, qui se trouvait si près de terre, qu'il reconnut que c'étaient des Turcs qui appelaient. Ceux-ci racontèrent leurs malheurs, et les Mores les recueillirent dans leur bâtiment, où se trouvait un marchand juif, très-riche, car presque toute la cargaison du navire lui appartenait : c'étaient des bouracans, des manteaux, des tapis et d'autres objets qu'on porte de Berbérie dans le Levant, où les Juifs font ordinairement leur trafic. Sur ce même bâtiment, les Turcs gagnèrent Tripoli, et, dans le trajet, me vendirent au Juif, qui donna pour moi deux mille doubles, prix excessif, si l'amour qu'il me découvrit bientôt ne l'eût rendu libéral. Après avoir laissé les Turcs à Tripoli, le bâtiment continua son voyage, et le Juif osa me solliciter effrontément. Je lui fis l'accueil que méritaient ses infâmes désirs, et, se voyant sans espoir de les satisfaire, il résolut de se défaire de moi à la première occasion qui s'offrirait. Lorsqu'il apprit que les deux pachas, Aly et Hassan, étaient dans cette île, où il pouvait aussi bien vendre ses marchandises qu'à Scio, où il pensait les porter, il vint ici avec l'intention de me vendre à l'un des pachas. C'est pour cela qu'il m'habilla dans le costume où tu me vois à présent, afin de leur donner l'envie de m'acheter. J'ai su que c'est le cadi qui m'a achetée pour m'envoyer en présent au Grand-Seigneur, ce qui me cause de vives alarmes. J'ai appris également ta mort supposée, et je puis te dire, si tu consens à le croire, que je l'ai déplorée du fond de l'âme, et que je t'ai porté plus d'envie que de compassion ; non point que je te veuille du mal, car, à présent que je suis guérie de mon amour, je ne suis ni ingrate ni méconnaissante, mais parce que tu aurais terminé le triste drame de ta vie.

— Tu aurais raison, madame, répondit Ricardo, si la mort ne m'eût ôté le bonheur de te revoir. Maintenant, j'estime plus cet instant de félicité dont je jouis en te regardant, que tout autre bonheur (à l'exception de l'éternel) auquel mes désirs pourraient atteindre dans la vie ou dans la mort. Ceux du cadi mon maître, au pouvoir duquel je suis arrivé par des aventures non moins étranges que les tiennes, sont à ton égard précisément les mêmes que ceux d'Halima à mon égard. Il m'a choisi pour interprète de ses pensées ; j'ai accepté la commission, non pour lui faire plaisir, mais pour celui que me fournirait la facilité de t'entretenir. Vois, Léonisa, à quel excès nous ont réduits nos malheurs : toi, à être l'entremetteuse d'une chose que tu me demandes, la sachant impossible; moi, à l'être aussi de la chose que je pensais le moins, et telle que, pour ne pas l'obtenir, je donnerais la vie, que j'estime pourtant à cette heure autant que vaut le bonheur extrême de te voir.

— Je ne sais que te dire, Ricardo, répondit Léonisa, ni quelle issue trouver au labyrinthe où, comme tu le dis, nous a jetés notre mauvaise étoile. Seulement je puis te dire qu'il faut employer en cette conjoncture ce qu'on ne devrait point attendre de notre caractère, la feinte et la supercherie. Ainsi donc, de toi je porterai à Halima quelque réponse plus faite pour lui donner de l'espoir que pour la désespérer ; de moi tu pourras dire au cadi ce qui te semblera le plus convenable pour conserver à la fois mon honneur et son illusion; et, puisque je remets mon honneur en tes mains, tu peux croire que j'ai su le garder intact et dans toute la pureté que pourraient faire mettre en doute tant de voyages que j'ai faits, tant de combats que j'ai soutenus. Nous parler deviendra facile, et sera pour moi d'un plaisir extrême, pourvu que tu ne me dises jamais un mot de choses qui toucheraient à l'amour que tu m'as déclaré. S'il t'arrivait de le faire, à l'instant même je te quitterais pour ne plus te revoir, car je ne veux pas te laisser penser que ma résistance soit si fragile que la captivité puisse sur elle ce que n'a pu la liberté. Avec la faveur du ciel, je dois être comme l'or, qui, plus on le passe au creuset, plus il se purifie. Contente-toi de ce que j'ai dit, que ta vue cessera de me déplaire. Je dois t'apprendre, Ricardo, que je t'ai toujours tenu pour vain et arrogant, que j'ai toujours cru que tu présumais de toi plus que tu ne devais. J'avoue aussi que je m'étais trompée, et qu'il pourrait arriver qu'en faisant maintenant l'expérience contraire, la vérité m'ouvrît les yeux, et qu'étant détrompée, je devinsse, sans être moins honnête, plus humaine. Va-t'en avec Dieu, car je crains qu'Halima ne nous ait écoutés; elle entend un peu la langue chrétienne, ou du moins ce mélange de langues dont on fait usage, et avec lequel nous nous comprenons tous[1].

— Tu as raison, madame, répondit Ricardo; je te sais un gré infini du reproche que tu m'as fait, et je l'estime autant que la grâce que tu m'accordes en me permettant de te voir. Comme tu le dis, peut-être l'expérience te fera-t-elle comprendre combien mon caractère est doux et simple, et combien il est humble, surtout pour t'adorer. Sans que tu misses aucune condition, aucune limite à mes relations avec toi, elles auraient été si retenues, si respectueuses, que tu n'aurais pu les souhaiter autrement. Quant à entretenir l'espoir du cadi, sois sans crainte; fais de même avec Halima; et pénètre-toi bien de l'idée que, depuis que je t'ai revue, il est né en moi une espérance telle qu'elle me promet que nous devons bientôt recouvrer la liberté désirée. Maintenant, reste avec Dieu; une autre fois je te conterai par quels détours la fortune m'a conduit à l'état où je me trouve, depuis que je me séparai

---

[1]. Langue franque, mélange d'italien, d'espagnol, de français, et de presque tous les idiomes qui se parlent autour de la Méditerranée.

de toi, ou plutôt qu'on m'en a séparé. » Sur cela, ils prirent congé l'un de l'autre. Léonisa demeura fort satisfaite de la franchise et de la modestie de Ricardo, et lui, ravi de joie d'avoir entendu de la bouche de Léonisa une parole sans dureté.

Halima était enfermée dans son appartement, adressant à Mahomet des prières pour que Léonisa lui rapportât une heureuse réponse de la mission qu'elle lui avait confiée. De son côté, le cadi était à la mosquée, rendant à sa femme souhait pour souhait, et attendant avec inquiétude la réponse que devait lui donner son esclave, qu'il avait chargé de parler à Léonisa, car il savait que Mahamud lui en avait fourni l'occasion et le moyen, bien qu'Halima fût à la maison. Léonisa eut soin d'enflammer l'amour et les désirs d'Halima, en lui donnant de bonnes espérances que Mario ferait tout ce qui lui était demandé. Toutefois elle ajouta qu'il exigeait qu'on laissât passer deux lunes avant de se rendre à ce qu'il désirait beaucoup plus que sa maîtresse elle-même, et qu'il demandait ce temps et ce délai parce qu'il était occupé à des neuvaines pour obtenir de Dieu sa liberté. Halima se contenta de l'excuse et du retour promis par son cher Mario, à qui elle aurait volontiers rendu la liberté avant le temps de ses dévotions, pourvu qu'il répondît à ses désirs. Elle pria donc Léonisa de l'engager à réduire ce temps et à abréger les délais, lui offrant tout ce que le cadi demanderait pour sa rançon.

Quant à Ricardo, avant de donner réponse à son maître, il tint conseil avec Mahamud sur ce qu'il devait répondre. Ils décidèrent entre eux qu'il fallait lui ôter tout espoir, et lui conseiller d'emmener son esclave aussitôt que possible à Constantinople, afin que, dans le trajet, il satisfît son désir de gré ou de force ; que, pour parer à la nécessité de s'acquitter de son devoir envers le Grand-Seigneur, il n'y avait qu'à acheter une autre esclave, et feindre dans le voyage que Léonisa, la captive du Grand-Seigneur, s'était laissée mourir ; que cela pouvait se faire de façon que jamais la vérité ne fût découverte ; qu'ainsi il se trouverait disculpé envers le Grand-Seigneur, tout en satisfaisant son envie, et qu'ensuite, pour la prolongation de son plaisir, on trouverait quelque autre ruse aussi bonne et non moins profitable.

Le pauvre vieux cadi était si aveuglé par sa passion, que, si on lui eût dit mille autres sornettes, pourvu qu'elles tendissent à l'accomplissement de ses espérances, il aurait tout cru et tout adopté. D'ailleurs il lui parut que ce que lui disaient les deux amis était fort raisonnable et promettait une heureuse issue. C'était vrai, réellement, si l'intention des deux conseillers n'eût pas été de soulever l'équipage du bâtiment contre lui, et de lui donner la mort pour prix de ses folles pensées. Une autre difficulté s'offrit au cadi, la plus grande, à son avis, de toutes celles que pouvait présenter cette conjoncture : c'était de penser que sa femme Halima ne le laisserait point partir pour Constantinople, à moins qu'il ne l'emmenât avec lui. Mais il eut bien vite aplani cet obstacle en disant qu'au lieu de la chrétienne qu'il fallait acheter pour faire mourir à la place de Léonisa, il prendrait Halima, dont il désirait se débarrasser plus que de la mort. Avec autant de facilité qu'il eut cette pensée, Mahamud et Ricardo l'adoptèrent, et, quand ils furent bien d'accord sur ce point, le cadi prévint, le jour même, Halima du voyage qu'il pensait faire à Constantinople, pour y conduire la chrétienne du Grand-Seigneur, de la libéralité duquel il espérait qu'on le ferait grand cadi du Caire ou de Constantinople. Halima approuva fort la résolution de son époux, croyant qu'on laisserait Mario à la maison ; mais lorsque le cadi lui eut affirmé qu'il emmènerait avec lui son captif, et Mahamud également, elle changea brusquement d'avis, et se mit à le dissuader de ce qu'elle lui avait conseillé d'abord par les plus puissants motifs que pût lui suggérer sa passion ; enfin elle conclut en disant que, s'il ne l'emmenait pas également avec lui, elle ne le laisserait partir en aucune façon. Le cadi consentit sans peine à ce qu'elle voulait, comptant secouer bientôt de ses épaules cette charge qui lui pesait si fort.

Pendant ce temps, Hassan-Pacha ne cessait de solliciter le cadi pour qu'il lui livrât l'esclave, lui offrant en retour des monts d'or, et, après lui avoir donné gratuitement Ricardo, dont il estimait la rançon deux mille écus, il proposait, pour faciliter en retour la remise de la captive, la même ruse qu'avait imaginée le cadi, celle de la faire passer pour morte quand le Grand-Turc l'enverrait chercher. Tous ces dons, toutes ces promesses, ne firent d'autre effet sur le cadi que de le disposer à presser son départ. Ainsi donc, poussé par son désir non moins que par les importunités d'Hassan, et même par celles d'Halima, qui, de son côté, bâtissait en l'air mille vaines chimères, en vingt jours il arma un brigantin de quinze bancs de rames, monté d'un bon équipage de Mores et de quelques chrétiens grecs. Il y embarqua toutes ses richesses, et Halima, de son côté, ne laissa rien de précieux à la maison. Elle demanda à son mari de lui permettre d'emmener avec elle ses parents pour qu'ils vissent Constantinople. L'intention d'Halima était la même que celle de Mahamud : elle voulait, d'accord avec lui et avec Ricardo, s'emparer en chemin du bâtiment; mais elle ne voulut pas leur déclarer son projet jusqu'à ce qu'elle se vît embarquée, avec la volonté de gagner un pays chrétien, d'y redevenir ce qu'elle avait d'abord été, et d'épouser Ricardo. Il était croyable en effet que, la voyant en possession de tant de richesses, et redevenue chrétienne, il ne manquerait pas de la prendre pour femme.

Vers ce temps, Ricardo eut un autre entretien avec Léonisa; il lui fit connaître son intention, ses desseins, et Léonisa lui confia également ceux qu'avait Halima, qui ne lui en avait pas fait mystère. Ils se promirent mutuellement le secret, et, se recommandant à Dieu, ils attendaient le jour du départ. Ce jour venu, Hassan sortit pour les accompagner jusqu'au rivage avec tous ses soldats, et ne les quitta point qu'ils n'eussent mis à la voile; il suivit même le brigantin des yeux jusqu'à ce qu'il l'eût perdu de vue, et il sembla que le vent des soupirs que poussait l'amoureux More enflât avec plus de force les voiles qui lui emportaient l'âme. Mais, comme un homme auquel depuis longtemps l'amour ne laissait pas de repos, et qui pensait sans cesse à ce qu'il devait faire pour ne pas mourir sous les coups de ses désirs impuissants, il mit aussitôt en œuvre ce qu'il avait préparé avec une mûre réflexion et une résolution inébranlable. Sur un navire de dix-sept bancs de rameurs, qu'il avait fait armer dans un autre port, il fit monter cinquante soldats, tous connus de lui, tous dévoués, qu'il s'était attachés par des dons et des promesses. Il leur donna l'ordre d'aller couper la route au bâtiment du cadi, de le prendre avec toutes ses richesses, et de passer au fil de l'épée tous ceux qui s'y trouveraient, à l'exception de Léonisa la captive. Il ne voulait qu'elle seule pour sa part de butin dans tous les objets que le brigantin portait. Il leur ordonna aussi de couler bas le navire, afin qu'il ne restât aucun vestige de sa perte. L'amour du pillage leur mit des ailes aux pieds et du courage au cœur, bien qu'ils vissent quelle faible résistance ils devaient trouver dans les gens du brigantin, qui s'en allaient désarmés et sans nul soupçon d'une semblable attaque.

Il y avait déjà deux jours que le brigantin cheminait, et ces deux jours avaient paru autant de siècles au cadi, qui aurait voulu dès le premier mettre en œuvre sa résolution ; mais ses esclaves lui conseillèrent de faire d'abord en sorte que Léonisa tombât ou parût malade, afin de colorer sa mort, ce qui ne pouvait se faire qu'après quelques jours de maladie. Pour lui, il aurait voulu dire simplement qu'elle était morte de mort subite, en finir de tout cela, dépêcher sa femme, et éteindre le feu qui lui consumait les entrailles ; mais il fut obligé de céder au conseil des deux amis.

Dans cet intervalle, Halima avait révélé son projet à Mahamud et à Ricardo, et ils avaient résolu de le mettre à exécution, après avoir doublé la pointe d'Alexandrie, ou à l'entrée des châteaux de la Natolie ; mais le cadi les pressait et les tourmentait si fort, qu'ils se proposèrent de saisir la première occasion favorable qui se présenterait. Un jour, au bout de six qu'ils avaient passés à naviguer, le cadi, auquel il paraissait qu'on avait assez longtemps simulé la maladie de Léonisa, importuna ses esclaves pour que, dès le lendemain, ils en finissent avec Halima, et qu'ils la jetassent à la mer dans un linceul, en disant que c'était la captive du Grand-Seigneur. Mais au matin du jour qui, suivant l'intention de Mahamud et de Ricardo, devait voir l'accomplissement de leurs désirs ou le terme de leur vie, les gens du brigantin découvrirent un bâtiment qui, à la voile et à la rame, venait sur eux en leur donnant la chasse. Ils craignirent que ce ne fussent des corsaires chrétiens, desquels ni les uns ni les autres ne pouvaient espérer rien de bon : car, dans ce cas, il était à craindre que les Mores ne fussent faits esclaves, et que les chrétiens, bien que demeurant libres, ne restassent nus et dépouillés. Mahamud et Ricardo se seraient bien contentés de la délivrance de Léonisa et de la leur ; mais, en dépit de cette pensée, ils craignaient l'insolence de cette race corsaire : car jamais ceux qui se livrent à un tel métier, de quelque nation et de quelque religion qu'ils soient, ne manquent d'avoir un cœur cruel et l'humeur insolente. Ils se mirent en défense, sans abandonner les rames, et faisant tout ce qu'ils pouvaient pour échapper. Mais peu d'heures se passèrent avant qu'ils vissent que le navire de chasse les gagnait de vitesse, et tellement que bientôt il fut à portée de canon. Aussitôt ils carguèrent les voiles, lâchèrent les rames, prirent les armes et attendirent l'ennemi. Cependant le cadi leur disait de ne rien craindre, parce que le navire était turc et ne leur ferait aucun mal; il ordonna de laisser sur-le-champ une blanche bannière de paix sur la vergue de la poupe, pour qu'elle fût aperçue de ceux qui, aveuglés par l'amour du butin, se jetaient avec furie à l'attaque du brigantin sans défense.

En ce moment, Mahamud tourna la tête, et vit venir du côté du couchant une galiote forte d'à peu près vingt bancs de rames. Il en informa le cadi; quelques chrétiens qui ramaient à la chiourme ajoutèrent que le bâtiment qu'on apercevait était chrétien. Tout cela redoubla dans le brigantin la confusion et la frayeur, au point qu'ils restaient immobiles sans savoir que faire, attendant l'événement tel qu'il plairait à Dieu de le leur envoyer. Il me semble qu'en ce moment le cadi aurait bien donné, pour se retrouver à Nicosie, toute l'espérance de son plaisir, tant son trouble était grand; mais bientôt le premier bâtiment l'en tira. Sans respect pour la bannière de paix et pour ce qu'il devait à sa religion, il heurta celui du cadi avec tant de furie, qu'il fut sur le point de le couler à fond. Le cadi reconnut aussitôt ceux qui l'attaquaient : il vit que c'étaient des soldats de Nicosie, et, devinant ce que ce pouvait être, il se crut perdu, se tint pour mort; et certes, si les soldats ne se fussent occupés d'abord plutôt à voler qu'à tuer, personne ne restait en vie. Mais tandis qu'ils mettaient le plus d'ardeur et d'attention à leur pillage, un Turc se mit à crier : « Aux armes, soldats! un navire chrétien nous attaque. » C'était vrai; car l'autre bâtiment qu'avait découvert le brigantin du cadi portait des insignes et des bannières chrétiennes. Il s'élança avec une furie extrême sur le navire d'Hassan; mais avant de l'atteindre, quelqu'un demanda de la proue en langue turque : « Quel est ce bâtiment ? — Celui d'Hassan-Pacha, vice-roi de Chypre, répondit-on. — Eh mais! répliqua le Turc, comment, étant musulmans vous-mêmes, avez-vous attaqué et volé ce navire, où nous savons que se trouve le cadi de Nicosie? » Les autres répondirent qu'ils ne savaient rien autre chose, sinon que le pacha leur avait ordonné de prendre ce navire, et qu'en qualité de soldats soumis à son commandement, ils avaient exécuté ses ordres.

Satisfait de savoir ce qu'il voulait, le capitaine du second bâtiment, qui portait pavillon chrétien, abandonna l'attaque du navire d'Hassan et se jeta sur celui du cadi. A la première décharge, il tua plus de dix Turcs parmi ceux qui s'y étaient introduits, et bientôt ses gens et lui sautèrent à l'abordage avec autant d'audace que de célérité. Mais à peine les nouveaux venus eurent-ils mis le pied sur le bâtiment, que le cadi reconnut que celui qui l'attaquait n'était pas un chrétien, mais bien Aly-Pacha, l'amoureux de Léonisa, lequel, dans la même intention qu'Hassan, avait attendu son arrivée, et, pour n'être point reconnu, avait habillé ses soldats en chrétiens, de façon que, par cette ruse, son vol demeurât mieux caché. Le cadi, qui reconnut les intentions des traîtres amants, se mit à leur reprocher à grands cris leur perfidie. « Que fais-tu, traître Aly-Pacha? criait-il; comment, étant musulman, peux-tu m'attaquer et me dépouiller comme un chrétien? Et vous, traîtres soldats d'Hassan, quel démon vous a poussés à commettre un aussi grand crime? Comment, pour assouvir l'infâme envie de celui qui vous envoie, osez-vous vous révolter contre votre seigneur naturel? » A ces paroles, tous retinrent leurs armes, ils se regardèrent les uns les autres et se reconnurent; car ils avaient tous été soldats du même capitaine, et avaient combattu sous le même drapeau. Confondus par les propos du cadi et par le sentiment de leur propre faute, ils sentirent s'émousser le fil de leur cimeterre et s'apaiser leur rage. Le seul Aly ferma les yeux et les oreilles, et, s'élançant sur le cadi, il lui porta un tel coup de fendant sur la tête, que, sans la défense qu'opposèrent cent aunes de turban qui l'enveloppaient, il la partageait en deux. Toutefois il renversa le cadi entre les bancs de rames, et celui-ci dit en tombant : « O cruel renégat, ennemi de mon divin prophète, est-il possible qu'il n'y ait personne pour châtier ta cruauté et ton insolence? Comment, maudit, oses-tu porter la main et faire tomber tes armes sur ton cadi, sur un ministre de Mahomet? » Ces paroles ajoutèrent une nouvelle force aux premières qu'il avait dites. Quand ils les entendirent, les soldats d'Hassan, craignant d'ailleurs que ceux d'Aly ne leur enlevassent le butin qu'ils avaient fait, résolurent de tout risquer. L'un commençant, et les autres faisant de même, ils se jetèrent sur les soldats d'Aly avec tant de rapidité, de vigueur et de rage, que, bien que les autres fussent beaucoup plus nombreux, ils les réduisirent bientôt à un petit nombre. Mais ceux qui restaient, revenant à eux, vengèrent si bien leurs camarades sur les soldats d'Hassan, qu'ils en laissèrent à peine quatre en vie : encore ceux-ci étaient-ils grièvement blessés.

Ricardo et Mahamud les regardaient, en passant de temps en temps la tête par l'écoutille de la chambre de poupe, afin de voir où aboutirait ce grand bruit d'armes qui résonnait sur le pont. Quand ils virent que presque tous les Turcs étaient morts et les vivants blessés, et combien il était facile de les achever tous, Ricardo appela Mahamud, le père d'Halima, et deux de ses neveux qu'elle avait fait embarquer avec elle pour qu'ils aidassent à s'emparer du bâtiment. Saisissant les cimeterres des morts, ils sautèrent sur le pont, et aux cris de : *Liberté! liberté!* aidés des rameurs de l'équipage, qui étaient chrétiens grecs, ils vinrent aisément à bout, sans recevoir aucune blessure, d'égorger tous les Turcs. Passant ensuite sur la galiote d'Aly, qui se trouvait sans défense, ils s'en emparèrent facilement avec tout ce qu'elle contenait. Parmi ceux qui moururent dans le second combat, Aly-Pacha était tombé l'un des premiers ; un Turc, pour venger le cadi, l'avait tué à coups de cimeterre. Aussitôt, sur le conseil de Ricardo, ils se mirent tous à transporter autant d'objets de prix qu'il y en avait dans le bâtiment du cadi et dans celui d'Hassan sur la galiote d'Aly, qui était un plus grand navire, préparé pour toute espèce de charge et de voyage, et parce que les rameurs étaient chrétiens. Ceux-ci, satisfaits d'avoir recouvré la liberté et des nombreux présents que leur fit à tous Ricardo, s'offrirent à le mener jusqu'à Trapani, et même jusqu'au bout du monde, s'il l'eût exigé.

Cela fait, Ricardo et Mahamud, pleins de joie d'un si heureux succès, allèrent trouver la Moresque Halima et lui dirent que, si elle voulait retourner à Chypre, ils lui armeraient son propre navire avec une bonne chiourme, et lui donneraient la moitié des richesses qu'elle avait embarquées. Mais Halima, qui, même au milieu de si grands désastres, n'avait point perdu l'amour qu'elle portait à Ricardo, répondit qu'elle aimait mieux les suivre dans un pays chrétien, ce qui causa une joie extrême à ses parents. Le cadi reprit ses sens, et on le pansa aussi bien que les circonstances le permettaient. On lui dit aussi de choisir de deux choses l'une : ou se laisser conduire à un pays chrétien, ou retourner à Nicosie sur son propre bâtiment. Il répondit que, puisque la fortune l'avait réduit à une telle extrémité, il les remerciait de la liberté qui lui était rendue, et qu'il voulait aller à Constantinople se plaindre au Grand-Seigneur de l'insulte qu'il avait reçue d'Aly et d'Hassan ; mais, quand il sut qu'Halima l'abandonnait et voulait redevenir chrétienne, il fut sur le point de perdre l'esprit.

Finalement, on arma son propre navire, qu'on pourvut de toutes les choses nécessaires au voyage, et on lui donna même quelques sequins de ceux qui lui avaient appartenu. Quand il eut pris congé de tout le monde, avec l'intention de retourner à Nicosie, il demanda, avant de mettre à la voile, que Léonisa lui donnât un baiser, disant que cette faveur serait suffisante pour lui faire oublier toutes ses infortunes. Chacun alors supplia Léonisa d'accorder cette grâce à un homme qui l'avait tant aimée, puisque en cela elle ne ferait rien contre l'honneur et la décence. Léonisa fît ce qui lui était demandé, et le cadi la pria de lui poser les mains sur la tête, pour qu'il emportât l'espérance de guérir sa blessure. Léonisa le satisfit encore. Cela fait, et quand ils eurent percé le bâtiment d'Hassan pour le couler à fond, favorisés par un frais vent d'est qui semblait appeler les voiles pour s'y jouer, ils les lui livrèrent, et en peu d'heures ils perdirent de vue le bâtiment du cadi. Celui-ci, les larmes aux yeux, restait à considérer comment les vents lui emportaient sa fortune, son bonheur, sa femme et son âme.

Avec des pensées fort différentes de celles du cadi, Ricardo et Mahamud continuaient leur navigation. Aussi, sans vouloir prendre terre à aucun endroit, ils passèrent à toutes voiles en vue d'Alexandrie, et, sans avoir besoin de recourir aux rames, ils arrivèrent à l'île fortifiée de Corfou, où ils firent de l'eau ; puis, sans s'arrêter, ils franchirent les écueils redoutés de la mer Ionienne, et, le second jour, découvrirent au loin Paquino, promontoire de la fertile Trinacria, entre laquelle et l'insigne île de Malte, ils passèrent en volant, car c'est avec cette rapidité que cinglait l'heureuse galiote. Finalement, ayant fait le tour de l'île, ils découvrirent au bout de quatre jours la Lampadosa[1], et bientôt après l'île où ils avaient fait naufrage[2]. Sa vue fit trembler Léonisa en lui rappelant à la mémoire le péril qu'elle y avait couru. Le lendemain, ils aperçurent devant eux leur bien-aimée et désirée patrie. Alors la joie redoubla dans tous les cœurs; ils éprouvèrent les transports d'un bonheur nouveau : car l'un des plus grands qu'on puisse goûter en cette vie est celui de revenir, après un si long esclavage, sain et sauf dans sa patrie. Si à ce bonheur

---

1. Sans doute la petite île de *Linosa*. — 2. La Pantellaria.

un autre peut être égalé, c'est celui que donne la victoire
remportée sur des ennemis[1]. On avait trouvé dans le bâtiment une caisse remplie de banderoles et de flammes en soie
de diverses couleurs, avec lesquelles Ricardo fit orner la galiote. A peine le jour venait de paraître, quand ils se trouvèrent à moins d'une lieue de la ville. Ramant alors de quart,
et poussant de temps à autre de longs cris de joie, ils s'approchaient peu à peu du port, sur lequel parurent en un instant une foule de jeunes gens de la ville : car, en voyant ce
navire si bien orné s'approcher si lentement de terre, il n'y
eut personne en toute la ville qui manquât d'accourir au rivage.

Sur ces entrefaites, Ricardo avait prié et supplié Léonisa de
se parer des mêmes habits qu'elle portait lorsqu'elle parut
dans la tente des pachas, parce qu'il voulait faire à ses parents une gracieuse plaisanterie. Elle y consentit, et, ajoutant
parures à parures, perles à perles et attraits à attraits, car la
beauté s'accroît d'habitude par le contentement, elle se vêtit
de telle sorte qu'elle excita de nouveau la surprise et l'admiration. Ricardo s'habilla aussi à la turque, de même que Mahamud et tous les chrétiens de la chiourme, qui trouvèrent
à s'habiller ainsi avec les vêtements des Turcs tués dans le
combat.

Quand ils arrivèrent au port, il pouvait être huit heures du
matin, et la matinée se montrait si sereine et si belle qu'elle
semblait attentive à regarder ce joyeux retour. Avant d'entrer
dans le port, Ricardo fit tirer l'artillerie de la galiote, qui se
composait d'un canon de coursie et de deux fauconneaux. La
ville répondit par même nombre de coups. Toute la foule attendait avec impatience et curiosité l'arrivée du brillant navire ; mais quand on reconnut de près qu'il était turc, car on
apercevait les turbans blancs de ceux qui semblaient des
Mores, les gens de la ville, craignant quelque surprise, prirent aussitôt les armes. Tous les soldats de milice accoururent
au port, et la cavalerie s'étendit le long du rivage. C'était justement ce que désiraient ceux qui s'approchaient peu à peu
jusque dans l'intérieur du port, où jetant l'ancre tout près de
terre, et lançant la planche sur le môle, ils lâchèrent les rames
un à un, comme en procession. Ils descendirent sur la terre,

---

1. Cervantès fait allusion à deux époques de sa vie, son retour après sa
captivité en Afrique et la victoire de Lépante.

qu'ils baisèrent à plusieurs reprises avec des larmes de joie, indice évident que c'étaient des chrétiens qui s'étaient soulevés et emparés de ce navire. A la suite de tout l'équipage, parurent le père et la mère d'Halima, ainsi que ses deux neveux, tous habillés à la turque. Pour terminer la marche, venait la belle Léonisa, le visage couvert d'un masque de taffetas cramoisi. Ricardo et Mahamud la conduisaient au milieu d'eux, et ce spectacle attira les regards de l'immense multitude qui les contemplait. En descendant sur la terre, ils firent comme les autres, et se prosternèrent pour la baiser. En ce moment arriva le gouverneur de la ville, qui reconnut aisément que c'étaient les principaux d'entre tous les arrivants. Mais à peine se fut-il approché d'eux qu'il reconnut Ricardo et courut à lui les bras ouverts, faisant éclater une grande joie. Avec le gouverneur, étaient venus Cornélio et son père, ainsi que les parents de Léonisa et ceux de Ricardo, qui étaient tous les premiers personnages de la ville. Ricardo embrassa le gouverneur, et répondit à toutes les félicitations qui lui étaient adressées. Il prit par la main Cornélio, lequel, quand il le reconnut et vit qui le saisissait, perdit couleur et se mit à trembler d'effroi ; puis, sans quitter la main de Léonisa : « Je vous supplie, seigneurs, dit Ricardo, de permettre par courtoisie qu'avant d'entrer dans la ville et d'aller au temple rendre les actions de grâces dues à Notre-Seigneur pour les faveurs dont il nous a comblés dans notre disgrâce, vous écoutiez certaines choses que je veux vous dire. » Le gouverneur répondit qu'il pouvait dire ce qui lui plairait, et que tout le monde l'écouterait avec plaisir et en silence. Aussitôt les principaux assistants l'entourèrent, et Ricardo, élevant un peu la voix, s'exprima de la sorte :

« Vous devez vous rappeler, seigneurs, le malheureux événement qui m'arriva, il y a quelques mois, dans le jardin des Salines, ainsi que la perte de Léonisa ; vous n'avez point oublié non plus les soins que j'ai pris et les efforts que j'ai faits pour obtenir sa délivrance, puisque, sans penser à ma propre rançon, j'ai offert pour la sienne toute ma fortune. Néanmoins cette apparente générosité ne peut ni ne doit tourner à ma louange, puisque je donnais ma fortune pour la rançon de mon âme. Ce qui nous est arrivé depuis lors à tous deux exige, pour être conté, plus de temps que n'en donne la circonstance, et une langue moins troublée que la mienne. Il suffit de vous dire, quant à présent, qu'après divers événements étranges, après avoir perdu mille fois l'espérance de trouver un remède à nos malheurs, le ciel miséricordieux, sans que nous eussions mérité cette grâce, nous a rendus à notre bien-aimée patrie, aussi comblés de richesses que de satisfaction. Ce n'est pourtant ni de ces richesses, ni de la liberté recouvrée, que naît le bonheur sans égal dont je suis pénétré; c'est de celui qu'éprouve, à ce que j'imagine, cette femme, en paix et en guerre ma douce ennemie, tant de se voir libre que de voir devant elle le miroir de son âme. Je me réjouis encore de l'allégresse générale qu'éprouvent ceux qui ont été les compagnons de ma misère. Bien que les infortunes et les coups du sort aient coutume d'altérer les caractères et d'anéantir les plus fermes résolutions, il n'en a pas été ainsi pour celle que je nomme le bourreau de mes plus chères espérances : car, avec plus de constance et de fermeté qu'on ne peut le dire, elle a supporté le naufrage des objets de son bonheur, et repoussé les attaques de mes ardentes autant qu'honnêtes importunités ; ce qui prouve que ceux-là changent plutôt la volonté du ciel que la pureté des mœurs, qui ont fait de cette pureté la condition de leur existence. De tout ce que j'ai dit je veux conclure que je lui ai offert ma fortune pour rançon, et que je lui ai donné mon âme par mes désirs; que j'ai poursuivi le but de sa délivrance, et que, pour la sienne plus que pour la mienne, j'ai risqué la vie. Tous ces services, qui, dans un homme plus reconnaissant, pourraient être des obligations de quelque poids, je ne veux point qu'ils le soient pour toi, Cornélio; seulement je veux rendre telle l'obligation où je vais te mettre à présent. »

En disant cela, il éleva la main, et, avec une chaste délicatesse, il enleva le masque qui couvrait le visage de Léonisa, ce qui fut comme s'il eût enlevé le nuage qui couvre parfois la face éclatante du soleil; puis il continua de la sorte : « Tu le vois, Cornélio, je te remets le bijou que tu dois estimer pardessus toutes les choses qui sont dignes d'estime; et toi, tu le vois aussi, belle Léonisa, je te donne à celui dont tu as toujours conservé le souvenir. Voilà ce que je veux qu'on appelle générosité, en comparaison de laquelle donner la fortune, la vie et l'honneur, n'est plus rien. Prends-la, heureux jeune homme, prends-la; et, si ta connaissance va si haut qu'elle atteigne à connaître une valeur si grande, estime-toi le plus heureux de la terre. Avec elle je te donnerai encore toute la part qui me reviendra dans ce que le ciel a bien voulu nous départir, et qui, je crois, passera trente mille écus. De tout cela, tu peux jouir à ton aise, avec liberté, avec calme, avec confiance, et plaise au ciel que ce soit pendant de longues et heureuses années! A moi, privé de bonheur, puisque je suis privé de Léonisa, il me plaît de rester pauvre. A qui Léonisa manque, la vie même est de trop. » Il se tut en achevant ces paroles, comme si sa langue se fût collée à son palais. Mais, au bout d'un moment, et avant que personne eût parlé, il s'écria : « O ciel, à quel point les peines et les malheurs troublent l'intelligence! Pour moi, seigneurs, dans le désir que j'ai de bien faire, je n'ai point pris garde à ce que je disais ; personne, en effet, ne peut se montrer libéral du bien d'autrui. Quel pouvoir ai-je sur Léonisa pour la donner à un autre? comment puis-je offrir ce qui est si loin d'être à moi? Léonisa est à elle, et si bien à elle, que, dans la privation de ses parents (puissent-ils vivre d'heureuses années!), sa volonté ne trouverait plus aucun obstacle ; et, si les obligations qu'en femme discrète et vertueuse elle pense avoir contractées envers moi pouvaient être invoquées, dès à présent je les efface, je les déchire, je les déclare nulles et non avenues. Ainsi donc, de ce que j'ai dit je me dédis, et je ne donne rien à Cornélio, puisque je ne puis rien lui donner. Seulement je confirme la donation de ma fortune faite à Léonisa, sans vouloir d'autre récompense, si ce n'est qu'elle tienne pour sincères mes honnêtes intentions, et qu'elle croie bien que jamais elles n'ont eu d'autre but que celui qu'exigent son incomparable vertu, son grand courage et sa merveilleuse beauté. »

Ricardo se tut, après avoir ainsi parlé, et Léonisa lui répondit de la sorte : « Si tu t'imagines, ô Ricardo, que j'ai accordé quelques faveurs à Cornélio dans le temps où tu te montrais à mon égard amoureux et jaloux, crois bien aussi qu'elles furent toujours chastes et honnêtes, puisqu'elles étaient autorisées et commandées par mes parents, qui, dans l'espoir que ces faveurs le décideraient à devenir mon époux, permettaient que je les lui accordasse. Si tu es satisfait sur ce point, tu ne le seras pas moins sur ce que t'a montré l'expérience à l'égard de mon honnêteté et de ma vertu. Je te dis cela, Ricardo, pour te faire entendre que j'ai toujours été à moi sans m'assujettir à nulle autre personne qu'à mes parents, lesquels à cette heure, je supplie humblement qu'ils veuillent bien me laisser la liberté de disposer de celle que m'ont rendue ta grande vaillance et ta grande libéralité. » Les parents de Léonisa dirent aussitôt qu'ils lui accordaient cette liberté, ayant assez de confiance en son esprit et en sa raison pour être sûrs qu'elle n'en ferait usage que dans son honneur et son intérêt. « Eh bien donc! avec cette permission, poursuivit la discrète Léonisa, je veux qu'on ne me blâme point de me montrer un peu hardie, à la condition de ne pas me montrer méconnaissante. Ainsi, ô vaillant Ricardo, ma volonté, jusqu'à présent retenue par le devoir et la sagesse, par le doute et l'incertitude, se déclare en ta faveur. Il faut que les hommes sachent que toutes les femmes ne sont point ingrates, en me montrant, moi du moins, reconnaissante. Je suis à toi, Ricardo, et serai à toi jusqu'à la mort, si nulle autre meilleure connaissance des choses ne te fait me refuser la main que je te demande comme à mon époux. »

A ces paroles, Ricardo demeura comme hors de lui-même, et ne sut faire d'autre réponse à Léonisa que se jeter à ses genoux et lui baiser les mains, qu'il lui prit de force à plusieurs reprises, en les baignant de tendres et amoureuses larmes. Cornélio versa des pleurs de dépit, les parents de Léonisa d'allégresse, et tous les assistants de joie et d'admiration. Parmi ces derniers se trouva l'évêque ou archevêque de la ville; il leur donna sa bénédiction, les conduisit au temple, et leur accordant dispense des délais, il les maria sur-le-champ. L'allégresse se répandit par toute la ville; elle éclata dès le soir même en nombreuses illuminations, et pendant plusieurs jours en fêtes, en réjouissances que firent à l'envi les parents de Ricardo et ceux de Léonisa. Mahamud et Halima se réconcilièrent avec l'Église; et celle-ci, dans l'impossibilité de satisfaire son désir et d'être femme de Ricardo, se contenta de devenir celle de Mahamud. Aux père et mère et aux neveux d'Halima, Ricardo, toujours libéral, donna sur sa part du butin de quoi vivre honorablement. Tous enfin demeurèrent satisfaits, libres et heureux; et la renommée de Ricardo, franchissant les limites de la Sicile, s'étendit par toute l'Italie et dans plusieurs autres contrées, sous le nom de l'*amant généreux*. Elle se conserve encore aujourd'hui parmi les nombreux enfants de Léonisa, qui fut un modèle rare de discrétion, de beauté et de vertu.

LA BOHÉMIENNE DE MADRID.

AVANT-PROPOS.

Cervantès a peint, dans la présente nouvelle, et dans un long passage du *Dialogue des chiens*, les mœurs de cette race étrange, de ces tribus nomades, qu'on appelle *bohèmes* ou *bohémiens* en France, *gitanos* en Espagne, *zingari* en Italie, *gypsies* en Angleterre, *zigeuner* en Allemagne, *tsigani* en Russie, et qui se nomment eux-mêmes *pharaons*. L'on n'est pas d'accord sur leur origine, si ce n'est en un point, qu'ils sont venus d'Égypte. Les uns pensent que les premiers Bohémiens furent des prêtres et prêtresses d'Ammon, de Mouth, de Phtah, de Neith, d'Athor, de Thoth et des autres divinités égyptiennes, qui cherchèrent un refuge en Europe quand Théodose eut détruit leurs temples, et qui attiraient les aumônes en faisant le métier de devins et de charlatans. Du moins Apulée fait de ces prophètes ambulants un portrait tout semblable à celui des Bohèmes. D'autres pensent, au contraire, que ce furent des chrétiens égyptiens, chassés de leur pays par la conquête des musulmans. Voici, en effet, comment Pasquier raconte leur première apparition en France : « Le 17 avril 1427, vinrent à Paris douze penanciers (pénitents), un duc, un comte et dix hommes à cheval, qui se qualifièrent chrétiens de la Basse-Égypte, chassés par les Sarrasins ; qui, étant venus vers le pape confesser leurs péchés, reçurent, pour pénitence, d'aller sept ans par le monde sans coucher en lit. Leur suite était d'environ cent vingt personnes, reste de douze cents qu'ils étaient à leur départ. On les logea à la Chapelle, où on allait les voir en foule ; ils avaient les oreilles percées, où pendait une boucle d'argent ; leurs cheveux étaient très-noirs et crépus, leurs femmes très-laides, sorcières, larronnesses et diseuses de bonne aventure. L'évêque les obligea à se retirer, et excommunia ceux qui leur avaient montré leurs mains. Par ordonnance des Etats d'Orléans de l'an 1560, il fut enjoint à tous ces imposteurs, sous le nom de *bohémiens* ou *égyptiens*, de vider le royaume sous peine des galères. » (*Recherches*, livre IV, chap. XIX.) Mais cette opinion ne peut être acceptée : d'abord parce que les musulmans n'ont jamais chassé les chrétiens d'aucun pays conquis ; ensuite, parce qu'il est facile de reconnaître, dans les mœurs, dans les préjugés et les superstitions des Bohémiens, d'anciennes croyances enracinées, plus vieilles et plus fortes parmi eux que les dogmes du christianisme. L'opinion la plus répandue aujourd'hui, et la plus vraisemblable, c'est que les Bohémiens, bien qu'ayant traversé l'Égypte, sont originaires des Indes, et qu'au commencement de leur longue migration ils étaient une caste de *parias*, chassée des bords du Gange par les castes nobles. Ils sont toujours restés dans cette condition inférieure, avilie et nomade.

On ne trouve plus guère de Bohémiens en France, si ce n'est dans les provinces du Midi, au pied des Pyrénées. Ils sont plus nombreux en Angleterre et en Écosse, plus nombreux également en Hongrie. Mais c'est aux deux bouts de l'Europe, dans l'Espagne et dans la Russie, que résident leurs principales tribus. En Espagne, par exemple, — sans compter les troupes errantes que l'on rencontre à travers les Castilles, l'Aragon (Saragosse est la résidence du roi élu des *gitanos*), la Manche, l'Estrémadure et surtout l'Andalousie, — certains quartiers de Valence et de Murcie, le grand faubourg de Triana, à Séville, et les environs de la Porte-de-Terre, à Cadix, sont presque entièrement peuplés de Bohémiens. De même, à Moscou, principalement dans le quartier populaire du *Zamoskvaretchié* (pays au delà de la Moskva), on pourrait se croire au faubourg de Séville, qui est au delà du Guadalquivir, tant la race bohémienne s'y trouve en grand nombre. Et, malgré l'extrême différence des climats, les *tsigani* russes sont restés parfaitement semblables, de type et de mœurs, aux *gitanos* espagnols. Dans les femmes surtout, les caractères de la race sont visibles et prononcés. Elles ont aussi les cheveux et les yeux noirs, la peau brune, les dents blanches, l'oreille maigre, la gorge petite, les doigts effilés, la taille cambrée, le corps souple. Elles s'habillent d'oripeaux, de clinquants, d'étoffes bariolées; et, qu'il soit rouge ou vert, de soie ou de coton, toutes portent le véritable *peplum* attaché sur les épaules. D'où leur vient et comment conservent-elles cette mode de la Grèce antique?

Mais ce n'est pas seulement par les formes du corps et les traits de la physionomie, c'est aussi par les mœurs, les usages, les occupations, que les *tsigani* de Moscou ressemblent aux *gitanos* de Séville. Là aussi ils vivent en tribus ou corporations nommées *tabors*, sous l'autorité d'un chef électif; tout ce qu'ils gagnent est mis en commun; les gens valides nourrissent les enfants, les vieillards, les malades. Là aussi les hommes ont pour principales professions le maquignonnage ou le commerce et la médecine des chevaux et du bétail, le colportage de la menue mercerie, etc. Là aussi les femmes disent la bonne aventure, et tous enfin sont les musiciens du peuple. Ils forment des troupes assez nombreuses de chanteurs, qui font des excursions jusqu'à Saint-Pétersbourg, où l'on invite pour entendre les Bohémiens comme pour danser ou prendre le thé. Ce qui frappe le plus dans leurs chants nationaux (si le nom de nation peut se donner à une race dispersée et vagabonde), c'est encore le rapport singulier, la similitude frappante qu'on y trouve avec ceux des Bohémiens d'Espagne. Il y a des morceaux lents et tendres qui semblent les *polos* et les *tiranas* de l'Andalousie; d'autres sont animés, vifs et sémillants comme les *seguidillas* de la Manche ou la *jota* de l'Aragon. Sur ces mouvements rapides, les femmes se lèvent, jeunes ou vieilles, et se mettent à danser, ou plutôt à glisser sur le parquet, en donnant à leurs bras et à leurs épaules, à leurs hanches, à tout leur corps, des frémissements bizarres, des mouvements désordonnés, qui les ettent peu à peu, comme les bayadères et les almées de l'Orient dans une sorte de transport et d'ivresse. C'est que, pour dernier, ressemblance, en Russie comme en Espagne, le même air est à la fois un chant et une danse.

Si les mœurs des Bohémiens, à l'égard des autres races parmi lesquelles ils vivent dispersés et vagabonds, ne sont pas irréprochables sous le rapport de la probité, s'ils ont ce que les phrénologues appellent poliment la *bosse de l'appropriation*, c'est-à-dire l'instinct naïf du vol, comme les sauvages de la mer Pacifique, en revanche, dans les rapports des sexes, leurs mœurs sont d'une extrême sévérité. Ni par les hommes ni par les femmes, la race bohémienne ne se mêle à nulle autre. Une femme mariée est incorruptible; elle payerait de sa vie la moindre faute, comme l'*adultère* de l'Évangile, et tous les gens de sa tribu auraient le droit de lui jeter la première pierre. Quant aux filles, quelquefois, avec la permission des chefs et des anciens, elles se marient à des Russes; mais ce n'est qu'après de longues épreuves d'affection et de fidélité mutuelles. Quelquefois aussi (ce cas est fort rare), elles sont, de leur consentement, vendues au profit de la communauté, qui les recueille lorsqu'elles sont abandonnées de leurs riches amants. Au reste, pour connaître dans tous leurs détails les mœurs des Bohémiens russes et généralement de toutes les tribus bohémiennes, il suffit de lire cette nouvelle de Cervantes (*la Gitanilla de Madrid*). Bien qu'écrite il y a deux cent soixante ans, l'histoire est encore de notre époque; et, bien que tracé en Espagne, le portrait n'est pas moins ressemblant dans toute l'Europe, même en Russie. Ne faut-il pas admirer quelle est, chez certaines races émigrées, la puissance des traditions originelles; puisque, au physique et au moral, sans correspondre, sans se connaître, sans savoir seulement que d'autres existent, leurs tribus sont absolument les mêmes au pied de l'Alhamra de Grenade et du Kremlin de Moscou?

On dirait que les Bohémiens et les Bohémiennes ne sont venus au monde que pour être voleurs. Ils naissent de parents voleurs, ils s'élèvent parmi des voleurs, ils étudient pour devenir voleurs; et finalement ils sortent de là voleurs faits et parfaits en toute matière et à tout événement. Le goût de voler et le vol sont chez eux comme des accidents inséparables, qui ne s'en vont qu'avec la vie. Or donc, une femme de cette nation, vieille Bohémienne qui pouvait être gratifiée de la vétérance dans la science de Cacus, éleva, sous le nom de sa petite-fille, une jeune enfant qu'elle appela Préciosa, et à laquelle elle enseigna tous ses talents, tous ses tours de Bohême. Cette petite Préciosa devint la plus admirable danseuse de toute la Bohémerie, la plus belle personne et la plus spirituelle qui se pût trouver, non point parmi les Bohémiens, mais parmi les plus belles et les plus spirituelles dames dont la renommée publiât alors les louanges. Ni le soleil, ni le grand air, ni toutes les inclémences du ciel, auxquelles les Bohémiens, toujours vagabonds, sont plus sujets que les autres hommes, ne purent flétrir son visage ni hâler ses mains. Bien plus, l'éducation grossière qu'elle recevait ne faisait découvrir en elle autre chose, sinon qu'elle était née avec des qualités plus relevées que celles d'une Bohémienne. Elle était, en effet, courtoise au dernier point, usant de bonnes façons et de bon langage; avec tout cela un peu libre et hardie, mais non pourtant de manière à laisser voir la moindre déshonnêteté. Au contraire, toute badine qu'elle fût, elle était si retenue, si décente, qu'aucune Bohémienne, vieille ou jeune, n'osait chanter en sa présence de chansons obscènes ni prononcer une parole équivoque. Finalement, la grand'mère connut bien le trésor qu'elle avait dans sa petite-fille, et, vieille aigle, elle résolut de faire voler loin du nid son aiglon, de lui apprendre à vivre de ses serres. Préciosa se mit en campagne, bien pourvue de couplets, de noëls, de sarabandes, de *seguidillas* et de toutes sortes de vers, principalement de *romances*, qu'elle chantait avec une grâce toute particulière. La rusée grand'mère prévoyait bien que de tels agréments et de telles gentillesses, joints au peu d'années et à la grande beauté de sa petite-fille, seraient de puissantes amorces et d'heureux appâts pour grossir son pécule. Aussi chercha-t-elle à se les procurer par tous les moyens possibles, et il ne manqua pas de poëtes pour lui en fournir; car il y a des poëtes qui s'arrangent avec les Bohémiens et leur vendent leurs ouvrages, comme il y en a pour les aveugles, qui inventent des miracles et partagent le bénéfice. Il y a de tout dans le monde, et cette coquine de faim fait souvent faire aux beaux esprits des choses qui ne sont pas sur la carte.

Préciosa passa son enfance en divers endroits de la Castille ; quand elle eut quinze ans, sa grand'mère putative la ramena à Madrid, c'est-à-dire à son ancien campement, dans la plaine de Santa-Barbara, où les Bohémiens ont l'habitude de s'établir, pensant qu'elle vendrait bien sa marchandise à la cour[1], où tout s'achète et tout se vend.

La première apparition que Préciosa fit à Madrid, ce fut un jour de Sainte-Anne, patronne et avocate de la ville, dans un ballet où figuraient huit Bohémiennes, quatre vieilles et quatre jeunes, conduites par un Bohémien grand danseur. Quoiqu'elles fussent toutes propres et bien requinquées, Préciosa était mise avec tant de goût et d'élégance, que peu à peu elle amouracha les yeux de tous ceux qui la regardaient. Du bruit que faisaient les castagnettes et le tambourin, et de l'ardeur de la danse, il s'éleva une rumeur d'éloges sur la beauté et la grâce de la jeune Bohémienne, si bien que les petits garçons accouraient la voir et les hommes l'admirer. Mais quand ils l'entendirent chanter, car la danse était accompagnée de chant, ce fut bien une autre affaire. Pour le coup, la renommée de la Bohémienne grandit et s'étendit, et, de l'avis unanime des commissaires de la fête, on lui adjugea le bijou qui formait le prix de la meilleure danse. Quand on vint à faire la fête dans l'église de Sainte-Marie, devant l'image de la glorieuse sainte Anne, Préciosa, après avoir dansé son pas, prit un tambour à grelots, au bruit desquels, traçant un long cercle en légères pirouettes, elle chanta le *romance* suivant :

Arbre précieux, qui tardas à porter du fruit des années qui pouvaient te couvrir de deuil,

Et rendre les purs désirs de ton époux bien incertains, malgré son espérance,

Retard duquel naquit ce démêlé qui chassa du temple le plus saint personnage ;

Sainte terre stérile, qui à la fin produisis toute l'abondance qui alimente le monde ;

Hôtel de monnaie, où se forgea le coin qui donna à Dieu la forme qu'il eut comme homme ;

Mère d'une fille en qui Dieu voulut et put faire éclater des grandeurs surhumaines ;

Par vous et par elle, vous êtes, Anne, le refuge où nos infortunes vont chercher remède.

---

1. Le mot *corte* signifie la cour et la capitale.

Vous avez, je n'en doute pas, en certaine manière, un empire pieux et juste sur votre petit-fils.

Étant commensale du palais céleste, mille parents seraient avec vous parfaitement d'accord.

Quelle fille, quel gendre et quel petit-fils! Vous pourriez, à bien juste titre, chanter vos triomphes.

Mais, humble vous-même, vous avez été l'école où votre fille a appris l'humilité.

Et maintenant, à son côté le plus rapproché de Dieu, vous jouissez d'une grandeur dont je me fais à peine l'idée.

Le chant de Preciosa était fait pour étonner et ravir tous ceux qui l'écoutaient. Les uns disaient : « Que Dieu te bénisse, la jeune fille ! » D'autres : « C'est grand dommage qu'elle soit Bohémienne; en vérité, en vérité, elle méritait d'être la fille d'un grand seigneur. » Il y en avait d'autres, plus grossiers, qui disaient : « Laissez grandir la fillette, et vous lui verrez faire des siennes. Par ma foi, elle va serrer les mailles d'un gentil filet pour pêcher des cœurs. » Un autre, plus épais de corps et d'esprit, la voyant danser avec tant de légèreté, lui cria : « Courage, ma fille courage ! en danse, les amours, et frétille à perdre haleine. » Elle répondit, sans ralentir son pas : « Et je frétillerai sans perdre haleine[1]. »

Les vêpres et la fête de sainte Anne finies, Preciosa resta quelque peu fatiguée, mais avec une telle réputation de beauté, d'esprit, de malice et de talent pour la danse, qu'on faisait groupe pour parler d'elle dans toute la ville.

Quinze jours après, elle revint à Madrid, selon son habitude, accompagnée de trois autres jeunes filles, avec des tambours à grelots et un nouveau ballet, toutes bien fournies de romances et de chansonnettes, gaies, mais décentes : car Preciosa ne permettait point que celles qui l'accompagnaient chantassent des chansons graveleuses; et, pour elle, jamais elle n'en chanta. Bien des gens prirent garde à cette retenue, et l'en estimèrent davantage. La vieille Bohémienne ne s'éloignait jamais d'elle, s'étant faite son Argus, dans la crainte qu'on ne la dégourdît et qu'on ne la lui soufflât; elle l'appelait

---

[1]. Il y a dans l'original : .... « *Andad, amores, y pisad el polvito à tan menudito.* » *Y ella respondió sin dejar el baile* : « *Y pisarélo yo à tan menudo.* » Cette réponse renferme quelque malice dont il est fort difficile de deviner le sens aujourd'hui. N'ayant trouvé personne qui pût me l'expliquer, j'ai mis un équivalent dans les mots, et peut-être dans l'unique signification qu'il soit possible de leur donner par conjecture.

sa petite-fille, et Préciosa la croyait sa grand'mère. Ses quatre compagnes se mirent à danser à l'ombre, dans la rue de Tolède, pour complaire à ceux qui les regardaient, et bientôt un grand cercle se fit à l'entour d'elles. Tandis qu'elles dansaient, la vieille demandait l'aumône aux spectateurs, et les *ochavos* et les *cuartos*[1] pleuvaient sur elle comme des pierres sur un plancher de théâtre, car la beauté a aussi le privilége de réveiller la charité endormie. La danse achevée : « Si l'on me donne quatre *cuartos*, dit Préciosa, je chanterai toute seule un *romance* joli au possible, qui raconte comment la reine Marguerite, notre dame, entendit la messe de relevailles à Valladolid, et alla à San-Llorente. Je dis que ce romance est fameux, et composé par un poëte du métier, capitaine dans le bataillon. » A peine eut-elle dit cela, que presque tous ceux qui formaient le cercle répondirent à grands cris : « Chante-le, Préciosa, chante-le, voici mes quatre *cuartos*. » Et, en effet, les *cuartos* tombaient sur elle comme la grêle, si bien que la vieille ne pouvait suffire à les ramasser. Quand elle eut fait sa moisson et sa vendange, Préciosa fit sonner ses grelots, et, d'un ton coulant et folâtre, chanta le *romance* suivant :

A la messe de relevailles va la plus grande reine d'Europe, riche et admirable bijou par le nom et par les vertus[2].

De même qu'elle attire tous les yeux, elle attire toutes les âmes de ceux qui la regardent, et qui admirent sa dévotion et sa magnificence.

Pour montrer qu'elle est une partie du ciel sur la terre, elle conduit d'un côté le soleil d'Autriche, de l'autre la tendre Aurore.

Par derrière la suit un astre, qui parut tout à coup la nuit du jour où pleurent le ciel et la terre.

Si, dans le ciel, il y a des étoiles qui forment des chars brillants, sur d'autres chars de brillantes étoiles ornent son ciel.

Ici le vieux Saturne peigne sa barbe et rajeunit; quoique pesant, il marche avec légèreté, car le plaisir guérit la goutte.

Le Dieu de l'éloquence se montre dans les langues flatteuses et amoureuses, et Cupidon dans les devises variées, brodées en perles et en rubis.

Là se montre le furieux Mars, dans la personne élégante d'une foule de jeunes galants qui s'effrayent de leur ombre.

Près de la demeure du soleil se montre Jupiter; il n'y a rien de difficile à la faveur fondée sur la puissance des œuvres.

---

1. Le *cuarto* est la huitième partie d'un réal, environ trois liards; l'*ochavo* est la moitié du cuarto. — 2. *Margarita*, perle.

La lune se montre sur les joues de deux déesses sœurs, et Vénus chaste dans les attraits de celles qui composent le ciel.

De petits Ganymèdes vont, viennent, tournent et retournent, dans la ceinture galonnée de cette sphère merveilleuse.

Pour que tout surprenne et cause l'admiration, il n'y a pas une chose qui ne soit plus que libérale, et qui ne touche à l'excès de prodigalité.

Milan avec ses riches étoffes se montre là en réjouissant les yeux; les Indes avec leurs diamants; l'Arabie avec ses parfums.

Chez les gens malintentionnés se montre l'envie mordante, et la bonté dans les cœurs de la loyauté espagnole.

L'allégresse universelle, fuyant le sombre chagrin, court les rues et les places, en désordre et presque folle.

Le silence ouvre la bouche à mille louanges muettes, et les enfants répètent ce qu'entonnent les hommes.

L'un dit : « Vigne féconde, grandis, monte, embrasse ton heureux ormeau, et puisse-t-il te donner de l'ombre mille siècles,

« Pour la gloire de toi-même, pour le bien et l'honneur de l'Espagne, pour l'appui de l'Église, pour l'épouvante de Mahomet! »

Une autre voix s'élève et dit : « Vis, ô blanche colombe, qui nous as donné pour petits des aigles à deux couronnes,

« Afin de chasser des airs les plus furieux oiseaux de proie, afin de couvrir de leurs ailes les vertus timides! »

Une autre voix, plus discrète et plus grave, plus piquante et plus avisée, dit, en répandant l'allégresse par les yeux et par la bouche

« Cette perle que tu nous as donnée, ô nacre d'Autriche, cette perle unique, que de machinations elle déjoue, que de mauvais desseins elle coupe !

« Que d'espérances elle répand! que de souhaits elle déconcerte! que de frayeurs elle inspire ! que de secrètes trames elle fait avorter! »

Cependant la reine arrive au temple du Saint-Phénix, qui fut brûlé à Rome, mais qui vit éternellement dans la renommée et la gloire céleste.

Elle s'approche de l'image de la vie, de la Reine du ciel, de celle qui, pour avoir été humble, foule maintenant aux pieds les étoiles.

A celle qui est mère et Vierge à la fois, à la fille et à l'épouse de Dieu, Marguerite, agenouillée, parle de la sorte :

« Ce que tu m'as donné, je te le donne, main toujours libérale, telle que, si ta faveur manque, la misère reste seule.

« Je t'offre, Vierge adorable, les prémices de mes fruits, tels qu'ils sont; reçois-les, donne-leur tes regards, ton appui, ta grâce.

« Je te recommande leur père, qui, Atlas humain, plie sous le poids de tant de royaumes et de régions si lointaines.

« Je sais que le cœur du roi repose dans les mains de Dieu, et je sais que tu peux avec Dieu tout ce que tu lui demandes pieusement. »

Cette oraison terminée, des voix et des hymnes en entonnent une autre qui montre que sa gloire est sur la terre.

Les offices achevés avec de royales cérémonies, ce ciel retourne à sa place avec sa sphère merveilleuse.

A peine Préciosa eut-elle achevé son *romance*, que de l'illustre auditoire et du grave sénat qui l'écoutait une voix formée de plusieurs voix s'écria : « Chante encore une fois, Préciosa, les *cuartos* ne te manqueront pas plus que la terre. » Plus de deux cents personnes étaient réunies pour regarder la danse et écouter le chant des Bohémiennes. Au plus beau moment un des lieutenants de la ville vint à passer par là. Voyant tant de gens assemblés il demanda ce que c'était : on lui répondit qu'on faisait cercle autour de la belle Bohémienne qui chantait. Le lieutenant s'approcha, car il était curieux, et se mit un instant à écouter ; mais, pour ne point manquer à la gravité de son office, il n'écouta pas le *romance* jusqu'au bout. Toutefois, comme la petite Bohémienne lui avait semblé charmante, il chargea un de ses pages de dire à la vieille qu'elle vînt le soir à sa maison avec les jeunes filles, parce qu'il voulait les faire entendre à doña Clara, sa femme. Le page fit la commission, et la vieille dit qu'elle ne manquerait point d'y aller.

La danse et le chant terminés, toute la troupe changea de place. En ce moment, un page fort bien équipé s'approcha de Préciosa, et lui donnant un papier plié : « Préciosita, lui dit-il, chante le *romance* qui est là dedans ; il est fort bon, et je t'en donnerai d'autres de temps en temps, pour que tu acquières la réputation de la meilleure *romancière* du monde. — J'apprendrai celui-là de très-bon cœur, répondit Préciosa, et prenez garde, seigneur, à ne pas manquer de me fournir les *romances* que vous dites, pourvu toutefois qu'ils soient honnêtes. Si vous voulez qu'on vous les paye, arrangeons-nous par douzaines : douzaine chantée, douzaine payée ; mais penser que je vous payerai à l'avance, c'est rêver l'impossible. — Que Mlle Préciosa me donne seulement pour le papier, reprit le page, et je serai content ; de plus, tout *romance* qui ne sera pas jugé bon et honnête n'entrera pas en ligne de compte. — Je fais le mien de les choisir, » dit Préciosa.

Cela fait, les Bohémiennes continuèrent à monter la rue, et des gentilshommes les appelèrent d'une fenêtre basse. Préciosa s'approcha de la grille, et vit dans un salon très-frais et très-bien meublé plusieurs gentilshommes dont les uns se promenaient, tandis que les autres jouaient à divers jeux. « Voulez-vous me donner des étrennes[1], zeigneurs?» dit Préciosa, qui, en qualité de Bohémienne, prononçait les *s* en *z* (ce que font les femmes de cette race, non de nature, mais par artifice). A la voix et à la vue de Préciosa, les joueurs laissèrent le jeu, et les promeneurs leur promenade, et les uns comme les autres accoururent à la fenêtre pour la voir, car ils avaient déjà ouï parler d'elle. « Entrez, dirent-ils, entrez, les Bohémiennes; nous vous donnerons vos étrennes ici. — Ce serait les vendre, reprit Préciosa, si l'on nous y maltraitait. — Non, foi de gentilhomme, répondit l'un d'eux; tu peux entrer, jeune fille, bien sûre que personne ne touchera à la bordure du soulier. J'en réponds par l'ordre dont je suis revêtu. » Et il porta la main à une croix de chevalier de Calatrava. « Si tu veux entrer, Préciosa, dit une des trois jeunes Bohémiennes qui l'accompagnaient, entre, à la bonne heure; mais moi, je ne pense pas pouvoir entrer où il y a tant d'hommes. — Tiens, Cristina, répondit Préciosa, sais-tu de quoi tu dois te garder? d'un homme seul, et seule avec lui, mais non de tant d'hommes ensemble; au contraire, de ce qu'ils sont beaucoup, cela ôte la peur et l'appréhension d'en être offensée. Sois sûre d'une chose, ma bonne Cristina : c'est qu'une femme bien résolue à rester vertueuse peut l'être au milieu d'une armée de soldats. Il est bon, à la vérité, de fuir les occasions de chute; mais ce doit être les occasions secrètes, et non les publiques. — Entrons, Préciosa, reprit sa compagne, tu en sais plus long qu'un savant. »

La vieille Bohémienne leur fit prendre courage, et toutes quatre entrèrent. A peine Préciosa fut-elle entrée, que le chevalier de Calatrava vit le papier qu'elle portait dans son sein; il s'approcha d'elle et le lui enleva. « Ah! ne le prenez pas, zeigneur, s'écria Préciosa; c'est un *romance* qu'on vient de me donner à l'instant même, et que je n'ai pas encore lu. — Tu sais donc lire, ma fille? dit l'un des gentilshommes. — Et écrire, répondit la vieille, car j'ai élevé cette enfant comme si elle eût été fille d'un robin. » Le gentilhomme ouvrit le papier, et vit qu'il y avait dedans un écu d'or. « En vérité, Préciosa, dit-il, cette lettre porte son port avec elle. Prends cet écu qui est enveloppé dans le *romance*. — C'est bien, dit Préciosa, il paraît que le poëte m'a traitée en mendiante. Eh bien! à coup sûr, il y a un plus grand miracle à ce qu'un poëte me donne un écu qu'à ce que je le reçoive. Si ses *romances* doivent m'arriver

---

1. *Barato*, gratification que les joueurs gagnants donnent à la galerie.

avec de tels noyaux, il fera bien de transcrire le *romancero general*[1], et de me les envoyer l'un après l'autre ; je leur tâterai le poids, et, si je les trouve durs, je serai très-douce à les recevoir. » La surprise fut grande parmi tous ceux qui écoutaient la Bohémienne, et l'on n'admira pas moins son esprit que la grâce avec laquelle elle parlait. « Lisez, seigneur, dit-elle, et lisez haut; nous verrons si le poëte est aussi spirituel qu'il est libéral. » Le gentilhomme lut ce qui suit :

Jeune Bohémienne, que l'on peut saluer du nom de belle, c'est par ce que tu as de commun avec la pierre que le monde t'appelle Préciosa[2].

Ce qui confirme cette vérité, c'est, comme tu le verras en toi-même, que jamais ne se séparent le dédain et la beauté[3].

Si tu continues à grandir en arrogance autant qu'en attraits et en valeur, je ne me fais plus caution du siècle où tu es née.

Car en toi s'élève un basilic qui tue de ses regards, et s'établit un empire qui, bien que doux, nous paraît tyrannie.

Parmi des pauvres et des hordes errantes, comment est née une telle beauté? Comment l'humble Manzanarès a-t-il produit un tel chef-d'œuvre?

Pour cela il sera fameux à l'égal du Tage doré, et, pour Préciosa, apprécié plus que le Gange aux profondes eaux.

Tu dis la bonne aventure, et tu la donnes toujours mauvaise, car ton intention et ta beauté ne suivent pas le même chemin.

En effet, dans le péril imminent qu'on trouve à te voir, à te contempler, ton intention se dirige à disculper, et ta beauté à donner la mort.

On dit qu'elles sont sorcières, toutes les femmes de ta nation ; mais tes sortiléges, à toi, sont plus forts et plus réels.

Car, pour emporter les dépouilles de tous ceux qui te voient, tu fais, ô jeune fille, que les charmes soient dans tes yeux.

Tu devances toutes les autres par la puissance des tiens ; car tu nous émerveilles si tu danses, tu nous tues si tu nous regardes, tu nous enchantes si tu chantes.

De cent mille façons tu ensorcelles; que tu parles, que tu te taises, que tu chantes, que tu regardes, que tu t'approches ou que tu t'éloignes, tu attises le feu de l'amour.

Sur le cœur le plus indépendant tu étends ton pouvoir et ta seigneurie ; témoin le mien, qui se soumet sans regret à ton empire.

---

1. Recueil des anciens *romances* du Cid, de Bernard del Carpio, etc.

2. Il est inutile de faire remarquer que cette strophe contient un jeu de mots sur *pierre* et *précieuse*.

3. Les Espagnols disent proverbialement : *La belle femme se reconnaît au dédain.*

Précieux bijou d'amour, voilà ce que t'écrit humblement celui qui pour toi meurt et vit pauvre, quoique humble adorateur.

« C'est en *pauvre* que finit le dernier vers, s'écria Préciosa ; mauvais signe. Les amoureux ne doivent jamais dire qu'ils sont pauvres ; car, dans le commencement, à ce que j'imagine, la pauvreté est très-ennemie de l'amour. — Qui t'apprend cela, petite fille ? dit un des assistants. — Eh ! qui a besoin de me l'apprendre ? répondit Préciosa. N'ai-je pas mon âme dans mon corps ? n'ai-je pas déjà mes quinze ans ? Oh ! je ne suis ni manchote, ni boiteuse, ni estropiée de l'entendement. Chez les Bohémiens, l'intelligence ne va point du même pas que chez les autres gens ; toujours elle devance leurs années. Il n'y a pas de Bohémien lourdaud ni de Bohémienne sotte. Comme ils n'ont d'autres moyens de gagner leur vie que d'être fins, adroits, rusés et fourbes, à chaque pas ils dégourdissent leur esprit, et ne le laissent moisir par un aucun côté. Voyez-vous ces jeunes filles, mes compagnes, qui ne remuent pas les lèvres et semblent des niaises ? Eh bien ! mettez leur le doigt dans la bouche et tâtez-leur les dents de sagesse, et vous verrez ce que vous verrez. Il n'y a pas de petite fille de douze ans qui n'en sache autant qu'une autre de vingt-cinq, parce qu'elles ont pour maîtres et précepteurs le diable et la pratique, qui leur enseignent en une heure ce qu'elles devraient apprendre en un an. » En parlant ainsi, la Bohémienne tenait bouche béante tous les assistants. Ceux qui jouaient lui donnèrent des étrennes, et même ceux qui ne jouaient pas. La vieille ramassa trente réaux dans sa tirelire, et plus riche, plus joyeuse qu'un Pâques fleuries, elle poussa devant elle ses brebis, et gagna la maison du seigneur lieutenant, après avoir promis qu'elle reviendrait un autre jour avec son petit troupeau pour amuser ces gentilshommes si généreux.

Doña Clara, femme du seigneur lieutenant, était déjà prévenue que les Bohémiennes devaient venir à sa maison. Elle les attendait comme la pluie de mai, avec ses femmes et ses duègnes, et avec celles d'une autre dame, sa voisine ; car elles s'étaient toutes réunies pour voir Préciosa. A peine les Bohémiennes furent-elles entrées, que Préciosa parut resplendissante au milieu des autres, comme une torche allumée au milieu de petits cierges. Aussi les dames et leurs suivantes coururent toutes à elle. Les unes l'embrassaient, les autres la regardaient avec de grands yeux ; celles-ci la bénissaient, celles-là faisaient son éloge. Doña Clara disait : « Voilà ce qu'on peut nommer des cheveux d'or! voilà ce qui s'appelle des yeux d'émeraude! » La dame, sa voisine, épluchait la Bohémienne, la mettait en pièces, et faisait un abatis de ses membres et de leurs plus petits détails. Quand elle vint à louer une fossette[1] que Préciosa avait au menton : « Oh! quelle fossette! s'écria-t-elle; dans cette fossette doivent trébucher tous les yeux qui la voient. » Ce propos fut entendu par un écuyer de main de doña Clara, qui se trouvait présent, homme à longue barbe et de longues années. « Vous appelez cela une fossette, madame? dit-il à son tour ; ou je n'entends rien en fossette, ou celle-ci est une vraie fosse pour ensevelir les âmes toutes vivantes. Pardieu, la petite Bohémienne est si gentille, que, faite d'argent ou de pâte de sucre, elle ne le serait pas davantage. Sais-tu dire la bonne aventure, ma fille? — De trois ou quatre manières, répondit Préciosa. — Cela aussi! s'écria doña Clara. Par la vie du lieutenant, mon seigneur, tu vas me la dire, fille d'or, fille d'argent, fille de perles, fille d'escarboucles, fille du ciel, ce qui est tout ce que je puis dire de plus. — Donnez la paume de la main à la petite fille, dit la vieille, ainsi que de quoi faire la croix, et vous verrez que de choses elle vous dit; car elle en sait plus qu'un docteur de médecine. » Mme la lieutenante mit la main dans sa poche, et trouva qu'elle n'avait pas une obole. Elle demanda un *cuarto* à ses femmes; mais aucune d'elles n'en avait, ni la dame voisine non plus. Quand Préciosa vit cela : « Toutes les croix, dit-elle, en tant que croix, sont bonnes ; mais celles d'argent ou d'or sont meilleures. Il faut que Vos Grâces sachent que de faire la croix dans la paume de la main avec une monnaie de cuivre, cela gâte la bonne aventure, la mienne au moins. Aussi, j'aime beaucoup mieux faire la première croix avec quelque écu d'or, ou quelque pièce de huit réaux, ou du moins un double réal. Je suis comme les sacristains : quand l'offrande est bonne, je me frotte les mains. — Tu as de l'esprit, petite fille, en vérité, » s'écria la dame voisine; et se tournant vers l'écuyer : « Vous, dit-elle, seigneur Contreras, n'auriez-vous pas sous la main une pièce de quatre réaux? donnez-la-moi; quand le docteur mon mari sera de retour, je vous la rendrai. — Oui, j'en ai bien une, reprit Contreras ; mais elle est engagée pour vingt-deux mara-

---

[1] Le mot espagnol, comme le mot français, veut dire *petite fosse*.

védis, prix de mon souper d'hier soir. Donnez-les-moi, et j'irai dégager la pièce à vol d'oiseau. — Nous n'avons pas un *cuarto* entre nous toutes, reprit doña Clara, et vous nous demandez vingt-deux maravédis ! Allez, Contreras, vous n'avez jamais le sens commun. » Une des femmes présentes, voyant la stérilité de la maison, dit à Préciosa : « Fille, est-ce qu'on peut faire la croix avec un dé d'argent ? — Certes, répondit Préciosa, on fait les meilleures croix du monde avec des dés d'argent, pourvu qu'il y en ait beaucoup. — Moi, j'en ai un, reprit la suivante ; si c'est assez, le voilà, à condition que tu me diras aussi ma bonne aventure. — Tant de bonnes aventures pour un dé ! s'écria la vieille Bohémienne. Enfant, dépêche-toi, car il se fait nuit. » Préciosa prit le dé, puis la main de madame la lieutenante, et dit :

Belle, belle, aux mains d'argent, ton mari t'aime plus que le roi des Alpuxarres.

Tu es une colombe sans fiel ; mais quelquefois tu deviens terrible comme une lionne d'Oran, ou une tigresse d'Ocana [1].

Mais, en un pif et paf, ton courroux se passe, et tu redeviens comme de la cire, ou comme une douce brebis.

Tu querelles beaucoup, et tu manges peu ; tu te montres parfois un peu jalouse, car le lieutenant est badin, et il aime à déposer sa verge magistrale.

Quand tu étais demoiselle, un beau garçon t'a aimée ; maudits soient les entremetteurs qui viennent déranger les inclinations !

Si par hasard tu avais été religieuse, tu commanderais aujourd'hui dans ton couvent ; car d'une abbesse tu as plus de quatre cents qualités.

Je ne voudrais pas te le dire, mais n'importe, allons : tu deviendras veuve une autre fois, et deux autres fois te remarieras.

Ne pleure pas, madame. car nous autres Bohémiennes nous ne disons pas toujours l'Évangile. Allons, madame, ne pleure pas

Pourvu que tu meures avant le seigneur lieutenant, ce sera assez pour éviter les inconvénients du veuvage qui te menace.

Tu hériteras, et promptement, d'une fortune abondante. Tu auras un fils chanoine, je ne sais dans quelle église ;

Mais non à Tolède, c'est impossible. Tu auras une fille blonde et blanche, et, si elle est religieuse, elle deviendra également abbesse.

Si ton mari ne meurt pas avant quatre semaines, tu le verras corrégidor de Burgos ou de Salamanque.

---

1. Ocana est une ville de la Manche, à quinze lieues de Madrid. Cette manière plaisante de dire une tigresse d'Hyrcanie (de Hyrcania) se trouve aussi dans la nouvelle de *Rinconète et Cortadillo*.

Tu as une envie¹, ah! quelle jolie chose! Jésus, quelle lune brillante! quel soleil qui, là-bas aux Antipodes, éclaire les sombres vallées!

Pour le voir, plus de deux aveugles donneraient plus de quatre blancs. Maintenant, oui, c'est le cas de rire; ah! que cette saillie a de grâce!

Garde-toi des chutes, principalement sur le dos; d'ordinaire elles sont dangereuses pour les dames de qualité.

Il y a d'autres choses à te dire : si tu m'attends le vendredi, tu les sauras; elles sont fort plaisantes, mais quelques-unes annoncent des malheurs.

Préciosa finit là sa bonne aventure, ayant allumé dans le cœur de toutes les assistantes le désir de savoir la leur. Toutes la lui demandèrent, mais elle les remit au vendredi prochain, après avoir reçu la promesse qu'elles auraient des réaux d'argent pour faire les croix. Sur ces entrefaites arriva le seigneur lieutenant, auquel on conta des merveilles de la Bohémienne. Il la fit danser un peu, et confirma pour légitimes et bien placées les louanges données à Préciosa. Il mit la main dans sa poche, et après l'avoir épluchée, secouée et ratissée bien des fois, à la fin il retira la main vide. « Pardieu, dit-il, je n'ai pas une obole; donnez, vous, doña Clara, donnez un réal à Préciosa; je vous le rendrai plus tard. — Certes, voilà qui est bon, seigneur, répondit doña Clara; oui vraiment, le réal est tout prêt. Nous n'avons pas trouvé entre nous toutes un *cuarto* pour faire le signe de la croix, et vous voulez que nous ayons un réal? Donnez-lui donc quelqu'un de vos rabats, ou quelque chose enfin; un autre jour, Préciosa reviendra nous voir, et nous la régalerons mieux. — Eh bien! reprit le lieutenant, pour que Préciosa revienne une autre fois, je ne veux rien lui donner aujourd'hui. — Au contraire, s'écria Préciosa: si l'on ne me donne rien, je ne reviendrai jamais ici; mais si, pourtant, je reviendrai pour servir de si nobles seigneurs : seulement, je me mettrai bien dans l'estomac qu'on n'a rien à me donner du tout, et je m'épargnerai la peine d'attendre. Vendez la justice, seigneur lieutenant, vendez la justice, c'est le moyen d'avoir de l'argent; si vous faites des modes nouvelles, vous êtes sûr de mourir de faim. Tenez, seigneur, j'ai ouï dire par ici, et, quoique jeunette, je comprends que ce ne sont pas de trop bons propos, qu'il faut tirer de l'argent

---

1. Une envie, un seing, s'appelle en espagnol *lunar*; de là le jeu de mots qui va suivre.

des offices pour payer les condamnations de la résidence[1], et pour solliciter avec succès d'autres emplois. — C'est ce que disent et ce que font les gens sans âme, répliqua le lieutenant; mais le juge qui rend bon compte de ses actions à sa résidence n'aura point à supporter de condamnation; et le bon usage qu'il aura fait de son emploi sera le protecteur qui lui en fera obtenir un autre. — Votre Grâce parle comme un saint, seigneur lieutenant, répondit Préciosa : agissez de la sorte, et nous vous couperons des lambeaux d'habit pour en faire des reliques. — Tu sais bien des choses, Préciosa, reprit le lieutenant; tais-toi, et je ferai en sorte que tu paraisses sous les yeux de Leurs Majestés, car tu es vraiment un morceau de roi. — Oh! non, repartit Préciosa; ils me voudront pour jongleuse, je n'y entendrai rien, et tout sera perdu. S'ils me voulaient pour se divertir de mon esprit, à la bonne heure, je me laisserais conduire; mais il y a des palais où les jongleurs réussissent mieux que les gens d'esprit. Moi, je me trouve bien d'être Bohémienne et pauvre, et que la chance tourne comme le ciel voudra. — Allons, petite fille, dit alors la vieille Bohémienne, ne parle pas davantage; tu as déjà beaucoup parlé, et tu en sais plus long que je ne t'en ai appris. Ne te fais pas si fine, tu te casseras la pointe; parle de ce que tes années te permettent de savoir, et ne t'envole pas si haut: il n'y a pas d'élévation qui ne menace de chute. — Ces Bohémiennes ont le diable au corps, » s'écria le lieutenant. Elles prirent alors congé de la compagnie, et, comme elles partaient, la suivante au dé dit à Préciosa : « Dis-moi la bonne aventure, Préciosa, ou rends-moi mon dé; je n'en ai pas d'autres pour coudre. — Madame la suivante, répondit Préciosa, figurez-vous que je vous l'ai dite, et pourvoyez-vous d'un autre dé, ou bien ne faites ni ourlet ni effilé jusqu'au vendredi où je reviendrai. Alors je vous dirai plus d'aventures que n'en contient un livre de chevalerie. » Les Bohémiennes s'en allèrent, et se réunirent à plusieurs paysannes qui ont coutume de quitter Madrid à l'heure de *l'Ave Maria* pour regagner leurs villages. De cette façon, elles étaient en nombreuse compagnie, et s'en retournaient bien en sûreté:

---

[1]. A l'expiration de leurs charges, plusieurs employés de l'État étaient tenus de *résider* quelque temps dans le pays qu'ils avaient administré, pour répondre aux réclamations de leurs anciens subordonnés devenus leurs égaux.

c'est ce que souhaitait la vieille Bohémienne, qui vivait dans une continuelle frayeur qu'on ne lui enlevât par violence sa Préciosa.

Or, il arriva qu'un beau matin, comme la grand'mère et la petite-fille venaient à Madrid faire la récolte avec les autres Bohémiennes, dans une petite vallée qui est à cinq cents pas environ avant d'arriver à la ville, elles aperçurent un beau jeune homme, en riche équipage de route. Son épée et sa dague brillaient comme une châsse d'or, et il portait un chapeau orné d'un riche bourdalou et de plumes de diverses couleurs. Les Bohémiennes s'arrêtèrent en le voyant, et se mirent à le considérer avec attention, étonnées qu'à de telles heures heures un si beau jeune homme fût en tel lieu, seul et à pied. Lui s'approcha d'elles, et s'adressant à la maîtresse Bohémienne : « Par votre vie, lui dit-il, faites-moi le plaisir, ma chère amie, d'entendre à l'écart, vous et Préciosa, deux mots qui seront tout à votre profit. — Pourvu que nous n'ayons pas à nous détourner beaucoup ni à nous arrêter longtemps, répondit la vieille, à la bonne heure. » Puis, appelant Préciosa, ils s'éloignèrent tous trois ensemble à une vingtaine de pas. Là, debout comme ils se trouvaient, le jeune homme leur dit : « Je suis tellement épris des talents, de l'esprit et de la beauté de Préciosa, qu'après avoir fait bien des efforts pour éviter de descendre à cette extrémité, je me trouve à la fin plus réduit, plus subjugué que jamais, et dans l'impossibilité de m'en défendre. Je suis, mesdames, et c'est un nom que j'aurai toujours à vous donner si le ciel favorise ma prétention, je suis chevalier, comme peuvent vous le prouver les insignes que je porte. » Alors, entr'ouvrant son manteau, il découvrit sur sa poitrine la croix d'un des ordres les plus qualifiés qu'il y ait en Espagne. « Je suis, ajouta-t-il, fils d'un tel (des motifs de convenance empêchent de déclarer son nom), qui me tient sous sa tutelle et sa protection. Je suis fils unique, et, comme tel, j'attends un raisonnable majorat. Mon père est maintenant à la cour, où il sollicite une charge importante qu'il est sur le point d'obtenir, étant déjà proposé. Bien que j'aie la qualité et la noblesse que je viens de vous indiquer, et dont vous devez déjà vous faire une exacte idée, je voudrais pourtant être tout à fait grand seigneur, pour élever à ma grandeur l'humilité de Préciosa, en la faisant mon égale et ma dame. Je ne la recherche pas pour la tromper, et mon amour est trop sérieux, trop profond, pour qu'il y ait place à nulle espèce de fausseté.

Je veux seulement la servir de la manière qui lui conviendra le mieux ; sa volonté est la mienne. A son égard, mon âme sera de cire ; elle y pourra imprimer ce qui lui plaira, et pour conserver, pour garder ses ordres, ils ne seront pas comme imprimés sur la cire, mais comme gravés dans le marbre, dont la dureté résiste à l'action du temps. Si vous ajoutez foi à la vérité de mes paroles, mon espoir n'a pas à redouter de déception ; mais, si vous ne me croyez pas, vos soupçons me tiendront dans une crainte perpétuelle. Voici mon nom (et il le dit) ; celui de mon père, vous le savez déjà ; la maison où il demeure est dans telle rue, elle a telles et telles enseignes ; il a des voisins près de qui vous pouvez prendre des informations, et vous pouvez même vous adresser à ceux qui ne sont pas ses voisins : car la qualité de mon père, son nom et le mien, ne sont pas si obscurs qu'on ne les connaisse dans les cours du palais, et même dans toute la capitale. J'apporte ici cent écus d'or, pour vous les donner en arrhes et en signe de ce que je pense vous donner ; car celui qui livre son âme ne peut refuser sa fortune. »

Tandis que le gentilhomme parlait ainsi, Préciosa l'examinait très-attentivement, et sans doute que ni sa mine ni ses propos ne lui semblèrent mal. Se tournant vers la vieille : « Pardonnez-moi, grand'mère, lui dit-elle, si je prends la permission de répondre à cet amoureux seigneur. — Réponds ce que tu voudras, ma fille, répliqua la vieille. Je sais que tu as de l'esprit pour tout. » Préciosa reprit donc : « Moi, seigneur chevalier, quoique Bohémienne pauvre et humblement née, j'ai ici dedans un certain petit esprit fantastique qui me mène à de grandes choses. Ni les promesses ne m'émeuvent, ni les cadeaux ne me subjuguent, ni les soumissions ne me font plier, ni les galanteries ne m'épouvantent. Bien que j'aie à peine quinze ans, puisque, d'après le compte de ma grand'mère, je ne les atteindrai qu'à la Saint-Michel, je suis déjà vieille par la pensée, et je comprends plus de choses que ne le promet mon âge, moins par l'expérience que par mon heureux naturel. Mais enfin, par l'une ou par l'autre, je sais que, chez les nouveaux amants, les passions amoureuses sont comme des transports inconsidérés qui font sortir la volonté de ses gonds, laquelle, affrontant tous les obstacles, se précipite follement à la poursuite de son désir ; et, lorsqu'elle croit atteindre le paradis de ses visions, elle tombe dans l'enfer de ses peines. Si elle obtient ce qu'elle convoite, le désir décroît avec la possession de la chose désirée, et peut-être, les yeux de l'entendement s'ouvrant alors, on voit qu'il est juste de haïr ce que l'on adorait auparavant. Cette crainte fait naître en moi une telle réserve, que je ne crois à aucune parole et que je doute de bien des œuvres. Je n'ai qu'un seul bijou que j'estime plus que la vie : c'est celui de ma pudeur et de ma virginité. Je ne veux pas le vendre à prix de promesses et de cadeaux ; car enfin il serait vendu, et, s'il pouvait être acheté, il mériterait peu d'estime. Je ne veux pas non plus me le laisser ravir par des ruses et des perfidies. J'aime mieux l'emporter à la sépulture, et plaise au ciel qu'il en soit ainsi, plutôt que de le mettre en danger d'être assailli, souillé par des chimères et des fantaisies. C'est une fleur, celle de la virginité, qui devrait, s'il était possible, ne pas se laisser offenser même par l'imagination. Quand la rose est coupée du rosier, avec quelle vitesse elle se fane et quelle facilité ! L'un la touche, l'autre la sent, celui-ci la défeuille, et finalement elle périt en des mains grossières. Si vous venez, seigneur, seulement pour ce bijou, vous ne l'obtiendrez qu'attaché par les liens du mariage ; car, si ma virginité doit courber la tête, que ce soit du moins sous ce joug sacré. Alors, ce ne serait pas la perdre, mais l'employer en honnêtes marchés qui promettent d'heureux bénéfices. Si vous voulez être mon époux, je serai votre femme. Mais bien des conditions doivent précéder le mariage, et bien des vérifications. D'abord je dois savoir si vous êtes qui vous dites. Ensuite, quand cette vérité sera reconnue, vous devrez abandonner la maison de vos parents et la troquer contre nos tentes, après avoir pris le costume bohémien. Vous suivrez deux années de cours de nos écoles, pendant lesquelles je m'assurerai de votre caractère, et vous du mien. Au bout de ce temps-là, si vous êtes content de moi, et moi de vous, je me livrerai à vous pour épouse. Jusque-là, vous devez me traiter en sœur, et moi vous servir humblement. Considérez que, pendant le temps de ce noviciat, il pourra se faire que vous recouvriez la vue, que vous avez perdue à présent, ou pour le moins troublée, et que vous reconnaissiez qu'il vous convenait de fuir ce que vous poursuivez aujourd'hui avec tant d'ardeur. Une fois que vous aurez recouvré la liberté perdue, un beau repentir fait pardonner toute espèce de faute. Si vous voulez, sous ces conditions, entrer comme soldat dans votre milice, la chose est en votre main ; mais vous ne toucherez pas à un doigt de la mienne, pour peu que l'une de ces conditions vienne à manquer. »

Le jeune homme resta stupéfait aux propos de Préciosa, et se mit, comme un extatique, à regarder fixement la terre, faisant connaître qu'il réfléchissait profondément à ce qu'il devait répondre. En le voyant ainsi, Préciosa reprit la parole : « Ce n'est pas, dit-elle, une affaire si peu importante qu'elle puisse ni doive se résoudre en aussi peu de temps que nous en avons ici. Retournez, seigneur, à la ville, et pesez mûrement ce qui vous convient le mieux. Vous pourrez, dans ce même endroit, me parler tous les jours de fête, soit à l'aller, soit au retour de Madrid. » A cela, le gentilhomme répondit : « Quand le ciel ordonna que je t'aimasse, ma Préciosa, je résolus de faire pour toi tout ce que ta volonté s'aviserait de me demander. Jamais cependant il ne me vint à la pensée que tu me demanderais ce que tu me demandes ; mais, puisque ton désir est que mon goût se règle et s'accommode au tien, compte-moi pour Bohémien dès aujourd'hui ; fais de moi toutes les expériences qu'il te plaira, sûre de me trouver toujours le même que je me montre à présent. Vois, quand veux-tu que je change de costume ? Moi, je voudrais que ce fût sur-le-champ. Sous le prétexte d'aller en Flandre, je tromperai mes parents, et je tirerai d'eux assez d'argent pour passer quelques jours. Je n'en demanderai que huit pour préparer mon départ, et, quant aux gens qui devront m'accompagner, je saurai les tromper de manière que ma résolution s'accomplisse. Ce que je te demande, si déjà je puis avoir assez d'audace pour te demander quelque chose, pour t'en supplier, c'est, après t'être informée aujourd'hui de ma qualité et de celle de mes parents, de ne plus retourner à Madrid ; car je ne voudrais pas que quelqu'une des trop nombreuses occasions qui peuvent s'y rencontrer m'enlevât le bonheur qui me coûte si cher. — Oh ! pour cela non, seigneur galant, répondit Préciosa. Sachez qu'avec moi la liberté doit marcher sans embarras, sans ennuis, et ne doit être ni étouffée ni troublée par les soucis de la jalousie. Du reste, mettez-vous bien dans l'esprit que je ne la prendrai pas si excessive qu'on ne reconnaisse du plus loin que mon honnêteté égale ma hardiesse. La première charge que je veuille vous imposer, c'est celle de la confiance que vous devez avoir en moi. Les amants, voyez-vous, qui débutent par témoigner de la jalousie, sont des simples ou des présomptueux. — Tu as Satan dans le corps, petite fille, s'écria en l'interrompant la vieille Bohémienne. Vois un peu, tu dis des choses que ne dirait pas un professeur de Salamanque. Tu t'entends en amour, en jalousie, en confiance; comment cela? En vérité, tu me rends folle, et je suis là à t'écouter comme j'écouterais une personne possédée du démon, qui parle latin sans le savoir. — Taisez-vous, grand'mère, répondit Préciosa, et sachez que toutes les choses que vous m'entendez dire sont des sornettes et des enfantillages à côté de toutes celles plus sérieuses qui me restent dans la poitrine. »

Tout ce que disait Préciosa, tout l'esprit, toute la discrétion qu'elle montrait, c'était jeter de l'huile sur le feu qui brûlait dans le cœur de l'amoureux gentilhomme. Finalement, ils tombèrent d'accord qu'à huit jours de là ils se reverraient au même endroit; que le jeune homme viendrait leur rendre compte de l'état où se trouvaient ses affaires, tandis qu'elles auraient eu le temps de vérifier l'exactitude de ce qu'il leur avait dit. Le jeune homme tira une bourse de brocart, qui contenait, leur dit-il, les cent écus d'or, et la remit à la vieille. Préciosa ne voulait point qu'elle les acceptât; mais la Bohémienne lui dit : « Tais-toi, petite fille; la meilleure preuve qu'ait donnée ce seigneur qu'il est épris et soumis, c'est d'avoir rendu les armes, en signe de soumission. Donner, en quelque occasion que ce soit, fut toujours l'indice d'un cœur généreux; et rappelle-toi le proverbe qui dit : Prier le ciel, et donner du maillet[1]. D'ailleurs, je ne veux point que, par ma faute, les Bohémiennes perdent le renom qu'elles ont acquis depuis bien des siècles, d'être cupides et ménagères. Tu veux que je refuse cent écus d'or, Préciosa? cent écus que l'on peut porter cousus dans l'ourlet d'un jupon qui ne vaille pas deux réaux, et les garder là comme une rente perpétuelle sur les pâturages d'Estrémadure? y penses-tu? Mais si quelqu'un de nos fils, de nos petits-fils ou de nos parents, tombait par quelque malheur dans les mains de la justice, y aurait-il une aussi bonne recommandation à faire parvenir à l'oreille du juge ou du greffier que ces écus, s'ils arrivent à leurs bourses? Trois fois, et pour trois délits différents, je me suis vue presque montée sur l'âne pour être publiquement fouettée : une fois, c'est un pot d'argent qui m'a délivrée; une autre, un collier de perles; une autre, enfin, quarante pièces de huit réaux, que je changeai contre de la monnaie de cuivre, en

---

1. C'est notre proverbe : *Aide-toi, le ciel t'aidera.*

donnant vingt réaux de plus pour le change. Prends garde, ma fille, que nous exerçons un métier dangereux, plein d'encombres, de faux pas et d'occasions de chute. Il n'y a pas de défenses qui nous protégent plus vite et plus sûrement que les armes du grand Philippe. Il ne faut point dépasser son *plus ultra*[1]. Avec un doublon à deux faces, la triste face du procureur se montre riante, et nous réjouissons celle de tous les ministres de la mort, qui sont des harpies pour nous autres Bohémiennes. Ils ont plus de plaisir à nous dépouiller, à nous écorcher, qu'à faire rendre gorge à un voleur de grand chemin. Jamais, quelque déchirées et déguenillées qu'ils nous voient, ils ne nous croient pauvres; ils disent que nous sommes comme les pourpoints des *gabachos*[2] de Belmonte, pleins de graisse et de trous, mais pleins de doublons. — Par votre vie, grand'mère, s'écria Préciosa, n'en dites pas davantage. Vous êtes en train d'alléguer tant de lois en faveur du droit de garder l'argent, que vous épuiserez toutes celles des empereurs. Allons, gardez ces écus, et grand bien vous en advienne; mais plaise à Dieu que vous les enterriez dans une sépulture d'où ils ne revoient jamais la clarté du soleil, et d'où il ne soit pas nécessaire de les tirer! A nos compagnes il faudra donner quelque chose, car il y a longtemps qu'elles nous attendent, et elles doivent commencer à se fâcher. — Bah! répliqua la vieille, elles verront de cette monnaie d'or comme elles voient le Grand-Turc à présent. Ce bon seigneur verra s'il lui reste quelques pièces d'argent, ou quelques *cuartos*, et les partagera entre elles; avec peu de chose, elles seront contentes. — Oui, j'en ai, » reprit le galant; et il tira de sa poche trois pièces de huit réaux, dont il fit présent aux trois jeunes Bohémiennes, ce qui les rendit plus gaies et plus contentes que ne l'est d'habitude un auteur de comédies[3], lorsque, étant en rivalité avec quelque autre, on ajoute à son nom sur les affiches, au coin des rues, *victor*, *victor*. Enfin, il demeura convenu, comme on l'a dit, que le gentilhomme reviendrait à huit jours de là et qu'il s'appellerait, lorsqu'il se ferait Bohémien, Andrès Caballero[4]: car il y avait justement parmi eux des Bo-

---

1. Les monnaies espagnoles portent au revers les colonnes d'Hercule, avec la fière devise : *Plus ultra*.

2. Nom injurieux et populaire donné aux Français.

3. Auteur de comédies (*autor de comedias*) signifie en cet endroit directeur d'une troupe de comédiens ambulants.

4. *Caballero* signifie cavalier, gentilhomme.

hémiens portant ce nom de famille. Andrès (c'est ainsi que nous l'appellerons désormais) n'osa point embrasser Préciosa; au contraire, lui ayant envoyé son âme avec ses regards, privé d'elle, si l'on peut ainsi dire, il les quitta, et rentra dans Madrid, où elles le suivirent pleines de joie. Préciosa, un peu éprise, plus par bienveillance que par amour, de la bonne mine d'Andrès, sentait déjà le désir de s'informer s'il était ce qu'il avait dit.

Elle entra dans Madrid, et, quand elle eut traversé quelques rues, elle rencontra le page poëte, celui du couplet et de l'écu. Dès qu'il la vit, il s'approcha d'elle. « Sois la bienvenue, Préciosa, lui dit-il. As-tu lu par hasard les couplets que je t'ai donnés l'autre jour? — Avant que je réponde un mot, repartit Préciosa, il faut que vous me disiez une vérité, par la vie de ce que vous aimez le plus. — En m'adjurant ainsi, répliqua le page, je ne refuserai nullement de la dire, dût-elle me coûter la vie. — Eh bien ! la vérité que je veux que vous disiez, reprit Préciosa, c'est si par bonheur[1] vous êtes poëte. — Si je l'étais, repartit le page, ce serait forcément par bonheur. Mais il faut que tu saches, Préciosa, que ce nom de poëte, bien peu de gens le méritent; aussi ne le suis-je point, mais seulement un amateur de poésie. Toutefois, quand j'en ai besoin, je ne vais ni chercher ni mendier les vers d'autrui. Ceux que je t'ai donnés sont de moi, aussi bien que ceux que je te donne à présent; mais je ne suis pas poëte pour cela, à Dieu ne plaise ! — Est-il donc si mauvais d'être poëte ? répondit Préciosa. — Mauvais, non, reprit le page; mais être poëte en cachette ne me semble pas très-bon. Il faut user de la poésie comme d'un bijou très-précieux, que son maître ne porte pas tous les jours, qu'il ne montre pas à toutes gens et en toute occasion, mais, au contraire, quand il est sage et raisonnable de le montrer. La poésie est une belle jeune fille, chaste, honnête, discrète, spirituelle, solitaire et retirée, qui se retient dans les bornes de la plus stricte discrétion. Elle est amie de la solitude; les ruisseaux la divertissent, les prairies la consolent, les arbres la désennuient, les fleurs la réjouissent, et, finalement, elle charme et instruit tous ceux qui la fréquentent. — Cependant, reprit Préciosa, j'ai ouï dire qu'elle est très-pauvre, et même quelque peu mendiante. — C'est tout au rebours, s'écria le page; car il n'y a pas de poëte qui ne soit riche, puisqu'ils vivent tous contents de leur situation : philosophie à l'usage

---

1. *Por ventura;* c'est l'expression espagnole pour dire par hasard.

de peu de monde. Mais qui t'a poussée, Preciosa, à me faire cette question? — Ce qui m'y a poussée, répondit Preciosa, c'est que, tenant tous les poëtes, ou presque tous, pour pauvres, j'ai été émerveillée de cet écu d'or que vous m'avez donné roulé dans vos vers. Mais à présent que je sais que vous n'êtes pas poëte, mais seulement amateur de poésie, il se pourrait que vous fussiez riche. Toutefois, j'en doute : car par ce goût qui vous tient de faire des couplets doit s'en aller et se fondre toute la fortune que vous pouvez avoir. Il n'y a pas de poëte, à ce que l'on dit, qui sache conserver la fortune qu'il a, ni acquérir celle qui lui manque. — Eh bien! je ne suis pas de ceux-là, répliqua le page : je fais des vers, et pourtant ne suis ni riche ni pauvre. Sans le regretter et sans le décompter, comme font les Génois [1] des dîners qu'ils donnent, je puis bien donner un écu, et même deux, à qui me convient. Tenez, perle précieuse, prenez ce second papier, et ce second écu qu'il contient, sans vous mettre à chercher si je suis poëte ou non. Je veux seulement que vous croyiez que celui qui vous le donne voudrait avoir, pour vous les donner aussi, les richesses de Midas. » En disant cela, il lui remit un papier. Preciosa, l'ayant tâté, reconnut qu'il y avait dedans un écu. « Ce papier, lui dit-elle, devra vivre bien des années, puisqu'il renferme deux âmes : l'une, celle de l'écu ; l'autre, celle des vers, qui sont toujours pleins d'*âmes* et de *cœurs*. Mais il faut que le seigneur page apprenne que je ne veux pas tant d'âmes avec moi. S'il ne retire l'une, il n'y a de garde que j'accepte l'autre. C'est comme poëte que je l'aime, et non comme faiseur de cadeaux ; de cette façon nous aurons une amitié durable, car on peut plutôt se passer d'un écu, quelque fort qu'il soit, que de la façon d'un *romance*. — Eh bien ! Preciosa, répondit le page, puisque tu veux absolument que je sois pauvre, ne refuse pas du moins l'âme que je t'envoie dans ce papier. Rends-moi l'écu, et, pourvu que tu le touches avec ta main, je le garderai comme une relique tant que la vie me durera. »

Preciosa ôta l'écu du papier, qu'elle garda, mais qu'elle ne voulut point lire dans la rue. Le page lui dit adieu, et s'en alla joyeux et triomphant, croyant déjà que Preciosa était à lui, puisqu'elle lui parlait avec tant d'affabilité. Pour elle, comme son intention était de chercher la maison du père d'Andrès,

---

1. Les Génois, qui avaient beaucoup de comptoirs en Espagne, étaient renommés par leur avarice et leur rigidité commerciale.

sans vouloir s'arrêter à danser nulle part, elle fut bientôt dans la rue indiquée, qu'elle connaissait parfaitement. Quand elle en eut parcouru la moitié, elle porta les yeux à des balcons de fer doré qu'on lui avait donnés pour enseignes, et aperçut un gentilhomme d'une cinquantaine d'années, d'un aspect grave et vénérable, qui portait une croix rouge sur la poitrine. Celui-ci n'eut pas plutôt vu de son côté la Bohémienne qu'il s'écria : « Montez, jeunes filles, on vous fera l'aumône. » A sa voix, trois autres gentilshommes accoururent au balcon, et parmi eux l'amoureux Andrès, lequel, en apercevant Préciosa, perdit couleur, et fut sur le point de perdre connaissance, tant sa vue lui causait d'émotion. Toutes les Bohémiennes montèrent, à l'exception de la vieille, qui resta en bas pour s'informer auprès des domestiques de la vérité des propos d'Andrès.

Quand les Bohémiennes entrèrent dans la salle, le vieux gentilhomme disait à ses amis : « Ce doit être sans doute la belle Bohémienne, celle dont on parle dans tout Madrid. — Elle-même, répondit Andrès, et sans doute aussi c'est la plus belle créature qu'on ait jamais vue. — Voilà ce qu'on dit, reprit Préciosa, qui avait tout entendu en entrant ; mais franchement on doit se tromper de la moitié du juste prix. Jolie, je crois bien l'être ; mais aussi belle qu'on le dit, je n'en ai pas seulement la pensée. — Par la vie de don Juanico, mon fils, s'écria le vieillard, vous êtes encore plus belle qu'on ne le dit, jolie Bohémienne. — Et quel est don Juanico, votre fils ? demanda Préciosa. — Ce galant qui est à côté de vous, répondit le gentilhomme. — En vérité, reprit Préciosa, je pensais que Votre Grâce avait juré par la vie de quelque marmouset de deux ans. Voyez un peu quel don Juanico ! quel petit bijou ! m'est avis qu'il pourrait fort bien être marié, et, suivant certaines lignes qu'il a sur le front, trois ans ne se passeront pas sans qu'il le soit, et fort à son goût, à moins que d'ici là on ne le perde ou ne le change. — Assez, dit un des assistants ; la Bohémienne se connaît en lignes. »

Cependant les trois jeunes Bohémiennes qui accompagnaient Préciosa se reculèrent dans un coin de la salle, et, se cousant l'une à l'autre, comme on dit, la bouche à l'oreille, elles se serrèrent bien pour ne pas être entendues. « Amies, dit la Cristina, voilà le gentilhomme qui nous a donné ce matin les trois pièces de huit réaux. — C'est vrai, répondirent-elles ; mais n'en parlons pas, et ne lui disons rien, s'il ne nous parle le premier. Qui sait? peut-être veut-il qu'on ne le sache pas. » Tandis que cela se passait entre les trois jeunes commères, Préciosa répondait au sujet des lignes : « Ce que je vois avec les yeux, je le devine avec le doigt. A l'égard du seigneur don Juanico, ce que je sais, et sans lignes, c'est qu'il est quelque peu prompt à s'amouracher, impétueux, bouillant, et grand prometteur de choses qui paraissent impossibles. Et plaise à Dieu que, de plus, il ne soit pas menteur! ce qui serait le pire de tout. Il doit faire bientôt un voyage très-loin d'ici; mais une chose pense le bidet, et une autre celui qui le selle : l'homme propose et Dieu dispose ; peut-être pensera-t-il se rendre à Onez, et ira-t-il tomber à Gamboa. — En vérité, Bohémienne, répondit don Juan, tu as trouvé juste sur bien des points de mon caractère; mais, quant à être menteur, tu vas bien loin de la vérité, car je me pique de la dire en toute rencontre. A l'égard du long voyage, tu as encore deviné juste : car, sans aucun doute, s'il plaît à Dieu, dans quatre ou cinq jours je partirai pour la Flandre, bien que tu me menaces d'être obligé de changer de chemin. Je ne voudrais pas, vraiment, qu'il m'arrivât quelque accident en route capable d'empêcher mon projet. — Taisez-vous, mon petit seigneur, répondit Préciosa, et recommandez-vous à Dieu ; tout se fera pour le mieux. Sachez que je ne sais rien de ce que je dis ; mais il n'est pas étonnant que, parlant beaucoup, à tort et à travers, je réussisse en quelque chose. Ce que je voudrais, c'est réussir à te persuader de ne point partir, mais, au contraire, de calmer ton ardeur et de rester avec tes parents, pour leur donner une heureuse vieillesse. Je n'aime pas ces allées et venues en Flandre, surtout pour les jeunes gens d'un âge aussi tendre que le tien. Laisse-toi grandir et grossir un peu, pour que tu puisses supporter les fatigues de la guerre. D'ailleurs, tu as bien assez de guerre chez toi ; bien assez de combats amoureux se livrent dans ton cœur. Calme-toi, calme-toi, petit turbulent, et prends bien garde à ce que tu fais avant de te marier. Maintenant, donne-nous une aumône, au nom de Dieu et de ce que tu es : car, franchement, je crois que tu es bien né, et, si à cette qualité se joint celle d'être véridique, je chanterai victoire pour avoir deviné juste en tout ce que je t'ai dit. — Je t'ai déjà dit, jeune fille, répliqua don Juan, celui qui devait devenir Andrès Caballero, que tu as deviné juste en toute chose, si ce n'est en la crainte que tu as que je ne sois pas très-sincère. En cela, tu te trompes, assurément. La parole que je donne au milieu des champs, je la tiendrai à la ville, ou partout ailleurs, sans qu'on en réclame l'exécution : car celui-là ne peut se piquer d'être gentilhomme, qui trempe dans le vice du mensonge. Mon père te fera l'aumône pour Dieu et pour moi ; car, en vérité, j'ai donné ce matin tout ce que j'avais à certaines dames, de qui je n'oserais garantir, de l'une d'elles surtout, qu'elles sont aussi douces et tendres que belles. » Cristina, entendant ces mots, dit aux autres Bohémiennes, avec autant de mystère que la première fois : « Hein ! petites filles ; qu'on me tue s'il ne dit pas cela pour les trois pièces de huit réaux qu'il nous a données ce matin. — Cela ne peut être, répondit une des deux autres, puisqu'il dit que c'étaient des dames ; nous ne le sommes pas, et, s'il est véridique autant qu'il le dit, il ne pourrait mentir à ce point. — Oh ! ce n'est pas un si gros mensonge, reprit Cristina, que celui qui se fait sans nuire à personne et au profit de celui qui le fait. Mais avec tout cela je m'aperçois qu'on ne nous donne rien et qu'on ne nous fait pas danser. »

La vieille Bohémienne monta dans ce moment : « Allons, ma fille, dépêche-toi, s'écria-t-elle ; il est tard, et nous avons beaucoup à faire, et plus encore à dire. — Qu'y a-t-il donc, grand'mère? demanda Préciosa. Est-ce un fils ou une fille? — Un fils, et très-joli, ma foi, répondit la vieille. Viens, Préciosa, tu entendras des merveilles véritables. — Plaise à Dieu que l'enfant ne meure pas avant les relevailles ! s'écria Préciosa. — On y donnera tous ses soins, répliqua la vieille. D'ailleurs, jusqu'à présent, les couches se sont bien faites, et l'enfant est comme un bijou d'or. — Est-ce que quelque dame est accouchée? demanda le père d'Andrès Caballero. — Oui, seigneur, répondit la Bohémienne, et l'accouchement est si secret, que personne n'en sait rien, si ce n'est Préciosa, moi et une autre personne. Aussi, nous ne pouvons dire qui c'est. — Nous ne voulons pas le savoir non plus, reprit un des assistants ; mais malheureuse celle qui dépose son secret sur vos langues, et qui confie son honneur à votre assistance ! — Nous ne sommes pas toutes mauvaises, répondit Préciosa, et peut-être y en a-t-il parmi nous qui se piquent d'être discrètes et sincères autant que l'homme le plus fier et le plus huppé qu'il y ait dans cette salle. Allons-nous-en, grand'mère : ici l'on ne fait pas grand cas de nous ; en vérité, pourtant, nous ne sommes pas des voleuses, et nous ne demandons rien à personne. — Ne vous fâchez point, Préciosa, reprit le père : car, de vous du moins, j'imagine qu'on ne peut rien présumer de mauvais; votre charmant visage suffit à vous accréditer, et se rend caution de votre bonne conduite. Par votre vie, Preciosa, dansez un peu avec vos compagnes; j'ai là un doublon d'or à deux faces, dont aucune ne vaut la vôtre, bien que ce soient deux faces de rois. »

A peine la vieille eut-elle entendu ces mots, qu'elle s'écria : « Allons, petites filles, les pans dans la ceinture, et faites plaisir à ces seigneurs. » Preciosa prit le tambour à grelots, et les Bohémiennes, se mettant en danse, firent et défirent leurs pas entrelacés avec tant de légèreté et de grâce, qu'elles emportaient à leurs pieds les yeux de tous ceux qui les regardaient, surtout ceux d'Andrès, qui fixait les siens entre les pieds de Preciosa, comme s'ils eussent trouvé là le centre de leur félicité. Mais le sort vint à la troubler de façon qu'elle se changea en enfer. Il arriva que, dans la fougue de la danse, Preciosa laissa tomber le papier que lui avait donné le page, et, dès qu'il fut à terre, celui qui avait mauvaise idée des Bohémiennes le ramassa, et l'ouvrant aussitôt : « Bon ! s'écria-t-il, nous tenons un petit sonnet. Que le bal cesse, et qu'on écoute; car, à en juger par le premier vers, il n'est pas du tout bête. » Preciosa s'en montra fâchée, ne sachant ce qu'il contenait; elle pria qu'on ne le lût point et qu'on le lui rendît. Mais toutes les instances qu'elle mettait à le réclamer étaient autant d'aiguillons qui stimulaient le désir qu'Andrès avait de l'entendre. Enfin, le gentilhomme lut le sonnet à haute voix; le voici :

Lorsque Preciosa touche le tambour de basque, et que son doux bruit frappe les airs insensibles, ce sont des perles qu'elle répand avec les mains, ce sont des fleurs qu'elle laisse échapper de sa bouche.

L'âme reste en suspens, et la raison devient folle, aux doux mouvements surhumains dont la netteté, la grâce et la décence portent sa renommée jusqu'au ciel élevé.

Elle traîne mille âmes attachées au moindre de ses cheveux, et, à la plante de ses pieds, l'Amour rend humblement ses deux flèches.

Elle aveugle et elle éclaire avec ses beaux soleils; c'est par eux que l'Amour maintient son empire, et il se croit même capable de plus grands prodiges.

Prenez garde à ce que vous avez dit, Preciosa, et à ce que vous allez dire. Ce ne sont point là des éloges du page, mais des coups de lance qui percent de part en part le cœur d'Andrès qui les écoute. Voulez-vous en être sûre, jeune fille? Eh bien, tournez les yeux, et vous le verrez évanoui sur sa chaise, pris d'une sueur de mort. Ne pensez pas, mademoiselle, qu'Andrès vous aime si peu sérieusement qu'il ne soit alarmé et blessé par la moindre de vos étourderies. Approchez-vous de lui, à la bonne heure, et dites-lui quelques paroles à l'oreille qui lui aillent droit au cœur, et qui le tirent de son évanouissement. Sinon, mettez-vous sur le pied de recevoir chaque jour des sonnets à votre louange, et vous verrez en quel état ils le mettront.

Tout se passa comme on vient de le dire. Quand Andrès entendit le sonnet, mille visions jalouses le mirent en émoi. Il ne s'évanouit pas entièrement, mais il perdit couleur, au point qu'en le voyant, son père s'écria : « Qu'as-tu, don Juan? On dirait que tu vas t'évanouir, tant tu es devenu pâle. — Attendez, dit aussitôt Préciosa; laissez-moi lui dire certaines paroles à l'oreille, et vous verrez qu'il ne s'évanouira point. » En effet, s'approchant de lui, elle lui dit, presque sans remuer les lèvres : « Beau courage pour un Bohémien! Comment pourrez-vous, Andrès, supporter le tourment de la *toca*[1], si vous ne pouvez souffrir celui d'un morceau de papier? » Puis, lui faisant une demi-douzaine de signes de croix sur le cœur, elle s'éloigna de lui; alors Andrès reprit un peu haleine, et fit entendre que les paroles de Préciosa lui avaient fait du bien.

Finalement, le doublon à deux faces fut donné à Préciosa, qui dit à ses compagnes qu'elle le changerait et le partagerait noblement avec elles. Le père d'Andrès lui demanda de lui laisser par écrit les paroles qu'elle avait dites à don Juan, voulant en tous cas les savoir : « De très-bon cœur, répondit Préciosa, et soyez sûr, quoiqu'elles semblent une plaisanterie, qu'elles ont une vertu toute spéciale pour préserver du mal de cœur et des éblouissements. Voici ces paroles magiques :

« Petite tête, petite tête, tiens-toi bien, ne te laisse pas glis-
« ser, et mets-toi deux étançons de la patience bénie. Sollicite
« la gentille confiance; ne descends point à de basses pensées;
« tu verras des choses qui sentent le miracle, Dieu aidant et
« saint Christophe le géant[2]. »

---

1. Espèce de torture qui consistait à faire boire au patient des bandelettes de gaze avec de l'eau.
2. *Dios delànte y san Cristoval gigante.* Expression populaire pour dire avec l'aide de Dieu.

« Avec la moitié de ces paroles, ajouta Preciosa, qu'on dira à la personne qui aurait des éblouissements, et six croix qu'on lui fera sur le cœur, elle redeviendra fraîche comme une pomme. » Quand la vieille Bohémienne entendit le charme[1] et comprit la ruse, elle resta stupéfaite; Andrès ne le fut pas moins, lui qui vit que tout cela était une invention de cet esprit délié. Quant au sonnet, il resta à la compagnie, car Preciosa ne voulut pas le réclamer, pour ne pas donner une autre sueur froide à Andrès. Elle savait déjà, sans qu'on le lui eût appris, ce que c'était que donner des frayeurs et des soucis jaloux, que mettre, comme on dit, martel en tête aux amants subjugués. Les Bohémiennes prirent congé de la compagnie, et, au moment de partir, Preciosa dit à don Juan : « Tenez, seigneur, tous les jours de cette semaine sont bons pour les départs; aucun n'est mauvais; hâtez-vous donc de partir le plus tôt que vous pourrez : une vie libre, large et fort agréable, vous attend, si vous savez vous y accommoder. — Cependant, à mon avis, répondit don Juan, celle du soldat n'est pas si libre qu'il n'y ait plus de sujétion que de liberté; mais, avec tout cela, je ferai comme je verrai faire. — Et vous verrez plus que vous ne pensez, repartit Preciosa; que Dieu vous conduise et vous mène à bien, comme le mérite votre bonne contenance. » Ces derniers mots rendirent Andrès tout content, et les Bohémiennes s'en allèrent plus contentes encore; elles changèrent le doublon et se le partagèrent entre toutes également. Cependant la vieille gardienne prenait toujours une part et demie de ce qu'on ramassait; tant à cause de sa supériorité que parce qu'elle était la boussole qui guidait les autres dans le *mare magnum* de leurs danses, de leurs badinages, et même de leurs tours et de leurs tromperies.

Enfin arriva le jour où Andrès Caballero apparut un matin dans l'endroit même de sa première apparition, monté sur une mule de louage et sans aucun domestique. Il y trouva Preciosa et sa grand'mère, lesquelles, l'ayant reconnu, l'accueillirent avec beaucoup de satisfaction. Il leur dit de le conduire au campement[2] avant que le soleil fût levé tout à fait, et qu'on pût reconnaître à la clarté du jour les détails de son signalement, si l'on était par hasard à sa recherche. Les deux femmes qui, averties d'avance, étaient venues seules, rebroussèrent

---

1. *Ensalmo*, paroles magiques pour guérir certaines maladies.
2. *Rancho*, baraques mobiles d'un *aduar* ou peuplade de Bohémiens.

chemin, et arrivèrent peu de temps après à leurs baraques. Andrès entra dans la plus grande du campement, où accoururent aussitôt pour le voir dix à douze Bohémiens, tous jeunes, gaillards et bien faits, que la vieille avait informés déjà du nouveau compagnon qui allait leur arriver, et cela, sans avoir besoin de leur recommander le secret : car, ainsi qu'on l'a dit, ils le gardent tous avec une sagacité et une exactitude incroyables. Ils jetèrent à l'instant l'œil sur la mule, et l'un d'eux dit sans plus tarder : « Cette bête pourra se vendre jeudi à Tolède. — Oh! pour cela non, s'écria Andrès, car il n'y a pas de mule de louage qui ne soit connue par tous les valets de muletiers qui circulent dans toute l'Espagne. — Pardieu, seigneur Andrès, reprit un des Bohémiens, quand même la mule aurait dans son signalement plus de signes qu'il n'y en aura pour annoncer le terrible jour du jugement dernier, nous saurons ici la transformer de manière qu'elle ne soit connue ni de la mère qui l'a mise au monde, ni du maître qui l'a élevée. — C'est égal, répondit Andrès, pour cette fois il faut prendre et suivre mon avis ; cette mule doit être tuée et enterrée dans un lieu où ses os même ne paraissent plus. — Grand péché! s'écria un autre Bohémien; faut-il ôter la vie à une innocente? Que le bon Andrès ne dise pas un tel enfantillage, mais plutôt qu'il fasse une chose : qu'il regarde bien la bête à présent, de façon que son signalement lui reste bien gravé dans la mémoire, puis qu'il me la laisse emmener. Si d'ici à deux heures il la reconnaît, qu'on me larde tout le corps comme à un nègre fugitif. — Je ne consentirai nullement, répliqua Andrès, à ce que la mule ne meure pas, quelque assurance qu'on me donne de sa transformation ; je crains, moi, d'être découvert si la terre ne la couvre pas. Mais si l'on veut la garder pour le profit qu'il y aurait à la vendre, je ne viens pas si nu, si dépouillé, à cette confrérie, que je ne puisse payer pour ma bienvenue plus que ne valent quatre mules. — Puisque le seigneur Andrès Caballero le veut ainsi, ajouta un autre Bohémien, que la pauvre innocente meure donc; et Dieu sait si je la regrette, tant pour sa jeunesse, puisqu'elle n'a pas encore cessé de marquer, chose fort rare parmi les mules de louage, que parce qu'elle doit avoir bonne allure, car elle n'a ni croûtes sur les flancs ni plaies de coups d'éperon. »

On ajourna la mort jusqu'à la nuit, et pendant le reste du jour on fit les cérémonies suivantes pour la réception d'Andrès en qualité de Bohémien. On débarrassa promptement une cabane des meilleures du campement ; on l'orna de branchages, on la tapissa de joncs. Andrès s'étant assis sur un demi-tronc de liége, on lui mit entre les mains un marteau et des tenailles ; puis, au son de deux guitares que grattaient deux Bohémiens, on lui fit faire deux cabrioles. Ensuite on lui découvrit un bras, et, avec un ruban de soie neuve, attaché à un tourniquet[1], on lui donna doucement deux tours de corde. A tout cela, Préciosa se trouvait présente, ainsi que plusieurs autres Bohémiennes, vieilles et jeunes, qui regardaient Andrès, les unes avec étonnement, les autres avec amour ; car il avait si bonne mine que les Bohémiens eux-mêmes se prirent d'affection pour lui. Quand ces diverses cérémonies furent terminées, un vieux Bohémien prit par la main Préciosa, et, se plaçant devant Andrès, il lui dit : « Cette jeune fille, qui est la fleur et la crème de toute la beauté des Bohémiennes qui vivent à notre connaissance en Espagne, nous te la livrons, soit pour épouse, soit pour bonne amie, car en cela tu peux faire ce qui te conviendra le mieux. La vie libre et vagabonde que nous menons n'est pas soumise à beaucoup de délicatesse et de pruderie. Regarde-la bien ; vois si elle t'agrée, ou si tu trouves en elle quelque chose qui te déplaise. En ce cas, choisis parmi les autres jeunes filles que voici celle qui te plaira le plus, et nous te la donnerons ; mais sache bien qu'une fois que tu l'auras choisie, tu ne devras plus la laisser pour une autre ; tu ne devras plus t'entremettre et te faufiler ni avec les femmes, ni avec les filles. Nous gardons inviolablement la loi des liaisons ; personne ne courtise la maîtresse d'un autre ; nous vivons exempts de la peste amère de la jalousie. Parmi nous, bien qu'il y ait beaucoup d'incestes, il n'y a aucun adultère. Si une femme légitime ou une bonne amie commet la faute d'infidélité, nous n'allons pas devant la justice demander son châtiment ; nous sommes nous-mêmes les juges et les bourreaux de nos épouses et de nos maîtresses : nous les tuons et nous les enterrons dans les montagnes et les déserts avec autant de facilité que si c'étaient des animaux nuisibles. Il n'y a point de parents qui les vengent, ni de père et de mère qui nous demandent compte de leur mort. Avec la crainte et l'effroi d'un tel sort, elles trouvent moyen d'être chastes ; et pour nous, comme je l'ai dit, nous vivons tranquilles de ce

---

1. *Garrote*, tourniquet pour étrangler les gens condamnés au supplice de ce nom.

côté. Il y a peu de choses parmi nous qui ne soient communes à tous, excepté la femme et la maîtresse; nous voulons que chacune soit à celui qui l'a reçue en partage. Parmi nous, la vieillesse cause le divorce aussi bien que la mort. On peut, s'il en vient envie, quitter sa femme vieille, pourvu qu'on soit jeune, et en prendre une autre qui réponde au goût de ses années. Avec ces lois, ces statuts et d'autres semblables, nous conservons notre race et nous vivons gaiement. Nous sommes seigneurs des campagnes, des champs cultivés, des forêts, des monts, des fontaines et des fleuves. Les montagnes nous offrent gratuitement du bois, les arbres des fruits, les vignes des raisins, les potagers des légumes, les fontaines de l'eau, les rivières du poisson, les réserves du gibier, les rochers de l'ombre, les vallons de l'air frais et les cavernes des maisons. Pour nous, les tempêtes du ciel sont des zéphyrs, les neiges un doux rafraîchissement, les pluies un bain salutaire, les tonnerres de la musique, et les éclairs des torches qui nous guident. Pour nous, les dures glèbes sont de doux lits de plume. Le cuir tanné de nos corps nous sert d'impénétrable harnais pour nous défendre. Notre légèreté n'est ni entravée par des menottes aux pieds, ni arrêtée par des ravins, ni retenue par des murailles. Les cordeaux de la question ne plient point notre courage, ni la poulie ne le suspend, ni la coiffe de fer ne l'étouffe, ni le chevalet[1] ne le dompte. Du *oui* au *non* nous ne faisons aucune différence, quand il y va de notre intérêt, et toujours nous nous piquons plutôt d'être martyrs que confesseurs. C'est pour nous que les bêtes de somme s'élèvent dans les campagnes et que les bourses se coupent dans les villes. Il n'y a point d'aigle, point de faucon qui s'élance plus rapidement sur la proie offerte à ses regards, que nous ne nous élançons sur les occasions qui nous offrent quelque profit. En un mot, nous avons toutes sortes de talents qui nous promettent une heureuse fin. Dans la prison nous chantons, et sur le chevalet nous gardons le silence. Nous travaillons de jour et nous volons de nuit, ou, pour mieux dire, nous avertissons tout le monde de prendre garde où il met son bien. Nous ne sommes point tourmentés de la crainte de perdre l'honneur, ni éveillés par l'ambition de l'accroître. Nous ne formons point de partis, et ne nous levons pas avant le jour pour présenter des requêtes, faire la cour aux grands et solli-

---

[1]. Noms de divers instruments de torture.

citer des faveurs. Nous estimons ces baraques mobiles comme des lambris dorés, de somptueux palais, et comme des tableaux de paysages flamands ceux que nous donne la nature dans ces rochers élevés, ces cimes blanches de neige, ces vastes prairies, ces bois épais, que nos yeux rencontrent à tous nos pas. Nous sommes de rustiques astronomes : car, dormant presque toujours à ciel découvert, nous savons à point nommé quelle heure il est du jour et quelle de la nuit. Nous voyons comment l'aurore chasse et balaye les étoiles du ciel ; comment elle paraît, avec l'aube sa compagne, réjouissant les airs, refroidissant les eaux et humectant la terre, et, sur ses pas, le soleil *dorant les cimes*, comme dit cet autre poëte, *et frisant les montagnes*. Nous ne craignons ni d'être gelé par son absence, quand ses rayons nous atteignent de biais, ni d'être brûlés quand ils nous frappent perpendiculairement. Nous faisons le même visage au soleil qu'à la gelée, à la stérilité qu'à l'abondance. Finalement, nous sommes des gens qui vivons par notre industrie et notre bec, sans nous mêler en rien de l'antique proverbe : Église, ou mer, ou palais [1]. Nous avons ce que nous voulons avoir, puisque nous nous contentons de ce que nous avons. Je vous ai dit tout cela, généreux jeune homme, pour que vous n'ignoriez point quelle vie vous êtes venu mener et quelle conduite vous avez à tenir. Je viens de vous les peindre en ébauche ; peu à peu le temps vous y fera découvrir une infinité d'autres choses non moins dignes de considération que celles que vous venez d'entendre. »

L'éloquent et vieux Bohémien se tut après avoir ainsi parlé, et le novice répondit qu'il se réjouissait beaucoup d'avoir appris de si louables statuts ; qu'il pensait faire sur-le-champ profession dans cet ordre si bien établi sur la raison et sur des fondements politiques ; que tout ce qui le chagrinait, c'était de n'avoir pas eu plus tôt connaissance d'une vie si gaie, si agréable ; mais que désormais il renonçait à l'état de gentilhomme et à la vaine gloire de son illustre lignage, pour se mettre sous le joug, ou plutôt sous les lois qui réglaient la vie de ses nouveaux frères, puisqu'ils donnaient à son désir de les servir une aussi magnifique récompense que celle de lui livrer la divine Préciosa, pour laquelle il quitterait des

---

[1]. Dans la nouvelle du *Capitaine captif*, Cervantès explique ce proverbe, qui signifie que, pour réussir, il faut se mettre dans l'Église, dans le commerce ou au service du roi.

couronnes et des empires, ou ne les désirerait que pour lui en faire hommage. Préciosa reprit à son tour : « Bien que ces seigneurs législateurs aient trouvé dans leurs lois que je t'appartiens, et qu'ils m'aient livrée à toi comme t'appartenant, moi j'ai trouvé dans la loi de ma volonté, qui est la plus forte de toutes, que je ne veux pas être à toi, si ce n'est sous les conditions dont nous sommes convenus ensemble avant que tu vinsses ici : tu as deux années à vivre en notre compagnie avant que tu jouisses de la mienne, afin que tu n'aies pas à te repentir comme inconstant, ni moi comme hâtée. Les conditions brisent les lois ; tu sais maintenant celles que je t'impose : si tu les veux garder, il se pourra faire que je sois à toi et que tu sois à moi. Dans le cas contraire, la mule n'est pas encore tuée, tes vêtements sont intacts, il ne manque pas une obole à ton argent, et, comme l'absence que tu as faite n'est pas encore d'un jour entier, tu peux employer ce qui reste de ce jour à bien examiner ce qui te convient le mieux. Ces seigneurs peuvent bien te livrer mon corps ; mais pour mon âme, qui est libre et qui est née libre, elle doit rester libre autant qu'il me plaira. Si tu demeures, je ferai grand cas de toi ; si tu pars, je ne t'en estimerai pas moins : car, à mon avis, les transports amoureux courent à bride abattue jusqu'à ce qu'ils rencontrent la raison ou le désabusement. Je ne voudrais pas que tu fusses avec moi comme le chasseur, qui, lorsqu'il atteint le lièvre qu'il poursuit, le prend, et le laisse pour en poursuivre un autre qui s'enfuit. Il y a des yeux trompés qui prennent à la première vue l'oripeau pour de l'or ; mais, peu d'instants après, ils reconnaissent la différence qu'il y a du fin au faux. Cette beauté dont tu dis que je suis pourvue, que tu élèves au-dessus du soleil, que tu estimes au-dessus de l'or, que sais-je si de près elle ne te semblera pas ombre, si en la touchant tu ne t'apercevras pas qu'elle est de laiton ? Je te donne deux années de temps pour que tu mesures et que tu pèses bien ce que tu dois choisir, ce que tu dois rejeter. Quand il s'agit d'acheter un bijou dont on ne peut plus, une fois acheté, se défaire que par la mort, il est bon d'avoir du temps, et beaucoup, pour le regarder, l'examiner, voir enfin les défauts et les qualités qu'il a. Je ne me gouverne pas selon la barbare et injurieuse licence que mes parents se sont donnée de quitter les femmes et de les châtier quand il leur en prend fantaisie ; et, comme je ne pense rien faire qui appelle sur moi le châtiment, je ne veux pas prendre un compagnon qui se débarrasse de moi pour son plaisir.

— Tu as raison, ô Préciosa, s'écria Andrès, et, si tu veux que je chasse tes craintes et que j'éloigne tes soupçons, en te jurant que je ne m'écarterai pas d'une ligne des ordres que tu m'imposeras, vois quel serment tu veux que je fasse, ou quelle autre garantie je puis te donner ; tu me trouveras prêt à tout.

— Les serments et les promesses que fait le captif pour qu'on lui rende la liberté, répondit Préciosa, s'accomplissent bien rarement quand elle lui est rendue. C'est ainsi, à ce que j'imagine, que sont ceux de l'amant, qui, pour satisfaire son désir, promettra les ailes de Mercure et les foudres de Jupiter, comme me promit à moi certain poëte, et jurera par le fleuve du Styx. Non, je ne veux point de serments, seigneur Andrès, je ne veux point de promesses ; je veux m'en remettre sur toute chose à l'épreuve de ce noviciat, et, quant au soin de me garder, je le prends à ma charge, s'il vous venait fantaisie de m'offenser. — Qu'il en soit ainsi, répondit Andrès. Je ne demande qu'une chose à ces seigneurs, mes compagnons : c'est qu'ils ne m'obligent pas à rien voler, au moins pendant l'espace d'un mois ; car il me semble que je ne pourrai réussir à me faire voleur, si ce n'est après un grand nombre de leçons. — Tais-toi, fils, dit le vieux Bohémien ; ici nous te dresserons de manière à ce que tu deviennes un aigle dans le métier, et, quand tu le sauras, tu y prendras goût jusqu'à t'y manger le bout des doigts. Est-ce que c'est une plaisanterie de s'en aller le matin les poches vides, et de revenir le soir les poches pleines au campement ? — J'ai vu revenir à coups de fouet bien de ces gens à poches vides, reprit Andrès. — On ne prend pas les truites à braies sèches, répliqua le vieillard. Toutes les choses de cette vie sont sujettes à des périls divers, et les actions du voleur au danger des galères, du fouet et de la potence. Mais, parce qu'un navire essuie une tempête ou coule bas, est-ce que les autres doivent cesser de naviguer ? Il serait bon, parce que la guerre dévore les hommes et les chevaux, qu'il n'y eût plus de soldats. D'ailleurs, entre nous, être fouetté par la justice, c'est porter sur les épaules les insignes d'un saint ordre, qui siéent mieux que si on les portait sur la poitrine ; toute l'affaire est de ne pas finir en battant l'air des pieds et des mains dans la fleur de notre jeunesse et aux premiers délits. Quant à avoir les épaules émouchées, ou à battre l'eau dans les galères, nous n'en faisons pas plus de cas que d'un grain de cacao. Mon fils Andrès, dormez d'abord dans le nid et sous nos ailes; le temps venu, nous vous ferons prendre votre vol, et dans des endroits d'où vous ne reveniez pas sans prise. Et ce qui est dit est dit : après chaque vol, vous vous lécherez les mains. — Eh bien ! reprit Andrès, pour compenser ce que j'aurais pu voler pendant ce temps qu'on me donne de répit, je veux distribuer deux cents écus d'or entre tous les membres de ce campement. »

A peine Andrès eut-il dit cela qu'une foule de Bohémiens se jetèrent sur lui, et l'élevant dans leurs bras et sur leurs épaules, ils criaient à tue-tête : « *Victor, Victor,* le grand Andrès ! » en ajoutant : « Et vive, vive Préciosa, sa bien-aimée ! » Les Bohémiennes en firent de même avec Préciosa, non sans jalousie de la part de Cristina et des autres jeunes filles qui se trouvèrent présentes : car l'envie se loge aussi bien dans le campement des hordes barbares et dans les cabanes des bergers que dans les palais des princes ; et voir réussir le voisin auquel on ne trouve pas plus de mérite qu'à soi, c'est une grande fatigue. Cela fait, on dîna posément ; l'argent promis fut réparti en toute équité et justice; on répéta les louanges d'Andrès, et la beauté de Préciosa fut portée au ciel. La nuit vint, on assomma la mule, et on l'enterra de manière à ce qu'Andrès fût hors de danger d'être découvert par elle. On enterra aussi ses harnais, comme la selle, la bride, les sangles, à la mode des Indiens, qui ensevelissent avec les morts leurs plus riches bijoux.

De tout ce qu'il voyait et entendait, Andrès resta fort étonné, ainsi que de l'esprit des Bohémiens; mais il résolut de poursuivre et de mener à fin son entreprise, sans se mêler en rien à leurs mœurs et coutumes, ou du moins en s'en défendant par tous les moyens possibles. Il pensait échapper au devoir de leur obéir dans les choses injustes qu'ils lui commanderaient aux dépens de sa bourse. Le lendemain, Andrès les pria de changer de place et de s'éloigner de Madrid, parce qu'il craignait, en restant là, d'être reconnu. Ils répondirent qu'ils avaient déjà décidé de s'en aller aux montagnes de Tolède, d'où ils pourraient explorer et écumer tout le pays circonvoisin. Ils levèrent donc le camp, et donnèrent à Andrès une ânesse pour faire le chemin. Mais il n'en voulut pas, il aima mieux aller à pied, servant de laquais à Préciosa, qui était montée sur une autre bourrique : elle, enchantée de voir comment elle triomphait de son aimable écuyer; et lui, non moins ravi de se voir près de celle qu'il avait faite maîtresse de son libre arbitre. O force irrésistible de celui qu'on appelle le doux dieu de l'amertume, titre que lui ont donné notre oisiveté et notre faiblesse! comme tu nous domptes, comme tu nous maîtrises! et que tu nous traites sans égards! Andrès est gentilhomme, jeune, d'un esprit heureux et cultivé, presque toute sa vie élevé à la cour, choyé par ses riches parents; et, depuis hier, il s'est fait un tel changement en lui, qu'il a trompé ses serviteurs et ses amis, frustré les espérances de ses parents, quitté le chemin de la Flandre, où il devait faire éclater la valeur de sa personne et accroître l'éclat de son lignage, pour venir se prosterner aux pieds, se faire le laquais d'une jeune fille, qui, toute belle qu'elle est, n'est enfin qu'une Bohémienne : privilége de la beauté, qui traîne à ses pieds par les cheveux, et comme à rebrousse-poil, la volonté la plus indépendante.

Quatre jours après, ils arrivèrent à un village, à deux lieues de Tolède, où ils dressèrent leur camp, après avoir donné d'abord en gage quelques bijoux à l'alcade du pays, pour garantie qu'ils n'y voleraient rien ni dans tout son district. Cela fait, les Bohémiennes vieilles, quelques jeunes et tous les Bohémiens, se répandirent dans tous les villages à quatre ou cinq lieues à la ronde de celui où ils avaient planté leurs tentes. Andrès fut avec eux pour prendre sa première leçon de voleur; mais, quoiqu'ils lui en donnassent un grand nombre dans cette campagne, aucune ne lui profita. Au contraire, répondant à son sang illustre, il se sentait arracher l'âme à chaque vol que commettaient ses maîtres. Quelquefois même il paya de son argent les objets qu'avaient dérobés ses compagnons, touché des larmes que versaient les gens volés. Les Bohémiens se désespéraient, disant que c'était contrevenir à leurs statuts et ordonnances, qui prohibent l'entrée de la charité dans leurs cœurs : car, si elle y pénétrait une fois, il faudrait cesser d'être voleurs, chose qui ne leur convenait en aucune façon. Quand Andrès vit cela, il dit qu'il voulait voler tout seul, sans aller en compagnie de personne, puisqu'il avait autant d'agilité pour échapper au péril que de courage pour le braver ; qu'il voulait donc pour lui seul le prix ou le châtiment de ses entreprises. Les Bohémiens essayèrent de le dissuader de ce dessein, en lui disant qu'il pourrait arriver des occasions où la compagnie lui fût nécessaire, aussi bien pour attaquer que pour se défendre, et qu'une personne seule ne pourrait pas faire de grandes prises. Mais, quoi qu'on lui dît, Andrès voulut être voleur seul, et pour son compte particulier : c'était dans l'intention de s'éloigner de la bande, d'acheter avec son argent quelque chose qu'il pût dire ensuite avoir volée, et, de cette manière, de charger le moins possible sa conscience. Par le moyen de cet artifice, en moins d'un mois, il rapporta plus de profit à la société que ne lui en rapportaient quatre de ses plus huppés larrons; de quoi se réjouissait fort Préciosa, voyant son tendre amant devenir voleur si gentil et si éveillé. Néanmoins, elle était toujours en souci de quelque disgrâce, car elle n'aurait pas voulu le voir exposé au déshonneur pour tout le trésor de Venise, obligée qu'elle était par ses bons sentiments, par les services et les cadeaux sans nombre que lui faisait son Andrès.

Ils restèrent un peu plus d'un mois dans les environs de Tolède, où ils firent leur moisson, bien que ce fût le temps des vendanges. De là ils passèrent en Estrémadure, parce que c'est une terre chaude et riche. Andrès avait avec Préciosa des entretiens honnêtes, sensés et amoureux : peu à peu elle allait s'affectionnant à l'esprit et à l'aimable société de son amant; pour lui, de la même manière, si son amour eût pu s'accroître, il se serait accru, tant étaient grandes l'honnêteté, la discrétion et la beauté de Préciosa. En quelque part qu'ils arrivassent, Andrès remportait le prix et les gageures à la course; il sautait mieux que personne; il jouait aux boules et à la paume admirablement; il jetait la barre avec une force extrême et une singulière adresse. Finalement sa réputation parcourut en peu de temps toute l'Estrémadure, et il n'y avait pas un village où l'on ne parlât de la gaillarde tournure du Bohémien Andrès Caballero, de ses qualités et de ses talents. A l'égal de cette renommée se répandait celle de la beauté de la petite Bohémienne. Il n'y avait pas de ville, pas de bourg, pas de hameau où on ne les appelât pour célébrer les fêtes patronales ou d'autres réjouissances particulières. De cette façon, le campement vivait dans la richesse, la prospérité et la joie, et les deux amants étaient heureux seulement de se voir.

Or, il arriva qu'ayant dressé leur camp dans un petit bois de chênes un peu écarté du grand chemin, ils entendirent une nuit, bien avant le jour, aboyer leurs chiens avec plus de violence et de ténacité que d'habitude. Quelques Bohémiens, et Andrès parmi eux, sortirent pour voir ce qui les faisait aboyer; ils aperçurent un homme vêtu de blanc qui se défendait contre eux, et que deux chiens avaient empoigné par la jambe. Ils accoururent le dégager, et l'un des Bohémiens lui dit : « Qui diable vous amène ici, homme, à de telles heures, et si loin du chemin? Venez-vous voler par hasard? Vous auriez, ma foi, touché à bon port. — Je ne viens pas voler, répondit le mordu, et je ne sais si je suis ou non loin du chemin, quoique je voie bien que je suis égaré. Mais dites-moi, seigneurs, est-ce qu'il y a par ici quelque hôtellerie ou quelque village où je puisse me faire héberger cette nuit, et panser les blessures que vos chiens m'ont faites? — Il n'y a, répondit Andrès, ni village ni hôtellerie où nous puissions vous acheminer : mais, pour panser vos blessures et vous loger cette nuit, vous serez commodément dans nos baraques. Venez avec nous; bien que nous soyons Bohémiens, nous ne le paraissons pas en fait de charité. — Que Dieu en use avec vous! répondit l'homme; et emmenez-moi où vous voudrez, car la douleur de cette jambe me fatigue beaucoup. »

Andrès s'approcha de lui avec un autre Bohémien charitable (car, même parmi les démons, il y en a de pires les uns que les autres, et, parmi beaucoup d'hommes méchants, il peut s'en trouver quelques bons), et entre eux deux ils l'emportèrent. La nuit était claire et la lune brillait, de façon qu'ils purent voir que cet homme était jeune, de belle taille et d'agréable visage. Il était entièrement vêtu de toile blanche, et portait devant la poitrine, et roulée sur l'épaule, une espèce de chemise ou de sac en toile. Ils arrivèrent à la baraque d'Andrès, où l'on alluma bien vite de la lumière et du feu. La grand'mère de Préciosa accourut panser le blessé, dont on lui avait annoncé l'accident. Elle prit quelques poils des chiens, les fit frire dans l'huile, et, après avoir d'abord lavé avec du vin deux morsures qu'il avait à la jambe gauche, elle y mit les poils avec l'huile, et par-dessus un peu de romarin vert bien mâché. Elle lui attacha fortement cet emplâtre avec du linge propre; puis, ayant fait le signe de la croix sur les blessures, elle lui dit : « Dormez, mon ami; avec l'aide de Dieu, ce ne sera rien. »

Tandis qu'on pansait le blessé, Préciosa se tenait en face de lui et le regardait attentivement; il faisait de même à son égard, de façon qu'Andrès s'aperçut de l'attention avec laquelle le jeune homme la regardait : mais il attribua cette circonstance à ce que la grande beauté de Préciosa attirait tous les regards. Enfin, après qu'on eut bien pansé ce jeune homme, on le laissa seul, couché sur un lit de foin sec, et on ne voulut lui rien demander pour lors, ni de son voyage ni d'autre chose.

A peine se fut-on éloigné de lui, que Préciosa prit Andrès à part, et lui dit : « Te rappelles-tu, Andrès, un certain papier que je laissai tomber dans ta maison, tandis que j'y dansais avec mes compagnes, et qui, je crois, te fit passer un mauvais moment? — Oui, je me le rappelle, répondit Andrès ; c'est un sonnet à ta louange, et non mauvais vraiment. — Eh bien ! sache, Andrès, reprit Préciosa, que l'auteur de ce sonnet est ce jeune homme mordu que nous avons laissé dans la cabane ; je suis sûre de ne pas me tromper, car il me parla deux ou trois fois à Madrid, et même il me donna un fort joli *romance*. Il était alors vêtu en page, si je ne me trompe, non à la façon des pages ordinaires, mais de ceux que favorise quelque prince. En vérité, je t'assure, Andrès, que ce jeune homme est discret, de bon ton et singulièrement honnête ; je ne sais qu'imaginer de son arrivée ici, et dans un tel équipage. — Que peux-tu imaginer, Préciosa, répondit Andrès, sinon que la même puissance qui m'a fait devenir Bohémien l'a fait paraître meunier, et venir à ta recherche ? Ah ! Préciosa, Préciosa ! comme on découvre enfin que tu veux te vanter d'avoir plus d'un amant à tes pieds ! S'il en est ainsi, expédie-moi d'abord, ensuite tu tueras cet autre ; mais ne veuille pas nous sacrifier ensemble sur l'autel de ta perfidie, pour ne pas dire de ta beauté. — Sainte Vierge, repartit Préciosa, que tu te montres délicat, Andrès, et que tu as attaché à un fin cheveu tes espérances et l'estime que tu me portes, puisque la pointe cruelle de la jalousie t'a si facilement percé l'âme ! Dis-moi, Andrès : s'il y avait en cela quelque artifice ou quelque fourberie de ma part, est-ce que je ne saurais pas me taire et cacher qui est ce jeune homme ? Est-ce que je suis assez sotte, par hasard, pour chercher à te donner occasion de mettre en doute ma sincérité et l'honnête but que je me propose ? Taistoi, Andrès, par ta vie, et demain fais en sorte de tirer du cœur de ce jeune homme, ton épouvantail, où il va et ce qu'il vient faire. Il se pourrait que ton soupçon fût aussi peu fondé que je suis assurée, moi, qu'il est ce que je t'ai dit ; mais, pour te donner une satisfaction plus grande encore, puisque je suis arrivée au terme de ne t'en point refuser, de quelque manière et avec quelque intention que ce jeune homme soit venu, donne-lui vite son congé et fais qu'il s'en aille; tous ceux de notre peuplade t'obéissent, et nul d'entre eux ne s'avisera, contre ta volonté, de lui donner asile dans sa hutte. S'il en était autrement, je t'engage ma parole de ne pas sortir de la mienne, et de ne pas me laisser voir par lui ni par aucun de ceux dont tu ne voudras pas que je sois vue. » Puis elle ajouta : « Écoute, Andrès, je n'ai pas de peine à te voir jaloux, mais j'en aurais beaucoup à te voir déraisonnable. — A moins que tu ne me voies fou, répondit Andrès, toute autre démonstration sera insuffisante pour te faire comprendre jusqu'où va et quel tourment cause l'amer sentiment de la jalousie; mais néanmoins je ferai ce que tu m'ordonnes : je saurai, s'il est possible, ce que veut ce page poëte, où il va et ce qu'il cherche. Il pourrait se faire que, par quelque fil, et sans nous compromettre, je tirasse tout le peloton avec lequel il vient m'enlacer [1]. — Jamais, à ce que j'imagine, reprit Préciosa, la jalousie ne laisse l'entendement assez libre pour qu'il puisse juger les choses comme elles sont. La jalousie regarde toujours avec des lunettes d'approche, qui font les petites choses grandes, les nains des géants et les soupçons des vérités. Par ta vie et par la mienne, Andrès, procède en ceci, et en tout ce qui a rapport à nos arrangements, avec tact et discrétion. Si tu agis de la sorte, je sais que tu auras à m'accorder la palme de femme honnête, réservée et véridique au plus haut degré. » Sur cela, elle prit congé d'Andrès, qui resta seul, attendant le jour pour recevoir la confession du blessé. L'âme pleine de trouble et de mille rêveries contraires, il ne pouvait croire autre chose, sinon que ce page était venu là, attiré par les charmes de Préciosa : car le voleur pense que tout le monde est de son métier. D'une autre part, les satisfactions que Préciosa lui avait données lui semblaient si complètes et si fortes, qu'elles l'obligeaient à vivre en repos et à remettre tout son bonheur aux mains et à la vertu de sa maîtresse.

Le jour vint, après lui avoir paru plus tardif que d'habitude; il alla visiter le mordu et s'informer de lui, comment il s'appelait, où il allait, pourquoi il cheminait si tard et si hors du chemin, après lui avoir demandé toutefois comment il se portait, et s'il ne ressentait plus de douleur des morsures. A tout cela le jeune homme répondit qu'il se trouvait mieux et sans douleur aucune, qu'ainsi il pourrait se remettre en che-

---

[1]. Allusion au proverbe : *Par le fil on tire le peloton*.

min. Quant à déclarer son nom et où il allait, il se borna à dire qu'il s'appelait Alonzo Hurtado, qu'il allait pour certaine affaire à Notre-Dame de la Roche de France, et que pour arriver plus vite il cheminait de nuit; que la veille au soir il avait perdu son chemin et s'était par hasard approché de ce campement, où les chiens de garde l'avaient mis dans l'état où on l'avait trouvé.

Cette déclaration ne parut pas à Andrès fort légitime, mais fort bâtarde au contraire. Ses soupçons revinrent de nouveau lui chatouiller l'âme, et il dit au blessé : « Frère, si j'étais juge et que vous fussiez tombé sous ma juridiction pour quelque délit qui m'obligeât de vous faire les questions que je vous ai adressées, la réponse que vous m'avez faite exigerait qu'on vous serrât la corde un peu plus fort. Je ne veux pas savoir qui vous êtes, comment on vous appelle et où vous allez; mais je vous avertis que, s'il vous convient de mentir à propos de votre voyage, vous ferez bien de mentir avec plus d'apparence de vérité. Vous dites que vous allez à la Roche de France, et vous la laissez à main droite, à trente lieues au moins en arrière du pays où nous sommes. Vous cheminez de nuit pour aller plus vite, et vous marchez hors de la grand'route, à travers des bois et des bruyères qui ont à peine des sentiers et pas l'ombre d'un chemin. Ami, levez-vous, apprenez à mieux mentir, et allez à la garde de Dieu. Mais, pour le bon avis que je vous donne, ne me direz-vous pas une vérité? Oh! oui, vous me la direz, puisque vous savez si mal mentir. Dites-moi, seriez-vous par hasard un certain jeune homme que j'ai vu bien des fois dans la capitale, moitié page et moitié gentilhomme, qui avait la réputation d'être grand poëte, le même qui fit un *romance* et un sonnet pour une petite Bohémienne qui courait ces jours derniers les rues de Madrid et passait pour avoir une beauté singulière? Dites-le-moi, et je vous promets, par ma foi de gentilhomme bohémien, de vous garder le secret autant que vous le jugerez convenable. Prenez garde que nier que vous soyez celui dont je parle n'aurait ni rime ni raison : car ce visage que je vois là, c'est le même que j'ai vu à Madrid; et, en vérité, la grande réputation de votre esprit m'a fait plusieurs fois vous regarder comme un homme insigne et rare. Aussi votre figure m'est-elle si bien restée gravée dans la mémoire, que je vous ai sur-le-champ reconnu, bien que dans cet équipage, si différent de celui où je vous voyais alors. Ne vous troublez pas, prenez courage, et n'allez pas vous mettre en tête que vous êtes tombé dans une caverne de voleurs, mais bien dans un asile qui saura vous protéger et vous défendre de tout le monde. Écoutez : j'imagine une chose, et, si elle est telle que je l'imagine, vous avez, en me rencontrant, rencontré la bonne chance. Ce que j'imagine, c'est qu'épris de Préciosa, cette belle Bohémienne pour qui vous avez fait les vers, vous êtes venu la chercher; et je ne vous en estimerai pas moins, mais au contraire bien davantage : car, tout Bohémien que je suis, l'expérience m'a fait voir jusqu'où s'étend l'irrésistible puissance de l'amour, et les transformations qu'il fait faire à ceux qu'il prend sous son empire et sa juridiction. S'il en est ainsi, comme je le crois sans aucun doute, parlez, la Bohémienne est ici.

— Oui, elle y est, répondit le blessé; je l'ai vue hier soir. » A ce propos, Andrès resta comme mort, croyant qu'il avait acquis enfin la confirmation de ses soupçons. « Je la vis hier soir, continua le jeune homme; mais je n'osai pas lui dire qui j'étais, parce qu'il ne me semblait pas convenable de le faire. — De cette manière, reprit Andrès, vous êtes bien le poëte que j'ai dit? — Je le suis, en effet, répondit le jeune homme, et ne puis ni ne veux le nier. Peut-être pourrait-il se faire qu'où j'ai cru venir me perdre, je fusse venu me sauver, si l'on trouve fidélité dans les forêts et bon accueil dans les montagnes. — Oui, sans doute, seigneur, repartit Andrès; et de plus, parmi nous autres Bohémiens, la plus grande discrétion du monde. Dans cette confiance, vous pouvez m'ouvrir votre cœur, sûr de ne trouver dans le mien aucune duplicité. La jeune fille est ma parente, et soumise à ce qu'il me plaît de faire d'elle. Si vous la voulez pour épouse, tous ses parents y consentiront volontiers. Si vous la voulez pour maîtresse, nous ne ferons pas plus de simagrées, pourvu que vous ayez de l'argent; car jamais la convoitise ne quitte un seul instant nos cabanes. — De l'argent? répondit le jeune homme, j'en porte avec moi : dans ces manches de chemise qui me ceignent la poitrine, il y a quatre cents écus d'or. » Ce fut un autre coup mortel que reçut Andrès, croyant bien que l'autre n'apportait tant d'argent que pour conquérir ou acheter le bijou de son âme. « C'est une belle somme, dit-il d'une voix déjà troublée; vous n'avez plus qu'à vous découvrir, et vite à l'ouvrage. La petite fille, qui n'est nullement sotte, verra combien il lui convient d'être à vous. — Hélas! mon ami, s'écria le jeune homme, je veux que vous sachiez ce qui m'a forcé de changer de costume : ce n'est pas l'amour dont vous parlez, ni le désir de posséder Préciosa. Madrid renferme assez de beautés qui peuvent dérober les cœurs, et qui savent soumettre les âmes aussi bien et mieux que les plus belles Bohémiennes ; je confesse, il est vrai, que la beauté de votre parente l'emporte sur toutes celles que j'ai vues ; mais ce qui m'a mis dans cet équipage, à pied et mordu par les chiens, ce n'est pas l'amour, c'est la fatalité qui me poursuit. »

A mesure que le jeune homme s'exprimait de la sorte, Andrès recouvrait peu à peu ses esprits, car il lui semblait que de tels propos signifiaient autre chose que ce qu'il avait imaginé. Empressé de sortir du doute qui le tourmentait, il revint encore sur la sécurité avec laquelle l'autre pouvait se découvrir, et celui-ci reprenant son histoire : « J'étais à Madrid, dit-il, dans la maison d'un titulaire de Castille[1], que je servais non comme un maître, mais comme un parent. Il avait un fils, son unique héritier, lequel, tant à cause de notre parenté que parce que nous avions le même âge et la même humeur, me traitait familièrement et avec une grande amitié. Il arriva que ce gentilhomme s'éprit d'amour pour une demoiselle de qualité, dont il eût fait bien volontiers sa femme, s'il n'eût, en bon fils, soumis sa volonté à celle de ses parents, qui aspiraient à un haut mariage. Il l'aimait toutefois et la servait en se cachant aux yeux de tous ceux dont la langue aurait pu divulguer quel était l'objet de sa flamme. Les miens seuls étaient témoins de ses projets. Une nuit, que le malheur devait avoir choisie pour l'événement que je vais vous conter, passant tous deux dans la rue de la dame, nous vîmes appuyés contre sa porte deux hommes qui semblaient de bonne mine. Mon parent voulut les reconnaître ; mais à peine s'avançait-il de leur côté, qu'ils mirent tous deux précipitamment l'épée à la main et le bouclier au bras, et qu'ils fondirent sur nous. Aussitôt, nous fîmes de même, et nous nous attaquâmes à armes égales. Le combat dura peu : car, par deux coups d'épée que dirigèrent la jalousie de mon parent et la défense que je lui prêtais, nos adversaires perdirent la vie ; cas étrange et bien rarement vu. Triomphant ainsi d'une autre façon que nous n'aurions voulu, nous revînmes à la maison, et, prenant en secret tout l'argent que nous pûmes, nous allâmes au cou-

---

[1]. *Titulo da Castilla*, noblesse qui vient immédiatement après la grandesse d'Espagne.

vent de San-Géronimo attendre le jour qui devait découvrir l'aventure, et faire connaître sur qui tomberaient les présomptions du meurtre. Nous apprîmes d'abord qu'aucun indice ne s'élevait contre nous, et les prudents religieux nous conseillèrent de retourner à la maison, afin que notre absence n'éveillât aucun soupçon. Nous étions décidés à suivre leur avis, quand on nous informa que les alcades de cour avaient arrêté dans leur domicile les parents de la jeune demoiselle, ainsi que la demoiselle elle-même, et que, parmi les domestiques qu'on avait interrogés, une servante avait révélé que mon parent courtisait sa maîtresse de jour et de nuit. Nous apprîmes aussi que, sur cet indice, on était accouru nous chercher, et que, ne nous trouvant pas, mais trouvant au contraire plusieurs traces de notre fuite, on avait annoncé comme certain, dans toute la capitale, que nous étions les meurtriers de ces deux gentilshommes, car ils l'étaient, et de haute qualité. Finalement, d'après l'avis du comte mon parent, et d'après celui des religieux, au bout de quinze jours que nous restâmes cachés dans le monastère, mon camarade, en habit de moine, prit la route de l'Aragon, avec l'intention de passer en Italie, et de là en Flandre, pour attendre le résultat de l'aventure. Pour moi, je voulus diviser notre fortune, et faire que notre sort à tous deux ne courût pas les mêmes chances. Je suivis un autre chemin, et, dans le costume de frère lai, je partis à pied avec un religieux, qui me laissa à Talavera. Depuis cette ville, je suis venu seul, m'écartant de la grande route, lorsque hier soir j'atteignis ce petit bois, où il m'est arrivé ce que vous avez vu. Si j'ai demandé le chemin de la Roche de France, c'était pour répondre quelque chose aux questions qui m'étaient faites : car, en vérité, tout ce que je sais de la Roche de France, c'est qu'elle est au delà de Salamanque. — Cela est vrai, interrompit Andrès, et vous la laissez à plus de vingt lieues sur votre main droite; ainsi voyez comme vous preniez le droit chemin, si vous fussiez allé là ! — Le chemin que je pensais prendre, reprit le jeune homme, n'était autre que celui de Séville. J'ai là un gentilhomme génois, ami intime du comte, mon parent, qui est dans l'usage d'envoyer à Gênes une grande quantité d'argent en lingots, et j'ai le projet de m'en aller avec ceux qui ont l'habitude de porter cet argent, comme si j'étais l'un d'eux. Au moyen de cette ruse, je pourrai sûrement passer jusqu'à Carthagène, et de là en Italie : car deux galères doivent arriver bientôt pour qu'on y embarque ces lingots d'argent. Voilà, mon bon ami, toute mon histoire ; voyez si je n'ai pas raison de dire qu'elle naît plutôt de malheur tout pur que d'amours mêlés d'eau. Si ces messieurs les Bohémiens voulaient m'emmener en leur compagnie jusqu'à Séville, dans le cas où ils iraient de ce côté, je leur payerais très-bien ce service. Je m'imagine, en effet, qu'en leur compagnie j'irai avec plus de sécurité, et sans la peur que je traîne avec moi. — Oui, certes, ils vous emmèneront, répondit Andrès ; et, si ce n'est point par notre peuplade, car je ne sais pas encore si elle va en Andalousie, vous y serez conduit par une autre que nous devons rencontrer dans deux ou trois jours. En leur donnant quelque peu des écus que vous portez, vous obtiendrez d'eux des choses plus difficiles. »

Andrès laissa le blessé, et alla rendre compte aux autres Bohémiens de ce qu'il lui avait conté et de ce qu'il sollicitait, ainsi que de l'offre qu'il faisait d'un payement en récompense. Tous furent d'avis qu'il restât dans la peuplade. Préciosa seule eut un avis contraire, et la grand'mère dit que, pour elle, il lui était impossible d'aller à Séville, parce que, les années passées, elle avait joué un méchant tour à un bonnetier nommé Triguillos, très-connu dans le pays. Elle l'avait fait mettre dans un grand cuvier d'eau jusqu'au cou, nu comme un ver, et avec une couronne de cyprès sur la tête, attendant le coup de minuit pour sortir du cuvier, prendre sa pioche et retirer un grand trésor qu'elle lui avait fait accroire être caché dans une partie de sa maison. « Dès que le bon bonnetier, ajouta la vieille, entendit sonner matines, il se donna tant de hâte à sortir du cuvier, pour ne pas perdre la conjoncture, qu'il fit rouler par terre le cuvier et lui-même, se meurtrit, s'écorcha, et resta à nager dans l'eau qui se répandait sur le parquet, criant à tue-tête qu'il se noyait. Sa femme, ses voisins, accoururent aussitôt avec des lumières, le trouvèrent qui faisait toutes les contorsions d'un nageur, soufflant, se traînant le ventre à terre, agitant les bras et les jambes en toute hâte, et criant de toutes ses forces : « Au secours, seigneurs, je me noie. » La peur le talonnait si fort, qu'il pensait véritablement se noyer. On se jeta sur lui, on le tira de ce danger, il reprit connaissance, et conta le tour de la Bohémienne. Malgré cela, continua la vieille, il alla piocher dans l'endroit désigné plus d'une toise en profondeur, bien que tout le monde lui assurât que c'était un tour de ma façon ; et si un de mes voisins, de la maison duquel il atteignait déjà les fondations, ne l'en eût empêché, il piochait tant qu'il jetait les deux maisons par terre. L'histoire fut bientôt sue par toute la ville, et jusqu'aux petits garçons le montraient au doigt, racontant sa crédulité et mon espièglerie. » Voilà ce que conta la vieille pour s'excuser d'aller à Séville.

Les Bohémiens, qui savaient déjà par Andrès Caballero que le jeune homme portait de l'argent en quantité, le reçurent très-volontiers dans leur compagnie, et s'offrirent à le garder et à le cacher tout le temps qu'il voudrait. Ils résolurent même, changeant de direction, de tourner à gauche et d'entrer dans la Manche, puis dans le royaume de Murcie. Ils appelèrent le jeune homme et l'instruisirent de ce qu'ils pensaient faire pour son service. Il les en remercia cordialement, et leur donna cent écus d'or pour qu'ils en fissent le partage entre eux. Ce présent les rendit plus souples que des peaux de martres. Preciosa seule ne se montra pas fort satisfaite du séjour de don Sancho : c'est ainsi que le jeune homme avait dit s'appeler ; mais les Bohémiens changèrent son nom en celui de Clément, et l'appelèrent ainsi désormais. Andrès aussi rechigna quelque peu, et ne parut pas fort enchanté de voir Clément demeurer dans la peuplade : car il lui sembla qu'il avait, sur d'assez faibles motifs, abandonné son premier dessein. Mais Clément, comme s'il eût vraiment lu dans son intention, lui dit entre autres choses qu'il se réjouissait d'aller au royaume de Murcie, parce qu'il serait plus près de Carthagène, d'où il pourrait plus facilement passer en Italie, si, comme il le pensait, des galères ne tardaient point à revenir. Finalement, pour ne pas le perdre un instant de vue, pour surveiller ses actions et surprendre ses pensées, Andrès voulut que Clément devînt son camarade, et celui-ci accepta son amitié comme une grande faveur qui lui était faite. Ils allaient toujours ensemble, dépensaient largement, faisaient pleuvoir les écus, couraient, sautaient, dansaient, jetaient la barre mieux qu'aucun autre de la bande. Les Bohémiennes les aimaient plus que médiocrement, et les Bohémiens leur portaient un grand respect.

Ils quittèrent donc l'Estrémadure, entrèrent dans la Manche, et gagnèrent peu à peu le royaume de Murcie. Dans tous les bourgs et villages où passait la troupe, il y avait des défis d'escrime et de paume, des défis de courir, de sauter, de jeter la barre, et autres exercices de force, d'adresse ou d'agilité, desquels Andrès et Clément sortaient toujours vainqueurs, comme on l'a dit précédemment d'Andrès tout seul. Pendant tout ce temps, c'est-à-dire plus d'un mois et demi, Clément n'eut jamais et ne chercha pas davantage l'occasion de parler à Préciosa, jusqu'à ce qu'un jour, elle et Andrès étant ensemble, il vint prendre part à la conversation, parce qu'on l'appela. Préciosa lui dit : « Dès la première fois que tu es arrivé dans notre peuplade, je t'ai reconnu, Clément, et je me suis rappelé les vers que tu me donnas à Madrid; mais je ne voulus rien t'en dire, ne sachant pas dans quelle intention tu venais à notre campement. Quand j'ai su ta disgrâce, je m'en suis affligée au fond de l'âme; mais mon cœur s'est calmé, car il s'était troublé en pensant que, puisqu'il y a des don Juan dans le monde qui se sont changés en Andrès, il pouvait y avoir des don Sancho qui se changeassent en d'autres noms. Si je parle de la sorte, c'est qu'Andrès m'a dit qu'il t'avait révélé qui il est, et dans quelle intention il est devenu Bohémien (Andrès lui avait, en effet, raconté toute son histoire, afin de lui faire confidence de sa pensée). Ne crois pas qu'il ne t'a servi de rien que je t'eusse reconnu ; car c'est par déférence pour moi, et par ce que j'ai dit sur ton compte, qu'on t'a reçu, qu'on t'a admis dans notre compagnie, où plaise à Dieu qu'il t'arrive tout le bien que tu puisses désirer. Pour prix de ce bon désir, je veux que tu ne fasses pas rougir Andrès de la bassesse de son dessein, que tu ne lui peignes pas combien il est mal à lui de persévérer dans cette condition. Car, bien que sa volonté, à ce que j'imagine, soit sous le cadenas de la mienne, je serais pourtant désolée de lui voir les moindres signes de repentir. — Ne pense pas, Préciosa unique, répondit Clément, que don Juan m'ait découvert qui il était par légèreté d'esprit. Je l'ai reconnu d'abord, et d'abord mes yeux ont aperçu son dessein. D'abord je lui ai dit qui j'étais, et d'abord j'ai deviné que sa volonté est emprisonnée comme tu le dis ; et lui, m'accordant la confiance qu'il était juste qu'il m'accordât, confia son secret à ma discrétion. Il est là témoin, pour dire si j'approuvai sa résolution et son choix. Je ne suis point, ô Préciosa, d'intelligence si bornée que je ne conçoive jusqu'où s'étendent les forces de la beauté; et la tienne, passant les limites les plus extrêmes des attraits et des charmes, est une suffisante excuse pour de plus grandes fautes, si l'on doit appeler fautes celles qui se font pour de si puissants motifs. Je te suis obligé de ce que tu as dit en ma faveur, et je pense reconnaître ce service en désirant que cette intrigue amoureuse ait un heureux dénoûment, que tu possèdes ton Andrès et Andrès sa Préciosa, avec l'assentiment et le bon plaisir de ses parents, afin que nous voyions sortir d'un si beau couple les plus beaux rejetons que puisse former la bienfaisante nature. Voilà ce que je désire, Préciosa ; voilà ce que je dirai toujours à ton Andrès, au lieu de détourner de toi des désirs si bien placés. » Clément s'était exprimé avec tant de chaleur et d'affection, qu'Andrès resta dans le doute s'il avait ainsi parlé par amour ou par politesse : car l'infernale maladie de la jalousie est si prompte à venir qu'elle se prend aux rayons du soleil, et que ceux qui touchent l'objet aimé tourmentent un amant et le désespèrent. Toutefois, sa jalousie n'eut pas de suite ; il prit confiance en la fidélité de Préciosa plus qu'en son propre bonheur : les amants se croient toujours malheureux tant qu'ils n'obtiennent pas ce qu'ils désirent. Enfin, Andrès et Clément étaient camarades, amis intimes, et leur liaison se maintenait sans nuages, grâce à la bonne intention de Clément, grâce surtout à la prudence et à la réserve de Préciosa, qui ne donna jamais à Andrès l'occasion d'être jaloux.

Le lendemain matin, la peuplade leva le camp et alla se loger dans un bourg du district de Murcie, à trois lieues de cette ville. Là, il arriva à Andrès un malheur qui le mit en péril de la vie. Après avoir donné pour garantie, selon l'usage, quelques vases et bijoux d'argent, Préciosa et sa grand'mère, Cristina et deux autres jeunes Bohémiennes, enfin Andrès et Clément, allèrent tous se loger dans une auberge, appartenant à une veuve riche, laquelle avait une fille de dix-sept à dix-huit ans, un peu plus dévergondée que belle, et qui s'appelait, pour tout dire, Juana Carducha. Quand celle-ci eut vu danser les Bohémiens et les Bohémiennes, voilà que le diable la prit, et qu'elle s'amouracha si violemment d'Andrès, qu'elle résolut de le lui dire, et de le prendre pour mari, s'il y consentait, en dépit de tous ses parents. Elle chercha donc une occasion de lui parler, et le trouva dans une basse-cour, où Andrès était entré pour examiner deux ânons. Elle s'approcha de lui, et se hâtant, pour n'être point surprise : « Andrès, lui dit-elle, car elle savait déjà son nom, je suis fille et riche, ma mère n'a pas d'autre enfant que moi ; cette auberge est à elle, sans compter bon nombre de plants de vigne, et deux autres paires de maisons. Tu m'as plu ; si tu me veux pour femme, c'est une affaire faite, réponds-moi vite. Si tu es bien avisé, tu resteras, et tu verras quelle vie nous ferons. »

Andrès demeura fort étonné de la résolution de la Carducha, et, avec la promptitude qu'elle exigeait, il lui répondit : « Mademoiselle, je suis déjà fiancé, et nous autres Bohémiens nous n'épousons que des Bohémiennes. Dieu vous garde pour la faveur que vous vouliez me faire, et dont je ne suis pas digne ! » A cette verte réponse d'Andrès, la Carducha fut à deux doigts de tomber morte; elle aurait répliqué, si elle n'eût vu d'autres Bohémiennes entrer dans la cour. Elle s'échappa, toute confuse, toute troublée, et se serait vengée de bon cœur, si elle l'eût pu. En habile homme, Andrès résolut de prendre la clef des champs, et de fuir l'occasion que lui présentait le diable : car il lut sans peine dans les yeux de la Carducha qu'elle se donnerait à lui sans les liens conjugaux, et il ne voulut pas se rencontrer dans ce champ clos tête à tête avec elle. Il pria donc les Bohémiens de décamper du bourg cette nuit même. Eux, qui lui obéissaient toujours, se mirent aussitôt à l'œuvre, et, ayant retiré leurs gages, partirent dès l'après-midi. La Carducha, qui vit qu'en s'en allant Andrès lui emportait la moitié de son âme, et qu'il ne lui restait pas assez de temps pour solliciter l'accomplissement de ses désirs, imagina de faire rester Andrès par force, puisqu'elle ne pouvait le retenir de bon gré. Dans ce dessein, avec l'adresse et le mystère que lui suggéra sa mauvaise pensée, elle glissa parmi les effets qu'elle reconnut pour être à Andrès un riche collier de corail, deux patènes d'argent, et quelques autres de ses petits bijoux ; puis, à peine eurent-ils quitté l'auberge, qu'elle se mit à crier que les Bohémiens lui avaient volé et lui emportaient tous ses joyaux. A ses cris, la justice accourut, et toute la population du bourg. Les Bohémiens firent halte, jurant tous qu'ils n'avaient rien volé, et qu'ils allaient ouvrir les sacs et le bagage de la peuplade. Cette offre affligea fort la vieille Bohémienne, qui avait peur que, dans cet inventaire, on ne découvrît les bijoux de Préciosa et les vêtements d'Andrès, qu'elle gardait avec grand soin. Mais la bonne Carducha eut bientôt tout arrangé. Au second paquet qu'on examina, elle dit de demander celui d'un certain Bohémien, grand danseur, qu'elle avait vu entrer deux fois dans sa chambre, et qui pourrait bien avoir fait le coup. Andrès comprit aisément qu'il s'agissait de lui, et se mettant à rire : « Mademoiselle, lui dit-il, voilà ma garde-robe et voilà mon âne ; si vous trouvez dans l'une ou sur l'autre ce qui vous manque, je vous le payerai avec dommages et intérêts, outre que je me soumets au châtiment que la loi inflige au voleur. » Les gens de justice accoururent aussitôt dévaliser le baudet, et, en fouillant, trouvèrent bientôt le vol. Andrès en resta si stupéfait, si absorbé, qu'il ressemblait à une statue de pierre, muette et sans mouvement. « N'avais-je pas bien soupçonné? s'écria la Carducha. Voyez sous quelle bonne mine se cache un si grand larron. » L'alcade, qui était présent, se mit à dire force injures à Andrès et à tous les Bohémiens, qu'il appelait brigands publics et voleurs de grands chemins. A tout cela Andrès ne disait mot, pensif, abattu, et ne pouvant imaginer la trahison de la Carducha. En ce moment, un arrogant soldat, neveu de l'alcade, s'approcha de lui. « Voyez-vous, dit-il, quelle mine fait ce chétif Bohémien, tout pourri de voler ? Je parie qu'il va minauder, faire la sainte nitouche, et nier le vol qu'on lui prend dans les mains. Pourquoi ne les envoie-t-on pas tous aux galères ? Est-ce que ce garnement n'y serait pas mieux à servir Sa Majesté qu'à danser de village en village et à voler de plaine en montagne? Foi de soldat, il me prend envie de lui donner une taloche qui le jette à mes pieds. » Cela dit, et sans plus de façon, il lève la main et lui applique un tel soufflet, que, le faisant sortir de son extase, il le fait ainsi souvenir qu'il n'était pas Andrès Caballero, mais don Juan, et gentilhomme. Celui-ci se jette sur le soldat, avec plus de colère encore que de promptitude, lui arrache sa propre épée du fourreau, et, la lui passant au travers du corps, l'étend mort sur la place.

Alors ce fut un cri général dans le pays ; alors se courrouça l'oncle alcade ; alors Préciosa s'évanouit, et Andrès s'émut de la voir évanouie ; alors tout le monde courut aux armes et à la poursuite du meurtrier. Pour secourir Préciosa dans son évanouissement, Andrès oublia de pourvoir à sa défense, et le malheur voulut que Clément ne se trouvât point à la sanglante scène, car il était déjà sorti du bourg avec les bagages. Finalement, tant de gens se jetèrent sur Andrès, qu'on l'arrêta, et qu'on le garrotta de deux fortes chaînes. L'alcade aurait bien voulu le pendre tout de suite, s'il en eût eu le pouvoir ; mais il était tenu de livrer le coupable à Murcie, ville dont relevait sa juridiction. On n'y conduisit le prisonnier que le lendemain, et, pendant le jour qu'il passa dans l'endroit, Andrès eut à souffrir bien des tourments et des outrages que le furieux alcade, ses suppôts et tous les gens du pays, lui firent endurer. L'alcade fit arrêter tous les Bohémiens et Bohémiennes qu'il put attraper ; mais la plupart s'enfuirent, et parmi eux Clément, qui eut peur d'être pris et découvert. Finalement, avec le procès-verbal de l'aventure et une longue procession de Bohémiens, l'alcade et ses recors entrèrent à Murcie, accompagnés d'une grande troupe de gens armés, au milieu desquels marchaient Préciosa et le pauvre Andrès, enchaîné sur un mulet, avec les menottes aux mains, les fers aux pieds, et un carcan sous le menton. Tout Murcie sortit pour voir les prisonniers, car on y avait déjà connaissance du meurtre du soldat. Mais la beauté de Préciosa fut ce jour-là si incomparable, que personne ne la regardait sans la bénir. Le bruit de ses attraits vint jusqu'aux oreilles de Mme la corrégidore, qui, par curiosité de la voir, obtint du corrégidor, son mari, l'ordre que cette jeune Bohémienne ne fût pas conduite, comme les autres, à la prison. Quant à Andrès, on le jeta dans un étroit cachot, dont l'obscurité, que n'éclairait point la lumière de Préciosa, lui fit tant d'effet, qu'il pensa bien ne plus sortir de là que pour la sépulture.

On mena Préciosa et sa grand'mère devant Mme la corrégidore, qui s'écria en la voyant : « C'est avec raison qu'on vante sa beauté; » puis, s'approchant d'elle, elle l'embrassa tendrement, et ne pouvait rassasier ses yeux de la regarder. Elle demanda à la grand'mère quel âge avait cette enfant : « Quinze ans, répondit la Bohémienne, à deux mois de plus ou de moins. — C'est précisément l'âge qu'aurait mon infortunée Constanza, s'écria la corrégidore. Ah! mes amies, la vue de cette jeune fille a renouvelé tous mes chagrins. » Préciosa prit les mains de la corrégidore, les baisa plusieurs fois, et les baignant de ses larmes, elle lui disait : « Ah! ma chère dame, le Bohémien qui est en prison n'est pas coupable, car il a été provoqué : on l'a appelé voleur, et il ne l'est pas ; on lui a donné un soufflet sur son visage, où se montre pourtant la bonté de son cœur. Au nom de Dieu; au nom de qui vous êtes, madame, faites-lui rendre justice; faites que le seigneur corrégidor ne se hâte point d'exécuter sur lui la sentence dont les lois le menacent. Si ma beauté vous agrée quelque peu, conservez-la en conservant le prisonnier, car la fin de sa vie serait la fin de la mienne. Il doit être mon époux, et ce sont de justes, d'honnêtes empêchements qui ne nous ont point permis jusqu'à présent de nous donner la main. S'il faut de l'argent pour nous obtenir pardon de la partie adverse, tous les effets de notre peuplade se vendront aux enchères publiques, et l'on payera plus même qu'il ne sera demandé. Ah! madame, si vous savez ce que c'est que l'amour, si vous en avez encore pour votre époux, prenez pitié de moi, car j'aime le mien tendrement. »

Tout le temps qu'elle parla de la sorte, Préciosa ne lâcha point les mains de la corrégidore, et ne cessa de fixer ses regards sur les siens, en versant avec abondance d'amères et pieuses larmes. De son côté, la corrégidore la pressait dans ses bras, la regardant avec non moins d'attendrissement, et ne versant guère moins de pleurs. Sur ces entrefaites, le corrégidor entra ; trouvant sa femme et Préciosa si éplorées, si étroitement serrées l'une à l'autre, il s'arrêta tout surpris, autant des pleurs que de la beauté de la Bohémienne, et demanda quelle était la cause de cette scène de douleur. Pour lui répondre, Préciosa lâcha les mains de la corrégidore, et se jetant aux pieds du magistrat : « Miséricorde, seigneur, s'écria-t-elle, miséricorde ! Si mon époux meurt, je suis morte; il n'est pas coupable ; mais s'il l'est, que ce soit moi qu'on punisse ; et si cela ne se peut, au moins qu'on retarde la cause, tandis qu'on emploiera tous les moyens possibles de le délivrer. Peut-être qu'à celui qui n'a point péché par malice le ciel enverra par grâce son salut. » Le corrégidor tomba dans une nouvelle surprise en écoutant les discrètes paroles de la Bohémienne; et, sans la crainte de montrer trop de faiblesse, il eût mêlé ses larmes aux siennes.

Pendant que tout cela se passait, la vieille Bohémienne restait immobile, considérant autour d'elle une foule de choses diverses. Au bout d'un long espace de surprise et de rêverie: « Que Vos Grâces m'attendent un moment, mes chers seigneurs, s'écria-t-elle ; je vais faire que ces pleurs se changent en rires, dût-il m'en coûter la vie. » Et d'un pas agile elle sortit de l'appartement, laissant tous les assistants fort étonnés de ce qu'elle avait dit. En attendant son retour, Préciosa ne cessa ni ses larmes ni ses prières pour qu'on ajournât la cause de son époux, dans l'intention de prévenir le père d'Andrès pour qu'il vînt s'interposer. La Bohémienne reparut avec un petit coffre sous le bras, et pria le corrégidor d'entrer avec elle et sa femme dans une pièce séparée, parce qu'elle avait de grandes choses à leur dire en secret. Le corrégidor, croyant qu'elle voulait lui découvrir quelque vol des Bohémiens pour se le rendre propice dans l'affaire du prisonnier, se retira aussitôt avec elle et sa femme dans un cabinet de toilette, où la Bohémienne, se jetant à genoux devant eux, leur dit : « Si les bonnes nouvelles que je veux vous donner, seigneurs, ne méritaient de recevoir en étrennes le pardon d'un grand péché que j'ai commis, je suis prête à recevoir le châtiment qu'il vous plaira de m'infliger. Mais, avant d'en faire l'aveu, je veux que vous me disiez d'abord si vous connaissez ces bijoux. » Découvrant alors un coffret où se trouvaient ceux de Préciosa, elle le remit dans les mains du corrégidor. Celui-ci, l'ayant ouvert, y vit des joyaux d'enfant, mais ne comprit point ce que cela pouvait signifier. La corrégidore les regarda aussi, sans deviner davantage. Elle dit seulement : « Ce sont les parures de quelque enfant au maillot. — C'est vrai, reprit la Bohémienne, et l'écrit que contient ce papier plié dira de quel enfant. » Le corrégidor ouvrit le papier en toute hâte, et lut ce qui suit : *La petite fille s'appelait doña Constanza de Acevedo y Meneses ; sa mère, doña Guiomar de Meneses, et son père, don Fernando de Acevedo, chevalier de l'ordre de Calatrava. Je l'enlevai le jour de l'Ascension de Notre-Seigneur, à huit heures du matin, l'année 1595. L'enfant portait les bijoux qui sont conservés dans ce coffre.*

A peine la corrégidore eut-elle entendu la lecture du papier, qu'elle reconnut les bijoux, les porta à sa bouche, et, leur donnant une foule de baisers, elle tomba évanouie. Le corrégidor accourut à son aide, avant de s'informer de sa fille auprès de la Bohémienne. La dame revint à elle et s'écria : « Femme adorable, plutôt ange que Bohémienne, où est la personne, où est l'enfant, dis-je, à qui appartient cette parure ? — Où, madame ? répondit la Bohémienne ; vous l'avez chez vous ; c'est cette jeune Bohémienne qui vous a tiré les larmes des yeux. Elle est votre fille, sans aucun doute ; je l'ai volée à Madrid, dans votre maison, le jour et à l'heure que dit ce papier. » A ces mots, et toute hors d'elle, la dame jeta ses pantoufles et revint en courant dans la salle où elle avait laissé Préciosa, qu'elle trouva entourée de ses femmes et de ses servantes, continuant à pleurer. Elle se jeta sur elle ; puis, sans rien lui dire, elle lui délaça son corsage, et regarda si elle avait sous la mamelle gauche un petit signe, un petit seing blanc, avec lequel sa fille était née. Elle le trouva, en effet, mais plus grand, car l'âge l'avait étendu. Ensuite, avec la même promptitude; elle la déchaussa, découvrit un pied de neige, un pied de marbre fait au tour, et y trouva ce qu'elle cherchait; c'est-à-dire que les deux derniers orteils du pied droit se trouvaient réunis l'un à l'autre par une petite membrane de chair; qu'on n'avait point voulu lui couper, quand elle était enfant, pour ne pas lui causer de peine. Sa poitrine, son pied, ses joyaux; le jour du vol si bien désigné; la confession de la Bohémienne; enfin l'émotion et la joie qu'avaient éprouvées ses parents à sa vue; tout confirmait dans l'âme de la corrégidore que Preciosa était sa fille. Aussi, la prenant dans ses bras, elle retourna avec elle auprès du corrégidor et de la Bohémienne. Preciosa restait toute surprise, ne sachant à quel propos on avait fait sur elle toutes ces vérifications, et surtout se voyant emporter dans les bras de la corrégidore, qui lui donnait d'un baiser jusqu'à cent.

Enfin, doña Guiomar arriva devant son mari avec sa précieuse charge, et la remettant de ses bras dans ceux du corrégidor, elle lui dit : « Recevez, seigneur, votre fille Constanza. C'est elle assurément, et n'en doutez, seigneur, en aucune façon, car la marque des orteils réunis et celle de la poitrine, je viens de les voir. D'ailleurs, mon cœur me le dit depuis le moment où mes yeux l'ont vue. — Je n'en doute point, répondit le corrégidor, tenant dans ses bras Preciosa; mon âme a ressenti les mêmes mouvements que la vôtre : et comment, à moins d'un miracle, tant de circonstances pourraient-elles se trouver réunies? »

Tous les gens de la maison restaient absorbés, et se demandaient les uns aux autres ce que ce pouvait être; mais tous touchaient bien loin du but : car qui pouvait imaginer que la petite Bohémienne fût la fille de leur seigneur? Le corrégidor recommanda à sa femme, à sa fille et à la vieille Bohémienne, de garder l'aventure secrète jusqu'à ce qu'il la découvrît lui-même. Il dit aussi à la vieille qu'il lui pardonnerait le tort qu'elle lui avait fait en lui volant le trésor de son âme, puisqu'elle méritait une plus grande récompense pour le lui avoir rendu. Il regrettait seulement, ajouta-t-il, que, sachant la qualité de Preciosa, elle l'eût fiancée avec un Bohémien; et, de plus, avec un voleur et un meurtrier; « Hélas! mon bon seigneur, s'écria sur-le-champ Preciosa; il n'est ni Bohémien ni voleur; et, s'il est meurtrier, il l'a été de celui qui lui avait enlevé l'honneur. Il n'a pu faire autrement que de montrer qui il était, et de le tuer à l'instant. — Comment!

il n'est pas Bohémien, ma fille ? » s'écria doña Guiomar. Alors la vieille Bohémienne raconta brièvement l'histoire d'Andrès Caballero, lequel était fils de don Francisco de Carcamo, chevalier de l'ordre de Saint-Jacques, et s'appelait don Juan de Carcamo, chevalier du même ordre, ajoutant qu'elle gardait ses habits depuis le jour où il les avait échangés pour ceux de Bohémien. Elle raconta aussi l'arrangement conclu entre Préciosa et don Juan de faire deux années d'épreuve avant de se marier ou de se séparer; enfin elle vanta convenablement l'honnêteté de tous deux et l'aimable caractère de don Juan. Le corrégidor et sa femme ne s'étonnèrent pas moins de cela que de la rencontre de leur fille, et envoyèrent la Bohémienne chercher les habits de don Juan. Celle-ci obéit aussitôt, et revint avec un autre Bohémien qui les apportait.

En attendant son retour, les parents de Préciosa lui firent cent mille questions, auxquelles elle répondit avec tant d'esprit et de grâce, que, ne l'eussent-ils pas reconnue pour leur fille, elle les aurait rendus fous d'amour. Ils lui demandèrent si elle avait quelque affection pour don Juan. « Pas plus, répondit-elle, que ne m'oblige d'en avoir la reconnaissance pour quelqu'un qui a voulu s'humilier jusqu'à se faire Bohémien pour moi. Mais désormais cette reconnaissance ne s'étendra pas au delà de ce que voudront mes parents et seigneurs. — C'est bien, ma Préciosa, reprit le père; car ce nom de Préciosa, je veux que tu le gardes en mémoire de ce que tu as été perdue et retrouvée; mais moi, comme ton père, je prends à ma charge de te trouver un parti qui ne démente point ta qualité. » Préciosa se mit à soupirer en entendant cela, et sa mère, en femme discrète, comprit qu'elle soupirait d'amour pour don Juan. « Seigneur, dit-elle à son mari, puisque don Juan de Carcamo est de si bonne naissance, et qu'il aime tant notre fille, il ne serait pas mal de la lui donner pour épouse. — Comment! reprit-il; nous ne l'avons retrouvée que d'aujourd'hui, et vous voulez déjà que nous la perdions! Ah! jouissons-en quelque temps encore. Quand vous l'aurez mariée, elle ne sera plus à vous, mais à son mari. — Vous avez raison, seigneur, répliqua-t-elle; mais donnez ordre qu'on tire don Juan de prison : il doit être enfermé dans quelque cachot. — Oh! sans doute Préciosa; à un voleur, à un meurtrier, et surtout à un Bohémien, on n'aura pas donné meilleur logis. — Je veux aller le voir, répondit le corrégidor, comme si j'allais lui faire subir un interrogatoire, et je vous recommande encore une fois, madame, que personne ne sache cette histoire jusqu'à ce que je veuille la faire connaître. » Là-dessus, ayant embrassé Preciosa, il se rendit à la prison, et entra dans le cachot où était enfermé don Juan, sans permettre que personne entrât avec lui.

Il le trouva les deux jambes dans un cep, avec les menottes aux mains; on ne lui avait pas même ôté son carcan. Le cachot était entièrement obscur; mais le corrégidor fit ouvrir en haut un petit soupirail par où entrait une faible lumière. Dès qu'il aperçut le prisonnier : « Comment va la bonne pièce? dit-il. Oh! je voudrais tenir ici, accouplés comme des chiens, autant de Bohémiens qu'il y en a dans l'Espagne, pour en finir avec eux le même jour, comme Néron voulait faire de Rome, sans avoir à donner plus d'un coup. Sachez, larron chatouilleux sur le point d'honneur, que je suis le corrégidor de cette ville, et je viens savoir, de vous à moi, s'il est vrai qu'une jeune Bohémienne qui fait partie de votre bande soit votre épouse. » Quand il l'entendit parler ainsi, Andrès s'imagina que le corrégidor était devenu amoureux de Preciosa: car la jalousie est un corps subtil et délié qui entre dans les autres corps sans les ouvrir, sans les partager, sans les rompre. Il répondit cependant : « Si elle a dit que je suis son époux, c'est une grande vérité; et si elle a dit que je ne le suis pas, c'est encore la vérité, car il est impossible que Preciosa dise un mensonge. — Elle est à ce point sincère? répondit le corrégidor. Ce n'est pas peu de chose pour une Bohémienne. C'est bon, jeune homme; elle a dit, en effet, qu'elle était votre femme, mais qu'elle ne vous avait pas encore donné sa main. Ayant su que votre crime est tel qu'il doit vous faire perdre la vie, elle m'a demandé qu'avant votre mort je vous mariasse avec elle, parce qu'elle veut se faire honneur de demeurer veuve d'un aussi grand voleur que vous. — Eh bien! faites-le, seigneur corrégidor, comme elle vous en conjure, repartit Andrès. — Je m'en irai content à l'autre vie, si je sors de celle-ci avec le nom de son époux. — Vous l'aimez donc beaucoup? dit le corrégidor. — Tellement, répondit le prisonnier, que tout ce que j'en pourrais dire ne serait rien. Enfin, seigneur corrégidor, que mon procès s'achève. J'ai tué celui qui voulait m'ôter l'honneur; j'adore cette Bohémienne; je mourrai content si je meurs dans sa grâce, et je sais que celle de Dieu ne nous manquera pas, puisque nous avons tous deux honnêtement et fidèlement gardé la promesse que nous nous étions faite. — Eh bien, cette nuit je vous enverrai chercher, reprit le corrégidor, et, dans ma maison, je vous marierai avec Préciosa. Demain, à midi, vous serez à la potence. De cette façon, j'aurai satisfait à ce qu'exige la justice et à ce que vous désirez tous deux. »

Andrès lui témoigna toute sa reconnaissance, et le corrégidor, de retour chez lui, rendit compte à sa femme de ce qui venait de lui arriver avec don Juan, ainsi que d'autres choses qu'il pensait faire. Pendant son absence, Préciosa avait raconté à sa mère toute l'histoire de sa vie, et comment elle avait toujours cru qu'elle était Bohémienne et petite-fille de cette vieille, mais que toujours elle s'était mieux respectée qu'on ne pouvait l'attendre d'une Bohémienne. Sa mère lui demanda de dire en toute vérité si elle aimait beaucoup don Juan de Carcamo. Elle, toute honteuse, et les yeux baissés à terre, répondit que, s'étant tenue pour Bohémienne, et considérant combien elle améliorait son sort en épousant un chevalier des ordres, aussi noble que don Juan de Carcamo, ayant d'ailleurs connu par expérience son bon caractère et sa vertueuse conduite, elle l'avait regardé quelquefois avec des yeux d'affection; mais qu'enfin, et comme elle l'avait déjà dit, elle n'aurait d'autre volonté que celle que ses parents voudraient qu'elle eût.

La nuit vint, et, quand il fut presque dix heures, on tira Andrès de sa prison, sans les menottes et le carcan, mais non sans une grande chaîne, qui lui ceignait le corps des pieds à la tête. Il arriva de cette façon à la maison du corrégidor, sans être vu de personne, sinon de ceux qui l'amenaient, et qui le firent entrer avec beaucoup de silence et de précaution dans un appartement où ils le laissèrent seul. Peu d'instants après entra un prêtre qui lui dit de se confesser, parce qu'il allait mourir le lendemain. « Je me confesserai très-volontiers, répondit Andrès; mais pourquoi ne me marie-t-on pas d'abord? et, si l'on me marie, en vérité, c'est un bien mauvais lit nuptial qui m'attend. » Doña Guiomar entendait tout cela; elle dit à son mari que les alarmes qu'il donnait à don Juan étaient trop fortes, et qu'il ferait bien de les modérer, car le jeune homme pourrait y perdre la vie. Ce conseil parut bon au corrégidor. Il entra donc pour appeler le confesseur, et lui dit de marier d'abord le Bohémien avec Préciosa la Bohémienne ; qu'ensuite le fiancé se confesserait, et qu'il ferait bien de se recommander du fond de l'âme à Dieu, qui fait souvent pleuvoir ses miséricordes dans le temps où les espérances sont le plus desséchées.

Finalement, Andrès passa dans une salle où se trouvaient seulement doña Guiomar, le corrégidor, Préciosa, et deux serviteurs de la maison. Mais, quand Préciosa vit don Juan enveloppé et étreint d'une si longue chaîne, le visage décoloré et les yeux gonflés de larmes, le cœur lui manqua. Elle s'appuya sur le bras de sa mère, qui se trouvait près d'elle, et qui lui dit en la pressant dans ses bras : « Reviens à toi, mon enfant, tout ce que tu vois doit tourner à ton plaisir et à ton profit. » Elle, qui n'était point au fait de tout cela, ne savait comment se consoler. La vieille Bohémienne était toute troublée, et les assistants attendaient avec anxiété la fin de cette aventure. « Seigneur desservant, dit le corrégidor, ce Bohémien et cette Bohémienne sont ceux que Votre Grâce doit marier. — Je ne pourrai le faire, reprit le desservant, si toutes les circonstances requises en pareil cas n'ont pas été remplies. Où ont été faites les publications de bans? où est la licence de mon supérieur, pour que je fasse la cérémonie nuptiale ? — L'étourderie vient de moi, dit le corrégidor ; mais je ferai en sorte que le grand vicaire donne la licence. — Eh bien! jusqu'à ce que je la voie, reprit le desservant, qu'on veuille bien m'excuser. » Et sans ajouter un mot, de crainte qu'il n'arrivât quelque scandale, il sortit de la maison, laissant tout le monde dans l'étonnement et l'embarras.

« Le Père a fort bien fait, s'écria le corrégidor. Peut-être est-ce une providence du ciel pour que le supplice d'Andrès soit ajourné. En effet, il faut d'abord qu'il soit marié à Préciosa, et les bans doivent précéder ; pendant leur publication, l'on donnera, comme on dit, du temps au temps, qui donne maintes fois une douce issue à d'amères difficultés. Toutefois, je voudrais bien savoir d'Andrès, au cas où le sort arrangerait ses affaires de façon que, sans alarmes et sans terreurs, il se trouvât l'époux de Préciosa, s'il se tiendrait pour complètement heureux, soit qu'il fût Andrès Caballero, soit qu'il fût don Juan de Carcamo. » Dès qu'Andrès s'entendit appeler par son vrai nom, il s'écria : « Puisque Préciosa n'a point voulu se tenir dans les bornes du silence, et qu'elle a découvert qui je suis, je dirai que, quand même un tel bonheur me trouverait souverain du monde, il comblerait tellement mes

désirs, que je n'oserais plus désirer d'autre bien que le ciel.
— Eh bien ! seigneur don Juan de Carcamo, reprit le corrégidor, pour ce courage et cette dignité que vous avez montrés, je ferai en sorte, quand le temps en sera venu, que Préciosa soit votre légitime épouse, et dès à présent je vous la donne et vous la livre en espérance comme le plus riche bijou de ma maison, de ma vie et de mon âme. Estimez-la autant que vous le dites, car en elle je vous donne doña Constanza de Menezès, ma fille unique, laquelle, si elle vous égale en amour, ne vous cède point en noblesse. »

Andrès tomba de son haut, en voyant la tendresse qu'on lui témoignait. Doña Guiomar lui raconta brièvement la perte de sa fille, enfin retrouvée, ainsi que les preuves évidentes que la vieille Bohémienne avait données de son vol, ce qui jeta Andrès dans une surprise et une stupéfaction plus grandes encore. Mais enfin, saisi d'une joie inexprimable, il embrassa son beau-père et sa belle-mère, les appela ses parents et ses seigneurs, et baisa les mains à Préciosa, qui lui demandait les siennes en pleurant.

Le secret se divulgua ; la nouvelle de l'événement se répandit avec la sortie des domestiques qui s'étaient trouvés présents. En l'apprenant, l'alcade, oncle du mort, vit bien que sa vengeance n'avait plus de chemins ouverts, puisqu'il ne pouvait invoquer toutes les rigueurs de la justice pour l'exercer sur le gendre du corrégidor. Don Juan mit les habits de voyage qu'avait apportés la Bohémienne. L'emprisonnement et les chaînes de fer se changèrent en liberté et en chaînes d'or, et la tristesse des Bohémiens arrêtés en allégresse ; car le lendemain on les relâcha sous caution. L'oncle du mort accepta la promesse de deux mille ducats pour retirer sa plainte et pardonner à don Juan. Celui-ci, n'oubliant pas Clément, son camarade, le fit chercher partout ; mais on ne le trouva point, et l'on n'eut qu'au bout de quatre jours la nouvelle certaine qu'il s'était embarqué sur l'une des deux galères génoises qui avaient mis à la voile du port de Carthagène. Le corrégidor dit à don Juan qu'il savait avec certitude que son père, don Francisco de Carcamo, était pourvu de la charge de corrégidor dans cette dernière ville, qu'ainsi il serait bon de l'attendre pour que les noces se fissent avec son consentement. Don Juan répondit qu'il ne s'écarterait point de ce qui lui serait ordonné, mais qu'avant toutes choses il fallait le fiancer à Préciosa. L'archevêque accorda dispense pour qu'on ne fit qu'une seule publication de bans. Le jour des fiançailles, la ville fit des fêtes, car le corrégidor y était fort aimé. Il y eut des illuminations, des jeux de bague, des courses de taureaux. La vieille Bohémienne, qui ne voulut point se séparer de sa petite-fille Préciosa, resta dans la maison. Les nouvelles de l'événement et du mariage de la petite Bohémienne parvinrent à la cour. Don Francisco de Carcamo apprit ainsi que le Bohémien était son fils, et que Préciosa était la Bohémienne qu'il avait vue; le souvenir de sa beauté excusa à ses yeux la coupable étourderie de son fils, qu'il croyait perdu, sachant qu'il n'était point allé en Flandre; et d'ailleurs il reconnut combien il était avantageux à celui-ci d'épouser la fille d'un gentilhomme aussi noble et aussi riche que l'était don Fernando de Acevedo. Il pressa son départ pour arriver vite auprès de ses enfants, et, au bout de vingt jours, il était déjà rendu à Murcie. A son arrivée, l'allégresse se renouvela, les noces se firent, les histoires furent contées, et les poëtes de la ville, car il y en a quelques-uns, et de fort bons, prirent à tâche de célébrer cette étrange aventure, en même temps que la beauté sans égale de la Bohémienne. Entre autres, le fameux licencié Pozo l'écrivit de telle sorte, que la renommée de Préciosa durera dans ses vers autant que dureront les siècles[1]. J'oubliais de dire comment l'amoureuse aubergiste découvrit à la justice qu'il n'y avait rien de vrai dans le prétendu vol d'Andrès le Bohémien, comment elle avoua son amour et sa faute, qui du reste ne fut pas punie : car, dans la joie d'avoir retrouvé les deux fiancés, la vengeance fut enterrée et la clémence ressuscita.

[1]. Peut-être Cervantès a-t-il fait ici une plaisanterie, car cet immortel licencié Pozo n'est plus connu de nos jours.

LES DEUX JEUNES FILLES.

A cinq lieues de la cité de Séville est un bourg appelé Castilblanco, et, dans une des nombreuses auberges qu'il renferme, un jour, à la tombée de la nuit, entra un voyageur monté sur un beau cheval [1] étranger. Il n'était suivi d'aucun valet, et, sans attendre qu'on lui tînt l'étrier, il sauta légèrement de la selle à terre. L'hôtelier accourut aussitôt, car c'était un homme diligent et soigneux ; mais il n'arriva pas si vite que le voyageur ne fût assis déjà sur un banc de pierre qui était devant la porte, et qu'ayant en toute hâte détaché les boutons de son pourpoint, il ne laissât tomber ses bras de l'un et de l'autre côté, en donnant tous les signes d'un évanouissement complet. L'hôtesse, qui était humaine et charitable, s'approcha de lui, et, lui aspergeant le visage avec de l'eau, le fit promptement revenir. Il montra quelque dépit de ce qu'on l'eût vu dans cet état, reboutonna son pourpoint, et demanda qu'on lui donnât sur-le-champ un appartement où se retirer, et où il fût seul, s'il était possible. L'hôtesse répondit qu'il n'y avait qu'une seule chambre dans toute la maison, mais qu'elle avait deux lits, et qu'il serait nécessaire, si quelque hôte se présentait, qu'on le fît coucher dans l'un des deux. Le voyageur répondit à cela que, vînt-il ou ne vînt-il point d'autre hôte, il payerait les deux lits ; puis, tirant de sa poche un écu d'or, il le donna à l'hôtesse, sous condition qu'on ne donnerait à personne le lit resté vide. L'hôtesse, satisfaite du payement, promit de faire ce qui lui était demandé, quand même le doyen de Séville viendrait en personne passer la nuit dans sa maison. Elle lui demanda s'il voulait souper ; le voyageur répondit que non, et qu'il désirait seulement qu'on eût grand soin de son cheval. Il prit la clef de la cham-

1. *Cuartago*, cheval de petite taille, poney.

bre, et, emportant de grandes bourses en cuir, il y entra et
ferma soigneusement la porte, contre laquelle, à ce qu'on reconnut ensuite, il appuya même deux chaises.

Dès qu'il se fut enfermé, l'hôtelier entra en conseil avec le
garçon qui donnait l'orge aux bêtes, et deux voisins qui se
trouvaient là par hasard, et tous se mirent à jaser sur le beau
visage, sur l'élégante tournure du nouvel hôte, disant pour
conclure qu'ils n'avaient jamais vu de beauté si parfaite. Ils
évaluèrent son âge, et décidèrent qu'il aurait de seize à dix-
sept ans; puis, comme on a coutume de dire, ils allèrent et
vinrent, ils donnèrent et prirent, sur ce qui pouvait être la
cause de l'évanouissement qu'il avait éprouvé; mais, ne parvenant point à la trouver, ils en restèrent à l'admiration que
leur causait sa gentillesse. Les voisins s'en retournèrent chez
eux, l'hôtelier alla panser le cheval, et l'hôtesse se mit à préparer quelque chose à souper, pour le cas où de nouveaux
hôtes lui arriveraient.

Il ne tarda pas, effectivement, à s'en présenter un autre, un
peu plus âgé que le premier, mais non moins beau et de bonne
mine. A peine l'hôtesse l'eut-elle aperçu qu'elle s'écria :
« Qu'est-ce que cela? sainte Vierge! est-ce que par hasard
des anges viennent cette nuit coucher dans ma maison? —
Pourquoi dame hôtesse parle-t-elle ainsi? demanda le gentilhomme. — Ce n'est pas pour rien, seigneur, répondit l'aubergiste; mais je prie seulement Votre Grâce de ne pas mettre
pied à terre, car je n'ai point de lit à lui donner. Les deux
que j'avais, un gentilhomme qui est dans cette chambre me
les a pris, et me les a payés tous deux, bien qu'il n'ait besoin
que d'un seul, pour que personne n'entre dans son appartement. Il doit sans doute aimer la solitude: mais, en mon âme
et conscience, je ne sais pourquoi, car il n'a pas une mine à
se cacher, mais plutôt à ce que tout le monde le voie et le bénisse. — Il est à ce point joli, dame hôtesse? répliqua le gentilhomme. — Comment, à ce point? dit-elle, et à dix points
de plus.—Tiens ici, garçon, s'écria le voyageur; quand même
il me faudrait dormir par terre, je veux voir un homme si
vanté. » Et, tendant l'étrier à un garçon de mules qui l'accompagnait, il mit pied à terre, puis demanda qu'on lui donnât
sur-le-champ à souper, ce qu'on fit aussitôt.

Pendant qu'il soupait, un alguazil du pays entra, comme
c'est l'usage dans les petites localités, s'assit et lia conversation avec le gentilhomme, sans laisser, entre un propos et

l'autre, d'avaler trois grands verres de vin et de ronger une carcasse de perdrix que lui donna le voyageur. L'alguazil paya son écot en lui demandant des nouvelles de la cour, et de la guerre de Flandre, et de la descente du Turc, sans oublier les affaires du Transylvain, que garde Notre-Seigneur. Le gentilhomme soupait et se taisait, parce qu'il ne venait pas d'un endroit à pouvoir répondre à ces questions. Pendant ce temps, l'hôtelier avait été donner la ration au cheval; il vint se mettre en tiers dans la conversation, et goûter son propre vin avec autant de plaisir que l'alguazil. A chaque coup qu'il avalait, il laissait tomber sa tête sur son épaule gauche, et louait les qualités du vin, qu'il portait aux nues, mais qu'il n'osait pas y laisser séjourner longtemps, de peur qu'il ne prît l'eau. De parole en parole, on revint aux louanges du voyageur enfermé, on conta son évanouissement, son soin de se mettre sous clef, son refus de manger quelque chose; on vanta l'apparence de sa bourse, la bonté de son cheval, la richesse de l'habit de voyage qu'il portait, toutes choses qui semblaient exiger qu'il ne vînt point sans un valet pour le servir.

Ces récits, ces exagérations, ajoutèrent au désir qu'avait le nouveau venu de voir l'autre gentilhomme. Il pria l'hôtelier de faire en sorte qu'il entrât coucher dans l'autre lit, promettant de lui donner un écu d'or. Bien que l'envie de gagner cet argent eût vaincu la résistance de l'hôtelier, il trouva qu'il était impossible de satisfaire le voyageur, parce que la chambre était fermée en dedans et qu'il n'osait point éveiller celui qui y dormait après avoir si bien payé les deux lits. Mais l'alguazil rendit tout cela faisable et facile : « Voici, dit-il, comment il faut s'y prendre : je frapperai à la porte, en disant que je suis la justice, et que, par ordre du seigneur alcade, je viens héberger ce gentilhomme dans cette auberge, où, puisqu'il n'y a pas d'autre lit, je commande qu'on lui donne celui-là. L'hôtelier répliquera qu'on lui fait violence, puisque ce lit est déjà loué, et qu'il n'est pas juste de l'ôter à celui qui l'occupe. De cette façon l'hôtelier sera sans reproche, et Votre Grâce satisfera son désir. »

Tout le monde trouva bonne la ruse de l'alguazil, à qui le curieux la paya quatre réaux. On la mit aussitôt en pratique, et finalement, tout en montrant une grande contrariété, le premier voyageur ouvrit à la justice. Le second, lui demandant pardon de la violence qui lui était faite, alla se coucher dans le lit inoccupé. Mais l'autre ne lui répondit pas un mot, et ne se laissa plus voir le visage : car, à peine eut-il ouvert, qu'il regagna son lit, et, la figure tournée contre la muraille, pour ne pas répondre, il fit semblant de dormir. Le nouveau venu se coucha, espérant satisfaire son envie au matin, quand ils se lèveraient tous deux.

C'était une de ces longues et paresseuses nuits du mois de décembre, et le froid, ainsi que la fatigue de la route, obligeaient à ce qu'on fît en sorte de la passer avec calme et repos. Mais comme le premier voyageur n'avait ni l'un ni l'autre, un peu après minuit, il se mit à soupirer si amèrement, qu'à chaque soupir il semblait congédier son âme. Ce fut de telle façon que, bien que le second dormît, force lui fut de s'éveiller aux accents lamentables de celui qui se plaignait. Étonné des sanglots qui accompagnaient les soupirs de son compagnon, il se mit à écouter attentivement ce qu'il semblait murmurer tout bas. La salle était obscure, et les lits fort éloignés. Cependant il ne laissa pas d'entendre que, parmi beaucoup d'autres propos, le triste voyageur disait d'une voix faible et tremblante : « Hélas! hélas! où m'entraîne la force irrésistible de ma destinée? quel chemin est-ce que je suis? et quelle issue espéré-je dans le labyrinthe inextricable où je me trouve?... Oh! jeunesse inexpérimentée, incapable de toute sage réflexion, de tout sage parti! Quelle fin doit avoir ce voyage que j'entreprends à l'insu de tout le monde?... Oh! honneur méprisé! amour payé d'ingratitude! égards pour de bons et honorables parents, foulés aux pieds! Malheur à moi, une et mille fois, qui me laissai si follement emporter par mes désirs!... ô paroles menteuses, qui m'avez trop réellement contrainte à vous répondre par des œuvres!... Mais de qui puis-je me plaindre? n'est-ce pas moi qui ai voulu me tromper? n'est-ce pas moi qui ai pris le couteau de mes propres mains pour couper et mettre en pièces ma réputation, celle qu'avaient de ma vertu mes vieux et tendres parents? O perfide Marco-Antonio! comment est-il possible que, dans les douces paroles que tu m'adressais, fût mêlé le fiel de tes dédains et de ta trahison? Où es-tu donc, ingrat? où t'es-tu enfui? où restes-tu caché? Réponds-moi, je te parle; attends-moi, je te suis; soutiens-moi, je tombe; paye enfin ce que tu me dois, et secours-moi, puisque tant de motifs t'en font un devoir. »

Après ces mots, le voyageur se tut, mais en laissant deviner, par les soupirs et les sanglots qui lui échappaient, que ses yeux versaient aussi des larmes amères. L'hôte dernier venu avait écouté tout cela dans un profond silence, et compris, aux propos qu'il avait entendus, que c'était sans nul doute une femme qui se plaignait : chose qui redoubla son désir de la connaître. Il résolut à plusieurs reprises de s'approcher du lit de celle qu'il croyait bien être femme, et il l'eût fait certainement, si, à cet instant, il ne l'eût entendue se lever. Elle ouvrit la porte de la chambre, et appela l'hôtelier pour qu'il sellât son cheval, disant qu'elle voulait partir. Après s'être laissé appeler un bon quart d'heure, l'hôtelier lui répondit de rester tranquille, puisque minuit n'avait pas encore sonné, et que l'obscurité était si grande qu'il y aurait de la témérité à se mettre en route. Cette réponse l'arrêta ; elle referma la porte, et se jeta sur le lit de tout son poids, en poussant un profond soupir. Il parut alors à celui qui écoutait qu'il ferait bien de lui parler et de lui offrir ses services, afin de l'obliger par là à se découvrir et à lui conter sa lamentable histoire. « Assurément, seigneur gentilhomme, lui dit-il, si les soupirs que vous exhalez et les paroles que vous avez dites ne m'avaient fait compatir aux maux dont vous vous plaignez, je croirais manquer de toute sensibilité naturelle, je croirais que mon âme est de pierre et mon cœur de bronze. Si cette compassion que je vous porte, et le dessein que j'ai conçu d'exposer ma vie à votre service, pour peu qu'il y ait quelque remède à votre mal, méritent un peu de courtoisie, je vous supplie de me l'accorder en retour, en me découvrant, sans rien cacher, la cause de votre douleur.

— Si elle ne m'eût privée de toute connaissance, répondit la personne qui se plaignait, j'aurais dû me rappeler que je n'étais pas seul en cette chambre, j'aurais mis un frein à ma langue et fait trêve à mes soupirs. Mais, pour me punir d'avoir manqué de mémoire où il m'importait tant de la conserver, je veux bien faire ce que vous demandez. En répétant l'amère histoire de mes malheurs, il se pourrait qu'une nouvelle affliction mît un terme à ma vie. Mais si vous voulez que je fasse ce que vous avez demandé, il faut d'abord me promettre, par la bienveillance que vous m'avez témoignée dans vos offres, et me jurer par qui vous êtes (si l'on en croit vos paroles, vous promettez beaucoup), que, quelque chose que vous entendiez dans mon récit, vous vous engagez à ne pas quitter votre lit, à ne pas vous approcher du mien, à ne me rien demander de plus que je ne voudrai vous dire. Si vous faisiez le contraire, au moment où je vous entendrai remuer, avec une épée qui est sous mon chevet, je me percerai la poitrine. » L'autre, qui aurait promis cent choses impossibles pour être informé de ce qu'il désirait tant savoir, répondit qu'il ne s'écarterait pas en un seul point de ce qui lui était prescrit, appuyant sa promesse de mille serments. « Sous cette garantie, répondit le premier, je ferai ce que je n'ai pas encore fait jusqu'à présent, je raconterai ma vie. Écoutez-moi donc.

« Il faut que vous sachiez, seigneur, que moi, qui suis entrée dans cette auberge, comme on vous l'aura dit sans doute, en habits d'homme, je suis une malheureuse fille, ou du moins je l'étais il n'y a pas huit jours, et j'ai cessé de l'être par inadvertance, par folie, pour m'être laissé prendre aux paroles dorées et trompeuses d'hommes perfides. Mon nom est Téodosia ; ma patrie, une des bourgades de cette Andalousie, dont je tais le nom, parce qu'il ne vous importe pas tant de le savoir qu'à moi de le cacher. Mes parents sont nobles et plus que médiocrement riches. Ils eurent un fils et une fille, l'un pour le soutien et l'honneur de leur vieillesse, l'autre, hélas! pour le contraire. Ils envoyèrent leur fils étudier à Salamanque, tandis qu'ils me gardèrent dans leur maison, où ils m'élevaient dans la retraite et la sagesse qu'exigeaient leur noblesse et leur vertu. Sans nul regret, sans nul ennui, je leur fus toujours obéissante, mesurant ma volonté sur la leur, et ne m'en écartant pas d'un point, jusqu'à ce que ma mauvaise étoile, où ma pire inclination, offrit à mes yeux le fils d'un de nos voisins, plus riche et moins noble que mes parents. La première fois que je le regardai, je ne sentis autre chose qu'une certaine satisfaction de l'avoir vu ; et ce n'était pas étonnant: car son élégance, sa gentillesse, sa figure et ses manières sont de celles qu'on louait et qu'on estimait le plus dans le pays, ainsi que sa courtoisie et l'agrément de son esprit. Mais à quoi me sert-il de vanter mon ennemi, et d'allonger par d'inutiles propos ma triste aventure, ou, pour mieux dire, le commencement de ma folie? Que dirai-je enfin? Il me vit une et bien des fois, d'une fenêtre qui se trouvait en face de la mienne. De là, à ce qu'il me semblait, il m'envoya son âme par les yeux; et les miens, bien que par une autre sorte de contentement, se plurent d'abord à le regarder, et me forcèrent ensuite à croire pour autant de pures vérités tout ce que je lisais dans ses gestes et sur son visage. Le regard fut l'intercesseur et le médiateur de la parole ; la parole trouva moyen de déclarer son désir, et son désir d'enflammer le mien, en m'y faisant ajouter foi. A tout cela vinrent se joindre les promesses, les serments, les larmes, les soupirs, tout ce que peut, j'imagine, employer un amant fidèle pour faire comprendre la constance de son cœur et la fermeté de sa passion. Sur moi, pauvre malheureuse, qui ne m'étais jamais vue en semblable péril, chaque parole était un coup de canon qui faisait brèche dans la forteresse de mon honneur ; chaque larme, un brandon qui embrasait mon honnêteté ; chaque soupir, un vent violent qui augmentait l'incendie, de telle sorte qu'il acheva de consumer une vertu qui jusque-là n'avait reçu nulle atteinte. Finalement, par la promesse d'être mon époux, en dépit de ses parents qui le destinaient à une autre femme, il renversa par terre ma réserve et mes scrupules ; et, sans savoir comment, je me livrai à son pouvoir, en secret de mes parents, sans autre témoin de ma faute qu'un page de Marco-Antonio : tel est le nom de celui qui a troublé le repos de ma vie. A peine eut-il pris de moi la possession qu'il voulut, que, deux jours après, il disparut du pays, sans que ses parents ni aucune autre personne pussent dire ou imaginer ce qu'il était devenu. En quel état je restai, le dise qui aura la force de le dire ; pour moi, je ne sus et ne sais encore que le sentir. Je châtiai mes cheveux, comme s'ils eussent été coupables de ma faute ; je martyrisai mon visage, parce qu'il me sembla qu'il était l'unique cause de mon infortune ; je maudis mon sort ; j'accusai ma précipitation ; je versai des larmes infinies ; je me sentis presque étouffée entre mes pleurs et les soupirs qui sortaient de ma poitrine déchirée ; je me plaignis au ciel en silence ; je discourus dans mon imagination sur les moyens de découvrir quelque route, quelque sentier, qui m'acheminât au remède de mon malheur. Le seul que je trouvai fut de m'habiller en homme, de fuir la maison de mes parents, et d'aller à la rencontre de ce second Énée le trompeur, de ce cruel et perfide Bireno[1], de celui qui a si cruellement déçu mes tendres pensées et mes légitimes espérances. Ainsi donc, sans approfondir beaucoup mon des-

---

[1]. Bireno est un personnage de l'*Arioste*, qui abandonne son amante Olympe dans une île déserte (*Orlando Furioso*, canto X.) Dans ses adieux à Don Quichotte (seconde partie, chap. LVII), la belle Altisidore lui donne aussi les noms d'Énée et de Bireno.

sein, et profitant de l'occasion que m'offraient un habit de voyage à mon frère et un cheval de mon père que je sellai moi-même, je sortis de la maison par une nuit très-obscure, avec l'intention d'aller à Salamanque, où l'on avait cru, depuis, que Marco-Antonio pouvait s'être rendu; il est, en effet, étudiant à cette université, et camarade du frère que je vous ai dit avoir. J'eus soin aussi de prendre une forte somme en pièces d'or, pour tout ce qui pourrait m'arriver dans ce voyage inopiné. Ce qui me tourmente le plus, c'est de penser que mes parents vont me suivre et me trouver par le signalement de mes habits et de mon cheval; et, quand même je n'aurais pas cette crainte, je dois craindre mon frère, qui est à Salamanque. S'il me reconnaît, on peut juger du péril que courra ma vie : car, en supposant même qu'il écoute mes excuses, le moindre cri de son honneur parlera plus haut que toutes celles que je pourrais lui donner. Néanmoins, ma résolution irrévocable, dussé-je perdre la vie, est de chercher mon époux dénaturé; il ne peut nier qu'il le soit, sans être démenti par les gages qu'il a laissés en mon pouvoir, c'est-à-dire une bague de diamants, avec des caractères qui signifient : « Marco-Antonio « est époux de Téodosia. » Si je le trouve, je saurai de lui ce qu'il a découvert en moi qui l'ait poussé à m'abandonner si vite. En un mot, je l'obligerai à remplir sa parole, à tenir la foi promise, ou, sinon, je lui ôterai la vie, me montrant aussi prompte à la vengeance que je fus facile à l'outrage. La noblesse du sang que mes parents m'ont transmis réveille en moi un courage qui me promet, soit le remède, soit la vengeance de l'affront que j'ai reçu. Voilà, seigneur gentilhomme, la triste et véritable histoire que vous désiriez connaître; ce sera une suffisante excuse des soupirs et des paroles qui vous ont éveillé. Ce que je vous prie et vous supplie de faire, c'est, ne pouvant me donner de remède à mon malheur, de me donner au moins des conseils pour fuir les dangers qui m'arrêtent, pour tempérer la crainte que j'éprouve d'être découverte, pour me procurer enfin les moyens d'atteindre au résultat dont j'ai si grand désir et si grand besoin. »

Un long espace de temps s'écoula sans que celui qui avait écouté l'histoire de l'amoureuse Téodosia lui répondît un seul mot, tellement qu'elle crut qu'il s'était endormi et qu'il n'avait rien entendu du tout. Pour s'assurer de ce qu'elle soupçonnait, elle lui dit : « Dormez-vous, seigneur? Il n'y aurait aucun mal à ce que vous dormissiez car, lorsqu'on raconte avec passion ses peines à qui ne les ressent pas, il est juste qu'elles causent en celui qui les écoute plutôt du sommeil que de la pitié. — Non, je ne dors pas, répondit le gentilhomme; au contraire, je suis si éveillé, et je ressens si bien votre infortune, que peut-être dois-je dire qu'elle m'afflige et me tourmente autant que vous-même. Par ce motif, l'appui que vous me demandez ne doit pas se borner seulement à vous donner des conseils, mais à vous aider et secourir en tout ce que pourront mes forces. Bien que, dans la manière dont vous avez conté vos aventures, se soit montrée dans tout son jour la rare intelligence dont vous êtes douée, et qu'en conséquence votre propre volonté, troublée par l'amour, ait dû vous tromper plus que les discours de Marco-Antonio, cependant je veux bien prendre pour excuse de votre faute vos tendres années qui ne comportent point l'expérience de toutes les perfidies des hommes. Calmez-vous, madame, et dormez, s'il vous est possible, le peu qui reste de la nuit; quand le jour viendra, nous prendrons conseil ensemble, et nous verrons quelle issue peut se trouver à vos malheurs. »

Téodosia lui témoigna sa reconnaissance du mieux qu'elle sut le faire, et essaya de reposer un peu pour laisser dormir le gentilhomme. Mais celui-ci ne put se calmer un moment; au contraire, il commença à se tourner et se retourner dans son lit, et à soupirer de manière que Téodosia se vit obligée de lui demander ce qu'il avait, ajoutant que, si c'était quelque tourment auquel elle pût porter remède, elle le ferait avec autant de bonne volonté qu'il lui en avait montré à elle-même. « Bien que vous soyez, madame, répondit le gentilhomme, la cause du trouble que vous avez remarqué, ce n'est pas vous qui pouvez y porter remède : car, si c'était vous, je n'aurais plus aucune peine. » Téodosia ne put comprendre ce que signifiaient ces propos confus; mais elle soupçonna néanmoins qu'il était tourmenté de quelque passion amoureuse, et pensa même qu'elle en était l'objet. On pouvait effectivement le soupçonner et le penser : car l'arrangement de la chambre, la solitude, l'obscurité, outre qu'il savait qu'elle était femme, pouvaient bien avoir éveillé chez lui quelque mauvaise pensée. Dans cette crainte, elle s'habilla en grande hâte et en grand silence, ceignit son épée et sa dague, et, de cette manière, assise sur son lit, elle attendit le jour, qui, à peu de temps de là, annonça sa venue par la lumière qui entrait à travers les fentes nombreuses qu'ont toujours les chambres d'auberge.

Le gentilhomme avait fait la même chose que Téodosia, et, dès qu'il vit l'appartement éclairé des premiers rayons du jour, il sauta du lit en disant : « Levez-vous, madame Téodosia ; je veux vous accompagner dans votre expédition, et vous garder à mon côté, jusqu'à ce que vous ayez au vôtre, comme légitime époux, Marco-Antonio, ou jusqu'à ce que lui ou moi perdions la vie. Vous verrez alors quelle bonne volonté, quel devoir de vous servir m'a imposé votre disgrâce. » Cela dit, il ouvrit les fenêtres et les portes de l'appartement.

Téodosia désirait vivement la clarté du jour, pour voir quelle taille et quel aspect avait celui qui s'était toute la nuit entretenu avec elle ; mais, quand elle l'eut regardé et reconnu, elle aurait voulu que le soleil ne se fût jamais montré, et que ses yeux se fussent fermés dans une nuit perpétuelle : car, à peine le gentilhomme, qui désirait aussi la voir, eut-il tourné les yeux pour la regarder, qu'elle reconnut que c'était son frère, dont elle avait une si grande frayeur. A sa vue, elle perdit presque celle de ses yeux ; elle resta immobile, muette et le visage décoloré. Mais trouvant des forces dans son effroi, et de la présence d'esprit dans le danger, elle tira sa dague, la prit par la pointe, et alla se mettre à genoux devant son frère, en lui disant d'une voix troublée : « Tiens, cher frère et seigneur, prends ce fer pour me punir et satisfaire ton courroux ; car, pour une aussi grande faute que celle que j'ai commise, il est juste qu'aucune miséricorde ne me protége. Je confesse mon péché, et ne veux pas chercher d'excuse dans mon repentir. Tout ce que je te demande, c'est que le châtiment se borne à m'ôter la vie, et qu'il n'aille pas jusqu'à m'ôter l'honneur. Bien que je lui aie fait courir un manifeste péril en fuyant la maison de mes parents, cependant il pourra rester intact, si le châtiment que tu m'infligeras reste secret. »

Son frère la regardait fixement, et, quoique la conduite légère et déréglée de sa sœur l'excitât à la vengeance, les paroles si tendres et si pénétrantes par lesquelles elle avouait sa faute l'adoucirent de telle sorte et émurent tellement ses entrailles, qu'avec un visage serein et un geste de paix, il la releva de terre ; après quoi, il la consola du mieux qu'il lui fut possible, lui disant, entre autres propos, que, ne trouvant pas de châtiment égal à sa folie, il le suspendait quant à présent ; qu'ainsi, pour ce motif, et parce qu'il lui semblait que la fortune n'avait pas encore fermé complétement les portes au remède à sa disgrâce, il aimait mieux chercher à se le procurer par tous les moyens possibles, que de tirer vengeance de l'outrage qui rejaillissait sur lui.

Ces paroles rendirent à Téodosia ses esprits éperdus; la couleur lui revint au visage, et elle sentit renaître ses espérances évanouies. Don Rafaël (ainsi s'appelait son frère) ne voulut pas discourir davantage sur son aventure. Il lui dit seulement de changer son nom de Téodosia en celui de Téodoro, et qu'ils allaient sur-le-champ retourner ensemble à Salamanque pour y chercher Marco-Antonio. « Toutefois, ajouta-t-il, je suppose bien qu'il n'y est pas : car, étant mon camarade, il m'aurait parlé sans doute; mais il se pourrait que l'outrage qu'il m'a fait l'eût rendu muet à mon égard, et lui eût ôté l'envie de me rendre visite. »

Le nouveau Téodoro s'en remit à tout ce que voulut son frère, et, sur ces entrefaites, entra l'hôtelier, auquel ils commandèrent de leur donner quelque chose à déjeuner, disant qu'ils voulaient partir aussitôt.

Tandis que le palefrenier sellait les montures, et qu'on apportait le déjeuner, entra dans l'auberge un hidalgo en habits de voyage, que don Rafaël reconnut aussitôt. Il n'était pas moins connu de Téodoro, qui, pour n'être point vu, n'osa pas sortir de sa chambre. Après s'être embrassés, don Rafaël demanda au nouveau venu quelles nouvelles il y avait au pays. L'autre répondit qu'il venait du port de Santa-Maria, où il avait laissé quatre galères prêtes à mettre à la voile pour Naples, et que, sur l'une d'elles, il avait vu s'embarquer Marco-Antonio Adorno, le fils de don Léonardo Adorno. Cette nouvelle réjouit beaucoup le frère de Téodosia, auquel il parut que, puisqu'il recevait si à l'improviste des nouvelles de ce qu'il lui importait tant de savoir, c'était signe que l'aventure aurait une heureuse fin. Il pria son ami de changer contre le cheval de son père, de lui bien connu, la mule que montait celui-ci, lui disant, non pas qu'il venait de Salamanque, mais qu'il y allait, et qu'il ne voulait pas emmener un si bon cheval pour une si longue route. L'autre, qui était courtois et de ses amis, accepta l'échange, et se chargea de ramener le cheval au père de Rafaël. Ils déjeunèrent ensemble, et Téodoro seul de son côté. Quand le moment fut venu de se mettre en chemin, l'ami prit la route de Cazalla, où il avait un riche héritage. Rafaël ne partit point avec lui, ayant dit, pour éviter de lui faire compagnie, qu'il était obligé de retourner le jour même à Séville. Dès qu'il le vit partir, les montures étant prêtes, le compte fait et l'hôte payé, lui et sa sœur, après avoir dit adieu, sortirent de l'auberge, laissant tous ceux qui s'y trouvaient dans l'admiration de leur bonne mine : car, pour un homme, don Rafaël n'avait pas moins de grâce, de tournure et de belles façons, que sa sœur d'élégance et de beauté.

A peine éloignés, don Rafaël raconta à sa sœur les nouvelles qu'il avait reçues de Marco-Antonio. « Il me semble, ajouta-t-il, qu'il faut prendre en toute diligence le chemin de Barcelone, où ont l'habitude de s'arrêter quelques jours les galères qui vont en Italie ou qui reviennent en Espagne. Si elles ne sont pas arrivées, nous pourrons les attendre, et là, sans aucun doute, nous trouverons Marco-Antonio. » Sa sœur lui répondit de faire tout ce qui lui semblerait bon, puisqu'elle n'avait plus d'autre volonté que la sienne. Don Rafaël dit au garçon muletier qu'il menait avec lui de prendre patience, parce qu'il lui convenait d'aller jusqu'à Barcelone ; mais il lui promit un salaire à sa convenance, pendant tout le temps qu'ils feraient route ensemble. Le garçon, qui était des plus joyeux du métier, et qui connaissait déjà la libéralité de don Rafaël, répondit qu'il l'accompagnerait et le servirait jusqu'au bout du monde.

Don Rafaël demanda de plus à sa sœur combien d'argent elle emportait. Elle répondit qu'elle ne l'avait pas compté, que tout ce qu'elle savait, c'est qu'elle avait mis la main sept ou huit fois dans le secrétaire de son père, et qu'elle l'avait chaque fois retirée pleine d'écus d'or. D'après ce compte, don Rafaël calcula qu'elle pouvait avoir emporté cinq cents écus ; et avec deux cents autres qu'il avait dans sa bourse, ainsi qu'une chaîne d'or qu'il portait au cou, il lui sembla qu'il pouvait commodément faire le trajet, étant persuadé d'ailleurs qu'il trouverait Marco-Antonio à Barcelone.

Dans cet espoir, ils se mirent à cheminer en toute hâte, sans faire halte un seul jour ; et, sans nul encombre, sans nul obstacle, ils arrivèrent à deux lieues d'un bourg qui est à neuf lieues de Barcelone, et qu'on appelle Igualada. Ils avaient appris en chemin qu'un gentilhomme, qui se rendait à Rome en qualité d'ambassadeur, se trouvait à Barcelone, attendant les galères qui n'étaient point encore arrivées. Cette nouvelle leur causa une grande satisfaction, et ils s'acheminèrent tout joyeux jusqu'à l'entrée d'un petit bois qui se trouvait sur la route, duquel ils virent tout à coup sortir un homme qui courait à toutes jambes et regardait derrière lui avec épouvante.

Rafaël l'arrêta et lui dit : « Pourquoi fuyez-vous, brave homme? et que vous est-il arrivé qui vous cause tant de frayeur et vous rende si léger ? — Eh! ne voulez-vous pas que je coure vite et que j'aie peur, répondit l'homme, si j'ai échappé par miracle à une troupe de bandits qui occupent ce bois? — Tant pis, s'écria le garçon muletier, tant pis, vive Dieu! Des bandits à cette heure! par mon saint patron, ils nous laisseront nus comme la main. — Ne vous affligez pas, frère, reprit l'homme; les bandits sont déjà partis, laissant attachés aux arbres de ce bois plus de trente passagers qu'ils ont mis en chemise. Ils n'ont laissé qu'un homme libre pour qu'il détachât les autres, après qu'ils auraient franchi une petite colline. C'est le signal qu'ils lui ont donné. — S'il en est ainsi, reprit Calvète (ainsi se nommait le garçon muletier), nous pouvons passer en assurance, car à l'endroit où les bandits font leur coup, ils ne reviennent pas de quelques jours. Je puis en parler savamment, comme quelqu'un qui est tombé deux fois dans leurs mains, et qui connaît sur le bout du doigt leurs mœurs et leurs habitudes. — Cela est vrai, » ajouta l'homme.

Après avoir entendu cette conversation, don Rafaël résolut de marcher en avant. Au bout d'un court trajet, ils tombèrent, lui et sa sœur, au milieu des gens attachés, dont le nombre passait quarante, et que déliait l'un après l'autre celui que les bandits avaient mis en liberté. C'était un étrange spectacle à voir : les uns entièrement nus, les autres couverts des habits déguenillés des bandits; les uns pleurant d'être volés, les autres riant de voir le singulier accoutrement de leurs voisins ; celui-ci racontait par le menu tout ce qu'on lui emportait; celui-là disait qu'il regrettait plus une boîte d'*agnus* rapportée de Rome que les choses infinies qui lui étaient prises. Finalement, on n'entendait de tous côtés que les plaintes et les gémissements des malheureux dépouillés. Les deux frères regardaient tout cela, non sans une vive douleur, et rendaient grâces au ciel de ce qu'il les eût délivrés d'un péril si grand et si voisin. Ce qui leur causa le plus de compassion, surtout à Téodoro, ce fut de voir attaché au tronc d'un chêne un jeune garçon d'environ seize ans, n'ayant que sa chemise et des chausses de toile, mais si beau de visage qu'il invitait et forçait tout le monde à le regarder.

Téodoro mit pied à terre pour le détacher, et le jeune homme le remercia courtoisement de ce service. Afin de le rendre plus complet, Téodoro demanda à Calvète, le garçon muletier, de lui prêter son manteau jusqu'à ce qu'ils pussent, au premier village, en acheter un autre pour ce gentil enfant. Calvète le donna, et Téodoro en couvrit le jeune homme, en lui demandant d'où il était, d'où il venait, et où il pensait aller. Le jeune homme répondit, devant Rafaël qui se trouvait présent, qu'il était d'Andalousie, et d'un pays que les deux frères reconnurent au seul nom pour n'être distant du leur que de trois lieues. Il ajouta qu'il venait de Séville, et que son dessein était de passer en Italie, pour courir fortune dans le métier des armes, comme avaient coutume de faire beaucoup d'autres Espagnols; mais que le sort s'était montré cruel à son égard en lui faisant rencontrer ces bandits, qui lui emportaient une bonne somme d'argent et des habits tels qu'il n'en retrouverait pas d'aussi bons pour trois cents écus; que cependant il pensait poursuivre sa route, parce qu'il ne venait pas d'une race où la première mésaventure dût geler l'ardeur d'un généreux dessein.

Les expressions choisies du jeune homme, jointes à cette circonstance qu'il était né si près de leur pays, et surtout à la lettre de recommandation que lui donnait sa beauté, excitèrent chez les deux frères la bonne intention de lui prêter faveur en tout ce qu'ils pourraient. Après avoir distribué quelque argent entre ceux qui leur semblaient en avoir le plus besoin, surtout entre des moines et des prêtres, qui étaient au nombre d'au moins huit, ils firent monter le jeune homme sur la mule de Calvète, et, sans s'arrêter davantage, ils arrivèrent en peu d'heures à Igualada. Là, ils apprirent que les galères étaient arrivées la veille à Barcelone, et qu'elles partiraient sous deux jours, si même le peu de sécurité de la rade ne les y forçait plus tôt. Ces nouvelles les firent lever le lendemain avant le soleil, bien qu'ils n'eussent pas dormi toute la nuit, du moins les deux frères, qui l'avaient passée dans une agitation imprévue. Leur trouble venait de ce qu'étant à table, où s'était assis avec eux le jeune homme qu'ils avaient détaché, Téodoro avait tenu constamment les yeux sur son visage, et, l'examinant avec curiosité, il s'était aperçu que leur convive avait les oreilles percées. Cette circonstance, et une sorte de honte qu'il avait dans le regard, fit soupçonner à Téodoro que c'était une femme. Il attendit la fin du souper pour éclaircir son doute sans témoins. Après le repas, don Rafaël demanda au jeune homme de qui il était fils, ajoutant qu'il connaissait toutes les personnes de qualité qui habitaient son pays, si c'était bien l'endroit qu'il avait nommé. A cela, le jeune homme répondit qu'il était fils de don Enrique de Cardenas, gentilhomme bien connu. « Je connais fort bien, en effet, don Enrique de Cardenas, reprit don Rafaël, mais je sais aussi et je suis sûr qu'il n'a point d'enfant. Mais si vous avez fait cette réponse pour ne pas découvrir qui sont vos parents, n'importe, je ne vous en ferai plus la question. — Il est vrai, répliqua le jeune inconnu, que don Enrique n'a point d'enfant ; mais il a des neveux, fils d'un de ses frères appelé don Sancho. — Celui-ci, reprit don Rafaël, n'a pas de fils non plus. Il n'a qu'une fille, et encore dit-on que c'est une des plus belles personnes qu'il y ait dans toute l'Andalousie. Mais je ne le sais que par ouï-dire ; car, quoique j'aie été bien des fois dans son pays, je ne l'ai jamais vue. — Tout ce que vous dites, seigneur, est la vérité, repartit le jeune homme ; don Sancho n'a qu'une fille, mais moins belle que ne la fait sa réputation. Si je vous ai dit que j'étais fils de don Enrique, c'était, seigneur, pour que vous me crussiez de noble naissance ; mais je ne le suis point : je suis fils d'un majordome de don Sancho, qui le sert depuis longues années. Je suis né dans sa maison, et, pour certains sujets de mécontentement que j'ai donnés à mon père, j'ai voulu, comme je vous l'ai dit, après lui avoir pris une assez forte somme, m'en aller en Italie et suivre la carrière des armes, par laquelle, à ce que j'ai vu, peuvent devenir illustres même les hommes d'obscure extraction. »

Toutes ces explications et la manière dont elles étaient données ne faisaient que confirmer Téodoro dans ses doutes. Quand le souper fut fini et le couvert enlevé, tandis que don Rafaël se déshabillait, Téodoro, après lui avoir communiqué ce qu'il soupçonnait, après lui avoir demandé son avis et sa permission, prit le jeune homme à part, sur le balcon d'une large fenêtre qui donnait sur la rue. Là, tous deux appuyés sur la rampe, Téodoro lui parla de la sorte :

« Je voudrais, seigneur Francisco (c'est le nom qu'il s'était donné), vous avoir rendu tant de services que vous ne pussiez plus rien me refuser de ce que je pourrais ou voudrais vous demander ; mais le peu de temps passé depuis que nous nous connaissons ne me l'a point permis. Peut-être que, dans l'avenir, vous reconnaîtrez ce que mérite mon désir, et, s'il ne vous plaît pas de satisfaire à celui que je vous témoigne, je n'en serai pas moins votre serviteur, comme je l'étais avant de vous le découvrir. Sachez que, bien que je sois aussi jeune que vous, j'ai plus d'expérience des choses de ce monde que n'en promet ma jeunesse : car cette expérience m'a fait soupçonner que vous n'êtes pas homme, comme l'indique votre costume, mais femme, et femme aussi bien née que l'annonce hautement votre beauté, peut-être aussi malheureuse que le fait entendre ce changement de costume, car jamais de telles transformations n'arrivent pour le bien de celui qui les fait. Si ce que je soupçonne est la vérité, dites-le-moi ; je vous jure, foi de gentilhomme, de vous aider et servir en tout ce qui me sera possible. Que vous soyez femme, vous ne pouvez persister à le nier : car les trous dont vos oreilles sont percées laissent voir cette vérité bien clairement ; et vous avez été bien étourdie de ne les avoir pas bouchés avec de la cire couleur de chair : car il pouvait arriver qu'une autre personne, aussi curieuse et moins réservée que moi, mît au grand jour ce que vous saviez si mal cacher. N'hésitez point à me dire qui vous êtes, dans la persuasion que je vous offre mon assistance, et que je vous promets le secret autant que vous voudrez qu'il soit gardé. »

Le jeune homme avait écouté très-attentivement tout ce que lui disait Téodoro ; quand il vit que celui-ci se taisait, avant de lui répondre un mot, il lui prit les mains, les approcha de ses lèvres, les lui baisa de force, et les baigna même de larmes abondantes qui coulaient de ses beaux yeux. Cette étrange affliction en éveilla une si vive dans l'âme de Téodoro, qu'il ne put s'empêcher de mêler ses larmes aux siennes. C'est la condition propre et naturelle des femmes de qualité de s'attendrir sur les peines et la douleur des autres. Après avoir, non sans difficulté, retiré sa main des lèvres du jeune homme, elle prêta toute son attention à ce qu'il allait lui répondre. Celui-ci, poussant un gémissement profond, entrecoupé de soupirs, lui dit enfin :

« Je ne veux ni ne puis nier davantage, seigneur, que votre soupçon ne soit fondé. Oui, je suis femme, et la plus malheureuse que les femmes aient mise au monde. Puisque les services que vous m'avez rendus et les offres que vous me faites m'obligent à vous obéir en tout ce qu'il vous plaira de m'ordonner, écoutez ; je vous dirai qui je suis, si le récit de malheurs étrangers ne vous importune pas. — Que j'y sois condamné pour toujours, reprit Téodoro, si le plaisir de les

apprendre n'égale pas la peine de savoir qu'ils sont les vôtres car je les ressens déjà comme s'ils étaient les miens propres. »
En parlant ainsi, Téodoro le serra de nouveau dans ses bras, lui répéta ses offres sincères, et le jeune homme, un peu calmé, s'exprima de la sorte :

« En ce qui touche ma patrie, je vous ai dit la vérité ; en ce qui touche mes parents, je ne vous l'ai point dite. Ce n'est pas don Enrique qui est mon père, il n'est que mon oncle ; c'est son frère don Sancho. Je suis cette fille infortunée de don Sancho, si célèbre par sa beauté, au dire de votre frère, mais dont la réputation trompeuse se reconnaît au peu d'attraits que je possède. Mon nom est Léocadie. Quant au motif de mon changement de costume, vous allez l'apprendre :

« A deux lieues de mon pays est une autre bourgade, des plus riches et des plus nobles de l'Andalousie. Là demeure un gentilhomme de haute naissance, qui tire son origine de la noble et ancienne famille des Adorno de Gênes. Ce gentilhomme a un fils, et, si la renommée ne ment pas dans ses louanges comme dans les miennes, il est certainement un des plus beaux cavaliers qui se puissent souhaiter. Celui-ci, tant à cause du voisinage des deux bourgs que parce qu'il est, comme mon père, très-adonné au plaisir de la chasse, venait quelquefois dans notre maison, et y passait cinq ou six jours, bien que mon père et lui en restassent la plus grande partie, et même des nuits entières, dans la campagne. C'est de là que prit occasion la fortune, ou l'amour, ou mon imprudence, pour me précipiter du faîte de mes honnêtes pensées à la bassesse de la situation où je me vois réduite. Après avoir regardé, plus qu'il n'était permis à une fille bien élevée, les grâces de corps et d'esprit que possédait Marco-Antonio, considérant la noblesse de sa race et la grande quantité des biens, qu'on appelle de fortune, dont son père est comblé, il me sembla que, si je l'obtenais pour époux, c'était toute la félicité que pouvait embrasser mon désir. Dans cette pensée, je commençai à le regarder avec plus d'attention, et ce fut sans doute avec moins d'attention sur moi-même, car il vint à s'apercevoir que je le regardais. Le traître n'eut pas besoin d'une autre issue pour pénétrer dans le secret de mon cœur, et me dérober les plus précieux trésors de l'âme. Mais je ne sais pourquoi je me mets à vous conter, seigneur, tous les menus détails de mes amours, puisqu'ils ont si peu d'importance ; mieux vaut vous dire en une seule fois ce qu'en bien des fois et bien des soins il finit par obtenir de moi. Ce fut qu'ayant reçu sa foi et sa parole d'être mon époux, donnée sous les serments à mes yeux les plus solennels et les plus chrétiens, je consentis à ce qu'il disposât de moi suivant sa volonté. Mais cependant, non satisfaite encore de ses serments et de ses promesses, dans la crainte que le vent ne les emportât, je les lui fis écrire sur une cédule, qu'il me donna signée de son nom, tellement circonstanciée et si fortement conçue, qu'elle dut me satisfaire. Une fois en possession de la cédule, je préparai tout pour qu'il vînt, une nuit, de son pays au mien, et qu'il entrât par le mur d'un jardin dans ma chambre, où il pourrait sans alarme cueillir le fruit à lui seul réservé. Cette nuit vint enfin, cette nuit par moi tant souhaitée.... »

Jusqu'à ce moment, Téodoro avait écouté en silence. Il tenait son âme attachée aux paroles de Léocadie, qui, par chacune d'elles, lui perçait le cœur, surtout quand il entendit nommer Marco-Antonio, qu'il vit la ravissante beauté de Léocadie et qu'il considéra les grandes qualités dont elle était douée, ainsi que la rare discrétion dont elle donnait bien la preuve par la manière de conter son histoire. Mais quand il l'entendit prononcer ces mots : « Enfin vint la nuit par moi tant souhaitée, » il perdit toute patience, et, sans pouvoir se contenir, il l'interrompit brusquement : « Eh bien! s'écria-t-il, que fit-il quand arriva cette heureuse nuit? eut-il le bonheur d'entrer? fûtes-vous à lui? confirma-t-il de nouveau la cédule? se borna-t-il à obtenir de vous ce que vous disiez être à lui? votre père sut-il l'aventure? Enfin, où aboutirent de si honnêtes débuts? — Hélas! répondit Léocadie, ils aboutirent à m'amener dans l'état où vous me voyez: car nous ne fûmes pas l'un à l'autre, et il ne vint pas même au rendez-vous convenu. »

Cette réponse laissa respirer Téodosia, et rappela ses esprits qui commençaient à l'abandonner, combattus et pressés par la rage contagieuse de la jalousie, qui pénétrait peu à peu jusqu'à la moelle de ses os pour prendre d'elle entière possession. Toutefois elle n'en fut pas si pleinement délivrée, qu'elle pût entendre sans trouble et sans effroi ce que Léocadie avait encore à dire. Celle-ci continua de la sorte : « Non-seulement il ne vint point; mais, au bout de huit jours, j'appris d'une manière certaine qu'il s'était enfui de son pays, après avoir enlevé de chez ses parents une demoiselle de la même ville, appelée Téodosia, fille d'un homme de qualité, qu'on disait d'une beauté parfaite et d'un esprit rare. Comme elle appartenait à de si nobles parents, l'enlèvement se sut dans mon pays, et le bruit en parvint bientôt à mes oreilles. Avec lui m'atteignit la froide et poignante lance de la jalousie, qui me traversa le cœur, et m'alluma dans l'âme un feu si dévorant qu'il mit mon honneur en cendres, qu'il consuma ma bonne renommée, qu'il dessécha ma patience et détruisit ma raison. Infortunée que je suis! je me figurai aussitôt, dans mon imagination, Téodosia plus belle que le soleil, plus spirituelle que l'esprit même, et surtout plus heureuse que moi, qui n'ai point de bonheur. Je relus aussitôt le texte de la cédule; je la trouvai formelle et valable, et ne pouvant manquer au témoignage qu'elle rendait. Mais, bien que tout mon espoir s'y réfugiât comme dans un sanctuaire, en songeant à la dangereuse compagnie que Marco-Antonio emmenait avec lui, je perdis les dernières lueurs de l'espérance. Je maltraitai mon visage, j'arrachai mes cheveux, je maudis mon sort; et ce qui me causait le plus d'ennui, c'était de ne pouvoir faire ces sacrifices à toute heure, à cause de la présence obligée de mon père. Enfin, pour achever de me plaindre sans obstacle, ou, ce qui est plus sûr, pour achever de vivre, je résolus de fuir la maison de mes parents; et comme on dirait que, pour mettre en œuvre une coupable pensée, l'occasion s'offre d'elle-même et les difficultés s'aplanissent, je dérobai sans aucune crainte les habits à un page de mon père, et à mon père une grande somme d'argent; puis, une nuit, couverte par l'obscurité, je quittai la maison, et, cheminant quelques lieues à pied, j'arrivai à une ville qu'on appelle Osuna; je m'y pourvus d'une voiture, et deux jours après je gagnai Séville, ce qui était arriver à toute la sécurité possible pour n'être pas découverte par ceux même qui m'auraient cherchée. Là, j'achetai d'autres habits, ainsi qu'une mule, et, faisant route avec quelques gentilshommes qui se rendaient en toute hâte à Barcelone, pour ne pas perdre l'occasion des galères qui passaient en Italie, je parvins jusqu'à l'endroit où m'arriva, hier, ce que vous savez. Les bandits m'ont enlevé tout ce que je portais, et, entre autres choses, le bijou qui soutenait ma santé et allégeait la charge de mes peines, la cédule de Marco-Antonio. Je pensais me rendre avec elle en Italie, trouver Marco-Antonio, la lui présenter pour témoignage de son manque de foi, pour gage de mon extrême fidélité, et faire en sorte qu'il accomplît sa promesse. Mais en même temps j'ai considéré que celui-là pourrait facilement nier les paroles écrites sur le papier, qui nie les obligations qu'il doit avoir gravées dans l'âme. Il est clair que, s'il est accompagné de la sans pareille Téodosia, il ne voudra pas même regarder l'infortunée Léocadie. Et pourtant, je pense mourir ou me présenter devant eux, pour que ma vue trouble leurs tranquilles plaisirs. Que cette ennemie de mon repos en pense pas jouir si paisiblement de ce qui m'appartient; je la chercherai, je la trouverai, et, si je puis, je lui ôterai la vie.

— Mais quelle est la faute de Téodosia, interrompit Téodoro, si peut-être elle fut trompée par Marco-Antonio, comme vous-même l'avez été? — Cela ne peut être, reprit Léocadie, puisqu'il l'a emmenée avec lui. Quand deux personnes qui s'aiment sont ensemble, quelle tromperie peut-il y avoir? aucune assurément; ils sont satisfaits, puisqu'ils sont ensemble, fussent-ils, comme on dit, dans les déserts de la Libye ou dans les solitudes glacées de la Scythie. Elle est à lui, sans doute, en quelque part qu'ils soient; elle seule doit payer ce que j'aurai souffert jusqu'à ce que je la trouve.

— Il serait possible que vous fussiez dans l'erreur, repartit Téodosia; je connais très-bien celle que vous dites votre ennemie, et je sais, d'après sa naissance, sa conduite et sa vie retirée, qu'elle ne se hasarderait jamais à fuir la maison de ses parents, ni à céder à la volonté de Marco-Antonio; mais cela fût-il, ne vous connaissant pas, et ne sachant rien de ce qui s'était passé entre vous et lui, elle ne vous a fait aucune offense. Or, où l'offense manque, la vengeance est mal placée. — De conduite sage et de vie retirée, reprit Léocadie, il ne faut point me parler : car j'étais aussi recluse, aussi honnête que puisse l'être aucune fille, et cependant j'ai fait ce que vous venez d'entendre. Qu'il l'ait enlevée, il n'y a nul doute; qu'elle ne m'ait point offensée, je le confesse, regardant la chose sans passion. Mais le tourment que m'a fait souffrir la jalousie me la représente incessamment comme une épée que je porte au travers des entrailles. Il n'est pas étonnant que j'essaye d'en arracher cet instrument de douleur, et que je veuille le mettre en pièces. Il y a d'ailleurs de la prudence à éloigner de nous les choses qui nous nuisent, et c'est un sentiment naturel que haïr celles qui nous font du mal ou qui nous privent du bien.

— Qu'il en soit comme vous le dites, madame Léocadie, répondit Téodosia; je vois bien, puisque la passion qui vous agite ne vous laisse pas faire de plus de raisonnables discours, qu'il n'est pas temps encore de vous adresser de salutaires conseils.

De moi, je puis vous répéter ce que je vous ai déjà dit, que je vous aiderai et favoriserai en tout ce qui sera juste et possible. De mon frère, je vous en promets autant, parce que son caractère et sa noblesse ne lui laisseraient point faire autre chose. Nous nous rendons en Italie; s'il vous plaît d'y venir avec nous, déjà vous connaissez à peu près comment vous serez en notre compagnie. Ce que je vous demande, c'est la permission de dire à mon frère ce que je sais de votre condition et de vos aventures, pour qu'il vous traite avec les égards et le respect qui vous sont dus, et pour qu'il s'engage, comme il est juste, à veiller sur vous. Dans tous les cas, il me semble qu'il ne convient pas que vous changiez de costume. S'il y a moyen dans ce pays, je vous achèterai demain matin les meilleurs habits qui se trouveront, et qui vous iront le mieux. Quant au reste de vos projets, laissez faire le temps; c'est un grand maître pour trouver remède aux cas les plus désespérés. »

Léocadie remercia tendrement Téodosia, qu'elle croyait être Téodoro, de toutes ses offres de service. Elle lui permit de dire à son frère tout ce qu'il voudrait, et le supplia de ne point l'abandonner, puisqu'il voyait à combien de périls elle serait exposée si elle était reconnue pour femme.

Cela dit, ils prirent congé l'un de l'autre, et allèrent se coucher, Téodoro dans la chambre de son frère, et Léocadie dans une autre qui était à côté. Don Rafaël ne s'était point encore endormi, attendant le retour de sa sœur pour savoir ce qui s'était passé entre elle et le jeune homme qu'elle pensait être femme. Dès qu'elle entra, avant de la laisser mettre au lit, il le lui demanda. Celle-ci alors lui rapporta mot pour mot tout ce que lui avait conté Léocadie, de qui elle était fille, ses amours, la cédule de Marco-Antonio et le projet qu'elle nourrissait. Don Rafaël s'étonna, et dit à sa sœur : « Si elle est ce qu'elle dit, je puis vous assurer, sœur, que c'est une des principales femmes de qualité de son pays, et une des plus nobles dames de toute l'Andalousie. Son père est bien connu du nôtre, et la renommée de sa beauté répond bien à ce que nous en voyons sur son visage. Ce que je conclus de tout cela, c'est que nous devons agir avec prudence, de manière qu'elle ne parle point avant nous à Marco-Antonio. Cette cédule qu'il lui a faite, à ce qu'elle dit, me donne quelque souci, bien qu'elle l'ait perdue. Mais calmez-vous et couchez-vous, sœur; nous chercherons remède à toute chose. »

Téodosia obéit à son frère, quant à se coucher; mais quant à se calmer, ce ne fut pas en son pouvoir : car déjà la furieuse fièvre de la jalousie s'était emparée de son âme. Oh! comme elle se représentait dans son imagination, et bien plus grandes qu'elles n'étaient, la beauté de Léocadie et la déloyauté de Marco-Antonio! Combien de fois elle lisait ou croyait lire la cédule qu'il lui avait donnée! Que de paroles et de formules elle y ajoutait pour la rendre plus positive et plus valable! Combien de fois cessa-t-elle de croire qu'elle fût perdue! et combien d'autres fois imagina-t-elle que, sans ce papier, et sans se rappeler la promesse qui l'engageait à elle, Marco-Antonio remplirait celle qu'il avait faite à sa rivale!

C'est ainsi qu'elle passa la plus grande partie de la nuit, sans fermer l'œil; et don Rafaël, son frère, ne la passa point d'une façon plus tranquille. En effet, dès qu'il eut oui dire qui était Léocadie, son cœur fut embrasé d'amour pour elle, comme si, de longue main, il l'eût intimement connue. C'est le privilége de la beauté d'allumer en un instant le désir de qui la regarde et l'apprécie. Si elle promet, si elle laisse entrevoir quelque moyen d'être possédée, elle enflamme avec une puissance invincible l'âme de qui la contemple, de la même manière et avec la même facilité que la poudre sèche et préparée s'enflamme à la moindre étincelle qui la touche. Don Rafaël ne se la représentait point attachée à l'arbre, et en méchant habit d'homme, mais avec ses vêtements de femme, dans la maison de ses parents, de race noble et riche comme l'étaient ceux-ci; il n'arrêtait et ne voulait point arrêter sa pensée sur la cause qui la lui avait fait connaître; il désirait que le jour parût afin de continuer son voyage et de chercher Marco-Antonio, moins encore pour en faire l'époux de sa sœur que pour l'empêcher d'être l'époux de Léocadie. L'amour et la jalousie le possédaient déjà de telle sorte, qu'il aurait consenti volontiers à voir sa sœur privée de la réparation qu'elle poursuivait, et Marco-Antonio privé de vie, à condition de ne pas perdre l'espérance de posséder Léocadie. Cette espérance lui promettait déjà un heureux dénoûment à ses désirs, soit par le moyen de la force, soit par celui des présents et des assiduités, puisque le temps et l'occasion ne lui manqueraient ni pour l'un ni pour l'autre. Dans la pensée de ce résultat, qu'il se promettait à lui-même, il se calma quelque peu. Bientôt après, le jour se laissa voir, et les lits furent quittés. Don Rafaël, appelant alors l'hôtelier, lui demanda s'il était possible, dans ce village, d'habiller un page que les bandits avaient dépouillé. L'hôtelier répondit qu'il avait justement à vendre un fort bon habit. Il l'apporta, et l'habit se trouva bien aller à Léocadie. Don Rafaël le paya, et la jeune fille le mit aussitôt ; puis elle ceignit une épée et une dague avec tant de grâce et de résolution, que, dans ce costume même, elle ravit tous les sens de don Rafaël, et redoubla la jalousie chez Téodosia. Calvète sella les mules, et, à huit heures du matin, ils partirent tous pour Barcelone, sans vouloir monter pour cette fois au fameux monastère de Montserrat, laissant cette visite pour l'époque où il plairait à Dieu qu'ils revinssent plus paisiblement dans leur patrie.

On ne saurait facilement conter quelles pensées agitaient le frère et la sœur, et avec quels sentiments opposés ils regardaient Léocadie : don Rafaël lui souhaitant la vie, Téodosia, la mort ; tous deux pleins de jalousie et de passion ; Téodosia cherchant des défauts à lui reprocher, pour ne pas voir évanouir toute son espérance ; don Rafaël lui trouvant des perfections nouvelles, qui, de minute en minute, l'obligeaient à l'aimer davantage. Toutefois, ils n'en hâtèrent pas moins leur voyage, de façon qu'ils arrivèrent à Barcelone un peu avant le coucher du soleil. Ils admirèrent la magnifique situation de la ville, qu'ils estimèrent pour la fleur des belles cités du monde, pour l'honneur de l'Espagne, l'effroi des ennemis voisins ou éloignés, les délices de ses habitants, le refuge des étrangers, l'école de la noblesse, le modèle de la loyauté, et la réunion de tout ce que peuvent désirer d'une ville grande, fameuse, riche et bien située, la curiosité et le bon goût.

En entrant à Barcelone, ils entendirent un grand tapage, et virent courir une foule de monde en grand émoi. Ayant demandé la cause de ce bruit et de ce mouvement, on leur répondit que les gens des galères qui étaient dans la rade s'étaient soulevés et pris de querelle avec ceux de la ville. A cette nouvelle, don Rafaël voulut aller voir ce qui se passait, bien que Calvète cherchât à l'en dissuader, lui disant qu'il n'était pas raisonnable de s'engager dans un si manifeste péril, et qu'il savait bien ce qu'en rapportaient ceux qui se mêlaient à ces querelles, fort communes dans cette ville, quand il y arrivait des galères. Le bon conseil de Calvète ne put retenir don Rafaël, et tous furent obligés de le suivre.

En arrivant à la marine, ils virent un grand nombre d'épées hors de leurs fourreaux, et une foule de gens qui se frappaient

d'estoc et de taille sans nulle compassion. Malgré cela, et sans mettre pied à terre, ils s'approchèrent si près, qu'ils voyaient distinctement le visage de ceux qui combattaient, car le soleil n'était pas encore caché. Les gens qui accouraient de la ville étaient en nombre infini, et fort nombreux aussi ceux qui débarquaient des galères; bien que leur commandant, qui était un gentilhomme de Valence, appelé don Pédro Vique, menaçât de la poupe de sa galère capitane ceux qui s'étaient embarqués dans les esquifs pour aller secourir leurs camarades. Mais, voyant que ses cris ni ses menaces ne faisaient rien, il fit tourner les proues des galères du côté de la ville, et tirer un coup de canon sans boulet, pour indiquer que, si on ne s'éloignait pas, le second coup ne serait pas à poudre. Cependant don Rafaël regardait attentivement la cruelle et opiniâtre mêlée; il aperçut et remarqua que, parmi ceux qui se signalaient davantage du côté des galères, se conduisait bravement un jeune homme d'environ vingt-deux ans, vêtu d'habits verts, avec un chapeau de la même couleur, ornée d'un riche bourdalou qui semblait de diamants. L'adresse avec laquelle combattait le jeune homme et l'élégance de son costume attiraient les yeux de tous ceux qui regardaient la bataille; et de telle façon le regardèrent les yeux de Léocadie et de Téodosia, que toutes deux s'écrièrent en même temps : « Sainte Vierge! ou la vue me manque, ou cet homme habillé de vert est Marco-Antonio. » En disant cela, elles sautèrent précipitamment de leurs mules, et mettant au poing leurs épées et leurs dagues, elles se jetèrent intrépidement au milieu de la foule, et se placèrent, l'une à droite, l'autre à gauche, aux côtés de Marco-Antonio, qui était effectivement le jeune homme en habits verts. Ne craignez rien, seigneur Marco-Antonio, s'écria Léocadie en se plaçant auprès de lui; vous avez quelqu'un à votre côté qui vous fera un bouclier de sa propre vie pour défendre la vôtre.
— Qui en doute? repartit Téodosia : ne suis-je point ici? »

Don Rafaël, qui vit ces actions et entendit ces paroles, les suivit et se rangea de leur parti. Quant à Marco-Antonio, occupé à parer et à porter des coups, il ne prit point garde aux propos que lui avaient adressés les deux femmes; au contraire, échauffé par le combat, il faisait des choses qui semblaient incroyables. Mais, comme les gens de la ville augmentaient de nombre à chaque instant, force fut à ceux des galères de se retirer jusqu'à se mettre dans l'eau. Marco-Antonio reculait de mauvais gré, et au même pas que lui reculaient à ses côtés les deux vaillantes et nouvelles Bradamante et Marphise, ou Hippolyte et Penthésilée.

En ce moment accourut un gentilhomme catalan, de l'illustre famille des Cardona, monté sur un puissant cheval, et, se jetant au milieu des deux partis, il faisait retirer ceux de la ville, qui lui portaient respect en le reconnaissant; mais quelques-uns d'eux jetaient de loin des pierres à ceux qui se réfugiaient dans l'eau. Un malheureux hasard voulut qu'une de ces pierres atteignît Marco-Antonio à la tempe avec tant de violence, qu'elle le renversa dans l'eau, où il était entré jusqu'aux genoux. A peine Léocadie le vit-elle chanceler, qu'elle le saisit par le corps et le retint dans ses bras, tandis que Téodosia faisait de même. Don Rafaël était alors un peu écarté, cherchant à se défendre d'une pluie de pierres qui tombait sur lui, et voulant accourir à l'aide de sa bien-aimée, ainsi que de sa sœur et de son beau-frère, lorsque le gentilhomme catalan se jeta au-devant de lui. « Calmez-vous, seigneur, lui dit-il, par votre devoir de bon soldat, et faites-moi la grâce de vous mettre à mon côté; je vous délivrerai de l'insolence de cette foule ameutée. — Ah! seigneur, répondit don Rafaël, laissez-moi passer, car je vois en péril extrême les objets que j'aime le plus en ce monde. » Le gentilhomme lui fit passage; mais don Rafaël n'arriva point assez vite pour qu'on n'eût déjà recueilli dans l'esquif de la galère capitane Marco-Antonio et Léocadie, qui le tenait toujours enlacé dans ses bras. Vainement Téodosia avait voulu s'embarquer avec eux; soit excès de fatigue, soit peine d'avoir vu Marco-Antonio blessé ou de voir que sa plus grande ennemie l'accompagnait, elle n'eut pas la force de monter dans l'esquif, et sans doute elle serait tombée dans l'eau, évanouie, si son frère ne fût arrivé assez à temps pour la secourir. Quant à lui, qui avait aussi reconnu Marco-Antonio, il ne sentit pas moins de douleur en voyant Léocadie s'en aller avec lui, que n'en avait éprouvé sa sœur.

Le gentilhomme catalan, attiré par la bonne mine de don Rafaël et de sa sœur qu'il prenait pour un homme, les appela de la rive, et les pria de s'en venir avec lui. Eux, cédant à la nécessité et à la crainte que les gens de la ville, non pacifiés encore, ne leur fissent quelque outrage ou un mauvais parti, durent accepter l'offre qui leur était faite. Le gentilhomme mit pied à terre, et, les prenant à son côté, il passa, l'épée nue à la main, à travers la foule agitée, priant et obtenant qu'on lui fît passage. Don Rafaël regarda de tous côtés pour voir s'il apercevrait Calvète avec les mules; mais il ne le vit point, parce que ce garçon, dès que ses maîtres eurent mis pied à terre, rassembla ses bêtes, et gagna une auberge où il avait coutume de descendre.

Le gentilhomme arriva à sa maison, qui était une des principales de la ville, et demanda alors à don Rafaël sur quelle galère il était venu. « Sur aucune, répliqua celui-ci; car j'arrivais dans la ville à l'instant même où commençait la dispute, et, pour avoir reconnu au milieu de la mêlée le gentilhomme qu'on a emporté dans l'esquif, blessé du coup de pierre, je me suis jeté dans ce péril; mais je vous supplie, seigneur, de faire en sorte qu'on ramène à terre le blessé : il y va de mon bonheur et de ma vie. — Très-volontiers, reprit le gentilhomme, et je suis sûr de me le faire remettre par le général, qui est homme de qualité et mon parent. » Puis, sans attendre davantage, il retourna à la galère, et trouva qu'on pansait Marco-Antonio. Sa blessure était dangereuse, car elle était à la tempe gauche, et le chirurgien déclarait qu'il y avait danger de la vie. Le gentilhomme obtint du général de la flotte qu'on lui confiât le blessé pour qu'il le fît soigner à terre, et on l'emmena, déposé avec de grandes précautions dans l'esquif, sans que Léocadie l'eût quitté, car elle s'embarqua auprès de lui comme à la poursuite du nord de sa boussole d'espérance. Dès qu'ils eurent touché terre, le gentilhomme fit amener de sa maison une chaise à porteurs pour y conduire le blessé, et, pendant que cela se passait, don Rafaël avait envoyé chercher Calvète, qui était à l'auberge, en grand souci de savoir ce qu'étaient devenus ses maîtres. Quand il apprit qu'ils se portaient bien, il se réjouit de tout son cœur et vint retrouver don Rafaël.

En ce moment, arriva le maître de la maison, suivi de Marco-Antonio et de Léocadie, et il logea tout le monde chez lui avec beaucoup d'affabilité et de magnificence. Il fit aussitôt appeler un fameux chirurgien de la ville, pour qu'il pansât une seconde fois Marco-Antonio. Mais celui-ci étant venu ne voulut faire de pansement que le lendemain, disant que les chirurgiens des armées et des flottes sont toujours très-expérimentés, à cause du grand nombre de blessés qui leur passent par les mains. Ce qu'il ordonna, ce fut qu'on mît Marco-Antonio dans une chambre bien close, où on le laissât reposer. Dans ce moment, le chirurgien des galères arriva, et rendit compte à celui de la ville, tant de la blessure elle-même, que de la manière dont il l'avait pansée, et du danger de mort qu'à son avis courait le blessé. Cette relation acheva de convaincre le chirurgien de la ville que le pansement avait été bien fait, et en même temps lui fit exagérer le péril de Marco-Antonio. Leur conversation fut entendue de Léocadie et de Téodosia, avec autant d'affliction que si elles eussent entendu leur sentence de mort; mais, pour ne pas laisser voir leur douleur, elles la réprimèrent et se turent. Quant à Léocadie, elle résolut de faire sans délai ce qui lui semblait nécessaire à la satisfaction de son honneur. Dès que les chirurgiens furent partis, elle entra dans la chambre de Marco-Antonio, et devant le maître de la maison, don Rafaël, Téodosia et quelques autres personnes, elle s'approcha du chevet du blessé, et, le prenant par la main, lui parla en ces termes :

« Vous n'êtes pas, seigneur Marco-Antonio Adorno, dans une situation où l'on puisse ni où l'on doive employer avec vous beaucoup de paroles. Ainsi, je voudrais seulement que vous en entendissiez quelques-unes qui conviennent, sinon à la santé de votre corps, au moins au salut de votre âme. Mais, pour que je vous les dise, il faut que vous m'en donniez la permission, et que vous m'assuriez que vous êtes en état de les entendre. Il ne serait pas juste qu'ayant toujours tâché, dès le premier moment où je vous ai connu, de ne point m'écarter de ce qui vous faisait plaisir, en ce moment, que je crois le dernier, je je fusse pour vous une cause de chagrin. »

Ces propos firent ouvrir les yeux à Marco-Antonio ; il les fixa attentivement sur Léocadie, et l'ayant presque reconnue, plutôt par le timbre de la voix que par les traits, il lui répondit d'une voix faible et dolente : « Dites, seigneur, ce qu'il vous plaira ; je ne suis pas si près de ma fin que je ne puisse vous écouter, et cette voix ne m'est pas si désagréable qu'il me soit pénible de l'entendre. »

Téodosia donnait toute son attention à ce dialogue ; chaque parole que disait Léocadie était une flèche qui lui traversait le cœur, et en même temps l'âme de don Rafaël, qui l'écoutait avec la même perplexité. Léocadie poursuivit alors : « Si le coup que vous avez reçu à la tête, dit-elle, ou plutôt qui m'a frappée dans l'âme, ne vous a point enlevé de la mémoire, seigneur Marco-Antonio, l'image de celle que vous nommiez, il y a peu de temps, votre ciel et votre gloire, vous devez vous rappeler ce qu'est Léocadie, et quelle parole vous lui avez donnée, dans une cédule écrite et signée de votre main. Vous n'avez pas oublié non plus la qualité de ses parents, sa réputation de modestie et de sagesse, et l'obligation où vous êtes à son égard, pour l'avoir fait consentir à tout ce qu'il vous a plu d'exiger d'elle, Si cela n'est point sorti de votre souvenir, bien que vous me voyiez dans un costume si différent, vous reconnaîtrez sans peine que je suis cette Léocadie, qui, tremblant que de nouveaux accidents et de nouvelles occasions ne lui enlevassent ce qui est si justement à elle, dès qu'elle sut que vous aviez quitté votre pays, résolut, en passant par-dessus tous les inconvénients et les obstacles, de vous suivre sous ces habits, dans l'intention de vous chercher par toute la terre, jusqu'à ce qu'elle vous eût trouvé. Cela ne doit pas vous surprendre, si vous avez éprouvé quelquefois jusqu'où va la puissance d'un amour véritable, et la fureur d'une femme trompée. J'ai souffert quelques peines et quelques fatigues dans l'exécution de mon dessein ; mais je les juge et les tiens toutes pour les douceurs du repos, puisqu'en me faisant vous revoir, elles m'ont procuré la satisfaction que je poursuivais : car, bien que vous soyez dans l'état où vous êtes, s'il plaît à Dieu de vous emmener de cette vie à une meilleure, pourvu qu'avant le départ vous fassiez ce que vous vous devez à vous-même, je me tiendrai pour plus qu'heureuse, vous promettant, comme je vous le promets, de mener une telle vie après votre mort, qu'il se passe bien peu de temps avant que je ne vous suive dans ce dernier et inévitable voyage. Je vous supplie donc, d'abord pour Dieu, vers qui se dirigent mes désirs et mes desseins; ensuite pour vous, qui devez beaucoup à votre sang et à votre nom, enfin pour moi, à qui vous devez plus qu'à nulle autre personne du monde, de me recevoir, ici et sur-le-champ, pour votre légitime épouse, sans attendre que la justice fasse ce que vous commandent le devoir et la raison. »

Léocadie n'ajouta rien de plus, et, tant qu'elle parla, tout ceux qui se trouvaient dans l'appartement gardèrent un merveilleux silence, qu'ils ne troublèrent point ensuite, attendant la réponse de Marco-Antonio.

« Je ne puis, madame, dit-il, nier que je ne vous connaisse; votre voix et les traits de votre visage ne me le permettraient pas. Je ne puis nier davantage les grandes obligations que je vous ai, ni la haute qualité de vos parents, ni surtout l'incomparable pureté de votre conduite. Je n'ai point et n'aurai jamais mauvaise opinion de vous pour ce que vous avez fait en venant me chercher dans un costume si différent du vôtre. Au contraire, je vous estime et vous estimerai au plus haut degré qu'il soit possible. Mais puisque mon étoile ennemie m'a conduit à ce moment que je crois, comme vous le dites, le dernier de ma vie, puisqu'en des moments si critiques les vérités se révèlent, je veux vous dire une vérité, qui, si elle ne vous est pas agréable à présent, pourra vous être bien profitable dans la suite. Je confesse, belle Léocadie, que je vous aimai et que vous m'aimâtes ; je confesse également que la cédule que je vous donnai fut écrite plutôt pour satisfaire votre désir que le mien : car, avant de la signer, il y avait bien des jours que j'avais livré ma volonté et mon âme à une autre demoiselle de ma propre ville, que vous connaissez bien, appelée Téodosia et fille d'aussi nobles parents que les vôtres. Si je vous ai donné, à vous, une cédule signée de ma main, à elle je lui ai donné cette main, en ratifiant notre union devant de tels témoins et par de telles œuvres que je restai dans l'impossibilité absolue de m'engager à nulle autre personne au monde. Les amours que j'eus avec vous ne furent qu'un jeu et un passe-temps ; je n'en obtins rien autre chose que les petites faveurs de galanterie que vous savez bien, lesquelles ne vous ont offensée et ne peuvent vous offenser en quoi que ce soit ; tandis que de Téodosia j'obtins la dernière faveur qu'elle pût m'accorder, et que je voulus qu'elle m'accordât, sous la promesse solennelle d'être son époux, comme je le suis. Si j'abandonnai elle et vous en même temps, vous incertaine et abusée, elle poursuivie de mille craintes et se croyant déshonorée, je le fis avec l'irréflexion et l'étourderie de mon âge, pensant que toutes ces choses étaient de peu d'importance, et que je pouvais agir ainsi sans aucun scrupule. D'ailleurs d'autres pensées me vinrent alors, et me poussèrent à ce que je projetais d'exécuter, c'est-à-dire à me rendre en Italie, à y passer dans le métier des armes quelques années de ma jeunesse, puis à revenir voir ce que Dieu aurait fait de vous et de ma véritable épouse ; mais le ciel, prenant pitié de moi, a permis sans doute que je fusse mis dans l'état où vous me voyez, pour qu'en confessant ces vérités, nées de mes fautes nombreuses, je paye ma dette en cette vie, et pour qu'une fois détrompée, vous restiez libre de faire ce qui vous semblera bon. Si jamais Téodosia apprend ma fin prématurée, elle saura de vous, et de ceux qui sont présents ici, que j'ai tenu à la mort la parole que je lui avais donnée en la vie. Si, pendant le peu de temps qui m'en reste, je puis, ô Léocadie, vous servir en quelque chose, parlez :

pourvu que ce ne soit pas de vous prendre pour épouse, ce que je ne puis faire, je ne refuserai rien autre chose de ce qui me sera possible pour vous contenter. »

Tandis que Marco-Antonio répondait de la sorte, il avait la tête appuyée sur sa main et son coude ; quand il eut fini, il laissa tomber son bras avec tous les symptômes d'un évanouissement. Don Rafaël accourut aussitôt, et le serrant étroitement dans ses bras : « Revenez à vous, mon cher seigneur, lui dit-il, et embrassez votre ami, devenu votre frère, puisque vous voulez bien qu'il le soit ; reconnaissez don Rafaël, votre camarade, qui sera le véridique témoin de vos volontés et de la grâce que vous voulez faire à sa sœur en la recevant pour votre épouse. » Marco-Antonio revint à lui, et, reconnaissant aussitôt don Rafaël, il l'embrassa tendrement, le baisa au visage, et lui dit : « Maintenant, mon frère et seigneur, l'extrême joie que j'ai ressentie en vous voyant ne peut manquer d'amener un grand chagrin pour compensation, puisqu'on dit qu'après le plaisir vient la tristesse ; mais, quel que soit ce chagrin, je le tiendrai pour bienvenu en échange de la satisfaction que j'ai eue à vous revoir. — Eh bien ! repartit don Rafaël, je veux vous la rendre plus douce et plus complète en vous présentant ce bijou, qui est votre épouse bien-aimée. » Cherchant Téodosia, il la trouva qui pleurait derrière tout le monde, agitée, éperdue et partagée entre la peine et la joie par ce qu'elle voyait et ce qu'elle entendait dire. Son frère la prit par la main, et, sans faire aucune résistance, elle se laissa conduire où il voulut ; ce fut auprès de Marco-Antonio, qui la reconnut et la prit dans ses bras, versant avec elle de tendres et amoureuses larmes.

Tous les assistants étaient frappés de surprise à la vue d'un si étrange événement ; ils se regardaient les uns les autres, sans dire une parole, attendant quelle serait l'issue de tout cela. Mais la triste et désabusée Léocadie, qui vit de ses propres yeux ce que faisait Marco-Antonio, qui vit celui qu'elle croyait être frère de don Rafaël dans les bras de celui qui était son époux, voyant à la fois ses espérances déçues et ses désirs anéantis, échappa aux regards de tous les assistants, qui les fixaient avec attention sur le malade embrassant le page, et sortit de l'appartement ; puis elle gagna précipitamment la rue, dans l'intention de s'en aller en désespérée par le monde, où personne ne la revit plus. Mais à peine était-elle arrivée dans la rue, que don Rafaël s'aperçut de son absence ; et, comme si l'âme lui eût manqué, il s'informa d'elle; mais personne ne put lui dire ce qu'elle était devenue. Sans attendre davantage, il sortit, plein de désespoir, pour la chercher, et courut d'abord à l'auberge où on lui dit qu'était descendu Calvète, dans la crainte qu'elle n'y fût allée prendre une monture pour s'enfuir. Ne l'ayant point trouvée en cet endroit, il courait comme un fou par les rues, la cherchant de côté et d'autre ; puis, pensant tout à coup qu'elle pourrait être retournée vers les galères, il se rendit à la marine, et, un peu avant d'arriver sur la plage, il entendit que, de terre, on demandait à grands cris l'esquif de la capitane. C'était la belle Léocadie, qui, appréhendant quelque surprise et entendant des pas derrière elle, mit l'épée à la main, et attendit sur ses gardes l'arrivée de don Rafaël. Elle le reconnut aussitôt, et s'affligea de ce qu'il l'eût rencontrée, surtout dans un endroit si solitaire : car elle s'était aperçue à plus d'un signe que don Rafaël n'était pas insensible à ses charmes, mais qu'au contraire il l'aimait tellement, qu'elle se serait trouvée bien heureuse d'être autant aimée de Marco-Antonio.

Comment pourrais-je rapporter à présent tous les propos qu'adressa don Rafaël à Léocadie pour lui déclarer l'état de son âme ? Ils furent si longs et si passionnés que je n'ose point essayer de les redire. Mais, puisqu'il faut de toute nécessité en reproduire quelques-uns, voici, entre autres choses, le langage qu'il lui tint : « Si, avec le bonheur qui me manque, l'audace me manquait aussi, ô belle Léocadie, pour vous découvrir en ce moment les secrets de mon âme, il faudrait ensevelir dans un perpétuel oubli la plus ardente et la plus pure volonté qui soit née et qui puisse naître en un cœur amoureux. Mais, pour ne pas faire cette offense à mon juste désir, je veux, madame, quoi qu'il m'en arrive, vous faire observer, si votre passion vous le permet, qu'en aucune chose Marco-Antonio ne l'emporte sur moi, si ce n'est dans le bonheur d'être aimé de vous. Mon sang est aussi noble que le sien, et, quant aux biens qu'on appelle de la fortune, je ne lui cède pas beaucoup. Pour ceux de la nature, il ne convient pas que je me loue moi-même, surtout si, à vos yeux, ceux que je possède ne sont de nulle estime. Je vous dis tout cela, ô femme qu'aveugle la passion, pour que vous saisissiez l'unique ressource que vous offre le sort dans le comble de votre disgrâce. Vous voyez bien que Marco-Antonio ne peut être à vous, puisque le ciel l'a donné à ma sœur ; et ce même ciel, qui aujourd'hui vous a enlevé

Marco-Antonio, veut en revanche me donner à vous, moi qui ne désire plus d'autre bien en cette vie que celui d'être votre époux. Prenez garde que le bonheur frappe maintenant à la porte du malheur qui vous a jusqu'à présent poursuivie ; et ne pensez pas que la témérité que vous avez commise en courant après Marco-Antonio puisse être un motif pour que je ne vous estime pas autant que vous le mériteriez, si vous n'aviez jamais pris ce parti ; à l'heure où je me détermine, où je veux m'égaler à vous, en vous choisissant pour ma dame perpétuelle, à cette heure même j'oublierai, ou plutôt j'ai oublié déjà tout ce que j'ai su, tout ce que j'ai vu sur ce sujet. Je sais très-bien que la même violence qui m'a contraint d'une façon si brusque et si irrésistible à vous adorer, à me livrer à vous, cette même violence vous a conduite à l'état où vous êtes ; ainsi donc, il ne sera pas besoin de chercher d'excuse, là où il n'y eut aucune faute. »

A tout ce que lui disait don Rafaël, Léocadie gardait le silence ; seulement, de temps à autre, elle poussait de profonds soupirs, tirés du fond de ses entrailles. Don Rafaël eut la hardiesse de lui prendre une main, qu'elle n'eut pas la force de lui retirer ; et, la couvrant de baisers, il lui disait : « Achevez, ô dame de mon âme[1], achevez d'en prendre entièrement possession à la vue de ces cieux étoilés qui nous couvrent, de cette mer paisible qui nous écoute, de ces sables humides qui nous soutiennent. Accordez-moi ce *oui*, qui convient certes autant à votre honneur qu'à mon contentement. Je vous répète que je suis gentilhomme, comme vous le savez, que je suis riche, et que je vous aime, ce que vous devez le plus estimer ; j'ajoute qu'au lieu de vous trouver seule, en cet équipage si différent de celui qu'exige votre honneur, loin de la maison de vos parents et de votre famille, sans personne pour vous fournir ce qui vous est nécessaire, sans espérance d'obtenir ce que vous étiez venue chercher, vous pouvez retourner dans votre patrie sous le costume qui vous honore et qui vous appartient, accompagnée d'un époux égal à celui que vous aviez su choisir, riche, contente, estimée, servie et louée même de tous ceux à qui viendra la connaissance des événements de notre histoire. S'il en est ainsi, et vous en convenez, je ne sais ce qui peut vous faire hésiter. Achevez donc, dis-je encore une fois,

---

1. Le mot *señora*, en espagnol, a plus de force que notre mot *dame*: il indique une autorité, un commandement ; c'est le féminin de *seigneur*.

de me relever de l'abîme de ma misère jusqu'au ciel du bonheur de vous mériter. En cela, vous travaillerez pour vous-même, et vous obéirez aux lois de la courtoisie et du bon discernement, en vous montrant à la fois reconnaissante et bien avisée.

— Allons donc! s'écria l'incertaine Léocadie; puisque le ciel en ordonne ainsi, puisqu'il n'est ni en mon pouvoir, ni en celui d'aucun être vivant, de s'opposer à ce qu'il a résolu, que sa volonté soit faite, et la vôtre aussi, mon seigneur! Ce même ciel sait bien avec quelle honte je viens de me rendre à votre volonté, non par faute de comprendre tout ce que je gagne en vous obéissant, mais parce que je crains qu'en cédant à votre désir, vous ne me regardiez avec des yeux autres que ceux qui peut-être vous ont jusqu'à présent trompé. Mais, quoi qu'il arrive, à la fin ce nom de femme légitime de don Rafaël de Villavicencio ne se pourra plus perdre, et avec ce titre seul je vivrai contente. Si la conduite que vous me verrez tenir lorsque je vous appartiendrai mérite que vous m'accordiez quelque estime, je rendrai grâces au ciel de m'avoir conduite à travers de si étranges détours et de si grands malheurs au bonheur d'être à vous. Donnez-moi, seigneur don Rafaël, donnez-moi la main; voici la mienne que je vous donne; et prenons à témoins ces objets que vous dites, le ciel, la mer, le rivage, et ce silence qui n'est interrompu que par mes soupirs et vos prières. »

Après cette réponse, elle se laissa donner un baiser, puis elle tendit la main à don Rafaël, qui lui donna la sienne, sans que ces nocturnes et nouvelles fiançailles fussent célébrées autrement que par les larmes que, en dépit des chagrins passés, la joie tirait de leurs yeux. Ils retournèrent aussitôt à la maison du gentilhomme, qui était dans un grand souci de leur absence, ainsi que Marco-Antonio et Téodosia, lesquels venaient d'être mariés par la main d'un prêtre : car, sur les instances de Téodosia, qui craignait que quelque accident fâcheux ne lui enlevât le bien qu'elle avait retrouvé, le gentilhomme avait envoyé sur-le-champ chercher quelqu'un pour leur donner la bénédiction nuptiale. Aussi, lorsque don Rafaël et Léocadie rentrèrent, et que don Rafaël conta ce qui venait de lui arriver avec Léocadie, il augmenta la joie de ses hôtes comme s'ils eussent été ses proches parents. C'est une qualité propre à la noblesse catalane de savoir accueillir comme amis et favoriser les étrangers qui ont à réclamer d'elle quelques services. Le prêtre, qui était encore présent, ordonna que Léocadie changeât de costume et reprît celui de son sexe. Le gentilhomme y pourvut avec empressement, en habillant les deux jeunes filles avec deux riches vêtements de sa femme, qui était une dame de qualité, de la famille des Granolleque, ancienne et fameuse dans ce royaume. Il fit avertir le chirurgien, qui se désolait, en homme charitable, de ce qu'on fît tant parler le blessé, au lieu de le laisser seul; aussi la première chose qu'il commanda, en arrivant, ce fut qu'on gardât le silence autour de lui. Mais Dieu, qui en avait ordonné autrement, Dieu qui prend pour instrument de ses œuvres, quand il veut faire éclater quelque miracle à nos yeux, des moyens qu'ignore la nature elle-même, voulut que la joie et l'agitation de Marco-Antonio eussent précisément pour effet d'améliorer son état, de manière que le lendemain, lorsqu'on le pansa, on le trouva hors de danger, et, quatorze jours après, il se leva assez bien portant pour pouvoir sans nulle inquiétude se mettre en chemin.

Il faut savoir que, durant le temps que Marco-Antonio garda le lit, il fit vœu, si Dieu le guérissait, d'aller en pèlerinage, à pied, jusqu'à Saint-Jacques de Compostelle. Ce vœu fut répété par don Rafaël, Léocadie, Téodosia, et même Calvète, le garçon muletier. C'est une œuvre pie fort peu à l'usage des gens de semblable métier; mais la bonté et l'affabilité qu'il avait trouvées chez don Rafaël l'obligèrent à ne point le quitter qu'il ne fût de retour en son pays. Voyant que ses maîtres allaient faire la route à pied, comme des pèlerins, il envoya ses mules à Salamanque, avec celle qui appartenait à don Rafaël. Les occasions ne lui manquèrent point.

Enfin le jour du départ arriva, et les voyageurs, munis de leurs pèlerines, de leurs bourdons, et de tout ce qui était nécessaire, prirent congé du libéral gentilhomme, qui leur avait fait si bon accueil et les avait comblés de tant de faveurs. Son nom était don Sancho de Cardona, illustre par le sang et par les qualités de sa personne. Ils promirent tous de garder, eux et leurs descendants, à qui ils en laisseraient l'obligation, la mémoire des grâces singulières qu'ils avaient reçues de lui, afin d'en être au moins reconnaissants, s'ils ne pouvaient autrement les payer de retour. Don Sancho les embrassa tous, en leur disant que son humeur naturelle le portait à rendre ces services, ou d'autres qui leur fussent agréables, à tous ceux qu'il connaissait ou qu'il imaginait être de nobles Castillans[1]. Deux fois on répéta les embrassements; puis enfin, avec une joie mêlée de quelque sentiment de tristesse, on se sépara.

Les voyageurs, cheminant avec les précautions qu'exigeait la délicatesse des deux nouvelles pèlerines, arrivèrent en trois jours au monastère de Montserrat; puis, après y être restés trois autres jours, remplissant leurs devoirs de bons chrétiens catholiques, ils reprirent leur route avec la même lenteur, et, sans avoir éprouvé ni retard ni accident, ils arrivèrent à Saint-Jacques. Après y avoir accompli leur vœu avec toute la dévotion possible, ils ne voulurent point quitter leurs habits de pèlerins avant d'être rentrés chez eux. Ils approchèrent peu à peu de leurs demeures, sans fatigue et toujours satisfaits. Mais, avant d'y arriver, et se trouvant déjà en vue du pays de Léocadie, qui n'était pas, comme on l'a dit, à plus d'une lieue de celui de Téodosia, du haut d'une colline, ils découvrirent les deux bourgs, sans pouvoir retenir leurs larmes, que fit couler la joie de les revoir, au moins pour les deux mariées, à qui cette vue rappela le souvenir des événements passés.

De l'endroit où ils s'étaient arrêtés, on découvrait une longue vallée qui séparait les deux pays. Ils aperçurent, à l'ombre d'un olivier, un élégant cavalier, monté sur un puissant cheval, portant au bras gauche un écu d'une éclatante blancheur, et dans la main droite une longue et forte lance croisée. En regardant avec attention, ils virent arriver, à travers le bois d'olivier, deux autres cavaliers avec les mêmes armes et le même maintien. Puis, à peu de temps de là, ils les virent se réunir tous trois et se séparer de nouveau, après être restés quelques moments ensemble. L'un des derniers venus s'éloigna avec celui qui s'était trouvé le premier sous l'olivier, et tous deux, ayant pris du champ et donnant de l'éperon à leurs chevaux, s'attaquèrent l'un l'autre avec l'animosité de mortels ennemis. Ils se portaient d'adroits et vigoureux coups de lance, tantôt évitant le choc et tantôt le parant, avec une telle dextérité, qu'ils se faisaient bien reconnaître pour maîtres

---

[1]. Cervantès a voulu peut-être payer lui-même quelque dette de reconnaissance, dans cet éloge d'un gentilhomme catalan et de l'hospitalité que les étrangers trouvent à Barcelone. Il avait passé, fort jeune, dans cette ville, lorsqu'il suivit à Rome, en qualité de *camériste*, le cardinal Acquaviva.

dans cet exercice. Le troisième les regardait sans bouger de place. Mais don Rafaël, ne pouvant se contenter de voir de si loin cette vive et singulière rencontre, descendit la colline en courant à toutes jambes, suivi de sa sœur et de sa femme. Il arriva bientôt près des combattants, à l'instant où tous deux étaient déjà légèrement blessés. L'un d'eux, qui avait eu son chapeau jeté à terre, ainsi qu'un morion d'acier, ayant tourné la tête, don Rafaël reconnut que c'était son père, et Marco-Antonio reconnut le sien dans l'autre cavalier. Pour Léocadie, qui regardait attentivement celui qui ne combattait point, elle reconnut aussi que c'était le père qui lui avait donné le jour. A cette vue, les quatre pèlerins demeurèrent stupéfaits, hors d'eux-mêmes. Mais, aussitôt que la surprise eut fait place à la réflexion, les deux beaux-frères s'élancèrent entre les combattants, leur disant à grands cris : « Arrêtez, cavaliers, arrêtez ; ceux qui vous le demandent, qui vous en supplient, sont vos propres enfants. — Je suis Marco-Antonio, mon père et seigneur, s'écriait Marco-Antonio ; c'est moi pour qui, à ce que j'imagine, vos vénérables cheveux blancs se sont exposés à un si imminent péril. Calmez cette furie, et jetez cette lance, ou tournez-la contre un autre ennemi : car celui que vous avez en face doit être désormais votre frère. » Don Rafaël adressait presque les mêmes expressions à son père, et les deux cavaliers s'arrêtèrent en les entendant ; puis ils se mirent à considérer attentivement ceux qui leur parlaient ainsi, et, tournant la tête, ils virent que don Enrique[1], le père de Léocadie, avait mis pied à terre et serrait dans ses bras celui qu'ils pensaient être un pèlerin. C'est que Léocadie, en effet, s'était approchée de lui, et, se faisant connaître, elle l'avait prié de séparer ceux qui se battaient en sa présence, après lui avoir brièvement raconté comment don Rafaël était son époux, et Marco-Antonio celui de Téodosia. A ces nouvelles, son père était descendu de cheval, et la tenait embrassée, comme on l'a dit. Mais, la quittant bientôt, il courut mettre la paix entre les combattants, ce qui, du reste, n'était plus nécessaire : car ils avaient tous deux reconnu leurs fils, et ils étaient à terre, les pressant dans leurs bras et versant des larmes d'amour et de joie. Enfin ils se rassemblèrent tous, et les pères, regardant de nouveau leurs enfants, ne savaient ni que penser ni

---

1. Cervantès a dit précédemment que le père de Léocadie n'était point don Enrique, mais son frère don Sancho.

que dire. Ils leur portaient les mains sur le corps, pour voir si ce n'étaient pas des êtres fantastiques, car leur arrivée imprévue pouvait en faire naître le soupçon. Mais, une fois détrompés, ils recommencèrent les embrassements et les pleurs.

En ce moment parurent dans le vallon une grande troupe de gens armés, à pied et à cheval, qui venaient défendre le gentilhomme de leur pays. Mais quand ils virent, en arrivant, les combattants dans les bras de ces pèlerins et les yeux pleins de larmes, ils s'arrêtèrent étonnés, et restèrent ainsi en suspens jusqu'à ce que don Enrique leur eût brièvement rapporté ce que lui avait conté sa fille Léocadie. Alors ils allèrent tous embrasser les pèlerins, avec de si grandes marques de joie qu'on ne saurait les décrire. Don Rafaël raconta une seconde fois à tout le monde, avec la brièveté qu'exigeait le temps, toute l'aventure de ses amours, et comment il revenait marié à Léocadie, tandis que sa sœur Téodosia l'était à Marco-Antonio : nouvelles qui, de nouveau, causèrent une nouvelle allégresse. Ensuite, on prit parmi les chevaux des gens venus au secours ceux qui étaient nécessaires pour les cinq pèlerins, et l'on résolut de se rendre au pays de Marco-Antonio, dont le père offrit de faire chez lui toutes les noces. Cette offre acceptée, on partit tous ensemble, et quelques-uns de ceux qui s'étaient trouvés présents à cette scène prirent les devants pour porter de si heureuses nouvelles aux parents et aux amis des fiancés.

Pendant la route, don Rafaël et Marco-Antonio apprirent quelle était la cause de ce combat. Le père de Téodosia et celui de Léocadie avaient défié le père de Marco-Antonio, l'accusant d'avoir été complice des perfidies de son fils. Ils étaient venus tous deux au rendez-vous, où, le trouvant seul, ils ne voulurent pas combattre avec l'avantage du nombre, mais bien un contre un, comme des gentilshommes ; et leur combat eût fini par la mort de l'un ou de tous deux, sans l'arrivée de leurs enfants. Les quatre pèlerins rendirent grâce à Dieu de cet heureux dénoûment, et, le lendemain de leur arrivée, le père de Marco-Antonio fit célébrer avec une splendide somptuosité, avec une magnificence royale, les noces de son fils et de Téodosia, ainsi que celles de don Rafaël et de Léocadie. Les deux nouveaux mariés vécurent de longues et heureuses années en compagnie de leurs épouses, laissant une illustre descendance, laquelle subsiste encore aujourd'hui dans les deux bourgades, qui sont des plus riches de l'Andalousie. Si on ne les nomme point, c'est pour garder le respect dû aux jeunes filles, à qui peut-être des langues médisantes, ou sottement scrupuleuses, reprocheraient la légèreté de leur conduite et leur subit changement de costume. Ces gens-là, je les prie de ne point s'aventurer à blâmer de semblables libertés, avant d'avoir ramené sur eux leurs regards, et de s'être demandé s'ils n'ont jamais été atteints de ce qu'on appelle les flèches de l'amour : car c'est une violence, si l'on peut employer ce mot, vraiment irrésistible, que le désir fait à la raison. Calvète, le garçon de mules, garda celle que don Rafaël avait envoyée à Salamanque, outre plusieurs autres présents qu'il reçut des époux, et les poëtes du temps eurent occasion d'employer leurs plumes en chantant la beauté et les aventures des deux jeunes filles, aussi hardies que vertueuses, qui font le principal sujet de cet étrange récit.

LE PETIT-FILS
DE SANCHO PANZA.

Par une matinée d'été, deux jeunes gentilshommes, étudiants à l'université de Salamanque, se promenant sur les bords du Tormès, rencontrèrent un jeune garçon qui dormait sous un arbre. Il pouvait avoir une douzaine d'années, et portait des habits de paysan. Les étudiants le firent éveiller par un valet qui les avait suivis, et demandèrent à l'enfant d'où il venait, où il allait, ce qu'il faisait enfin à dormir tout seul dans cet endroit écarté. L'autre répondit, en se frottant les yeux, qu'il avait oublié le nom de son pays, et qu'il allait à Salamanque, un pied devant l'autre, couchant aux auberges que lui offraient les arbres du grand chemin, pour chercher un maître à servir, sous la seule condition qu'il le fît étudier. « Sais-tu déjà lire? demanda l'un des gentilshommes. — Et même écrire, pour servir Votre Grâce, répondit le jeune paysan. — En ce cas, reprit l'autre étudiant, ce n'est point faute de mémoire que tu as oublié le nom de ton pays? — Faute de mémoire ou faute de volonté, repartit l'enfant, toujours est-il que personne ne saura le nom de mon pays ni celui de mes parents avant que je puisse leur faire honneur. — Et comment penses-tu leur faire honneur? demanda le premier gentilhomme. — Par mes études, répondit le petit voyageur, en me rendant savant et fameux : car j'ai toujours ouï dire à mon grand-père que c'est des hommes que se font les évêques. »

La bonne mine de l'enfant, et la vivacité d'esprit dont ses répliques rendaient témoignage, plurent aux nobles étudiants; ceux-ci, s'étant un moment consultés, lui annoncèrent qu'ils consentaient à le prendre à leur service, et que, suivant l'usage de l'université, ils lui feraient suivre les cours où tant de pauvres diables ne peuvent pénétrer qu'en se faisant valets des étudiants riches. Ravi de joie à cette heureuse nouvelle, le petit paysan, dans l'effusion de sa reconnaissance, ne put garder plus longtemps son secret, et, chemin faisant pour retourner à la ville, il conta à ses nouveaux maîtres qu'il était né dans le village d'Argamasilla de Alba, patrie du grand et à jamais célèbre hidalgo don Quichotte de la Manche, fleur et miroir de la chevalerie errante; qu'il avait pour grand-père l'écuyer non moins fameux de cet illustre chevalier, le Gandalin de cet autre Amadis, le gros, court, simple et jovial Sancho Panza. Il ajouta que sa mère était cette petite Sanchica qui sautait si légèrement devant le cheval du page de la duchesse, et qui mouillait ses jupes d'attendrissement en recevant les cadeaux de son père le gouverneur. Dame Thérèse, en dépit des fumées vaniteuses de son mari l'écuyer, qui voulait faire leur fille au moins comtesse et l'envoyer à l'église en carrosse, l'avait, mieux avisée, mariée au fils de leur voisin, à ce Lope Tocho, garçon frais et joufflu, que la petite fille regardait d'assez bon œil.

Sancho Tocho (ainsi s'appelait le petit-fils de Sancho Panza) n'eut pas besoin, pour prouver sa généalogie, d'exhiber aux étudiants son acte de baptême ou un certificat en bonne forme, signé de l'alcade et de l'*escribano* de son endroit. Dès que le babil lui vint avec la familiarité, il leur eut bientôt démontré qu'il était le digne rejeton de cette famille des Panza, dont le curé disait que chacun d'eux venait au monde avec un sac de proverbes dans le ventre, et n'avait plus qu'à ouvrir la bouche pour les verser comme la pluie.

Peu de jours après la rencontre du petit Sancho et leur retour à Salamanque, ses maîtres l'habillèrent d'une souquenille noire et le menèrent derrière eux aux cours de l'université. Peu de semaines ensuite, il donnait déjà les preuves d'une rare intelligence et d'une heureuse application. Tout entier à ses études, il servait pourtant ses maîtres avec tant de diligence et de ponctualité, qu'on eût dit qu'il n'avait d'autre occupation que leur service; et, comme il les étonnait par son esprit autant qu'il leur plaisait par sa complaisance, Sancho cessa peu à peu d'être le serviteur de ses maîtres pour devenir leur compagnon.

Finalement, pendant huit années qu'il passa de la sorte avec eux, il acquit tant de renom dans l'université, par la solide et brillante instruction qu'il y puisa, qu'il était estimé de tout le monde, et montré pour modèle aux étudiants de haut et de bas étage. Il apprit la théologie et la jurisprudence; mais ce fut surtout dans les humanités et les belles-lettres qu'il se distingua. Sa mémoire était prodigieuse, et, comme elle s'enrichissait chaque jour par la culture de son esprit, on recherchait avec empressement son commerce et sa conversation. Enfin le temps arriva où ses maîtres cessèrent leurs études et retournèrent dans leur pays, qui était l'une des principales villes de l'Andalousie. Ils emmenèrent avec eux Sancho, qui passa quelque temps dans leur maison. Mais il était sans cesse tourmenté du désir de reprendre ses études et de revoir Salamanque, dont le séjour plein de charmes est regretté de tous ceux qui l'ont connu. Il demanda donc à ses maîtres la permission de retourner à l'université. Ceux-ci, non moins généreux que bienveillants, ajoutèrent à cette permission d'assez riches cadeaux pour qu'il pût, sans aucun secours, se maintenir honorablement au moins trois années.

Sancho prit congé d'eux, montrant dans ses paroles toute sa reconnaissance, et, monté sur une bonne mule, il sortit de Malaga, qui était le pays de ses maîtres. A la descente de la Zambra, sur le chemin d'Antequera, il fit rencontre d'un gentilhomme à cheval, vêtu d'un élégant habit de voyage et suivi de deux valets également montés. Les deux voyageurs se saluèrent, s'abordèrent, et, sachant l'un de l'autre qu'ils faisaient la même route, ils convinrent de cheminer ensemble. Tout en causant de choses et d'autres, Sancho fit bientôt briller son esprit cultivé, tandis que le gentilhomme montrait un caractère franc et jovial. Il raconta à son compagnon de route qu'il était capitaine d'infanterie au service de Sa Majesté, et que son *alferez* [1] s'occupait à former la compagnie dans la province de Salamanque. Il vanta beaucoup l'état militaire et le pays où il allait l'exercer; il peignit avec enthousiasme la beauté de Naples, les amusements de Palerme, les festins de Milan; bref, il porta au ciel la vie libre du soldat et les délices de l'Italie, mais sans parler du froid ou du chaud des factions, de sentinelles, des dangers de l'assaut, des horreurs de la bataille, de la famine des sièges, de la destruction des mines, et de tous les autres inconvénients du métier. Finalement, il parla tant et si bien que les belles résolutions de notre Sancho

---

1. Porte-enseigne.

commencèrent à s'ébranler, et qu'il prit goût à cette vie, qui a pourtant la mort si près d'elle. Le capitaine, qui se nommait don Diego de Valdivia, enchanté de la bonne mine et de l'esprit de Sancho, le pria instamment de l'accompagner en Italie, seulement par curiosité et pour voir ce pays fameux. Il lui offrit sa table, et même au besoin le drapeau de sa compagnie, que l'*alferez* devait quitter bientôt. C'était plus qu'il n'en fallait pour décider Sancho, lequel, faisant avec lui-même une courte délibération, reconnut qu'il serait bon de voir l'Italie, la Flandre et des pays nouveaux, puisque les longs voyages forment les hommes à l'expérience, et que les trois ou quatre années qu'il pouvait employer ainsi, ajoutées à ses vingt ans, ne faisaient pas un âge si avancé qu'il ne pût ensuite reprendre ses études. Il répondit donc au capitaine qu'il l'accompagnerait très-volontiers en Italie, mais à la condition de ne pas prendre rang sous le drapeau, afin de conserver toute sa liberté. Vainement le capitaine lui fit observer qu'il importait peu que son nom figurât sur les contrôles; que, jouissant ainsi de la paye et des avantages attribués à la compagnie, il aurait, d'ailleurs, tous les congés qu'il voudrait obtenir. « Non pas, répondit Sancho; ce serait agir contre ma conscience et contre celle du seigneur capitaine ; j'aime mieux aller là libre qu'attaché. — Une conscience si scrupuleuse, reprit le capitaine, est plutôt de religieux que de soldat. Mais, passe ; qu'il en soit comme vous voudrez; nous n'en restons pas moins bons amis. »

Ils passèrent la nuit à Antequera, et, peu de jours après, rencontrèrent la compagnie, qui, déjà formée, avait pris la route de Carthagène. Ils revinrent sur leurs pas avec elle. Sancho avait jeté, comme on dit, le froc aux orties ; il avait mis bas la souquenille noire, pour s'habiller en perroquet et porter un costume chamarré de toutes couleurs. Des nombreux livres qui le suivaient à Salamanque, il n'avait conservé que deux petits volumes, les *Heures de la Vierge* et un Garcilaso[1] sans commentaire, qu'il emportait dans ses deux poches. Ainsi équipé à la légère, plus en soldat qu'en lettré, Sancho suivit son ami le capitaine à Carthagène, où il arriva plus tôt

---

[1]. Garcilaso de la Véga, que les Espagnols appellent le prince de leurs poëtes, n'a laissé que trois églogues, deux élégies, une épître, cinq *canciones* et une quarantaine de sonnets. Il était militaire, et fut tué à l'âge de trente-trois ans.

qu'il n'aurait voulu, tant lui plaisait la vie d'étapes. Là, il prit passage sur une galère de la flotte de Naples, et après une assez rude traversée, après avoir essuyé deux tempêtes, dont l'une le jeta sur les côtes de Corse et l'autre le ramena en vue de Toulon, il entra enfin dans le port de Gênes la belle. Sautant à terre avec ses compagnons, le capitaine les mena faire une courte visite dans la première église qui se trouva sur leur chemin, et de là dans une hôtellerie de sa connaissance, où, au milieu des joies d'un long *gaudeamus*, ils oublièrent les tourmentes passées. Le bon Sancho s'étonna de tant de mets divers, de tant de vins fameux ; il admira aussi les blonds cheveux des Génoises, les nobles façons des hommes de ce pays, et surtout l'admirable aspect de la ville, dont les maisons semblent enchâssées dans les roches du sol, comme des diamants dans leurs montures d'or.

Dès le lendemain, la compagnie se mit en route pour le Piémont ; mais Sancho refusa de faire ce voyage, voulant aller par terre à Rome et à Naples, et revenir par Venise et Milan, avant de rejoindre le capitaine Valdivia dans sa garnison, ou en Flandre, s'il y était envoyé. Deux jours après lui avoir fait ses adieux, Sancho prit la route de Florence, en passant par Lucques, ville petite, mais bien bâtie, où les Espagnols sont mieux vus et accueillis qu'en aucun autre endroit de l'Italie[1]. Florence lui plut beaucoup par l'agrément de son site, par sa propreté, ses somptueux édifices, sa fraîche rivière et le calme de ses rues. Il y resta quatre jours, et se mit en route pour Rome, reine des cités et maîtresse du monde. Il visita ses temples, adora ses reliques, admira sa pompe et sa grandeur ; et, de même que par les griffes du lion l'on devine sa force et sa férocité, il comprit la grandeur de Rome par ses marbres brisés, ses statues mutilées, ses arcs abattus, ses thermes en ruine, ses riches portiques, ses vastes amphithéâtres, son fleuve fameux et sacré, qui toujours remplit ses bords et les sanctifie par les reliques innombrables des corps de martyrs dont il fut la sépulture, ses ponts qui semblent se regarder l'un l'autre, ses rues enfin que leurs noms mémorables, la via Appia, la Flaminia, la Julia, mettent au-dessus de toutes celles des autres cités du monde. Sancho n'admira

---

1. Je crois devoir, bien que ce soit un hors-d'œuvre, conserver les souvenirs fort courts que Cervantès trace ici de son séjour en Italie ; ce sont des jugements qui peuvent sembler curieux à notre époque.

pas moins les montagnes qu'elle renferme en son sein, le Quirinal, le Vatican et les autres, dont les noms témoignent encore de la majesté du peuple romain. Il remarqua aussi la pompe du collège des cardinaux, la majesté du souverain pontife, le concours et la variété des gens qui se rendent là de toutes les régions. Après avoir fait la station des sept églises, après s'être confessé au grand pénitencier et avoir baisé le pied du pape, chargé de chapelets et d'*Agnus Dei*, il prit le chemin de Naples, où bientôt, à l'admiration que lui avait causée la vue de Rome, il ajouta celle que cause la vue de Naples, ville, à son avis et à celui de tous ceux qui la visitent, la meilleure de l'Europe, ou plutôt du monde entier. De là il se rendit en Sicile, vit Palerme et Messine, admirant la position de l'une et le port de l'autre, et trouvant que, par son abondance incroyable, cette île mérite bien d'être nommée le grenier de l'Italie. De retour à Naples et à Rome, Sancho gagna Notre-Dame-de-Lorette, et visita son temple, où il ne put apercevoir ni murailles ni toitures, tant elles étaient couvertes de béquilles, de suaires, de chaînes, de chevelures, de membres en cire, de tableaux et de retables, qui rendaient là témoignage des innombrables grâces que Dieu avait répandues par l'intercession de sa divine mère, laquelle voulut illustrer sa sainte image par une foule de miracles, en récompense de la dévotion que lui montrent ceux qui ornent de semblables tentures les murs de sa maison. Il vit aussi la chambre même où se passa la plus haute et la plus importante ambassade dont furent jamais témoins les anges et tous les bienheureux habitants des demeures éternelles [1]. De là, s'embarquant au port d'Ancône, il descendit à Venise, ville unique avant la venue au monde de Christophe Colomb; mais, grâce au ciel et au grand Fernand Cortez, qui a conquis Mexico, Venise a trouvé sa pareille. Ces deux fameuses villes se ressemblent par leurs rues, qui sont des canaux; celle de l'Europe est l'admiration du monde ancien, celle d'Amérique, la merveille du nouveau monde. Sancho trouva que la richesse de Venise était infinie, son gouvernement sage, sa position inexpugnable, son abondance extrême, ses alentours charmants, qu'enfin tout son ensemble et chacune de ses parties étaient dignes de la renommée dont elle jouit dans l'univers entier, et qu'elle doit surtout à son fameux arsenal, où se fabriquent ses galères, et

---

[1]. L'Annonciation.

d'où partent des navires en nombre infini. Peu s'en fallut que les plaisirs et les divertissements qu'offrit Venise à notre curieux voyageur n'en fissent pour lui l'île de Calypso, car il sembla y oublier ses premières résolutions. Enfin, après un mois de séjour, il revint par Ferrare à Milan, véritable atelier de Vulcain, objet de convoitise et de rancune pour la France, ville grande, magnifique, abondamment pourvue de toutes les choses nécessaires à la vie humaine. De Milan, il gagna le fort d'Asti, au moment où partait pour la Flandre le *tercio* dans lequel servait son ami le capitaine. Valdivia le reçut à bras ouverts, et Sancho, prenant avec lui la route de Flandre, arriva à Anvers, ville non moins faite pour exciter son admiration que celles qu'il avait vues en Italie. Il visita encore Gand et Bruxelles, et, ayant dès lors pleinement satisfait le désir qui lui avait fait entreprendre un si long voyage, il résolut de retourner en Espagne, et d'aller reprendre à Salamanque le cours de ses études. Cette nouvelle résolution fut exécutée aussitôt que prise, au grand déplaisir du capitaine, qui pria son ami l'étudiant de lui envoyer des nouvelles de sa santé et de son retour. Après leurs mutuels adieux, Sancho regagna l'Espagne en traversant la France, mais sans avoir vu Paris, qu'agitait alors la guerre civile. Enfin, il arriva à Salamanque, où il fut bien reçu de ses anciens amis, et, reprenant, avec leur assistance, le cours interrompu de ses études, il parvint promptement au grade de licencié en droit.

Au moment où Sancho prenait ses licences, une dame de grand ton et de grand faste, comme il s'en montre quelquefois aux universités, vint s'établir à Salamanque. Aussitôt tous les oiseaux du pays coururent à l'appeau, et il n'y eut pas de cuistre si crasseux ni de si chétif *vade-mecum*[1] qui n'allât s'abattre autour de la dame. On dit à Sancho qu'elle avait parcouru l'Italie et la Flandre, et, pour voir s'il ne la connaîtrait point, il alla aussi lui rendre visite. Le résultat de l'entrevue fut que la dame tomba éperdument éprise du licencié ; mais lui, qui ne s'était pas même aperçu de ses succès, ne voulait plus retourner chez elle, à moins d'y être conduit par force. Finalement la dame lui découvrit ses amoureuses pensées, et lui offrit sa main et sa fortune. Sancho, qui s'occupait plus de ses livres que d'autres passe-temps, répondit

---

1. Étudiant. On les appelait ainsi du nom de l'espèce de portefeuille où ils serraient leurs livres et leurs papiers.

aux avances de la dame par un refus formel. Celle-ci, se voyant dédaignée et se croyant haïe, pensant d'ailleurs que les armes ordinaires de la coquetterie n'étaient pas capables de vaincre la froide insensibilité de Sancho, prit le parti de recourir à des moyens qui lui semblaient plus efficaces et plus certains. Conseillée par une Maurisque à son service, elle fit prendre au licencié dans un coing confit, un de ces breuvages qu'on appelle *charmes*, croyant lui donner une chose qui le forcerait à l'aimer, comme s'il y avait dans le monde des herbes ou des paroles magiques capables de faire violence au libre arbitre de l'homme. Aussi, tous ceux qui donnent ces philtres et ces drogues amoureuses peuvent bien s'appeler empoisonneurs : car ils ne font autre chose, comme l'a prouvé l'expérience en mille occasions, que donner du poison à ceux qui les prennent. Le pauvre Sancho mangea le coing, et tout aussitôt se mit à battre des pieds et des mains, comme s'il eût été pris d'une attaque d'épilepsie. Il tomba par terre, sans connaissance, et resta ainsi plusieurs heures, au bout desquelles, revenant à lui, il s'écria, d'une voix entrecoupée et tremblante, qu'un coing qu'il avait mangé, venant de telle personne, lui avait donné la mort. Instruite de l'événement, la justice envoya saisir la meurtrière; mais, en voyant le mauvais résultat de sa trame amoureuse, elle avait pris la fuite, et jamais elle ne reparut à Salamanque.

Sancho resta au lit six mois entiers, pendant lesquels il dépérit et se dessécha au point de n'avoir plus que la peau sur les os. Sa raison aussi se troubla, et, bien que les remèdes de la faculté ou la force de sa constitution naturelle fussent parvenus à lui rendre la santé du corps, il ne put retrouver celle de l'intelligence. Au bout de ce temps, il se releva guéri et bien portant; mais fou, radicalement fou, et de la plus étrange folie qu'on eût vue jusqu'alors. Le malheureux s'imagina qu'il était fait de verre, et, dans cette pensée bizarre, si quelqu'un s'approchait de lui, il jetait des cris perçants et suppliait dans les meilleurs termes, avec les expressions les plus raisonnables, qu'on ne le touchât point, crainte de le briser en mille pièces, et jurant ses grands dieux qu'il n'était pas fait comme les autres hommes, mais qu'il était de verre de la tête aux pieds.

Pour le tirer de cette croyance insensée, beaucoup de gens, sans faire cas de ses cris et de ses supplications, se jetèrent sur lui et le serrèrent dans leurs bras, en lui faisant remarquer qu'il ne se brisait point. Mais tout ce qu'on obtenait de ce traitement brutal, c'est que l'infortuné tombait à terre, poussant des cris déchirants, et qu'il s'évanouissait pour ne pas revenir à lui de quatre heures. Il disait, lorsqu'il renouvelait ensuite ses instances et ses prières, qu'on lui parlât de loin, qu'on lui demandât tout ce qu'on voudrait, et qu'il répondrait à toute chose avec plus d'esprit et de sagacité qu'auparavant, puisqu'il était homme de verre, et non de chair et d'os : « Car, ajoutait-il, le verre étant une matière subtile, délicate et transparente, l'âme doit agir à travers cette substance avec plus de promptitude et d'efficacité qu'à travers l'enveloppe du corps, pesante, opaque et terrestre. » Quelques personnes voulurent éprouver s'il disait vrai, et lui firent un grand nombre de questions, toutes fort difficiles ; il y répondit sur-le-champ avec tant de bon sens, de pénétration et de finesse, qu'il excita l'étonnement des plus savants docteurs de l'université, des professeurs de médecine et de philosophie, lesquels ne pouvaient concevoir que, dans un homme attaqué d'une folie aussi caractérisée que celle de se croire en verre, pût se rencontrer une intelligence assez grande pour qu'il répondît à toute question avec justesse et avec esprit.

Sancho demanda qu'on lui donnât quelque étui où il pût enfermer ce vase fragile de son corps, de peur qu'en mettant des vêtements étroits il ne se brisât les membres. On l'habilla donc d'une chemise très-ample et d'une large robe en laine brune, qu'il se mit sur les épaules avec de grandes précautions, et qu'il ceignit autour des reins avec une grosse corde de coton. Il resta les pieds nus, ne voulant mettre aucune chaussure, et la manière qu'il adopta pour qu'on lui donnât sa nourriture sans l'approcher, fut qu'on lui présentât, au bout d'une longue canne qu'il tenait à la main, un petit panier dans lequel on mettait quelques fruits crus ou cuits, suivant la saison. La viande ni le poisson n'étaient plus de son goût ; il ne buvait que dans les rivières où les fontaines, en y puisant avec les mains. Quand il marchait dans les rues, c'était au beau milieu et en regardant les toits, dans la crainte qu'il ne tombât sur lui quelque tuile qui le mît en pièces. Pendant l'été, il dormait dans les champs, à la belle étoile ; pendant l'hiver, il demandait asile en quelque auberge et s'enfonçait dans le pailler jusqu'à la gorge, disant que c'était le lit le plus convenable et le plus sûr pour les hommes de verre. Quand le tonnerre grondait, il tremblait de tous ses membres, se sauvait dans la campagne, et n'approchait plus de la ville que l'orage ne fût passé.

Ses amis le tinrent quelque temps enfermé; mais, voyant que sa malheureuse manie ne se passait point, ils résolurent de céder à son désir, qui était qu'on le laissât aller librement. En effet, on lui ouvrit la porte, et le pauvre insensé, qui avait lui-même changé son nom pour s'appeler le licencié Vidriera [1], se mit à parcourir la ville, excitant la surprise et la pitié de tous ceux qui l'avaient connu. Bientôt les polissons l'entourèrent, attirés par la bizarrerie de son costume et de ses propos. Mais il les éloignait avec sa canne, et les priait de lui parler sans s'approcher trop près, parce qu'étant homme de verre, il était fragile au dernier point. Les polissons, qui sont bien la plus détestable engeance de ce monde, commencèrent, en dépit de ses prières et de ses avertissements, à lui jeter des chiffons et même des pierres, pour voir s'il était bien de verre, comme il le disait. Alors le pauvre licencié poussait de tels cris et faisait de telles contorsions, que, par pitié, les personnes d'âge mûr grondaient et chassaient au besoin les polissons pour qu'ils le laissassent tranquille.

Mais Sancho trouva moyen de se déliver de leurs attaques d'une autre manière. Depuis qu'il avait recouvré la vie et perdu la raison, il était revenu aux habitudes de sa première enfance, et, de même que dans son village de la Manche, dans la maison de ses parents, il ne parlait plus que par proverbes. C'est avec des proverbes qu'il répondait aux questions qui lui étaient faites, avec des proverbes qu'il donnait les conseils qui lui étaient demandés, et, comme il en savait plus que le *commandeur grec* [2] lui-même, jamais il ne restait court. Les proverbes

---

1. *Vidriera* veut dire vitrage, cloison de verre.

2. Fernan Nuñez de Guzman, qu'on appela *el Pinciano*, parce qu'il était de Valladolid, qu'on croit l'ancienne *Pincia* des Romains, et le *commandeur grec* (*el comendador griego*), parce qu'il était commandeur de l'ordre de Saint-Jacques, et qu'il enseigna la langue grecque aux universités d'Alcala et de Salamanque. Il s'était occupé à réunir une nombreuse collection de proverbes, qui fut imprimée après sa mort, arrivée en 1553, collection dont le P. Sarmiento porte le nombre à plus de six mille. Une grande partie de ces proverbes fut commentée par un autre humaniste célèbre, Juan de Mallara, dans un gros in-folio intitulé : *Théologie vulgaire*. Don Juan de Iriarte fit paraître, dans le milieu du dernier siècle, un nouveau recueil de proverbes (*coleccion de refranes*) qui en réunit, dit-on, plus de vingt mille, et sans être complète.

(ainsi que l'avait dit son grand-père pour excuser l'usage immodéré qu'il en faisait) se battaient dans sa bouche à qui sortirait le premier. Aussi le digne petit-fils de Sancho Panza faisait-il des conversations et des harangues sans dire autre chose que des proverbes enfilés l'un à l'autre comme les grains d'un chapelet. Cette nouvelle manie, aussi singulière que l'autre, attira bientôt l'attention. Les polissons cessèrent de le tourmenter, aimant mieux recueillir ses paroles que lui jeter des pierres, et bien des gens de sens le suivirent aussi, les uns pour le faire parler, les autres pour l'entendre. On dit même que maint étourdi d'étudiant, et souvent aussi maint grave professeur, tira son écritoire de la poche pour coucher par écrit les réponses de ce fou sensé. C'est ainsi qu'elles sont arrivées jusqu'à nous.

Un jour quelqu'un lui dit : « Licencié Vidriera, pourquoi faites-vous toujours usage de proverbes ? ne pouvez-vous parler comme tout le monde ? — Les proverbes, répondit Sancho, sont de courtes maximes tirées d'une longue expérience. Depuis Salomon, qui recueillit ceux des Juifs, ils sont la sagesse des nations, et notre poëte Quevedo, pour faire comprendre quelle foi l'on doit à leurs leçons, n'hésite point à les appeler de *petits évangiles*. Je ne suis pas fait comme les autres, et ne dois point parler comme les autres ; je ne veux ni festiner à Pâques, ni mourir en temps de peste. D'ailleurs, qui répond ne parle pas, et, quoi qu'on me demande, avec un proverbe, ma réponse est courte : à bon entendeur demi-mot. — Eh bien ! reprit l'interlocuteur, dites-moi, je vous prie, seigneur licencié, que faut-il faire pour être heureux ? — Voici, répondit Sancho, ce qu'ont dit nos anciens : Veux-tu une bonne journée ? fais-toi la barbe. Un bon mois ? tue un cochon. Une bonne année ? marie-toi. Une bonne vie ? fais-toi prêtre. J'ai suivi ce dernier conseil et je m'en trouve fort bien, interrompit un assistant dont on apercevait à peine le visage entre un grand chapeau noir enfoncé sur ses yeux et la longue soutane noire qui lui montait au cou ; mais je voudrais savoir quel est l'homme le plus heureux du monde. — Je n'en connais qu'un seul qui le soit pleinement, répliqua le licencié, et cet homme c'est *nemo*. En effet, *nemo novit patrem ; nemo sine crimine vivit ; nemo sua sorte contentus ; nemo ascendit in cœlum*. — Moi, s'écria un jeune étudiant, je voudrais savoir ce qu'il faut faire pour être sage. — Rappelle-toi seulement, répondit Sancho, que trois *beaucoup* et trois *peu* font la perte de l'homme : beaucoup parler et peu savoir, beaucoup dépenser et peu avoir, beaucoup présumer et peu valoir.—A mon tour, dit un marchand qui sortait de sa boutique ; que faut-il faire pour être riche ? — Rien n'est si facile, répondit Sancho ; car on n'est pas pauvre d'avoir peu, mais de désirer beaucoup. Il y a, d'ailleurs, plusieurs façons de s'enrichir. Si tu as un héritage, c'est de partager comme frères : le mien à moi, le tien à nous deux. Si tu as un emploi public, c'est de dire : qui mesure l'huile se graisse les mains. Mais, dans ton commerce, fais comme la poule ; grain à grain, elle emplit son gésier, et beaucoup de *peu* font un *beaucoup*. C'est le plus sûr : car qui veut être riche en un an, au bout de six mois est pendu. — Mais que faire, dit un Galicien portant une corde sur son épaule nue, que faire, moi qui n'ai que mes bras ?—Travaille ; qui a une pioche a un manteau. »

Le lendemain, un jeune garçon vint lui dire, tout éploré : « Seigneur licencié, je veux m'enfuir de chez mon père, qui me bat à tout instant, et pour la moindre faute. — Prends garde, mon fils, on se fait honneur des coups de ses parents, tandis que les coups du bourreau déshonorent. La ruade de la jument ne fait pas de mal au poulain. Veux-tu mener la vie d'un vagabond ? Tu iras de l'aiguille à l'œuf, de l'œuf au bœuf, et du bœuf à la potence. » En ce moment, le père vint chercher son fils, qu'il ramena chez lui par l'oreille : « Et vous, seigneur gentilhomme, lui cria Sancho, quand vous battez cet enfant, souvenez-vous d'une chose : qu'avec le bâton, le bon devient méchant, et le méchant pire. » Un laquais en livrée s'approcha : « Moi, je veux quitter mon maître, seigneur licencié, lui dit-il, et chercher meilleure condition.—Pourquoi quitter ton maître, demanda Sancho ? Est-il de ceux qui disent : ne rassasie pas ton valet de pain, il ne demandera pas de fromage ? — Justement, reprit le laquais ; il m'habille bien et me nourrit mal, de façon que je suis comme le chien caniche, qui meurt de faim sans que personne s'en doute, et personne, en effet, ne me plaint seulement. — Si tu quittes ce maître-là, répondit le licencié, tu en auras un autre qui te nourrira mal et ne t'habillera pas mieux. Tu auras plus froid sans avoir moins faim. N'oublie pas cette parole du sage : « J'ai laissé le mal connu pour le bien à connaître, et « je me suis repenti ; le hareng saute de la poêle et tombe sur « les charbons. D'ailleurs, où ira le bœuf qu'on ne le mette « à la charrue ? »

Quand le laquais se fut éloigné, un homme déjà mûr s'approcha de Sancho, aussi près que le permettait la canne dont celui-ci était toujours armé pour tenir les questionneurs à distance, et lui demanda avec quelque mystère : « Quel conseil et quelle consolation puis-je donner à un mien ami dont la femme s'est enfuie avec un autre homme ? — Dis-lui, répondit Sancho, qu'il rende grâces à Dieu de ce qu'il a permis, dans sa miséricorde, qu'on enlevât de chez lui son ennemie. — Il n'ira donc pas la chercher et la reprendre ? — Qu'il s'en garde bien : ce serait pour avoir à ses côtés un perpétuel et irrécusable témoin de son déshonneur. — Licencié, reprit l'ami de l'époux outragé, puisque nous sommes sur ce sujet, ferais-je bien de me marier aussi ? — Vous ! répondit Sancho, avec vos cheveux blancs ! Mais le vieillard amoureux, c'est l'hiver fleuri. Au reste, vieux foin est difficile à enflammer, plus difficile à éteindre. Vous espérez donc engraisser dans le mariage, pour qu'on dise ensuite de vous : « Qui engraisse « vieux a deux jeunesses ? » — Ne plaisantez pas, licencié, reprit le questionneur ; la femme que je veux épouser est d'un âge aussi mûr que le mien. — En ce cas, répliqua Sancho, si elle est encore coquette, on dira d'elle : « Vieille qui danse lève « beaucoup de poussière ; » et si elle ne l'est plus pour son compte, si elle s'occupe des amours d'autrui, on ne manquera pas de dire : « Quand la femme ne sert plus de marmite, elle « sert de couvercle. »

— Qu'est-ce donc que le mariage, seigneur licencié ? dit étourdiment une petite fille qui se pendait encore aux bras de sa mère. — Ma fille, répondit gravement Sancho, c'est filer, enfanter et pleurer. — Mais une fois mariée, reprit la mère, que faut-il faire pour conserver l'affection de son mari ? — Parler peu, car la fumée et la femme bavarde chassent l'homme de la maison, et en femmes comme en poires, la meilleure est celle qui se tait [1]; travailler beaucoup, car femme qui ne file guère a toujours mauvaise chemise, et, si la femme connaissait la vertu du rouet, elle le chercherait la nuit, au clair de la lune ; être douce, car en soufflant on tire le feu de la braise et la colère d'une mauvaise parole ; ne point briller par ses atours, car c'est pour leur perdition que se fardent la femme et la cerise, et la femme de l'aveugle,

---

[1]. Le mot espagnols *callar*, se taire, appliqué à une poire, signifie qu'elle ne crie pas sous le couteau.

pour qui se pare-t-elle? imiter enfin la femme de bon renom, jambe cassée et à la maison, car garde-toi de l'occasion et Dieu te gardera du péché.

— Voilà pour la femme, dit le premier questionneur; passons au mari. Que doit-il faire pour se bien conduire en ménage ? — Qu'il laisse sa femme commander à tout le monde chez lui, mais qu'il ne souffre pas qu'elle commande à lui-même, car mal va la maison où le fuseau commande à l'épée. A-t-il besoin de se consulter avec elle? qu'il se rappelle l'adage : Prends le premier conseil de la femme, jamais le second. A-t-il des secrets à garder? qu'il n'oublie pas cette autre maxime : Si ta femme est mauvaise, méfie-toi d'elle, et si elle est bonne, ne lui confie rien. Les uns disent : La femme et la mule obéissent aux caresses, et à la femme comme à la chèvre, longue corde, parce que trop de jalousie éveille quelquefois celle qui est endormie. D'autres répondent : Qui se fait miel, les mouches le mangent, tandis qu'à marmite qui bout mouche ne s'y attaque. Je suis de leur avis : car à porte close, le diable s'en retourne; mon coffre fermé, mon âme en repos; et la femme est comme l'œuf, qui gagne à être bien battu. Mais surtout qu'elle trouve chez elle d'honnêtes divertissements : car les conseils du diable, ce sont ceux de l'ennui. »

La nouvelle de l'étrange folie de Sancho, de l'intelligence qu'il conservait même dans la perte de sa raison, et de ce perpétuel emploi de proverbes qui réunissait sans cesse autour de lui un concours de gens de toute espèce, s'étendit bientôt hors de Salamanque, et parvint jusqu'à la cour, qui se trouvait alors à Valladolid. Un grand seigneur, entendant parler du licencié Vidriera, eut la fantaisie de l'avoir auprès de lui, et chargea un gentilhomme de ses amis, habitant de Salamanque, de lui envoyer ce fou amusant. Le gentilhomme rencontra Sancho dans la rue, l'aborda et lui dit : « Sachez, seigneur licencié, qu'un grand personnage de la cour désire vous voir et vous attend chez lui. — Que Votre Grâce m'excuse, répondit Sancho, je ne vaux rien pour les palais, car je suis honteux et ne sais pas flatter. D'ailleurs, j'ai toujours ouï dire : Ne t'appuie pas plus sur un grand seigneur que sur une vieille balustrade. — Celui qui m'envoie, reprit le gentilhomme, est incapable de vous tromper. — Je ne sais, répliqua Sancho, mais j'ai ouï dire encore : Des mois d'avril et des grands seigneurs, dix sur douze sont trompeurs, et qui s'attache à mauvais arbre en reçoit mauvaise ombre, et qui se met à l'abri sous la feuille se mouille deux fois, et qui se couche avec des chiens se lève avec des puces. Quelque petit que je sois, je tiens mon rang dans le monde ; chaque fourmi a sa colère ; chaque cheveu fait son ombre sur la terre, et chaque coq chante sur son fumier. D'ailleurs, j'ai mes façons de vivre ; chacun a sa manière de tuer les puces, et chacun est comme Dieu l'a fait, si ce n'est pire. Que ferais-je près d'un homme puissant ? Si la pierre donne sur la cruche, tant pis pour la cruche, et si la cruche donne sur la pierre, tant pis pour la cruche. Au reste, que votre grand seigneur ne s'avise pas de me faire enlever de force : qu'y gagnerait-il ? je ne parlerai plus. Trente moines et leur abbé ne peuvent faire braire un âne contre sa volonté. Toutefois, si j'ai tort de penser ainsi, je ne suis pas rivière pour ne pas revenir en arrière. »

Enfin le gentilhomme parvint à lever ses scrupules, et le détermina à faire ce voyage. Voici de quelle invention l'on se servit pour le transporter. On le plaça dans l'un des paniers d'un mulet, bien douillettement enveloppé dans de la paille, et l'autre panier fut rempli de bouteilles, de carafes, de gobelets, pour qu'il se crût lui-même un objet de verre. En trois jours il arriva à Valladolid, et on le déballa dans la cour même du palais où demeurait le grand seigneur curieux, qui vint recevoir son hôte avec empressement. « Soyez le bienvenu, seigneur licencié Vidriera, lui dit-il ; comment vous trouvez-vous de la route et comment va votre santé ? — Il n'y a pas de route mauvaise quand elle finit, répondit Vidriera, si ce n'est celle qui conduit à la potence ; et, quant à ma santé, jusqu'à la mort tout est vie. — Soyez tranquille, ajouta le seigneur, vous serez traité céans comme le doyen de Tolède en personne. — Cela durera-t-il seulement une semaine ? répliqua Sancho. J'en doute : car, au bout de trois jours, l'hôte et le poisson puent. »

Sancho fut donc logé dans le palais du grand seigneur, et comme on lui laissait, ainsi qu'à Salamanque, la liberté de vaguer à toute heure dans la ville, avec sa large robe de laine et sa longue canne de jonc, il fut bientôt connu par son costume, puis par ses reparties, et ne tarda pas à se faire suivre et interroger de toutes sortes de gens. La présence de la cour à Valladolid y avait conduit une infinité de postulants et de solliciteurs, qui, n'ayant rien à faire, après l'heure des audiences, erraient par les rues, comme le fou, et, s'amusant de sa bizarre humeur, lui faisaient un cortége assidu. Un jour, Sancho remarqua parmi eux certain bravache andalous, qui portait sur son chapeau plus de plumes qu'une autruche sur sa queue, et dont la main droite était sans cesse occupée à retrousser les coins d'une moustache hérissée, tandis que la gauche reposait sur la poignée d'une longue rapière, dont la pointe, relevant le pan du pourpoint, lui montait à la hauteur de l'épaule. « Seigneur gentilhomme, lui dit le licencié, vous êtes nouveau dans ce pays, venez-vous y prendre femme? je vous dirais dans ce cas : Qui va loin se marier, va pour tromper ou pour être trompé. — Non, seigneur licencié, répondit en grasseyant l'élégant *majo* de Séville ; je viens postuler un emploi. — Alors, reprit Sancho, c'est le cas de vous dire : Tel va chercher de la laine qui revient tondu. — Oh, oh! répliqua le bravache, lançant au fou un regard de mépris et de colère, je voudrais bien que messieurs du conseil de Castille s'avisassent de me préférer quelqu'un! J'ai remis ma supplique ; ils connaissent maintenant les mérites de don Rafaël de Pisaflores y Matamoros. — S'ils veulent m'en croire, dit Sancho, ils écriront au bas de votre supplique : La forfanterie fleurit, mais ne porte pas de graine. » Les rieurs ne furent pas du côté de l'Andalous, qui s'éloigna majestueusement comme le bravache dont Cervantès a dit :

>Y luego encontinente
>Calò el chapeo, requirio la espada,
>Mirò al soslayo, fuese, y no hubo nada [1].

Un des assistants s'approcha du licencié et lui dit : « Seigneur Vidriera, pourquoi gourmandez-vous ce gentilhomme? n'est-il pas bon, n'est-il pas noble d'avancer dans sa carrière, et de monter de grade en grade jusqu'au point de s'approcher du prince? Moi, je quitte mon village et veux aussi faire mon chemin à la cour. — Vous êtes donc, répondit Sancho, de ceux de qui l'on dit : En pensant où tu vas, tu oublies d'où tu viens ; et de ceux de qui l'on dit encore : Quand vient la gloire s'en va la mémoire. Et que Dieu verse beaucoup de biens sur nos amis, mais pas assez pour qu'ils nous mécon-

---

[1]. Et tout aussitôt il enfonce son chapeau, cherche la garde de son épée, regarde de travers, s'en va, et il n'y eût rien.

naissent. Moi, je vous dis à mon tour, comme à tous les ambitieux : De grande rivière, grande pêche, mais gare d'aller au fond ; les ailes viennent à la fourmi pour qu'elle soit mangée des oiseaux. Et je vous dis aussi comme au paon : Regarde à tes pieds, tu déferas la roue. — Mais, seigneur licencié, reprit le solliciteur, j'ai de la noblesse, puisque je suis né dans les Asturies ; du talent, puisque j'ai étudié à Salamanque ; du courage, puisque j'ai fait merveille à la bataille de Peñafuerte.... — Assez, assez, s'écria le licencié, n'achevez pas la litanie de vos mérites, c'est caqueter sans pondre d'œuf. Chaque chapelain vante ses reliques, et chaque potier vante son pot, surtout s'il est fêlé. — Moi, seigneur licencié, dit alors un des assistants, je suis plus modeste dans mes prétentions ; tandis que ce gentilhomme veut quitter son village pour la cour, je ne demande qu'à quitter la cour pour me retirer dans un village avec quelque petit emploi à ma mesure. — C'est plus sage, dit Sancho ; plutôt un âne qui me porte qu'un cheval qui me jette, et plutôt tête de souris que queue de lion. Peu, mais en paix, beaucoup me devient. D'ailleurs, mieux vaut le moineau dans la main que la grue qui vole au loin, et mieux vaut aujourd'hui l'œuf que demain la poule ; si l'on te donne la génisse, mets-lui la corde au cou, et si l'on te donne l'anneau, tends le doigt, car il y a une figue à Rome pour qui ne prend pas ce qu'on lui donne.

— Merci du conseil, licencié, dit un autre assistant ; mais voudriez-vous m'enseigner encore comment il faut s'y prendre pour réussir dans une prétention raisonnable ? — D'abord, répondit Sancho, mets ton manteau comme vient le vent ; ne demande pas la poire à l'ormeau ; prie Dieu plutôt que ses saints, car si Dieu ne veut, les saints ne peuvent ; n'oublie jamais que l'enfant qui ne pleure pas ne tette pas, tandis qu'à force de lécher le chien tire du sang ; sois doux et poli : car qui n'a pas de miel dans sa ruche doit l'avoir dans sa bouche ; et prends l'occasion par les cheveux : car qui le temps tient et le temps attend, le temps vient qu'il se repent. D'autres te diront aussi : Pas de serrure contre un crochet d'or ; mais moi, je te dirai : Qui donne du pain au chien d'autrui perd son pain et le chien aussi. — Et si j'obtiens mon emploi, que faut-il faire ? — Le garder précieusement, car c'est un mal que la fin du bien, et de l'arbre tombé chacun fait du bois. »

Un autre jour, Vidriera vit passer un homme habillé de

velours et galonné sur toutes les coutures, que conduisaient du côté de la prison un alguazil et deux recors. « Est-ce un criminel? demanda-t-il. — Non, c'est un débiteur, lui répondit-on. — Je m'y attendais, reprit-il; achète le superflu et tu vendras le nécessaire. Je n'ai jamais pu concevoir cette manie de prêter et d'emprunter. Pour moi, quand on m'a demandé de l'argent, je me suis dit : Fleuve qui se partage devient ruisseau; je me suis dit encore : Qui prête ne recouvre pas; s'il recouvre, ce n'est pas tout; si c'est tout, ce n'est pas tel; si c'est tel, ennemi mortel. Et j'ai dit à ceux qui me demandaient de l'argent : Veux-tu savoir ce que vaut un écu? cherche à l'emprunter; couche-toi sans souper, tu te lèveras sans dette; et si tu veux trouver le carême court, fais une dette pour Pâques, car cochon emprunté grogne toute l'année. »

Une fois, tandis que Sancho parlait à la foule, un moine franciscain s'approcha les pieds nus, le capuchon sur les yeux et le pan de sa robe brune relevé dans la ceinture de corde qui lui serrait les reins; puis, tirant une sébille de bois de sa large manche, il la présenta aux assistants, en marmottant tout bas quelques paroles inintelligibles. « Moine qui demande pour Dieu demande pour deux, s'écria Sancho. — Que voulez-vous dire, frère, demanda sévèrement le moine quêteur, par ces paroles qui sentent l'impiété? — Je veux dire, frère, répondit Sancho, que le moine demande pour son corps qui reçoit, et pour l'âme de celui qui donne, puisqu'il lui fait faire une bonne action [1]. » Cela dit, Vidriera prit son bâton, et, s'éloignant à grands pas, il se parlait ainsi à lui-même : « S'il est vrai que, quoique amère, la vérité s'avale, j'aurais pu dire à ce mendiant : Moine dont la règle est bonne prend de tous et ne rend à personne; je lui aurais dit encore : Des vivants bonne dîme, des morts bonne offrande, bonne rente en bonne année, et en mauvaise, doublée. Mais mal aboie le chien quand il aboie de peur; et avec l'inquisition et le roi, tais-toi; et qui mange la vache du roi maigre la paye grasse; sans cela, vraiment, je lui aurais dit à lui-même : Ni bon moine pour ami, ni mauvais pour ennemi; et j'aurais dit à ceux qui m'entouraient : Défie-toi du bœuf par devant, de la mule par derrière, et du moine de tous les côtés. »

Le lendemain, un homme vint trouver Sancho pendant sa

---

1. C'est l'explication que donne de ce proverbe le commentateur Juan de Mallara.

promenade journalière, et lui dit : « Hier, seigneur licencié, vous avez fui prudemment l'approche du moine quêteur qui venait sans doute épier vos paroles. Que n'ai-je été toujours sage comme vous! Je ne pleurerais pas aujourd'hui la perte d'une grosse somme d'argent, que j'ai, comme un sot, confiée à un saint homme. » Vidriera lui répondit : « A barbe de sot, chacun apprend à raser; et vous deviez vous rappeler ce qu'ont dit nos anciens : A la porte du diseur de patenôtres n'étends pas ton blé au soleil. — Mais il avait l'air si doux, si pieux, si angélique! toujours les mains croisées et les yeux au ciel. — Dieu me garde de l'eau dormante, car de l'eau courante je me garderai bien, et de jeune homme qui prie ou de vieillard qui jeûne Dieu garde mon manteau. — Il faut donc ne se fier à personne, reprit le questionneur; il faut donc vivre seul et n'avoir pas d'amis? — Au contraire, répliqua Sancho; qui mange seul son coq sellera seul son cheval; qui se consulte en secret, en secret s'arrache les cheveux, et vie sans amis, mort sans témoins. Au contraire, encore une fois : les hommes sont faits pour s'entr'aider : une main lave l'autre et toutes deux la figure; fais-moi la barbe et je te ferai le toupet. — Alors, repartit l'homme, comment s'y prendre pour avoir des amis sûrs, et pour bien vivre avec eux? en un mot, comment faut-il se conduire en amitié? — Voici, répondit Sancho, les préceptes qu'il faut suivre : Beaucoup d'amis en général, un seul en particulier, car je n'aime pas la porte qu'ouvrent plusieurs clefs, et qui est l'ami de tout le monde est trop pauvre ou trop riche. Point de rivalité : deux moineaux sur le même épi ne sont pas longtemps unis. Point de disputes d'intérêt : entre deux amis, un notaire et quatre témoins. Point de confiance trop aveugle : dis ton secret à ton ami, et il te tiendra le pied sur la gorge. Nargue de l'ami qui couvre avec les ailes et mord avec le bec, et bon ami est le chat, hormis qu'il égratigne. Garde-toi de l'ami réconcilié comme de l'air qui vient par un trou. Juge plutôt entre tes ennemis qu'entre tes amis[1]. Que ton ami soit homme de bien : ne hante pas les méchants, de peur que leur nombre n'augmente; et plutôt voler avec les bons que prier avec les méchants, car qui fréquente les loups apprend à hurler. Qu'il n'y ait pas même de doute sur sa droiture : ni herbe dans le blé, ni soup-

---

1. Dans le premier cas, on se fait un ami de celui à qui l'on donne raison; dans le second, on se fait un ennemi de celui à qui l'on donne tort.

çon dans l'ami. Enfin qu'il t'aime pour toi-même : l'ami par intérêt, c'est une hirondelle sur le toit. »

Un homme vint dire à Sancho : « Seigneur licencié, je devrais être fort heureux, et je ne puis pourtant me trouver tel. J'ai du bien ; je le ménage, et mange à peine mon revenu, qui est suffisant pour mes besoins. Voilà le moyen d'être heureux. Mais, pour hériter de ce bien après moi, je n'ai que des collatéraux, que je n'aime guère et qui m'aiment encore moins. C'est ce qui m'afflige et détruit tout mon bonheur. — A qui Dieu ne donne pas de fils, répondit Sancho, le diable donne des neveux ; c'est sottise d'épargner pour qu'un autre dépense. Mais rien de plus facile que le remède à votre mal : bonne marmite et mauvais testament ; car, après tout, mes dents me sont plus proches que mes parents. »

Sancho avait toujours une parole prête, ou plutôt un proverbe prêt, quand ce n'était pas une litanie de proverbes pour tous les gens qu'il trouvait sur sa route. Voyant un jour passer devant lui un homme fort gras, fort replet, et portant sur son gros corps une grosse face enluminée : « Je parie, s'écria-t-il, que ce vieux chrétien ne manque jamais de chercher querelle au vendredi pour ne pas le jeûner, et qu'à table, ce n'est jamais pour parler qu'il ouvre la bouche. — A quoi voyez-vous qu'il ne dit mot en mangeant? demanda quelqu'un. — Brebis qui bêle perd une bouchée, répondit Sancho, et le compère me semble de ceux qui disent : Deux mauvais dîners tiennent bien dans le même ventre ; assez jeûne qui mal dîne, et vin maudit vaut mieux qu'eau bénite. » Une autre fois, voyant passer un prêtre hypocrite qui se dirigeait vers l'église, la démarche lente et compassée, les yeux fixés à terre, et pliant sous le poids des scapulaires dont il était chargé : « Brebis de Dieu, que le diable te tonde, lui cria-t-il de loin, car le revenu du prêtre, c'est Dieu qui le donne et le diable qui le dépense : souvent derrière la croix se tient le diable, et sous la robe du curé le diable monte en chaire ; aussi, fais ce que dit le prêtre et non ce qu'il fait, car ce n'est pas de lui qu'on peut dire : qui vit bien prêche bien. — Pouvez-vous traiter ainsi un oint du Seigneur? lui dit-on ; ne voyez-vous pas qu'il est ordonné ? — Si fait, répliqua Sancho ; mais je ne juge pas de l'arbre par l'écorce ; ce n'est pas la robe qui fait le moine, et bourse vide, je l'appelle cuir. »

Voyant un jour deux hommes qui se gourmaient, il demanda le sujet de leur querelle. « Ce sont deux amis, lui dit-on, qui plaisantaient ensemble il n'y a qu'un moment, et qui, de fil en aiguille, en sont venus aux gros mots, puis aux coups. — C'est l'habitude, dit Sancho; il ne faut pas exprimer l'orange jusqu'à l'amertume; au contraire, cesse la plaisanterie au moment qu'elle plaît le plus. Au reste, ces gens-là sont des rustres; plaisantez avec l'âne, il vous donnera de sa queue par le nez. » A des femmes qui cousaient sur le seuil de leur porte, il dit en passant : « Du fil et une aiguille, c'est la moitié de l'habit; seulement, ne parle pas avec le doigt, puisque tu ne couds pas avec la langue. » Arrivé devant l'hôpital de la Résurrection, et voyant, dans la cour, des convalescents au visage pâle, au corps maigre, qui se promenaient au soleil : « Voilà, dit-il, un logis où l'on entre vite, et d'où l'on sort lentement; la maladie vient à cheval et s'en retourne à pied. » Une femme éplorée jetait des cris perçants. « Qu'a-t-elle à se désoler ainsi? demanda Sancho. — Elle vient de perdre son mari lui répondit-on. — En ce cas, laissez-la faire, reprit-il; plus elle criera fort, moins elle criera longtemps : douleur d'époux mort, douleur de coude. N'a-t-elle pas d'autres sujets de peine? car les malheurs viennent tous ensemble, comme au chien les coups de bâton. — Pas d'autre, lui répliqua-t-on. — Eh bien, qu'elle rende grâces à Dieu. Sois le bienvenu, mal, si tu viens seul. »

En ce temps-là, un grand personnage fut exilé de la cour et envoyé au château fort de Ségovie, pour certains méfaits commis dans l'exercice de sa charge. Le licencié approuva fort la sévérité du roi : « Qui en punit un en instruit cent, » disait-il. Quelqu'un lui fit observer que les méfaits de ce grand seigneur étaient fort communs dans la classe des employés subalternes, et qu'on montrait contre eux moins de rigueur. « C'est justice, répondit Sancho; la faute est grande comme celui qui la fait. » Et voyant qu'on l'accusait de se montrer bien sévère : « Il faut, ajouta-t-il, que l'exemple vienne de haut; c'est le sommet des tours que frappe la foudre, et il serait fâcheux qu'on dît des hommes haut placés : La cloche appelle à l'église, mais n'entend pas la messe; ou bien encore : Qui pèche et s'amende, à Dieu se recommande. D'ailleurs, qui est à l'abri d'une faute? Si le sage ne péchait pas sept fois par jour, le méchant crèverait de dépit; et le comble de la sagesse humaine, c'est de plier seulement sous les tentations, et de pouvoir ensuite relever la tête : qui trébuche et ne tombe pas ajoute à son pas.

Un jour, deux gentilshommes passaient ensemble : le plus jeune se tenait droit, roide, emprisonné dans l'étroit corsage d'un pourpoint neuf ; le plus âgé, au contraire, était un peu débraillé et marchait avec le sans-gêne que permet un vieil habit. « Qui a raison des deux, licencié ? demanda quelqu'un, en faisant apercevoir le contraste que formaient ces deux personnages. — Tous deux, répondit Sancho, chacun suivant son goût; le neuf plaît, le vieux satisfait. » Un riche ruiné se plaignait à Sancho de sa triste condition : « Les hommes sont bien ingrats, disait-il. — C'est vrai, répondit Sancho ; je n'ai jamais lavé de tête qu'elle ne devînt teigneuse ; élève le corbeau, il te crèvera les yeux. — Quand j'étais riche, et que je n'avais pas besoin d'amis, ma maison en était pleine. — Qu'il y ait de l'appât au colombier, et les pigeons n'y manqueront pas. — Maintenant que j'ai besoin d'aide, je ne trouve pas un homme secourable. — Si nous avions du pain, de la viande et des oignons, la voisine nous prêterait une marmite. — Ah ! ma plus grande peine est le souvenir de mon ancien état. — En effet, le malheur du milan, c'est d'avoir l'aile cassée et le bec entier ; qui a perdu ses vaches rêve aux clochettes ; mais l'eau passée ne fait pas tourner le moulin, et dans les nids de l'an dernier, il n'y a pas d'oiseaux cette année. Au reste, prenez courage : chaque semaine a son dimanche, et le jour de jeûne est la veille de la fête. »

Pour recommander le soin vigilant qu'on doit porter sur ses affaires, Sancho disait : « L'œil du maître engraisse le cheval, et qui graisse sa charrette aide à ses bœufs. » Il ajoutait, pour faire comprendre qu'on peut toujours tirer quelque parti des plus malheureux accidents : « Puisque la maison brûle, chauffons-nous. » Il montrait ainsi toute l'importance d'un mot, toute la nécessité de la réflexion : « Parole ou pierre lâchée ne peut être rattrapée, et parler sans penser, c'est tirer sans mettre en joue. » Il disait à son valet, quand il avait hâte de sortir : « Habille-moi lentement, je suis pressé. »

« Je voudrais savoir un secret, lui dit un jour quelqu'un ; comment m'y prendre ? — Cherche-le, répondit-il, dans la peine ou dans le plaisir ; il y a encore un autre moyen : dis le mensonge, et tu tireras la vérité, car par le fil on tire le peloton. »

« Jeune homme, dit-il une autre fois à certain écolier turbulent qui se plaignait d'avoir un précepteur trop éloigné par son grand âge des goûts de la jeunesse, c'est précisément l'homme qu'il faut pour vous conduire : à cheval neuf, vieux cavalier ; c'est le vieux bœuf qui fait le sillon droit, et, quand le vieux chien aboie, il avertit. » Sancho disait du calomniateur : « Sa parole est comme le charbon ; quand elle ne brûle pas, elle noircit. » Du médisant : « Que celui qui sème des ronces n'aille pas nu-pieds ; » et : « Quoique la lime morde beaucoup, quelquefois elle se casse les dents. » Du menteur : « Le mensonge exige la mémoire ; mais il n'a pas de pieds, on l'attrape plus vite que le boiteux, et d'ailleurs qui me ment toujours ne me trompe jamais. » De l'important qui ressemble en ses paroles et en ses actions à la montagne accouchant d'une souris : « Combien vaut le quintal de fer ? je veux une aiguille. » Du prodigue : « Acheter cher n'est pas largesse, et qui achète et ment dans sa bourse le sent ; en ce cas, à cheval mangeur court licol. » De l'avare, qui amasse par tous les moyens : « L'envie d'y trop mettre rompt le sac. » Du ladre, qui se refuse une dépense utile : « Si tu fermes la main à ta poule, elle te fermera le derrière, car ce n'est pas du coq que pond la poule, mais du gésier. » Enfin de celui qui donne mauvais exemple : « Cochon souillé de fange veut salir les autres ; » et : « Pomme pourrie perd toute sa compagnie. »

Sancho disait de l'opinion, et du respect qu'on doit à ses arrêts : « Tout homme a un nom, et tout nom un renom ; où il y a de la fumée il y a du feu, et si tout le monde te dit que tu es un âne, brais. » Il recommandait de veiller à l'éducation des enfants dès leur berceau, dès leur naissance : « Ce qui se prend dans le bourrelet, disait-il, ne se laisse que dans le drap mortuaire. » Il avait dans la mémoire une foule de maximes proverbiales qui lui venaient en aide à chaque occasion, et dont l'application opportune en faisait voir tout le sens et toute la finesse. Voici quelques-unes de celles qu'on a recueillies de la bouche de ce fou raisonnable :

« Il y a deux choses qu'on ne peut regarder fixement : le soleil et la mort.

« Pense lentement et agis vite.

« Pour toutes choses, en penser plusieurs, en faire une seule.

« Ne dois pas au riche, et ne promets pas au pauvre.

« Ne sers pas qui a servi et ne commande pas à qui a commandé.

« Rivière débordée, profit des pêcheurs.

« Au reconnaissant, plus qu'il ne demande, car qui donne vend, si ce n'est pas un ingrat qui prend.

« A chair de loup, dent de chien.

« Il faut chercher le bien et attendre le mal.

« C'est le dernier que le chien mord.

« Ane soit, qui dispute contre un âne.

« Bien pauvre est celui qui compte son troupeau.

« Ivresse d'eau ne finit jamais.

« Longs cheveux, courte cervelle.

« Yeux ouverts et bouche close, nous prendrons la mère et les petits.

« Que celui qui a donné se taise, que celui qui a reçu parle.

« Chacun parle de la foire comme il y a vendu.

« Parole honnête coûte peu et vaut beaucoup.

« Heureux, tu ne te connaîtras pas; malheureux, on ne te connaîtra pas.

« Quand la rivière ne fait plus de bruit, c'est qu'elle a tari ou qu'elle a grossi.

« Quand le loup donne dans la bergerie commune, malheur à qui n'a qu'une brebis.

« Dieu envoie des amandes à qui n'a pas de dents.

« Du cuir d'autrui, longues courroies.

« Donnez-moi pour m'asseoir, et je prendrai bien pour me coucher.

« De poltron à poltron, qui attaque bat.

« De la main à la bouche la soupe se perd.

« Les malheurs et les voyages font les amis.

« De l'emporté détourne-toi un moment; du sournois, toute ta vie.

« Le sot qui se tait passe pour sage.

« Entre deux dents mâchelières ne mets jamais le pouce.

« Chez le serrurier, broche de bois.

« Chez le ménétrier, tout le monde danse.

« Le vent qui court change la girouette, mais non la tour.

« Donner est honneur, demander douleur.

« L'emporté et le maussade sont la pierre et le briquet.

« Le méchant s'attaque au bon, car au méchant il n'oserait; corsaire à corsaire, on ne prend que les barils.

« Conserve jeune, tu trouveras vieux; jeunesse oisive, vieillesse laborieuse.

« Fils tu es, père tu seras; ce que tu donnes tu recevras.

« Nous n'avons pas d'enfant, et nous lui cherchons un nom.

« Michel, Michel, tu n'as pas de ruches et tu vends du miel.

« Honneur et profit ne couchent pas au même lit.

« Honore le bon pour qu'il t'honore, et le méchant pour qu'il ne te déshonore.

« Voler le cochon, et donner les pieds pour l'amour de Dieu.

« Figue verte et fille d'auberge mûrissent à force d'être pincées.

« La trahison plaît, mais non celui qui la fait.

« Notre fille mariée, les gendres arrivent; la maison brûlée, tout le monde apporte de l'eau.

« Il ne faut pas jeter la faute de l'âne sur le bât.

« Quand tu es en paix, rappelle-toi que tu peux venir en querelle; et quand tu es en querelle, rappelle-toi que tu peux venir en paix.

« La gouttière creuse la pierre.

« Qui veut une mule sans défaut doit se résoudre à aller à pied.

« La mauvaise blessure guérit; la mauvaise renommée tue.

« C'est quand la fortune paraît le plus amie qu'elle donne le croc-en-jambe.

« Le pire des procès, c'est que d'un il en naît cent; aussi, plutôt mauvais accord que bon procès.

« Plus donne le dur que le nu.

« Une bonne parole éteint mieux qu'un seau d'eau.

« Mieux vaut bonne espérance que mauvaise possession.

« Le renard en sait long, mais plus long celui qui l'attrape.

« Une hirondelle ne fait pas le printemps.

« Pas de meilleur chirurgien que celui qui a reçu beaucoup de blessures.

« Ne redoute pas une tache que l'eau puisse enlever.

« On ne peut pas sonner les cloches et suivre la procession.

« Il n'y aurait point de parole mal dite si elle n'était mal prise.

« Quelque matin qu'on se lève, le jour n'en vient pas plus tôt.

« Que Dieu ne t'envoie pas plus de mal que beaucoup d'enfants et peu de pain.

« La belle-mère ne se souvient pas qu'elle fut belle-fille.

« Belle-mère, fût-elle de sucre, est amère.

« Le fil casse par le plus menu.

« Ce n'est pas le fil menu qui casse, mais le gros et mal filé.

« Il n'y a pas de plaisir qui n'ennuie, surtout s'il ne coûte rien.

« Offrir beaucoup à qui demande peu, c'est une manière de refuser.

« Est or ce qui vaut or.

« Écouter, voir et se taire, sont choses rudes à faire.

« Pour le mal d'hier, il n'y a pas de remède demain.

« Pierre qui roule n'amasse pas de mousse.

« Pour n'en pas perdre la coutume, quand tu n'as pas de fer bats sur l'enclume.

« Si l'on mange le bœuf entier, c'est que l'un veut la cuisse et l'autre l'épaule.

« Puisque le cheval laboure, sellons le bœuf.

« Que fais-tu, nigaud? — Je nigaude; j'écris ce qui m'est dû, et j'efface ce que je dois.

« Qui laisse le grand chemin pour la traverse, pense aller plus droit et fait un circuit.

« Qui met les vêtements d'autrui est déshabillé dans la rue.

« Qui veut être longtemps vieux doit l'être de bonne heure.

« Qui trop tôt s'excuse s'accuse.

« Qui trébuche dans la plaine, que fera-t-il dans la montagne?

« Qui va en arrière fait deux fois le chemin.

« Qui mal enfourne tire les pains tordus.

« Qui veut tuer son chien le dit enragé.

« Que celui-là sonne la cloche qui emporte l'offrande.

« Qui dédaigne la poire veut en manger.

« Qui mouche mon enfant me baise au visage.

« Qui ne se lève pas matin ne jouit pas du jour plein.

« Qui a quatre et dépense cinq n'a pas besoin de bourse.

« Quand les commères se querellent, les vérités se découvrent.

« Prière d'un grand, c'est violence qu'il fait.

« Vous qui avez la tête de verre, ne m'attaquez pas à coups de pierre.

« Assieds-toi à ta place, on ne te fera pas lever.

« Si la pilule avait bon goût, on ne la dorerait pas.

« Quand le pauvre donne, c'est pour recevoir davantage.

« Si le sot n'allait point au marché, on ne vendrait pas la mauvaise denrée.

« Si elle avait une bouche comme elle a des oreilles, la potence appellerait bien des gens.

« Humer et souffler ne peuvent se faire à la fois.

« La patience finit par tomber quand on la charge d'injures.

« Jette la pierre et cache la main.

« Tel se crève deux yeux pour que son ennemi s'en crève un.

« Un cheval sur cent, un homme sur mille.

« L'un mange la pomme verte, et l'autre a l'agacement de dents.

« Les cordonniers vont à la messe prier Dieu qu'il meure force moutons.

« Un seul coup n'abat point un chêne.

« Une belle mort honore toute la vie. »

Il arriva qu'un jour, en sortant pour son habituelle promenade, Vidriera trouva devant la porte de sa maison un jeune homme fort galamment accoutré, qui l'attendait en se promenant. Ce jeune homme l'aborda avec empressement et mystère : « Seigneur licencié, lui dit-il, après un humble salut, j'ai ouï vanter votre sagesse, et je viens vous demander un important conseil; mais un aveu est d'abord nécessaire. Sachez donc que je suis amoureux. — Par le Christ! s'écria Sancho, la chose est grave, en effet. Vous êtes amoureux! mais êtes-vous aimé? — Je l'espère. — A la bonne heure; aimer est bon, mieux vaut être aimé; l'un est servir, l'autre est commander. Et quel gage avez-vous de l'amour de votre adorée? — Sa parole. — Sa parole, dites-vous? Tenir une femme par sa parole, c'est tenir une anguille par la queue; car femme, fortune et vent changent aussi rapidement, et entre le oui et le non de la femme on ne ferait pas tenir la pointe d'une aiguille. Quand j'étais homme de chair et d'os, comme les autres hommes, je me gardais bien d'avoir jamais d'amour en titre; qui n'a pas de maison est le voisin de tout le monde ; et lorsqu'un minois fripon me donnait envie de me damner, je pensais aussitôt : Le rayon de miel est doux, mais l'abeille pique; d'ailleurs, le miel n'est pas fait pour la bouche de l'âne, et, en amour comme à la chasse, pour un plaisir mille douleurs. De cette manière, je ne restais pas une nuit sans dormir ni un jour sans manger ; car s'il n'y avait au monde ni vent ni femmes, il n'y aurait ni mauvais temps ni mauvais moments.

— Mais, reprit le jeune amoureux, comment se fait-il qu'on ne peut rencontrer des yeux noirs et des dents blanches sans perdre la raison? Comment se fait-il que tant de gens soient tentés, que tant de gens succombent? — Voici, mon fils, répondit Vidriera, comment la chose se passe : l'homme est de feu, la femme d'étoupe, le diable arrive et souffle. »

— Eh bien! seigneur licencié, repartit le jeune homme, le diable a soufflé, et, maintenant que l'aveu est fait, il me reste à vous demander le conseil. Faut-il me marier? — Grande question! s'écria Sancho, car le jour où tu te maries, tu te donnes la mort ou la vie. Les Arabes, nos maîtres, disaient à ce propos : Le mariage est un sac où sont enfermés quatre-vingt-dix-neuf serpents et une anguille, qui osera y mettre la main? Nos anciens ont dit, après les Arabes : Le bœuf libre du joug se lèche plus à l'aise. En se mariant, on perd plus que sa liberté, on change même de patrie. D'où es-tu, homme? du pays de ma femme. Je sais bien qu'il faut suivre l'exemple, et qu'où saute la chèvre saute tout le troupeau. D'ailleurs, peut-être avez-vous promis? Le bœuf s'attache par la corne et l'homme par sa parole ; alors, au petit bonheur : car en melons et en femmes, le tout est d'avoir la main heureuse, et souvent c'est le plus mauvais cochon qui mange le meilleur gland. Enfin, si vous vous décidez pour le mariage, voici quelques avis bons à suivre : Quant à la beauté, choisis ta femme le samedi, et non le dimanche à l'église ; ni si belle qu'elle tue, ni si laide qu'elle épouvante; celui qui a femme jolie, ou vigne sur le grand chemin, ou château sur la frontière, ne manque jamais de guerre. Quant à la richesse, mieux vaut le tronc de l'arbre que ses fleurs, et mieux une dot en terre qu'en rubans, car si amour fait beaucoup, argent fait tout. Quant au caractère, il y a de tout dans la vigne, raisins, pampres et verjus, et alors la femme est bonne lorsqu'elle est ouvertement mauvaise. Quant à la fidélité, la femme et le verre sont toujours en péril ; ne vous montrez ni trop défiant, car le jaloux se fait cocu lui-même; ni trop confiant, car c'est la crainte et non le messier qui garde la vigne. Veillez aux apparences : que l'homme aille avec ménagement, et que la femme ne soit pas même touchée du vent. Ne vous confiez pas même en la laideur de votre femme ; il n'y a si laide marmite qu'elle ne trouve son couvercle. Après cela, laissez aller les choses à la grâce de Dieu : quand l'enfant ressemble au père, il ôte de doute la mère. Surtout, ne faites jamais plus d'une fois la faute de vous marier : la première femme servante, la seconde maîtresse. »

Sancho resta plus d'une année atteint de la maladie morale que lui avait donnée ce fatal présent de la dame amoureuse, et mena, pendant tout ce temps, la vie bizarre que nous venons d'esquisser. A cette époque vint à Valladolid un religieux de l'ordre de Saint-Jérôme, qui habitait un couvent à quelques lieues de distance. Ce bon moine s'était adonné dès sa jeunesse à l'éducation des sourds-muets, qu'il faisait en quelque sorte entendre et parler [1], et à la guérison des fous. Il eut pitié du licencié Vidriera, l'emmena dans son couvent, et le soigna si bien, qu'au bout de quelques mois, il lui avait rendu la raison. Quand ce religieux vit son malade pleinement guéri, quand il le vit parfaitement sain d'esprit et de corps, il l'habilla du costume d'homme de loi, et le ramena à la cour, où le licencié pouvait, en donnant autant de preuves d'intelligence qu'il en avait donné de folie, vivre avec éclat de sa profession.

Reprenant donc son nom véritable, et s'appelant le licencié Tocho, notre ci-devant fou se mit en route pour Valladolid. A peine avait-il passé la porte *del Campo*, qu'il fut reconnu par quelques-uns des polissons qui avaient naguère tant de plaisir à le faire causer. Le voyant dans un costume différent de celui qu'il avait porté, ils n'osaient ni lui faire des questions ni le poursuivre de leurs cris. Ils se disaient les uns aux autres : « N'est-ce pas là le fou Vidriera? oui, ma foi, c'est bien lui. Serait-il guéri, par hasard? mais il pourrait être fou aussi bien en habits de lettré qu'en haillons. Demandons-lui quelque chose pour sortir de doute. » Le pauvre licencié entendait tout cela, se taisait, baissait la tête, et sentait la rougeur lui monter au front. Après les polissons, il fut reconnu par les hommes faits, et il n'était pas encore arrivé dans la cour de l'Audience, qu'il traînait derrière lui plus de deux cents personnes de tout âge et de toutes conditions. Ce fut avec ce cortége, comme en ont rarement les professeurs de l'Université, qu'il entra dans la cour, où il fut bientôt entouré de tous ceux qui s'y trouvaient. Voyant alors une si grande foule se presser autour de lui, Sancho monta sur un banc, éleva la voix, et parla de la sorte :

« Oui, seigneurs, je suis le licencié Vidriera, mais non plus celui que vous connaissiez sous ce nom; je suis à présent le licencié Tocho. Des événements, des malheurs, comme il en arrive sur la terre avec la permission du ciel, m'avaient privé du jugement; Dieu, dans sa grande miséricorde, me l'a rendu. Par les choses que je disais, à ce qu'on assure, pendant que

---

[1]. C'est en Espagne, et deux siècles au moins avant l'abbé de l'Épée, qu'ont été faits les premiers essais pour l'éducation des sourds-muets.

j'étais fou, vous pouvez conjecturer celles que je serai capable de dire étant redevenu sage. Je suis gradué en droit par l'université de Salamanque, où j'ai fait mes études dans la pauvreté et la détresse, et où j'ai pourtant obtenu le second rang au concours des licences. Comme le premier se donne toujours à la qualité du sang, c'est dire que je dois plus au mérite qu'à la faveur le rang que j'occupe aujourd'hui. Je suis venu ici, dans cet océan de la cour, pour gagner ma vie avec ma plume et ma parole; mais si vous ne me laissez point, je serai venu échouer et trouver la mort. Pour l'amour de Dieu, ne faites pas que me suivre soit me poursuivre, et que ce que j'obtenais en qualité de fou, c'est-à-dire ma subsistance, je le perde pour avoir recouvré la raison. Les questions que vous aviez coutume de me faire sur la place publique, venez maintenant me les adresser dans mon logis, et vous verrez que celui qui vous répondait bien à l'improviste vous répondra mieux après réflexion. »

Tous les assistants l'écoutèrent en silence, et quelques-uns consentirent à le quitter; mais il revint à sa demeure avec un cortége presque aussi nombreux que celui qui l'avait accompagné à l'Audience. Le lendemain, il sortit de nouveau, et la même foule se porta sur ses pas; il fit un autre sermon qui n'eut pas plus de succès. Finalement, à ce train de vie, il dépensait beaucoup et ne gagnait pas la moindre chose. Voyant donc qu'il allait mourir de faim, notre licencié résolut d'abandonner la cour et de retourner en Flandre, où il espérait faire usage des forces de son bras, puisqu'il ne pouvait plus utiliser celles de son esprit. Il mit son projet à exécution, et s'écria, en sortant de la ville : « Adieu, cour, qui combles les prétentions des solliciteurs hardis, et ruines les espérances des gens de bien timides; qui nourris magnifiquement les bouffons effrontés, et laisses mourir de faim les hommes d'esprit que n'a pas abandonnés toute pudeur. » Cela dit, il partit pour la Flandre, où il retrouva son bon ami, le capitaine don Diego de Valdivia, et, devenu soldat éminent, il acheva glorieusement dans les armes une vie que les lettres seules devaient remplir et illustrer.

LE JALOUX ESTRÉMADURIEN.

n'y a pas bien des années que, d'un bourg de l'Estrémadure, sortit un hidalgo, né de parents nobles, lequel, comme un autre Enfant prodigue, s'en alla courir l'Espagne, l'Italie et la Flandre, dépensant ses années ainsi que sa fortune. Au bout de plusieurs voyages, ses parents étant morts et son patrimoine consommé, il arriva dans la grande cité de Séville, où il trouva de bien suffisantes occasions pour achever le peu qui lui restait. Se voyant donc si court d'argent et guère mieux pourvu d'amis, il essaya du remède qu'emploient tant d'autres gens perdus dans cette ville, qui est de passer aux Indes, refuge des désespérés d'Espagne, église des banqueroutiers, sauf-conduit des homicides, salut des joueurs qui gagnent à coup sûr, appeau des femmes libres, commun leurre de la plupart, et ressource particulière d'un bien petit nombre. Enfin, le temps venu où une flotte partait pour Terre-Ferme, il s'accommoda avec l'amiral, apprêta ses vivres et son hamac de jonc, et s'embarqua à Cadix, donnant à l'Espagne sa bénédiction. La flotte leva l'ancre; et, au milieu d'une joie générale, les voiles s'enflèrent au vent, lequel en peu d'heures eut bientôt caché la terre aux passagers pour leur découvrir les larges et spacieuses plaines du père des eaux, le grand Océan.

Notre voyageur s'en allait tout pensif, roulant dans sa mémoire les nombreux et divers périls qu'il avait courus dans ses années de pèlerinage, et le mauvais emploi qu'il avait fait du cours de sa vie; et du compte qu'il faisait avec lui-même, il tirait la ferme résolution de changer sa manière de vivre, de mieux garder la fortune qu'il plairait à Dieu de lui donner encore, et d'agir plus prudemment que jusqu'alors avec les femmes. La flotte était au calme, tandis que cet orage se passait dans l'esprit de Felipe de Carrizalès, car tel est le nom de celui qui a donné matière à notre nouvelle. Le vent souffla de nouveau, poussant les navires avec tant de force, qu'il ne laissa personne sur son siége, et ainsi Carrizalès fut obligé de laisser aussi ses pensées pour ne s'occuper que des soins du voyage, lequel fut si prospère, que, sans encombre ni contrariété, on arriva au port de Carthagène. Pour en finir avec tout ce qui ne tient pas à notre sujet, je dirai que l'âge de Felipe, quand il passa aux Indes, pouvait être de quarante-huit ans, et qu'en vingt autres années qu'il y resta, aidé de son industrie et de son savoir-faire, il parvint à gagner plus de cent cinquante mille piastres au titre.

Quand il se vit heureux et riche, poussé du naturel désir qu'a tout homme de revoir sa patrie, il abandonna ses grands intérêts, quitta le Pérou, où il avait amassé sa fortune, qu'il portait toute en lingots d'or et d'argent, dûment contrôlés pour éviter tout embarras, et revint en Espagne. Débarqué à San-Lucar, il arriva à Séville aussi chargé d'années que de richesses; il mit ses trésors en sûreté; il chercha ses amis, n'en trouva plus aucun vivant, et voulut se mettre en route pour son pays, bien qu'il eût appris déjà que la mort ne lui avait laissé aucun parent. Enfin, si, quand il allait aux Indes, pauvre et besoigneux, le combat de ses pensées ne lui laissait pas un moment de repos sur les ondes de la mer, maintenant, dans le repos du port, il n'en avait pas davantage, mais par un motif tout contraire. S'il ne pouvait naguère dormir, parce qu'il était pauvre, il ne pouvait reposer maintenant, parce qu'il était riche : car la richesse est un aussi pesant fardeau pour celui qui n'y est point habitué et ne sait pas en faire usage, que la pauvreté pour celui qu'elle poursuit sans cesse. L'or occasionne autant de soucis par sa possession que par son défaut; mais, de ces soucis, les uns s'en vont si l'on acquiert quelque chose, et les autres s'augmentent à mesure que l'on acquiert davantage. Carrizalès contemplait ses lingots, non par avarice, car, en quelques années qu'il fut soldat, il avait appris à être libéral, mais par indécision de ce qu'il en ferait; les garder en nature était une chose infructueuse, et les avoir chez lui, une amorce pour les convoiteux et les voleurs. Il avait perdu toute envie de reprendre l'inquiète occupation du commerce, jugeant, au nombre de ses années, qu'il avait assez d'argent pour vivre sans rien faire, et il aurait voulu achever sa vie dans son pays, y placer sa fortune, et passer dans le repos les années de sa vieillesse, pour don-

ner à Dieu tout ce qu'il pouvait, ayant donné au monde pl[us]
qu'il n'aurait dû. D'une autre part, il considérait que, son pa[ys]
étant de peu de ressource, et ses habitants pauvres, aller [y]
vivre, c'était se placer pour but à toutes les importunités do[nt]
les malheureux ont coutume d'assiéger le riche qu'ils o[nt]
pour voisin, surtout quand il n'y en a point d'autre aupr[ès]
d'eux à qui recourir dans leur misère.

Il voulait surtout avoir quelqu'un à qui laisser ses bie[ns]
après lui; et, dans ce désir, tâtant le pouls à son tempéramen[t]
il se trouvait de force à porter encore la charge du mariag[e.]
Mais, quand cette pensée lui venait, une crainte l'assailli[t]
aussitôt, qui la chassait comme le vent fait au brouillard : c'e[st]
qu'il était, de son naturel, l'homme le plus jaloux du mond[e,]
et cela sans être marié, de manière qu'à la seule idée de l'êt[re]
les doutes, les soupçons, toutes les visions de la jalousie, [le]
fatiguaient de telle sorte, qu'il prit décidément le parti de r[es]-
ter garçon.

En cela bien résolu, mais non en ce qu'il ferait du reste [de]
sa vie, sa destinée voulut qu'un jour, passant dans la rue, [il]
levât les yeux, et vît à une fenêtre une jeune fille, qui paraiss[ait]
avoir de treize à quatorze ans, d'un si agréable visage et d'u[ne]
beauté si parfaite, que, sans pouvoir s'en défendre, le b[on]
vieux Carrizalès rendit la faiblesse de ses longues années à [la]
puissance des jeunes années de Léonor : tel était le nom de [la]
belle enfant. Aussitôt il se mit à élever un grand tas de pr[o]-
jets, et se parlant à lui-même, il disait : « Cette jeune fille [est]
belle, et, si j'en juge à l'apparence de sa maison, ne doit p[as]
être riche; elle est encore enfant, et sa grande jeunesse pe[ut]
prévenir mes soupçons. Je l'épouserai, je l'enfermerai, je [la]
ferai à mes manies, et, de cette façon, elle ne saura et ne vo[u]-
dra que ce que je lui apprendrai. Je ne suis pas si vieux q[ue]
que j'aie perdu l'espoir d'avoir des enfants à qui laisser m[on]
héritage. Qu'elle ait une dot ou non, peu m'importe, puisq[ue]
le ciel m'a donné de quoi pourvoir à tout. Les riches, d'a[il]-
leurs, ne doivent pas chercher dans le mariage la fortun[e,]
mais le plaisir : car le plaisir allonge la vie, et les chagrins [de]
ménage l'abrégent. Halte donc ! le sort en est jeté. » Aya[nt]
fait ce soliloque, non une, mais cent fois, au bout de quelqu[es]
jours, il alla parler aux parents de Léonor, et sut que, qu[oi]-
que pauvres, ils étaient nobles. Après leur avoir fait connaî[tre]
la qualité de sa personne et l'étendue de sa fortune, il les p[ria]
instamment de lui accorder leur fille pour femme. Ceux-ci [lui]

demandèrent du temps, afin de prendre des informations, et pour qu'il pût s'assurer lui-même que ce qu'ils avaient dit de leur noblesse était exact. On se sépara ; on s'informa réciproquement, on trouva vrai ce que chacun avait dit, et, finalement, Léonor devint femme de Carrizalès, qui la dota tout d'abord de vingt mille ducats, tant elle avait embrasé le cœur du jaloux vieillard.

Mais à peine eut-il prononcé le *oui* conjugal, qu'il se sentit assailli par une grêle de traits de la jalousie. Il commença à trembler sans aucun motif, et à ressentir de plus grands soucis qu'il n'en avait jamais eu. Le premier signe qu'il donna de sa jalouse complexion fut de ne pas vouloir qu'aucun tailleur prît la mesure de sa femme pour les nombreux habits qu'il voulait lui donner. Il chercha donc une autre femme qui eût à peu près la taille et l'embonpoint de la sienne, et il rencontra une pauvre fille à laquelle on fit une robe qui se trouva juste pour Léonor. Ce fut sur cette mesure qu'on tailla tous les autres habits, qui furent si nombreux et si riches, que les parents de la mariée s'estimèrent trop heureux d'avoir gagné un si bon gendre pour enrichir eux et leur fille. La petite était toute ravie de voir tant de parures, car les plus brillantes qu'elle eût mises de sa vie ne passaient pas un jupon de serge et un pourpoint de taffetas.

La seconde preuve de jalousie que donna Felipe fut de ne pas vouloir se réunir à son épouse avant qu'il la tînt enfermée dans une maison à part, qu'il arrangea de la manière suivante. Il en acheta une, moyennant douze mille ducats, dans le plus beau quartier de la ville, où se trouvaient de l'eau de source et un jardin d'orangers. Il ferma toutes les fenêtres qui s'ouvraient sur la rue, et donna le jour par en haut à toutes les autres fenêtres de la maison. Sous le portail, et dans l'espèce de vestibule en usage à Séville pour conduire de la porte d'entrée à la cour, il fit pratiquer une écurie pour une mule, avec un grenier au-dessus et une chambre pour un vieux nègre eunuque qui devait prendre soin de la bête. Il éleva les murailles de la terrasse de telle manière, que celui qui entrait dans la maison ne pouvait voir le ciel qu'en ligne droite. Il fit établir un tour qui, du vestibule, correspondait avec la cour intérieure. Il acheta un riche ameublement pour orner la maison, de façon qu'elle semblait, par ses tapisseries, ses estrades, ses dais et ses fauteuils, la demeure d'un grand seigneur. Il acheta aussi quatre esclaves blanches qu'il marqua de feu au visage, et deux autres négresses apprenties. Enfin, il s'arrangea avec un maître d'hôtel pour que celui-ci achetât et lui apportât à manger, mais à condition de ne point coucher ni entrer dans la maison, si ce n'est jusqu'au tour, par lequel il remettrait les provisions.

Cela fait, Carrizalès plaça une partie de sa fortune en rentes sur biens-fonds, une autre partie à la banque, et en garda quelque chose pour ce qui pouvait arriver. Il fit faire également un passe-partout pour toute la maison, et y mit à la fois en magasin pour la provision de toute l'année ce qu'on a coutume d'acheter à chaque saison. Quand tout fut arrangé et préparé de cette manière, il alla demander sa femme à ses beaux-pères, lesquels la lui remirent, non sans verser bien des larmes, car il leur semblait qu'on la portait à la sépulture. La tendre Léonor ne savait pas encore ce qui l'attendait, et ainsi, mêlant ses pleurs à ceux de ses parents, elle leur demanda leur bénédiction, et, prenant congé d'eux, entourée de ses femmes et de ses esclaves, conduite par son mari, elle arriva dans sa maison.

Dès qu'on y fut entré, Carrizalès leur fit à toutes un sermon pour leur recommander la garde de Léonor, et surtout pour que, sous aucun prétexte ni pour aucune raison, elles ne laissassent entrer personne, même le nègre eunuque, au delà de la seconde porte. Mais celle qu'il chargea principalement de garder et de divertir Léonor fut une duègne de beaucoup de prudence et de gravité, qu'il avait prise pour gouvernante de sa femme et pour surintendante de sa maison, afin qu'elle commandât aux esclaves, et à deux autres jeunes filles du même âge que Léonor, qu'il avait admises aussi pour lui servir de compagnes. Carrizalès leur promit à toutes qu'il les traiterait et les régalerait de manière qu'elles ne sentiraient point leur réclusion, et que, chaque jour de fête, sans en excepter aucun, elles iraient entendre la messe, mais de si bon matin, qu'à peine l'aurore pourrait les voir. Les femmes promirent, de leur côté, qu'elles feraient tout ce qu'il ordonnerait, sans ennui, sans murmure, de bon cœur et de bonne volonté; et la nouvelle épouse, baissant la tête et les épaules, dit qu'elle n'avait d'autre volonté que celle de son époux et seigneur, auquel elle obéirait toujours.

Cette précaution prise, et bien retiré dans sa maison, le bonhomme commença à cueillir comme il put les fruits du mariage, lesquels n'avaient pour Léonor, qui n'en avait point goûté d'autres, ni douceur ni amertume. Elle passait le temps avec sa duègne, ses filles et ses esclaves; et celles-ci, pour mieux occuper leurs loisirs, donnèrent dans le péché de gourmandise, et tellement, que peu de jours se passaient sans qu'elles fissent ces mille petites friandises qu'assaisonnent le miel et le sucre. Elles avaient en grande abondance tout ce qui leur était nécessaire, et la bonne volonté du maître à les en fournir ne leur manquait pas davantage : car il lui semblait qu'il les tenait ainsi occupées et contentes, sans qu'elles eussent le temps de regretter le monde. Léonor, vivant en égale avec ses femmes, se divertissait comme elles; et même, dans sa simplicité, elle s'amusait à faire des poupées et à d'autres enfantillages qui montraient son jeune âge et la candeur de son caractère.

Tout cela ravissait le jaloux mari, qui crut avoir trouvé le meilleur genre de vie qui se pût imaginer, et un repos que ne pouvaient troubler ni l'adresse ni la malice humaine. Aussi ne songeait-il qu'à faire des cadeaux à sa femme, et à lui répéter qu'elle lui demandât tout ce qui lui viendrait à l'esprit, sûre d'être aussitôt satisfaite. Les jours qu'elle allait à la messe, et c'était, comme on l'a dit, entre chien et loup, ses parents venaient à l'église, et parlaient à leur fille devant son mari, lequel les comblait de tant de dons et de bienfaits, que toute la pitié qu'ils pouvaient avoir pour la retraite austère où vivait leur fille s'oubliait devant les riches présents d'un gendre si libéral.

Carrizalès se levait de grand matin et attendait l'arrivée du maître d'hôtel, qu'on avisait la veille au soir, par un billet placé dans le tour, de ce qu'il devait apporter le lendemain. Quand son pourvoyeur était venu, Carrizalès sortait de la maison, le plus souvent à pied, laissant les deux portes fermées, celle de la rue et celle de la cour, et le nègre emprisonné dans l'intervalle. Il vaquait à ses affaires, qui n'étaient pas nombreuses, et revenait sur-le-champ. Une fois de retour, et bien enfermé, il s'amusait à combler de petits soins sa femme et ses compagnes, se faisant bien aimer d'elles toutes par son humeur simple et bonne, et surtout par tant de libéralité. De cette manière, ils passèrent une année de noviciat, et firent leurs vœux de vivre ainsi, bien déterminés à les garder jusqu'à la fin de leurs jours, ce qui aurait été, si le rusé perturbateur du genre humain ne se fût mis à la traverse, comme vous allez l'apprendre.

Mais d'abord, que celui qui se tient pour le plus prudent, le plus discret et le mieux avisé, me réponde. Quelles plus grandes précautions pouvait prendre pour sa sûreté le vieux Felipe, puisqu'il n'avait pas même permis qu'il y eût dans sa maison un animal mâle? Jamais chat n'y poursuivit les souris, et jamais on n'y entendit aboiements de chiens; tout y était du genre féminin. Quant à lui, de jour il veillait, et de nuit ne dormait pas. Il était la sentinelle et le guet de sa maison, et l'argus de ce qu'il aimait; il négociait avec ses amis dans la rue, et jamais homme ne passa la porte de sa cour. Dans les peintures des tapisseries qui ornaient ses salons et ses chambres, on ne voyait que des femmes, ou des fleurs et des bocages. Toute sa maison respirait la décence, le recueillement et la sagesse. Même dans les histoires que, pendant les longues nuits d'hiver, ses servantes contaient autour du feu, comme il était présent, on ne découvrait aucune trace d'amoureuse passion. Les cheveux d'argent du vieillard paraissaient à Léonor des cheveux d'or pur : car le premier amour qu'éprouve une jeune fille s'imprime dans son âme comme le cachet dans la cire. Une garde si sévère lui semblait sage prudence; elle pensait et croyait que ce qu'on faisait pour elle se faisait pour toutes les nouvelles mariées. Aussi ses pensées ne s'écartaient jamais jusqu'à sortir des murs de sa maison, ni sa volonté à désirer autre chose que ce que voulait bien son mari. Elle ne voyait les rues que les jours où elle allait à la messe, et c'était de si grand matin, qu'on ne pouvait, sinon au retour de l'église, apercevoir aucun objet. Enfin, jamais on ne vit monastère si bien fermé, religieuses si bien recluses, et pommes d'or si bien gardées. Et cependant Carrizalès ne put éviter de tomber dans le péril qu'il redoutait, ou du moins de croire qu'il y était tombé.

A Séville, il y a une espèce de jeunes gens oisifs, désœuvrés et vagabonds, qu'on appelle d'habitude *coureurs de rues*[1]; ce sont les fils des plus riches bourgeois, gens frivoles, parés et beaux diseurs, dont la manière de vivre et de s'habiller, le caractère, les usages et les lois qu'ils gardent entre eux donneraient belle matière à discourir, si de bonnes raisons n'imposaient silence. Un de ces galants qu'ils appellent dans leur jargon *virote*, c'est-à-dire garçon (on nomme *matons* les nouveaux mariés), vint à regarder la maison du prudent Carri-

---

1. *Gente de barrio.*

zalès, et, la voyant toujours fermée, il lui prit fantaisie de savoir qui vivait dans ce cloître, si bien que, sa diligence aidant sa curiosité, il vint à bout de découvrir ce qu'il désirait; il sut l'étrange humeur du vieillard, la beauté de sa femme et la manière qu'il avait prise de la garder. Tout cela alluma chez lui le désir d'essayer s'il ne serait pas possible d'emporter de force ou d'adresse une forteresse si bien défendue; et, communiquant la chose à deux *virotes* et à un *maton* de ses amis, ils résolurent de la mettre en œuvre. Pour de telles entreprises, jamais on ne manque de conseillers et d'aides. La difficulté était de trouver le moyen d'entreprendre une si hasardeuse prouesse. Ils entrèrent plusieurs fois en conseil, et arrêtèrent enfin leur plan de campagne.

Loaïsa, c'est le nom du *virote*, feignit d'abord d'aller passer plusieurs jours hors de la ville pour échapper aux yeux de ses amis. Cela fait, il mit un caleçon de toile propre et une chemise blanche, et, par-dessus, des habits si troués, si rapiécés, qu'aucun mendiant de la ville n'en avait de plus misérables; il s'enleva un peu de barbe qu'il avait, se couvrit un œil avec un emplâtre, se banda étroitement une jambe, et, s'appuyant sur deux béquilles, il se changea en un pauvre perclus, tel que le plus véritable estropié n'approchait pas de lui. Dans cet accoutrement, il venait chaque nuit, à l'heure de l'*Angelus*, se mettre à la porte de la maison de Carrizalès, qui était déjà close, le vieux nègre, qu'on appelait Luis, restant enfermé entre les deux portes. Planté là, Loaïsa prenait une guitare passablement encrassée et veuve de quelques cordes; puis, comme il était un peu musicien, il se mettait à racler quelques chansons gaies et plaisantes, changeant sa voix pour ne pas être reconnu. Une fois en train, il défilait un chapelet de romances moresques avec tant de grâce, que tous ceux qui passaient dans la rue s'arrêtaient pour l'écouter, et que, tant qu'il chantait, il avait autour de lui une galerie de polissons. Pour le nègre Luis, mettant l'oreille contre la porte, il restait comme accroché à la sérénade du faux mendiant, et il aurait volontiers donné un bras pour pouvoir ouvrir la porte et l'entendre plus à son aise : tant est grand le penchant qu'ont les nègres à devenir musiciens. Quand Loaïsa voulait que son auditoire le laissât, il cessait de chanter, rengainait sa guitare, et s'en allait monté sur ses béquilles.

Quatre ou cinq fois il donna ainsi de la musique au nègre: car c'était pour lui seul qu'elle était faite, dans l'opinion que la première attaque contre l'édifice de Carrizalès devait s'adresser à la sentinelle avancée; et son idée se trouva juste. En effet, une nuit qu'il arrivait comme de coutume et commençait à accorder sa guitare, il s'aperçut que le nègre avait déjà pris son poste; alors, s'approchant du gond de la porte, il lui dit à voix basse: « Pour Dieu ! Luis, serait-il possible de me donner un peu d'eau? je meurs de soif, et ne puis pas chanter. — Hélas! non, répondit le nègre; car je n'ai pas la clef de cette porte, et il n'y a pas un trou par où je puisse vous en passer. — Et qui donc a la clef? demanda Loaïsa. — Mon maître, reprit le nègre, qui est l'homme le plus jaloux du monde; et, s'il savait que je parle maintenant à quelqu'un, ce serait la fin de ma vie. Mais qui êtes-vous, vous qui me demandez de l'eau? — Moi, répondit Loaïsa, je suis un pauvre estropié, qui gagne ma vie en demandant l'aumône aux bonnes âmes pour l'amour de Dieu, et en même temps j'enseigne à jouer de la guitare à quelques nègres et autres pauvres gens; j'ai déjà trois esclaves de trois *veinticuatros*[1], auxquels j'ai si bien montré, qu'ils peuvent chanter et jouer dans quelque bal et dans quelque taverne que ce soit; et ils me l'ont, ma foi, bien payé. — Je vous le payerais bien mieux encore, dit Luis, si je pouvais prendre leçon; mais ce n'est pas possible, parce que mon maître, en sortant le matin, ferme la porte de la rue, et fait de même en rentrant, de façon que je reste emmuraillé entre les deux portes. — Pardieu ! Luis, répondit Loaïsa, qui savait déjà le nom du nègre, si vous trouviez moyen de me faire entrer quelques nuits, pour vous donner leçon, en moins de quinze jours je vous rendrais si habile sur la guitare, que vous pourriez, sans honte, en jouer sur la grande place. Il faut que vous sachiez que j'ai le plus grand talent pour montrer; de plus, j'ai ouï dire que vous avez les meilleures dispositions, et, si j'en juge par l'organe de la voix, qui est doux et féminin, vous devez très-bien chanter. — Je ne chante pas trop mal, répondit le nègre; mais de quoi cela me sert-il? je ne sais pas une seule chanson, si ce n'est celle de l'Étoile de Vénus, et, celle qui dit : *Sur la verdure d'un pré*, et une autre qu'on chante à présent : *Aux grilles d'une fenêtre, la main attachée.* — Tout cela n'est que du vent, dit Loaïsa, au prix de celles que je pourrais vous apprendre : car je sais toutes les chan-

---

1. Membre de la municipalité de Séville, qu'on appelait ainsi à cause de leur nombre.

sons du More Abindarraez, et celles de sa dame Xarifa, et celles qu'on chante sur l'histoire du grand Sophi Tomunibeyo, et celles de la sarabande à la divine mode, qui sont telles, qu'elles feraient pâmer d'aise même des Portugais; tout cela, je l'enseigne par une telle méthode, et avec tant de facilité, que, même en ne vous donnant pas grande hâte d'apprendre, vous n'aurez pas mangé trois ou quatre muids de sel, que vous vous trouverez musicien fait et parfait en tout genre de guitare. »

A ces mots, le nègre soupira et dit : « Que me sert tout cela, si je ne sais comment vous faire entrer dans la maison? — Il y a un bon moyen, répondit Loaïsa; tâchez de prendre un moment les clefs à votre maître : je vous donnerai un morceau de cire où vous en imprimerez les gardes; et, pour l'amitié que vous m'inspirez, je ferai faire des clefs semblables par un serrurier de mes amis; de cette manière, je pourrai entrer la nuit chez vous et vous enseigner mieux que le Preste-Jean des Indes. Ce serait vraiment grand dommage qu'une voix comme la vôtre se perdît faute du secours de la guitare : car je veux que vous sachiez, mon frère Luis, que la meilleure voix du monde perd la moitié de son prix, si elle n'est accompagnée de quelque instrument, comme une guitare, un clavecin, un orgue ou une harpe; mais celui qui convient le mieux à votre voix est la guitare, comme étant le plus facile et le moins coûteux des instruments. — Tout cela est bel et bon, reprit le nègre, mais c'est impossible, car jamais les clefs ne sont en mon pouvoir. Mon maître ne les lâche pas un moment du jour, et, de nuit, elles dorment sous son oreiller. — Eh bien! Luis, faisons autre chose, dit Loaïsa, si toutefois vous avez l'envie d'être musicien consommé : car autrement, il est inutile que je me fatigue à vous donner des conseils. — Comment! si j'en ai l'envie! répliqua Luis; elle est si grande, qu'il n'y a rien que je ne fasse de possible, pourvu qu'en échange je sorte de vos mains musicien. — S'il en est ainsi, reprit l'autre, je vous passerai par-dessous la porte, ce qui sera facile en ôtant un peu de terre autour du gond, des tenailles et un marteau; avec leur aide, vous pourrez, pendant la nuit, enlever aisément les clous de la serrure; ensuite nous remettrons la plaque avec la même facilité, de manière qu'on ne puisse voir qu'elle ait été déclouée; et quand je serai dedans, enfermé dans votre grenier, je mettrai tant d'ardeur à la besogne, que vous verrez bien plus que je n'ai promis, pour l'honneur de ma personne et l'accroissement de vos mérites. Quant à notre nourriture, n'en ayez aucun souci; j'apporterai des vivres qui nous dureront, à tous deux, plus de huit jours : car j'ai des écoliers et des amis qui ne me laisseront manquer de rien. — Oh! reprit le nègre, ce n'est pas de la mangeaille qu'il faut nous inquiéter ; avec la ration que me donne mon maître, et les restes que me donnent les esclaves, il y aurait à dîner pour deux autres bouches. Viennent donc ce marteau et ces tenailles que vous dites, je ferai près du gond un trou pour les passer, et je le remplirai de terre ensuite ; et, quand même je donnerais quelques mauvais coups en ôtant la serrure, mon maître dort si loin de cette porte, que ce serait un miracle ou un grand malheur qu'il les entendît. — Eh bien! à la grâce de Dieu, dit Loaïsa; d'ici à deux jours, Luis, vous aurez tout ce qui est nécessaire pour mettre à exécution notre vertueux projet; et prenez garde de ne pas manger des choses échauffantes : elles ne sont d'aucun profit et nuisent à la voix. — Ma foi, répondit le nègre, rien ne m'enroue tant que le vin ; mais je ne m'en passerais pas pour toutes les voix que possède le monde. — Je ne dis pas cela, reprit Loaïsa; et que Dieu m'en préserve! Buvez, mon fils Luis, buvez, et grand bien vous fasse! jamais le vin pris avec mesure n'a fait de mal à personne. — Je le bois avec mesure, en effet, répondit le nègre ; j'ai là une jarre qui tient tout juste trois pintes. Les esclaves me la remplissent tous les jours, sans que mon maître le sache, et le maître d'hôtel m'apporte en cachette une petite outre de six pintes, qui supplée à l'insuffisance de la jarre. — En vérité! reprit Loaïsa, que Dieu me donne une vie si raisonnable! car *gorge brûlante ni ne grogne ni ne chante*. — Maintenant, dit le nègre, allez avec Dieu, et ne manquez pas de venir chanter ici les nuits que vous tarderez à m'apporter ce qu'il faut pour vous mettre céans : car je me mange les doigts d'impatience de les voir sur les cordes de la guitare. — Comment! si je viendrai? répondit Loaïsa, et même avec des chansons nouvelles. — C'est ce que je demande, dit Luis ; et maintenant, chantez-moi quelque chose, pour que j'aille me coucher avec plaisir. Et, quant au prix des leçons, sachez, seigneur pauvre, que je vous payerai mieux qu'un riche. — Je ne tiens pas à cela, dit Loaïsa : comme je vous montrerai, vous me payerez; et maintenant, écoutez cette *tonadilla*, en attendant que je vous fasse voir des miracles. — Bien volontiers, » répondit le nègre ; et, finissant cette longue causerie, Loaïsa chanta une chanson badine qui mit le nègre de si bonne humeur, qu'il ne rêvait plus qu'à voir la porte s'ouvrir.

A peine Loaïsa eut-il quitté son poste, qu'avec plus de légèreté que n'en promettaient ses béquilles, il alla rendre compte à ses amis du bon commencement de son entreprise, augure de la bonne fin qu'il en attendait, et leur conta ce qu'il avait concerté avec le nègre. Ceux-ci se procurèrent le lendemain des instruments propres à briser toute espèce de clous comme s'ils fussent de bois. Le *virote* ne manqua pas d'aller donner au nègre sa sérénade habituelle, et le nègre ne manqua pas davantage de faire sous la porte un trou par où son professeur pût lui donner les tenailles et le marteau. La seconde nuit, Loaïsa lui passa ces instruments, et Luis, essayant ses forces, se trouva bientôt avec les clous arrachés et la serrure dans la main. Il ouvrit la porte, et recueillit son Orphée. Quand il le vit avec ses deux béquilles, si déguenillé, et la jambe si entortillée, il resta tout surpris. Loaïsa ne portait plus d'emplâtre sur l'œil, chose devenue inutile; dès qu'il entra, il embrassa son cher disciple, le baisa au visage, et lui mit aussitôt dans les mains une grande outre de vin vieux, une caisse de conserves, et d'autres mets sucrés dont il avait empli sa besace; puis, jetant ses béquilles, comme s'il n'eût eu aucun mal, il se mit à faire des cabrioles, de quoi le nègre s'étonna bien davantage encore. Loaïsa lui dit : « Sachez, mon frère Luis, que, si je suis boiteux et estropié, ce n'est point par maladie, mais par adresse, et que je gagne ainsi ma vie, en demandant la charité pour l'amour de Dieu. Avec l'aide de mon industrie et de ma musique, je passe la meilleure vie de ce monde, dans lequel, sans un peu de ruse et de fourberie, on serait condamné à mourir de faim. C'est ce que vous verrez pendant le cours de notre amitié. — Nous verrons, dit le nègre; mais d'abord occupons-nous de remettre la serrure, pour qu'on n'aperçoive pas son déplacement. — Volontiers, » dit Loaïsa; et, tirant des clous de sa besace, il reposa la serrure aussi bien qu'elle était avant, ce qui réjouit infiniment le nègre. Loaïsa, montant alors dans le fenil, s'y accommoda du mieux qu'il put. Luis alluma une torche en cire, et, sans attendre davantage, Loaïsa prit sa guitare dont il joua tout bas, mais de manière à ravir le nègre, qui était tout hors de lui en l'écoutant. Après un petit concert, le maître servit une collation au disciple, et, bien que ce ne fût que de sucreries, celui-ci caressa l'outre à tant de reprises qu'elle lui enleva le peu de raison que lui avait laissé la musique. Le repas fait, la leçon commença. Mais, comme le pauvre nègre avait quatre doigts de vin par-dessus la cervelle, il ne pouvait pas trouver les touches. Cependant Loaïsa lui persuada qu'il savait au moins deux airs, et ce qu'il y a de bon, c'est que l'autre le crut, et qu'il ne fit autre chose toute la nuit que de gratter sur une guitare fausse et sans cordes. Ils dormirent un peu le matin. Vers les six heures, Carrizalès descendit, ouvrit la porte de la cour, puis celle de la rue, et attendit le maître d'hôtel, qui vint quelques moments après, mit les provisions dans le tour, et s'en alla. Carrizalès appela le nègre pour qu'il vînt prendre sa ration et l'orge de sa mule; après quoi le vieillard sortit, laissant les deux portes bien fermées, mais sans s'être aperçu de ce qu'on avait fait à celle de la rue, ce qui réjouit fort le professeur et l'écolier.

A peine le maître du logis eut-il tourné les talons, que le nègre empoigna sa guitare, et se mit à jouer de telle façon que toutes les servantes l'entendirent, et vinrent le questionner par le tour. « Qu'est-ce que cela, Luis? Depuis quand as-tu cette guitare, et qui te l'a donnée? — Qui me l'a donnée? répondit Luis; le plus grand musicien qu'il y ait au monde, celui qui me montrera en moins de six jours plus de six cents airs. — Où est ce musicien? demanda la duègne. — Pas loin d'ici, répondit le nègre, et, si ce n'était la crainte que j'ai de notre seigneur, je vous le montrerais peut-être, et, par ma foi! vous seriez bien aises de le voir. — Mais où peut-il être pour que nous puissions le voir, répliqua la duègne, si jamais autre homme que notre maître n'est entré dans cette maison? — C'est bon, c'est bon, reprit le nègre; je ne veux rien vous dire de plus, jusqu'à ce que vous voyiez tout ce qu'il m'apprendra, en aussi peu de temps que je vous l'ai dit. — Par ma foi! dit la duègne, ce doit être quelque démon qui te montrera, car je ne sais qui pourrait faire si vite un musicien de toi. — Diable ou non, reprit le nègre, vous l'entendrez, et vous le verrez quelque jour. — Mais cela ne peut être, dit une autre fille, puisque nous n'avons pas une seule fenêtre sur la rue pour voir ou pour entendre quelqu'un. — C'est égal, répondit le nègre; il y a remède à tout, si ce n'est à la mort, et d'ailleurs, si vous saviez, ou si vous vouliez vous taire... — Oh! oui, nous nous tairons, mon frère Luis, s'écria une des esclaves; nous nous tairons comme si nous étions muettes. Je te promets, cher ami, que je me meurs pour entendre une belle voix : car, depuis que nous sommes enterrées dans ces murailles, nous n'avons pas entendu seulement le chant des oiseaux. »

Tous ces propos, Loaïsa les écoutait avec un plaisir infini, trouvant qu'ils allaient droit à son but, et qu'une bonne étoile dirigeait tout à la mesure de sa volonté. Les servantes s'en allèrent, après que le nègre leur eut promis qu'un beau jour, quand elles y penseraient le moins, il les appellerait pour leur faire entendre un délicieux chanteur; puis, dans la crainte que son maître ne rentrât et ne le surprît causant avec elles, il revint s'enfermer dans son bouge. Il aurait bien voulu prendre leçon; mais il n'osait jouer de jour, de peur que son maître ne l'entendît. Celui-ci rentra peu de temps après, et, fermant toutes les portes selon son usage, se barricada dans sa maison. Lorsqu'on vint, dans la journée, donner au nègre son dîner par le tour, il dit à une négresse qui le lui apportait, que, cette nuit, quand dormirait son maître, elles descendissent toutes sans faute au tour, pour entendre la voix qu'il leur avait promise. Il est vrai qu'avant de parler ainsi il avait instamment supplié son professeur de vouloir bien chanter et jouer ce soir-là près du tour, afin qu'il pût remplir la promesse qu'il avait faite aux servantes de leur donner le concert d'une voix parfaite, assurant au chanteur qu'il serait comblé par elles de chatteries et de présents. Celui-ci se fit un peu prier avant de consentir à ce qu'il grillait de faire; mais enfin il répondit qu'il ferait ce que désirait son disciple, mais seulement pour lui faire plaisir, et sans nul intérêt. Le nègre l'embrassa et lui donna un baiser sur la joue, en signe de la joie que lui causait la faveur promise; et, ce jour-là, ce fut lui qui donna à dîner à Loaïsa, lequel dîna aussi bien qu'il l'eût fait dans sa maison, et peut-être mieux.

La nuit vint enfin et, vers minuit, on entendit dans le tour quelque bruit de voix qui appelaient tout bas. Luis comprit aussitôt que la bande était arrivée; il appela son maître, et tous deux descendirent du grenier avec la guitare remontée et bien d'accord. Luis demanda : « Qui êtes-vous? et combien êtes-vous pour entendre? — Toutes, répondit-on, excepté notre maîtresse, qui reste couchée avec son mari. » Cette réponse contraria Loaïsa; mais cependant, voulant poursuivre son dessein et contenter son disciple, il se mit à jouer à demi-voix de si jolis airs sur sa guitare, qu'il jeta dans la même admiration et le nègre et le troupeau de femmes qui l'écoutaient. Mais comment dire ce qu'elles éprouvèrent quand elles entendirent jouer le fameux *Pesame de ello*, et l'air infernal de la sarabande, alors tout nouveau en Espagne? Il n'y eut vieille qui ne se mît en branle, ni jeune qui ne se rompît les reins, et tout cela dans le plus grand silence, avec des sentinelles placées pour avertir, si le vieillard venait à s'éveiller. Loaïsa leur chanta aussi quelques couplets de *séguidillas*, ce qui acheva de ravir ses paroissiennes, lesquelles supplièrent le nègre de leur dire quel était ce miraculeux musicien. Luis répondit que c'était un pauvre mendiant, le plus galant et le plus gentilhomme qu'il y eût dans toute la gueuserie de Séville. Elles le prièrent alors de faire en sorte qu'elles le vissent, et surtout de le garder quinze jours à la maison, promettant de le traiter et de le régaler à bouche que veux-tu. Elles demandèrent aussi quel moyen il avait employé pour l'introduire dans la maison. A cela le nègre ne répondit pas un mot; mais, quant au surplus, il leur dit que, pour le voir, elles n'avaient qu'à faire dans le tour un petit trou qu'elles boucheraient ensuite avec de la cire, et que de garder le chanteur à la maison, il en faisait sa propre affaire. Loaïsa leur parla aussi, et leur offrit ses services en termes si courtois, si bien choisis, qu'elles reconnurent aussitôt que ces propos ne pouvaient sortir de la bouche d'un pauvre mendiant. Elles l'engagèrent à revenir la nuit suivante au même endroit, promettant de décider leur maîtresse à venir l'entendre, malgré le sommeil léger de son mari, qui dormait si peu, non de vieillesse, mais de jalousie. Loaïsa leur répondit que, si elles avaient envie de l'entendre sans aucune crainte du vieillard, il leur donnerait une poudre à jeter dans son vin, qui le ferait dormir plus que le temps ordinaire, et d'un profond sommeil. « Oh! bon Jésus! s'écria l'une des filles, si cela était vrai, quelle bonne fortune nous serait arrivée par la porte, sans le savoir et sans le mériter! Ce ne serait pas une poudre de sommeil pour lui, mais une poudre de vie pour nous toutes, et surtout pour ma pauvre maîtresse Léonor, sa femme, qu'il ne laisse ni au soleil ni à l'ombre, et qu'il ne perd pas de vue un moment. Ah! seigneur de mon âme, apportez vite cette poudre, et que Dieu vous rende tout le bien que vous désirez. Allez vite, apportez-la; moi, je m'offre à la mêler dans le vin et à être l'échanson; et plaise à Dieu que le vieux s'endorme pour trois jours entiers avec leurs trois nuits! ce serait nous donner le même temps des joies du paradis. — Eh bien! dit

Loaïsa, je vous apporterai cette poudre; elle est telle qu'elle ne fait d'autre mal à celui qui la prend que de le faire dormir comme un mort. » Toutes ensemble le supplièrent de l'apporter au plus vite, et, après être convenues qu'elles feraient un trou dans le tour avec une vrille et amèneraient leur maîtresse pour qu'elle pût le voir et l'entendre, elles prirent congé du musicien. Quoiqu'on fût presque au point du jour, le nègre voulut prendre sa leçon, et Loaïsa la lui donna, en l'assurant qu'il n'y avait pas, dans tous ses écoliers, de plus fine oreille que la sienne; et le pauvre nègre ne savait et ne sut de sa vie faire un croisé.

Les amis de Loaïsa avaient soin de venir chaque nuit écouter à la porte de la rue, pour savoir s'il avait quelque chose à leur dire ou à leur demander. Au signal dont ils étaient convenus, Loaïsa reconnut qu'ils étaient à la porte, et, par le trou du gond, après leur avoir appris brièvement le bon état de son affaire, il les pria instamment de lui trouver quelque drogue somnifère bonne à donner à Carrizalès, ayant ouï dire qu'il y avait une poudre à cet usage. Ils répondirent que, par le moyen d'un médecin de leurs amis, ils se procureraient le meilleur remède qu'il y eût dans ce genre, si toutefois il y en avait; et l'exhortant à pousser jusqu'au bout son entreprise, après lui avoir promis de revenir la nuit suivante munis de toutes les provisions nécessaires, ils s'éloignèrent en toute hâte.

La nuit vint, et la troupe de colombes accourut à l'appeau de la guitare. Avec elles venaient la simple Léonor, tout effrayée, toute tremblante que son mari ne s'éveillât. Vainement, agitée de cette crainte, elle avait voulu résister : tant de choses lui dirent ses femmes, et surtout la duègne, sur le charme de la musique et la bonne mine du musicien, qu'elles louaient sans l'avoir vu, et mettaient au-dessus d'Absalon et d'Orphée, que la pauvre dame, persuadée et vaincue, se laissa aller à faire ce qu'elle n'aurait jamais pensé d'elle-même. La première chose qu'elles firent en arrivant au tour, fut de le percer avec une vrille pour voir enfin le musicien. Celui-ci n'était déjà plus en habit de pauvre, mais avec de grands hauts-de-chausse de taffetas jaune, larges à la mode des marins, un pourpoint de même étoffe, garni de tresses d'or, une toque de satin de même couleur, et un col empesé ; à grandes pointes de dentelles. Il avait eu soin de pourvoir sa besace de tous ces objets, pensant qu'il pourrait bien se voir dans le cas de changer de toilette. Loaïsa était jeune, de belle taille et d'agréable visage ; et, comme il y avait si longtemps que toutes ces pauvres femmes avaient la vue faite à ne voir que leur vieux maître, il leur sembla qu'elles avaient un ange du ciel devant les yeux. L'une se mettait au trou pour le regarder, puis une autre après ; et, pour qu'elles le pussent mieux voir, le nègre éclairait son maître en lui promenant la torche de cire du haut en bas sur le corps. Quand elles l'eurent toutes bien vu, même les négresses, Loaïsa prit sa guitare, et chanta cette nuit si merveilleusement, qu'il les laissa toutes, les vieilles comme les jeunes, dans la surprise et l'admiration. Aussi prièrent-elles le nègre d'imaginer un moyen de le faire entrer tout à fait dans la maison, afin qu'elles pussent le voir et l'entendre de plus près, non à la dérobée, par le trou d'une aiguille, et sans la crainte de leur maître, qui pouvait les surprendre à la sourdine et le vol dans la main ; chose qui n'arriverait point, si on le tenait caché dans l'intérieur du logis.

A cela leur maîtresse s'opposa formellement, disant qu'on ne songeât point à une pareille extravagance, dont elle aurait un regret mortel, et que d'ailleurs, de là, chacune pouvait voir et entendre le musicien en toute sûreté et sans danger de son honneur. « Son honneur ! s'écria la duègne ; bah ! le roi en a bien assez. Restez, madame, tant qu'il vous plaira, enfermée avec votre Mathusalem, et laissez-nous nous divertir à notre guise. D'autant plus que ce jeune seigneur paraît si honnête, qu'il ne voudra rien de plus de nous autres que ce que nous voudrons nous-mêmes. — Oh ! mesdames, dit aussitôt Loaïsa, je ne suis venu ici qu'avec l'intention de servir toutes Vos Grâces de mon âme et de mon sang, par compassion de votre réclusion inouïe et des belles années que vous perdez dans une vie semblable. Par la vie de mon père, je suis un homme si simple, si doux, si obéissant et de si bonne pâte, que je ne ferai rien que ce qu'on m'ordonnera. Et si quelqu'une de vous me dit : « Maî-
« tre, asseyez-vous ici ; maître, promenez-vous là ; tournez,
« passez, arrêtez, » j'obéirai aussitôt comme le plus docile et le mieux dressé de tous les chiens qui sautent pour le roi de France. — S'il en est ainsi, dit l'innocente Léonor, quel moyen prendrons-nous pour faire entrer céans ce seigneur professeur ? — Un fort bon, répondit Loaïsa ; tâchez entre vous toutes de prendre sur la cire l'empreinte de la clef de cette porte du milieu, et je me charge d'en faire venir une pour la nuit prochaine, bonne à notre service. — Avec cette clef, dit une des

filles, on a toutes celles de la maison, car c'est le passe-partout.
— Ce n'en sera que mieux, reprit Loaïsa. — Sans doute, dit Léonor ; mais, avant tout, le seigneur doit jurer qu'une fois dedans, il ne fera rien autre chose que de chanter et de jouer ce qu'on lui demandera, et qu'il restera bien caché et bien tranquille dans l'endroit où nous le mettrons. — Oui, je le jure, dit aussitôt Loaïsa. — Ce serment ne vaut rien, répondit Léonor ; il faut qu'il jure par la vie de son père, et en baisant la croix, de manière que nous le voyions toutes. — Je le jure par la vie de mon père, dit Loaïsa, et par ce signe de la croix que je baise avec ma bouche indigne. » Et faisant, en effet, une croix avec deux doigts, il la baisa à trois reprises. Cela fait, une autre fille ajouta : « Surtout, seigneur, n'oubliez pas la poudre, car c'est le *tu autem* de toute l'affaire. »

Ainsi se termina la conversation de cette nuit, et tout le monde s'en alla, enchanté de la convention. Le sort, qui menait de bien en mieux les affaires de Loaïsa, amena justement à la même heure, qui était la seconde après minuit, ses amis dans la rue. Ceux-ci, donnant le signal accoutumé, qui était de jouer d'un cor de Paris, appelèrent Loaïsa, lequel leur rendit compte de l'état de son entreprise, leur demanda la poudre ou tout autre narcotique qui devait endormir Carrizalès, et les avertit qu'ils auraient à lui procurer une clef. Les amis répondirent qu'ils apporteraient, non une poudre, mais un onguent, dont il suffisait de frotter le pouls et les tempes à quelqu'un pour lui procurer un si profond sommeil, qu'il ne s'en éveillerait pas de deux jours, à moins qu'on ne lui lavât avec du vinaigre les parties graissées ; ils ajoutèrent que, dès qu'ils auraient l'empreinte en cire, ils se procureraient la clef sur-le-champ. Ses amis partis, Loaïsa dormit avec le nègre le reste de la nuit, et attendit impatiemment que l'autre nuit vînt, pour voir si l'on accomplirait la promesse de la clef. Et, bien que le temps semble pesant et paresseux à ceux qui attendent qu'il passe, il joute néanmoins de vitesse avec la pensée elle-même, et leur amène bientôt le terme attendu, car jamais il ne s'arrête ni ne se repose.

La nuit arriva donc, et l'heure habituelle pour accourir au tour, où furent bientôt rendues toutes les femmes de la maison, grandes et petites, blanches et noires, car elles avaient toutes le même désir de tenir dans leur sérail le seigneur musicien. Mais Léonor ne vint point ; et, quand Loaïsa s'informa d'elle, on lui répondit qu'elle était couchée avec son mari, lequel, avant de s'endormir, fermait en dedans la porte de sa chambre, et mettait la clef sous son traversin ; mais que leur maîtresse avait dit que, dès que le vieux s'endormirait, elle ferait en sorte de tirer la clef pour en prendre l'empreinte sur de la cire molle qu'elle avait préparée, et qu'on pourrait l'aller chercher dans peu d'instants par la chatière. Loaïsa resta stupéfait des précautions du vieillard ; mais pourtant il ne perdit ni le désir ni l'espérance. En ce moment, le cor de Paris se fit entendre ; il accourut à l'autre porte, et trouva ses amis qui lui donnèrent une petite fiole de l'onguent dont ils lui avaient appris la propriété. Loaïsa prit la fiole, leur dit d'attendre un peu pour qu'il leur donnât l'empreinte de la clef, et, revenant au tour, il dit à la duègne, qui montrait plus que toute autre l'envie de le faire entrer, qu'elle portât ce baume à sa maîtresse, pour que celle-ci, quand elle en connaîtrait l'usage et la vertu, fît en sorte d'en frotter tout doucement son mari, et qu'alors on verrait des merveilles.

La duègne obéit, et, quand elle arriva à la chatière, elle trouva Léonor qui l'attendait, étendue de tout son long sur le plancher, et le nez au trou du chat. La duègne s'approcha, s'étendit de la même façon, et, mettant la bouche à l'oreille de sa maîtresse, elle lui dit à voix basse qu'elle apportait l'onguent, et lui expliqua la manière de s'en servir. L'autre prit la fiole, et dit à la duègne qu'il lui avait été impossible de prendre la clef à son mari, parce qu'au lieu de la mettre, comme d'habitude, sous son oreiller, il l'avait cachée entre les deux matelas, et sous le milieu de son corps. « Mais, ajouta-t-elle, dites au maître que, si son onguent agit comme il le promet, on aura facilement la clef toutes les fois qu'elle sera nécessaire, et sans qu'il soit besoin d'en prendre la figure en cire. Allez vite lui porter ma réponse, et revenez voir si l'onguent opère, car j'entends tout de suite, tout de suite, en frotter mon mari. » La duègne descendit porter le message à maître Loaïsa, lequel renvoya ses amis qui attendaient encore la clef.

Tout émue, toute tremblante, et retenant le souffle de sa bouche, Léonor alla graisser les deux pouls de son jaloux mari ; puis elle lui graissa les deux narines, et comme, pendant cette opération, il remua tout à coup la tête, elle resta glacée de crainte, croyant qu'il la prenait sur le fait. Enfin, du mieux qu'elle put, elle acheva de le frotter dans tous les endroits nécessaires, ce qui fut la même chose que de l'embaumer pour la sépulture. Il se passa peu de temps avant que le narcotique donnât des preuves de sa vertu, car le vieillard se mit bientôt à pousser de si formidables ronflements qu'on les aurait entendus de la rue : musique plus douce encore aux oreilles de sa femme que celle du maître de son nègre. Léonor, toujours doutant de son succès, s'approcha de lui, et le secoua un peu pour voir s'il dormait bien, puis un peu plus, puis un peu plus encore ; à la fin, s'enhardissant, elle le retourna d'un côté sur l'autre, sans qu'il s'éveillât. Voyant cela, elle s'en fut à la chatière de la porte, et, d'une voix aussi basse que la première fois, elle appela la duègne qui l'attendait là. « Bonne nouvelle, ma sœur ! lui dit-elle ; Carrizalès dort comme un mort. — Eh bien ! madame, s'écria la duègne, qu'attendez-vous pour prendre la clef ? pensez donc que le musicien l'attend depuis plus d'une heure. — Allons, ma sœur, répondit Léonor, je vais la chercher. » En effet, s'approchant du lit, elle mit la main entre les deux matelas, et en tira la clef sans que le vieillard s'en aperçût. Quand elle la tint dans sa main, elle se mit à sauter de joie, courut ouvrir la porte, et présenta cette clef bienheureuse à la duègne, qui se pâma d'aise en la recevant. « Maintenant, dit Léonor, il faut aller ouvrir au musicien et l'amener dans la galerie, car je n'ose pas bouger d'ici, crainte de ce qui peut arriver. Mais avant toute chose, il faut lui faire ratifier et prêter de nouveau son serment de ne rien faire que ce qu'on lui ordonnera ; et, s'il refuse de le répéter et de le confirmer, il ne faut lui ouvrir en aucune façon. — Ainsi sera, dit la duègne ; et, par ma foi ! il n'entrera qu'après avoir juré et parjuré, et baisé la croix six fois. — Ne mets point de tarif, reprit Léonor ; qu'il la baise, et que ce soit autant de fois qu'il voudra. Mais aie soin de le faire jurer par la vie de ses parents, et par tout ce qu'il aime bien. Après cela, nous serons tranquilles, et nous pourrons nous rassasier de l'entendre jouer et chanter ; ce qu'il fait, sur mon âme, fort délicatement. Cours à présent, et te dépêche ; que la nuit ne se passe pas en paroles. »

La bonne duègne retroussa ses jupes, et, d'une seule traite, arriva jusqu'au tour, où l'attendaient toute les femelles de la maison. Quand elles la virent agitant la clef dans sa main, leur joie fut si grande, qu'elles la prirent en rond, et l'emportèrent comme un doyen d'Université, en criant : *Vivat ! vivat !* Ce fut un redoublement, quand elle leur dit qu'il n'y avait nul besoin de contrefaire la clef, puisque le vieux dormait si fort avec l'onguent dont il était graissé, qu'on pourrait la lui prendre toutes les fois qu'on en aurait envie. « Eh bien donc! s'écria l'une des filles, ouvrez cette porte, et faites entrer ce cavalier, qui s'ennuie d'attendre, et donnons-nous de la musique à cœur joie; il n'y a plus rien à voir ni rien à prévoir. — Si fait, si fait, reprit la duègne; il y a quelque chose à voir : c'est de lui faire prêter serment, comme la nuit dernière. — Il est si bon, dit une des esclaves, qu'il prêtera tous ceux que nous voudrons. »

La duègne mit alors la clef dans la serrure, et, tenant la porte entr'ouverte, appela Loaïsa, qui avait tout entendu par l'ouverture du tour, et qui, s'approchant de la porte, voulut entrer tout d'un coup; mais la duègne le retint, en lui mettant la main sur la poitrine, et lui dit : « Apprenez, mon cher seigneur, et je le jure sur ma conscience et sur le nom de Dieu, que nous toutes qui vivons enfermées dans les limites de cette maison, nous sommes vierges comme les mères qui nous ont mises au monde, excepté toutefois ma maîtresse. Et moi, qui dois paraître avoir bien quarante ans, quoique je n'en aie pas trente, puisqu'il s'en manque deux mois et demi, je le suis aussi, miséricorde! et, si je parais vieille, c'est que les peines et les chagrins ont bientôt mis un zéro aux années, si ce n'est deux, quand l'envie leur en prend. Et cela étant, il ne serait ni juste ni raisonnable que nous payassions trois ou quatre chansonnettes au prix de toute la virginité qu'enferme cette maison : car, jusqu'à cette négresse, qui s'appelle Guiomar, tout est vierge ici. Ainsi donc, seigneur de mon cœur, avant d'entrer dans notre royaume, Votre Grâce prêtera un solennel serment de ne faire autre chose que ce que nous prescrirons; et, s'il vous paraît que c'est beaucoup exiger de votre part, considérez que c'est beaucoup plus aventurer de la nôtre; et d'ailleurs, si vous venez avec de bonnes intentions, vous devez jurer sans regret : le bon payeur ne refuse pas de gages. — Bien et très-bien dit, s'écria l'une des filles; dame Mari-Alonzo a parlé en personne discrète et qui sait son monde. Si le seigneur ne veut pas jurer, qu'il n'entre point ici. — Moi, dit la négresse Guiomar, qui ne se piquait pas de grande finesse, jure ou non jure, être égal. Comme le diable ; lui jurer, lui entrer, lui tout oublier. » C'était avec le plus grand sérieux que Loaïsa avait écouté la harangue de dame Mari-Alonzo, et ce fut avec la plus imposante gravité qu'il répondit : « Certes, mesdames, chères sœurs et compagnes, jamais mon intention ne fut, n'est et ne sera autre que de vous donner plaisir et satisfaction en tout ce que mes forces peuvent atteindre. Aussi le serment que vous me demandez ne me fera-t-il pas broncher; mais j'aurais voulu que vous eussiez plus de confiance en ma simple parole : car, donnée par un homme de ma sorte, c'était la même chose qu'une obligation passée en force de chose jugée, et je veux que vous sachiez que sous un mauvais manteau est d'ordinaire un bon buveur. Mais, pour que vous soyez toutes bien assurées de la droiture de mes intentions, je me décide à jurer en bon catholique et en honnête homme. Ainsi donc, je jure par la plus formidable efficacité, dans toute sa sainteté et plénitude, par les entrées et les sorties du saint mont Liban, et par tout ce que renferme dans sa préface la véridique histoire de Charlemagne, y compris la mort du géant Fier-à-Bras, de ne passer ni outre-passer le serment que je fais, ni les commandements de la plus petite et de la plus chétive de ces dames, sous peine, si je fais ou veux faire autre chose, de la voir, dès à présent pour alors, et dès alors pour à présent, déclarer nulle et non avenue. »

Il en arrivait là de son serment, le bon Loaïsa, quand une des filles, qui l'avait écouté avec la plus grande attention, s'écria en jetant un grand cri : « Voilà, j'imagine, un serment fait pour attendrir les pierres ; que le ciel me damne si je veux que tu jures davantage : car, seulement avec ce que tu as déjà juré, tu entrerais dans la caverne de Cabra ! » Et le prenant par ses chausses, elle le tira dedans. Les autres l'entourèrent aussitôt, et l'une d'elles accourut annoncer la nouvelle à sa maîtresse, qui guettait encore le sommeil de son mari. Quand la messagère lui dit que le musicien était déjà dans l'escalier, elle se réjouit et se troubla tout à la fois, et demanda vite s'il avait juré. « Certainement, répondit l'autre, et avec la plus étrange formule de serment que j'aie entendue dans toute ma vie. — Bon ! s'écria Léonor, s'il a juré, nous le tenons. Oh ! que j'étais bien avisée en exigeant qu'il jurât ! »

En ce moment toute la troupe arriva, le musicien au milieu, éclairée par le nègre et Guiomar la négresse. Dès que Loaïsa vit Léonor, il voulut se jeter à ses genoux pour lui baiser les mains ; elle, sans parler et par signe, le fit aussitôt relever. Toutes les autres restaient comme muettes, n'osant dire mot, dans la crainte que leur maître ne les entendît. Voyant cela, Loaïsa leur dit qu'elles pouvaient parler tout haut, puisque l'onguent dont leur maître était frotté avait une telle vertu, que, sauf d'ôter la vie, il rendait un homme comme un mort. — Je le crois bien, dit Léonor : car, s'il n'en était pas ainsi, mon mari se serait déjà éveillé vingt fois, tant ses infirmités nombreuses lui rendent le sommeil léger. Mais depuis que je l'ai graissé, il ronfle comme un animal. — En ce cas, dit la duègne, allons-nous-en dans cette salle en face, pour entendre chanter ce seigneur et nous divertir un peu. — Allons, dit Léonor; mais que Guiomar reste ici, pour nous avertir si Carrizalès s'éveille. » Guiomar soupira, et répondit : « Moi noire reste, blanches s'en vont; Dieu pardonne à toutes! » La négresse resta, les autres entrèrent dans la salle, où se trouvait une riche estrade, et, plaçant l'étranger au milieu d'elles, elles s'assirent toutes à l'entour. La bonne Mari-Alonzo prit alors une lumière, et se mit à regarder le musicien du haut en bas ; et l'une disait : « Oh! quel joli toupet, si frisé, si pommadé! » Une autre : « Ouf! quelle blancheur de dents! voyez : elles feraient honte à des amandes. » Une autre : « Holà! quels yeux grands et bien fendus! Par le siècle de ma grand'mère! ils sont verts, en vérité, et ressemblent à deux émeraudes. » Celle-ci louait la bouche, celle-là les pieds, et toutes ensemble faisaient de sa personne une minutieuse anatomie. Léonor seule se taisait ; mais elle regardait aussi; et l'étranger lui semblait à chaque coup d'œil plus avenant que son vieux mari.

En ce moment la duègne prit la guitare que portait le nègre, et la mit entre les mains de Loaïsa, en le priant de l'accompagner tandis qu'elle chanterait des couplets très à la mode alors à Séville. Loaïsa se rendit à son désir. Toutes se levèrent, et, tandis qu'elles dansaient à perdre haleine, la duègne, qui savait les couplets, les chanta avec plus de bonne grâce que de belle voix. La chanson commençait ainsi :

> Maman, pour ma garde
> Duègne en vain mettez;
> Si je ne me garde,
> Mal me garderez.
>
> D'un cruel martyre
> Mon cœur est souffrant;
> Il bat, il soupire,
> Et se tait pourtant.
> Mais, si prompt remède
> A son mal n'offrez,
> En vain à votre aide

Duègne appellerez ;
L'amour le possède,
Mal me garderez.

A la fin de ses chants et de ses danses était arrivé le chœur des jeunes filles, conduit par la bonne duègne, quand tout à coup accourut Guiomar, la sentinelle, toute troublée, tout effarée, battant des pieds et des mains comme une épileptique ; elle s'écria d'une voix rauque et basse : « Éveillé monsieur, madame ; madame, éveillé monsieur ; vous lever, lui venir. » Celui qui a vu dans la campagne une bande de colombes picoter en paix le grain qu'a semé la main d'autrui, puis tout à coup, au bruit terrible d'un fusil qui part, s'envoler éperdues, oubliant la pâture, et fuir en tous sens au milieu des airs, celui-là peut imaginer ce que devint la bande des danseuses à la nouvelle inattendue qu'apportait Guiomar. Cherchant chacune son excuse, et toutes ensemble leur salut, l'une fuyant par ici, l'autre par là, elles allèrent se cacher dans les mansardes et les recoins de la maison, laissant le pauvre musicien tout seul. Celui-ci cessa le concert, jeta sa guitare, et, plein de trouble, il ne savait trop quelle contenance faire. Léonor tordait ses belles mains ; la Mari-Alonzo se battait, mais tout douillettement, le visage et la gorge ; enfin, tout était confusion, alarme et terreur. Cependant la duègne, comme plus fine et plus maîtresse d'elle-même, s'arrangea pour faire entrer Loaïsa dans sa chambre, et pour rester dans la salle avec sa maîtresse, espérant qu'elles ne manqueraient pas d'excuse si son maître les y trouvait. Loaïsa se cacha vite, et la duègne se mit à écouter attentivement si son maître venait. N'entendant aucun bruit, elle reprit courage, et tout doucement, un pied devant l'autre, elle alla jusqu'à la chambre à coucher de son maître, qui ronflait comme auparavant. Sûre qu'il dormait encore, elle leva ses longues jupes, et revint en courant donner cette bonne nouvelle à sa maîtresse, qui l'en remercia de tout son cœur. La bonne duègne ne voulut pas laisser échapper l'occasion que le sort lui offrait, de jouir avant toutes les autres des grâces qu'elle supposait au musicien. Elle dit à sa maîtresse d'attendre dans la salle jusqu'à ce qu'on le lui amenât, puis elle entra dans la chambre où il était. Loaïsa, confus et pensif, attendant avec anxiété ce qu'allait faire le vieillard ressuscité, maudissait la fausseté du baume et la crédulité de ses amis, et sa propre étourderie de n'avoir pas fait l'expérience sur un autre, avant de la faire sur Carrizalès.

Ce fut alors qu'entra la duègne. En apprenant que le vieillard était plus endormi que jamais, il se calma, écouta patiemment les amoureux propos que lui disait la Mari-Alonzo, et, devinant sa perverse intention, il résolut de faire d'elle un hameçon pour pêcher sa maîtresse. Tandis qu'ils étaient tous deux en conversation, les autres femmes, qui s'étaient d'abord cachées dans tous les coins de la maison, l'une par-ci, l'autre par-là, voulurent voir s'il était vrai que leur maître se fût éveillé, et, trouvant partout le plus profond silence, elles revinrent jusqu'à la salle où était restée leur maîtresse, qui leur apprit la vérité. Elles demandèrent aussi ce qu'étaient devenus la duègne et le musicien; quand elles surent qu'ils étaient enfermés dans la pièce voisine, elles s'approchèrent, toujours avec le même silence, pour tâcher de voir ou d'entendre à travers la porte ce qui se passait entre eux. Guiomar la négresse était dans la troupe, mais le nègre non : car, dès qu'il entendit que son maître était éveillé, il empoigna sa guitare et courut se cacher dans son galetas. Là, sous la couverture de son méchant lit, il suait et grelottait de peur; mais toutefois il grattait à tâtons les cordes de sa guitare, tant il avait, que l'enfer le confonde! de passion pour la musique. Les jeunes filles entr'ouïrent les galanteries de la duègne, et se mirent à la baptiser charitablement. Aucune d'elles ne l'appela vieille que ce ne fût avec les adjectifs de folle, de barbue, de sorcière, et d'autres que je tairai par respect. Mais ce qui eût le plus diverti celui qui les aurait entendues, c'eût été les raisons de Guiomar la négresse, qui, en sa qualité de Portugaise et d'innocente, habillait la duègne de la plus gracieuse façon. Enfin la conclusion de l'entretien des deux enfermés fut que Loaïsa se mettrait à la discrétion de la Mari-Alonzo, après que celle-ci lui aurait d'abord livré sa maîtresse.

Rien ne coûta à la duègne pour promettre ce que le musicien demandait, car elle aurait promis toutes les choses imaginables afin de satisfaire le désir qui s'était emparé de son âme et de la moelle de ses os. Elle sortit aussitôt pour parler à sa maîtresse, et, voyant la porte assiégée par toutes les servantes, elle leur dit de se retirer dans leurs cellules, et que la nuit prochaine on pourrait plus tranquillement jouir des talents du musicien, mais que, pour cette nuit, la frayeur ôterait tout plaisir. Les autres entendirent bien que la vieille voulait rester seule; mais elles ne purent refuser de lui obéir, parce qu'elle leur commandait à toutes. Les servantes se retirèrent, et la duègne revint dans la salle pour persuader à sa maîtresse de se rendre aux désirs de Loaïsa, au moyen d'une harangue si longue et si bien méditée, qu'on eût dit qu'elle la savait depuis plusieurs jours par cœur. Elle lui vanta la bonne mine du jeune homme, sa galanterie, son esprit, ses grâces; elle lui peignit combien seraient plus douces les caresses d'un jeune amant que celles d'un vieux mari; elle garantit le secret et la durée de leurs plaisirs, et ajouta cent autres choses semblables, que le diable lui mit sur la langue, embellies de fleurs de rhétorique si persuasives, si entraînantes, qu'elles auraient ému non-seulement le cœur tendre et simple de l'innocente Léonor, mais celui d'une statue de marbre. O duègnes! nées et mises au monde pour la perdition des âmes les plus pures! ô coiffes longues et plissées, qu'on choisit pour chaperons de nobles dames! comme vous remplissez tout au rebours votre office! Enfin, la duègne parla si bien, persuada si bien, que Léonor se laissa tromper, que Léonor se rendit et se perdit, ruinant en une minute l'édifice de précautions qu'avait élevé le prudent Carrizalès, lequel dormait du sommeil de la mort de son honneur. Mari-Alonzo prit sa maîtresse par la main, et, presque de force, l'entraîna, les yeux baignés de larmes, dans la chambre où se trouvait Loaïsa; puis, leur donnant la bénédiction avec un rire infernal, et fermant la porte derrière elle, elle les laissa enfermés, et se coucha sur l'estrade du salon pour y attendre son bénéfice de ricochet; mais, vaincue par la veille des nuits précédentes, elle s'endormit profondément.

Il aurait fait bon, si l'on n'eût pas su qu'il dormait, demander alors à Carrizalès ce qu'étaient devenus ses infinies précautions, sa défiance jalouse, ses conseils et ses remontrances, les hautes murailles de sa maison, l'absence absolue de tout ce qui portait nom de mâle, le tour étroit, les murs épais, les fenêtres sans lumière et la complète reclusion, la grande dot qu'il avait donnée à Léonor et les présents qu'il lui faisait sans cesse, les bons traitements qu'il avait pour ses servantes et ses esclaves, et son soin de pourvoir à tout ce qu'il supposait devoir satisfaire leurs besoins ou leurs désirs. On a déjà dit qu'il serait inutile de le lui demander, puisqu'il dormait plus qu'il n'aurait dû faire. Mais si, par hasard, il eût pu entendre et voulu répondre, il n'aurait pu mieux faire que de hausser les épaules, de froncer les sourcils et de dire : « Il n'a fallu, pour renverser jusqu'en ses fondements tout l'édifice de ma prudence, que l'artifice d'un jeune homme vicieux et désœuvré, et la perversité d'une fausse duègne, aux prises avec l'inexpérience d'une jeune fille suppliée et persuadée. Que Dieu délivre chacun de tels ennemis, contre lesquels il n'y a ni bouclier de précaution qui défende, ni épée de sagesse qui perce ! » Mais toutefois, la valeur de Léonor fut telle, et elle la montra si à propos contre les grossières violences de son perfide assaillant, qu'il ne put triompher d'elle. Ils restèrent, lui vainement fatigué, elle victorieuse, et tous deux endormis.

En ce moment, le ciel voulut que, malgré l'onguent, Carrizalès s'éveillât. Selon sa coutume, il tâta le lit de tous côtés, et n'y trouvant pas sa chère épouse, il sauta dehors tout effaré, et plus légèrement que ne promettait son grand âge. Quand il vit la chambre vide, et la porte ouverte, et la clef enlevée d'entre les deux matelas, il pensa perdre l'esprit. Toutefois, se remettant un peu, il sortit dans le corridor, et, marchant pas à pas pour ne pas être entendu, il arriva dans la salle où la duègne gisait endormie. La voyant seule et sans Léonor, il avança jusqu'à la chambre de la duègne, dont il ouvrit la porte avec la même précaution ; et là, il vit ce qu'il n'aurait jamais voulu voir, car il aurait volontiers donné ses yeux pour ne l'avoir point vu : il vit Léonor dans les bras de Loaïsa, dormant tous deux aussi profondément que si le baume eût opéré sur eux et non sur le jaloux vieillard. A cette vue amère, Carrizalès resta sans mouvement ; son sang se glaça, la voix expira dans son gosier, les bras lui tombèrent de défaillance, il demeura comme une statue de marbre glacé. Quoique la colère fît son effet naturel, en ranimant un peu ses esprits presque morts, la douleur fut si forte qu'il ne put de longtemps reprendre haleine. Cependant il aurait tiré la vengeance qu'exigeait cette grande infamie, s'il eût eu des armes pour se venger : aussi se décida-t-il à retourner dans sa chambre prendre une dague, pour revenir ensuite laver les taches de son honneur dans le sang de ses deux ennemis, et même dans celui de tous les gens de la maison. Prenant cette détermination honorable et nécessaire, il revint, dans le même silence, jusqu'en son appartement ; mais là, son cœur se serra tellement par les angoisses de la douleur, que, sans pouvoir résister, il tomba sur le lit privé de sentiment.

Le jour parut bientôt après, et surprit les nouveaux adultères enlacés dans les liens de leurs bras. Mari-Alonzo s'éveilla la première, et pensa d'abord que son tour était venu ; mais voyant qu'il était si tard, elle remit la chose à la nuit prochaine. Inquiète et troublée à la vue du grand jour, Léonor maudit sa négligence et celle de la maudite duègne, et toutes deux gagnèrent à pas précipités la chambre de Carrizalès, priant Dieu entre leurs dents de le trouver encore endormi. Quand elles le virent sur le lit, immobile et silencieux, elles crurent que le charme opérait encore, et s'embrassèrent avec effusion. Léonor s'approcha de son mari, le prit par le bras, et le tourna d'un côté sur l'autre pour voir si elle parviendrait à l'éveiller, sans qu'il fût besoin de le laver avec du vinaigre. Carrizalès revint alors de son évanouissement, et poussant un profond soupir, il s'écria d'une voix creuse et lamentable : « O malheureux que je suis ! à quelles tristes extrémités m'a réduit la fortune ! » Léonor n'entendit pas bien ce que disait son époux ; mais, voyant qu'il s'éveillait et parlait, étonnée que la puissance du baume ne durât pas autant qu'on l'avait promis, elle s'approcha de lui, posa son visage sur le tien, et lui dit, en le tenant étroitement embrassé : « Qu'avez-vous, mon seigneur ? il me semble que vous vous plaignez. » L'infortuné vieillard entendit la voix de sa douce ennemie ; il ouvrit de grands yeux, les fixa sur elle, comme un hébété, et demeura ainsi plusieurs minutes, la regardant sans remuer les paupières. Enfin il lui dit : « Faites-moi le plaisir, madame, d'envoyer tout de suite, tout de suite, appeler vos parents de ma part ; car je sens dans le cœur je ne sais quelle grande défaillance qui, je le crains, m'ôtera bientôt la vie, et je voudrais les voir avant de mourir. » Léonor crut aisément que son mari disait vrai ; mais elle crut aussi que c'était la puissance du baume, et non ce qu'il avait vu, qui le réduisait à cette extrémité. Après avoir répondu qu'il serait obéi, elle ordonna au nègre d'aller aussitôt chercher ses parents ; puis, jetant ses bras au cou de son mari, elle lui faisait de si vives caresses, et lui demandait quel était son mal avec de si tendres et de si amoureux propos, qu'on eût dit que c'était la chose qu'elle aimait le plus au monde. Lui la regardait toujours dans le même hébétement, et chacune de ses paroles ou de ses caresses était comme un coup de lance qui lui traversait l'âme. Déjà la duègne avait appris aux gens de la maison et à Loaïsa la maladie de son maître, en les assurant que la chose devait être grave, puisqu'il avait oublié d'envoyer fermer la porte de la rue, après que le nègre était sorti pour appeler les parents de sa dame.

Et cette ambassade paraissait également étrange : car, depuis qu'ils avaient marié leur fille, ni le père ni la mère n'étaient jamais entrés dans sa maison. Enfin, tout le monde était dans le silence et dans l'attente ; mais personne ne devinait la vraie cause de l'indisposition de Carrizalès, lequel poussait de temps en temps de si profonds et de si douloureux soupirs, que chacun d'eux semblait lui arracher l'âme. Léonor pleurait de le voir dans cet état, et lui, considérant la fausseté de ses larmes, souriait de ce rire d'une personne en démence.

En ce moment arrivèrent les parents de Léonor. Quand ils trouvèrent la porte de la rue et celle de la cour ouvertes, quand ils virent la solitude et le silence de la maison, ils éprouvèrent encore plus d'effroi que de surprise. Ils montèrent à l'appartement de leur gendre, et le trouvèrent, comme on l'a dit, les yeux toujours cloués sur sa femme, qu'il tenait aussi des deux mains, et tous deux versant d'abondantes larmes, celle-ci parce qu'elle voyait son mari pleurer, celui-là parce qu'il voyait avec quelle fausseté coulaient les siennes. Dès que les parents de Léonor furent entrés dans la chambre, Carrizalès parla. « Asseyez-vous ici, leur dit-il, et que tout le monde sorte de ma chambre, excepté dame Mari-Alonzo. » On obéit, et voyant qu'ils n'étaient plus qu'eux cinq, sans attendre qu'un autre parlât, Carrizalès, se frottant les yeux, et d'une voix grave, continua de la sorte : « Je suis bien sûr, mes chers parents et seigneurs, que je n'aurai pas besoin de recourir à des témoignages pour que vous croyiez à une vérité que je veux vous dire. Vous devez bien vous rappeler, car il n'est pas possible que cela soit sorti de votre mémoire, avec quel amour et quelle tendresse paternelle vous me livrâtes, il y a maintenant un an, un mois, cinq jours et neuf heures, votre chère fille pour ma légitime épouse. Vous savez aussi avec quelle libéralité je constituai sa dot, puisqu'elle fut telle que trois filles de sa qualité se seraient mariées, en se la partageant, avec la réputation de riches. Vous devez vous souvenir aussi de l'empressement que j'apportai à lui donner toutes les parures et tous les joyaux qu'elle put désirer, et que je pus supposer lui plaire.

« Enfin vous avez vu comment, poussé par mon naturel instinct, par la crainte du mal dont je vais mourir, et par l'expérience que mon grand âge m'a donnée des étranges et divers événements du monde, j'ai voulu garder ce bijou, que j'avais choisi et que vous m'aviez donné, avec toute la prudence imaginable. J'élevai les murailles de cette maison, j'ôtai la vue à ses fenêtres, je doublai les serrures de ses portes, j'y mis un tour, comme au couvent, j'en bannis tout ce qui avait apparence ou nom de mâle, je donnai à votre fille des esclaves et des servantes; je ne refusai jamais ni à elles, ni à leur maîtresse, ce qu'elles pouvaient me demander; je la fis mon égale, je lui confiai mes plus secrètes pensées, je lui livrai toute ma fortune. Tout cela, c'étaient des œuvres, à le bien considérer, qui devaient suffire pour que je vécusse assuré de jouir sans alarme de ce qui m'avait tant coûté, et pour qu'elle s'efforçât d'éviter que tout espèce de soupçon jaloux entrât dans mon cœur. Mais, comme nulle diligence humaine ne peut détourner le châtiment que la volonté divine veut infliger à ceux qui ne mettent point en elle tous leurs désirs et toutes leurs espérances, il n'est pas étonnant que je sois resté déçu dans les miennes, et que j'aie préparé moi-même le poison qui m'ôte en ce moment la vie. Mais je vois le doute et l'inquiétude où vous êtes tous, suspendus aux paroles de ma bouche, et je veux achever le long préambule de cet entretien par vous dire en une seule parole ce que mille ne sauraient exprimer. Je dis donc, mes parents et seigneurs, que, pour dénoûment de mes bons conseils et de mes bonnes actions, j'ai trouvé ce matin cette femme (en montrant son épouse), mise au monde pour la perte de mon repos et la fin de ma vie, dans les bras du beau jeune homme que cette duègne pestilentielle cache maintenant dans sa chambre. »

A peine Carrizalès eut-il achevé ces derniers mots, que Léonor sentit défaillir son cœur et tomba évanouie aux genoux de son époux. Mari-Alonzo pâlit, et les parents de Léonor, comme étouffés par le saisissement, ne pouvaient articuler un mot. Mais Carrizalès poursuivit ainsi : « La vengeance que je pense tirer de cet outrage ne sera point de celles qu'on en tire communément : je veux, en effet, n'ayant agi comme nul autre, être unique aussi dans ma vengeance, et c'est de moi-même que je la tirerai, comme du plus coupable dans ce crime. J'aurais dû considérer combien mal étaient assortis les quinze ans de cette jeune fille et mes soixante-quinze ; c'est moi, comme le ver à soie, qui ai fabriqué mon tombeau, et ce n'est pas toi que j'accuse, ô fille mal conseillée ! » En disant cela, il inclina la tête, et baisa au visage Léonor, toujours évanouie. « Je ne t'accuse pas, dis-je, parce que les persuasions de vieilles fourbes et les galanteries de jeune amoureux triomphent aisément du peu d'intelligence que donnent peu d'années ; mais, pour que tout le monde apprenne avec quelle ardeur et quelle sincérité je t'ai aimée, je veux, à cette dernière heure de ma vie, en donner une telle preuve, que je reste au monde pour exemple, sinon de bonté, au moins de simplicité jamais ouïe ni vue. Je veux qu'on amène sur-le-champ un notaire ici, pour faire de nouveau mon testament ; j'y ordonnerai que la dot de Léonor soit doublée, et je la prierai, après ma mort, qui sera bientôt venue, de disposer sa volonté (car elle pourra le faire sans violence) à donner sa main à ce jeune homme, que n'avaient pourtant jamais offensé les cheveux blancs de ce pauvre vieillard ; elle verra par là que si, vivant, je ne me suis jamais écarté d'un pas de ce qui me semblait son goût et son plaisir, mourant, je fais encore de même : je veux qu'elle ait le même sort avec celui qu'elle doit tant aimer. Le reste de mon bien sera distribué en œuvres pieuses, mais toutefois après vous avoir laissé, mes chers parents, de quoi passer honorablement ce qui vous reste de vie ; et que le notaire ne se fasse pas attendre, car la souffrance que j'endure m'étreint de telle sorte qu'elle aura bientôt coupé le dernier fil de ma vie. » En disant cela, il fut saisi d'une défaillance, et se laissa tomber si près de Léonor, que leurs visages se touchaient : étrange et triste spectacle pour les parents, qui voyaient en cet état leur fille chérie et leur gendre bien-aimé !

La méchante duègne ne voulut point attendre les reproches qu'elle redoutait des parents de sa maîtresse ; elle sortit de la chambre, et courut raconter à Loaïsa tout ce qui se passait, lui donnant, avec le conseil de quitter au plus vite cette maison, la promesse de l'informer, par le moyen du nègre, de ce qui arriverait, puisqu'il n'y avait plus de portes ni de clefs pour y mettre obstacle. Étonné de semblables nouvelles, et trouvant le conseil bon, Loaïsa retourna s'habiller en pauvre, puis alla rendre compte à ses complices de l'étrange issue de ses amours. Pendant que ces deux-là s'éloignaient, le père de Léonor envoya chercher un notaire de ses amis, lequel arriva lorsque la fille et le gendre venaient de reprendre connaissance. Carrizalès fit son testament en la forme qu'il avait dite, sans déclarer la faute de Léonor, mais se bornant à la prier, dans le cas où il viendrait à mourir, d'épouser le jeune homme qu'il avait nommé en secret. Quand Léonor entendit cela, elle se jeta aux pieds de son mari, et, son cœur bondissant dans sa poitrine, elle s'écria : « Oh! vivez, vous, vivez de longues années, mon seigneur et mon unique bien! et, quoique

vous ne soyez pas tenu de croire à rien de ce que je puis dire, sachez que je ne vous ai point offensé, sinon par la pensée. »
Elle allait s'excuser et conter en détail la vérité de l'aventure; mais elle sentit se glacer sa langue, et défaillit une seconde fois. Le triste vieillard la serra tout évanouie dans ses bras; ses parents l'embrassèrent aussi, et ils versaient tous des larmes si amères, que le notaire ne put retenir les siennes, et qu'il en mouilla le testament. Carrizalès y laissa de quoi vivre à toutes les servantes de la maison, et affranchit le nègre et les esclaves; mais la fourbe Mari-Alonzo ne reçut d'autre legs que le payement de ses gages. Bientôt après, la douleur étreignit tellement le vieillard, que, le septième jour, on le conduisit à la sépulture.

Léonor resta veuve, affligée et riche; et, quand Loaïsa espérait qu'elle allait accomplir l'ordre qu'il savait que son mari avait laissé par testament, il la vit, au bout d'une semaine, entrer religieuse dans un des plus austères couvents de la ville. Plein de dépit et de confusion, il s'embarqua pour les Indes. Les parents de Léonor furent tristes longtemps; mais ils se consolèrent avec ce que leur avait légué leur gendre. Les servantes se consolèrent aussi par le même motif, et les esclaves pour avoir recouvré la liberté. Mais la duègne perverse resta pauvre et déçue dans toutes ses mauvaises pensées. Moi, je restai avec le désir de mener à fin cette histoire, exemple mémorable du peu de confiance que méritent les clefs, les tours et les murailles, quand la volonté demeure libre, et de la confiance moindre encore qu'il faut accorder à de jeunes et tendres années, si elles ont autour des oreilles les exhortations de ces duègnes aux longues robes noires et aux longues coiffes blanches. Seulement, je ne sais trop pourquoi Léonor ne mit pas plus d'empressement à se disculper, et à convaincre son jaloux mari qu'elle était sortie pure et sans tache de cette aventure : mais le trouble d'abord lui attacha la langue; puis ensuite la hâte que se donna son époux à mourir ne lui laissa pas le temps de se justifier.

L'ESPAGNOLE-ANGLAISE.

Parmi le butin et les dépouilles qu'emportèrent les Anglais de la ville de Cadix[1], se trouva une jeune fille d'environ sept ans, que Clotald, gentilhomme anglais, commandant d'une escadre, emmena à Londres contre la volonté et les ordres prudents du comte d'Essex, qui fit rechercher soigneusement la jeune fille pour la rendre à ses parents. Ceux-ci s'étaient plaints à ce général de l'enlèvement de leur fille, en le suppliant, puisqu'il se contentait des biens et laissait libres les personnes, de ne pas les laisser si malheureux que, restant pauvres, ils restassent aussi privés de leur fille, qui était la lumière de leurs yeux et la plus belle enfant qu'il y eût dans toute la ville. Le comte d'Essex fit publier un ban sur toute sa flotte, pour ordonner, sous peine de la vie, que celui, quel qu'il fût, qui retenait la jeune fille, la rendît sur-le-champ. Mais aucune peine, aucune crainte ne fut capable de faire obéir Clotald, qui tenait l'enfant cachée dans son vaisseau, épris, bien que chrétiennement, de l'incomparable beauté d'Isabelle : ainsi se nommait la jeune captive. Finalement, ses parents restèrent privés d'elle, tristes et inconsolables, et Clotald, ravi de joie, revint à Londres, et remit, comme un riche butin, la belle enfant à sa femme.

Le bonheur voulut que tous les gens de la maison de Clotald fussent secrètement catholiques, quoiqu'en public ils parussent suivre la religion de leur reine. Clotald avait un fils, appelé Ricared, d'environ douze ans, instruit par ses père et mère dans l'amour et la crainte de Dieu, et dans la ferme croyance des vérités de la foi catholique. Catherine, la femme de Clotald, dame noble, chrétienne et prudente, prit tant d'af-

---

[1]. Lorsque, sous le règne d'Élisabeth, l'amiral Howard et le comte d'Essex la surprirent et la saccagèrent, le 1er juillet 1596.

fection pour la jeune Isabelle, qu'elle l'élevait et la choyait comme si elle eût été sa propre fille, et l'enfant était de si heureux naturel, qu'elle apprenait avec facilité tout ce qu'on lui enseignait. Avec le temps, avec les bons traitements qui lui étaient prodigués, elle oublia peu à peu ceux qu'elle avait reçus de ses parents véritables, mais pas assez cependant pour qu'elle ne se les rappelât bien des fois et ne soupirât après eux. Quoiqu'elle s'occupât à apprendre la langue anglaise, elle ne perdait pas celle de son pays, parce que Clotald avait soin d'amener secrètement chez lui des Espagnols qui parlassent avec elle. De cette manière, sans oublier sa langue maternelle, comme on vient de le dire, elle parlait l'anglais comme si elle fût née à Londres.

Après lui avoir enseigné tous les ouvrages de couture que peut et doit savoir une jeune fille bien née, on lui apprit à lire et à écrire plus que médiocrement. Mais où elle réussit le mieux, ce fut à jouer de tous les instruments qui sont permis à une femme, avec une extrême perfection de goût et de talent dans la musique, accompagnant cette qualité d'une voix que le ciel lui avait donnée si parfaitement belle, qu'elle enchantait lorsqu'elle chantait.

Tous ces mérites acquis et ajoutés au sien propre et naturel enflammèrent peu à peu le cœur de Ricared, qu'elle aimait et servait comme fils de son seigneur. Au commencement, l'amour s'empara de lui par une habitude de se complaire à regarder la beauté sans égale d'Isabelle, à considérer ses grâces et ses vertus; il l'aimait comme si elle eût été sa sœur, sans que ses désirs sortissent des limites du plus vertueux attachement. Mais comme Isabelle grandit et se forma, et qu'elle avait déjà douze ans lorsque Ricared commençait à s'enflammer, cette première bienveillance, cet innocent plaisir de la regarder et de l'entendre, se changèrent en désirs ardents de la posséder. Ce n'est point qu'il aspirât à cette possession par d'autres moyens que celui d'être son époux : car de l'incomparable honnêteté d'Élisabeth (c'est ainsi qu'ils l'appelaient à Londres) on ne pouvait pas espérer autre chose, et lui-même, s'il l'eût pu, n'eût pas voulu l'espérer. En effet, son noble caractère et l'estime qu'il avait pour Isabelle ne permettaient point qu'aucune mauvaise pensée jetât racine dans son âme. Mille fois il résolut de découvrir sa passion à ses parents, et autant de fois il recula devant cette résolution, sachant qu'ils lui destinaient pour épouse une demoiselle écossaise, très-riche et de grande qualité, comme eux secrètement catholique. Il était clair, à ce qu'il disait, que ses parents ne consentiraient point à donner à une esclave, si ce nom convenait à Isabelle, ce qu'ils avaient déjà promis de donner à une grande dame. Toujours pensif, inquiet, irrésolu, ne sachant quel chemin prendre pour arriver au but de ses louables désirs, il passait une telle vie, qu'elle le réduisit au point de la perdre. Mais, trouvant qu'il y avait une grande lâcheté à se laisser mourir sans essayer de trouver quelque remède à son mal, il s'encouragea et s'enhardit à déclarer ses intentions à Isabelle.

Tous les gens de la maison étaient tristes et tourmentés de la maladie de Ricared, qui était chéri de tout le monde, et de ses parents surtout avec une tendresse extrême, tant parce que c'était leur seul enfant, que parce qu'il méritait cette affection par ses nombreuses qualités, sa grande valeur et sa brillante intelligence. Les médecins ne pouvaient deviner sa maladie, et lui n'osait ni ne voulait la découvrir. Enfin, bien résolu à braver les difficultés que lui présentait son imagination, un jour qu'Isabelle entra pour le servir, la voyant seule, il lui dit d'une voix défaillante et d'une langue troublée : « Charmante Isabelle, ce sont ta grande vertu et ta grande beauté qui me tiennent dans l'état où tu me vois. Si tu ne veux pas que je perde la vie sous les coups des plus cruels tourments qu'on puisse imaginer, que ton désir réponde au mien, qui n'est autre que de te prendre pour épouse en cachette de mes parents, desquels je crains que, ne reconnaissant pas ce que je reconnais que tu mérites, ils ne croient devoir me refuser le bonheur qu'il m'importe tant d'obtenir. Si tu me donnes parole d'être à moi, je te la donne sur-le-champ, comme chrétien sincère et catholique, d'être à toi. Et, dussé-je ne point parvenir à te posséder, car je n'y parviendrai qu'avec la bénédiction de l'Église et de mes parents, cette seule pensée que tu m'appartiens sûrement suffira pour me rendre la santé, et pour me maintenir dans la joie jusqu'au temps où arrivera l'heureux moment que je désire. »

Pendant que Ricared lui parlait ainsi, Isabelle était restée à l'écouter en silence, les yeux baissés, montrant en cette circonstance que sa pudeur égalait sa beauté, et sa réserve son esprit. Voyant que Ricared se taisait, décente, belle et discrète, elle lui répondit de la sorte : « Depuis que la rigueur ou la clémence du ciel, car je ne sais auquel de ces deux extrêmes l'attribuer, a voulu, seigneur Ricared, m'ôter à mes parents et me donner aux vôtres, reconnaissante des faveurs infinies dont ceux-ci m'ont comblée, je me suis résolue à ce que jamais ma volonté ne s'écartât de la leur. Ainsi donc, sans cette volonté, je tiendrais, non pas à bonne, mais à mauvaise fortune, l'inestimable faveur que vous voulez bien me faire, si, à leur escient, j'étais assez heureuse pour vous mériter. Dès à présent, je vous offre la volonté qu'ils m'imposeront, et, en attendant que votre projet s'accomplisse ou soit abandonné, une chose doit entretenir et satisfaire vos désirs : c'est de savoir que les miens seront disposés toujours, et en toute sincérité, à vous souhaiter le bonheur que peut vous accorder le ciel. »

Là, Isabelle mit fin à son honnête et discrète réponse ; là commença à renaître la santé de Ricared, et recommencèrent à vivre les espérances de ses parents qu'avait tuées sa maladie. Les deux jeunes gens se séparèrent poliment, lui avec des larmes dans les yeux, elle avec admiration dans l'âme en voyant celle de Ricared si remplie pour elle d'amour et de soumission. Ricared, une fois relevé du lit, et par miracle aux yeux de ses parents, ne voulut pas leur cacher plus longtemps ses pensées. Un jour, il en fit confidence à sa mère, en lui disant, à la fin de sa conversation, qui fut longue, que, si on ne lui donnait pas Isabelle pour femme, la lui refuser et lui donner la mort serait une seule et même chose. Il sut par de tels propos et de tels éloges élever au ciel les vertus d'Isabelle, que sa mère dut croire qu'Isabelle était la dupe du marché en prenant son fils pour mari. Elle donna l'espoir à Ricared qu'elle disposerait son père à permettre volontiers ce qu'elle permettait elle-même. Effectivement, en rapportant à son mari les mêmes propos que lui avait tenus Ricared, elle l'amena facilement à vouloir ce que désirait si vivement leur fils, et à supposer des prétextes pour empêcher le mariage qui était presque conclu avec la demoiselle écossaise. A cette époque, Isabelle avait quatorze ans et Ricared vingt ; mais, dans un âge si tendre, dans un âge qu'on pourrait appeler si vert et si fleuri, leur discrétion singulière et leur prudence reconnue en faisaient des gens d'un âge mûr.

Il ne manquait plus que quatre jours pour qu'on arrivât à celui où les parents de Ricared voulaient que leur fils courbât la tête sous le saint joug du mariage, se croyant aussi bien avisés qu'heureux d'avoir choisi leur prisonnière pour fille, et préférant la dot de ses vertus aux grandes richesses que leur eût apportées l'Écossaise. Les parures étaient prêtes, les parents et les amis invités; il ne fallait plus rien qu'informer la reine de cette convention : car, sans sa volonté et son consentement, aucun mariage ne se fait parmi les gens de sang illustre. Mais, ne doutant point que l'autorisation ne fût donnée, ils ne se hâtèrent pas de la demander. Or, lorsque tout se trouvait ainsi préparé, et qu'il ne manquait plus que quatre jours pour arriver à celui des noces, un soir, toute cette joie fut troublée par l'arrivée d'un messager de la reine : il venait annoncer à Clotald que Sa Majesté lui ordonnait d'amener le lendemain matin, devant elle, sa prisonnière, l'Espagnole de Cadix. Clotald répondit qu'il obéirait avec plaisir à l'ordre de Sa Majesté. Le messager partit, et laissa toute la famille dans le trouble, l'agitation et l'effroi. « Hélas! s'écriait Mme Catherine, que sera-ce si la reine vient à savoir que j'ai élevé cette enfant dans la foi catholique, et infère de là que tous nous sommes chrétiens dans cette maison? En effet, si la reine lui demande ce qu'elle a appris dans les huit années passées depuis qu'elle est prisonnière, que peut répondre la pauvre fille qui ne nous condamne, quelque discrétion qu'elle y mette? » Isabelle, qui entendit ces propos, répondit : « Que cette crainte ne vous afflige pas, madame; j'ai la confiance que le ciel, en sa divine miséricorde, me fournira dans cet instant des paroles qui non-seulement ne vous condamneront point, mais tourneront à votre avantage. » Ricared tremblait, comme s'il eût pressenti quelque catastrophe; Clotald cherchait des raisons de calmer son extrême frayeur, et ne les trouvait que dans la grande confiance qu'il avait en Dieu et dans la prudence d'Isabelle, à laquelle il recommanda, par-dessus tout, d'éviter par tous les moyens de les faire condamner comme catholiques, disant que, bien qu'ils fussent prêts, en esprit, à recevoir le martyre, cependant la chair débile refusait une si dure carrière. Isabelle les assura plusieurs fois qu'ils pouvaient être tranquilles et certains qu'à cause d'elle il ne leur arriverait rien de ce qu'ils redoutaient; bien qu'elle ne sût pas alors, disait-elle, ce qu'il y aurait à répondre aux questions qui lui seraient faites en semblable cas, elle avait la vive et ferme espérance qu'elle répondrait de façon que ses réponses, comme elle l'avait déjà dit, serviraient à leur justification.

Ils discoururent toute la nuit sur une foule de choses, et s'arrêtèrent spécialement à cette pensée que, si la reine les eût connus pour catholiques, elle ne leur aurait pas envoyé un message si doux ; qu'on pouvait donc supposer qu'elle voulait seulement voir Isabelle, dont la beauté sans égale et les remarquables talents seraient arrivés jusqu'à sa connaissance, comme à celle de toute la ville. Mais, de ne la lui avoir pas encore présentée, ils se trouvaient déjà coupables, et ils ne trouvèrent rien de mieux à dire pour se disculper de cette faute, si ce n'est que, du moment où elle tomba dans leurs mains, ils l'avaient choisie et désignée pour épouse de leur fils Ricared. En cela même ils s'accusaient encore, pour avoir fait ce mariage sans l'autorisation de la reine ; mais une telle faute ne leur semblait pas digne d'un bien sévère châtiment. Cette pensée les consola, et ils décidèrent qu'Isabelle ne se montrerait pas vêtue humblement comme une prisonnière, mais richement, comme une épouse, puisqu'elle l'était en effet, d'un aussi noble époux que leur fils.

Ayant pris sur ce point leur résolution, le lendemain ils habillèrent Isabelle à l'espagnole, avec une jupe de satin vert à longue queue, tailladée et doublée d'une riche toile d'or ; les tailladès étaient relevées par des s en perles, et toute la robe était semée de broderies semblables. Isabelle portait un collier et une ceinture de diamants, ainsi qu'un éventail à la mode des grandes dames espagnoles ; ses propres cheveux, qui étaient blonds et longs, lui servaient de coiffure, entremêlés de garnitures de diamants et de perles. Sous cette riche parure, avec sa bonne mine et sa beauté miraculeuse, elle parut à Londres ce jour-là, montée dans un beau carrosse, entraînant les yeux et les âmes de tous ceux qui la regardaient. Avec elle venaient dans le carrosse, Clotald, sa femme et Ricared, et plusieurs illustres personnages de leurs parents les suivaient à cheval. Clotald voulut rendre tous ces honneurs à sa prisonnière, pour obliger la reine à la traiter comme l'épouse de son fils.

Quand ils furent arrivés au palais, et dans un grand salon où se tenait la reine, Isabelle entra, montrant le plus bel échantillon de beauté que pût rêver une imagination humaine. La salle était large et spacieuse ; au bout de deux pas, le cortége s'arrêta, tandis qu'Isabelle s'avançait ; et, comme elle resta seule, elle parut ce que paraît l'étoile ou l'exhalaison qui glisse dans la région du feu pendant une nuit sereine, ou bien comme un rayon du soleil, qui perce, au point du jour, entre deux montagnes. Elle parut tout cela ; et même encore une comète qui présidait l'incendie de plus d'une âme parmi ceux qui se trouvaient présents, et que l'amour embrasa avec les rayons des deux beaux soleils d'Isabelle. Celle-ci, pleine d'humilité et de courtoisie, alla se mettre à genoux devant la reine, et lui dit en langue anglaise : « Que Votre Majesté laisse baiser ses mains à son humble esclave, qui désormais se tiendra plutôt pour une noble dame, puisqu'elle a été assez heureuse pour parvenir à contempler Votre Grandeur. »

La reine se mit à la considérer un long espace de temps, sans dire une parole, car il lui semblait, comme elle dit ensuite à sa camériste, qu'elle avait devant les yeux un ciel étoilé, dont les perles et les diamants que portait Isabelle étaient les étoiles, ses deux yeux le soleil et la lune, et toute sa personne une merveille de beauté. Les dames qui entouraient la reine auraient voulu être tout yeux pour ne rien perdre de ce qu'elles avaient à voir en Isabelle : l'une vantait la vivacité de son regard, l'autre le teint de son visage; celle-ci louait l'élégance de sa taille, celle-là la douceur de son parler, et telle autre s'écria, de pure jalousie : « Elle est jolie, l'Espagnole; mais sa toilette ne me plaît pas. » Lorsque la reine fut un peu remise de son étonnement, elle fit relever Isabelle, et lui dit : « Parlez-moi en espagnol, jeune fille; je le comprends, et cela me fera plaisir. » Puis, se tournant vers Clotald : « Vous m'avez fait un véritable tort, Clotald, lui dit-elle, en me cachant ce trésor depuis tant d'années; mais il est tel, que vous avez dû en être avare. Vous voilà contraint à me le restituer, car de droit il m'appartient. — Madame, répondit Clotald, c'est une grande vérité que Votre Majesté a dite; je confesse ma faute, si c'en est une que d'avoir gardé ce trésor jusqu'à ce qu'il eût atteint la perfection convenable pour être présenté devant les yeux de Votre Majesté. Mais à présent qu'il a cette perfection, je pensais lui en donner une nouvelle, en demandant à Votre Majesté son autorisation pour qu'Isabelle devînt l'épouse de mon fils Ricared, et pour vous offrir dans ce couple, Haute Majesté, tout ce qu'il est possible que je vous offre. — Le nom même me plaît, reprit la reine, et il ne lui manquait que de s'appeler Isabelle l'Espagnole[1], pour qu'il ne me restât aucune perfection à désirer en elle. Mais prenez garde, Clotald; je sais que, sans ma permission, vous l'aviez promise à votre fils. — Cela est vrai, madame, répondit Clo-

---

1. *Isabel*, en espagnol, est le même nom qu'*Elisabeth* en anglais.

tald ; mais ce fut dans la confiance que les services nombreux et signalés que nous avons rendus à cette couronne, mes ancêtres et moi, mériteraient aux yeux de Votre Majesté des faveurs plus difficiles à obtenir que celle de cette permission; d'ailleurs, mon fils n'est point encore marié. — Et il ne sera point non plus le mari d'Isabelle, reprit la reine, avant qu'il l'ait méritée par lui-même; je veux dire que je n'entends point qu'en cela puissent lui profiter vos services et ceux de vos ancêtres. Ricared doit se disposer à me servir par lui-même, et à mériter par lui-même ce bijou, cette perle, que j'estime comme si elle était ma fille. »

A peine Isabelle eut-elle entendu ces derniers mots qu'elle tomba de nouveau aux genoux de la reine, et lui dit en langue castillane : « Les malheurs qui trouvent de telles réparations, ô sérénissime dame, doivent plutôt passer pour d'heureux événements que pour des infortunes. Votre Majesté m'a donné le nom de fille : sur un tel gage de bonheur, quels maux puis-je craindre, quels biens ne dois-je pas espérer ? » Isabelle parlait avec tant de grâce, et exprimait si élégamment tout ce qu'elle voulait dire, que la reine, à qui elle plut extrêmement, ordonna qu'elle restât à son service; elle la confia sur-le-champ à une grande dame, sa première camériste, pour que celle-ci lui enseignât ses nouvelles fonctions. Ricared, qui se vit ôter la vie en perdant Isabelle, fut sur le point de perdre aussi la raison. Tremblant, plein de trouble et d'effroi, il alla se jeter aux genoux de la reine. « Pour servir Votre Majesté, lui dit-il, il n'était pas besoin de m'exciter par l'appât d'autres récompenses que celles qu'ont obtenues mon père et mes aïeux au service de leurs rois. Mais, puisque Votre Majesté veut bien que je la serve avec d'autres désirs, avec un autre but, je voudrais savoir de quelle manière et dans quelle profession je pourrai prouver que j'ai rempli l'obligation que Votre Majesté m'impose. — Deux vaisseaux, répondit la reine, sont prêts à partir en course. J'en ai donné le commandement au baron de Lansac; de l'un de ces vaisseaux, répondit la reine, je vous fais capitaine, car le sang d'où vous sortez me donne l'assurance qu'il suppléera chez vous au manque des années. Songez bien à la faveur que je vous accorde, puisqu'en elle je vous donne l'occasion, tout en servant votre reine, comme l'exige ce que vous êtes, de montrer votre intelligence et votre courage, et d'obtenir le prix le plus précieux que vous-même, à ce qu'il me semble, puissiez jamais désirer. Je serai moi-même le gardien d'Isabelle, bien qu'elle montre assez que sa propre honnêteté sera son gardien véritable. Allez avec Dieu ; puisque vous êtes amoureux, comme je le suppose, je dois me promettre un grand résultat de vos prouesses. Heureux serait le roi guerrier qui aurait dans son armée dix mille soldats amoureux, espérant que le prix de leurs victoires fût la possession de leurs bien-aimées ! Levez-vous, Ricared, et voyez si vous avez quelque chose à dire à Isabelle : car demain sera le jour de votre départ. »

Ricared baisa les mains à la reine, pour la remercier de la grâce qu'elle lui faisait ; puis il alla se mettre à genoux devant Isabelle, et, voulant lui parler, il ne put prononcer un mot, car il sembla qu'un nœud lui serrait la gorge et lui liait la langue. Les larmes seules lui vinrent aux yeux, et, bien qu'il fît tous ses efforts pour dissimuler son attendrissement, il ne put les cacher aux yeux de la reine. « Ne rougissez point de pleurer, Ricared, lui dit-elle, et ne vous croyez point avili pour avoir montré, dans ce moment pénible, la tendresse de votre cœur. Autre chose est combattre l'ennemi, autre chose prendre congé de celle qu'on aime ; Isabelle, embrassez Ricared et donnez-lui votre bénédiction : ses regrets la méritent assez. » Isabelle, toute saisie à la vue de l'humilité et de la douleur de Ricared, qu'elle aimait comme son époux, n'entendit point ce que lui ordonnait la reine ; au contraire, elle se mit à verser des larmes, sans penser à ce qu'elle faisait, et si sérieuse, si immobile, qu'on eût dit voir pleurer une statue d'albâtre. Ces muets transports des deux amants, si tendres, si bien épris, firent couler les larmes de plusieurs assistants. Ricared, sans ajouter un mot et sans avoir pu en adresser un seul à Isabelle, sortit du salon. Clotald et ceux qui l'avaient accompagné le suivirent après avoir salué la reine, pleins de compassion, de regrets, et de douleur.

Isabelle resta comme une orpheline qui vient d'enterrer ses parents, et craignant que sa nouvelle maîtresse ne voulût lui faire changer les habitudes dans lesquelles l'avait élevée la première. Enfin elle resta ; et, deux jours après, Ricared mit à la voile, combattu par deux pensées qui, parmi beaucoup d'autres, le mettaient hors de lui. L'une de ces pensées était qu'il lui convenait de faire de telles prouesses, qu'elles lui fissent mériter Isabelle ; l'autre qu'il n'en pouvait faire aucune, s'il écoutait sa catholique résolution, qui était de ne pas tirer l'épée contre des catholiques. Dans ce cas, il devait nécessairement passer pour chrétien ou pour lâche, ce qui devenait un danger pour sa vie, ou un obstacle aux prétentions de son amour. Mais enfin il résolut de faire céder ses désirs amoureux à celui qu'il avait de rester catholique, et, du fond de son cœur, il demandait au ciel de lui envoyer des occasions où il pût se montrer vaillant sans cesser d'être bon chrétien, où il pût satisfaire la reine et mériter Isabelle.

Les deux vaisseaux naviguèrent pendant six jours avec un vent favorable, en mettant le cap sur les Açores, parages où ne manquent jamais, soit des navires portugais venant des Grandes-Indes, soit quelques autres bâtiments de retour des Indes Occidentales. Au bout de six jours, ils furent pris en flanc par un vent très-fort, qui a dans l'Océan un autre nom que dans la Méditerranée, où on l'appelle *midi*; et ce vent souffla avec tant de durée et de violence, que, sans qu'ils pussent prendre terre aux îles, force leur fut de rebrousser chemin dans la direction de l'Espagne. Près des rivages de cette contrée, et à l'embouchure du détroit de Gibraltar, ils découvrirent trois vaisseaux, l'un grand et fort, les deux autres petits. Le bâtiment de Ricared s'approcha de la capitane pour savoir du général s'il voulait qu'on attaquât les trois vaisseaux. Mais avant d'atteindre la capitane, il vit hisser sur la grande hune un drapeau noir. En approchant de plus près, il entendit dans le bâtiment un bruit lugubre de clairons et de trompettes, ce qui indiquait clairement que le général était mort, ou quelque autre personnage important. Ce fut en ce moment de surprise et d'alarme que les deux vaisseaux parvinrent à pouvoir se parler, ce qu'ils n'avaient point fait depuis leur sortie du port. On héla de la capitane pour dire que le capitaine Ricared passât à bord, parce que le général était mort la veille au soir d'une attaque d'apoplexie. Tout le monde s'attrista, hormis Ricared, qui se réjouit, non de la perte de son général, mais parce qu'il restait avec le libre commandement des deux vaisseaux. Tel était l'ordre de la reine, que, le général venant à manquer, Ricared prît sa place. Celui-ci passa sur-le-champ à bord de la capitane, où il trouva que les uns pleuraient le général mort, et que les autres fêtaient le vivant. Finalement, les uns et les autres lui rendirent aussitôt obéissance, et le proclamèrent leur général avec de brèves cérémonies : car on n'eut pas le temps d'en faire de plus longues, à cause de l'approche de deux des trois vaisseaux qu'ils avaient découverts, lesquels, laissant le grand navire en arrière, marchaient sur ceux de Ricared.

On reconnut bientôt que c'étaient des galères, et qu'elles étaient turques, à cause des croissants que portaient les pavillons; ce qui causa un grand plaisir à Ricared, car il lui sembla que cette prise, si le ciel la lui accordait, serait de grande importance, sans qu'il eût fait tort à aucun catholique. Les deux galères turques s'approchèrent pour reconnaître les vaisseaux anglais, qui ne portaient pas les couleurs de l'Angleterre, mais celles de l'Espagne, afin d'abuser ceux qui viendraient les reconnaître, et de n'être pas pris pour des bâtiments corsaires. Les Turcs crurent que c'étaient des navires revenant des Indes, et qu'ils s'en empareraient avec facilité. Ils s'approchèrent donc peu à peu, et Ricared les laissa venir, jusqu'à ce qu'il les tînt à belle portée de son artillerie : alors il commanda le feu si à propos et avec tant de succès, que cinq boulets frappèrent dans le corps d'une des galères, et l'ouvrirent en deux; elle pencha aussitôt à la bande, et commença à s'en aller en dérive, sans pouvoir remédier au désastre. L'autre galère, voyant son danger, lui jeta un câble en toute hâte, et la remorqua jusque sous le flanc du grand navire; mais Ricared, qui avait des vaisseaux prompts et légers, obéissant à la manœuvre comme s'ils eussent eu des rames, suivit les galères jusqu'au navire, en faisant pleuvoir sur elles une grêle de boulets. Les gens de la galère ouverte n'eurent pas plutôt atteint le gros vaisseau, qu'ils abandonnèrent la galère, essayant de grimper à bord en toute célérité. Quand Ricared vit tout cela, et que la galère intacte était embarrassée des débris de l'autre, il fondit sur elle avec ses deux vaisseaux, et, sans la laisser virer de bord ni mettre les rames à profit, il la prit entre deux feux. Les Turcs alors n'eurent d'autre ressource que de se réfugier aussi sur le grand navire, non pour s'y défendre, mais pour échapper du moins à la mort. Les chrétiens qui ramaient sur les galères, rompant leurs chaînes et se mêlant parmi les Turcs, cherchèrent le même refuge; mais, comme ils montaient tous ensemble sur le flanc du gros navire, la mousqueterie des vaisseaux tirait sur eux comme à la cible, sur les Turcs du moins, car Ricared ordonna que personne ne tirât sur les chrétiens. De cette façon, presque tous les Turcs périrent, et ceux qui entrèrent dans le vaisseau furent mis en pièces par les chrétiens avec lesquels ils étaient mêlés, et qui employèrent contre eux leurs propres armes. La force des braves, quand ils tombent, passe à la faiblesse de ceux qui se relèvent : aussi les chrétiens, échauffés par la pensée que les vaisseaux anglais étaient espagnols, firent-ils des merveilles pour leur délivrance.

Finalement, après avoir tué presque tous les Turcs, quelques Espagnols parurent à bord du vaisseau, et appelèrent à grands cris ceux qu'ils croyaient Espagnols aussi, pour qu'ils vinssent recueillir le prix de leur victoire. Ricared leur demanda en espagnol qu'est-ce qu'était ce navire; ils répondirent que c'était un galion qui venait des Indes portugaises, chargé d'épiceries, et portant de plus tant de perles et de diamants, qu'il valait plus d'un million d'or. Ils ajoutèrent que la tempête l'avait amené dans ces parages, désemparé et sans artillerie, parce que les gens de l'équipage l'avaient jetée à la mer, étant malades et demi-morts de soif et de faim; que ces deux galères, qui appartenaient au corsaire arnaute Mami[1], s'en étaient emparées la veille sans qu'il pût se mettre en défense, et que ne pouvant, à ce qu'il avait ouï dire, transporter tant de richesses sur les deux galères, les Turcs emmenaient le galion à la remorque, pour le conduire à la rivière Larache, qui est près de là. Ricared leur dit alors que, s'ils avaient cru que les deux vaisseaux sous ses ordres étaient espagnols, ils se trompaient : car ils appartenaient à la reine d'Angleterre. Cette nouvelle donna de quoi penser et de quoi craindre à ceux qui l'apprirent, et ils s'imaginèrent, comme il était naturel, qu'ils étaient tombés d'un filet dans un autre. Mais Ricared leur dit de ne craindre aucun mal et d'être bien assurés de leur délivrance, pourvu qu'ils ne songeassent point à se défendre. « Il est impossible d'en avoir la pensée, répondirent-ils, puisque ce navire, comme nous l'avons dit, n'a point d'artillerie et que nous n'avons point d'armes. Force nous est donc de recourir à la noblesse d'âme et à la générosité de votre général; il est juste que celui qui nous a délivrés de l'insupportable esclavage où nous tenaient les Turcs, achève jusqu'au bout une si grande grâce, un si grand bienfait, propre à le rendre fameux dans tous les endroits, en nombre infini, où parviendra la nouvelle de cette mémorable victoire, et de la libéralité dont nous attendons les effets avec plus d'espoir que de crainte. »

Satisfait des propos de l'Espagnol qui parlait, Ricared ap-

---

1. C'est-à-dire l'Albanais Mami, de qui Cervantès fut esclave à Alger.

pela en conseil les gens de son vaisseau, et leur demanda comment il fallait faire pour envoyer tous ces chrétiens en Espagne, sans s'exposer au danger de quelque sinistre événement, si, encouragés par leur grand nombre, il leur prenait idée de se soulever. Quelques-uns furent d'avis qu'il les fît passer un à un sur son vaisseau, et qu'à mesure qu'ils entreraient sous le pont, on les tuât tous l'un après l'autre ; puis que l'on conduisît ensuite le galion à Londres sans crainte et sans souci. « Puisque Dieu, répondit Ricared, nous a fait la grâce insigne de nous donner tant de richesses, je ne veux point répondre à cette faveur par des sentiments de cruauté et d'ingratitude. Il ne faut pas trancher avec l'épée les difficultés qu'on peut résoudre avec l'adresse. Je suis d'avis qu'on ne fasse mourir aucun chrétien catholique, non point parce que j'ai pour eux de l'affection, mais parce que j'en ai pour moi-même ; je voudrais que cet exploit d'aujourd'hui ne nous valût, ni à moi ni à vous, qui avez été mes compagnons, la réputation de cruels avec le renom de braves : car la cruauté ternit toujours la vaillance. Ce qu'il faut faire, c'est de transporter sur le galion portugais l'artillerie d'un de nos vaisseaux, sans laisser dans celui-ci d'autres armes, ni rien de plus que les provisions ; et, formant de nos gens l'équipage du galion, nous le conduirons en Angleterre, tandis que les Espagnols retourneront en Espagne. »

Personne n'osa contredire la proposition de Ricared : les uns le tinrent pour vaillant, magnanime et de grande habileté ; les autres le jugèrent dans leurs cœurs pour plus catholique qu'il n'aurait dû l'être. Bien affermi dans cette résolution, Ricared passa sur le vaisseau portugais avec cinquante arquebusiers, tous sur le qui-vive et les mèches allumées. Il trouva dans le vaisseau environ trois cents personnes, de celles qui s'étaient échappées des galères ; il demanda aussitôt le registre du vaisseau, et le même qui lui avait parlé du haut du pont la première fois lui répondit que le registre avait été pris par le corsaire des bâtiments légers, qui s'était noyé lorsqu'ils avaient coulé bas. A l'instant, Ricared fit mettre le tout en bon ordre, et son second navire ayant abordé le galion avec une merveilleuse célérité, à la faveur de vigoureux cabestans, on passa l'artillerie du petit navire sur le grand vaisseau. Ensuite, ayant fait une courte allocution aux chrétiens, Ricared les fit passer sur le navire allégé, où ils trouvèrent des provisions en abondance pour plus d'un mois, et pour plus de monde qu'ils n'étaient. Tandis qu'ils s'embarquaient les uns après les autres, il leur donna à chacun quatre écus d'or en monnaie d'Espagne, qu'il fit apporter de son vaisseau pour remédier à leurs premiers besoins quand ils arriveraient à terre, de laquelle ils étaient si proches, que les hautes montagnes de Calpé et d'Abyla se laissaient apercevoir.

Tous lui offrirent des actions de grâces infinies pour la faveur qu'il leur faisait. Le dernier qui allait s'embarquer fut celui qui avait parlé pour les autres. Quand son tour fut venu, il dit à Ricared : « Je tiendrais plutôt à bonne fortune, vaillant gentilhomme, que tu m'emmenasses avec toi en Angleterre que de me renvoyer en Espagne. Bien que ce soit ma patrie, et qu'il n'y ait pas plus de six jours que je l'ai quittée, je ne dois rien y retrouver qui ne réveille ma tristesse et le sentiment de ma solitude. Tu sauras, seigneur, qu'à la prise de Cadix, qui eut lieu il y a une dizaine d'années, je perdis une fille que les Anglais ont dû conduire en Angleterre ; avec elle j'ai perdu le repos de ma vieillesse et la lumière de mes yeux : car, depuis qu'ils ne la voient plus, ils n'ont rien vu qui leur donnât le moindre plaisir. La cruelle affliction où me laissèrent sa perte et celle de ma fortune, qui me fut aussi ravie, me réduisit au point que je ne pus ni ne voulus plus exercer le commerce, qui m'avait valu la réputation d'être le plus riche négociant de toute la ville ; et c'était vrai : car, outre mon crédit qui dépassait plusieurs centaines de milliers d'écus, ma fortune s'élevait, dans les portes de ma maison, à plus de cinquante mille ducats. Tout fut perdu, et pourtant j'aurais cru ne rien perdre, si je n'avais pas perdu ma fille. Après ce malheur général et celui qui m'avait si spécialement frappé, la détresse vint à me tourmenter de telle sorte, que, ne pouvant plus résister à ses atteintes, je résolus avec ma femme, qui est cette triste personne assise devant nous, de passer aux Indes, commun refuge des pauvres généreux. Nous étant embarqués, il y a six jours, sur un *aviso*, ces deux bâtiments corsaires nous rencontrèrent à la sortie de Cadix et nous firent captifs. Ce fut un renouvellement de notre disgrâce passée et le sceau de nos malheurs, qui auraient été plus grands encore, si les corsaires n'eussent pris ce galion portugais, qui les retint jusqu'aux événements dont tu viens d'être le témoin. » Ricared lui demanda comment s'appelait sa fille. « Son nom, répondit-il, est Isabelle. » Cette réponse acheva de confirmer Ricared dans le soupçon qu'il avait conçu que celui qui lui racontait son histoire était le père de son Isabelle bien-aimée. Sans lui en donner aucune nouvelle, il lui répliqua que, de bon cœur, il les mènerait lui et sa femme à Londres, où ils pourraient peut-être apprendre quelque chose sur le sort de celle qu'ils désiraient retrouver. Il les fit aussitôt passer sur sa capitane, après avoir placé sur le vaisseau portugais des matelots et des gardes en nombre suffisant.

Cette nuit même, ils mirent à la voile et s'éloignèrent en toute hâte des côtes d'Espagne; et, comme sur le navire des chrétiens délivrés se trouvaient aussi une vingtaine de Turcs, auxquels Ricared avait également donné la liberté, afin de témoigner par là que c'était plutôt par douceur et générosité naturelles qu'il se montrait libéral, que par amour pour les catholiques, il pria les Espagnols de rendre, à la première occasion qui s'offrirait, une entière liberté aux Turcs, qui lui témoignèrent leur reconnaissance. Le vent, après s'être montré d'abord favorable par sa direction et sa force, commença à tomber un peu; ce calme subit souleva une grande tempête de frayeur parmi les Anglais, qui accusaient Ricared et sa générosité, disant que les captifs délivrés pouvaient donner avis de cette aventure en Espagne, et que, s'il se trouvait des galions armés dans le port, ces galions pourraient se mettre à leur poursuite, les presser, les atteindre et les détruire. Ricared reconnaissait bien qu'ils avaient raison; mais, en répondant victorieusement à leurs plaintes par de bons propos, il parvint à les apaiser. Mais ce qui les apaisa mieux encore, ce fut le vent qui se remit à fraîchir, de façon qu'enflant les voiles sans qu'il fût besoin de les carguer, ni même de les régler, au bout de neuf jours ils se trouvèrent en vue de Londres. Quand ils y revenaient ainsi victorieux, il n'y avait pas plus d'un mois qu'ils en étaient partis.

Ricared ne voulut point, à cause de la mort de son général, entrer dans le port avec des signes d'allégresse; il mêla donc des marques de tristesse aux marques de joie. Tantôt résonnaient de gais clairons, tantôt de lugubres trompettes; tantôt les tambours battaient gaiement aux champs, tantôt les fifres leur répondaient par des accents lamentables; d'une hune pendait, renversée, une bannière parsemée de croissants; sur une autre se voyait un long drapeau de taffetas noir, dont les pointes baisaient la surface de l'eau. Finalement, ce fut avec ces marques si contraires de joie et de douleur qu'il entra avec son navire dans la rivière de Londres ; car le grand vaisseau portugais, n'y trouvant pas assez de fond, fut obligé de rester au large en pleine mer. Ces signes tellement opposés tenaient en suspens la multitude infinie de peuple qui les regardait du rivage. Les spectateurs reconnurent bien, à quelques insignes, que le plus petit vaisseau était la capitane du baron de Lansac ; mais ils ne pouvaient comprendre comment l'autre vaisseau s'était changé en ce puissant navire qui restait en mer [1]. Mais ils furent tirés de leur incertitude en voyant sauter dans un esquif, armé de toutes pièces et couvert d'armes resplendissantes, le vaillant Ricared ; qui, à pied, et sans attendre d'autre cortége que celui de l'innombrable foule dont il était suivi, se rendit au palais, où déjà la reine, placée à une galerie extérieure, attendait qu'on lui apportât des nouvelles de ces deux vaisseaux. Avec la reine et les autres dames, se trouvait Isabelle, vêtue à l'anglaise, ce qui lui seyait aussi bien que d'être vêtue à l'espagnole. Avant que Ricared fût arrivé, une autre personne accourut pour informer la reine de sa venue ; au nom de Ricared, Isabelle se troubla, et, dans ce moment, elle craignit et espéra tout à la fois de mauvais et de bons résultats de son arrivée. Ricared était de haute taille, d'une tournure élégante et bien proportionnée ; comme il se présentait armé de la cuirasse, de l'épaulière, du gorgerin, des brassards et tassettes, enfin avec une armure milanaise de onze aspects, gravée et dorée, il semblait parfaitement bien à tous ceux qui le regardaient. Sa tête n'était pas couverte d'un morion, mais d'un chapeau à larges bords de couleur fauve, avec une grande variété de plumes ajustées à la wallonne ; il portait l'épée large, de riches pendants de ceinturon et des chausses à la suisse. A la vue de ce bel équipage et de sa démarche fière, quelques-uns le comparèrent à Mars, dieu des batailles ; mais d'autres, plus frappés de la beauté de son visage, le comparèrent, dit-on, à Vénus, qui, pour jouer quelque tour à Mars, se serait déguisée de cette façon.

Enfin il arriva devant la reine, et, se mettant à genoux, il lui dit : « Haute Majesté, par la force de votre heureuse étoile,

---

[1] Cervantès, comme on le voit, n'avait pas une idée très-nette de la position de Londres, puisqu'il suppose que, du port de cette ville, qui est à quinze ou vingt lieues de l'embouchure de la Tamise, on peut apercevoir la pleine mer. Il ne faisait pas de romans historiques, et n'était guère plus fort que Shakspeare en géographie.

et en conséquence de mon désir, après que le baron de Lansac fut mort d'un coup d'apoplexie, et que je restai à sa place, grâce à votre générosité, le sort me fit rencontrer deux galères turques, emmenant à la remorque ce grand navire qu'on aperçoit au loin. Je les attaquai ; vos soldats combattirent comme toujours ; les deux bâtiments corsaires furent coulés à fond ; dans l'un des nôtres, et en votre nom royal, je rendis la liberté aux chrétiens qui s'étaient échappés du pouvoir des Turcs ; je n'amenai avec moi qu'un homme et une femme, tous deux Espagnols, qui, pour leur plaisir, voulurent venir voir Votre Grandeur. Ce grand navire est de ceux qui viennent des Indes du Portugal ; désemparé par l'orage, il tomba au pouvoir des Turcs, qui, avec peu de peine, ou sans aucune, pour mieux dire, s'en rendirent maîtres ; et, suivant ce que dirent quelques Portugais de ceux qui montaient ce vaisseau, il contient pour plus d'un million d'or en épiceries et autres marchandises de perles et de diamants. On n'a touché à aucun objet ; et les Turcs eux-mêmes n'étaient pas encore entrés dans le navire, parce que le ciel avait tout destiné, et que j'ai tout mis en garde pour Votre Majesté, qui, en me donnant un seul bijou, me laissera lui redevoir dix autres vaisseaux. Ce bijou, Votre Majesté me l'a déjà promis, c'est mon Isabelle. Avec elle, je serai riche et bien récompensé, non-seulement de ce service, quel qu'il soit, que j'ai rendu à Votre Majesté, mais de bien d'autres que je pense lui rendre encore pour payer quelque partie du trésor infini que, dans ce seul bijou, m'offre Votre Majesté.

— Levez-vous, Ricared, répondit la reine, et croyez bien que, si je voulais mettre un prix à Isabelle, l'estimant comme je le fais, vous ne la pourriez payer, ni avec ce que contient ce vaisseau, ni avec tout ce qui reste aux Indes. Je vous la donne parce que je vous l'ai promise, parce qu'elle est digne de vous et que vous êtes digne d'elle. Votre valeur seule la mérite. Si vous m'avez gardé les bijoux du navire, je vous ai gardé votre bijou ; et, bien qu'il semble que je fais peu de chose en vous rendant ce qui vous appartient, je sais que je vous fais en cela grande faveur : le trésor qui s'achète par des désirs, et qui a son estimation dans l'âme de l'acheteur, vaut ce que vaut une âme, qui ne saurait trouver de prix sur la terre. Isabelle est à vous, voyez-la ; quand vous voudrez, vous pouvez prendre entière possession d'elle ; je crois que ce sera de sa part avec plaisir, car elle est discrète, elle saura bien apprécier l'affection que vous lui portez; et je ne veux pas dire la grâce que vous lui faites, voulant me faire honneur de ce titre, que moi seule je puis lui faire des grâces. Allez prendre du repos, et venez me voir demain; je désire entendre vos prouesses plus en détail; amenez-moi aussi ces deux personnes que vous dites être venues de leur plein gré pour me voir; je veux les en remercier. »

Ricared baisa les mains à la reine pour les grandes faveurs qu'elle lui accordait. Élisabeth entra dans une autre salle, et les dames entourèrent Ricared. L'une d'elles, qui s'était liée avec Isabelle d'une amitié très-vive, appelée Mme Tansy, et qui passait pour la plus spirituelle, la plus hardie et la plus gracieuse, dit à Ricared : « Qu'est-ce que cela, seigneur Ricared, et pourquoi ces armes? Pensiez-vous, par hasard, que vous veniez combattre contre vos ennemis? Eh bien, en vérité, nous sommes toutes ici vos amies, excepté pourtant Mme Isabelle, qui est obligée, comme Espagnole, à ne pas avoir pour vous bonne volonté. — Qu'elle se souvienne seulement, madame Tansy, répondit Ricared, d'avoir pour moi une volonté quelconque. Pourvu que je reste dans son souvenir, je sais que la volonté sera bonne, car avec sa haute intelligence et sa rare beauté serait incompatible la tâche de l'ingratitude. — Seigneur Ricared, répondit alors Isabelle, puisque je dois être à vous, à vous il appartient d'exiger de moi toutes les satisfactions que vous voudrez, pour vous récompenser des louanges que vous me donnez et des grâces que vous pensez me faire. »

Ces honnêtes propos, et d'autres semblables, furent échangés entre Ricared, Isabelle et les dames, parmi lesquelles se trouvait une jeune fille d'un âge très-tendre, qui ne fit autre chose que regarder Ricared tout le temps qu'il fut là; elle lui levait les tassettes pour voir ce qu'il portait dessous, lui tâtait l'épée, et, avec une simplicité d'enfant, voulait que les armes lui servissent de miroir, s'approchant tout près pour s'y mirer. Quand il fut parti, elle s'adressa aux dames et leur dit : « Maintenant j'imagine, mesdames, que la guerre doit être une bien belle chose, puisque, même au milieu des femmes, les hommes armés ont si bonne façon. — Comment, s'ils ont bonne façon! répliqua Mme Tansy; voyez plutôt Ricared : ne dirait-on pas que le soleil est descendu sur la terre, et qu'il se promène dans les rues en cet équipage? » Toutes se mirent à rire du propos de la jeune fille et de l'extravagante comparaison de Mme Tansy. Il ne manqua pas de mauvaises langues qui accusèrent Ricared d'impertinence, pour s'être présenté au palais avec ses armes ; mais il trouva grâce devant d'autres personnes, qui le défendirent en disant qu'il avait pu faire ainsi, comme soldat, pour manifester sa martiale assurance.

Ricared fut reçu par ses parents, ses amis, ses connaissances, avec des témoignages d'affection profonde, et des réjouissances générales eurent lieu cette nuit à Londres pour célébrer son heureux succès. Le père et la mère d'Isabelle étaient déjà dans la maison de Clotald, auquel Ricared avait bien dit qui ils étaient, mais en lui recommandant de ne leur donner aucune nouvelle d'Isabelle, jusqu'à ce que lui-même leur en donnât. Cette recommandation fut faite également à sa mère, Mme Catherine, ainsi qu'à tous les domestiques et servantes de la maison. La nuit même, avec une foule de chaloupes et de barques, et devant non moins d'yeux qui regardaient cette besogne, on commença à décharger le grand vaisseau, qui, en huit jours, n'acheva point de livrer tout le poivre et toutes les riches marchandises qu'il recélait dans son large ventre.

Le lendemain de cette nuit, Ricared alla au palais, menant avec lui le père et la mère d'Isabelle, habillés de neuf à l'anglaise, auxquels il avait dit que la reine voulait les voir. Ils arrivèrent tous à l'endroit où la reine se tenait au milieu de ses dames, attendant Ricared, qu'elle voulut flatter et favoriser par l'attention de faire asseoir à ses côtés Isabelle, vêtue des mêmes habits qu'elle portait la première fois, et qui ne paraissait pas moins belle à ce moment qu'à l'autre. Les parents d'Isabelle restèrent surpris et stupéfaits en voyant tant de grandeur réunie à tant d'élégance ; ils jetèrent les yeux sur Isabelle, mais ne la reconnurent point. Cependant, et comme s'ils eussent présagé le bonheur qui était si près d'eux, le cœur commença à leur battre dans la poitrine, non pas avec une agitation qui les attristât, mais avec je ne sais quel sentiment de plaisir qu'ils ne parvenaient point à comprendre. La reine ne permit point que Ricared s'agenouillât devant elle ; au contraire, elle le fit lever et asseoir sur un tabouret qu'on avait placé là tout exprès, faveur inusitée pour le caractère altier de la reine. L'un des assistants dit à son voisin : « Ricared ne s'assied pas aujourd'hui sur le siège qu'on lui a donné, mais sur le poivre qu'il a rapporté. » Un autre s'approcha et dit : « Voici la preuve de ce qu'on dit communément, que les presents brisent les rochers, car ceux qu'a rapportés Ricared ont adouci la dureté de cœur de notre reine. » Un autre vint encore et ajouta : « Maintenant qu'il est si bien sellé, plus de deux oseront courir sur lui [1]. » En effet, de ce nouvel honneur que la reine fit à Ricared, l'envie prit occasion pour naître dans les cœurs d'un grand nombre d'assistants : car il n'y a point de faveur faite par le prince à son favori, qui ne soit un coup de lance dont le cœur de l'envieux est traversé.

La reine voulut savoir en détail de Ricared comment s'était passée la bataille avec les vaisseaux des corsaires. Il la raconta de nouveau, et attribua la victoire à Dieu et à la valeur de ses soldats, faisant l'éloge de tous à la fois, et spécifiant les actions paritculières de quelques-uns qui s'étaient signalés plus que les autres; chose qui obligea la reine à leur donner à tous des récompenses, et de particulières à ceux qui s'étaient particulièrement distingués. Quand il vint à la liberté qu'il avait rendue, au nom de Sa Majesté, aux Turcs et aux chrétiens, il ajouta : « Cette femme et cet homme que voici (montrant les parents d'Isabelle) sont ceux dont j'ai dit hier à Votre Majesté que, dans le désir de voir Votre Grandeur, ils m'avaient instamment prié de les emmener avec moi. Ils sont de Cadix, et, d'après ce qu'ils m'ont conté, d'après ce que j'ai vu d'eux, je sais que ce sont des gens de qualité et d'importance. » La reine leur ordonna de s'approcher; Isabelle leva les yeux pour voir ceux qu'on disait être Espagnols, et surtout de Cadix, avec le désir de savoir si, par hasard, ils connaîtraient ses parents. Quand Isabelle leva les yeux, sa mère aussi les jeta sur elle, et s'arrêta pour la regarder avec plus d'attention; alors, dans la mémoire d'Isabelle, commencèrent à s'éveiller des souvenirs confus qui voulaient lui faire entendre que, dans un autre temps, elle avait vu cette femme qui se trouvait devant elle. Son père était dans la même perplexité, n'osant pas se décider à croire la vérité que lui montraient ses yeux. Ricared mettait toute son attention à surprendre les sentiments et les transports de ces trois âmes en suspens, qui demeuraient incertaines entre le *oui* ou le *non* de se connaître. La reine s'aperçut de la perplexité des deux étrangers, et même du trouble d'Isabelle, car elle la vit rougir, pâlir, et porter plusieurs fois la main à ses cheveux comme pour les

---

[1]. Il y a, dans cette phrase, un double jeu de mots : *ensillado*, sellé, veut dire aussi placé sur siége, et *correr*, courir, signifie également, devenu verbe actif, poursuivre ou fâcher quelqu'un.

arranger. En ce moment, Isabelle désirait entendre parler celle qu'elle pensait être sa mère, espérant que l'oreille la tirerait du doute où l'avaient jetée les yeux. La reine dit alors à Isabelle de demander en langue espagnole à cet homme et à cette femme quel motif les avait portés à ne pas vouloir jouir de la liberté que Ricared leur avait rendue, la liberté étant la chose qu'aimaient le plus, non-seulement les gens doués de la raison, mais encore les animaux qui en sont privés. Isabelle fit cette question à sa mère, laquelle, sans lui répondre un seul mot, étourdiment et se heurtant aux obstacles, accourut près d'Isabelle; puis, sans s'arrêter aux scrupules ni aux observances de cour, elle porta la main à l'oreille droite d'Isabelle, et y découvrit un petit signe noir qu'elle y avait, ce qui acheva de confirmer son soupçon ; alors, voyant clairement qu'Isabelle était sa fille, elle lui jeta les bras au cou, et, poussant un grand cri : « O fille de mon cœur ! s'écria-t-elle, ô cher trésor de mon âme ! » Et, sans pouvoir en dire davantage, elle tomba évanouie dans les bras d'Isabelle. Son père, non moins tendre, mais plus retenu, ne fit connaître ses transports qu'en versant des larmes, qui baignèrent bientôt son vénérable visage et sa barbe blanchie. Isabelle colla son visage à celui de sa mère, et tournant les yeux sur son père, elle le regarda de telle sorte, qu'elle lui fit connaître à la fois le plaisir et le regret qu'éprouvait son âme à le voir en cet endroit. Étonnée d'un tel événement, la reine dit à Ricared : « Je pense, Ricared, que c'est votre discrétion qui a préparé ces entrevues ; mais je ne sais si je dois dire que vous avez fait sensément, car nous savons qu'une joie inattendue peut tuer comme un chagrin subit. » En disant cela, celle se tourna près d'Isabelle, qu'elle sépara de sa mère, à qui l'on jeta de l'eau sur le visage pour la rappeler à la vie. Quand celle-ci eut un peu repris ses sens, elle se jeta aux genoux de la reine, et lui dit : « Que Votre Majesté pardonne à mon audace ; il n'est pas étonnant qu'on perde connaissance par la joie de retrouver un objet si chéri. » La reine lui répondit qu'elle avait raison, employant, pour se faire comprendre, Isabelle comme interprète. Ce fut de la manière qui vient d'être contée que celle-ci reconnut ses parents, et que ses parents la reconnurent. La reine les fit rester au palais, afin qu'ils pussent tout à l'aise voir leur fille, causer et se réjouir avec elle. Ricared en ressentit une grande joie, et pria de nouveau la reine d'accomplir la promesse qu'elle lui avait faite de lui donner la main d'Isabelle, si toutefois il la méritait, et, dans le cas contraire, de vouloir bien l'occuper en des choses qui le rendissent digne d'obtenir ce qu'il désirait. La reine comprit bien que Ricared était sûr de lui-même et de son grand courage ; elle crut donc qu'il n'y avait nul besoin de le soumettre à de nouvelles épreuves : aussi lui dit-elle qu'à quatre jours de là elle lui livrerait Isabelle, en leur faisant à tous deux autant d'honneur qu'il lui serait possible. Sur cela, Ricared prit congé d'elle, ravi de joie, et emportant l'espérance prochaine d'avoir Isabelle en sa possession, sans effroi de la perdre, ce qui est le dernier terme du désir des amants.

Le temps courut, non cependant avec autant de célérité qu'il l'eût voulu : car ceux qui vivent dans l'espoir de promesses à venir n'imaginent jamais que le temps vole, mais, au contraire, qu'il marche sur les pieds de la paresse même. Enfin le jour arriva où Ricared pensait, non point mettre un terme à ses désirs, mais trouver dans Isabelle de nouvelles grâces qui la lui fissent aimer davantage, si davantage était possible. Néanmoins, dans ce court espace de temps, pendant lequel il pensait que le vaisseau de son bonheur cinglait avec un vent prospère vers le port désiré, le sort contraire éleva sur la mer de sa vie une telle tempête, que mille fois il dut craindre d'être submergé.

Le cas est que la première camériste de la reine, aux soins de qui était confiée Isabelle, avait un fils d'environ vingt-deux ans, appelé le comte Arnest. L'étendue de ses terres, la noblesse de son sang, et la haute faveur dont jouissait sa mère auprès de la reine, le rendaient, plus que de raison, arrogant, hautain et présomptueux. Cet Arnest donc devint amoureux d'Isabelle, et si éperdument, qu'à la lumière des yeux de la jeune fille son âme s'embrasait et se consumait. Bien que, pendant l'absence de Ricared, il lui eût découvert ses désirs par quelques indices, jamais ils ne furent accueillis d'Isabelle ; mais aussi, quoique l'éloignement et les dédains, dans les commencements de l'amour, fassent d'habitude renoncer les amoureux à l'entreprise, dans Arnest, les refus formels et répétés d'Isabelle firent un effet contraire. La jalousie de l'un s'allumait à la vertu de l'autre. Quand il vit que Ricared, suivant l'opinion de la reine, avait mérité Isabelle, et qu'au bout de si peu de temps elle allait la lui donner pour femme, il voulut mourir en désespéré. Mais, avant de recourir à un remède si infâme et si lâche, il parla à sa mère, et lui dit qu'elle eût à demander à la reine la main d'Isabelle, et que, si elle ne l'obtenait pas, elle pensât que la mort appelait aux portes de la vie de son fils.

La camériste demeura tout interdite aux propos d'Arnest; mais, comme elle connaissait la violence de son caractère et la ténacité avec laquelle les désirs se fixaient dans son âme, elle craignit que ses amours n'eussent quelque malheureux dénoûment. Toutefois, et comme mère, à qui il est naturel de chercher le bien de ses enfants, elle promit au sien de parler à la reine, non dans l'espérance d'obtenir d'elle une chose impossible, la violation de sa parole, mais au moins pour ne pas manquer d'essayer les dernières ressources.

Ce matin même, Isabelle avait été vêtue, par ordre d'Élisabeth, si richement, que la plume n'ose point retracer sa parure. La reine elle-même lui avait attaché un collier de perles, des plus belles que contint le vaisseau, et qu'on avait estimées à vingt mille ducats; elle lui avait mis au doigt un anneau de diamants évalué à six mille écus; enfin, les autres dames étaient tout en émoi pour les fêtes qu'elles se promettaient de la noce, lorsque la première camériste entra auprès de la reine, et la supplia à genoux de suspendre le mariage d'Isabelle deux jours encore, disant que, moyennant cette seule grâce que lui accorderait Sa Majesté, elle se tiendrait pour satisfaite et payée de toutes les grâces qu'elle méritait et attendait de ses services. La reine voulut d'abord savoir pourquoi elle lui demandait avec tant d'instance cette suspension, qui allait droit contre la parole qu'elle avait donnée à Ricared; mais la camériste ne voulut pas lui faire de réponse jusqu'à ce que la reine lui eût enfin octroyé la faveur qui lui était demandée, ce qu'elle fit, tant elle avait grand désir de savoir la cause de cette singulière demande. Ainsi donc, dès que la camériste eut obtenu ce qu'elle désirait pour le moment, elle conta à la reine les amours de son fils, et la crainte qu'elle avait que, si on ne lui donnait pas Isabelle pour femme, il ne se tuât ou ne fît quelque action scandaleuse, ajoutant que, si elle avait demandé ces deux jours de répit, c'était pour que Sa Majesté eût le temps de penser au moyen qu'il serait convenable d'employer pour sauver son fils du désespoir. La reine répondit que, si sa royale parole n'était pas engagée, elle trouverait facilement une issue à ce labyrinthe, mais qu'elle ne la violerait pas, et ne tromperait point les espérances de Ricared, pour tous les intérêts du monde.

Cette réponse fut portée par la camériste à son fils, lequel, à l'instant même, brûlant d'amour et de jalousie, s'arma de toutes pièces et, monté sur un vigoureux cheval, se présenta devant la maison de Ricared. Là, il appela Ricared à grands cris, pour qu'il se mît à la fenêtre. Celui-ci venait, en ce moment, d'achever sa toilette de fiancé, et se disposait à se rendre au palais avec le cortége qu'exigeait une telle cérémonie. Mais, ayant entendu les cris et appris qui l'appelait, ainsi que la manière dont se présentait Arnest, il s'approcha d'une fenêtre avec quelque inquiétude. Dès qu'il l'aperçut, Arnest lui dit : « Ricared, sois attentif à ce que je vais te dire : la reine, ma maîtresse, t'a envoyé combattre à son service et faire des prouesses qui te rendissent digne de la sans pareille Isabelle; tu es parti, et tu as amené des vaisseaux chargés d'or, avec lequel tu penses avoir acheté et mérité Isabelle; mais si la reine, ma maîtresse, te l'a promise, c'est qu'elle croyait qu'il n'y a personne dans cette cour qui la serve mieux que toi, et qui mérite Isabelle à meilleur titre. En cela, il pourrait se faire qu'elle se fût trompée ; ainsi donc, m'arrêtant à cette opinion, que je regarde comme vérité démontrée, je dis que tu n'as pas fait de telles choses qu'elles te rendent digne d'Isabelle, et que tu n'en pourras jamais faire qui t'élèvent à un si grand bonheur, et, par cette raison que tu ne la mérites pas, si tu veux me contredire, je te défie à toute outrance. »

Le comte se tut, et Ricared lui répondit de la sorte : « Il ne m'appartient en aucune manière d'accepter votre défi, seigneur comte, car je confesse, non-seulement que je ne mérite point Isabelle, mais encore que personne ne la mérite, de ceux qui vivent aujourd'hui dans le monde. Ainsi donc, si je confesse ce que vous dites, je répète que votre défi ne s'adresse point à moi; mais je l'accepte, cependant, pour l'audace que vous avez eue de me défier. » Cela dit, il quitta la fenêtre, et demanda ses armes en toute hâte. Aussitôt le trouble se répandit parmi ses parents et tous ceux qui étaient venus pour l'accompagner au palais. Dans la foule de gens qui avaient vu le comte Arnest couvert de ses armes, et qui avaient entendu les propos du défi, il ne manqua pas de se trouver quelqu'un qui alla tout conter à la reine, laquelle ordonna au capitaine de sa garde d'aller arrêter le comte. Le capitaine se hâta tellement, qu'il arriva au moment où Ricared sortait de sa maison, couvert des armes avec lesquelles il avait débarqué, et monté sur un beau cheval. Lorsque le comte vit le capitaine, il comprit aussitôt l'objet de sa venue et résolut de ne pas se laisser arrêter; élevant la voix, il dit à Ricared : « Tu vois, Ricared, l'empêchement qui vient nous séparer. Si tu as envie de me punir, tu me chercheras, et, comme j'ai aussi envie de te punir, moi aussi je te chercherai; et puisque deux personnes qui se cherchent se trouvent facilement, laissons pour aujourd'hui l'exécution de notre mutuelle envie. — Volontiers, » répondit Ricared.

En ce moment, le capitaine approcha avec toute sa garde, et dit au comte de se rendre prisonnier au nom de Sa Majesté. Le comte répondit qu'en effet il se rendait, mais sous la condition qu'il ne serait pas conduit ailleurs qu'en présence de la reine. Le capitaine y consentit, et, l'enfermant au milieu des rangs de sa garde, il l'emmena au palais. La reine venait d'être informée par sa camériste du violent amour qu'avait son fils pour Isabelle, et, les larmes aux yeux, la camériste l'avait suppliée de pardonner au comte, qui était, comme jeune homme et comme amoureux, exposé à commetre de plus grandes fautes. Arnest parut devant la reine, qui, sans entrer en explication avec lui, le fit dépouiller de son épée et conduire en prison dans une tour.

Tous ces événements fâcheux tourmentaient le cœur d'Isabelle et de ses parents aussi, qui voyaient si promptement troubler la mer calme de leur repos. La camériste conseilla à la reine, pour prévenir les malheurs qui pouvaient arriver entre sa famille et celle de Ricared, d'ôter la cause de cette discorde, qui était Isabelle, et de la renvoyer en Espagne. Ainsi, disait-elle, s'éviteraient les résultats qui étaient à craindre. A ces propos, elle ajoutait qu'Isabelle était catholique, et si fervente, qu'aucune de ses admonitions, qui avaient été nombreuses, pressantes, n'avait pu la détourner en rien de sa croyance catholique. « Pour cela même, répondit la reine, j'en estime davantage Isabelle, puisqu'elle sait si bien garder la foi que ses parents lui ont enseignée; quant à la renvoyer en Espagne, qu'on ne m'en parle point : car son charmant aspect, ses grâces, ses vertus, me la rendent chère, et sans nul doute, si ce n'est aujourd'hui, un autre jour au moins, je la donnerai pour épouse à Ricared, comme je lui en ai fait la promesse. »

Cette décision de la reine jeta la camériste dans un tel désespoir, qu'elle ne lui répliqua pas un mot. Mais, conservant l'opinion qu'elle avait eue dès l'origine, qu'à moins d'ôter Isabelle d'entre eux, il n'y avait aucun moyen d'adoucir l'humeur fougueuse de son fils et de l'obliger à la paix avec Ricared, elle se résolut à commettre une des plus horribles cruautés qui puissent venir à la pensée d'une femme de qualité comme elle l'était. Cette résolution fut d'empoisonner Isabelle ; et comme, chez la plupart des femmes, leur caractère les porte à être aussi promptes que résolues, ce soir même elle empoisonna Isabelle dans une conserve qu'elle lui offrit et qu'elle la força de prendre, en lui disant que c'était un remède contre les angoisses de cœur. Peu de moments s'écoulèrent avant qu'Isabelle commençât à en ressentir les effets. Sa langue et sa gorge s'enflèrent, ses lèvres se noircirent, sa voix devint rauque, ses yeux troublés, sa poitrine oppressée : signes certains qu'on lui avait donné du poison. Les dames accoururent auprès de la reine pour lui rapporter ce qui arrivait, et affirmant que c'était la première camériste qui avait fait ce mauvais coup. Il ne fallut pas beaucoup insister pour en convaincre la reine, qui accourut auprès d'Isabelle, déjà presque expirante. La reine envoya chercher ses médecins en toute hâte, et, pendant qu'ils tardaient à venir, elle fit donner à la malade une grande dose de poudre de licorne, et plusieurs autres antidotes dont les princes ont coutume d'être pourvus contre de semblables accidents. Les médecins arrivèrent, redoublèrent les remèdes, et prièrent la reine de faire dire à la camériste de quelle espèce de poison elle s'était servie ; car personne ne doutait qu'elle seule eût empoisonné Isabelle. La camériste en fit l'aveu ; et, sur cette indication, les médecins appliquèrent des remèdes si efficaces, que, par leur secours et avec la grâce de Dieu, Isabelle conserva la vie, ou du moins l'espoir de la conserver.

La reine fit arrêter sa camériste, qu'on enferma dans une étroite pièce du palais, avec l'intention de la punir comme le méritait son crime, bien qu'elle se disculpât en disant que tuer Isabelle, c'était de sa part faire au ciel un agréable sacrifice, puisque c'était ôter une catholique de dessus la terre, et avec elle le motif des querelles de son fils. Ces tristes nouvelles, quand elles arrivèrent à Ricared, le jetèrent en un tel état qu'on crut qu'il allait perdre la raison, à voir les choses insensées qu'il faisait et les propos déchirants qu'il mêlait à ses plaintes. Finalement, Isabelle ne perdit pas la vie ; mais la nature, pour prix de cette vie qu'elle lui laissait, la laissa sans cheveux, sans cils et sans sourcils, le visage enflé, le teint flétri, la peau écailleuse et les yeux pleureurs ; enfin elle demeura si laide, qu'après avoir jusque-là paru un miracle de beauté, elle semblait alors un monstre de laideur. Ceux qui la connaissaient regardaient comme un plus grand malheur qu'elle fût restée en cet état que d'avoir été tuée par le poison. Toutefois Ricared la demanda à la reine, qu'il supplia de la lui laisser emmener dans sa maison, disant que l'amour qu'il lui portait passait du corps à l'âme, et que, pour avoir perdu sa beauté, Isabelle ne pouvait avoir perdu ses vertus infinies. « C'est très-bien, répondit la reine ; emmenez-la, Ricared, et comptez que vous emportez un riche bijou enfermé dans une grossière caisse de bois. Dieu sait si je voudrais vous la rendre comme vous me l'avez confiée ; mais, puisque ce n'est pas possible, pardonnez-moi. Peut-être que le châtiment que j'infligerai à celle qui s'est rendue coupable d'un tel crime satisfera quelque peu votre désir de vengeance. » Ricared dit tout ce qu'il put à la reine pour excuser la camériste, et la supplia de lui pardonner, puisque les excuses qu'elle donnait étaient suffisantes pour faire pardonner de plus grands griefs. Finalement, on lui remit Isabelle, son père et sa mère, et Ricared les emmena dans sa maison, c'est-à-dire dans celle de ses parents. Aux perles et aux diamants, la reine ajouta d'autres bijoux et d'autres parures si riches qu'on découvrait clairement dans ces cadeaux le tendre amour qu'elle portait à Isabelle. Celle-ci resta deux mois entiers dans sa laideur, sans donner aucun signe qu'elle pût jamais recouvrer sa beauté passée ; mais, au bout de ce temps, la peau écailleuse commença à tomber, et son beau teint à reparaître.

Pendant ce temps, les parents de Ricared, auxquels il semblait impossible qu'Isabelle revînt à son premier état, résolurent d'envoyer chercher la demoiselle écossaise qu'ils devaient, avant Isabelle, donner pour épouse à Ricared. Ils firent cela sans qu'il le sût, ne doutant point que la beauté présente de la nouvelle épouse ne fît oublier à leur fils les charmes passés d'Isabelle, qu'ils pensaient renvoyer en Espagne avec ses parents, en leur donnant assez de richesses pour réparer toutes leurs anciennes pertes. Un mois et demi ne s'était pas écoulé, lorsque, sans que Ricared fût prévenu, la nouvelle épouse entra un beau jour dans sa maison, accompagnée comme devait l'être une femme de sa qualité, et si belle, qu'après l'Isabelle d'autrefois, il n'y en avait pas une autre aussi belle dans Londres tout entier. Ricared se troubla à l'aspect inattendu de la demoiselle, et craignit que le saisissement causé par son arrivée n'achevât d'ôter la vie à la malade. Pour calmer cette crainte, il s'approcha du lit où gisait Isabelle, qu'il trouva en compagnie de son père et de sa mère. « Isabelle de mon âme, lui dit-il devant eux, mes parents, par le grand amour qu'ils me portent, et ne connaissant pas encore dans toute son étendue celui que j'ai pour toi, ont fait venir à la maison une demoiselle écossaise avec laquelle ils étaient convenus de me marier avant que je susse ce que tu vaux ; et cela, si je ne me trompe, pour que la grande beauté de cette demoiselle efface la tienne de mon âme, où elle est gravée. Pour moi, depuis le moment où je t'aimai, ce fut d'un autre amour que celui qui a pour but et pour terme la satisfaction d'un désir sensuel; et, bien que les charmes de ton corps aient captivé mes sens, tes vertus infinies ont subjugué mon âme, au point que, si je t'aimai belle, laide je t'adore. Pour confirmer ce que j'avance, donne-moi cette main. » Dès qu'elle lui eut tendu la main, il la prit dans la sienne, et continua : « Par la foi catholique que mes parents chrétiens m'ont enseignée, et, si elle n'est pas dans toute la pureté requise, par la foi que garde le pontife romain, qui est celle que mon cœur croit et confesse, et par le Dieu véritable qui nous écoute, je te promets, je te jure, ô Isabelle, moitié de mon âme, d'être ton époux, et je le suis dès à présent, si tu veux m'élever jusqu'au rang d'être à toi. »

Isabelle resta confondue des propos de Ricared ; ses parents, confus et stupéfaits. Elle ne sut que répondre, et ne put faire autre chose que de baiser à plusieurs reprises la main de Ricared, en lui disant, d'une voix entrecoupée par les larmes, qu'elle l'acceptait pour son maître et se livrait à lui pour son esclave. Ricared lui donna un baiser sur son laid visage, lui qui n'avait jamais eu l'audace d'en approcher ses lèvres lorsqu'il était beau, et les parents d'Isabelle célébrèrent par de tendres et abondantes larmes la fête des fiançailles. Ricared leur dit qu'il différerait le mariage avec l'Écossaise, qui était déjà dans la maison, de la manière qu'ils verraient ensuite; il ajouta que, lorsque son père voudrait les renvoyer tous trois en Espagne, ils ne refusassent pas d'y retourner, mais qu'ils allassent au contraire l'attendre à Cadix ou à Séville deux années, dans le cours desquelles il leur donnait sa parole d'aller les rejoindre, si le ciel lui laissait ce temps à vivre, et que, si ce délai s'écoulait sans qu'ils le vissent, ils tinssent pour chose très-certaine que quelque grand obstacle, ou la mort, ce qui serait le plus sûr, avait empêché son voyage. Isabelle lui répondit qu'elle l'attendrait, non-seulement deux années, mais toutes celles de sa vie, jusqu'à ce qu'elle apprît que lui l'avait perdue ; car l'instant où elle apprendrait cette nouvelle serait l'instant même de sa mort.

Ces tendres paroles firent de nouveau couler les larmes de tous les yeux, et Ricared sortit pour dire à ses parents qu'il ne se marierait jamais, et ne donnerait pas sa main à son épouse l'Écossaise, qu'il n'eût d'abord été à Rome pour rassurer sa conscience. Il sut leur donner de telles raisons, ainsi qu'aux parents qui avaient accompagné Clisterna (c'était le nom de l'Écossaise), qu'étant tous catholiques, ils y ajoutèrent foi facilement, et Clisterna consentit à rester dans la maison de son beau-père jusqu'au retour de Ricared, qui demanda un an de délai.

Cela fait et conclu, Clotald dit à Ricared qu'il avait résolu d'envoyer en Espagne Isabelle et ses parents, si la reine lui en donnait permission ; que peut-être l'air de la patrie hâterait et faciliterait la guérison qui commençait à se déclarer. Ricared, pour ne donner aucun soupçon de ses desseins, répondit froidement à son père qu'il fît ce qui lui semblerait le plus convenable. Il le supplia seulement de n'enlever à Isabelle aucun des objets précieux que lui avait donnés la reine. Clotald le lui promit ; et, le même jour, il alla demander l'autorisation de la reine, tant pour marier son fils à Clisterna que pour renvoyer en Espagne Isabelle et ses parents. La reine consentit à tout, et trouva fort raisonnable la résolution de Clotald. Ce même jour, sans prendre l'avis d'aucun magistrat et sans soumettre sa camériste à aucune forme judiciaire, elle la condamna à ne plus servir en son office et à une amende de dix mille écus d'or au profit d'Isabelle. Le comte Arnest, en punition de son défi, fut exilé pour six ans de l'Angleterre. Quatre jours n'étaient pas encore passés qu'Arnest se préparait à partir pour son exil, et que l'argent était prêt. La reine fit appeler un riche marchand qui habitait Londres et qui était Français, lequel avait des relations en France, en Italie et en Espagne. Elle lui remit les dix mille écus, et le père de Ricared lui demanda des traites pour que le père d'Isabelle pût toucher cette somme à Séville ou sur une autre place d'Espagne. Le marchand, après avoir prélevé ses intérêts et commission, dit à la reine qu'il donnerait d'excellent papier sur un autre marchand français, son correspondant, établi à Séville, en la forme suivante : qu'il écrirait à Paris pour que les traites se fissent dans cette ville par un autre de ses correspondants, afin qu'elles fussent datées de France et non d'Angleterre, à cause de la prohibition des communications entre ce dernier royaume et l'Espagne, et qu'il suffirait d'emporter une lettre d'avis, sans date, signée de lui, pour toucher l'argent du marchand de Séville, qui serait avisé par celui de Paris. Enfin, la reine prit de telles sûretés du marchand, qu'elle ne douta point du recouvrement de la somme. Non contente de cela, elle fit appeler le patron d'un vaisseau flamand qui était sur le point de partir pour la France, seulement afin de prendre dans un port de ce pays une patente pour entrer en Espagne, comme venant de France et non d'Angleterre. Elle le pria instamment d'emmener sur son vaisseau Isabelle et ses parents, et de les conduire en toute sûreté, avec tous les égards et les bons traitements possibles, au premier port d'Espagne où il toucherait. Le patron, qui désirait contenter la reine, promit de faire ce qui lui était demandé, et de les descendre à Lisbonne, à Cadix ou à Séville. Après avoir pris du marchand toutes les garanties, la reine envoya dire à Clotald de ne rien ôter à Isabelle de ce qu'elle lui avait donné, tant en joyaux qu'en parures. Le lendemain, Isabelle vint avec ses parents prendre congé de la reine, qui les reçut avec beaucoup de bonté. Elle leur donna la lettre du marchand et plusieurs autres cadeaux, soit en argent, soit en objets d'utilité pour le voyage. Isabelle lui en témoigna sa reconnaissance par de tels propos, qu'elle laissa de nouveau la reine dans l'obligation de la combler toujours de faveurs. Elle prit ensuite congé des dames, lesquelles, depuis qu'elle était devenue laide, n'auraient pas voulu qu'elle partît, se voyant délivrées de l'envie qu'elles portaient à sa beauté, et désirant jouir des agréments de son esprit. La reine embrassa les trois voyageurs, et, après les avoir recommandés au patron du navire en leur souhaitant une heureuse traversée, après avoir prié Isabelle de lui faire savoir son arrivée en Espagne et de lui donner exactement des nouvelles de sa santé par l'entremise du marchand français, elle dit adieu à Isabelle et à ses parents, qui s'embarquèrent le soir même, non sans tirer des larmes à Clotald, à sa femme, à tous les gens de leur maison, dont la jeune étrangère était passionnément aimée. Ricared ne se trouva point présent à cette séparation : car, dans la crainte de laisser éclater ses tendres sentiments, il se fit emmener à la chasse par quelques-uns de ses amis. Les présents que Mme Catherine fit à Isabelle pour le voyage furent considérables, les embrassements infinis, les larmes abondantes, les recommandations sans nombre ; mais les remercîments d'Isabelle et de ses parents répondirent à tout, de sorte que, tout en pleurant, ils se séparèrent satisfaits.

Cette nuit même, le vaisseau mit à la voile, et ayant, par un vent prospère, touché à un port de France pour y prendre la patente nécessaire à son admission en Espagne, au bout de trente jours, il entra dans la baie de Cadix, où débarquèrent Isabelle et ses parents. Ils furent bientôt reconnus par les habitants de la ville, qui les accueillirent avec des témoignages de grande joie. On leur fit mille compliments sur le bonheur qu'ils avaient eu de retrouver Isabelle, et sur la liberté qu'ils avaient recouvrée, en premier lieu des Mores qui les avaient pris en mer (car les captifs qui devaient leur délivrance à la générosité de Ricared avaient répandu la nouvelle de l'événement), en second lieu des Anglais. Dès ce temps-là, Isabelle commençait à donner de grandes espérances qu'elle recouvrerait toute sa beauté passée. Ils restèrent un peu plus d'un mois à Cadix, pour se remettre des fatigues de la navigation, puis ils se rendirent à Séville pour voir s'ils obtiendraient le payement des dix mille écus, dont ils avaient une traite sur le marchand français. Deux jours après leur arrivée à Séville, ils cherchèrent ce marchand, le trouvèrent, et lui remirent la lettre du marchand français de la Cité de Londres. Celui-ci la reconnut ; mais, avant d'avoir reçu de Paris, répondit-il, la lettre d'avis, il ne pouvait compter l'argent ; ajoutant qu'au reste il attendait cette lettre d'avis d'un instant à l'autre.

Les parents d'Isabelle louèrent une maison décente en face de Santa-Paula, parce que, dans ce saint monastère, était religieuse une de leurs nièces, unique et célèbre par la beauté de sa voix. Ils choisirent cette maison, tant pour être près de leur nièce, que parce qu'Isabelle avait dit à Ricared que, s'il venait la chercher, il la trouverait à Séville, où son adresse lui serait donnée par sa cousine la religieuse de Santa-Paula, et que, pour connaître celle-ci, il lui suffirait de demander la religieuse qui avait la plus belle voix du couvent : indications qu'il ne pouvait oublier.

Les avis qu'on attendait de Paris tardèrent encore quarante jours à venir. Dès qu'il les eut reçus, le marchand français remit les dix mille écus à Isabelle, et Isabelle les remit à ses parents. Avec cette somme, et avec celles que produisit la vente de quelques-uns des nombreux bijoux d'Isabelle, son père reprit l'exercice de son négoce, à la grande surprise de ceux qui connaissaient ses pertes considérables. Enfin, au bout de quelques mois, il eut relevé son crédit perdu, et la beauté d'Isabelle reprit son premier éclat, de telle sorte que, parmi les belles personnes, tout le monde donnait la palme à l'Espagnole-Anglaise, qui, sous ce nom et par sa grande beauté, était connue de la ville entière. Par l'entremise du marchand français de Séville, Isabelle et ses parents écrivirent leur arrivée à la reine d'Angleterre, en ajoutant les expressions de reconnaissance et de soumission qu'exigeaient les faveurs dont elle les avait comblés. Ils écrivirent aussi à Clotald et à sa femme Catherine, qu'Isabelle appelait son père et sa mère, et que son père et sa mère appelaient leurs seigneurs. De la reine ils ne reçurent point de réponse, mais bien de Clotald et de sa femme, qui, après les avoir félicités de leur arrivée à bon port, les informaient que, le lendemain du jour où ils avaient mis à la voile, leur fils Ricared était parti pour la France, et de là pour d'autres pays où il lui convenait d'aller afin de mettre en repos sa conscience, ajoutant à cela beaucoup de choses affectueuses et toutes sortes d'offres de service. Les parents d'Isabelle répondirent à cette lettre par une autre, non moins polie et tendre que remplie de leur gratitude.

Isabelle s'imagina aussitôt que, si Ricared avait quitté l'Angleterre, c'était pour venir la chercher en Espagne. Soutenue par cette espérance, elle passait une vie heureuse, et s'efforçait de vivre de telle sorte que Ricared, en arrivant à Séville, eût les oreilles plutôt frappées du bruit de ses vertus que des indications de sa demeure. Elle ne sortait guère de sa maison que pour aller au couvent, et ne gagnait d'autres jubilés que ceux qu'on gagnait dans ce monastère. C'était de sa maison et de son oratoire qu'elle suivait, par la pensée, les vendredis de carême, la sainte station de la croix et les sept descentes du Saint-Esprit. Jamais elle ne visita les bords du fleuve, ni ne passa au faubourg de Triana, ni n'assista à la fête qui se tient dans la plaine de Tablada, à la porte de Xérès, le jour (s'il est beau) de Saint-Sébastien, fête célébrée par tant de monde qu'on peut à peine en évaluer le nombre. Finalement, elle ne vit aucune réjouissance publique, et ne prit aucun autre divertissement à Séville. Elle était livrée tout entière à sa retraite, à ses oraisons, à ses chastes désirs, attendant toujours Ricared.

Ce grand éloignement du monde enflammait les désirs, non-seulement des jeunes muguets du quartier, mais de tous ceux qui la voyaient une seule fois : de là des concerts dans la rue pendant la nuit, et des courses de bagues pendant le jour. De ce qu'elle ne se laissait pas voir, et que beaucoup le désiraient, les entremetteuses y trouvaient leur compte, promettant de se montrer habiles et heureuses à solliciter Isabelle ; il y en eut même qui voulurent mettre en œuvre ce qu'on appelle des *charmes*, et ce qui n'est que des sottises et des fourberies. Mais, au milieu de toutes ces attaques, Isabelle était comme une roche au milieu de la mer, que les flots et les vents battent sans l'émouvoir. Un an et demi s'était déjà passé, et l'espérance prochaine de l'arrivée de Ricared, promise au bout de deux ans, commençait à faire battre plus vivement que jamais le cœur d'Isabelle ; mais, lorsqu'il lui semblait déjà que son époux venait d'arriver, qu'elle l'avait devant les yeux, qu'elle lui demandait quels obstacles l'avaient si longtemps retenu ; lorsqu'elle écoutait les excuses de Ricared, qu'elle lui pardonnait, l'embrassait et le recevait enfin comme la moitié de son âme, tout à coup elle reçoit une lettre de Mme Catherine, datée de Londres, cinquante jours auparavant. Cette lettre était écrite en anglais ; mais, la lisant en espagnol, elle y vit ce qui suit :

« Fille de mon âme, tu as connu Guillart, le page de Ricared ; il l'a suivi dans le voyage que, le lendemain de ton départ, comme je te l'ai mandé dans une autre lettre, Ricared avait fait pour la France et d'autres pays. Eh bien ! ce même Guillart, au bout de seize mois que nous étions restés sans nouvelles de mon fils, est revenu hier à notre maison, avec la nouvelle que Ricared a été tué traîtreusement en France par le comte Arnest. Juge, ma fille, dans quel état son père, son épouse et moi, avons été jetés par de telles nouvelles, telles, en effet, qu'elles ne nous ont pas seulement permis de mettre en doute notre malheur. Ce que Clotald et moi te supplions de faire, fille de mon âme, c'est que tu recommandes ardemment à Dieu celle de Ricared ; il mérite bien un tel service, celui qui t'a, comme tu le sais, tant aimée. Tu demanderas aussi à Notre Seigneur qu'il nous donne patience et bonne mort ; de notre côté, nous lui demanderons et le supplierons qu'il te donne, à toi et à tes père et mère, de longues années de vie. »

Devant les caractères et la signature de cette lettre, il ne restait à Isabelle aucun doute, aucun moyen de ne pas croire à la mort de son époux. Elle connaissait très-bien le page Guillart ; elle savait qu'il était véridique, et que, de lui-même, il n'aurait voulu feindre, ni consentir à supposer cette mort de son maître ; d'une autre part, la mère de Ricared n'aurait pu la supposer davantage, n'ayant nul intérêt à lui envoyer de si désolantes nouvelles. Finalement, quelques discours qu'elle fît, quelque chose qu'elle imaginât, rien ne put lui ôter de la pensée que son malheur était certain. Dès qu'elle eut achevé de lire la lettre, sans verser de larmes, sans donner aucun signe de douleur, avec le visage serein et le cœur en apparence tranquille, elle se leva d'une estrade où elle était assise, entra dans un oratoire, et, s'agenouillant devant l'image d'un saint crucifix, elle fit vœu d'être religieuse, comme elle le pouvait, se tenant pour veuve. Ses parents dissimulèrent avec prudence la peine que leur causait la triste nouvelle, afin de pouvoir consoler Isabelle dans l'amère affliction qu'elle éprouvait ; mais celle-ci, comme satisfaite de sa douleur, qu'elle adoucissait par la sainte et chrétienne résolution qu'elle avait prise, consolait à son tour ses parents, auxquels elle découvrit son projet. Ils lui conseillèrent de ne pas le mettre à exécution avant la fin des deux années que Ricared avait fixées pour terme à son retour, disant que ce délai passé confirmerait la mort de Ricared, et qu'elle pourrait alors changer d'état avec plus de sécurité. C'est ce que fit Isabelle ; et les six mois et demi qui restaient pour achever les deux ans, elle les passa en pieuses occupations de religieuse, et à préparer son entrée au couvent, ayant choisi celui de Santa-Paula, où se trouvait sa cousine.

Le terme des deux ans passa, et le jour arriva de prendre l'habit ; la nouvelle s'en répandit par la ville, et de ceux qui connaissaient Isabelle, de vue ou seulement de réputation, le monastère s'emplit, ainsi que la courte distance qui le séparait de la maison d'Isabelle. Son père ayant invité ses amis, et ceux-ci les leurs, ils firent à Isabelle un des plus honorables et des plus brillants cortéges qu'on eût vus à Séville pour de semblables cérémonies. Le corrégidor se trouva présent, ainsi que le proviseur de l'église et le vicaire de l'archevêque, avec tous les seigneurs et toutes les dames titrées qu'il y avait dans la ville : tant le désir était grand chez tous de voir encore une fois le soleil de la beauté d'Isabelle, qui, depuis tant de mois, était éclipsé pour eux. Comme c'est l'usage des demoiselles qui vont prendre le voile de se montrer aussi parées, aussi bien vêtues que possible, en ce moment où elles jettent en quelque sorte le dernier éclat de leur élégance pour la renier à jamais, Isabelle voulut aussi se parer de tous ses atours. Elle mit ce même costume qu'elle portait lorsqu'elle fut présentée à la reine d'Angleterre, et l'on a déjà dit combien il était riche et galant ; les perles, le fameux diamant, le collier et la ceinture, qui étaient aussi d'une grande valeur, tout fut mis au jour. Sous cette parure, et avec sa grâce naturelle, donnant occasion à ce que tout le monde louât Dieu dans son ouvrage, Isabelle sortit de sa maison à pied, car la grande proximité du monastère rendait inutiles les voitures et les carrosses. Mais le concours des curieux fut tel, que les personnes qui l'accompagnaient regrettèrent de n'être pas montées dans les voitures ; on ne leur laissait pas, en effet, de place pour arriver au couvent. Les uns bénissaient ses père et mère, les autres le ciel qui l'avait dotée de tant d'attraits ; les uns se dressaient sur leurs pieds pour la voir ; les autres, après l'avoir vue une fois, couraient en avant pour la voir encore. Et celui qui se montrait le plus empressé, le plus impatient dans sa curiosité, tellement que beaucoup de gens en firent la remarque, fut un homme vêtu du costume que portent les captifs rachetés, avec un insigne de la Trinité sur la poitrine, indiquant qu'ils ont été rachetés par les aumônes des Pères Rédempteurs.

Ce captif donc, au moment où Isabelle avait déjà un pied sur le seuil du couvent, où étaient venues la recevoir, selon l'usage, la prieure et les religieuses avec la croix, se mit à dire à grands cris : « Arrête, Isabelle, arrête ; tant que je serai vivant, tu ne peux être religieuse. » A ces cris, Isabelle et ses parents tournèrent la tête, et virent que, fendant les flots de la foule, ce captif se précipitait vers eux. Un bonnet bleu qu'il portait sur la tête, étant tombé dans la presse, découvrit une confuse forêt de cheveux d'or bouclés, ainsi qu'un visage frais et blanc comme le carmin et la neige : signes qui le firent reconnaître à l'instant même pour étranger par tout le monde. En effet, tombant et se relevant, il arriva auprès d'Isabelle, et la saisissant par la main : « Me reconnais-tu, Isabelle ? s'écria-t-il ; vois, je suis Ricared, ton époux. — Oui, je te reconnais, répondit Isabelle, à moins que tu ne sois un fantôme qui vient troubler mon repos. » Son père et sa mère le saisirent aussi, le regardèrent attentivement, et reconnurent que le captif était bien Ricared. Celui-ci, les larmes aux yeux, et se mettant à genoux aux pieds d'Isabelle, la supplia de ne point voir dans l'étrangeté du costume qu'il portait un empêchement à ce qu'on le reconnût, ni dans son humble fortune un obstacle à ce qu'elle tînt la parole qu'ils s'étaient mutuellement donnée. Isabelle, malgré l'impression qu'avaient faite dans sa mémoire la lettre de la mère de Ricared et les nouvelles de sa mort, aima mieux ajouter foi à ses yeux et à la vérité qu'elle avait présente. Jetant ses bras au cou du captif, elle lui dit : « Oui, sans doute, monseigneur, oui, vous êtes celui qui peut seul empêcher ma chrétienne résolution de s'accomplir; oui, seigneur, vous êtes sans doute la moitié de mon âme, puisque vous êtes mon véritable époux. Je vous porte gravé dans ma mémoire et conservé dans le fond de mon cœur. La nouvelle de votre mort, que Mme votre mère m'a donnée, ne m'ayant point ôté la vie, me fit choisir celle de religieuse, et j'allais m'y consacrer à cet instant même. Mais puisque Dieu, par un si juste empêchement, montre qu'il veut autre chose, il n'est ni en notre pouvoir, ni convenable que, de ma part, sa volonté soit contrariée. Venez, seigneur, dans la maison de mes parents, qui est la vôtre, et je m'y livrerai en votre possession dans les formes qu'exigent notre sainte foi catholique. » Ces propos furent entendus par les assistants, par le corrégidor, le vicaire et le proviseur de l'archevêque, qui, frappés d'une extrême surprise, voulurent savoir sur-le-champ quelle était cette histoire, quel était cet étranger, et de quel mariage il s'agissait. Le père d'Isabelle répondit à toutes les questions en disant que cette histoire demandait un autre lieu et quelque temps pour être contée; qu'il suppliait donc tous ceux qui voudraient la savoir de prendre le chemin de sa maison, puisqu'elle était si voisine; que là il la leur conterait de façon à les satisfaire par la vérité, ainsi qu'à les étonner par la grandeur et la singularité des événements.

En ce moment, un de ceux qui se trouvaient là éleva la voix : « Seigneur, dit-il, ce jeune homme est un fameux corsaire anglais, je le connais bien; c'est lui qui a pris aux pirates d'Alger, il y a un peu plus de deux ans, le galion portugais qui venait des Indes. Nul doute que c'est lui, je le reconnais, car il m'a donné la liberté et de l'argent pour revenir en Espagne, non-seulement à moi, mais à trois cents autres captifs. » Ces propos agitèrent encore plus la foule, et redoublèrent le désir que chacun éprouvait d'avoir l'explication d'aventures si compliquées. Finalement, les personnes de plus haute qualité, avec le corrégidor et les deux seigneurs ecclésiastiques, accompagnèrent Isabelle au retour dans sa maison, laissant les religieuses tristes, confuses et pleurant la perte qu'elles faisaient en perdant la compagnie de la charmante Isabelle. Celle-ci, étant arrivée dans une grande salle de sa maison, fit asseoir tous ces seigneurs, et, bien que Ricared voulût se charger d'abord de raconter son histoire, il trouva cependant convenable d'en laisser plutôt le soin à la bouche et à la discrétion d'Isabelle qu'à sa propre bouche : car il ne parlait pas avec beaucoup d'assurance la langue castillane.

Tous les assistants firent silence, et tenant, comme on dit, leurs âmes pendues aux paroles d'Isabelle, celle-ci commença son récit, que je réduis à dire qu'elle conta tout ce qui lui était arrivé depuis le jour où Clotald l'enleva de Cadix jusqu'à celui où elle était revenue dans cette ville. Elle raconta également la bataille que Ricared avait livrée aux Turcs, la libéralité dont il avait usé à l'égard des chrétiens, la parole qu'ils s'étaient mutuellement donnée d'être mari et femme, la promesse des deux années d'attente, les nouvelles qu'elle avait reçues de la mort de son fiancé, si certaines à ses yeux, qu'elles l'avaient jetée, comme on venait de le voir, dans la résolution de se faire religieuse ; elle vanta la générosité de la reine, la fermeté chrétienne de Ricared et de ses parents, et finit par prier Ricared de dire ce qui lui était arrivé depuis son départ de Londres jusqu'au moment actuel, où on le voyait en habit de captif et portant la marque d'avoir été racheté par la charité publique. « J'y consens, répondit Ricared, et vais raconter succinctement les peines immenses que j'ai souffertes :

« Après avoir quitté Londres, afin d'éviter le mariage que je ne pouvais contracter avec Clisterna, cette jeune Écossaise catholique à qui mes parents voulaient me marier, emmenant, pour m'accompagner, ce même page Guillard qui rapporta à Londres, à ce qu'écrit ma mère, les nouvelles de ma mort, je traversai la France et j'arrivai à Rome. Là, mon âme se réjouit et ma foi se fortifia. Je baisai les pieds au souverain pontife ; je confessai mes péchés au grand pénitencier; il m'en donna l'absolution, et me remit les certificats nécessaires pour

justifier de ma confession, de ma pénitence et de l'hommage
que j'avais rendu à notre mère universelle l'Église catholique.
Cela fait, je visitai les lieux saints, aussi célèbres qu'innombrables, que renferme cette ville sainte, et de deux mille écus
que j'avais en or, j'en versai à un changeur seize cents, desquels un certain Roqui, négociant florentin, me donna une
traite sur cette ville. Avec les quatre cents écus qui me restaient, et dans l'intention de passer en Espagne, je partis
pour Gênes, où j'avais su que deux galères de cette république
étaient en charge pour l'Espagne. J'arrivai avec Guillart, mon
serviteur, à un endroit qu'on appelle Acquapendente, le dernier bourg que possède le pape sur le chemin de Rome à Florence. Dans une hôtellerie où je mis pied à terre, je trouvai
le comte Arnest, mon ennemi mortel, qui, déguisé et masqué,
allait à Rome avec quatre domestiques, moins, à ce que je
compris, comme catholique que par curiosité. Je crus, à n'en
pas douter, qu'il ne m'avait point reconnu; je m'enfermai
dans un appartement avec mon domestique, non sans appréhension, et dans l'intention de changer d'auberge à l'entrée
de la nuit. Je n'en fis rien cependant, parce que la grande
insouciance que je remarquai dans le comte et ses gens me
confirma qu'il ne m'avait pas reconnu. Je soupai dans mon
appartement, je fermai la porte, je préparai mon épée, et me
recommandai à Dieu, sans vouloir me coucher. Mon domestique s'endormit, et je restai sur une chaise, à demi sommeil-
lant. Mais, un peu après minuit, m'éveillèrent, pour me faire
dormir du sommeil éternel, quatre coups de pistolet que me
tirèrent, comme je le sus depuis, le comte et ses domestiques,
lesquels, me laissant pour mort, sautèrent sur leurs chevaux
qu'ils tenaient tout prêts, et s'en allèrent en disant au maître
de l'auberge qu'il m'enterrât, parce que j'étais un homme de
qualité. Mon page, à ce que me dit ensuite l'hôtelier, s'éveilla
au bruit, et de frayeur se jeta par une fenêtre qui donnait sur
la cour; puis s'écriant : « Malheureux que je suis! on a tué
mon seigneur, » il se sauva de l'auberge, et ce dut être avec
un tel effroi qu'il ne s'arrêta plus jusqu'à Londres, puisque
ce fut lui qui porta la nouvelle de ma mort. Les gens de l'auberge montèrent et me trouvèrent percé de quatre balles,
ainsi que de plusieurs grains de plomb; mais tous les coups
avaient porté dans des endroits où nulle blessure ne fut mortelle. Je demandai à me confesser et à recevoir tous les sacrements, comme chrétien catholique; on me les donna, on me

fit les pansements nécessaires ; mais je ne fus pas en état de me mettre en route avant deux mois. Au bout de ce temps, je gagnai Gênes, où je ne trouvai d'autre moyen de passage que deux felouques que nous frétâmes, moi et deux autres Espagnols de qualité, l'une pour aller en avant à la découverte, l'autre pour nous transporter nous-mêmes. C'est avec ces précautions que nous mîmes à la voile, naviguant le long des côtes, et avec l'intention de ne pas prendre la haute mer. Mais quand nous fûmes arrivés à un endroit qu'on appelle les *Trois-Maries*, et qui est sur la côte de France, tandis que notre première felouque marchait à la découverte, tout à coup deux galiotes turques sortirent d'une petite cale, et nous prenant, l'une par la mer, l'autre par la terre, pendant que nous cherchions à gagner le rivage, elles nous coupèrent le chemin et nous firent captifs. Qnand nous entrâmes dans la galiote, on nous dépouilla jusqu'à la chair. Les Turcs enlevèrent aussi tout ce que portaient les felouques, qu'ils laissèrent aller à la côte sans les couler à fond, disant qu'elles serviraient une autre fois à leur apporter un autre butin[1]. On pourra bien me croire si je dis que je ressentis dans l'âme ma captivité, et surtout la perte des certificats de Rome, que je portais dans une boîte de fer-blanc, avec la cédule des seize cents ducats. Mais mon heureuse étoile permit que cette boîte tombât aux mains d'un chrétien captif, Espagnol de naissance, qui garda les pièces qu'elle renfermait. Si elle fût tombée aux mains des Turcs, ils auraient exigé pour ma rançon au moins ce que portait la cédule, car ils auraient bien vérifié sur qui elle était tirée. On nous conduisit à Alger, où je trouvai les Pères de la Sainte-Trinité occupés au rachat des captifs. Je leur parlai, je leur dis qui j'étais, et eux, émus de pitié, me rachetèrent, quoique je fusse étranger, dans la forme suivante : ils donnèrent pour ma rançon trois cents ducats, cent payés comptant, et deux cents à payer lorsque le navire des aumônes viendrait racheter le Père de la Rédemption, qui restait à Alger, engagé pour quatre mille ducats qu'il avait dépensés de plus que la somme apportée par lui. C'est, en effet, à ce point de miséricorde et de générosité que s'étend la charité de ces Pères, qu'ils donnent leur liberté pour celle d'autrui, et qu'ils restent

---

1. Il y a, dans l'original, une autre *galima*, vieux mot qui signifiait un petit vol, une *chiperie*; et le texte ajoute : « C'est de ce nom qu'ils appellent les dépouilles qu'ils enlèvent aux chrétiens. »

captifs pour racheter les captifs[1]. Pour ajouter encore au bonheur de ma délivrance, je retrouvai la caisse perdue, avec les certificats et la cédule. Je les montrai au bienheureux Père qui m'avait racheté, et je lui offris cinq cents ducats de plus que le prix de ma rançon, pour aider aux besoins de son pieux office.

« L'arrivée des aumônes tarda presque une année entière, et ce qui m'arriva dans le cours de cette année, si je pouvais le conter à présent, serait toute une autre histoire. Je dirai seulement que je fus reconnu par l'un des vingt Turcs auxquels j'avais rendu la liberté en même temps qu'aux autres chrétiens, et il se montra si reconnaissant, si homme de bien, qu'il ne voulut pas me découvrir. Si les Turcs, en effet, m'eussent reconnu pour celui qui avait coulé à fond leurs deux navires et qui leur avait enlevé le grand galion des Indes, ils m'eussent envoyé au Grand-Turc, à moins de m'ôter la vie ; et m'envoyer au Grand-Turc, c'était me priver de la liberté pour le reste de mes jours. Finalement, le Père rédempteur me ramena en Espagne avec une cinquantaine d'autres captifs rachetés. A Valence, nous fîmes la procession générale, et de là chacun partit, prenant la route qui lui convenait, avec les insignes de sa délivrance, qui sont les habits dont je suis revêtu. Aujourd'hui je suis arrivé dans cette ville, avec un désir si ardent de revoir Isabelle, mon épouse, que, sans m'arrêter à autre chose, je me suis fait indiquer ce couvent, où l'on devait me donner de ses nouvelles. Ce qui m'y est arrivé, on vient de le voir ; ce qui me reste à faire voir, ce sont ces certificats, pour qu'ils fassent ajouter foi à mon histoire, qui n'est pas moins miraculeuse que véritable. »

Cela dit, il tira d'une boîte de fer-blanc les certificats dont il avait parlé, et les remit aux mains du proviseur, qui, les ayant examinés avec le corrégidor, n'y trouva rien qui pût faire douter de la vérité du récit qu'avait fait Ricared. Pour en confirmer encore davantage la sincérité, le ciel voulut qu'à tout cela se trouvât présent le marchand florentin sur lequel était tirée la cédule des seize cents ducats. Il demanda qu'on lui montrât cette cédule, la reconnut dès qu'il l'eut vue, et l'accepta sur-le-champ, car il en avait reçu l'avis depuis

---

1. L'éloge des Pères de la Rédemption est bien placé dans la bouche de Cervantès : car c'est par eux qu'il fut racheté lui-même, après sa longue captivité dans les bagnes d'Alger.

bien des mois. Tout cela ne fit qu'ajouter surprise à surprise, admiration à admiration. Ricared dit qu'il confirmait de nouveau le don des cinq cents ducats qu'il avait promis. Le corrégidor embrassa Ricared, les parents d'Isabelle et Isabelle elle-même, leur offrant à tous ses services avec les expressions les plus courtoises. Les deux seigneurs ecclésiastiques firent de même, et prièrent Isabelle de mettre toute cette histoire par écrit, pour que monseigneur l'archevêque pût la lire, ce qu'elle leur promit.

Le grand silence qu'avaient gardé tous les assistants en écoutant le récit de ces événements étranges, fut rompu par les louanges qu'ils donnèrent à Dieu pour de si grandes merveilles, et après avoir tous, depuis le plus grand jusqu'au plus petit, félicité Isabelle, Ricared et leurs parents, ils prirent congé d'eux. Ceux-ci supplièrent le corrégidor d'honorer de sa présence les noces qu'ils espéraient faire à huit jours de là. Le corrégidor y consentit avec plaisir, et, au bout de huit jours, accompagné des principaux personnages de la ville, il vint assister aux noces. C'est par ces détours, et au milieu de ces circonstances, que les parents d'Isabelle recouvrèrent leur fille et rétablirent leur fortune, et que cette jeune fille, favorisée du ciel et de sa haute vertu, trouva, malgré tant d'obstacles, un mari aussi noble, aussi illustre que Ricared, en compagnie duquel on pense qu'elle vit encore dans les maisons qu'ils avaient louées en face de Santa-Paula, et qu'ils achetèrent depuis aux héritiers d'un gentilhomme de Burgos, appelé Hernando de Cifuentès.

Cette nouvelle pourrait nous apprendre tout ce que peuvent l'innocence et la beauté, puisqu'elles sont capables, soit réunies, soit chacune séparément, de se faire aimer des ennemis eux-mêmes; elle pourrait nous apprendre aussi comment le ciel sait tirer de nos plus grandes adversités notre plus grand bonheur.

L'ILLUSTRE SERVANTE.

A Burgos, ville illustre et fameuse, vivaient, il y a peu d'années, deux gentilshommes nobles et riches : l'un se nommait don Diego de Carriazo ; l'autre, don Juan de Avendaño. Don Diego eut un fils, qu'il appela du même nom que lui ; don Juan en eut un également, qui fut nommé don Tomas de Avendaño. Mais, pour éviter des longueurs de mots, nous ne donnerons à ces deux jeunes gentilshommes, qui doivent être les principaux personnages de cette histoire, d'autres noms que ceux de Carriazo et d'Avendaño. Le premier avait à peine treize ans, qu'emporté par des penchants de polisson, sans qu'aucun mauvais traitement de la part de ses parents l'y forçât, et seulement par fantaisie et par goût, il lâcha, comme disent ses pareils, la maison paternelle, et s'en alla par ce monde de Dieu, si content de la vie libre, qu'au milieu des incommodités et des misères qu'elle traîne après soi il ne regrettait point l'abondance de la maison de son père. Ni la marche à pied ne le fatiguait, ni le froid ne le gênait, ni la chaleur ne lui causait d'ennui ; pour lui, toutes les saisons de l'année étaient un doux printemps ; il dormait aussi bien sur un tas de blé que sur des matelas, et s'enfonçait avec autant de délices dans le pailler d'une auberge qu'entre deux draps de toile de Hollande. Finalement, il devint si habile au métier de *picaro* [1], qu'il aurait pu prendre une chaire dans la faculté, et en remontrer au fameux Guzman d'Alfarache [2].

[1]. Il n'y a pas de mot en français pour rendre pleinement celui de *picaro*, qui veut dire vaurien, mauvais garnement, vagabond, coureur de tripots et de tavernes, et dont la vie de Carriazo, telle que la décrit Cervantes, fera mieux comprendre le sens que toute autre définition.

[2]. Héros d'un roman espagnol (*Vida y aventuras del picaro Guzman de Alfarache*), composé par le docteur Mateo Aleman, et imité depuis par Lesage.

Pendant trois ans qu'il passa sans reparaître chez lui, il apprit à jouer aux osselets à Madrid, à la triomphe dans les cabarets de Tolède, à la bassette sur les parapets de Séville Mais, bien que les privations et la misère fussent compagnes obligées de ce genre de vie, Carriazo se montrait un prince dans ses actions. A portée de mousquet, on reconnaissait à mille signes qu'il était bien né. Il était, en effet, généreux et libéral envers ses camarades ; il visitait rarement les ermitages de Bacchus, et, quoiqu'il bût du vin, c'était en si petite quantité que jamais il ne put être compté au nombre de ceux qu'on appelle enguignonnés, et qui n'ont pas plus tôt fait un petit excès de boisson que leur visage semble avoir été jaspé avec de la terre rouge et du vermillon. Enfin, le monde vit dans Carriazo un *picaro* vertueux, décent, bien élevé et d'un esprit plus que médiocre. Il passa par tous les degrés du métier, jusqu'à ce qu'il prît le grade de docteur dans les madragues de Zahara, où est le *finibus terræ* de la science picaresque. O galopins de cuisine, sales, gras et luisants ! ô mendiants postiches, faux perclus, coupeurs de bourses du *Zocodover* à Tolède ou de la *Plaza-Mayor* à Madrid, aimables diseurs de patenôtres, portefaix de Séville, valets de rufians, et toute la troupe innombrable qu'enferme ce nom de picaros ! rendez les armes, baissez pavillon, et cessez de vous nommer picaros fieffés, si vous n'avez suivi deux années de cours dans l'académie de la pêche des thons ! C'est là, c'est là qu'est dans son centre le travail joint à la fainéantise ; c'est là qu'est la saleté propre, la graisse ferme et rebondie, la faim toujours prête, l'estomac repu, le vice sans déguisement, le jeu continuel, les querelles à toute heure, les meurtres à toute minute, les farces à chaque pas, les danses comme à la noce, les chansons comme en estampe, la poésie sans aucun sujet. Là on chante, ici on jure ; de ce côté on se querelle, de cet autre on joue, et de tous on vole ; là, campe la liberté et brille le travail ; là, bien des pères de haut parage viennent ou envoient chercher leurs fils, et les y trouvent ; et ceux-ci se désolent autant d'être arrachés à cette vie que si on les conduisait à la mort. Mais toute cette douceur que je viens de peindre a son amertume qui la trouble : c'est qu'on ne peut dormir d'un sommeil tranquille sans la crainte d'être transporté en un instant de Zahara en Berbérie. Tourmentés de cette appréhension, les pêcheurs se retirent la nuit dans quelques tours de la marine : ils ont des avant-postes et des sentinelles, et c'est sur la foi des yeux d'autrui qu'ils ferment les leurs : ce qui n'empêche point que souvent avant-postes et sentinelles, patrons et travailleurs, barques et filets, avec toute la multitude de gens qui s'occupent au métier, n'aient vu le coucher du soleil en Espagne et le point du jour à Tétouan.

Toutefois cette crainte ne put empêcher notre Carriazo de revenir là, trois étés de suite, se donner du bon temps. Pendant la dernière saison, le sort le favorisa si bien qu'il gagna aux cartes près de sept cents réaux. Avec cette pacotille, il résolut de s'habiller proprement pour retourner à Burgos devant les yeux de sa mère, auxquels son absence avait fait verser bien des larmes. Il prit congé de ses amis, car il en avait bon nombre, et de fort attachés; il leur promit de les retrouver l'été suivant, si la maladie ou la mort ne l'en empêchait; enfin il laissa avec eux la moitié de son âme, et toutes ses affections à ces plages arides et sablonneuses qui lui semblaient plus vertes et plus fraîches que les champs Élysées ; puis, accoutumé comme il l'était à cheminer pédestrement, il prit, comme on dit, la route dans sa main, et, sur deux sandales de cordes [1], il alla de Zahara jusqu'à Valladolid, chantant des *seguidillas* à plein gosier. Là, il passa quinze jours, pour se refaire un peu le teint du visage, pour devenir de mulâtre Flamand, et se transformer de picaro en gentilhomme. Tout cela s'exécuta suivant la commodité que lui en donnèrent cinq cents réaux qu'il avait en entrant à Valladolid. Il en réserva même une centaine, avec lesquels il se présenta fier et content à son père et à sa mère, qui le reçurent pleins de joie et de tendresse. Leurs amis, leurs parents, vinrent à l'envi les féliciter de l'heureux retour du seigneur don Diego de Carriazo, leur fils. Il est bon d'observer que, pendant son pèlerinage, don Diego avait changé le nom de Carriazo en celui d'Urdialès, et que c'est de ce dernier nom qu'il se faisait appeler par ceux qui ne connaissaient pas le véritable.

Parmi les visiteurs du nouvel arrivé se trouvèrent don Juan de Avendaño et son fils don Tomas. Comme les deux jeunes gens étaient du même âge et voisins, ils se lièrent bientôt d'une étroite amitié. Carriazo conta à ses parents et à tout le monde mille mensonges magnifiques et sans fin, à propos de choses qui lui étaient arrivées pendant ses trois ans d'absence ; mais il se garda bien de faire la moindre mention des madra-

---

1. Chaussures de paysans, appelées *alpargates*.

gués, bien qu'il les eût toujours présentes à l'imagination, surtout lorsqu'il vit arriver le temps où il avait promis à ses amis de retourner auprès d'eux. Ni la chasse, à laquelle son père l'occupait, ne pouvait le divertir, ni les repas nombreux, agréables, délicats, qui sont de mode à Burgos, ne lui donnaient de plaisir; tout passe-temps l'ennuyait, et aux amusements les plus recherchés qu'on pût lui offrir il préférait ceux qu'il avait goûtés aux madragues. Son ami Avendaño, qui le voyait si souvent pensif et mélancolique, se hasarda, confiant en son amitié, à lui demander la cause de sa tristesse, et s'offrit à le guérir, même au prix de son sang, s'il en était besoin. Carriazo, pour ne point faire injure à l'amitié qui lui était témoignée, ne voulut pas tenir son secret caché; il conta donc de point en point à son ami la vie des pêcheurs de thons, et lui confessa que toutes ses tristes pensées naissaient du désir qu'il avait de la reprendre. Il lui peignit cette vie de telle façon, qu'après l'avoir entendu Avendaño approuva ses goûts plutôt qu'il ne les blâma. Enfin, le résultat de la conversation fut que Carriazo plia la volonté d'Avendaño au point que celui-ci résolut d'aller avec lui jouir pendant un été de cette bienheureuse vie qu'il lui avait décrite. Carriazo en fut ravi, car il lui sembla qu'il avait gagné un témoin à décharge pour disculper sa basse détermination.

Ils s'entendirent également pour réunir autant d'argent qu'il leur serait possible, et le meilleur moyen qu'ils trouvèrent fut qu'Avendaño retournât sous deux mois à Salamanque, où il avait déjà volontairement passé trois années à étudier les langues grecque et latine, et où son père voulait qu'il continuât ses études dans la faculté qu'il lui plairait de choisir; car l'argent qui lui serait donné suffirait pour atteindre le but de leurs souhaits. Dans le même temps, Carriazo fit connaître à son père qu'il avait le dessein d'aller avec Avendaño étudier à Salamanque. Le père y consentit si volontiers, qu'après avoir parlé à celui d'Avendaño, ils tombèrent d'accord d'établir les deux jeunes gens ensemble à Salamanque, avec un train de maison convenable pour leurs fils.

Le jour du départ arriva; on les pourvut d'argent et on les fit accompagner par un gouverneur qui était plus homme de bien qu'homme de tête. Les pères firent de longues recommandations à leurs fils sur ce qu'ils avaient à faire, et sur la manière dont ils devaient se conduire pour sortir de l'université également avancés dans les sciences et dans la vertu, double fruit que tout étudiant doit se proposer de ses travaux et de ses veilles, principalement quand il est bien né. Les enfants se montrèrent humbles et obéissants, les mères fondirent en larmes; et, après avoir reçu la bénédiction de tous les assistants, les voyageurs se mirent en route sur leurs propres mules, avec deux domestiques de la maison, outre le gouverneur, qui avait laissé croître sa barbe pour qu'elle servît à l'autorité de son emploi.

En arrivant à Valladolid, les jeunes gens dirent au gouverneur qu'ils voulaient rester deux jours dans cette ville pour la voir à leur aise, ne la connaissant point encore. Mais le gouverneur blâma sévèrement ce retard, leur disant que ceux qui allaient étudier avec autant de hâte qu'ils en mettaient ne devaient point s'arrêter une heure à regarder des niaiseries, à plus forte raison deux jours; et qu'il se faisait scrupule de leur laisser perdre un seul instant; qu'ainsi ils eussent à partir au plus tôt, sinon qu'ils auraient affaire à lui. C'est à ce point que s'étendait l'habileté du seigneur gouverneur, ou majordome, comme il nous plaira de l'appeler. Nos deux jeunes gaillards, qui avaient fait leur moisson et leur vendange, car ils avaient déjà volé quatre cents écus d'or que portait leur respectable guide, lui demandèrent de les laisser à Valladolid un seul jour, pendant lequel ils comptaient aller voir la fontaine d'Argalès, dont on commençait à conduire l'eau à la ville par de vastes aqueducs. En effet, le bonhomme, au grand regret de son âme, leur donna permission. Il aurait voulu épargner la dépense de cette nuit et la passer à Valdeastillas, pour diviser en deux journées les dix-huit lieues qu'il y a de ce bourg à Salamanque, et non les vingt-deux lieues qu'il y a depuis Valladolid. Mais, comme *une chose pense le bidet, une autre celui qui le selle*, tout lui arriva au rebours de ce qu'il avait voulu. Les jeunes gens, suivis d'un seul domestique, et montés sur deux bonnes mules élevées à la maison, allèrent voir la fontaine d'Argalès, fameuse par son antiquité et la beauté de ses eaux, en dépit de celle du *Caño dorado* et de la révérende *Priora*, soit dit sans blesser celle de *Leganitos* et l'admirable *Fuente Castellana*, devant qui se taisent la *Corpa* et la *Pizarra* de la Manche [1]. Ils arrivèrent à Argalès, et, lorsque

1. Le *Caño dorado* (le tuyau doré) était une autre fontaine de Valladolid; la *Priora*, celle de *Leganitos* et la *Castellana*, étaient des fontaines de Madrid. Les deux premières n'existent plus, la dernière est hors des murs de la ville, près de la porte de Santa-Barbara.

le domestique croyait qu'Avendaño tirait de sa valise quelque chose à boire, il l'en vit tirer une lettre fermée. Avendaño la lui donna en lui disant de retourner sur-le-champ à la ville, de la remettre à leur gouverneur et de venir ensuite les attendre à la porte *del Campo*. Le domestique obéit ; il prit la lettre et regagna la ville. Pour eux, tournant bride, ils allèrent coucher cette nuit-là à Mojados, et deux jours après entrèrent à Madrid. A quatre jours de là, ils vendirent leurs mules au marché et s'habillèrent en paysans, avec des mantelets à deux pans, de larges chausses et des bas de drap brun. Il y eut tel fripier qui leur acheta leurs habits le matin, et qui, le soir, les avait si bien changés, qu'ils n'auraient pas été reconnus de la mère qui les avait mis au monde. Ainsi vêtus à la légère, et de la façon que choisit Avendaño, ils prirent le chemin de Tolède *ad pedem litteræ*, et sans épées : car le fripier, bien que ce ne fût pas de son métier, les leur avait achetées aussi.

Laissons-les aller maintenant, puisqu'ils cheminent contents et joyeux, et revenons conter ce que fit le gouverneur lorsqu'il ouvrit la lettre que lui apporta le domestique. Elle était ainsi conçue :

« Que Votre Grâce veuille bien, seigneur Pedro Alonso, prendre patience et retourner à Burgos, où vous direz à nos parents que nous, leurs fils, après avoir mûrement considéré combien les armes sont plus propres aux gentilshommes que les lettres, nous avons résolu de troquer Salamanque pour Bruxelles, et l'Espagne pour la Flandre. Nous emportons les quatre cents écus et nous pensons vendre les mules. Notre noble intention et la longueur du voyage sont une suffisante excuse de cette faute, que personne n'appellera de ce nom, à moins d'être un lâche. Notre départ a lieu maintenant ; notre retour sera quand Dieu le voudra bien. Qu'il garde Votre Grâce comme il le peut et comme le désirent vos humbles disciples. De la fontaine d'Argalès, et le pied déjà dans l'étrier, prêts à partir pour la Flandre.

« Carriazo et Avendano. »

Pedro Alonso resta stupéfait en lisant l'épître. Il courut aussitôt à sa valise, et le vide qu'il y trouva fut pour lui la confirmation de la lettre. Il partit aussitôt pour Burgos, sur la mule qui lui était restée, afin de donner à ses maîtres la nouvelle de cet événement, et pour qu'ils cherchassent en toute hâte le moyen de rattraper leurs fils ; mais l'auteur de cette nouvelle ne dit rien sur ce sujet : car, aussitôt qu'il a mis à cheval Pedro Alonso, il revient aux deux fugitifs, pour conter ce qui leur arriva en entrant à Illescas.

A la porte de ce bourg, dit-il, ils rencontrèrent deux garçons muletiers, Andalous, suivant toute apparence, portant de larges chemises en toile, des pourpoints doublés de treillis avec leurs collets de peau de buffle, des dagues de racoleurs et des épées sans ceinturon. L'un paraissait venir de Séville et l'autre y aller. Celui-ci disait au premier : « Si mes maîtres n'étaient pas si loin devant moi, je m'arrêterais encore pour te demander mille choses que je désire savoir ; car tu m'as bien étonné en me racontant que le comte a fait pendre Alonso Genis et Ribera, sans vouloir seulement leur accorder l'appel. — Pêcheur à Dieu ! répliqua le muletier de Séville, le comte leur a donné un croc-en-jambe et les a fait tomber dans sa juridiction : car ils étaient soldats, et c'est par contrebande qu'il s'est emparé d'eux, sans que l'Audience[1] ait pu les lui reprendre. Apprends, ami, que ce comte de Puñonrostro a un Belzébuth dans le corps ; il nous met les doigts de son poing jusque dans l'âme[2]. Séville est balayée de bravaches jusqu'à dix lieues à la ronde ; pas un voleur ne se montre dans ses environs ; tous le craignent comme le feu. Mais on murmure déjà qu'il quittera bientôt l'emploi d'*asistente*[3], car il n'est pas d'humeur à se voir à chaque pas en querelle avec messieurs de l'Audience. — Qu'ils vivent, ceux-là, mille années ! s'écria celui qui allait à Séville ; ce sont les pères des misérables et l'appui des infortunés. Combien de pauvres diables sont maintenant à mâcher de la terre uniquement à cause de la colère d'un juge absolu, d'un corrégidor trop mal informé ou trop bien passionné ! Deux yeux ne voient pas si bien que plusieurs, et le venin de l'injustice ne s'empare pas si vite de plusieurs cœurs que d'un seul. — Tu es devenu prédicateur, reprit l'arrivant de Séville, et, à la façon dont tu défiles ton chapelet, tu n'auras pas fini de sitôt ; je ne peux t'attendre. Mais ne va pas, cette nuit, descendre où tu as coutume. Prends gîte à l'auberge du *Sevillano*; tu y verras la

---

1. Cour supérieure de justice.
2. Le nom de Puñonrostro est formé de *puño*, poing, et *rostro*, visage.
3. Nom du corrégidor à Séville.

plus jolie servante qui se puisse imaginer. Marinilla, celle de de l'hôtellerie *Tejada*, n'est qu'une horreur en comparaison. Je ne te dirai rien de plus que ceci : le bruit court que le fils du corrégidor a perdu la tête pour elle. Un de mes maîtres, qui vont devant, a juré qu'au retour en Andalousie il restera deux mois à Tolède, et dans la même auberge, seulement pour se rassasier de la regarder à son aise. Moi je lui laisse, en gage d'amitié, une bonne pincenette, et j'emporte en échange un grand soufflet du revers de la main. Elle est dure comme un marbre, farouche comme une montagnarde de Sayago et revêche comme une ortie ; mais elle a une figure de Pâques, une mine de bonne année. Une de ses joues porte le soleil et l'autre la lune ; celle-ci est faite de roses et celle-là d'œillets, et sur toutes deux il y a des lis et des jasmins. Mais je ne te dis rien de plus, sinon que tu ailles la voir, et tu verras que je ne t'ai rien dit en comparaison de ce que j'aurais pu te dire sur sa beauté. Des deux mules grises que j'ai, comme tu sais bien, je la doterais volontiers, si on voulait me la donner pour femme ; mais je sais qu'on ne me la donnera pas : c'est un bijou réservé pour un comte ou pour un archiprêtre. Enfin, je te répète que tu ailles la voir, et adieu. Je m'en vais. »

Sur cela les deux muletiers se séparèrent, laissant muets les deux amis, qui avaient entendu toute leur conversation, spécialement Avendaño, chez qui la simple relation qu'avait faite le garçon de mules des attraits de la servante d'auberge éveilla un ardent désir de la voir. Carriazo le partageait aussi, mais non cependant de manière qu'il ne désirât plutôt arriver à ses madragues que s'arrêter à voir les pyramides d'Égypte ou toute autre des sept merveilles du monde, ou toutes les sept ensemble. En répétant les paroles des muletiers, et en singeant les gestes et les grimaces dont ils les accompagnaient, ils amusèrent le chemin jusqu'à Tolède. Là, guidés par Carriazo, qui était déjà venu dans cette ville, ils arrivèrent, en descendant la côte du *Sang du Christ*, à l'auberge du *Sevillano*, mais ils n'osèrent point y demander un logis, car leur costume ne le permettait pas.

Il était déjà nuit, et, bien que Carriazo pressât son camarade d'aller ailleurs chercher un gîte, il ne put l'arracher de la porte du *Sevillano*, où il attendait pour voir si par hasard la tant renommée servante viendrait à se montrer. La nuit se fermait et la servante ne paraissait point. Carriazo se désespérait, mais Avendaño se tenait coi. Enfin, pour venir à bout de son projet, et sous prétexte de s'informer de certains gentilshommes de Burgos qui allaient à Séville, celui-ci pénétra jusque dans la cour de l'auberge. A peine était-il entré que, d'une salle qui donnait sur la cour, il vit sortir une jeune fille d'environ quinze ans, vêtue en paysanne, tenant une chandelle allumée. Avendaño ne jeta point les yeux sur l'habillement de la jeune fille, mais sur son visage, et il lui sembla y voir ceux que les peintres ont coutume de donner aux anges. Il resta frappé, étourdi de sa beauté, et ne sut rien trouver à lui dire, tant étaient grandes sa surprise et son extase. La jeune fille, voyant cet homme devant elle, lui dit : « Que cherchez-vous, frère? Êtes-vous par hasard valet de quelqu'un des hôtes de céans? — Je ne suis valet de personne, sinon le vôtre, » répondit Avendaño, plein de trouble et d'émotion. La jeune fille, qui se vit répondre de la sorte, reprit aussitôt : « Allez, frère, et que Dieu vous conduise; nous autres qui servons, nous n'avons pas besoin de valets. » Appelant alors son maître, elle lui dit : « Voyez, seigneur, ce que veut ce garçon. » L'aubergiste vint, et demanda à Avendaño ce qu'il cherchait. « Des gentilshommes de Burgos, répondit celui-ci, qui vont à Séville. Un d'eux est mon maître; il m'a envoyé en avant par Alcala de Hénarès, où j'avais à faire quelque chose pour lui; il m'a de plus ordonné de m'en venir à Tolède et de l'attendre à l'auberge du *Sevillano*, où il viendra descendre; je pense qu'il arrivera cette nuit même, ou demain sans plus tarder. »

Avendaño sut si bien colorer son mensonge, qu'aux yeux de l'aubergiste il passa pour une vérité. Celui-ci dit en effet : « Restez, ami, dans la maison; vous y pourrez attendre votre maître jusqu'à ce qu'il vienne. — Bien des remercîments, répondit Avendaño, et que Votre Grâce veuille bien me faire donner une chambre pour moi et mon camarade qui est resté là dehors. Nous avons de l'argent pour la payer aussi bien que d'autres.—Volontiers, » répliqua l'hôte; puis, se tournant vers la jeune fille : « Costancica, dit-il, va dire à la Arguello qu'elle mène ces galants dans la chambre du coin, et qu'elle leur mette des draps blancs. — Je vais le faire, seigneur, » répondit Costanza (c'était le nom de la jeune fille); et, faisant une révérence à son maître, elle s'éloigna sur-le-champ.

Son départ fut pour Avendaño ce qu'est pour un voyageur la disparition du soleil et l'arrivée d'une nuit obscure. Toutefois il alla rendre compte à Carriazo de ce qu'il avait vu, et de la négociation qu'il avait entamée. Celui-ci reconnut bien à mille signes que son ami revenait atteint de la peste amoureuse; mais il ne voulut rien lui dire jusqu'à ce qu'il eût vu si la beauté de Costanza méritait les louanges extraordinaires et les éclatantes hyperboles par lesquelles il l'élevait au-dessus du ciel même.

Ils entrèrent enfin dans l'auberge, et la Arguello, qui était une femme d'au moins quarante-cinq ans, surintendante des lits et du mobilier des appartements, les mena dans une chambre qui n'était ni de gentilhomme ni de valet, mais de gens qui pouvaient tenir le milieu entre ces deux extrêmes. Ils demandèrent à souper; la Arguello leur répondit que, dans cette auberge, on ne donnait à manger à personne, bien qu'on y fît cuire et préparer ce que les hôtes achetaient au dehors; mais qu'il y avait tout auprès des cabarets et des gargotes où, sans scrupule de conscience, ils pouvaient aller souper comme il leur plairait. Les deux amis suivirent le conseil de la Arguello; ils allèrent tomber dans un cabaret où Carriazo mangea ce qu'on lui donna, et Avendaño ce qu'il apportait avec lui, c'est-à-dire des pensées et des rêveries. Cette abstinence qu'Avendaño gardait surprit Carriazo, lequel, pour s'assurer pleinement des idées de son camarade, lui dit, au retour à l'auberge : « Il convient que demain nous nous levions de bonne heure, pour qu'avant le fort de la chaleur nous soyons à Orgaz. — Ce n'est pas mon avis, répondit Avendaño; car je pense bien, avant de partir de cette ville, voir tout ce qu'on dit qu'elle renferme de curieux, tel que le tabernacle de la cathédrale, la machine de Juanelo[1], les hauteurs de San-Agustin, le Jardin du roi et les bords du Tage. — Qu'à cela ne tienne, reprit Carriazo, en deux jours tout cela peut être vu. — En vérité, répliqua Avendaño, je prendrai mieux mes aises. Nous n'allons point à Rome solliciter quelque vacance. — Bah, bah ! dit Carriazo, qu'on me tue, ami, si vous n'aimez pas mieux vous arrêter à Tolède que continuer notre pèlerinage. — Je l'avoue, répondit Avendaño; il m'est aussi impossible de m'éloigner d'un lieu où je puisse voir le visage de cette jeune fille, qu'il est impossible d'aller au ciel sans bonnes œuvres. — Voilà, parbleu, s'écria Carriazo, une gracieuse

---

1. Cette machine n'existe plus. Elle servait à faire monter l'eau du fleuve jusqu'à l'Alcazar, bâti sur la cime d'une haute montagne. On l'appelait ainsi parce qu'elle fut construite par un certain Gianello, ingénieur italien.

comparaison et une résolution digne d'un cœur généreux comme le vôtre! Qu'il sied bien à un don Tomas de Avendaño, fils de don Juan de Avendaño, gentilhomme autant qu'on peut l'être, riche autant qu'il est besoin, assez jeune pour réjouir les autres, assez spirituel pour les charmer, d'être en outre amoureux fou d'un écureuse qui sert dans l'auberge du *Sevillano!* — C'est absolument ce qui me semble, répondit Avendaño, quand je considère un don Diego de Carriazo, fils également de gentilhomme, dont le père porte l'habit d'Alcantara et laissera son majorat à un fils, non moins aimable de corps que d'esprit, pourvu enfin de tous ces attributs brillants, et que je le vois amoureux, de qui pensez-vous? de la reine Genièvre? non pas vraiment, mais de la madrague de Zahara, qui est aussi laide, à ce que j'imagine, qu'une tentation de saint Antoine. — Nous voilà quittes, ami, repartit Carriazo; du coup dont je te blessais tu m'as tué. Mais que notre dispute en reste là, et allons dormir; Dieu ramènera le jour, et nous en profiterons. — Écoute, Carriazo, reprit Avendaño, jusqu'à présent tu n'as pas vu Costanza; quand tu l'auras vue, je te permets de me dire toutes les injures et de me faire tous les reproches qu'il te plaira. — Je sais déjà, dit Carriazo, quelle sera la fin de tout cela. — Et laquelle? reprit Avendaño. — Que j'irai rejoindre ma madrague, répondit Carriazo, et que tu resteras avec ta servante. — Oh! je ne serai pas si heureux, dit Avendaño. — Ni moi si bête, repartit Carriazo, que, pour suivre ton mauvais goût, je manque de satisfaire ma bonne envie. »

C'est en causant ainsi qu'ils arrivèrent à l'auberge, et la moitié de la nuit se passa en conversations semblables. Quand ils eurent dormi un peu plus d'une heure, ils furent réveillés par le bruit de plusieurs larigots[1] qui résonnaient dans la rue. Ils s'assirent sur leur lit et se mirent à écouter attentivement. « Je gagerais, dit Carriazo, qu'il est déjà jour, et qu'on doit faire quelque fête au couvent de Notre-Dame du Carmen, qui est ici près. C'est pour cela que ces instruments jouent. — Ce n'est point cela, répondit Avendaño; il n'y pas assez longtemps que nous dormons pour qu'il puisse être jour. » En ce moment, ils entendirent frapper à la porte de leur chambre, et ayant demandé qui frappait, on leur répondit du dehors :

---

1. *Chirimias*, anciens instruments conservés des Arabes. C'étaient des espèces de longs hautbois, à douze trous, d'un son grave et retentissant.

« Jeunes gens, si vous voulez entendre une fameuse musique, levez-vous et mettez-vous à une lucarne qui donne sur la rue ; elle est dans la salle en face, où personne ne couche. » Les deux amis se levèrent en effet ; mais, quand ils eurent ouvert leur porte, ils ne trouvèrent personne, et ne surent qui leur avait donné cet avis. Toutefois, entendant le son d'une harpe, ils crurent à la vérité de la sérénade, et ainsi, tout en chemise, comme ils se trouvaient, ils entrèrent dans la salle, où étaient déjà trois ou quatre hôtes, appuyés à la lucarne. Ils trouvèrent aussi place, et, peu de moments après, au son d'une harpe et d'un luth, ils entendirent chanter d'une voix ravissante ce sonnet, qui ne sortit point de la mémoire d'Avendaño.

Rare et humble objet, qui élève la beauté à une telle hauteur que la nature s'est surpassée elle-même en la formant, et qui la porte jusqu'au ciel.

Si tu parles, si tu ris, si tu chantes, si tu montres de la douceur ou de la dureté, par l'effet seul de ta gentillesse, tu enchantes les puissances de l'âme.

Pour mieux faire connaître la beauté sans pareille que tu renfermes et la haute honnêteté dont tu te piques,

Cesse de servir, car tu dois être servie de tous ceux qui voient dans leurs mains et sur leurs tempes briller les sceptres et les couronnes.

Il ne fut pas nécessaire qu'on dît aux deux amis que cette sérénade se donnait pour Costanza. C'était assez clairement expliqué par le sonnet, qui sonna de telle manière dans les oreilles d'Avendaño, qu'il aurait volontiers consenti, pour ne l'avoir pas entendu, à être né sourd et à rester sourd tous les jours de la vie qui lui restait : car, depuis ce moment, il commença à la passer aussi mauvaise que celui dont le cœur est sans cesse percé par la lance de la jalousie. Le pire est qu'il ne savait point de qui il devait ou pouvait être jaloux. Mais il fut bientôt tiré de ce souci par un de ceux qui s'étaient mis à la lucarne, et qui s'écria : « Est-il possible que ce fils du corrégidor soit assez simple pour s'amuser à donner des sérénades à une servante d'auberge ? Il est vrai que c'est une des plus jolies filles que j'aie jamais vues, et j'en ai vu beaucoup ; mais ce n'est pas une raison pour lui faire la cour si publiquement. — Eh bien ! en vérité, ajouta un autre auditeur de la lucarne, j'ai ouï dire comme une chose certaine qu'elle fait autant de cas de lui que si ce n'était personne. Je gagerais qu'elle est maintenant à dormir tout de son long derrière le lit de sa maîtresse, où l'on dit qu'elle couche, sans rêver seulement aux musiques et aux chansons. — Rien de plus vrai, répliqua l'autre, car c'est la plus honnête fille qu'on connaisse. C'est une merveille qu'étant dans une maison où passent tant de gens, et chaque jour de nouveaux, et parcourant, comme elle le fait, toutes les chambres, on ne sache pas d'elle la plus petite équipée. » Ces paroles rendirent la vie à Avendaño, et lui firent prendre courage pour entendre plusieurs autres morceaux que les musiciens chantèrent au son de divers instruments, mais tous adressés à Constanza, laquelle, comme avait dit l'hôte, était à dormir sans aucun souci.

Quand le jour vint, les musiciens s'en allèrent, reconduits par les larigots. Avendaño et Carriazo retournèrent dans leur chambre, où dormit celui qui le put, jusqu'au matin. L'heure venue, ils se levèrent tous deux, et tous deux avec le désir de voir Costanza; mais le désir de l'un était seulement de la curiosité, celui de l'autre de l'amour. Costanza les satisfit l'un et l'autre en sortant de la salle de son maître, si belle qu'ils reconnurent tous deux que les louanges du muletier étaient plutôt faibles qu'exagérées. Elle portait une jupe et un corsage de drap vert, avec des bordures de même étoffe. Le corsage était court, mais la chemise montait haut, et le col roulé était orné d'une broderie en soie noire. Un petit collier d'étoiles de jais entourait un fragment de colonne d'albâtre, car son cou n'était pas moins blanc. Elle avait pour ceinture un cordon de saint François, et à son côté droit pendait un gros trousseau de clefs. Elle ne portait point de pantoufles, mais des souliers à deux semelles rouges, avec des bas qu'on n'apercevait pas, si ce n'est un peu de profil, et rouges également. Ses cheveux étaient tressés avec des rubans blancs de filoselle, et les tresses étaient si longues qu'elles lui tombaient le long des épaules plus bas que la ceinture. Leur couleur était moins foncée que le châtain, presque aussi claire que le blond. Mais cette chevelure était si propre, si soyeuse, si bien peignée, qu'aucune, fût-elle de tresses d'or, ne pouvait lui être comparée. Elle portait pour pendants d'oreilles deux petites poires de verre, qui semblaient des perles, et ses cheveux eux-mêmes lui servaient de coiffure. Quand elle sortit de la salle, elle fit le signe de la croix, et alla très-dévotement faire une profonde révérence à une image de Notre-Dame qui était collée à une des murailles de la cour; puis, levant les yeux, elle vit les deux amis qui étaient à la regarder, et, dès qu'elle les eut aperçus, elle rentra dans la salle, d'où elle appela la Arguello pour la faire lever.

Il reste maintenant à dire quel effet fit sur Carriazo la beauté de Costanza : car, pour celui qu'elle produisit sur Avendaño, on l'a déjà dit lorsqu'il la vit pour la première fois. Je ne dirai rien de plus, sinon que Carriazo la trouva aussi bien que son compagnon : mais il s'en éprit beaucoup moins, et tellement moins qu'il eût voulu ne point passer la journée dans l'auberge, mais plutôt se mettre en route sur-le-champ pour ses chères madragues.

Dans ce moment, et aux cris de Costanza, la Arguello parut sur les corridors, avec deux autres grosses filles, servantes aussi dans la maison, et Galiciennes, à ce qu'on dit. Il était nécessaire d'en avoir autant à cause du grand nombre de gens qui descendent dans l'auberge du *Sevillano*, l'une des meilleures et des plus fréquentées qu'il y ait à Tolède. Les valets des hôtes vinrent aussi demander de l'orge pour leurs montures. L'hôtelier sortit de la maison pour leur en donner, maudissant ses servantes, qui avaient, disait-il, fait partir de chez lui un garçon qui distribuait l'orge, et en tenait si bon compte que, jusque-là, il ne s'en était pas égaré un seul grain. Avendaño, qui entendit cela, dit aussitôt : « Ne vous fatiguez pas, seigneur hôtelier, et donnez-moi le livre des comptes. Pendant les jours que je resterai ici, je tiendrai si bien celui de l'orge et de la paille, que vous ne regretterez plus le garçon qui s'en est allé. — En vérité, jeune homme, je vous en sais gré, répondit l'aubergiste ; car je ne puis me mêler de cela, tant j'ai de choses à faire hors de la maison. Descendez, je vous donnerai le livre, et prenez garde à ces muletiers ; c'est le diable en personne, et ils vous soufflent un boisseau d'orge avec aussi peu de conscience que si c'était un brin de paille. »

Avendaño descendit dans la cour, prit le livre de comptes, et commença à répandre des boisseaux d'orge comme de l'eau, en les enregistrant avec tant d'ordre que l'hôtelier, qui le regardait faire, fut enchanté, et lui dit : « Plût à Dieu que votre maître ne revînt point, et qu'il vous prît envie de rester à la maison! par ma foi, vous entendriez chanter un autre coq. Le garçon qui m'est échappé était entré céans, il y aura huit mois, tout déchiré et tout maigre ; maintenant, il emporte deux paires de fort bons habits, et s'en va gras comme une loutre : car il faut que vous sachiez, mon enfant, que, dans cette maison, il y a de bons profits par-dessus les gages. — Si je restais ici, répondit Avendaño, je ne regarderais guère au bénéfice, et me contenterais de quoi que ce soit pour avoir le plaisir d'habiter cette ville, qu'on dit la meilleure d'Espagne. — Au moins, répliqua l'hôtelier, c'est une des meilleures et des plus abondamment pourvues; mais une autre chose nous manquerait encore : ce serait de trouver quelqu'un qui allât chercher de l'eau à la rivière; car il m'est aussi décampé un autre garçon, qui, avec un fameux âne que j'ai à l'écurie, tenait toujours le réservoir[1] plein, et faisait un lac d'eau de ma maison. Un des motifs qui font que les muletiers amènent avec plaisir leurs maîtres à mon auberge, c'est l'abondance d'eau qu'ils y trouvent toujours; et puis ils n'ont pas besoin de mener leurs bêtes à la rivière, car on les fait boire à la maison dans de grandes auges de bois. »

Carriazo entendait tout cet entretien; voyant qu'Avendaño était déjà installé dans la maison et pourvu d'un office, il ne voulut pas rester, lui, à la belle étoile, considérant surtout le grand plaisir qu'il ferait à son ami, s'il entrait dans ses projets; il dit donc à l'aubergiste : « Amenez l'âne, seigneur hôte, je saurai aussi bien le sangler et le charger que mon camarade sait enregistrer sa marchandise dans le livre. — Oui, s'écria Avendaño; mon camarade Lope l'Asturien servira comme un prince pour amener l'eau, et je réponds de lui. » La Arguello, qui du haut du corridor écoutait toute cette conversation, entendant dire à Avendaño qu'il répondait de son camarade : « Dites donc, gentilhomme! lui cria-t-elle, et qui répond de vous? car, en vérité, vous me semblez avoir plus besoin d'être cautionné que d'être caution. — Tais-toi, Arguello, s'écria l'hôtelier, ne mets pas le nez où l'on ne t'appelle pas. Moi, je réponds de tous les deux. Par votre vie, mesdemoiselles, n'ayez rien à démêler avec les garçons de céans, qui s'en vont tous à cause de vous. — Tiens tiens, dit une autre fille, ces deux galants entrent à la maison ? Par le saint nom que je porte, si je faisais route avec eux, je ne leur confierais jamais l'outre au vin. — Assez de facéties, madame la Galicienne, répondit l'hôtelier; faites votre métier, et n'ayez rien à voir avec mes garçons, ou je vous moudrai sous le bâton. — Ah bien, par ma foi, reprit la Galicienne, voyez un peu les beaux bijoux pour qu'on en ait

---

1. *Las tinajas*, grandes cruches de terre où l'on garde, selon les provinces, l'eau, le vin et l'huile.

envie ! En vérité, seigneur mon maître, vous ne m'avez pas trouvée si joueuse avec les garçons d'ici ou de dehors que vous deviez avoir de moi si mauvaise opinion. Ce sont de vrais garnements, et ils s'en vont quand il leur en prend fantaisie, sans que nous leur en donnions aucune occasion : bonnes petites gens, pardieu, pour qu'ils aient besoin de sauces qui les excitent à planter là leurs maîtres un beau matin, quand on s'attend le moins à leur escapade ! —Vous parlez beaucoup, Galicienne, ma sœur, répondit l'hôtelier ; cousez-vous la bouche et retournez à vos affaires. » A ce moment, Carriazo avait déjà bâté son âne, et, sautant dessus d'une cabriole, il prit le chemin de la rivière, laissant Avendaño ravi d'avoir vu sa courageuse résolution.

Voilà donc que nous tenons déjà, grâce aux licences du conte, Avendaño devenu garçon d'auberge, sous le nom de Tomas Pedro, car c'est ainsi qu'il dit s'appeler, et Carriazo, sous celui de Lope l'Asturien, devenu porteur d'eau : métamorphoses dignes d'être préférées hautement à celles du poëte au grand nez[1]. A peine la Arguello eut-elle entendu que les deux nouveaux venus entraient à la maison, qu'elle jeta son plomb sur l'Asturien Lope, et le marqua pour sien, bien résolue à le choyer et à le régaler de telle façon que, fût-il d'une humeur sauvage et revêche, elle le rendît plus souple qu'un gant; la mijaurée de Galicienne fit le même projet sur Avendaño, et comme ces deux femelles, vivant et couchant ensemble, étaient devenues grandes amies, elles se déclarèrent sur-le-champ l'une à l'autre leur amoureuse résolution, et tombèrent d'accord de commencer dès cette nuit la conquête de leurs deux amants sans amour. Mais la première chose dont elles convinrent, ce fut qu'elles devaient leur demander de n'avoir jamais la moindre jalousie, quelque chose qu'ils leur vissent faire de leurs personnes : car enfin les filles d'une maison ne peuvent guère bien régaler ceux du dedans, si elles ne rendent tributaires ceux du dehors. « Allons donc, frères, disaient-elles, comme si elles eussent eu devant elles les deux amis et qu'ils eussent été déjà leurs amants en titre, taisez-vous et fermez les yeux, et laissez jouer du tambour de basque à qui le sait manier, et mener la danse à qui s'y entend. Après cela, il n'y aura pas de paire de chanoines mieux soignés que vous ne le

---

1. Ovide, que Cervantès appelle ainsi à cause de son nom : *Ovidius Naso.*

serez de vos servantes. » Ainsi se parlaient entre elles la Galicienne et la Arguello.

Cependant notre bon Lope l'Asturien cheminait du côté de la rivière, par la descente du Carmen, pensant à ses madragues et à son subit changement d'état. Soit par cette raison, soit que le sort en ordonnât ainsi, dans un étroit passage, au plus roide de la descente, il rencontra un âne de porteur d'eau qui montait chargé. Comme au contraire il descendait et que son âne était vigoureux, dispos, bien reposé, il donna un tel choc à l'âne maigre et fatigué qui montait, qu'il le jeta les quatre fers en l'air, et, les cruches s'étant brisées, toute l'eau se répandit. A la vue de cet accident, l'ancien porteur d'eau, plein de dépit et de fureur, se jeta sur le nouveau confrère, qui était encore à cheval sur sa bête, et, avant que celui-ci pût descendre et se débarrasser, il lui avait assené une douzaine de coups de bâton tels que la plaisanterie déplut à l'Asturien. Lope mit enfin pied à terre, mais avec le cœur si mal disposé, qu'il sauta sur son ennemi, le prit des deux mains à la gorge et le renversa par terre. L'autre frappa de la tête si violemment, qu'il se l'ouvrit en deux endroits, et le sang coulait avec une telle abondance, que Lope crut qu'il l'avait tué. Plusieurs autres porteurs d'eau qui passaient par là, voyant leur camarade si maltraité, se jetèrent à leur tour sur l'Asturien, qu'ils saisirent de toutes leurs forces en criant : « Justice! justice! ce porteur d'eau a tué un homme. » Et, tout en parlant et criant, ils l'accablaient de coups de poing et de coups de bâton. D'autres coururent au secours du blessé; ils virent qu'il avait la tête fendue et qu'il était près de rendre l'âme. Les cris montèrent de bouche en bouche tout le long de la côte, et, sur la place du Carmen, frappèrent l'oreille d'un alguazil, lequel, suivi de deux recors, et courant avec plus de vitesse que s'il eût volé, arriva sur le lieu de la bataille au moment où le blessé était déjà posé de travers sur son âne, et l'âne de Lope en fourrière, et Lope entouré de plus de vingt porteurs d'eau qui lui moulaient les côtes d'une telle façon qu'il y avait plus à craindre pour sa vie que pour celle du blessé : tant ces vengeurs de l'injure d'autrui faisaient pleuvoir sur lui leurs poings et leurs bâtons. L'alguazil arriva, éloigna la foule, remit l'Asturien aux mains des recors, et poussant son âne devant lui, ainsi que celui qui portait le blessé, il les mena tous dans la prison, accompagnés de tant de gens et suivis de tant de polissons, qu'il ne pouvait fendre la foule dans les rues.

Au bruit que faisait tout ce monde, Tomas Pedro sortit avec son maître sur la porte de la maison pour voir d'où venait un tel tapage, et ils aperçurent Lope entre deux recors, la bouche et le visage pleins de sang. L'hôtelier chercha aussitôt son âne des yeux, et le vit au pouvoir d'un autre recors qui était venu joindre ses camarades. Il demanda la cause de ces arrestations ; on lui conta la vérité de l'aventure, et il en fut fort affligé pour son âne, craignant de le perdre, ou du moins de dépenser pour le ravoir plus qu'il ne valait.

Tomas Pedro suivit son camarade ; mais il ne put approcher pour lui dire seulement un mot, tant il y avait de gens qui l'en empêchaient, et tant l'alguazil et ses recors faisaient bonne garde. Finalement, il ne le laissa qu'après l'avoir vu mettre en prison, dans un cachot, avec deux paires de menottes, tandis qu'on portait le blessé à l'infirmerie. Pedro assista au pansement ; il vit que la blessure était très-dangereuse, et c'est ce que dit aussi le chirurgien. Pour l'alguazil, il emmena chez lui les deux ânes, et de plus, cinq pièces de huit réaux, que les recors avaient prises à Lope. Tomas Pedro retourna à l'auberge, plein de trouble et de tristesse, et trouva celui qu'il avait pris pour maître non moins affligé que lui-même. Il lui conta en quelle situation se trouvait son camarade, et le danger de mort que courait le blessé, et ce qu'était devenu son âne. « A cette disgrâce, continua Tomas, il est venu s'en joindre une autre, qui n'est pas moins désagréable. Un ami intime de mon maître m'a rencontré en chemin, et m'a dit que, pour aller plus vite et gagner deux lieues, mon maître avait été, de Madrid, passer le bac d'Aceca, qu'il couchait cette nuit à Orgaz, et qu'il lui avait donné douze écus pour me les remettre, avec ordre d'aller le rejoindre à Séville, où il m'attendrait. Mais cela ne peut être ; il ne sera pas dit que je laisserai mon ami, mon camarade, en prison et dans un si grand péril. Mon maître m'excusera quant à présent. D'ailleurs, c'est un si bon et si brave homme, qu'il me pardonnera toute faute commise envers lui, pourvu que je n'en commette point envers mon camarade. Que Votre Grâce, seigneur maître, me fasse la faveur de prendre cet argent et de pourvoir à cette affaire. Pendant que cette somme se dépensera, j'écrirai à mon seigneur ce qui arrive, et je sais qu'il m'enverra assez d'argent pour nous tirer de toute espèce de péril. »

L'hôtelier ouvrit les yeux d'une aune, joyeux de voir comment il guérissait de la perte de son âne. Il prit l'argent, et se mit à consoler Tomas. « J'ai à Tolède, lui dit-il, des personnes de telle qualité qu'elles peuvent beaucoup sur la justice, principalement une dame religieuse, parente du corrégidor, qui le mène par le bout du nez. Une blanchisseuse du couvent de cette religieuse a une fille qui est intime amie de la sœur d'un moine fort connu du confesseur de ladite religieuse. Or, cette blanchisseuse lave le linge de la maison, et, pourvu qu'elle demande à sa fille, ce qu'elle fera sans aucun doute, de parler à la sœur du moine, pour qu'elle parle à son frère, pour qu'il parle au confesseur, et le confesseur à la religieuse, et pourvu que la religieuse, ce qui sera chose facile, veuille bien donner un billet pour le corrégidor, où elle le priera instamment de s'intéresser à l'affaire de Lope, on pourra certainement espérer une heureuse issue. Mais, toutefois, c'est sous la condition que le porteur d'eau ne s'avise pas de mourir, et qu'on ne manque point de graisse pour graisser les ministres de la justice : car, s'ils ne sont pas bien graissés, ils grognent plus que des charrettes à bœufs. »

Tomas s'amusa beaucoup des offres de protection que lu faisait son maître, ainsi que des ricochets infinis par lesquels lui arrivait cette protection; et, bien qu'il reconnût que le madré compère avait plutôt parlé par gausserie que par innocence, il lui sut gré, toutefois, de sa bonne volonté, et lui remit l'argent, en y ajoutant la promesse d'en trouver davantage, tant il avait confiance en son seigneur. Quant à la Arguello, dès qu'elle vit qu'on tenait en laisse son nouveau bon ami, elle courut à la prison pour lui porter à manger; mais on ne lui permit pas de le voir, ce qui la fit revenir très-courroucée et très-mécontente, sans qu'elle abandonnât pourtant son honnête projet.

Finalement, au bout de quinze jours, le blessé était hors de péril, et, cinq jours après, le chirurgien déclara qu'il était entièrement guéri. Pendant ce temps, Tomas s'était arrangé pour faire venir cinquante écus de Séville, et, les tirant de sa poche, il les remit à l'hôtelier avec de feintes lettres et un mandat supposé de son seigneur. Comme il importait fort peu à l'hôtelier de vérifier la réalité de cette correspondance, il prit la somme, qui, étant en beaux écus d'or, lui faisait plaisir à voir. Pour six ducats, le blessé abandonna sa plainte, et l'Asturien fut condamné à dix autres ducats, aux frais et dépens, et à la confiscation de l'âne. Il sortit de prison; mais il ne voulut pas retourner vivre avec son camarade, lui donnant pour excuse que, pendant les jours qu'il avait passés en prison, la Arguello l'avait visité et lui avait fait une déclaration d'amour, chose pour lui si désagréable et si fâcheuse, qu'il aimerait mieux se laisser pendre que de répondre aux désirs de cette femelle. « Ce que je pense faire, ajouta-t-il, puisque tu es bien résolu à poursuivre ton dessein, c'est d'acheter un âne et de faire le métier de porteur d'eau, pendant que nous resterons à Tolède. A la faveur de ce prétexte, je ne serai ni jugé, ni arrêté comme vagabond, et avec une seule charge d'eau, je pourrai me promener toute la journée par la ville, en regardant les niaises[1] à ma fantaisie. — Ce sera plutôt, répondit Avendaño, des belles que des niaises que tu regarderas dans cette ville, qui a la réputation de posséder les plus aimables femmes de l'Espagne, celles chez qui vont de pair l'esprit et la beauté. Vois plutôt Costanza; du superflu de ses attraits elle pourrait enrichir non-seulement les beautés de cette ville, mais celles du monde entier. — Tout beau, seigneur Tomas, répliqua Lope; n'allons pas si vite ni si loin dans les louanges de madame l'écureuse, si vous ne voulez que, vous tenant déjà pour fou, je vous tienne encore pour hérétique. — Écureuse! reprit Tomas; tu appelles ainsi Costanza, frère Lope? Dieu te le pardonne et te fasse reconnaître ton erreur! — Comment donc? n'est-elle pas écureuse? repartit l'Asturien. — Jusqu'à présent du moins, dit Tomas, je suis encore à lui voir laver la première assiette. — Qu'importe, répliqua Lope, que tu ne lui aies pas vu laver la première assiette, si tu lui as vu laver la seconde ou la centième? — Je te dis, frère, s'écria Tomas, qu'elle n'écure point, et ne s'occupe à autre chose qu'à son travail d'aiguille et à la garde de l'argenterie, qui est fort nombreuse en ce logis. — Alors, reprit Lope, pourquoi l'appelle-t-on dans toute la ville l'écureuse illustre, s'il est vrai qu'elle n'écure pas? Mais c'est sans doute parce qu'elle lave de l'argenterie, et non de la faïence, qu'on lui donne le nom d'illustre. Au reste, laissons cela de côté et dis-moi, Tomas, en quel état sont tes espérances. — En l'état de désespoir, répondit Tomas. Pendant tous les jours que tu as été prisonnier, je n'ai pu lui dire une seule parole, et à toutes celles que les hôtes lui adressent elle ne fait d'autre réponse que baisser les yeux, sans ouvrir les lèvres. Telles sont sa

---

1. *Mirar bobas* a le même sens que nos expressions badauder, gober les mouches.

réserve et son honnêteté, qu'elle n'enchante pas moins par sa pudeur que par ses charmes. Ce qui me fait perdre toute patience, c'est de savoir que le fils du corrégidor, jeune homme entreprenant et quelque peu téméraire, meurt pour ses beaux yeux et lui fait la cour avec des sérénades. Peu de nuits se passent sans qu'il lui en donne, et avec si peu de mystère, que, dans ce que chantent les musiciens, ils la nomment, la louent et la célèbrent. Mais elle n'entend rien de tout cela, et, du soir jusqu'au matin, ne sort pas de la chambre de sa maîtresse, bouclier qui n'empêche pas cependant que la flèche aiguë de la jalousie ne me perce le cœur. — Eh bien! reprit Lope, que penses-tu faire devant l'impossibilité que te présente la conquête de cette Porcie, de cette Pénélope, de cette Minerve, qui, sous la figure d'une servante, d'une écureuse t'enflamme d'amour et te tient en servage? — Moque-toi de moi, ami Lope, tant qu'il te plaira, répondit Tomas; je sais que je suis amoureux du plus ravissant visage qu'ait pu former la nature, et de la plus incomparable honnêteté qui se puisse aujourd'hui rencontrer en ce monde. C'est Costanza qu'elle se nomme, non Porcie, Pénélope ou Minerve; elle est servante dans une auberge, je ne puis le nier; mais que puis-je faire, si le destin, par une force occulte, et la raison, par un choix réfléchi, me poussent à l'adorer? Écoute, ami, poursuivit Tomas, je ne sais comment te dire de quelle manière l'amour l'élève si haut à mes yeux ce vil objet, cette écureuse, comme tu l'appelles, qu'en voyant la réalité je ne la vois plus, et que la connaissant je la méconnais. Il m'est impossible, quelque effort que je fasse, de contempler un instant, si l'on peut ainsi dire, la bassesse de sa condition : car aussitôt sa beauté, sa grâce, son calme, sa pudeur, effacent cette pensée de mon âme, et me font entendre que, sous cette écorce grossière, doit être cachée, enfouie, quelque mine de grande valeur et de mérite éclatant. Enfin, quoi qu'il en soit, je l'aime, je la chéris, et non de cet amour vulgaire que j'ai ressenti pour d'autres, mais d'un amour si pur, qu'il ne s'étend pas plus loin qu'au désir de la servir et de m'en faire aimer, pas plus loin qu'à faire payer d'un honnête retour ce qu'elle doit à mon affection non moins honnête. »

A ces mots, l'Asturien jeta un grand cri, et, comme s'il eût déclamé, il s'écria : « O platonique amour! ô écureuse illustre! ô temps heureux que le nôtre, où nous voyons que la beauté fait naître un amour sans malice, que l'honnêteté enflamme sans embraser, que la grâce fait plaisir à voir sans donner de tentation, que la bassesse d'une humble condition force à élever l'objet aimé au sommet de la roue de celle qu'on nomme Fortune ! ô mes pauvres thons chéris, qui allez passer cette année entière sans être visités de celui qui vous aime et vous regrette si vivement ! Mais, l'an qui vient, je me corrigerai de façon que les patrons de mes chères madragues n'auront plus à se plaindre de moi. — Je vois bien, Asturien, reprit Tomas, combien tu te moques ouvertement. Ce que tu pourrais faire, c'est de t'en aller tout bonnement à tes pêcheries ; moi, je resterai dans mon auberge, et tu me retrouveras au retour. Si tu veux emporter l'argent qui te revient, je vais te le donner ; après cela, va en paix, et que chacun suive le chemin où le destin le conduit. — Je te croyais plus d'esprit, répliqua Lope ; ne vois-tu pas que je parle en plaisantant ? Moi qui sais que tu parles sérieusement, sérieusement je te servirai en tout ce qui te fera plaisir. Je ne te demande qu'une chose en retour de toutes celles que je pense faire pour ton service : c'est que tu ne me mettes jamais en passe d'être courtisé et sollicité par la Arguello. Je perdrais plutôt ton amitié que de courir le danger de gagner la sienne. Vive Dieu ! ami, elle parle plus qu'un juge rapporteur, et son haleine sent la lie de vin à une demi-lieue ; toutes ses dents du haut sont postiches, et je crois de plus que ses cheveux sont une perruque. Ce n'est pas tout : pour réparer tous ces désastres, depuis qu'elle m'a découvert sa méchante intention, elle s'est imaginé de se farder avec du blanc de plomb, et elle se jaspe si bien le visage qu'il ne ressemble plus qu'à un mufle de plâtre. — Tout cela est vrai, répliqua Tomas, et la Galicienne qui me martyrise n'est pas si hideuse. Ce qu'il faut faire, c'est que tu ne couches plus que cette nuit dans l'auberge ; demain tu achèteras ton âne et tu chercheras un autre logis ; ainsi tu fuiras les attaques de la Arguello, tandis que je resterai exposé à celles de la Galicienne et aux traits inévitables des yeux de ma Costanza. »

Étant convenus de cela, les deux amis regagnèrent l'auberge, où la Arguello reçut l'Asturien avec de grands témoignages d'amour. La nuit venue, il y eut un bal à la porte du logis entre plusieurs garçons muletiers qui se trouvaient dans cette auberge et dans celles des environs. Ce fut l'Asturien qui joua de la guitare, et les danseuses furent, outre les deux Galiciennes et la Arguello, trois autres servantes d'une autre auberge. Bien des gens en manteaux se réunirent, avec l'envie de voir Costanza plutôt que le bal; mais elle ne parut pas et ne vint pas voir la danse, ce qui trompa bien des désirs.

Lope touchait la guitare de telle sorte, qu'on disait qu'il la faisait parler. Les servantes lui demandèrent, et la Arguello avec plus d'instance qu'aucune autre, de chanter quelque *romance*. Il répondit que, pourvu qu'elles le dansassent [1] à la façon dont on chante et dont on danse dans les comédies, il en chanterait un volontiers, et que, pour ne pas se tromper, elles n'avaient qu'à faire ce qu'il leur dirait en chantant. Lope se nettoya bien la poitrine en crachant deux ou trois fois; pendant ce peu de temps, il pensa à ce qu'il devait dire, et, comme il avait un esprit vif et facile, avec une heureuse fluidité d'improvisation, il commença à chanter de la sorte :

Que la belle Arguello s'avance, jeune fille, une fois et pas plus, et qu'après avoir fait une révérence elle retourne deux pas en arrière.
Ramenez-la par la main, vous qu'on appelle Barrabas, garçon muletier andalous, chanoine du Compas [2].
Des deux servantes galiciennes qui sont dans cette auberge, faites avancer la plus joufflue, en manches de chemise et sans tablier.
Que Torote l'accroche, et que tous quatre ensemble, avec des changements et des contorsions, commencent un *contrapas* [3].

Tout ce qu'avait jusque-là chanté l'Asturien fut exécuté au pied de la lettre par les danseurs et les danseuses; mais quand il vint à leur dire de commencer un *contrapas*, le danseur muletier, qu'on appelait par sobriquet Barrabas, s'écria aussitôt : « Eh! frère musicien, prenez garde à ce que vous chantez, et ne reprochez à personne d'être mal vêtu, car il n'y a personne ici qui soit en haillons, et chacun s'habille comme Dieu le lui permet. » L'hôtelier s'aperçut de l'ignorance du garçon muletier : « Frère, lui dit-il, *contrapas* est une danse étrangère, et non un reproche aux gens mal vêtus. — Si cela est, répliqua le muletier, pourquoi se mêler de faire ce qu'on ne sait pas? qu'on joue des *sarabandes*, des *chaconnes*

---

1. Les compositions de musique populaire en Espagne, comme les *boleros*, les *seguidillas*, etc., sont à la fois des chansons et des danses. Cervantès donne ici un exemple intéressant de la manière dont se composent ces chants et ces danses. Ce sont des improvisations faites au milieu des rues.
2. Nom d'un quartier de Séville habité par la lie du peuple.
3. Pour comprendre ce qui va suivre, il faut savoir que les mots *con trapas* signifient *avec des haillons*.

et des *folies* à la mode, et qu'on nous fasse aller comme on voudra. Il y a des gens ici qui sauront remplir la mesure jusqu'au goulot. » L'Asturien, sans répliquer un mot, continua sa chanson.

Faites donc entrer toutes les Vénus et tous les Adonis qui voudront s'en mêler, car la danse de la *chaconne* est plus vaste que la mer.

Mettez en branle les castagnettes, et baissez vos mains jusqu'à les frotter sur ce sable ou sur cette terre de fumier.

Tout le monde s'en est bien tiré, et je n'ai à gronder personne; maintenant faites le signe de la croix, et donnez au diable deux figues de votre figuier[1].

Crachez sur le malin, pour qu'il nous laisse divertir, bien que de la *chaconne* il n'ait guère coutume de s'éloigner.

Je change de musique, divine Arguello, plus belle qu'un hôpital; et, puisque tu es ma nouvelle Muse, accorde-moi ta faveur. La danse de la *chaconne* renferme la vie bonne[2].

Là se trouve l'exercice que la santé réclame, et qui secoue des membres la paresse endormie.

Le rire bouillonne dans la poitrine de celui qui danse et de celui qui joue, de celui qui regarde la danse agile et de celui qui écoute la musique sonore.

Les pieds versent du vif-argent, tout le corps se fond en eau, et, au gré de leurs maîtres, les escarpins perdent leurs semelles.

L'élan et la légèreté rajeunissent chez les vieux et chez les jeunes s'élèvent jusqu'au délire, car la danse de la *chaconne* renferme la vie bonne.

Combien de fois cette noble dame a essayé, avec la gaie *sarabande*, le *pésame* et le *perramora*[4],

De pénétrer par les fentes des maisons religieuses, pour y troubler l'honnêteté qui séjourne dans les saintes cellules!

Combien de fois elle a été blâmée de ceux même qui l'adorent! car l'ami de la joie s'imagine et le niais lui-même se figure que la danse de la *chaconne* renferme la vie bonne.

Cette Indienne couleur de mulâtre[4], de qui la renommée rapporte qu'elle a commis plus de sacrilèges et d'iniquités que n'en fit Aroba,

Cette Indienne, de qui sont tributaires la foule des écureuses, la multitude des pages et l'armée des laquais,

Dit et jure, sans crever, que, malgré la personne du superbe *Zambapalo*[5], elle est la fleur de la marmite, et que la seule *chaconne* renferme la vie bonne.

1. On sait ce que veut dire faire la figue. — 2. Mot pris de l'expression italienne *la vita buona*. — 3. Noms de danses anciennes.
4. Cervantès appelle ainsi la *chaconne*, parce qu'elle venait d'Amérique, comme toutes les autres danses nommées dans cette chanson.
5. Autre danse du même temps et de même origine.

Pendant que l'Asturien chantait ainsi, toute la cohue des muletiers et des écureuses du bal, dont le nombre montait à douze, dansaient à se mettre en pièces. Mais, comme Lope se préparait à continuer, en chantant des choses de plus gros volume et de plus riche substance que celles qu'il avait chantées jusque-là, un des nombreux gens à manteaux qui regardaient le bal lui dit sans se découvrir la figure : « Tais-toi, ivrogne, tais-toi, peau de bouc, sac à vin, poëte savetier, musicien de travers. » D'autres se joignirent à celui-là, ajoutant tant d'injures et de moqueries, que Lope trouva bon de se taire. Mais les muletiers le trouvèrent si mal, que, sans l'hôtelier qui les calma par de bonnes raisons, le diable allait entrer dans la danse; et certes ils n'auraient pas manqué de jouer des poings, si dans ce moment le guet ne fût arrivé et ne les eût tous fait rentrer chez eux.

A peine la foule s'était-elle retirée, qu'une voix frappa les oreilles de tous ceux qui étaient encore éveillés dans le quartier : c'était celle d'un homme qui, assis sur une pierre, en face de l'auberge du *Sevillano*, chantait avec une si merveilleuse suavité, qu'il tint tous ses auditeurs en suspens, et les força de l'écouter jusqu'au bout. Mais celui qui se montra le plus attentif fut Tomas Pedro, comme étant celui qui avait le plus d'intérêt, non-seulement à écouter la musique, mais à entendre les paroles, tellement que, pour lui, ce ne fut pas écouter des chansons, mais des sentences d'excommunication qui lui perçaient l'âme; car ce que le musicien chanta fut le *romance* suivant :

Où es-tu, pourquoi ne parais-tu point, sphère céleste de la beauté, et, dans la vie humaine, de divine formation?

Ciel empyrée, où l'amour a sa demeure certaine; premier mobile[1] qui emporte après soi tous les bonheurs;

Fontaine cristalline où des eaux transparentes rafraîchissent et épurent les flammes de l'amour;

Nouveau firmament, où deux étoiles réunies, sans emprunter leur lumière, éclairent la terre et le ciel;

Allégresse qui combats les tristesses confuses du père qui donne à ses enfants sépulture en son estomac[2];

Filet invisible et subtil, qui mets en une dure prison le guerrier adultère qui triomphe dans les batailles[3];

---

1. Nom que Ptolémée donne au ciel qui enveloppe et fait mouvoir tous les autres.

2. Le Temps. — 3. Allusion au filet où Vulcain prit Mars et Vénus.

Quatrième ciel et second soleil, qui laisses le premier dans l'ombre, quand par hasard tu te laisses voir, car te voir est un hasard heureux;

Grave ambassadeur, qui parles avec une si grande éloquence que tu persuades en te taisant, même plus que tu n'essayes de le faire :

Du second ciel tu n'as rien moins que la beauté, et du premier, rien moins que l'éclat de la lune.

Vous êtes cette sphère, Costanza, placée par injustice de la fortune dans un lieu dont l'indignité obscurcit vos mérites;

Réformez vous-même votre sort en consentant à réduire la fierté en façons à la mode, le mépris en douceur.

Avec cela, vous verrez, madame, envier votre fortune par les orgueilleuses de leur naissance, par les hautaines de leur beauté.

Si vous voulez abréger le chemin, je vous offre en moi la plus pure et la plus vive ardeur qu'amour ait vue en aucune âme.

La fin de ces derniers vers et l'arrivée de deux moitiés de brique qui vinrent en volant, furent l'affaire du même instant; et si, au lieu de frapper aux pieds du chanteur, elles l'eussent atteint au beau milieu de la tête, elles lui auraient facilement tiré du cerveau la musique et la poésie. Le pauvre diable s'épouvanta et se mit à courir le long de cette montée avec tant de hâte, qu'un lévrier même ne l'eût pas rattrapé : malheureuse condition des musiciens chats-huants et chauves-souris, toujours exposés à de semblables averses.

Tous ceux qui avaient entendu la voix du lapidé la trouvèrent de leur goût; mais celui à qui elle plut le mieux fut Tomas Pedro, qui admira le chant et le *romance*. Toutefois, il aurait voulu qu'une autre que Costanza fût l'occasion de tant de sérénades, bien qu'aucune n'arrivât jamais aux oreilles de la jeune fille. D'un avis contraire se trouva Barrabas, le garçon muletier, qui avait aussi écouté la musique; car, dès qu'il vit fuir le musicien, il lui cria : « Va-t'en, imbécile, troubadour de Judas, et que les puces te mangent les yeux! Qui diable t'a appris à chanter à une laveuse de vaisselle des histoires de sphères et de cieux, l'appelant lundi, mardi [1], et roue de fortune? Si tu lui avais dit (maudit sois-tu et quiconque a trouvé bonne ta chanson!), si tu lui avais dit qu'elle est droite comme une asperge, hautaine comme un panache, blanche comme du lait, pudique comme un frère novice, intraitable comme une mule de louage, et plus dure

---

1. *Lunes* et *Martes*, ce qui forme un jeu de mots avec les noms de la lune et de Mars (*luna* et *Marte*).

que du mortier sec, elle aurait pu te comprendre et se serait réjouie. Mais l'appeler ambassadeur, filet, mobile, altesse et bassesse, c'est bon à dire à un écolier des frères ignorantins plutôt qu'à une écureuse. Véritablement, il y a des poètes dans le monde qui écrivent des chansons où le diable n'entendrait rien. Pour mon compte, bien que je sois Barrabas, je n'ai pas compris le plus petit mot à celle qu'a chantée ce musicien ; voyez un peu ce que fera Costanza. Mais elle s'en tire mieux, car elle est fourrée dans son lit, se moquant du Preste-Jean des Indes[1]. Ce musicien du moins n'est pas de ceux qu'amène le fils du corrégidor, car ils sont nombreux ; et de temps en temps se laissent comprendre ; mais celui-ci, diable m'emporte ! il m'a fâché tout rouge. »

Tous ceux qui entendirent Barrabas s'amusèrent beaucoup de sa censure, et trouvèrent son avis fort judicieux.

Après cela, chacun alla se coucher ; mais à peine le repos régnait-il, que Lope entendit frapper tout doucement à la porte de sa chambre. « Qui est là ? » demanda-t-il. On lui répondit à voix basse : « Nous sommes les Arguello et la Galicienne ; ouvrez-nous, car nous mourons de froid. — Comment donc ! s'écria Lope ; nous sommes au milieu de la canicule. — Laisse là tes bons mots, Lope, reprit la Galicienne ; lève-toi, et ouvre ta porte ; nous venons parées comme des archiduchesses. — Des archiduchesses à cette heure ! repartit Lope, je n'en crois rien ; je m'imagine plutôt que vous êtes des sorcières ou de grandissimes coquines. Allez-vous-en, partez ; ou sinon, par la vie de... je fais serment, si je me lève, d'aller avec les crochets de ma ceinture de cuir vous rendre les fesses rouges comme des coquelicots. »

Les deux femelles, qui s'entendirent répondre si vertement et si différemment de ce qu'elles attendaient, eurent peur de la furie de l'Asturien, et, voyant leurs espérances déçues, leurs projets frustrés, regagnèrent leur lit, tristes et l'oreille basse. Cependant, avant de quitter la porte, la Arguello alla mettre le groin au trou de la serrure, et dit : « Le miel n'est pas fait pour la bouche de l'âne. » Après cela, comme si elle eût dit un grand axiome et tiré une juste vengeance, elle s'en retourna, comme on l'a dit, sur son triste grabat.

---

1. Personnage proverbial à la façon du Juif errant. C'était, croyait-on, un prince chrétien, à la fois roi et prêtre, qui avait régné sur les confins de la Chine.

Dès qu'il s'aperçut qu'elles étaient parties, Lope dit à Tomas Pedro, qui s'était éveillé : « Écoutez, Tomas, mettez-moi aux prises avec deux géants, obligez-moi, pour votre service, à démantibuler une demi-douzaine de lions ou une douzaine entière, je le ferai plus aisément que de boire un verre de vin; mais que vous me mettiez dans la nécessité de me prendre à bras-le-corps avec la Arguello! oh! non, j'aimerais mieux qu'on me tuât à coups de flèches. Voyez un peu quelles damoiselles de Dannemarc[1] le sort nous a envoyées cette nuit; mais prenons patience, Dieu enverra le jour et nous fera voir notre chemin. — Je t'ai déjà dit, ami, répondit Tomas, que tu peux faire à ta fantaisie, soit continuer ton pèlerinage, soit acheter l'âne et te faire porteur d'eau, comme tu en as le projet. — C'est à être porteur d'eau que je me décide, répliqua Lope. Mais dormons le peu qui reste jusqu'au jour, car j'ai la tête grosse comme un cuvier, et ne suis pas en train de deviser maintenant avec toi. »

Les deux causeurs s'endormirent; le jour vint, ils se levèrent; Tomas alla distribuer l'orge, et Lope gagna le marché au bétail, qui est tout près, pour y acheter un âne qui fût bon et beau.

Or, il arriva que Tomas, entraîné par ses pensées et par l'occasion que lui offrait la sollitude des heures de sieste, avait composé quelques vers amoureux, et les avait écrits sur le registre même où il tenait le compte de l'orge avec l'intention de les mettre plus tard au net, et de déchirer ces feuilles. Mais avant de faire cela, dans un moment où il était sorti de la maison, ayant laissé le registre sur le coffre à l'orge, son maître le prit, et, l'ouvrant pour voir où en était le compte, il tomba sur les vers, dont la lecture le surprit et le troubla. Il courut les porter à sa femme; mais, avant de les lui lire, il appela Costanza, et avec de grandes recommandations, mêlées de quelques menaces, il la pressa de dire si Tomas Pedro, le garçon de l'orge, lui avait conté fleurette, ou dit quelque parole impertinente qui montrât qu'il fût épris d'elle. Costanza jura qu'il était encore à lui dire le premier mot sur ce sujet ou sur tout autre; et que jamais, même avec les yeux, il ne lui avait témoigné aucune mauvaise pensée. Ses maîtres la crurent, accoutumés qu'ils étaient à lui entendre toujours répondre la vérité; ils la firent retirer, et l'hôtelier dit à sa

---

1. Personnage du roman d'*Amadis de Gaule*.

femme : « Je ne sais que penser de cela; il faut que vous sachiez, madame, que Tomas a écrit sur ce registre de l'orge des couplets qui me mettent la puce à l'oreille, et me font croire qu'il est amoureux de Costanza.— Voyons les couplets, répondit la femme, et je vous dirai ce qu'il en doit être. — Je n'en doute pas, répliqua le mari; puisque vous êtes poëte, vous en aurez bien vite deviné le sens. — Je ne suis pas poëte, repartit la femme; mais vous savez bien que j'ai l'esprit éveillé, et que je sais réciter en latin les quatre oraisons.— Vous feriez mieux de les réciter en espagnol, reprit l'hôtelier; car votre oncle le curé vous a déjà dit que vous disiez mille balivernes quand vous priiez Dieu en latin, et que vous ne priiez rien du tout. — Cette flèche vient du carquois de sa nièce, répondit la femme : elle est envieuse de me voir tenir au bout des doigts mes heures en latin, et me promener tout à travers comme dans une vigne vendangée. — Qu'il en soit comme il vous plaira, répliqua l'hôte; mais écoutez, voici les couplets :

Qui trouve le bonheur d'amour? celui qui se tait. Qui triomphe de sa rigueur? la constance. Qui parvient à ses joies? l'obstination. De cette manière, je pourrais espérer une heureuse victoire, si, dans cette entreprise, mon âme se tait, reste constante et s'obstine.

Avec quoi se nourrit l'amour? avec la faveur. Avec quoi diminue sa violence? avec l'injure. Au contraire, le dédain l'accroît ou l'affaiblit. De là, il paraît clairement que mon amour sera immortel, puisque la cause de mon mal ne me fait injure ni ne me favorise.

Celui qui désespère, qu'espère-t-il? une mort entière. Mais quelle mort remédie au mal? celle qui n'est qu'à moitié. Alors, il sera bon de mourir; mieux vaut souffrir. Car on dit communément, et cette vérité doit être admise, qu'après l'orage furieux le calme reparaît.

Découvrirai-je ma passion? dans l'occasion. Mais si je n'en trouve jamais? si, elle se trouvera. La mort viendra en attendant; non, élève à tel degré ta foi et ton espérance, que, les connaissant, Costanza change tes pleurs en rire.

— Y a-t-il autre chose? dit l'hôtesse. — Non, répondit le mari; mais que vous semble de ces vers? — La première chose à faire, reprit-elle, c'est de s'assurer s'ils sont de Tomas. — Il n'y a nul doute à cela, répliqua le mari; car l'écriture du compte de l'orge et celle des couplets est absolument la même, sans qu'on puisse le nier. — Écoutez, mari, dit l'hôtesse, à ce que je vois, bien que les couplets nomment Costanza, ce qui peut faire penser qu'ils ont été faits pour elle, cependant nous ne pouvons l'affirmer en toute vérité comme si nous avions vu Tomas les écrire; et, d'ailleurs, il y a d'autres Costanza que la nôtre dans le monde. Mais, quand même ce serait pour celle-ci, il ne dit rien là qui la déshonore, et ne lui demande rien qu'elle ait à refuser. Soyons sur nos gardes, et prévenons la petite fille. S'il est amoureux d'elle, bien sûr qu'il lui fera d'autres couplets, et qu'il tâchera de les lui donner. — Ne vaudrait-il pas mieux, dit le mari, nous délivrer de ces embarras, et le renvoyer de la maison? — C'est dans votre main, répondit l'hôtesse; mais, en vérité, suivant ce que vous dites vous-même, ce garçon sert de telle sorte, qu'il y aurait conscience à le mettre dehors pour un si frivole motif. — Vous avez raison, dit le mari; ayons l'œil ouvert, comme vous dites, et le temps nous apprendra ce qu'il faut faire. »

Une fois d'accord sur ce point, l'hôtelier alla remettre le livre où il l'avait pris. De son côté, Tomas revint tout empressé chercher son registre, et, l'ayant trouvé, pour n'avoir plus à craindre de nouvelles alarmes, il transcrivit les couplets, déchira les feuilles où ils étaient écrits, et résolut de s'aventurer à découvrir ses vœux à Costanza, dès qu'une occasion s'offrirait. Mais, comme la jeune fille était toujours montée sur les étriers de sa réserve et de sa vertu, elle ne donnait à personne le temps de la regarder, à plus forte raison d'entrer en conversation avec elle; et, comme il y avait d'ordinaire dans l'auberge tant de gens réunis et tant d'yeux ouverts, la difficulté de lui parler s'augmentait encore, ce qui désespérait le pauvre amoureux.

Mais pourtant, ce jour-là, Costanza s'étant montrée avec un bonnet qui lui enveloppait les joues, et ayant répondu à quelqu'un qui lui demandait pourquoi elle avait mis cette coiffe, qu'elle souffrait d'un grand mal de dents, Tomas, à qui ses désirs aiguisaient l'esprit, s'avisa sur-le-champ de ce qu'il avait à faire. « Mademoiselle Costanza, dit-il, je vous donnerai par écrit une oraison telle, qu'après l'avoir récitée deux fois, elle vous ôtera la douleur comme avec la main. — Bien obligée, répondit Costanza, et je dirai cette oraison, car je sais lire. — C'est sous la condition, reprit Tomas, que vous ne la montrerez à personne, car je l'estime beaucoup, et il ne faudrait pas que, pour être sue de plusieurs, elle perdît de son prix. — Je vous promets, Tomas, reprit Costanza, que je ne la communiquerai à personne. Mais donnez-la-moi vite, car la douleur me tourmente beaucoup. — Je vais la transcrire de mémoire, répondit Tomas, et sur-le-champ je vous la donnerai. »

Tels furent les premiers propos qu'échangèrent Tomas et Costanza en tout le temps qui s'était écoulé depuis qu'il était à la maison, c'est-à-dire depuis plus de vingt-quatre jours. Tomas se retira, écrivit l'oraison, et trouva moyen de la donner à Costanza sans que personne le vît. Celle-ci, avec un grand plaisir et une dévotion plus grande encore, entra dans une chambre où elle était seule, ouvrit le papier, et vit qu'il était ainsi conçu :

« Dame de mon âme, je suis un gentilhomme natif de Burgos. Si je survis à mon père, j'hériterai d'un majorat de six mille ducats de rente. Au bruit de votre beauté, dont bien des langues s'occupent, j'ai quitté ma patrie, j'ai changé d'habit, et, dans le costume où vous me voyez, je suis venu me mettre au service de votre maître. Si vous vouliez devenir le mien, par les moyens qui conviendraient le mieux à votre honnêteté, voyez quelles preuves vous exigez de moi pour être convaincue que je dis la vérité. Une fois que vous le serez, et si c'est votre bon plaisir, je deviendrai votre époux, et je me tiendrai pour le plus heureux des hommes. A présent, je ne vous demande qu'une chose, c'est que vous ne repoussiez pas dans la rue des pensées aussi tendres et aussi pures que les miennes. Si votre maître sait cela et ne croit pas à ma sincérité, il m'exilera de votre présence, ce qui sera la même chose que de me condamner à la mort. Laissez-moi, mademoiselle, laissez-moi vous voir jusqu'à ce que vous me croyiez, considérant que celui-là ne mérite point le rigoureux châtiment de ne plus vous voir, qui n'a commis d'autre faute que de vous adorer. Avec les yeux vous pouvez me répondre, en cachette de tous ceux qui sont sans cesse fixés sur vous : car les vôtres sont tels, qu'ils tuent par leur colère et qu'ils ressuscitent par leur compassion. »

Pendant le temps que Tomas s'imagina que Costanza avait été lire son billet, le cœur lui battit sans relâche, craignant et et espérant, soit l'arrêt de sa mort, soit la confirmation de sa vie. Costanza parut sur ces entrefaites, si belle, quoique ayant le visage à demi voilé, que, si ses traits eussent pu recevoir de quelque accident un nouvel éclat, on aurait pu dire que l'émotion d'avoir vu dans le papier de Tomas une chose si différente de ce qu'elle pensait y voir avait accru sa beauté. Elle approcha, tenant à la main ce papier, qu'elle avait mis en pièces, et dit à Tomas, qui pouvait à peine se soutenir : « Frère Tomas, cette oraison que tu m'as donnée paraît plutôt un sortilége et une tromperie qu'une sainte prière ; je ne veux donc ni la croire ni en faire usage, et pour cela je l'ai déchirée, afin qu'elle ne soit vue d'aucune personne plus crédule que moi. Apprends d'autres oraisons plus faciles ; car pour celle-ci, il est impossible qu'elle te serve à rien. »

Cela dit, elle rentra auprès de sa maîtresse, et Tomas resta tout stupéfait, mais un peu consolé néanmoins, en voyant que dans le cœur seul de Costanza demeurait déposé le secret de ses vœux, et pensant que, puisqu'elle ne l'avait pas révélé à son maître, il ne courait pas du moins le risque d'être chassé de la maison. Il lui sembla d'ailleurs qu'en faisant le premier pas dans son entreprise il avait aplani des montagnes d'obstacles : car aux choses importantes et de succès douteux, c'est dans les commencements qu'est la plus grande difficulté.

Pendant que cela se passait à l'auberge, l'Asturien s'occupait à acheter son âne au marché. Vainement il en trouva plusieurs ; aucun ne le satisfit, bien qu'un Bohémien eût fait tous ses efforts pour lui en glisser un que faisait plutôt cheminer le vif-argent qu'on lui avait jeté dans les oreilles que sa propre légèreté. Si cet âne contentait par l'allure, il déplaisait par la forme : car il était fort petit, et n'avait ni la taille ni la force que voulait Lope, qui cherchait une monture bonne à le porter par-dessus le marché, que les cruches fussent vides ou pleines. En ce moment, un jeune homme s'approcha de lui et lui dit à l'oreille : « Galant, si vous cherchez une bête commode pour le métier de porteur d'eau, j'ai un âne ici près, dans un pré, qui n'a pas son pareil dans la ville ; et je vous conseille de ne rien acheter des Bohémiens : car, bien que leurs bêtes semblent bonnes et saines, elles sont toutes fausses, toutes remplies de tares et de défauts. Si vous voulez acheter celle qui vous convient, venez avec moi, et bouche close. »

L'Asturien le crut, et lui dit de le mener où était cet âne, dont il faisait un si grand éloge. Ils s'en allèrent tous deux, bras dessus bras dessous, jusqu'au jardin du Roi, où ils trouvèrent, à l'ombre d'une *azuda*[1], plusieurs porteurs d'eau, dont

---

1. Nom d'une machine hydraulique fort simple, pour tirer l'eau des rivières et arroser les champs. C'est une grande roue fixée par son essieu sur deux forts piliers ; elle tourne au choc du courant et lance l'eau dans un réservoir.

les ânes paissaient dans une prairie voisine. Le vendeur montra son âne; l'animal était tel qu'il donna dans l'œil à l'Asturien, et tous ceux qui se trouvaient là le vantèrent comme un âne vigoureux, grand marcheur et mangeur outre mesure. L'affaire s'arrangea, et, sans autre garantie ni information, les autres porteurs d'eau se faisant médiateurs et courtiers, Lope donna seize ducats pour l'âne, avec tous les accessoires du métier; il paya royalement, en beaux écus d'or. Les autres lui firent compliment de son achat et de son entrée dans le métier, lui assurant qu'il avait acheté un âne qui portait bonheur : car le maître qui le cédait, sans s'être estropié ni tué à la peine, avait gagné avec lui, en moins d'un an, après avoir vécu honorablement lui et l'âne, deux paires d'habits, et de plus ces seize ducats, avec lesquels il pensait retourner dans son pays, où l'on avait arrangé son mariage avec l'une de ses arrière-cousines.

Outre les courtiers de l'âne, il y avait là quatre porteurs d'eau qui jouaient à la prime[1], étendus par terre, ayant le gazon pour table et leurs manteaux pour tapis. L'Asturien se mit à les regarder, et vit qu'ils ne jouaient pas en porteurs d'eau, mais en archidiacres; car chacun d'eux avait devant lui plus de deux cents réaux en monnaies de cuivre et d'argent. Un coup arriva où ils jouaient tous leur reste, et, si l'un d'eux n'eût donné partie à un autre, il faisait table rase. Finalement, deux d'entre eux perdirent à ce coup tout leur argent, et s'en allèrent. Alors le vendeur de l'âne s'écria que, s'il y avait un quatrième, il jouerait volontiers, mais qu'il n'aimait pas à jouer trois. L'Asturien, qui était, comme on dit, de pâte de sucre, reprit aussitôt qu'il ferait le quatrième. Les joueurs s'assirent, la chose marcha de bonne façon, et, voulant jouer l'argent plutôt que le temps, Lope eut bientôt perdu six écus qu'il avait dans sa poche. Se voyant sans une obole, il dit que, si l'on voulait jouer l'âne, il le jouerait volontiers. L'offre fut acceptée, et il ponta un quartier de l'âne, disant qu'il voulait le jouer par quartiers. La chance tourna si mal qu'en quatre coups consécutifs il perdit les quatre quartiers de l'âne, qui furent gagnés par celui même qui le lui avait vendu.

Quand le gagnant se leva pour reprendre sa bête, l'Asturien fit observer qu'il avait seulement joué les quatre quartiers de l'âne, mais que, pour la queue, il fallait la lui rendre, et qu'en-

---

[1]. Ancien jeu de cartes, qu'on appelait aussi la *quinola*.

suite on pourrait emmener l'animal. Cette réclamation de la queue fit rire tout le monde, et il y eut des gens de loi qui furent d'avis qu'il n'avait pas raison dans l'objet de sa demande, disant que, lorsqu'on vend un mouton ou toute autre espèce de bétail, on n'en ôte point la queue, qui doit forcément suivre le sort de l'un des quartiers de derrière. A cela Lope répondit : « Les moutons de Berbérie ont ordinairement cinq quartiers, et le cinquième, c'est la queue. Quand ces moutons se coupent à la boucherie, la queue vaut autant que tout autre quartier. Que la queue aille avec la bête qui se vend vivante et que l'on ne découpe point, je l'accorde; mais la mienne n'a pas été vendue, elle a été jouée, et jamais mon intention ne fut de jouer la queue. Qu'on me la rende donc sur-le-champ, avec toutes ses circonstances et dépendances, c'est-à-dire en la faisant partir de l'extrémité de la cervelle, puis en descendant le long de l'épine du dos, et en finissant aux derniers poils du bouquet. — Accordez-moi, dit l'un des assistants, qu'il en soit comme vous dites, et qu'on vous la donne comme vous la demandez, puis asseyez-vous près de ce qui restera de l'âne. — Eh bien! c'est cela même, répliqua Lope : qu'on me rende ma queue; sinon, je jure Dieu qu'on n'emmènera pas l'âne, fût-il réclamé par autant de porteurs d'eau qu'il y en a dans le monde. Et que ceux qui sont ici ne s'imaginent pas que, pour être si nombreux, ils pourront me faire quelque tricherie. Je suis homme à savoir très-bien m'approcher d'un autre homme, et à lui mettre deux pieds de dague dans le ventre, sans qu'il sache de qui, ni d'où, ni comment cela lui est venu. De plus, je ne veux pas qu'on me paye la queue au prorata du reste du corps ; je veux qu'on me la donne en substance et en réalité, et qu'on la découpe de l'âne, comme je l'ai dit. »

Le gagnant et ses camarades pensèrent qu'il ne fallait pas mener cet affaire par force, jugeant que l'Asturien avait trop de résolution pour se laisser faire violence. Celui-ci, en effet, étant accoutumé à la vie des madragues, où l'on s'exerce à toute espèce de dangers, de bravades, de jurements étranges et de vociférations, fit sauter son chapeau, l'enfonça sur sa tête, saisit un poignard qu'il portait sous son mantelet, et se mit en telle posture, qu'il répandit la crainte et le respect dans toute cette aquatique compagnie. Finalement, un des porteurs d'eau, qui paraissait plus sensé et plus réfléchi, leur proposa de jouer la queue contre un quartier de l'âne, à une *quinola* ou à deux passes. Ils y consentirent. Lope gagna la *quinola*; l'autre se piqua, joua un autre quartier, et, au bout de trois coups, resta sans âne. Il voulut ensuite jouer l'argent; Lope ne voulait pas; mais tous les autres le pressèrent tant qu'il fut contraint de céder. Alors il fit, comme on dit, le voyage du fiancé, laissant l'autre sans un seul maravédi en poche. Le perdant en prit tant de chagrin qu'il se jeta tout de son long, et commença à se cogner la tête par terre. Lope, en homme bien né, libéral et compatissant, le fit relever et lui rendit tout l'argent qu'il lui avait gagné, jusqu'aux seize ducats de l'âne, et même il partagea ses propres écus entre les assistants. Cette surprenante générosité les confondit tous, et, si l'on eût été à l'époque et dans les circonstances de Tamerlan, ils l'eussent proclamé roi des porteurs d'eau.

Ce fut au milieu d'un immense cortége que Lope revint à la ville, où il conta son aventure à Tomas, et Tomas lui fit part également de son heureux prélude. Bientôt il n'y eut pas une taverne, un cabaret, une assemblée de polissons où l'on ne sût l'histoire de l'âne joué et regagné par sa queue, ainsi que la crânerie et la libéralité de l'Asturien. Mais, comme la mauvaise bête qu'on appelle le vulgaire est communément méchante, médisante et maugréante, elle eut bientôt oublié la libéralité, le courage et les belles qualités du grand Lope, pour ne se souvenir que de la queue. Aussi ne fut-il pas deux jours à vendre de l'eau par la ville, qu'il se vit montrer au doigt par une foule de gens qui disaient : « Voilà le porteur d'eau à la queue. » Les petits polissons entendirent ce mot; ils apprirent l'histoire, et Lope ne paraissait pas à l'entrée d'une rue, qu'on lui criait de tous côtés, l'un d'ici, l'autre de là : « Asturien, apporte la queue; apporte la queue, Asturien. » Lope, qui se vit attaquer par tant de langues et par tant de cris, crut prudent de se taire, espérant que dans un silence obstiné se noierait une telle insolence. Mais ce fut tout au rebours; plus il se taisait, plus les polissons criaient fort. Il essaya donc de changer sa patience en colère, et, sautant à bas de son âne, il tomba à coups de trique au milieu des polissons. Ce fut encore affiner la poudre et y mettre le feu; ce fut de nouveau couper les têtes à l'hydre : car, au lieu d'une qu'il ôtait en rossant quelques gamins, il en naissait aussitôt non pas sept, mais sept cents, qui, avec plus d'instances qu'auparavant, demandaient et redemandaient la queue. Finalement, il résolut de se retirer dans une auberge, où il avait pris logis loin de celle de son camarade, pour fuir la Arguello, et d'y rester jusqu'à ce que l'influence de cette mauvaise planète eût passé, et que les polissons eussent oublié cette méchante demande de la queue dont ils le poursuivaient.

Six jours s'écoulèrent sans qu'il sortît de la maison, si ce n'est une nuit, pour aller voir Tomas et lui demander l'état de ses affaires. Celui-ci lui conta que, depuis qu'il avait donné le billet à Constanza, il n'avait plus trouvé moyen de lui adresser une seule parole; qu'il lui semblait même qu'elle montrait encore plus de réserve qu'auparavant; qu'une fois cependant ayant trouvé l'occasion de s'approcher d'elle pour lui parler, elle s'en était aperçue et lui avait dit, avant qu'il fût proche : « Tomas, rien ne me fait mal aujourd'hui; je n'ai donc besoin ni de tes paroles ni de tes prières. Contente-toi que je ne t'accuse pas devant l'Inquisition, et ne te fatigue pas davantage. » « Mais ce peu de mots, ajouta Tomas, elle les dit sans aucune colère dans le regard, ni aucune aigreur dans la voix, qui pût témoigner de sa rigueur. » Lope lui conta, de son côté, l'embarras où le mettaient les polissons des rues en lui demandant la queue, parce qu'il avait demandé celle de son âne, qui lui avait procuré cette fameuse revanche. Tomas lui conseilla de ne plus sortir de la maison, au moins monté sur l'âne, et, s'il sortait, de s'en aller par les rues solitaires et détournées, ajoutant que, si cela ne suffisait point, il n'avait qu'à laisser le métier, dernier moyen de mettre fin à une poursuite si peu honorable. Lope lui demanda si la Galicienne était revenue à la charge. Tomas répondit que non, mais qu'elle ne manquait pas d'essayer de le séduire en lui faisant cadeau de ce qu'elle volait dans la cuisine des hôtes du logis. Sur cela, Lope regagna son auberge, bien résolu à n'en pas sortir de six autres jours, du moins avec son âne.

Il était environ onze heures du soir, quand tout à coup, et sans qu'on y pensât, on vit entrer dans l'auberge plusieurs porte-verges de la justice, avec le corrégidor à leur tête. L'hôtelier se troubla, et les hôtes aussi : car, de même que les comètes, lorsqu'elles se montrent, répandent toujours la crainte de disgrâces et d'infortunes, de même la justice, lorsqu'elle envahit à l'improviste une maison, jette l'inquiétude et l'effroi même dans les consciences innocentes. Le corrégidor entra dans la salle de la maison et fit appeler l'hôtelier, qui vint tout tremblant voir ce que voulait le seigneur corrégidor. Dès que celui-ci l'aperçut, il prit un air grave et lui demanda :

« Est-ce vous qui êtes l'hôtelier? — Oui, seigneur, répondit l'autre, pour ce que Votre Grâce voudra me commander. » Le corrégidor fit aussitôt sortir tous ceux qui se trouvaient dans la salle, ordonnant qu'on le laissât seul avec l'aubergiste. On obéit, et, quand ils furent restés seuls, le corrégidor dit à l'hôtelier : « Hôtelier, quels gens de service avez-vous dans votre auberge ? — Seigneur, lui répondit l'hôte, j'ai deux servantes galiciennes, une femme de charge et un garçon qui tient le compte de l'orge et de la paille que je fournis. — Pas plus? reprit le corrégidor. — Non, seigneur, reprit l'hôtelier. — Eh bien! dites-moi donc, hôtelier, s'écria le corrégidor, où est une jeune fille qui sert, à ce qu'on dit, dans cette maison, et si belle que, par toute la ville, on l'appelle l'illustre écureuse? On est même allé jusqu'à me dire que mon fils don Periquito est son amoureux, et qu'il ne se passe point de nuit qu'il ne lui donne de la musique. — Seigneur, répondit l'hôte, il est bien vrai que cette écureuse illustre dont on parle est dans cette maison; mais elle n'est pas ma servante, et ne manque jamais de l'être. — Je n'entends rien à ce que que vous dites, hôtelier, reprit le corrégidor, que cette fille est et n'est pas votre servante. — J'ai pourtant bien dit, répliqua l'hôtelier, et, si Votre Grâce me le permet, je lui dirai ce qu'il y a là-dessous, chose que je n'ai jamais dite à personne. — Je veux d'abord voir l'écureuse, dit le corrégidor, avant de rien savoir. Faites-la venir ici. »

L'hôtelier entr'ouvrit la porte de la salle, et dit à haute voix : « Femme! eh! femme! envoyez ici Costanza. » Quand l'hôtesse entendit que le corrégidor faisait appeler Costanza, pleine de trouble, elle commença à se tordre les mains : « Ah! malheureuse que je suis! s'écriait-elle. Le corrégidor en veut à Costanza, et en tête-à-tête! il faut qu'un grand malheur soit arrivé, car la beauté de cette petite fille jette un charme sur tous les hommes. » Costanza, qui l'entendait, lui dit aussitôt : « Madame, ne vous désolez pas; j'irai voir ce que veut le seigneur corrégidor, et, si quelque malheur est arrivé, que Votre Grâce soit bien sûre que la faute n'en sera point à moi. » Sur-le-champ, et sans attendre qu'on l'appelât une seconde fois, elle prit une bougie allumée sur un chandelier d'argent, et, avec plus de pudeur que de crainte, elle se rendit auprès du corrégidor.

Dès que le corrégidor la vit, il envoya l'hôtelier fermer la porte de la salle. Cela fait, il se leva, prit le chandelier que tenait Costanza, et, lui portant la lumière au visage, il se mit à l'examiner attentivement du haut en bas. Comme Costanza était émue, son teint s'était coloré ; elle était si belle et si pudique, que le corrégidor crut qu'il considérait la beauté d'un ange descendu sur la terre. Quand il l'eut bien regardée : « Hôtelier, dit-il, ce bijou n'est pas fait pour la vile enchâssure d'une auberge, et désormais je dirai que mon fils Periquito est un garçon d'esprit, puisqu'il a si bien placé ses pensées amoureuses. Je dis aussi, jeune fille, qu'on peut et qu'on doit vous appeler non-seulement illustre, mais illustrissime [1]. Toutefois ces titres ne devraient pas tomber sur le nom d'écureuse, mais plutôt sur celui de duchesse. — Elle n'est pas écureuse, seigneur, s'écria l'hôte, et ne sert à autre chose dans la maison qu'à tenir les clefs de l'argenterie ; car j'en ai quelques pièces, par la bonté de Dieu, dont se servent les hôtes de qualité qui descendent dans ce logis. — Avec tout cela, reprit le corrégidor, je dis, hôtelier, qu'il n'est ni décent ni convenable que cette jeune fille soit dans une auberge. Est-ce que, par hasard, elle est votre parente ? — Ni ma parente ni ma servante, répondit l'hôtelier, et, si Votre Grâce veut savoir qui elle est, dès que la petite sera partie, Votre Grâce entendra des choses qui lui feront plaisir, et ne l'étonneront pas moins. — Très-volontiers, dit le corrégidor. Que Costanza se retire donc, et qu'elle attende de moi tout ce qu'elle pourrait attendre de son propre père ; car sa décence et sa beauté obligent tous ceux qui la voient à lui offrir leurs services. » Costanza ne répondit pas un mot ; mais, faisant au corrégidor une humble et profonde révérence, elle sortit de la salle et alla retrouver sa maîtresse, qui l'attendait les bras ouverts pour savoir d'elle ce que lui voulait le corrégidor. Elle lui rapporta ce qui venait de se passer, et comment son maître était resté avec le corrégidor pour lui conter certaines choses qu'il n'avait pas voulu qu'on entendît. L'hôtesse ne se tranquillisa pas complétement, et continua à réciter des prières jusqu'à ce que le corrégidor fût parti, et qu'elle vît son mari revenir en liberté. Celui-ci, pendant qu'il resta auprès du corrégidor, lui parla de la sorte :

« Il y a aujourd'hui, seigneur, d'après mon compte, quinze ans, un mois et quatre jours, qu'une dame descendit dans cette auberge, en habit de pèlerine, portée sur une litière et

---

[1]. Appellation attachée à certains titres et à certains emplois.

accompagnée de quatre valets à cheval, de deux duègnes et d'une femme de chambre, qui venaient dans une voiture. Elle amenait aussi deux mulets de bât, couverts de riches caparaçons armoriés et chargés, l'un d'un lit superbe, l'autre d'ustensiles de cuisine. Finalement, son équipage était considérable, et la pèlerine montrait assez qu'elle était une grande dame. Bien que son âge parût être de quarante ans à peu près, elle ne semblait pas moins d'une beauté parfaite. Elle arrivait malade, pâle, et si fatiguée, qu'elle ordonna qu'on lui préparât sur-le-champ son lit. Ce fut dans cette salle même que ses gens le dressèrent. Ils me demandèrent quel était le médecin le plus en réputation dans la ville; je répondis que c'était le docteur de la Fuente. On alla le querir, et il vint aussitôt. La dame causa secrètement avec lui de sa maladie, et le résultat de leur entretien fut que le médecin commanda qu'on lui fît son lit dans une autre pièce, où elle ne pût entendre aucun bruit. Aussitôt on la transporta dans un appartement qui est ici dessus, séparé des autres, et ayant les commodités que demandait le docteur. Aucun des domestiques n'entrait auprès de leur maîtresse; elle n'était servie que par les deux duègnes et la camériste. Ma femme et moi nous demandâmes aux domestiques qui était cette dame, comment elle s'appelait, d'où elle venait, où elle allait, si elle était mariée, veuve ou fille, et pour quel motif elle portait cet habit de pèlerine. A toutes ces questions, que nous leur fîmes bien des fois, aucun d'eux ne répondit autre chose, sinon que cette pèlerine était une dame noble et riche de la Castille-Vieille, qu'elle était veuve, qu'elle n'avait point d'enfants qui dussent hériter d'elle, et qu'étant depuis quelques mois malade d'hydropisie, elle avait fait vœu d'aller en pèlerinage à Notre-Dame de Guadalupe, vœu pour lequel elle portait cet habit. Quant à dire son nom, ils avaient ordre de l'appeler seulement la dame pèlerine.

« Voilà tout ce que nous sûmes alors. Mais, au bout de trois jours que la dame pèlerine avait passés dans la maison, se trouvant malade, une des duègnes vint nous appeler de sa part, ma femme et moi. Nous allâmes voir ce qu'elle voulait, et alors, les portes fermées, mais devant ses femmes, et les larmes aux yeux, elle nous dit, je crois, ces propres paroles :

« Mes bons seigneurs, le ciel m'est témoin que je me trouve sans ma faute dans la pénible et critique situation dont je vais vous faire part. Je suis enceinte, et si près de l'enfantement, que déjà je ressens les premières douleurs. Aucun des domestiques qui m'accompagnent ne connaît mon malheur et mon besoin pressant. Quant à mes femmes, je n'ai ni pu ni voulu les leur cacher. Pour fuir les regards malicieux des gens de mon pays, et pour que l'heure actuelle ne m'y surprît pas, j'ai fait vœu d'aller à Notre-Dame de Guadalupe. C'est elle qui a permis, sans doute, que l'accouchement se fît dans votre maison. A vous il appartient maintenant de m'aider et de me secourir avec la discrétion que mérite celle qui remet son honneur entre vos mains. Si la récompense de la grâce que vous me ferez, car c'est ainsi que je veux la nommer, ne répond point à la grandeur du bienfait que j'attends, elle suffira du moins à faire connaître l'étendue de ma reconnaissance ; et je veux que ces deux cents écus d'or, que renferme cette bourse, vous donnent une marque de ma bonne volonté. » Prenant alors sous l'oreiller du lit une bourse en point d'or et de soie verte, elle la mit dans les mains de ma femme, laquelle, comme une niaise et sans regarder ce qu'elle faisait, car elle écoutait, tout étonnée, la pèlerine, prit la bourse sans lui répondre un mot de remercîment et de politesse. Je me rappelle lui avoir dit que rien de tout cela n'était nécessaire, et que nous n'étions pas des gens qui fissions le bien plutôt par intérêt que par charité, quand l'occasion s'en présentait. Elle poursuivit alors : « Il faut, mes amis, que vous cherchiez vite, et bien vite, un endroit où porter l'enfant que je mettrai au monde, en voyant aussi quels mensonges on peut dire à la personne à qui vous le confierez. Ce sera, quant à présent, dans la ville ; mais je veux que plus tard on mène cet enfant dans un village. Pour ce qu'il faudra faire ensuite, si Dieu daigne m'éclairer et me faire accomplir mon vœu, vous le saurez à mon retour de Guadalupe ; le temps m'aura permis de réfléchir et de choisir ce qui me sera le plus convenable. D'une sage-femme, je n'ai ni besoin ni envie ; d'autres accouchements plus honorables que j'ai eus m'assurent qu'avec la seule aide de ces femmes je surmonterai les embarras de celui-ci, et j'éviterai ainsi de donner un témoin de plus à ma triste aventure. » En finissant de parler, la désolée pèlerine commença à répandre des larmes abondantes ; ma femme, un peu revenue de son saisissement, essaya de la calmer par les bonnes raisons qu'elle lui adressa.

« Finalement, je sortis aussitôt pour chercher où porter l'enfant qui naîtrait, à quelque heure que ce fût ; puis, entre minuit et une heure de cette même nuit, lorsque tous les gens de la maison étaient plongés dans le sommeil, la bonne dame mit au jour une fille, la plus belle qu'eussent encore vue mes yeux, et qui est celle-là même que Votre Grâce vient de voir à l'instant. La mère ne poussa pas une plainte pendant l'enfantement, et la fille naquit sans pleurer; tout le monde gardait un merveilleux silence, tel qu'il convenait pour le secret de cet étrange événement. La dame resta encore six jours au lit, et chaque jour le médecin venait la visiter. Mais elle ne lui avait pas déclaré d'où procédait sa maladie, et jamais elle ne prit les remèdes qui lui furent ordonnés, voulant seulement tromper ses domestiques par les visites du médecin. C'est ce qu'elle me dit elle-même, lorsqu'elle se vit hors de danger, et, huit jours après, elle se leva avec la même enflure, ou du moins une pareille à celle qu'elle avait en se mettant au lit. Elle accomplit son pèlerinage, et revint au bout de vingt jours presque entièrement guérie, parce qu'elle diminuait peu à peu l'artifice qui, depuis ses couches, la faisait paraître hydropique. Quand elle revint, l'enfant avait été mis en nourrice, par mes soins, et sous le nom de ma nièce, dans un village à deux lieues d'ici. Au baptême, on lui donna le prénom de Costanza, parce qu'ainsi l'avait ordonné sa mère, laquelle, contente de ce que j'avais fait, me donna, au moment de partir, une chaîne en or que j'ai conservée jusqu'à présent. Elle en ôta six tronçons, qu'apporterait, dit-elle, la personne qui viendrait chercher l'enfant. Elle découpa aussi une feuille de parchemin blanc en dents de loup, comme si l'on croisait les mains et qu'on écrivît quelque chose sur les doigts, de façon que, les doigts étant croisés, on pût lire, et que, les mains étant séparées, la phrase fût inintelligible, puisque les lettres seraient séparées aussi; je veux dire que l'une des deux moitiés du parchemin doit donner le sens à l'autre, qu'en les réunissant on peut lire les paroles écrites, et qu'en les séparant cela devient impossible, à moins de deviner la moitié manquante. Presque toute la chaîne resta en mon pouvoir, et j'ai jusqu'à présent conservé ces divers objets, bien qu'elle m'eût dit que, dans le cours de deux ans, elle enverrait prendre sa fille, qu'elle me chargea d'élever, non suivant sa naissance, mais comme on a accoutumé d'élever une paysanne. Elle me chargea également, si, par quelque événement imprévu, elle ne pouvait envoyer chercher sa fille avant ce terme, de ne jamais lui dire, bien qu'elle grandît et prît de l'intelligence, de quelle manière elle était venue au monde. La dame me demanda enfin de l'excuser si elle ne me disait ni son nom, ni sa qualité, ajoutant qu'elle réservait ces confidences pour une occasion plus importante. Enfin, après m'avoir donné quatre cents autres écus d'or, après avoir embrassé ma femme avec des larmes d'attendrissement, elle partit, nous laissant dans l'admiration de son esprit, de sa beauté, de son courage et de sa prudence. Costanza fut élevée deux ans dans le village; ensuite je la ramenai chez moi, et toujours je l'ai gardée en habit de paysanne, comme sa mère me l'avait recommandé. Voilà quinze ans, un mois et quatre jours, que j'attends qu'on vienne la chercher, et tant de retard m'a enlevé l'espérance de voir enfin cette venue. Si, dans l'année où nous sommes, personne ne se présente, je suis résolu à l'adopter pour fille et à lui laisser tout mon bien, qui vaut, Dieu soit béni! plus de six mille ducats.

« Il me reste maintenant, seigneur corrégidor, à dire à Votre Grâce, s'il est possible que j'en vienne à bout, toutes les qualités et toutes les vertus de notre petite Costanza. D'abord, et c'est le principal, elle est très-dévote à Notre-Dame; elle se confesse et communie chaque mois; elle sait lire et écrire; aucune femme à Tolède ne fait mieux le réseau; elle chante au chœur comme un ange; quant à être honnête, personne ne l'égale, et quant à être belle, Votre Grâce vient de la voir. Le seigneur don Pedro, fils de Votre Grâce, ne lui a parlé de sa vie : il est vrai que, de temps en temps, il lui donne quelques sérénades ; mais elle ne les écoute point. Bien des seigneurs, et des plus titrés, sont descendus dans cette auberge, et, pour se rassasier de la voir, ont suspendu plusieurs jours leur voyage. Mais je sais bien qu'aucun d'eux ne pourra se flatter avec vérité qu'elle lui ait donné l'occasion de se faire dire une parole, seule ou en compagnie. Telle est, seigneur, la véritable histoire de l'illustre écureuse, qui n'écure pas; je vous l'ai dite en toute sincérité. »

L'hôtelier se tut, et le corrégidor resta fort longtemps sans lui adresser un mot, tant il était surpris de l'aventure que cet homme lui avait contée. Enfin, il lui dit d'apporter la chaîne et le parchemin, qu'il voulait les voir. L'hôtelier alla les chercher sur-le-champ, et, quand il les eut apportés, le corrégidor vit qu'il avait dit vrai. La chaîne était formée de plusieurs tronçons et admirablement travaillée; sur le parchemin étaient écrites, l'une auprès de l'autre, et séparées par les intervalles que devait remplir l'autre moitié, les lettres suivantes : c, o, e, t, e, i, n, v, r, t, b, e. En lisant ces lettres, le corrégidor vit qu'il était nécessaire qu'elles fussent réunies à celles de l'autre moitié du parchemin pour qu'on pût entendre ce qu'elles voulaient dire. Il trouva fort ingénieux ce moyen de reconnaissance, et jugea très-riche la dame pèlerine qui avait laissé une telle chaîne en présent à l'hôtelier. Quoique ayant le projet de tirer de cette auberge la charmante jeune fille dès qu'il aurait choisi un couvent où la conduire, il se contenta d'emporter pour lors le parchemin; mais il chargea l'hôtelier, si jamais on venait chercher Costanza, de l'en avertir, et de lui faire connaître quelle était la personne qui venait la réclamer, avant de remettre à cette personne la chaîne qu'il laissait entre ses mains. Cela fait, il partit, aussi émerveillé de ce récit et de l'histoire de l'illustre écureuse que de son incomparable beauté. Tout le temps que passa l'hôte avec le corrégidor, et celui pendant lequel Costanza fut enfermée près d'eux quand ils l'eurent appelée, Tomas demeura comme hors de lui, l'âme combattue de mille pensées diverses, sans qu'il pût en rencontrer une de son goût. Mais, lorsqu'il vit que le corrégidor s'en allait et que Costanza restait à la maison, son esprit se ranima, et son sang, qui semblait arrêté, reprit enfin son cours. Il n'osa pas toutefois demander à l'hôtelier ce que voulait le corrégidor, et l'hôtelier ne le dit à personne, si ce n'est à sa femme, à qui cela fit aussi recouvrer les sens et rendre grâce à Dieu qui l'avait délivrée d'une si grande alarme.

Le lendemain, à une heure de l'après-midi, on vit entrer dans l'auberge, avec quatre hommes à cheval, deux vieux gentilshommes de vénérable aspect; un des valets de pied qui les suivaient demanda d'abord si c'était l'auberge du *Sevillano*, et, après la réponse affirmative qu'il reçut, tous entrèrent dans la cour du logis. Les quatre cavaliers mirent pied à terre et allèrent tenir l'étrier aux deux vieillards, d'où l'on connut que ces derniers étaient les seigneurs de tous les autres. Costanza sortit de la maison avec sa gentillesse, sa grâce accoutumée, pour voir les nouveaux hôtes, et, dès que l'un des vieillards l'eut aperçue, il dit à l'autre : « Je crois, seigneur don Juan, que nous avons trouvé tout ce que nous venions chercher ici. » Tomas, qui accourut pour donner la ration aux montures, reconnut à l'instant deux valets de son père, et presque aussitôt son père lui-même, ainsi que celui de Carriazo : c'étaient les deux vieillards à qui tous les autres portaient respect. Étonné d'abord de leur arrivée, il imagina qu'ils allaient sans doute chercher aux Madragues Carriazo et lui, ayant pu être avertis que c'était là et non en Flandre qu'on les trouverait. Mais il n'osa pas se faire connaître en un tel équipage; au contraire, et à tout risque, il passa devant eux, la main sur le visage, et alla trouver Costanza. Un heureux hasard permit qu'il la rencontrât seule; aussitôt, se hâtant et d'une voix troublée, dans la crainte qu'elle ne le laissât point parler : « Costanza, lui dit-il, l'un de ces deux vieux gentilshommes qui viennent d'arriver à présent est mon père; c'est celui que tu entendras nommer don Juan de Avendaño. Informe-toi près de ses gens s'il n'a pas un fils appelé don Tomas de Avendaño; je suis ce fils. De là tu pourras t'assurer aisément que je t'ai dit la vérité en ce qui touche la qualité de ma personne, et que je te la dirai de même en ce qui touche les promesses que je t'ai faites. Maintenant, reste avec Dieu; car, jusqu'à ce qu'ils soient partis, je ne pense pas rentrer en cette maison. » Costanza ne répondit rien, et Tomas, d'ailleurs, n'attendit pas qu'elle lui répondît; retournant sur ses pas, le visage caché, comme il était venu, il alla raconter à Carriazo comment leurs pères venaient d'arriver dans l'auberge.

L'hôtelier appela Tomas pour qu'il vînt donner de l'orge; mais, le valet ne paraissant point, le maître la donna lui-même. Alors un des deux vieillards prit à part une des deux servantes galiciennes, et lui demanda comment s'appelait cette belle jeune fille qu'ils avaient vue, et si elle était fille ou parente de l'hôte ou de l'hôtesse : « La petite fille s'appelle Costanza, répondit la Galicienne; elle n'est pas plus parente de l'hôte que de l'hôtesse, et je ne sais qui elle est. Tout ce que je puis dire, c'est que (la peste l'étouffe!), je ne sais ce qu'elle a, mais à aucune de nous autres servantes, qui sommes en cette maison, elle ne laisse placer son mot; et pourtant, en vérité, nous avons les traits de nos visages comme Dieu nous les a posés. Il n'arrive pas un voyageur qu'il ne demande aussitôt : « Où est la belle? » et qui ne dise : « Elle est jolie; elle a bon air; par ma foi, elle n'est pas mal; mauvaise affaire pour les plus huppées; que la Fortune ne m'en envoie pas de plus laide; » tandis qu'à nous personne ne dit seulement : « Que faites-vous là, diables, ou femmes, ou ce que vous êtes? — A ce compte, reprit le gentilhomme, cette jeune fille doit se laisser courtiser et chiffonner par les hôtes? — Oui-da, répliqua la Galicienne, tenez-lui voir le pied à la ferrure; elle est joliment faite pour ça, l'enfant ! Pardieu, seigneur, si elle voulait seulement se laisser regarder, elle nagerait dans l'or; mais elle est plus revêche qu'un hérisson. C'est une sainte nitouche, ça se nourrit d'*ave Maria;* c'est toute la journée à coudre ou à dire ses patenôtres, et ma maîtresse dit qu'elle a un cilice collé aux chairs. Je voudrais avoir un million de rente, le jour où elle fera des miracles. »

Ravi de ce qu'il venait d'entendre dire à la Galicienne, et sans attendre qu'on lui ôtât ses éperons, le gentilhomme appela l'hôtelier; puis, le prenant à part dans une salle, il lui dit : « Je viens, seigneur hôte, vous enlever un bijou qui m'appartient, et qui est depuis quelques années en votre pouvoir. Pour vous l'enlever, je vous apporte mille écus d'or, et ces tronçons de chaîne et ce parchemin. » Cela dit, il tira de sa poche les six anneaux de la chaîne qu'avait l'hôtelier, lequel reconnut aussi le parchemin, et s'écria, tout joyeux de l'offre des mille écus : « Seigneur, le bijou que vous voulez me reprendre est dans cette maison; mais ce qui n'y est plus, ce sont la chaîne et le parchemin avec lesquels doit se faire l'épreuve de la vérité que Votre Grâce cherche à découvrir, à ce que j'imagine. Je vous supplie donc de prendre patience, car je reviens à l'instant. » Aussitôt l'hôtelier alla prévenir le corrégidor de ce qui se passait, et lui conter comment deux gentilshommes étaient arrivés à son auberge, venant chercher Costanza. Le corrégidor achevait de dîner; dans le désir qu'il avait de voir la fin de cette histoire, il monta sur-le-champ à cheval, et se rendit à l'auberge du *Sevillano*, portant avec lui le parchemin et l'échantillon.

A peine eut-il aperçu les deux gentilshommes que, les bras ouverts, il courut embrasser l'un d'eux en disant : « Eh ! bon Dieu, quelle heureuse venue, seigneur don Juan de Avendaño, mon cousin et seigneur ! » Le gentilhomme l'embrassa de même et répondit : « Sans doute, seigneur cousin, ma venue sera heureuse, puisque je vous vois, et avec la bonne santé que je vous souhaite toujours. Embrassez, cousin, embrassez ce gentilhomme, c'est le seigneur don Diego de Carriazo, mon intime ami. — Je connais déjà le seigneur don Diego, répliqua le corrégidor, et suis son humble serviteur. » Après que ceux-ci se furent embrassés et eurent échangé d'affectueuses politesses, ils entrèrent tous trois dans une salle où ils restèrent seuls avec l'hôte, lequel s'était muni de la chaîne et leur dit : « Le seigneur corrégidor sait déjà ce que vient faire Votre Grâce, seigneur don Diego de Carriazo. Que Votre Grâce présente donc les tronçons qui manquent à cette chaîne, puis le seigneur corrégidor présentera le parchemin qui est en son pouvoir, et nous ferons l'épreuve que j'attends depuis tant d'années. — En ce cas, répondit don Diego, il devient inutile que je rende compte encore une fois au seigneur corrégidor de l'objet de notre arrivée en ce pays, puisque par vous, seigneur hôte, il en est instruit déjà. — J'en sais de lui quelque chose, reprit le corrégidor, mais il me reste beaucoup à savoir. Quant au parchemin, le voici. » Don Diego présenta le sien, et, réunissant les deux moitiés, on en fit une feuille complète. Aux lettres que portait celui de l'hôte, qui étaient, comme on l'a dit, $c, c, e, t, e, i, n, v, r, t, b, e$, répondaient celles-ci sur l'autre parchemin : $e, i, s, l, s, g, e, é, i, a, l$. Toutes ensemble elles formaient ces mots : *Ceci est le signe véritable.* On rapprocha aussitôt les tronçons de la chaîne, qui se rapportèrent également.

« Voilà qui est fait, dit le corrégidor ; reste à savoir maintenant, si cela est possible, quels sont les parents de cette charmante enfant. — Le père, répondit don Diego, c'est moi qui le suis ; la mère n'existe plus ; il suffit de dire qu'elle fut d'une si haute naissance que j'aurais pu être, sans déroger, son serviteur. Mais afin que, tout en cachant son nom, sa renommée ne soit pas obscurcie, et qu'on ne l'accuse point de ce qui semble, de sa part, erreur manifeste et faute reconnue, il faut savoir que la mère de cette enfant, étant veuve d'un illustre gentilhomme, se retira dans un de ses villages, et là, dans la retraite et l'honnêteté la plus grande, elle passait une vie paisible au milieu de ses gens et de ses vassaux. Le sort ordonna qu'un jour, étant à la chasse sur les confins de ses propriétés, je voulus lui rendre visite. Il était l'heure de la sieste quand j'arrivai à son alcazar[1], car c'est ainsi qu'on peut appeler la grande maison qu'elle habitait. Je laissai mon cheval aux mains de mon domestique, puis je montai, sans rencontrer personne, jusqu'à la chambre où elle faisait la sieste, couchée sur une estrade noire. Elle était extrêmement belle ; le silence, la solitude, l'occasion, éveillèrent en moi un désir plus audacieux qu'honnête, et, sans m'arrêter à de sages réflexions, je fermai la porte derrière moi, je m'approchai d'elle, je l'éveillai, et la

---

1. Mot arabe (*al-kasr*), conservé dans l'espagnol, et qui veut dire palais.

tenant fortement pressée dans mes bras, je lui dis : « Que Votre Grâce, madame, ne s'avise pas de crier ; les cris que vous feriez publieraient votre déshonneur. Personne ne m'a vu entrer dans cet appartement : car le sort, qui m'offre le bonheur de vous posséder, a versé le sommeil sur tous vos gens. Quand même ils accourraient à votre voix, ils ne pourraient que m'ôter la vie ; ce serait dans vos bras mêmes, et ma mort ne vous rendrait pas votre réputation perdue. » Finalement, je la possédai malgré elle, et seulement par violence. Fatiguée et troublée, elle ne put ou ne voulut pas m'adresser une parole, et moi, la laissant presque inanimée, je revins sur mes pas pour sortir par où j'étais entré, et je gagnai le village d'un de mes amis, qui était à deux lieues du sien. Cette dame changea de résidence, et, sans que je l'eusse jamais revue ni que j'eusse tenté de la revoir, deux années se passèrent, au bout desquelles j'appris qu'elle était morte. Maintenant, il y a vingt jours environ qu'avec les plus pressantes instances, et en m'écrivant qu'il s'agissait d'une chose où il allait de ma satisfaction et de mon honneur, un majordome de cette dame m'envoya appeler. J'allai voir ce qu'il me voulait, bien éloigné de deviner ce qu'il avait à me dire. Je le trouvai à l'article de la mort, et, pour abréger ce récit, il me conta en peu de mots comment, à l'époque où mourut sa maîtresse, elle lui avait révélé tout ce qui s'était passé entre elle et moi, comment elle était devenue enceinte des suites de cette violence, comment, pour cacher son état, elle était allée en pèlerinage à Notre-Dame de Guadalupe, et comment enfin elle était accouchée dans cette maison-ci d'une fille qui devait se nommer Costanza. Il me remit les marques avec lesquelles je la retrouverais, et ce sont celles que vous avez vues, la chaîne et le parchemin. Il me remit également trente mille écus d'or, que sa maîtresse avait laissés pour marier sa fille. Il ajouta que, s'il ne m'avait pas livré cette somme à la mort de sa maîtresse, ni déclaré alors ce qu'elle avait confié à son attachement et à sa discrétion, c'avait été par un calcul d'avarice et afin de pouvoir tirer parti de l'argent ; mais qu'étant près d'aller rendre ses comptes à Dieu, il voulait, pour la décharge de sa conscience, me remettre l'argent, et me faire connaître où et comment je pourrais retrouver ma fille. Je reçus la somme et les marques, et, dès que j'eus rendu compte de ces événements au seigneur don Juan de Avendaño, nous prîmes ensemble la route de cette ville. »

Don Diego en était arrivé là de son récit, quand on entendit crier à haute voix, à la porte de la rue : « Eh! eh! dites à Tomas Pedro, le garçon à l'orge, qu'on vient d'arrêter son ami l'Asturien, et qu'il aille le retrouver à la prison. » A ces mots d'*arrêter* et de *prison*, le corrégidor dit qu'on fît entrer le prisonnier et l'alguazil qui l'emmenait. On avertit l'alguazil que le corrégidor, qui se trouvait là, lui ordonnait d'amener le prisonnier, ce qui fut fait aussitôt. L'Asturien parut avec les mâchoires toutes baignées de sang, et fort mal accoutré, mais fort bien empoigné par l'alguazil. Dès qu'il entra dans la salle, il reconnut son père et celui d'Avendaño. Il se troubla, et pour n'être pas reconnu lui-même, faisant semblant d'essuyer avec un mouchoir le sang qui coulait de sa bouche, il se couvrit le visage. Le corrégidor demanda ce qu'avait fait ce garçon, pour qu'on l'amenât si maltraité. L'alguazil répondit que ce garçon était un porteur d'eau, à qui les polissons criaient dans les rues : « Apporte la queue, Asturien; Asturien, apporte la queue; » et il conta succinctement d'où venait qu'on lui demandait cette queue, ce qui fit beaucoup rire toute la compagnie. L'alguazil ajouta : « Ayant paru à la porte d'Alcantara, où les polissons des rues le poursuivaient à outrance en lui demandant la queue, l'Asturien est descendu de son âne, et tombant sur la troupe, il en a attrapé un, qu'il a laissé demi-mort sous les coups de bâton. Quand j'ai voulu l'arrêter, il a fait résistance, et c'est pour cela qu'il est si maltraité. » Le corrégidor ordonna qu'il se découvrît le visage, et, comme il s'obstinait à vouloir le cacher, l'alguazil s'approcha et lui ôta le mouchoir des mains. A l'instant son père le reconnut, et s'écria plein d'émotion : « Mon fils don Diego, comment te trouves-tu en cet état? Quel équipage est-ce là? n'as-tu pas encore oublié tes escapades? » Carriazo plia les genoux et alla tomber aux pieds de son père, qui, les larmes aux yeux, le tint longtemps embrassé. Don Juan de Avendaño, sachant que don Tomas, son fils, était parti avec don Diego, demanda de ses nouvelles à celui-ci, qui répondit que don Tomas de Avendaño était le garçon qui distribuait l'orge et la paille dans cette auberge.

A cette réponse de l'Asturien, les assistants furent de plus belle saisis d'admiration, et le corrégidor ordonna à l'hôtelier de lui amener aussitôt le garçon à l'orge. « Je crois qu'il n'est pas à la maison, répliqua l'hôte ; mais je vais le chercher ; » et il sortit à cet effet. Don Diego demanda alors à Carriazo d'où venaient ces métamorphoses, et qui les avait poussés à se faire, lui porteur d'eau, et don Tomas valet d'auberge. Carriazo répondit qu'il ne pouvait satisfaire à ces questions devant tant de monde, et qu'il répondrait en tête-à-tête. Tomas Pedro avait été se cacher dans sa chambre, pour voir de là, sans être vu, ce que faisaient son père et celui de son ami. Il était fort inquiet de l'arrivée du corrégidor et du mouvement qu'on se donnait par toute la maison. Des gens ne manquèrent pas de dire à l'hôte en quel endroit il était caché. L'hôtelier monta, et plus de force que de gré le fit descendre. Encore Tomas n'y aurait-il pas consenti, si le corrégidor lui-même ne se fût avancé dans la cour et ne l'eût appelé par son nom pour lui dire : « Que Votre Grâce descende, seigneur parent ; vous ne trouverez ici à vous attendre ni ours ni lions. » Tomas descendit, et les yeux baissés, humble, plein de soumission, il vint se mettre à genoux devant son père, qui l'embrassa avec une joie extrême, à la façon de celle que ressentit le père de l'Enfant prodigue en recouvrant son fils perdu. En ce moment arriva un carrosse du corrégidor, qui venait le chercher, car une si grande fête ne lui permettait pas de s'en retourner à cheval. Il fit appeler Costanza, et l'ayant prise par la main, il la présenta à son père, en lui disant : « Recevez ce bijou, seigneur don Diego, et estimez-le pour le plus précieux qu'il vous soit possible de désirer ; et vous, belle demoiselle, baisez la main à votre père, et rendez grâce à Dieu, qui, par un événement si honorable, vous a tirée, pour vous élever à une haute condition, de la bassesse de votre état. » Costanza, qui ne savait et n'imaginait point ce qui venait de lui arriver, troublée, saisie et tremblante, ne sut faire autre chose que se jeter aux pieds de son père, et, lui prenant les mains, elle se mit à les lui baiser tendrement, en les baignant des larmes abondantes qui coulaient de ses beaux yeux.

Pendant que cela se passait, le corrégidor avait vivement pressé son cousin don Juan pour que toute la compagnie le suivît à sa maison, et, bien que don Juan refusât d'abord, les instances du corrégidor furent telles qu'il fallut céder. Ils entrèrent donc tous dans le carrosse. Mais, lorsque le corrégidor dit à Costanza de s'y placer aussi, le cœur manqua à la pauvre fille. Elle et l'hôtesse se jetèrent dans les bras l'une de l'autre, et commencèrent à sangloter si amèrement, que leur affliction déchirait l'âme à tous ceux qui en étaient témoins. L'hôtesse disait : « Comment est-ce possible, fille de mon cœur ? tu t'en vas et tu me laisses ? Ah ! comment as-tu le courage d'abandonner cette mère qui t'a élevée avec tant d'amour ? » Costanza pleurait, et lui répondait par d'aussi tendres expressions. Enfin le corrégidor, attendri, ordonna que l'hôtesse entrât aussi dans le carrosse et ne se séparât point de sa fille, puisque c'était une fille pour elle, jusqu'à son départ de Tolède. L'hôtesse et tous les autres se mirent donc dans le carrosse, et gagnèrent la maison du corrégidor, où ils furent bien accueillis par sa femme, qui était une dame de haute qualité. Ils s'assirent à une table somptueuse, et après le repas Carriazo raconta à son père comment, par amour pour Costanza, don Tomas s'était mis au service dans cette auberge, ajoutant qu'il se sentait si vivement épris d'elle, que, sans avoir découvert qu'elle fût aussi noble qu'elle était, étant fille d'un tel père, il l'aurait épousée dans son état d'écureuse. La femme du corrégidor habilla aussitôt Costanza avec les vêtements d'une fille qu'elle avait, de même âge et de même taille. Si Costanza avait paru belle sous ses habits de paysanne, sous des habits de cour elle parut un objet céleste. Ce costume lui allait si bien qu'il faisait croire que, dès sa naissance, elle avait été dame, et s'était servie des plus riches vêtements que la mode autorise. Toutefois, parmi tant de gens joyeux, il ne put manquer de s'en trouver un triste : ce fut don Pedro, le fils du corrégidor, qui comprit aussitôt que Costanza ne serait point à lui. Effectivement, le corrégidor convint avec don Diego de Carriazo et don Juan de Avendaño que don Tomas épouserait Costanza, à qui son père donnerait les trente mille écus que sa mère lui avait laissés. Ils convinrent aussi que le porteur d'eau, don Diego de Carriazo, se marierait avec la fille du corrégidor, et don Pedro, le fils du corrégidor, avec une fille de don Juan de Avendaño, pour qui son père promettait d'obtenir une dispense de parenté.

De cette façon, ils se trouvèrent tous contents, joyeux et satisfaits. La nouvelle de ces mariages et de l'heureuse fortune de la servante illustre se répandit promptement par la ville, et une multitude de gens accouraient voir Costanza dans son nouveau costume, sous lequel, comme on l'a dit, elle se montrait si parfaitement dame. On vit le garçon à l'orge, Pedro Tomas, changé en don Tomas de Avendaño et vêtu en grand seigneur ; on remarqua aussi que Lope l'Asturien était devenu très-élégant cavalier depuis qu'il avait changé d'habit et laissé là l'âne et les paniers à cruches. Cependant, même au milieu de sa magnificence, quand il passait dans la rue, il ne manquait pas de mauvais plaisants pour lui demander la queue. Ils restèrent tous un mois à Tolède, au bout duquel don Diego de Carriazo retourna à Burgos avec sa femme et son père, et Costanza avec son mari don Tomas, accompagnés du fils du corrégidor, qui voulut aller rendre visite à sa parente, bientôt son épouse. L'hôtelier de l'auberge du *Sevillano* se trouva riche avec les mille écus reçus en présent et la quantité de bijoux que Costanza donna à sa maîtresse : car c'est de ce nom qu'elle appelait toujours celle qui l'avait élevée.

Cette histoire de l'illustre servante fournit aux poëtes du Tage doré l'occasion d'exercer leurs plumes à célébrer la beauté sans pareille de Costanza, laquelle vit encore en compagnie de son fidèle garçon d'auberge, aussi bien que Carriazo avec trois fils, qui, sans avoir pris les façons du père, sans se rappeler s'il y a des madragues au monde, sont tous aujourd'hui étudiants à Salamanque. Quant à leur père, à peine aperçoit-il quelque âne de porteur d'eau, que celui qu'il eût à Tolède lui revient en mémoire, et qu'il craint de voir un beau jour, quand il y pensera le moins, reparaître dans quelque satire, le : « Apporte la queue, Asturien ; Asturien, apporte la queue. »

LA FORCE DU SANG.

Par une nuit des plus chaudes de l'été, un vieil hidalgo venait de se récréer sur les bords du fleuve, à Tolède, avec sa femme, un fils très-jeune, une fille de seize ans et une servante. La nuit était claire, bien qu'il fût onze heures, le chemin solitaire et leur marche lente, pour ne pas payer par la fatigue du retour les plaisirs qu'on prend à Tolède sur les rives du Tage ou dans la vallée. Comptant sur la sécurité que promettent la justice active et les habitudes paisibles de la population de cette cité, le bon gentilhomme revenait avec son honnête famille, bien éloigné de croire qu'il pût leur arriver aucun désastre. Mais, comme la plupart des malheurs viennent sans qu'on les prévoie, contre tout leur sentiment de confiance et de paix, ils en éprouvèrent un qui troubla leur divertissement du jour, et leur donna de quoi pleurer bien des années. Vingt-deux environ pouvait en avoir un jeune gentilhomme de cette ville, auquel la richesse, la haute naissance, les penchants vicieux, la trop grande indépendance et les mauvaises compagnies, faisaient faire des actions indignes de sa qualité, et donnaient une hardiesse qui le faisait passer pour impudent. Or, ce gentilhomme, dont, par égard, nous cachons quant à présent le vrai nom, pour lui donner celui de Rodolphe, descendait avec quatre autres de ses amis, tous jeunes, évaporés et insolents, la pente que montait l'hidalgo. Les deux escadrons se rencontrèrent, celui des brebis avec celui des loups, et, pleins d'une hardiesse grossière, Rodolphe et ses camarades, s'étant caché la figure, regardèrent effrontément sous le nez la mère, la fille et la servante. Le vieillard irrité leur reprocha en termes amers une telle audace; eux répondirent par des grimaces et des quolibets, et, sans s'oublier davantage, passèrent leur chemin. Mais la grande beauté du visage qu'avait regardé Rodolphe (et c'était celui de la fille de l'hidalgo, qui s'appelait, à ce qu'on prétend, Léocadie, se fixa si bien dans sa mémoire, qu'elle subjugua sa volonté et éveilla chez lui le désir de posséder cette fille, en dépit de tous les inconvénients qui pouvaient en résulter. En un instant, il communiqua cette pensée à ses camarades ; en un autre instant, ceux-ci résolurent de retourner sur leurs pas et d'enlever la jeune personne pour faire plaisir à Rodolphe : car les riches qui se font prodigues trouvent toujours quelqu'un pour canoniser leurs sottises et appeler leurs vices des vertus. Aussi, concevoir ce mauvais dessein, le communiquer, l'approuver, se résoudre à enlever Léocadie, et l'enlever en effet, tout cela se fit presque à la fois.

Ils se mirent leurs mouchoirs sur le visage ; et, revenant sur leurs pas, l'épée à la main, ils eurent atteint bientôt ceux qui n'avaient point encore fini de rendre grâce à Dieu de ce qu'il les avait tirés des mains de ces impertinents. Rodolphe s'élança sur Léocadie, et, la prenant dans ses bras, se mit à fuir avec elle. La pauvre enfant n'eut pas la force de se défendre ; l'effroi lui ôta la voix pour se plaindre, et même la lumière des yeux : car, évanouie, sans connaissance, elle ne put voir ni qui l'emportait, ni où on l'emportait. Le père appela au secours, la mère poussa des sanglots, le petit frère pleura, la servante s'égratigna le visage ; mais les cris ne furent point entendus, les sanglots ni les pleurs n'excitèrent aucune compassion, et les égratignures ne servirent à rien, car tout cela se perdait par la solitude du lieu, le silence de la nuit et les entrailles sans pitié des malfaiteurs.

Finalement, les uns s'en allèrent tout joyeux, les autres restèrent désolés. Rodolphe arriva jusque chez lui sans nul encombre, et les parents de Léocadie regagnèrent leur maison pleins de douleur et de désespoir. Aveugles, puisqu'ils étaient privés des yeux de leur fille, qui étaient la lumière de leurs yeux ; solitaires, puisque Léocadie était leur douce et agréable société ; incertains s'il serait bon d'informer la justice de son malheur, et craignant d'être, en le publiant, le principal instrument de son déshonneur, ils se voyaient dans un grand besoin de faveur et d'appui, comme des hidalgos pauvres, et ne savaient de quoi se plaindre, si ce n'est de leur funeste étoile.

Rodolphe, cependant, usant de prudence et de ruse, avait emmené jusqu'en sa maison, jusqu'en sa chambre, Léocadie, à laquelle, bien qu'il se fût aperçu qu'elle était évanouie quand il l'emportait, il avait couvert les yeux avec un mouchoir, pour qu'elle ne vît pas les rues par où il était passé, ni la maison et la chambre où elle se trouvait. Là, sans être vu de personne, parce qu'il avait un appartement séparé dans la maison de son père qui vivait encore, et qu'il en avait aussi la clef (grande imprudence des parents qui veulent tenir leurs enfants rangés), là, avant que Léocadie fût revenue de son évanouissement, Rodolphe avait assouvi son désir. Privé de la lumière de l'intelligence, il déroba dans l'obscurité le plus riche bijou de Léocadie. Comme les péchés des sens ne tendent d'ordinaire pas plus loin que leur satisfaction brutale, Rodolphe aurait voulu se débarrasser sur-le-champ de Léocadie, et il lui vint à l'esprit de la mettre dans la rue, évanouie comme elle l'était. Mais, au moment d'exécuter ce dessein, il s'aperçut qu'elle reprenait connaissance. Elle disait : « Où est-ce que je suis, malheureuse ? Pourquoi cette obscurité ? quelles ténèbres m'environnent ? Suis-je dans les limbes de mon innocence, ou dans l'enfer de mes fautes ? Jésus ! qui m'approche, qui me touche ? Moi, dans un lit ! Moi, blessée ! M'entends-tu, ma bonne mère ? M'entends-tu, mon père chéri ? Ah ! malheur à moi ! je vois bien que mes parents ne m'entendent plus, et que mes ennemis sont à mes côtés. Je serais trop heureuse que cette obscurité durât toujours, sans que mes yeux revissent jamais la lumière du monde, et que cet endroit où je suis, quel qu'il fût, servît de sépulture à mon honneur ; car le déshonneur ignoré vaut mieux que l'honneur mis en doute par l'opinion des gens. Je me rappelle à présent (plût à Dieu que je ne m'en fusse jamais souvenue !) que je marchais tout à l'heure en compagnie de mes parents ; je me rappelle qu'on m'a surprise, attaquée, entraînée ; j'imagine et je vois bien qu'il ne faut plus que je sois vue de personne. O toi, qui que tu sois, qui es ici près de moi (en parlant ainsi elle serrait fortement les mains de Rodolphe), si ton âme est accessible à quelque espèce de prière, je t'en supplie, puisque tu as triomphé de ma vertu, triomphe également de ma vie. Ote-la-moi sur-le-champ ; il ne faut pas la conserver quand on a perdu l'honneur. Regarde : la cruauté dont tu viens d'user à mon égard en m'outrageant s'effacera par la pitié dont tu feras preuve en me tuant, et tu seras tout à la fois cruel et compatissant. »

Ces propos de Léocadie jetèrent Rodolphe dans une grande confusion. Jeune et de peu d'expérience, il ne savait ni que dire ni que faire. Son silence étonnait de plus en plus Léocadie, qui essayait de s'assurer avec les mains si l'être qui se trouvait auprès d'elle était un fantôme, une ombre. Cependant, comme elle touchait un corps, et se rappelait la violence qu'on lui avait faite lorsqu'elle revenait avec ses parents, elle reconnaissait toute la réalité de son malheur. Dans cette pensée, elle rattacha le fil des propos qu'avaient interrompus ses soupirs et ses sanglots. « Audacieux jeune homme, lui dit-elle, car tes actions font assez voir que tu as peu d'âge, je te pardonne l'offense que tu m'as faite, pourvu seulement que tu me promettes, que tu me jures, qu'ainsi que tu l'as cachée dans cette obscurité, tu la cacheras dans un perpétuel silence sans en rien dire à personne. Je te demande un bien faible dédommagement pour un si grand outrage; mais, pour moi, c'est le plus grand que je puisse te demander, et que tu veuilles, toi, m'accorder. Prends garde que je n'ai jamais vu ton visage, et que je ne veux pas le voir : car, bien que me rappelant mon offense, je ne veux pas me rappeler mon offenseur, ni garder dans ma mémoire l'image de l'auteur de mes maux. C'est entre moi et le ciel que se passeront mes plaintes, et je ne veux pas les faire entendre au monde, qui ne juge pas des choses selon qu'elles arrivent, mais selon l'opinion qu'il s'en forme. Je ne sais comment je puis te dire ces vérités, qui ne s'apprennent d'ordinaire que par l'expérience d'une foule de cas et par le cours de longues années, tandis que mon âge n'atteint pas dix-sept ans ; ce qui me fait comprendre que la douleur peut aussi bien délier la langue que la lier aux affligés, lesquels exagèrent quelquefois leurs maux pour qu'on y croie, et d'autrefois les taisent, crainte de n'y pas trouver remède. De quelque manière que je fasse, que je parle ou me taise, j'espère te porter à me croire ou à me soulager : car, à ne pas me croire, il y aurait ignorance; à ne pas me soulager, impossibilité de trouver aucun soulagement. Je ne veux pas me désespérer, puisqu'il te coûtera peu de m'en donner un. Le voici : n'attends pas, n'espère pas que le temps calme jamais le juste courroux qui m'anime contre toi, et n'essaye point d'amasser les outrages. Moins tu abuseras de moi, puisque déjà tu en as abusé, et moins s'enflammeront tes coupables désirs. Suppose que tu m'as offensée par accident, sans réflexion. Moi, je supposerai que je ne suis pas venue au monde, ou que, si j'y suis venue, ç'a été pour être malheureuse. Mets-moi sur-le-champ dans la rue, ou du moins près de la cathédrale ; de là, je saurai bien retourner à la maison. Mais tu me jureras aussi de ne pas me suivre, de ne pas connaître ma demeure, de ne pas me demander le nom de mes parents, ni le mien, ni celui d'aucune personne de ma famille, qui, si elle était aussi riche que noble, n'aurait pas souffert en moi un si grand malheur. Réponds à cela ; et, si tu crains que je ne te reconnaisse à la parole, sache qu'hormis mon père et mon confesseur, je n'ai parlé à nul homme en ma vie, et j'en ai peu entendu parler au milieu de cette foule que je puisse reconnaître au son de voix. »

La réponse que fit Rodolphe aux discrets propos de la triste Léocadie fut de la serrer dans ses bras, en faisant mine de vouloir donner un nouveau cours, pour lui, à sa passion, pour elle, à son déshonneur. Au sentiment de cette violence, Léocadie, trouvant plus de forces que n'en promettait son jeune âge, se défendit avec les pieds, avec les mains, avec les dents, avec la parole : « Figure-toi bien, s'écria-t-elle, traître, homme dénaturé, que les dépouilles que tu as emportées de moi sont celles que tu pouvais emporter d'un tronc d'arbre, d'une colonne inanimée, et qu'une telle victoire ne peut tourner qu'à ton infamie. Mais celle que tu prétends maintenant, tu ne l'obtiendras qu'avec ma mort. Évanouie, tu m'as foulée aux pieds ; mais, à présent que j'ai repris courage, tu pourras plutôt me tuer que me vaincre. Si maintenant, revenue à moi, je me rendais sans résistance à ton abominable passion, tu pourrais imaginer que je feignais d'être évanouie, quand tu as eu l'audace d'attenter à mon honneur. »

Finalement, Léocadie fit une résistance si vive, si opiniâtre, que les forces et les désirs de Rodolphe finirent par céder ; et, comme l'insolence dont il s'était rendu coupable n'avait d'autre origine qu'un transport libertin, duquel ne naît jamais le véritable et durable amour, au lieu du transport qui passe, reste, sinon le repentir, au moins une faible envie de persister. Rodolphe donc, découragé et refroidi, laissa Léocadie, sans lui dire un seul mot, dans son lit, où il l'avait déposée, et fermant la chambre, il alla retrouver ses camarades pour s'entendre avec eux sur ce qu'il devait faire. Léocadie s'aperçut qu'elle restait seule et enfermée, et, se levant du lit, elle parcourut tout l'appartement, tâtant les murailles avec les mains pour voir si elle trouverait une porte par où sortir, ou une fenêtre par où se jeter. Elle rencontra la porte, mais bien fermée, puis une fenêtre qu'elle parvint à ouvrir, et par ou pénétra la lumière de la lune, si claire, que Léocadie put distinguer les couleurs des tentures damassées qui ornaient l'appartement. Elle vit que le lit était doré, et d'une si riche parure, qu'il semblait plutôt la couche d'un prince que d'un simple gentilhomme. Elle compta les chaises et les bureaux; elle nota bien dans quelle partie se trouvait la porte, et, quoiqu'elle vît plusieurs tableaux pendus aux murailles, elle ne put point parvenir à discerner les peintures qu'ils renfermaient. La fenêtre était grande et garnie d'un fort grillage de fer; elle donnait sur un jardin également clos d'un haut mur : obstacles qui empêchèrent Léocadie de se jeter, comme elle le voulait, dans la rue. Tout ce qu'elle vit, tout ce qu'elle remarqua de l'étendue et des riches ornements de cette chambre à coucher, lui fit comprendre que le maître d'un tel appartement devait être noble et riche, et non comme le premier gentilhomme venu, mais d'une façon peu commune. Sur un bureau qui était près de la fenêtre, elle vit un petit crucifix tout en argent, qu'elle prit et cacha dans la manche de sa robe, non par dévotion ni par vol, mais poussée d'un sage et adroit dessein. Cela fait, elle ferma la fenêtre, et revint se jeter sur le lit, pour y attendre quelle fin aurait le triste commencement de son aventure.

Une demi-heure ne s'était pas encore écoulée, qu'elle entendit ouvrir la porte de la chambre, et qu'une personne s'approcha d'elle. Sans dire un mot, cette personne lui banda les yeux, la prit par le bras, l'emmena hors de la chambre, et referma la porte. C'était Rodolphe, qui, bien qu'il fût sorti pour chercher ses camarades, ne voulut pas les rencontrer, pensant qu'il ne lui convenait pas de faire des témoins de ce qui lui était arrivé avec cette jeune fille. Au contraire, il résolut de leur dire que, repentant de cette mauvaise action, et touché de ses larmes, il l'avait laissée au milieu du chemin. Dans cette résolution, il se hâta de revenir pour mener Léocadie près de la cathédrale, comme elle le lui avait demandé, avant que le jour parût et l'obligeât à la garder dans sa chambre jusqu'à la nuit suivante, temps pendant lequel il ne voulait pas essayer de nouveau ses forces, et craignait d'être découvert. Il la conduisit jusqu'à la place qu'on appelle de l'*Ayuntamiento*, et là, d'une voix contrefaite, parlant une langue moitié portugaise et moitié castillane, il lui dit qu'elle pouvait sûrement gagner sa maison, car elle ne serait suivie de personne ; puis, avant qu'elle eût eu le temps de s'ôter le bandeau des yeux, il s'était enfui de manière à ne pouvoir être vu.

Léocadie resta seule; elle s'ôta le mouchoir des yeux, reconnut l'endroit où on l'avait laissée, regarda de toutes parts, ne vit personne; mais, dans la crainte qu'on ne la suivît de loin, elle s'arrêtait à chaque pas, en se dirigeant vers sa demeure, qui n'était pas fort loin de là; et même, pour dérouter les espions, si par hasard on l'eût suivie, elle entra d'abord dans une maison qu'elle trouva ouverte. Un peu de temps après, elle gagna la sienne, où elle trouva ses parents accablés de douleur, ne s'étant point couchés et n'ayant pas même la pensée de prendre du repos. Quand ils la virent, ils coururent à elle les bras ouverts, et la reçurent avec les larmes aux yeux. Pleine de trouble et d'effroi, Léocadie prit ses parents à part, et leur rendit compte brièvement de sa déplorable aventure, de toutes les circonstances qui l'avaient accompagnée, ajoutant qu'elle ignorait tout à fait quel était son ravisseur, l'infâme qui l'avait déshonorée. Elle raconta tout ce qu'elle avait vu sur le théâtre où s'était jouée la tragédie de son infortune : la fenêtre, le grillage, le jardin, les bureaux, le lit, les tentures de damas; puis, à la fin, elle leur montra le crucifix qu'elle avait apporté. Devant cette sainte image, les larmes coulèrent de nouveau; on fit des imprécations, on demanda vengeance, on souhaita de miraculeux châtiments. Léocadie reprit ensuite que, bien qu'elle ne désirât point connaître son offenseur, si ses parents trouvaient bon de le connaître, ils le pourraient au moyen de cette image, en faisant annoncer par les sacristains, dans les chaires de toutes les paroisses de la ville, que celui qui avait perdu ce crucifix le retrouverait au pouvoir du religieux qui serait désigné; qu'ainsi, en connaissant le maître de l'image, on connaîtrait la maison et même la personne de son ennemi. « Tu aurais bien fait, ma fille, répliqua le père, si la malignité générale ne s'opposait à ta discrète prévoyance. Il est clair qu'aujourd'hui on remarquera que ce crucifix manque dans l'appartement dont tu parles, et que son maître ne doutera pas que la personne qui s'y trouvait avec lui ne l'ait emporté; mais s'il vient à savoir que cette image est entre les mains de quelque religieux, cela pourra plutôt servir à ce qu'il sache qui l'a remise au dépositaire, qu'à faire découvrir celui qui l'a perdue : car il pourrait se faire qu'un autre vînt la chercher, à qui le véritable maître en aurait donné les enseignes; en ce cas, nous serions plus embarrassés, plus indécis que bien informés, quand bien même nous userions du même artifice que nous soupçonnons, en faisant remettre le crucifix au religieux par une tierce personne. Ce que tu as à faire, ma fille, c'est de le garder et de te recommander à lui; puisqu'il a été témoin de ta disgrâce, il permettra qu'il y ait un juge qui se charge de te rendre justice; prends garde, ma fille, qu'une once de déshonneur public fait plus de mal que dix livres d'infamie secrète; et, puisque tu peux vivre honorée en public aux yeux de Dieu, ne te chagrine point d'être déshonorée en secret à tes yeux. Le véritable déshonneur est dans le péché, et le véritable honneur dans la vertu; ce n'est que par la parole, par le désir ou par l'action qu'on offense Dieu, et, puisque tu ne l'as offensé ni en parole, ni en pensée, ni en action, tiens-toi pour honorable, et moi, je te tiendrai pour telle, sans te regarder jamais autrement que comme ton véritable père. »

Ce fut par ces sages et prudents propos que le père de Léocadie la consola, et sa mère, l'embrassant de nouveau, s'efforça de la consoler aussi. La pauvre fille gémit, pleura, et se résigna, comme on dit, à se couvrir la tête, à vivre dans la retraite sous l'aile de ses parents, dans une condition honnête autant que pauvre.

Cependant Rodolphe, de retour chez lui, s'aperçut que le crucifix manquait. Il devina bien qui pouvait l'avoir emporté; mais il ne s'en inquiéta guère, trop riche pour faire attention à cette perte. Ses parents ne lui en demandèrent pas compte davantage, lorsque, à trois jours de là, partant pour l'Italie, il fit remise à une camériste de sa mère de tout ce qu'il laissait dans son appartement. Il y avait longtemps que Rodolphe avait résolu de passer en Italie, et son père, qui avait voyagé dans cette contrée, lui persuadait d'y aller à son tour, disant que ce n'était pas assez d'être gentilhomme dans sa patrie, et qu'il fallait encore l'être dans les pays étrangers. Par ces raisons et par d'autres, Rodolphe se soumit à la volonté de son père, qui lui donna de fortes lettres de crédit pour Barcelone, Gênes, Rome et Naples. Le jeune homme, avec deux de ses camarades, se mit aussitôt en route, alléché par ce qu'il avait ouï dire à plusieurs militaires de l'abondance des auberges de France et d'Italie, et de la liberté dont jouissent les Espagnols dans leurs logements. Il trouvait fort agréables à l'oreille ces mots : *Ecce li buoni polastri, picioni, presuto e salcicie*, et autres de même espèce que les soldats se rappellent quand ils reviennent de ces pays dans le nôtre, et qu'ils passent par la misère et les incommodités des hôtelleries d'Espagne. Finalement il partit, se souvenant aussi peu de son aventure avec Léocadie, que si elle ne lui fût jamais arrivée.

Léocadie, pendant ce temps, passait chez ses parents une vie aussi retirée que possible, sans se laisser voir d'aucune personne, craignant que sa mésaventure ne se lût sur son front. Mais, au bout de quelques mois, elle se vit obligée de faire par force ce qu'elle avait fait jusque-là de son plein gré. Elle vit qu'il lui convenait de vivre tout à fait retirée et cachée, car elle se sentit enceinte : événement qui ramena dans ses yeux les larmes que le temps avait un peu séchées, qui lui fit de nouveau frapper l'air de ses soupirs et de ses lamentations, sans que toute la tendresse et la raison de sa bonne mère pussent parvenir à la consoler. Le temps courut; amena le moment des couches, et, avec un si grand mystère qu'on n'osa pas même se fier à une sage-femme, dont sa mère usurpa l'emploi, elle mit au monde un petit garçon, des plus beaux qui se puissent imaginer. Avec autant de prudence et de mystère qu'il était né, on le porta à un village, où il fut nourri et soigné quatre ans, au bout desquels, et sous le nom de neveu, son grand-père le ramena chez lui, où il fut élevé, sinon dans la richesse, au moins dans la vertu. L'enfant, auquel on donna le nom de Luis, parce que c'était celui de son grand-père, était de beau visage, d'humeur douce, d'esprit éveillé, et, dans toutes les actions qu'il pouvait faire en cet âge si tendre, il montrait qu'il devait le jour à quelque noble père. Sa grâce, sa beauté, son esprit, touchèrent tellement le cœur du vieillard et de sa femme, qu'ils finirent par tenir à bonheur le malheur de leur fille, puisqu'elle leur avait donné un tel petit-fils. Quand il passait dans la rue, des milliers de bénédictions pleuvaient sur lui : les uns bénissaient sa beauté, d'autres la mère qui l'avait mis au monde, ceux-ci le père qui l'avait engendré, ceux-là toute la famille qui l'élevait si bien. Au milieu des applaudissements de ceux qui le connaissaient, et de ceux qui ne le connaissaient point, l'enfant parvint à l'âge de sept ans; il savait déjà lire le latin et l'espagnol, et il écrivait d'une main courante et bien formée : car l'intention de ses parents était de le faire savant et vertueux, puisqu'ils ne pouvaient le faire riche; comme si la science et la vertu n'étaient pas les richesses sur qui les voleurs n'ont aucune prise, pas plus que ce qu'on appelle la fortune.

Un jour, il arriva que l'enfant, allant porter une commission de sa grand'mère à une de ses parentes, vint à passer par une rue où se faisait une course de cavaliers. Il se mit à regarder, et, pour prendre une meilleure place, il traversa la rue au moment où il ne pouvait éviter d'être renversé par un cheval que son cavalier ne put retenir dans la fougue de sa course. Le cheval passa par-dessus l'enfant et le laissa comme mort, étendu par terre, et perdant beaucoup de sang d'une blessure à la tête. A peine cet accident venait-il d'arriver, qu'un vieux gentilhomme, qui était à regarder la course, se jeta de cheval avec une promptitude inouïe, et courut à l'enfant. Il l'ôta des bras d'un homme qui l'avait relevé, le prit dans les siens; et, sans se mettre en peine ni de ses cheveux blancs, ni de son rang, qui était très-élevé, il gagna à grands pas sa demeure, ordonnant à ses valets de le laisser, et d'aller chercher un chirurgien pour panser l'enfant. Plusieurs gentilshommes le suivirent, touchés du malheur d'un si bel enfant, car le bruit courut bien vite que le petit garçon renversé était Luisito, neveu de tel gentilhomme, désignant son grand-père. Ce bruit, passant de bouche en bouche, arriva jusqu'aux oreilles de ses parents et de celle qu'on ne savait pas sa mère, lesquels, une fois qu'ils furent assurés de l'événement, hors d'eux-mêmes et comme des gens qui ont perdu l'esprit, sortirent à la recherche de leur bien-aimé. Le gentilhomme qui l'avait emporté était si connu et de si haute naissance, que bien des gens qu'ils rencontrèrent dans la rue leur indiquèrent sa maison; ils y arrivèrent au moment où l'enfant était déjà entre les mains du chirurgien. Les maîtres de la maison, c'est-à-dire le gentilhomme et sa femme, prièrent ceux qu'ils pensèrent être les parents du petit garçon de ne point pleurer et de ne point élever la voix pour se plaindre, puisque cela ne pourrait lui faire aucun bien. Le chirurgien, qui était renommé, après l'avoir pansé avec beaucoup de soin et d'adresse, déclara que la blessure n'était pas aussi mortelle qu'elle lui avait paru dès l'abord. Au milieu du pansement, Luis revint à lui, car il était resté jusque-là sans connaissance; il se réjouit en voyant son oncle, sa tante et sa cousine, lesquels lui demandèrent en pleurant comment il se trouvait. « Bien portant, répondit-il ; sinon que le corps et la tête me font grand mal. » Le médecin ordonna qu'on ne lui parlât point, et qu'on le laissât reposer. On obéit, et son grand-père commença à remercier le seigneur de la maison de la grande charité dont il avait usé envers son neveu. « Vous n'avez aucun remercîment à me faire, répondit le gentilhomme, car je dois vous apprendre qu'en voyant cet enfant tombé et foulé aux pieds, je crus voir le visage de mon propre fils, que j'aime tendrement. C'est ce qui m'a décidé à le prendre dans mes bras et à l'apporter à cette maison, où il restera tant que durera sa convalescence, recevant tous les soins nécessaires et possibles. » La femme du gentilhomme, qui était une noble dame, tint le même langage et fit même de plus amples promesses.

Le grand-père et sa femme demeurèrent fort surpris d'une telle charité ; mais la jeune mère fut bien autrement surprise : car, ayant un peu calmé le trouble de son âme aux bonnes nouvelles du chirurgien, elle regarda attentivement la chambre où était son fils, et reconnut clairement, à mille indices, que c'était celle où avait fini son honneur et commencé son infortune. Bien que l'appartement ne fût plus orné des tentures de damas qu'il y avait alors, elle en reconnut toute la disposition, et vit la fenêtre grillée qui s'ouvrait sur le jardin. Comme cette fenêtre était fermée à cause du blessé, elle demanda si la vue n'en donnait pas sur quelque jardin, et on lui répondit que oui. Mais ce qui la frappa le plus, c'est que c'était le même lit, qu'elle regardait comme la tombe de son sépulcre. D'ailleurs, le même bureau, sur lequel était alors placée l'image du Christ qu'elle avait emportée, se trouvait à la même place. Une chose enfin acheva de convertir ses doutes en certitude, je veux dire les escaliers qu'il y avait de cette chambre à la rue, et qu'avec une prudence adroite elle avait eu soin de compter, lorsqu'on l'emmenait de l'appartement, les yeux bandés. Cette fois, en retournant chez elle, lorsqu'elle laissa son fils, elle les compta de nouveau, et en trouva le nombre parfaitement juste. Le rapprochement de ces divers indices ne lui laissa plus de doute sur l'exactitude de l'idée qu'ils avaient fait naître, et dont elle rendit un compte fidèle à sa mère. Celle-ci, en femme bien avisée, s'informa si le gentilhomme chez qui son petit-fils était alité, avait eu ou avait encore quelque fils. Elle découvrit que le jeune homme auquel nous donnons le nom de Rodolphe était son fils effectivement, et qu'il se trouvait en Italie; mais en mesurant le temps écoulé depuis qu'il avait, à ce qu'on lui dit, quitté l'Espagne, elle trouva précisément les sept ans qui formaient l'âge de son petit-fils. Elle informa son mari de tout cela, et tous deux, ainsi que leur fille, résolurent d'attendre d'abord ce que Dieu ferait du blessé. Au bout de quinze jours, l'enfant était hors de danger, et il se leva au bout d'un mois. Pendant tout ce temps, il fut visité chaque jour par sa mère et sa grand'mère, et choyé par les maîtres de la maison comme s'il eût été leur propre enfant. Quelquefois, en causant avec Léocadie, doña Estefania (ainsi s'appelait la femme du gentilhomme) lui disait que cet enfant ressemblait tellement à son fils, qui était en Italie, qu'elle ne le regardait pas une seule fois sans qu'elle crût avoir ce fils devant les yeux.

De ce propos souvent répété, Léocadie prit occasion, un jour qu'elle se trouvait seule avec la dame, de lui dire ce qu'elle avait résolu, d'accord avec ses parents. Ce fut à peu près en ces termes qu'elle lui parla : « Le jour, madame, où mes parents apprirent tout à coup que leur neveu était grièvement blessé, ils crurent que le ciel leur était fermé et que le monde entier s'était écroulé sur eux; ils pensèrent avoir perdu la lumière de leurs yeux et le bâton de leur vieillesse, en perdant ce neveu qu'ils aiment d'un amour si passionné, qu'il surpasse de beaucoup celui qu'ont pour leurs enfants la plupart des pères. Mais, comme on a coutume de dire que, quand Dieu donne la plaie, il donne la médecine, l'enfant a trouvé la sienne dans cette maison, et moi j'y ai trouvé l'impression de certains souvenirs que je n'oublierai jamais tant que ma vie durera. Je suis noble, madame, car mes parents le sont, et tous mes ancêtres l'ont été, lesquels, dans la médiocrité des biens de la fortune, ont toujours dignement soutenu leur honneur, en quelques lieux qu'ils aient vécu. » Surprise à ces propos, doña Estefania écoutait Léocadie et ne pouvait croire, bien qu'elle le vît, que tant de sens et d'aplomb pût s'allier à un âge si tendre, car elle ne lui donnait pas plus de vingt ans. Sans lui répliquer un mot, sans l'interrompre, elle attendit que la jeune femme eût achevé tout ce qu'elle voulut lui dire, ce qui n'était autre chose que de lui conter l'attentat de son fils et son propre déshonneur, comment elle fut enlevée, comment on lui banda les yeux, comment on l'amena dans cette chambre, et à quelles enseignes elle avait reconnu que c'était bien la même qu'elle soupçonnait. Pour dernière preuve, elle tira de son sein le crucifix qu'elle avait emporté. « O toi, Seigneur, lui dit-elle, qui fus témoin de la violence qu'on m'a faite, sois juge de la réparation qu'on doit me faire. Je t'ai pris sur ce bureau, dans le dessein de te rappeler sans cesse mon injure, non pour t'en demander vengeance, ce n'est pas ce que je sollicite, mais pour te prier de m'envoyer quelque consolation qui m'aide à porter mon malheur en patience. Cet enfant, madame, sur qui vous avez épuisé les trésors de votre charité, est véritablement votre petit-fils. Ç'a été par la permission du ciel qu'un cheval l'a renversé, pour qu'on l'apporte à votre maison, et que j'y trouve moi, comme j'espère l'y trouver, sinon le remède qui conviendrait le mieux à mon infortune, au moins un moyen de la supporter. » En achevant ces mots, et serrant le crucifix contre sa poitrine, elle tomba évanouie dans les bras d'Estefania. Celle-ci, comme femme de sang noble, chez qui la compassion et la miséricorde sont aussi naturelles que la dureté chez l'homme, eut à peine vu l'évanouissement de Léocadie, qu'elle colla son visage au sien, l'inondant de tant de larmes qu'il ne fut pas besoin de jeter d'autre eau à la figure de Léocadie pour qu'elle reprît connaissance.

Tandis qu'elles étaient toutes deux en cet état, le gentilhomme, mari d'Estefania, vint à entrer, tenant le petit Luisito par la main. Quand il vit les pleurs de sa femme et l'évanouissement de Léocadie, il demanda en toute hâte qu'on lui en dît la cause. L'enfant embrassait sa mère, comme sa cousine, et sa grand'mère, comme sa bienfaitrice, et leur demandait aussi ce qu'elles avaient à pleurer. « Il y a de grandes choses à vous dire, seigneur, répondit Estefania à son mari, qui seront résumées en vous disant de bien vous persuader que cette femme évanouie est votre fille, et cet enfant votre petit-fils. La vérité que je vous dis, c'est cette jeune fille qui me l'a dite, et ce qui la confirme, c'est le visage de cet enfant, dans lequel nous avons vu tous deux celui de notre fils. — Si vous ne vous expliquez pas davantage, madame, répliqua le gentilhomme, je ne vous entends point. »

En ce moment, Léocadie revint à elle, et tenant toujours le crucifix embrassé, elle semblait vouloir se fondre en pleurs, ce qui tenait le gentilhomme dans une extrême perplexité, de laquelle il ne sortit que lorsque sa femme lui eut conté ce qu'elle avait appris elle-même de Léocadie. Lui, par une divine permission du ciel, fut aussitôt convaincu, comme si de nombreux et véridiques témoins lui eussent donné d'irrécusables preuves. Il consola et embrassa Léocadie, il couvrit son petit-fils de baisers, et, le jour même, sa femme et lui dépêchèrent un courrier à Naples pour informer son fils qu'il eût à revenir sur-le-champ, parce qu'ils avaient arrêté son mariage avec une femme d'une incomparable beauté, et qui lui convenait sous tous les rapports. Ils ne permirent plus que Léocadie et son fils retournassent chez leurs parents, lesquels, ravis de l'heureux succès de la démarche de leur fille, en rendaient à Dieu des grâces infinies.

Le courrier arriva à Naples, et Rodolphe, empressé de posséder une aussi belle femme que son père lui peignait être sa fiancée, partit deux jours après avoir reçu la lettre. Il profita de l'occasion que lui offraient quatre galères prêtes à revenir en Espagne, et s'y embarqua avec les deux camarades qui ne l'avaient point encore quitté. Une heureuse traversée le conduisit en douze jours à Barcelone, et de là, en sept jours, il se rendit par la poste à Tolède. Il entra chez son père avec une si bonne mine, et dans une si belle tenue, que les extrêmes de la galanterie et de la bonne grâce semblaient se réunir en lui. Ses parents se réjouirent de la bienvenue et de la belle santé de leur fils ; Léocadie se troubla, elle qui le regardait d'un endroit caché, pour ne pas contrevenir au plan de conduite qu'avait tracé doña Estefania. Les camarades de Rodolphe auraient voulu s'en aller aussitôt chacun chez soi ; mais Estefania ne voulut pas y consentir, parce qu'elle avait besoin d'eux pour son dessein. La nuit était proche quand Rodolphe approcha, et, tandis qu'on préparait le souper, Estefania prit à part les deux compagnons de son fils, croyant qu'ils seraient sans aucun doute deux des trois amis qui accompagnaient Rodolphe, au dire de Léocadie, la nuit qu'elle fut enlevée. Elle les supplia très-instamment de lui dire s'ils se rappelaient que son fils eût enlevé une femme, telle nuit de telle année, ajoutant que la découverte de la vérité sur ce point intéressait l'honneur de toute sa famille ; enfin, elle sut les prier avec tant d'ardeur, et les assurer de telle façon que l'aveu de cet enlèvement ne pouvait leur causer aucun préjudice, qu'ils crurent devoir confesser qu'il était vrai qu'une nuit d'été, la même qui leur était indiquée, allant tous deux et un autre ami avec Rodolphe, ils avaient enlevé une jeune fille, et que Rodolphe l'avait entraînée, tandis qu'eux retenaient les gens de sa famille qui voulaient appeler à son secours. Ils ajoutèrent que, le lendemain, Rodolphe leur dit qu'il l'avait amenée jusqu'en sa maison, et que c'était là tout ce qu'ils pouvaient répondre à ce qui leur était demandé.

L'aveu des deux amis suffisait pour effacer tous les doutes qui pouvaient s'offrir en pareil cas. Aussi, Estefania se décida-t-elle à mener à fin son bienveillant projet. Voici comment elle s'y prit. Peu de temps avant qu'on se mît à table pour souper, elle entra dans un appartement, seule avec Rodolphe, et lui mettant un portrait dans les mains : « Je veux, mon fils Rodolphe, lui dit-elle, te donner un excellent souper en te faisant voir ton épouse ; voici son portrait, parfaitement ressemblant. Mais je veux te faire observer que ce qui lui manque en beauté, elle le regagne en vertu ; elle est noble, spirituelle et passablement riche. Puisque ton père et moi nous te l'avons choisie, sois bien assuré qu'elle est celle qui te convient. » Rodolphe regarda très-attentivement le portrait, et dit : « Si les peintres qui, d'habitude, sont prodigues de beauté pour les visages qu'ils peignent, ne l'ont pas été moins pour celui-là, je crois, en vérité, que l'original doit être la laideur même. En bonne foi, ma mère et maîtresse, s'il est juste et convenable que les fils obéissent à leurs parents en tout ce que ceux-ci leur commandent, il est encore plus convenable et plus juste que les parents donnent à leurs fils le parti qui soit le plus de leur goût, et, puisque le mariage est un nœud que la mort seule détache, il est bon que les deux lacets soient égaux et fabriqués de même fil. La vertu, la noblesse, l'esprit, les biens de la fortune, peuvent assurément réjouir l'intelligence de celui qui les reçoit en partage avec son épouse. Mais que la laideur de celle-ci réjouisse les yeux de son époux, c'est ce qui me semble impossible ; je suis jeune, mais pourtant il ne m'échappe pas qu'avec le sacrement du mariage peut fort bien s'allier le juste et légitime plaisir dont jouissent les époux. Si ce plaisir manque, le mariage boite, et ne répond plus à la seconde intention qui le fait rechercher. Eh bien ! penser qu'un visage laid, qu'on a devant les yeux à toute heure, dans la chambre, à table et au lit, peut donner du plaisir, c'est, je le répète, une chose impossible. Par votre vie, ma bonne mère, donnez-moi une compagne qui me plaise et ne me répugne pas, afin que, sans gauchir à droite ou à gauche, également et dans le droit chemin, nous portions ensemble le joug où le ciel nous aura attachés. Si cette dame est noble, spirituelle et riche, comme le dit Votre Grâce, elle ne manquera pas d'un époux qui soit d'autre humeur que moi. Il y en a qui recherchent la noblesse, d'autres l'esprit, d'autres l'argent et d'autres la beauté. C'est de ces derniers que je suis : car enfin, pour la noblesse, grâce au ciel, à mes ancêtres et à mes parents, j'en reçois assez par héritage ; pour l'esprit, pourvu qu'une femme ne soit pas niaise, sotte et imbécile, il suffit qu'elle ne soit ni assez subtile pour faire la précieuse, ni assez bête pour n'être bonne à rien ; quant aux richesses, celles de mes parents ne me font pas craindre non plus de devenir jamais pauvre. C'est la beauté que je cherche, c'est elle que je veux, sans autre dot que l'honnêteté et les bonnes mœurs. Si mon épouse en est pourvue, je servirai Dieu de bonne grâce, et je donnerai à mes parents une heureuse vieillesse. »

La mère de Rodolphe fut enchantée de sa réponse, reconnaissant par là qu'il entrait parfaitement dans ses vues. Elle lui répliqua qu'elle ferait en sorte de le marier suivant son désir, et qu'il ne se mît pas en peine, puisqu'il était facile de rompre les arrangements de mariage faits avec la dame du portrait. Rodolphe l'en remercia cordialement, et, comme il était l'heure du souper, ils allèrent se mettre à table. Quand le père et la mère s'y furent assis, avec Rodolphe et ses deux camarades, Estefania s'écria négligemment : « Ah ! pécheresse que je suis ! comme je traite bien mon hôtesse ! courez vite, vous, dit-elle à un domestique, et allez dire à madame doña Léocadie que, sans écouter ses scrupules de bienséance, elle vienne faire honneur à cette table, puisque tous ceux qui s'y trouvent sont mes enfants et ses serviteurs. » Tout cela était un plan formé par elle, et Léocadie, de son côté, était bien avertie de ce qu'elle avait à faire.

Léocadie ne tarda pas longtemps à paraître et à donner tout à coup le plus bel échantillon d'elle-même que pût donner jamais la beauté naturelle et parée. Comme on était en hiver, elle était vêtue d'une longue robe de velours noir, parsemée de boutons d'or et de perles, avec la ceinture et le collier de diamants. Ses propres cheveux, qui étaient longs et châtains, lui servaient de parure de tête ; mais l'arrangement des tresses et des boucles, et l'éclat des diamants dont elles étaient entremêlées, éblouissaient les yeux qui les regardaient. Léocadie était d'une taille élégante et noble ; elle conduisait son fils par la main, et devant elle marchaient deux caméristes qui l'éclairaient avec deux bougies sur deux chandeliers d'argent. Tous les convives se levèrent pour s'incliner à son aspect, comme si c'eût été quelque être céleste qui leur apparaissait miraculeusement. Ils furent si frappés et restèrent si stupéfaits en la voyant, qu'aucun d'eux ne trouva un mot à lui dire. Léocadie, avec une grâce charmante et des manières affables, fit la révérence à tout le monde ; puis Estefania, l'ayant prise par la main, la fit asseoir à côté d'elle, en face de Rodolphe. L'enfant fut placé près de son grand-père. Rodolphe, qui regardait de plus près l'incomparable beauté de Léocadie, se disait tout bas : « Ah ! si celle que ma mère m'a choisie pour épouse avait la moitié des charmes de celle-ci, je me tiendrais pour le plus heureux des hommes. Sainte Vierge ! que vois-je là ? est-ce, par hasard, quelque ange descendu sur terre ? » Tandis qu'il se parlait ainsi, l'image de la belle hôtesse allait peu à peu, en passant par ses yeux, prendre possession de son âme. Pour Léocadie, voyant également si près d'elle celui qu'elle aimait déjà plus que la prunelle de ses yeux qui le regardaient de temps en temps en cachette, elle commença, pendant qu'on servait le souper, à repasser dans son imagination tout ce qui lui était arrivé avec Rodolphe. Elle sentit défaillir dans son âme l'espoir qu'Estefania lui avait donné de devenir son épouse, et, craignant que sa mauvaise étoile ne répondît point aux promesses de cette bonne mère, elle considérait avec effroi combien elle était près d'être heureuse ou malheureuse pour toujours. Cette réflexion fut si vive, et le combat de ses pensées si violent, que son cœur se serra, qu'elle perdit couleur et se sentit couvrir d'une sueur froide ; enfin, une défaillance complète lui fit baisser la tête sur la poitrine d'Estefania, qui, la voyant ainsi, la reçut toute troublée dans ses bras. Tous les convives s'alarmèrent et, quittant la table accoururent lui porter secours. Mais celui qui montra le plus de douleur et d'empressement, ce fut Rodolphe, qui, pour arriver plus vite, se heurta et tomba deux fois. On avait beau la délacer et lui jeter de l'eau sur le visage, Léocadie ne revenait point à elle ; au contraire, sa poitrine oppressée et son pouls, si faible qu'on ne le sentait point, donnaient des indices certains de sa mort, tellement que les valets et les servantes de la maison, comme gens plus inconsidérés, se mirent à jeter les hauts cris, et à répandre qu'elle était morte. Ces amères nouvelles arrivèrent aux oreilles des parents de Léocadie, qu'Estefania tenait cachés pour une plus joyeuse occasion. Rompant l'ordre qu'Estefania leur avait tracé, eux, et le curé de la paroisse qui les accompagnait, se précipitèrent dans la salle.

Le curé s'approcha en hâte pour voir si la moribonde donnait quelques signes de repentir de ses péchés, afin de l'en absoudre; mais où il pensait trouver une personne évanouie, il en trouva deux, car Rodolphe était tombé le visage sur le sein de Léocadie. Sa mère l'avait fait approcher d'elle, comme d'une chose qui devait lui appartenir ; mais quand elle vit qu'il était aussi sans connaissance, elle fut sur le point de la perdre également, et l'aurait perdue, si elle ne se fût aperçue que Rodolphe revenait à lui, tout honteux qu'on l'eût vu se livrer à un tel excès d'attendrissement. Mais sa mère, comme si elle eût deviné ce qu'éprouvait son fils : « Ne rougis pas, mon fils, lui dit-elle, des témoignages de douleur que tu as donnés : mais rougis plutôt de ceux que tu ne donnerais pas en apprenant ce que je ne veux point te tenir plus longtemps secret, bien que je pensasse le laisser pour une conjoncture plus gaie. Sache donc, fils de mon âme, que cette dame évanouie, que je tiens dans mes bras, est ta véritable épouse ; je l'appelle véritable, car ton père et moi te l'avons choisie, et celle du portrait est fausse. »

Quand Rodolphe entendit cela, emporté par son ardent amour, et délivré par le nom d'époux de tous les obstacles que pouvait lui opposer la bienséance, il s'élança sur le visage de Léocadie, et, collant ses lèvres à celles de la mourante, il semblait attendre que son âme s'échappât pour la recueillir dans la sienne. Mais enfin, lorsque les larmes de tout le monde s'augmentaient avec la compassion, et les lamentations avec la douleur, lorsque le père et la mère de Léocadie s'arrachaient la barbe et les cheveux, lorsque les cris de son enfant perçaient le ciel, Léocadie reprit connaissance et, en revenant à elle, fît revenir le contentement et la joie, qui s'étaient enfuis du cœur de tous les assistants. Léocadie, se trouvant entre les bras de Rodolphe, voulait s'en débarrasser par une honnête violence. Mais il lui dit : « Non, madame, non ; il n'est pas bien que vous fassiez effort pour vous éloigner des bras de celui qui vous a dans l'âme. » A ce propos, Léocadie acheva de recouvrer ses esprits et Estefania acheva de renoncer à son premier dessein. Elle dit au curé de marier aussitôt son fils avec Léocadie. Le prêtre obéit, car cette aventure étant arrivée dans un temps où il suffisait pour la validité du mariage de la volonté des contractants, rien ne l'empêchait de conclure la cérémonie des épousailles. Cela fait, qu'une autre plume, qu'un autre esprit plus délicat que le mien se charge de peindre l'allégresse universelle de tous ceux qui s'y trouvèrent présents : les caresses que les parents de Léocadie firent à Rodolphe ; les grâces qu'ils rendirent au ciel et aux parents de leur gendre ; les offres et les politesses mutuelles ; enfin, l'étonnement des camarades de Rodolphe, qui virent si brusquement, et la nuit même de son retour, faire une si belle noce, étonnement qui redoubla quand ils apprirent, en l'entendant raconter par Estefania en présence de tout le monde, que Léocadie était cette même jeune fille que son fils avait enlevée en leur compagnie. Rodolphe ne fut pas moins surpris qu'eux, et, pour s'assurer davantage de cette vérité, il pria Léocadie de fournir quelque preuve qui lui donnât la certitude d'une chose dont il ne doutait cependant pas, puisqu'il supposait que ses parents l'auraient bien vérifiée. Elle répondit : « Lorsque je revins à moi d'un autre évanouissement, je me trouvai dans vos bras, seigneur, et déshonorée ; mais je n'ai point à regretter ce malheur, puisqu'en sortant de l'évanouissement que je viens d'avoir, je me suis de nouveau trouvée dans les bras du même homme qu'alors, mais ayant recouvré l'honneur. Si ce témoignage ne suffit pas, j'en appelle à celui de ce crucifix, que personne autre que moi n'a pu vous voler, s'il est vrai qu'au matin vous vous soyez aperçu qu'il manquait, et si c'est bien le même que tient à présent ma dame.[1] — Vous êtes celle de mon âme, s'écria Rodolphe, et vous le serez toutes les années que Dieu m'accordera. » Il la serra de nouveau dans ses bras, et tous deux reçurent de nouveau les compliments et les bénédictions de chacun.

Le souper fut servi, et l'on fit entrer des musiciens qui avaient été prévenus. Rodolphe se vit lui-même dans le miroir du visage de son fils ; les deux grands-pères et les deux grand'mères pleurèrent de joie, et il ne resta pas dans toute la maison un coin que ne visitassent l'allégresse et le contentement. Bien que la nuit vînt en volant de ses ailes légères et noires, il semblait à Rodolphe qu'elle cheminait, non avec des ailes, mais avec des béquilles, tant il désirait se trouver seul avec sa chère épouse. L'heure attendue vint enfin, car il n'y en a point qui n'arrive. Tout le monde alla se coucher, et la maison entière resta ensevelie dans le silence, où ne restera pas du moins la vérité de cette histoire : c'est à quoi ne consentiraient point les nombreux enfants et l'illustre des-

---

[1]. *Mi señora*. L'on a déjà fait remarquer que nous avons bien le mot *seigneur*, mais que nous n'avons pas son féminin.

cendant que laissèrent les fortunés époux à Tolède, où ils vivent encore, après avoir joui, pendant de longues et heureuses années, d'eux-mêmes et de leurs enfants et petits-enfants : tout cela par la permission du ciel, et par la *force du sang* que vit répandu à terre l'illustre et chrétien grand-père du petit Luisito.

LE MARIAGE TROMPEUR.

De l'hôpital de la Résurrection, qui est hors de la porte *del Campo*, à Valladolid, sortait un militaire, qui, faisant de son épée un bâton, les jambes maigres et le visage blême, montrait clairement que, quoique le temps ne fût pas très-chaud, il devait avoir sué en vingt jours toute l'humeur qu'il avait peut-être prise en vingt minutes. Il marchait en branlant et se donnant des crocs-en-jambe, comme un convalescent. Au passage de la porte pour entrer dans la ville, il vit venir à sa rencontre un de ses amis, qu'il n'avait pas vu depuis plus de six mois, lequel, faisant des signes de croix, comme s'il eût aperçu quelque mauvaise vision, s'approcha et lui dit : « Qu'est-ce que cela, seigneur enseigne[1] Campuzano? Est-il possible que Votre Grâce soit dans ce pays? Aussi vrai que je suis moi, je vous croyais en Flandre, plutôt croisant la pique là-bas que traînant ici l'épée. Quelle pâleur, quelle maigreur est-ce là? » Campuzano répondit gravement : « A savoir si je suis ou non dans ce pays, seigneur licencié Peralta, m'y voir répond suffisamment. Aux autres questions je n'ai rien à répondre, si ce n'est que je sors de cet hôpital, où j'ai sué quatorze charges de tumeurs napolitaines que m'avait mises sur le dos une femme que j'ai prise pour mienne, bien à tort. — Ainsi donc, Votre Grâce s'est mariée? repartit Peralta. — Oui, seigneur, répliqua Campuzano. — Ce sera par amour, reprit Peralta, et de tels mariages entraînent toujours après eux la saisie du repentir. — Je ne saurais dire si ce fut un mariage d'amour, répondit l'enseigne, mais je puis bien affirmer que ce fut un mariage de douleurs ; car il m'en causa tant, de corps et d'âme, que celles du corps me coûtent quarante frictions sudorifiques pour les calmer, et quant à celles de l'âme,

---

[1]. *Alferez*, premier grade d'officier.

je n'ai pas la moindre ressource pour les alléger seulement. Mais comme je ne suis guère en état de faire de longues conversations dans la rue, que Votre Grâce m'excuse ; un autre jour, avec plus de commodité, je vous conterai mes aventures, qui sont les plus nouvelles et les plus étranges que Votre Grâce ait ouï conter en tous les jours de sa vie. — Ce ne sera pas ainsi, dit le licencié. Je veux que vous veniez à mon logis, et là nous ferons pénitence ensemble. La *olla*[1] est bonne pour les malades, et, bien qu'elle ne soit commandée que pour deux, un pâté fera l'affaire de mon valet ; et même, si la convalescence le permet, quelques tranches de jambon nous mettront en appétit, et surtout la bonne volonté avec laquelle je vous offre mon ordinaire, non cette fois, mais toutes celles qu'il plaira à Votre Grâce de l'accepter. »

Campuzano remercia le licencié, et accepta l'invitation. Ils allèrent à San-Llorente entendre la messe ; puis Peralta mena chez lui son convive, lui donna le dîner promis, lui réitéra ses offres, et lui demanda, à la fin du repas, de conter ces aventures qu'il lui avait fait sonner si haut. Campuzano ne se fit pas prier ; au contraire, il commença sur-le-champ de la sorte :

« Votre Grâce se souviendra bien, seigneur licencié Peralta, que je m'étais fait camarade, dans cette ville, avec le capitaine Pedro de Herrera, qui est maintenant en Flandre ? — Oui, je m'en souviens fort bien, répondit Peralta. — Eh bien ! reprit Campuzano, un jour que nous venions de dîner dans cette auberge de la Solana, où nous logions, il y entra deux femmes de gentille tournure, avec deux servantes. L'une se mit à causer avec le capitaine, debout, et s'appuyant sur une fenêtre. L'autre s'assit sur une chaise, à côté de moi, la mante abaissée jusqu'au menton, sans laisser voir autre chose du visage que ce que l'étoffe ne pouvait cacher ; et, bien que je la suppliasse de me faire, par courtoisie, la grâce de se découvrir, je ne pus venir à bout de l'y décider, ce qui enflamma davantage le désir que j'avais de la voir. Pour accroître encore mon envie, soit hasard, soit adresse, la dame tira une main fort blanche, garnie de fort belles bagues. Moi, j'étais alors d'une élégance merveilleuse, portant au cou cette grosse chaîne que Votre Grâce a dû me connaître, le chapeau chargé de plumes et de galons, l'habit de couleurs mêlées suivant la

---

1. Pot-au-feu composé de plusieurs espèces de viandes et de légumes.

mode militaire, enfin si galant et de si bel air aux yeux de ma folie, que je croyais devoir enflammer toutes les femmes à perte de vue. Néanmoins, je la suppliai de se découvrir. Alors elle me répondit : « Ne soyez pas importun ; j'ai une maison ; faites-moi suivre par un page, et, bien que je sois plus femme de bien que ne promet cette réponse, toutefois, pour voir si votre esprit répond à votre bonne mine, je serai ravie que vous me rendiez visite. » Je lui baisai les mains pour la grande faveur qu'elle m'accordait, et lui promis en retour des monts d'or. Le capitaine acheva de causer ; les deux dames s'en allèrent ; mon domestique les suivit. Le capitaine me dit que ce que lui voulait la dame, c'était de porter des lettres en Flandre à un autre capitaine, qu'elle disait être son cousin, mais qu'il savait bien n'être autre chose que son galant. Pour moi, je restai embrasé par les mains de neige que j'avais vues, et mort d'amour pour le visage que je désirais voir. Aussi, dès le lendemain, je me fis mener par mon valet, et l'on m'accorda la libre pratique.

« Je trouvai une maison fort bien montée, et une femme d'environ trente ans, que je reconnus aux mains ; elle n'était pas merveilleusement belle, mais assez cependant pour donner de l'amour une fois qu'on l'entretenait, car elle avait un son de voix si doux et si suave qu'il entrait par les oreilles jusqu'à l'âme. J'eus avec elle de longs dialogues amoureux ; je fis le beau, le glorieux, le fanfaron ; j'offris, je promis, je ne négligeai nulle des démonstrations qui me parurent nécessaires pour me faire aimer d'elle ; mais, comme la dame était habituée à entendre de semblables propos et à recevoir de plus grandes promesses, elle semblait les écouter attentivement plutôt que leur accorder aucun crédit. Finalement, pendant quatre jours que je continuai à lui rendre visite, nos entretiens se passèrent en fleurs, comme on dit, sans que je pusse en recueillir le fruit que je désirais. Durant le temps de mes visites, je trouvai toujours la maison parfaitement libre, et n'y rencontrai nulle vision de feints parents ou d'amis trop véritables : la dame avait, pour la servir, une fille plus futée qu'innocente. A la fin, menant mes amours en militaire qui est toujours à la veille de décamper, je pressai si bien Mme doña Estefania de Caïcedo (tel est le nom de celle qui m'a mis en cet état) qu'elle me répondit : « Seigneur enseigne Campuzano, ce serait de ma part une grande simplicité de vouloir me vendre pour sainte à Votre Grâce. Pécheresse je fus, et pécheresse je suis encore; mais non, pourtant, de façon que les voisins me déchirent, et que les éloignés entendent parler de moi. Ni de mes père et mère, ni d'aucun autre parent, je n'ai reçu aucun héritage; cependant le mobilier de ma maison vaut bien au petit pied deux mille cinq cents écus; et cela, en objets qui, portés à l'encan, ne tarderaient pas plus à se convertir en argent qu'à se mettre aux enchères. Avec cette fortune, je cherche un mari à qui appartenir et à qui rendre obéissance. Je lui promets, en même temps que la réforme de ma vie, une incroyable sollicitude à le servir et à le bien traiter : car aucun prince n'a de cuisinier plus raffiné que moi, et qui sache mieux donner le dernier exquis à ses ragoûts, que je ne le donne, quand je me fais gouvernante et veux m'en mêler. Je sais être majordome dans le ménage, servante à la cuisine, et dame au salon. En effet, je sais commander et me faire obéir; je ne laisse rien perdre, et j'économise beaucoup; un réal ne vaut pas moins, mais beaucoup plus au contraire, quand il se dépense par mon ordre; le linge blanc que j'ai, en grand nombre et fort bon, ne vient pas des boutiques de lingères : ce sont ces dix doigts et ceux de ma servante qui l'ont filé, et, si on l'eût pu tisser à la maison, on l'y aurait tissé. Je fais de moi ces éloges, parce qu'ils ne donnent pas lieu à blâme, quand c'est la nécessité qui oblige à les faire. Finalement, je veux dire que je cherche un mari qui me protége, me commande et m'honore, et non un galant qui me serve et m'injurie. Si Votre Grâce veut bien accepter le parti qui lui est offert, me voici, au fait et au prendre, soumise à tout ce qu'il vous plaira d'ordonner, sans me mettre en vente : car se remettre aux langues des courtiers de mariage, c'est absolument la même chose, et, pour tout arranger, il n'y a rien de mieux que les parties elles-mêmes. »

« Moi, qui avais alors le jugement, non dans la tête, mais sous les jarrets, ébloui par l'idée de plaisirs plus grands que l'imagination ne pouvait les peindre, et par la vue de cette quantité d'effets que je contemplais déjà convertis en bon argent comptant, sans faire plus de réflxion que ne m'en permettait la joie qui m'avait mis des menottes à l'intelligence, je répondis que j'étais heureux, fortuné, privilégié, puisque le ciel m'avait donné, comme par miracle, une telle compagne pour la faire maîtresse de ma volonté et de ma fortune. J'ajoutai que cette fortune n'était pas si peu de chose qu'elle ne valût, avec cette chaîne que je portais au cou, quelques autres joyaux qui étaient à la maison et des nippes de soldat dont je me déferais, plus de deux mille ducats, lesquels, joints aux deux mille cinq cents, formaient une somme suffisante pour nous permettre d'aller vivre dans un village dont j'étais natif et où j'avais quelques arpents de terre : biens tels qu'en y ajoutant l'intérêt de nos fonds, et en vendant les fruits à la bonne époque, ils pouvaient nous donner une vie joyeuse et tranquille. Enfin, dès cette fois, nous convînmes de nous marier, et chacun se mit en mesure de produire l'information requise; puis, en trois jours de fête qui vinrent l'un après l'autre à propos d'une solennité, on publia les bans, et le quatrième jour nous fîmes la noce. Les témoins du mariage étaient deux de mes amis, et un jeune garçon qu'elle dit être son cousin, auquel j'offris une affection de parent en termes fort civils, comme toutes les paroles que j'avais jusqu'alors adressées à ma nouvelle épouse, dans une intention si maligne et si traîtresse que je n'en veux rien dire : car enfin, bien que je conte des vérités, ce ne sont pas des vérités de confession, dont il ne faille rien omettre.

« Mon domestique porta ma malle de l'auberge à la maison de ma femme. J'y enfermai devant elle ma magnifique chaîne; je lui en montrai trois ou quatre autres, sinon de même grandeur, au moins de plus élégante façon, ainsi que trois ou quatre bourdalous [1] de diverses espèces : je lui fis passer en revue mes nippes, mes parures et mes plumes, et je lui remis pour la dépense du ménage jusqu'à quatre cents réaux que je possédais. Pendant six jours je mangeai, comme on dit, le pain de la noce, prenant mes ébats chez ma femme de la même façon que le gendre gueux chez le beau-père riche. Je foulai de précieux tapis, je chiffonnai des draps de toile de Hollande, je m'éclairai avec des chandeliers d'argent; je déjeunais au lit, je me levais à onze heures, je dînais à midi, et à deux heures je faisais la sieste sur l'estrade. Doña Estefania et sa servante me traitaient comme un saint dans sa châsse, et mon valet, que j'avais toujours connu paresseux et lourdaud, était devenu un chevreuil. Si doña Estefania s'éloignait un moment de mon côté, on la trouvait à la cuisine, tout empressée à commander des ragoûts qui fussent à ma guise et m'avivassent l'appétit. Mes chemises, mes cols, mes

---

1. *Cintillos.* On appelait ainsi ces garnitures en galons d'or ou en pierres précieuses qu'on portait autour de la forme du chapeau.

mouchoirs, étaient autant de parterres de fleurs, tant ils sentaient bon, baignés par l'eau des Anges et par la fleur d'orange dont on les inondait.

« Ces jours-là se passèrent en volant, comme se passent les années que le temps emporte, pendant lesquels, me voyant si bien servi et si bien choyé, je changeais en bon vouloir la mauvaise intention avec laquelle j'avais commencé cette affaire. Au bout de ce temps, un beau matin que j'étais encore au lit avec doña Estefania, on frappe à grands coups à la porte de la rue. La servante met le nez à la fenêtre, et se retirant aussitôt : « Qu'elle soit la bienvenue ! s'écrie-t-elle. Mais voyez un peu comme elle est arrivée plus vite qu'elle ne l'écrivait l'autre jour. — Qui est donc arrivé, petite fille ? lui demandai-je. — Qui ? répondit-elle ; eh ! c'est Mme doña Clementa Bueso ; avec elle vient le seigneur don Lope Melendez de Almendarez, et deux nouveaux domestiques, et Hortigosa, la duègne qu'elle avait emmenée. — Cours, fille, et ouvre-leur vite, s'écria sur-le-champ doña Estefania ; et vous, seigneur, je vous en prie par mon amour, ne vous troublez pas, ne vous mettez pas en colère, et ne répondez à rien de ce qu'on pourrait dire contre moi. — Comment ! répliquai-je ; qui donc pourrait dire, moi présent, quelque chose qui vous offense ? Dites-moi qui sont ces gens, car il me semble que leur arrivée vous a troublée vous-même. — Je n'ai pas le temps de vous répondre, me dit doña Estefania ; sachez seulement que tout ce qui peut se passer ici est simulé, et qu'il s'agit d'un certain projet, d'une certaine affaire concertée que je vous expliquerai plus tard. »

« Je voulais répondre à cela, mais je n'en eus pas le temps. Mme doña Clementa Bueso entra dans la salle, vêtue en satin vert lustré, avec des franges d'or, un mantelet de même étoffe et de même garniture, un chapeau à plumes vertes, blanches et rouges, orné d'une riche agrafe en or, et la moitié du visage cachée sous un voile de fine gaze. Derrière elle entra le seigneur don Lope Melendez de Almendarez, vêtu d'un habit de voyage aussi riche qu'élégant. La duègne Hortigosa fut la première à prendre la parole. « Jésus ! s'écria-t-elle qu'est-ce que cela ? Le lit de Mme doña Clementa est occupé, et par une occupation d'homme, encore ! Je vois de beaux miracles en cette maison. Par ma foi, Mme doña Estefania ne s'est pas gênée ; elle en a pris à cœur joie, confiante en l'amitié de madame. — Tu as bien raison, Hortigosa, repartit doña

Clementa; mais c'est à moi la faute. Qu'on me reprenne jamais à me faire des amies qui ne savent l'être que lorsqu'elles y trouvent leur compte! » A tous ces reproches, doña Estefania répondit : « Que Votre Grâce ne se fâche point, madame doña Clementa Bueso ; soyez sûre que tout ce que vous voyez dans cette maison ne se fait pas sans mystère. Quand vous en saurez la raison, je sais que vous me trouverez excusable et que vous n'aurez nul sujet de vous plaindre. »

« Cependant, j'avais mis mes chausses et mon pourpoint. Doña Estefania me prit par la main, me conduisit dans une autre pièce, et là me dit que cette Clementa, son amie, voulait jouer un tour à ce don Lope, qui l'accompagnait et qu'elle désirait épouser; que ce tour consistait à lui faire accroire qu'à elle appartenait la maison et tout ce qui s'y trouvait, et qu'elle allait lui en faire donation totale. « Le mariage conclu, ajouta-t-elle, il lui importera peu que la tromperie se découvre, tant elle se fie au grand amour qu'a pour elle don Lope; ensuite elle me rendra ce qui m'appartient, et vraiment on ne saurait lui en vouloir, ni à elle, ni à nulle autre femme, de chercher à se procurer un bon mari, fût-ce au moyen de quelque espièglerie. » Je lui répondis que c'était un bien grand service d'amitié qu'elle allait rendre, et qu'elle y prît garde d'abord, parce qu'ensuite il faudrait peut-être avoir recours à la justice pour rentrer dans son bien. Mais elle me répliqua par tant de raisons, elle me représenta qu'elle avait tant d'obligations à doña Clementa, qui l'obligeaient envers elle à des choses de plus grande importance, que, bien à contre-cœur et avec des remords de conscience, je fus contraint de me rendre au désir de doña Estefania. Elle m'assurait d'ailleurs que la tromperie pourrait durer huit jours au plus, et que nous les passerions chez une autre de ses amies. Nous achevâmes de nous habiller, elle et moi ; puis, entrant prendre congé de Mme doña Clementa Bueso et du seigneur don Lope Melendez de Almendarez, elle fit signe à mon domestique de charger le coffre sur son dos et de la suivre; moi, je la suivis aussi, sans prendre congé de personne.

« Doña Estefania s'arrêta devant la maison d'une de ses amies, et avant que nous y entrassions, elle fut un long espace de temps à causer avec elle, après quoi une servante sortit, et, nous dit d'entrer, moi et mon valet. Elle nous conduisit à une petite chambre où se trouvaient deux lits, mais si près l'un de l'autre qu'ils semblaient n'en faire qu'un, car il n'y avait pas d'espace pour les séparer, et leurs draps se baisaient. En effet, nous restâmes là six jours, pendant lesquels il ne se passa pas une heure que nous ne fussions en querelle, car je lui reprochais la sottise qu'elle avait faite en laissant ainsi sa maison et son bien, fût-ce à sa propre mère. J'allais, je venais, je me démenais si fort, qu'un jour doña Estefania étant sortie pour voir, disait-elle, où en était son affaire, notre hôtesse voulut savoir de moi pour quelle raison je la querellais si fort, et qu'est-ce qu'elle avait donc fait que je lui reprochais tant, en lui disant que c'était plutôt sottise parfaite que parfaite amitié. Moi, je lui contai toute l'histoire, et quand je vins à dire que je m'étais marié avec doña Estefania, et la dot qu'elle avait apportée, et la bêtise qu'elle avait faite de laisser sa maison et son avoir à doña Clementa, bien que ce fût avec la bonne intention d'attraper pour son amie un aussi noble mari que don Lope, l'hôtesse se mit à faire des signes de croix avec tant de hâte, et à répéter tant de fois : « Jésus, Jésus! la méchante femelle! » qu'elle me jeta dans un grand trouble. A la fin elle me dit : « Seigneur enseigne, je ne sais pas si j'agis contre ma conscience en vous découvrant des choses qui me la chargeraient aussi, j'imagine, si je vous les cachais; mais, à la grâce de Dieu! qu'il en arrive ce qu'il voudra; vive la vérité et meure le mensonge! La vérité est que doña Clementa Bueso est la véritable maîtresse de la maison et du mobilier dont on vous a fait donation dotale; et mensonge, tout ce que vous a dit doña Estefania. Elle n'a ni maison, ni bien, ni mobilier, ni d'autre habit que celui qu'elle porte. Ce qui lui a procuré l'occasion et le temps de faire cette tromperie, c'est que doña Clementa est allée visiter quelques parents dans la ville de Plasencia, et de là faire une neuvaine à Notre-Dame de Guadalupe. Pendant son absence, elle a laissé doña Estefania dans sa maison pour en prendre soin; car elles sont, en effet, fort bonnes amies. Mais, tout bien considéré, il n'y a pas de quoi tant accuser la pauvre dame, puisqu'elle a su acquérir pour mari une personne telle que celle du seigneur enseigne. »

« Là finit le discours de l'hôtesse et commença mon désespoir. Et, sans aucun doute, je me serais désespéré, si mon ange gardien eût négligé seulement un petit brin de me secourir. Heureusement qu'il accourut me dire au cœur : « Prends garde que tu es chrétien, et que le plus grand péché des hommes, c'est celui de la rage du désespoir; car c'est un péché de démons. » Cette réflexion ou bonne inspiration me rendit quelque courage, mais pas assez cependant pour m'empêcher de prendre ma cape et mon épée, de sortir de la maison, et de chercher doña Estefania, dans l'intention de faire sur elle un sanglant exemple. Mais le sort qui menait mes affaires, je ne sais si mieux ou pis, voulut que je ne trouvasse doña Estefania en aucun des endroits où je la cherchai. J'allai à San-Llorente; je me recommandai à Notre-Dame; je m'assis sur un banc, et le chagrin me donna un sommeil si pesant, que je ne me serais pas éveillé de sitôt si l'on ne m'eût éveillé. Bourrelé de tristes pensées, j'allai chez doña Clementa, que je trouvai parfaitement tranquille, comme maîtresse de sa maison. Je n'osai rien lui dire, parce que le seigneur don Lope se trouvait là. Je retournai chez mon hôtesse, qui me dit qu'elle avait conté à doña Estefania comment j'avais appris toute sa trame et toute sa fourberie; que celle-ci lui avait demandé quelle mine j'avais faite à semblable nouvelle; qu'elle lui avait répondu que j'avais fait fort mauvaise mine, et que j'étais sorti pour la chercher avec une mauvaise intention et une résolution pire encore; elle me dit enfin que doña Estefania avait emporté tout ce que renfermait la malle, sans m'y laisser autre chose qu'un habit de voyage. Ce fut alors bien une autre affaire! ce fut alors que Dieu eut de nouveau pitié de moi! J'allai voir mon coffre, et je le trouvai ouvert, comme une bière qui n'attend plus qu'un corps mort; et ce devait être le mien, en vérité, si j'avais eu assez d'esprit pour sentir et apprécier une si énorme disgrâce.

— Ce fut un grand malheur, en effet, interrompit en cet endroit le licencié Peralta, que doña Estefania ait emporté tant de chaînes et tant de galons; car enfin, comme on dit, avec du pain tous les maux se sentent moins. — Oh! cette perte ne m'a pas fait la moindre peine, répondit l'enseigne, car je pourrais dire aussi : don Simueque a cru me tromper avec sa fille la borgne, et, par Dieu, je suis contrefait d'un côté. — Je ne sais à quel propos Votre Grâce peut dire cela, répliqua le licencié. — Le propos est, repartit l'enseigne, que tout ce paquet, tout cet appareil de chaînes, de galons et de joyaux, pouvait valoir jusqu'à dix ou douze écus. — Cela n'est pas possible, s'écria le licencié, car la chaîne que le seigneur enseigne portait au cou semblait peser plus de deux cents ducats. — Cela serait vrai, repartit l'enseigne, si la réalité eût répondu à l'apparence. Mais, comme tout ce qui reluit n'est pas or, les chaînes, galons, bijoux et joyaux se contentaient d'être en laiton. A la vérité, ils étaient si bien faits, que le feu seul où la pierre de touche pouvait découvrir leur malice. — De cette façon, reprit le licencié, entre Votre Grâce et Mme doña Estefania, la partie est à deux de jeu? — Si bien à deux de jeu, répondit l'enseigne, que nous pouvons battre les cartes et recommencer. Mais le mal est, seigneur licencié, qu'elle pourra se défaire de mes chaînes, tandis que moi je ne me déferai pas de la fausseté de son action, car enfin, quoiqu'il m'en cuise, c'est mon objet. — Rendez grâce à Dieu, seigneur Campuzano, reprit Peralta, de ce qu'elle fût un objet à pieds, de ce qu'elle est partie, et de ce que vous n'êtes pas obligé de courir après. — Cela est vrai, répondit l'enseigne; mais enfin, sans que je la cherche, je la trouve toujours dans mon imagination, et, en quelque part que je sois, j'ai toujours mon affront présent. — Je ne sais que vous répondre, reprit Peralta, si ce n'est de vous rappeler ces deux vers de Pétrarque :

> Che chi prende diletto di far frode,
> Non s'ha di lamentar s'altro l'inganna.

ce qui veut dire, en notre langue, que celui qui prend plaisir à tromper autrui ne doit pas se plaindre quand il est trompé. — Oh! je ne me plains pas d'elle, répliqua l'enseigne, mais je me plains moi-même; car le coupable, tout en reconnaissant sa faute, n'en ressent pas moins la douleur du châtiment. Je vois bien que j'ai voulu tromper et qu'on m'a trompé, car on m'a blessé de mes propres armes; mais je ne puis tellement contenir mon affliction que je ne me plaigne de moi-même. Finalement, pour revenir à mon histoire, car on peut bien donner ce nom au récit de mes aventures, j'appris que doña Estefania s'était fait emmener par le cousin qui avait assisté à nos noces, et qui était dès longtemps son bon ami à toute chance et à tout événement. Je ne voulus pas la chercher, crainte de trouver le mal qui me manquait. Je changeai de logis, et je changeai de poil peu de jours après, car voilà que les cils et les sourcils commencent à me tomber; peu à peu les cheveux s'en vont aussi, et je reste chauve avant l'âge, ayant attrapé une maladie qu'on appelle alopécie, et, d'un autre nom plus clair, la pelade. Je me trouvai ce qui s'appelle tout à fait tondu, car je n'avais ni barbe à peigner ni argent à dépenser. La maladie fit son chemin au pas de ma misère, et, comme la pauvreté fait taire le point d'honneur, comme elle envoie les uns à la potence, les autres à l'hôpital, et qu'elle fait passer les autres sous les portes de leurs ennemis avec force prières et soumissions (ce qui est l'une des plus grandes misères qui puissent arriver à un infortuné), pour ne pas dépenser à ma guérison les habits qui devaient me couvrir et me faire honneur en bonne santé, quand le temps arriva où l'on donne des frictions sudorifiques à l'hôpital de la Résurrection, j'y entrai, et j'y pris quarante suées. On dit que j'en serai quitte, si je me soigne bien. J'ai une épée; quant au reste, que Dieu se charge d'y remédier. »

Le licencié offrit de nouveau ses services à l'enseigne, fort surpris des choses qu'avait contées celui-ci. « Pardieu, Votre Grâce s'étonne de peu, seigneur Peralta, dit l'enseigne; il me reste à vous conter d'autres aventures qui surpassent tout ce que l'imagination peut supposer, car elles sortent des bornes de la nature. Que Votre Grâce n'en veuille pas savoir davantage, sinon qu'elles sont de telle sorte que je tiens pour bien employées toutes mes disgrâces, puisqu'elles m'ont fait entrer à l'hôpital, où j'ai vu ce que je vais vous dire, ce qu'à présent ni jamais Votre Grâce ne voudra croire, et ce que personne au monde ne voudra croire. »

Tous ces préambules, tous ces éloges anticipés que faisait l'enseigne avant de raconter ce qu'il avait vu, enflammaient tellement la curiosité de Peralta, qu'avec non moins d'instances il le supplia de lui conter vite et vite les merveilles qui lui restaient à dire.

« Votre Grâce, dit l'enseigne, aura sans doute vu deux chiens qui vont de nuit, portant deux lanternes, avec les frères Capacha, et qui les éclairent quand ils demandent l'aumône[1]? — Oui, je les ai vus, répondit Peralta. — Sans doute aussi, reprit l'enseigne, vous aurez vu ou entendu dire ce qu'on raconte d'eux, à savoir que, si quelqu'un jette par la fenêtre une aumône qui tombe à terre, ils accourent aussitôt éclairer pour qu'on la cherche, et qu'ils s'arrêtent devant les fenêtres d'où l'on a coutume de leur jeter l'aumône. Quoiqu'ils

---

1. Au dire de Cervantès lui-même, on les appelait *les chiens de Mahudès* Les frères de la Capacha, qu'ils accompagnaient de nuit, portant chacun deux lanternes aux bouts d'un bâton qu'ils tenaient dans la gueule, étaient ainsi nommés, parce qu'ils demandaient l'aumône, pour l'hôpital, dans de petits paniers de jonc appelés *capachas*.

montrent dans ce métier tant de douceur qu'ils semblent plutôt des agneaux que des chiens, ce sont de vrais lions à l'hôpital, où ils font la garde avec beaucoup de soin et de vigilance. — J'ai ouï dire, en effet, tout cela, répondit le licencié; mais je ne puis ni ne dois en crier merveille. — Eh bien! ce que je vais vous dire d'eux à présent, reprit l'enseigne, va vous étonner, et, sans faire de signes de croix, sans alléguer que c'est impossible, il faut que Votre Grâce se résigne à le croire. C'est que j'ai entendu de mes oreilles, et presque vu de mes yeux ces deux chiens, dont l'un s'appelle Scipion et l'autre Berganza, se coucher derrière mon lit sur de vieux tapis de jonc, une nuit qui fut l'avant-dernière de mes suées. Au milieu de cette nuit, étant dans l'obscurité, les yeux bien ouverts pensant à mes aventures passées et à mes malheurs présents, j'entendis parler tout près de moi, et me mis à écouter avec une grande attention pour voir si je pourrais parvenir à connaître qui parlait et de quoi l'on parlait. Bientôt je découvris, par ce qu'ils disaient, quels étaient ceux qui parlaient, et c'étaient les deux chiens Scipion et Berganza. »

À peine Campuzano eut-il achevé ces paroles, que le licencié se leva. « Halte-là, seigneur Campuzano, s'écria-t-il. Jusqu'à présent, j'étais en doute si je croirais ou non ce que Votre Grâce m'a raconté de son mariage; mais, ce que vous me contez à présent, que vous avez entendu parler des chiens, me fait prendre le parti de ne rien croire du tout. Par l'amour de Dieu, seigneur enseigne, ne vous avisez pas de raconter à personne de semblables billevesées, à moins que ce ne soit à quelqu'un qui se pique d'être autant que moi votre ami. — Oh! n'allez pas me croire si ignorant, reprit Campuzano, que je ne sache très-bien qu'à moins d'un miracle, les animaux ne peuvent parler. Je n'ignore pas que si les sansonnets, les pies et les perroquets parlent, ce ne sont que des mots qu'ils apprennent par cœur, et parce qu'ils ont la langue bien disposée pour les prononcer. Mais ce n'est pas une raison pour qu'ils puissent parler et répondre d'une manière sensée, comme ces deux chiens parlaient entre eux. Aussi, bien des fois, depuis que je les ai moi-même entendus, n'ai-je pas voulu ajouter foi à moi-même; j'ai voulu tenir pour un rêve ce que réellement, étant bien éveillé, avec mes cinq sens, tels qu'il a plu à Notre-Seigneur de me les accorder, j'ai entendu, noté, retenu, et, finalement, écrit, sans qu'il y manque une parole pour le fond ni pour l'arrangement. Cela peut fournir un indice suffisant pour persuader et faire croire que je dis la vérité. Les choses dont ils traitèrent étaient graves, de diverses espèces, et plus faites peut-être pour être discutées par de savants personnages que pour sortir de gueules de chiens. Ainsi donc, puisque je n'ai pu les inventer de mon cru, en dépit de moi-même et de mon opinion, je finis par croire que je ne rêvais pas, et que les chiens parlaient. — Corps du soleil ! s'écria le licencié, est-ce que nous serions revenus au temps de Mari-Castaña, quand les citrouilles parlaient, ou bien au temps d'Ésope, lorsque le coq jasait avec le renard, et les bêtes les unes avec les autres ! — Je serais l'une de ces bêtes, et la plus grande de toutes, répliqua l'enseigne, si je croyais ce temps-là revenu. Mais je ne le serais pas moins, si je refusais de croire à ce que j'ai entendu, à ce que j'ai vu, à ce que j'oserais jurer sous serment, pour obliger à me croire l'incrédulité même. Mais supposons que je me sois trompé, que ma réalité soit un songe, et qu'il y ait folie de ma part à la soutenir, est-ce que Votre Grâce, seigneur Peralta, ne serait pas bien aise de voir écrites en dialogue les choses qu'ont dites ces chiens, ou qui que ce fût ? — Pourvu, répliqua le licencié, que Votre Grâce ne se fatigue pas à me faire accroire qu'elle a entendu parler les chiens ; j'entendrai de bon cœur ce dialogue ; car, de ce qu'il provient de l'esprit ingénieux du seigneur enseigne, je le juge déjà fort bon. — Eh bien ! il y a sur cela autre chose à dire, reprit l'enseigne : c'est qu'étant fort attentif, ayant d'ailleurs le jugement très-fin, très-délicat, et la mémoire très-vide et très-éveillée, grâce aux nombreux grains de raisin sec et d'amandes que j'avais mangés, j'ai tout retenu par cœur, et j'ai transcrit le lendemain presque les mêmes paroles que j'avais entendues, sans chercher des fleurs de rhétorique pour les parer, sans rien ôter et rien mettre pour rendre le récit plus agréable. La conversation ne dura pas seulement une nuit, mais deux nuits consécutivement. Je n'ai toutefois écrit que la première, qui est la vie de Berganza ; celle du camarade Scipion, qui fut racontée la seconde nuit, je pense l'écrire quand je verrai que celle-là est crue, ou du moins qu'elle n'est pas méprisée. J'ai le dialogue dans ma poche, et, si je l'ai mis en forme de dialogue, c'est pour épargner les *dit Scipion, répondit Berganza*, qui ne font qu'allonger l'écriture. »

En disant cela, l'enseigne tira un cahier de son sein, et le mit dans les mains du licencié, qui le reçut en riant, comme prenant en plaisanterie tout ce qu'il avait entendu et tout ce qu'il pensait lire. « Je vais dormir dans ce fauteuil, dit l'enseigne, pendant que Votre Grâce lira, s'il lui plaît, ces rêves ou ces sottises, qui n'ont rien autre chose de bon, si ce n'est qu'on peut les laisser quand elles ennuient. — Faites à votre aise, répondit Peralta ; moi, je serai bientôt au bout de cette lecture. » L'enseigne s'étendit sur son siége, et le licencié ouvrit le cahier, au commencement duquel il vit le titre suivant :

DIALOGUE

ENTRE

SCIPION ET BERGANZA,

CHIENS DE L'HÔPITAL DE LA RÉSURRECTION.

SCIPION. — Ami Berganza, laissons cette nuit l'hôpital sous la garde de la confiance, et retirons-nous dans cette solitude, sur ces vieux tapis de jonc, où nous pourrons jouir, sans être entendus, de cette grâce inouïe que le ciel nous a faite à tous deux en même temps.

BERGANZA. — Frère Scipion, je t'entends parler, et je sais que je te parle, et pourtant je ne puis le croire, car il me semble qu'en parlant nous violons les lois de la nature.

SCIPION. — C'est bien vrai, Berganza, et ce miracle devient encore plus grand en ce que non-seulement nous parlons, mais en ce que nous parlons sensément, comme si nous étions doués de raison, tandis que nous en sommes complétement privés; car la différence qu'il y a de la brute à l'homme, c'est que l'homme est un animal raisonnable, et la brute un animal sans raison.

BERGANZA. — Tout ce que tu dis, Scipion, je l'entends. Mais que tu le dises et que je l'entende, cela me cause un nouvel étonnement, une nouvelle admiration. A la vérité, dans le cours de ma vie, j'ai entendu maintes fois parler de nos grandes prérogatives, tellement que quelques-uns ont voulu reconnaître en nous un instinct naturel, si vif, si subtil, si ingénieux en plusieurs choses, qu'il témoigne clairement que peu s'en faut que nous ne montrions avoir un je ne sais quoi d'intelligence, capable de raisonnement.

SCIPION. — Ce que j'ai beaucoup entendu louer et vanter en nous, c'est notre grande mémoire, notre reconnaissance et notre fidélité, au point qu'on a l'habitude de nous peindre pour le symbole de l'attachement. Ainsi tu auras vu, si tu as fait attention à cela, que, sur les tombeaux d'albâtre, où sont représentées d'habitude les figures de ceux qu'ils renferment, quand ce sont un mari et une femme, on place à leurs pieds une figure de chien, pour signifier qu'ils se sont gardé durant leur vie une affection et une fidélité inviolables.

BERGANZA. — Je sais bien, en effet, qu'il y a eu des chiens si reconnaissants, qu'ils se sont jetés avec le cadavre de leurs maîtres dans la même sépulture. D'autres sont restés sur les tombeaux où étaient enfermés leurs maîtres, sans les quitter et sans manger, jusqu'à ce qu'ils eussent perdu la vie. Je sais aussi qu'après l'éléphant, le chien a la première place pour sembler avoir de l'intelligence, puis le cheval, puis le singe ensuite.

SCIPION. — Cela est vrai ; mais tu confesseras que tu n'as vu ni ouï dire qu'éléphant, chien, cheval ou guenon ait jamais parlé. De là je conclus que ce don de la parole qui nous est venu tout à coup rentre dans la classe de ces choses qu'on appelle prodiges, lesquels, à ce qu'enseigne l'expérience, annoncent, quand ils se montrent, qu'une grande calamité menace les humains.

BERGANZA. — De cette façon, je n'aurai pas grand'peine à tenir pour signe de prodige ce que j'entendis, ces jours passés, dire à un étudiant, en passant par Alcala de Henarès.

SCIPION. — Que lui as-tu donc entendu dire ?

BERGANZA. — Que, sur cinq mille étudiants qui fréquentaient cette année les cours de l'université, deux mille étudiaient la médecine.

SCIPION. — Eh bien ! qu'est-ce que tu conclus de cela ?

BERGANZA. — Je conclus, ou que ces deux mille médecins devront avoir des malades à visiter, ce qui serait une vraie plaie, un malheur public, ou qu'ils devront mourir de faim.

SCIPION. — Quoi qu'il en soit, prodige ou non, il est de fait que nous avons la parole. Quand le ciel ordonne qu'une chose arrive, il n'y a ni diligence, ni sagesse humaine qui puisse l'empêcher. Ainsi, ne nous mettons pas à disputer sur le comment ou le pourquoi nous parlons. Il vaut bien mieux prendre à la volée ce bon jour, ou cette bonne nuit. Puisque nous sommes si bien couchés sur ces tapis de jonc, et que nous ne savons pas combien durera notre bonheur, sachons du moins le mettre à profit, et parlons tant que la nuit durera, sans permettre au sommeil de nous rogner ce plaisir, de moi si longtemps désiré.

BERGANZA. — Et de moi, je t'assure : car, depuis que j'ai la force de ronger un os, j'ai le désir de parler, pour dire des choses qu'il me fallait déposer dans ma mémoire, où, d'être trop vieilles et trop nombreuses, elles se moisissaient ou s'oubliaient. Mais à présent que, sans y penser, je me vois enrichi de ce don divin de la parole, je pense en profiter et en jouir le plus que je pourrai, me donnant hâte à dire tout ce qui me viendra dans la tête, quand même ce serait sans suite, sans liaison, à tort et à travers; car je ne sais quand on viendra me redemander ce bien, qui m'est seulement prêté.

SCIPION. — Voici comment il faut faire, ami Berganza. Cette nuit tu me conteras ta vie, et les événements par où tu as passé pour arriver au point où tu te trouves à présent. Si demain soir nous sommes encore doués de la parole, je te conterai la mienne. Il vaut mieux employer le temps à raconter sa propre vie qu'à chercher à savoir celle d'autrui.

BERGANZA. — Toujours je t'ai tenu, Scipion, pour avoir du sens et pour être mon ami; maintenant plus que jamais : car tu veux, comme ami, me dire tes aventures et connaître les miennes, et, comme doué de sens, tu as partagé le temps où nous pourrons réciproquement nous les confier. Mais assure-toi d'abord que personne ne nous écoute.

SCIPION. — Personne, à ce que je crois. Il y a bien, ici près, un soldat qui prend des suées; mais, à cette heure, il sera plus occupé de dormir que d'écouter personne.

BERGANZA. — Eh bien! puisque je peux parler en toute assurance, écoute donc. Si ce que je viendrai à te dire te fatigue, ou reprends-moi, ou fais-moi taire.

SCIPION. — Parle jusqu'à ce que le jour vienne, ou jusqu'à ce qu'on nous dérange. Je t'écouterai de bon cœur et sans t'interrompre, à moins que je ne le croie nécessaire.

BERGANZA. — Il me semble que la première fois que j'ai vu le soleil, ce fut à Séville, et à l'abattoir, qui est hors de la porte de la Viande, d'où j'imaginerais, n'était ce que je dirai plus tard, que mes parents durent être des dogues, de ceux qu'élèvent les exécuteurs de ce lieu de confusion, auxquels on donne le nom de bouchers [1]. Le premier que je connus pour

---

1. *Jiferos.* Ce n'est pas précisément le mot de *bouchers*, mais un nom

maître fut un certain Nicolas le Camus, garçon robuste, trapu et colérique, comme le sont tous ceux qui exercent la boucherie. Ce Nicolas m'apprenait, à moi et à d'autres jeunes chiens, à attaquer les taureaux, en compagnie de vieux dogues, et à les saisir par les oreilles. Je devins, avec une facilité singulière, un aigle dans ce métier.

SCIPION. — Je ne m'en étonne point, Berganza. Comme faire le mal vient de notre fonds naturel, on apprend sans peine à mal faire.

BERGANZA. — Que te dirai-je, frère Scipion, de ce que j'ai vu dans cet abattoir, et des choses monstrueuses qui s'y passent? D'abord, suppose à l'avance que tous ceux qui y travaillent, du plus petit au plus grand, sont des gens de conscience large, des gens dénaturés, sans âme, ne craignant ni le roi ni la justice, et vivant presque tous en concubinage. Ce sont de vrais oiseaux de proie se nourrissant de chair. Ils s'entretiennent, eux et leurs maîtresses, avec ce qu'ils volent. Tous les matins des jours gras, l'abattoir est rempli, avant le point du jour, de petites femmes et de petits garçons, tous avec des sacs, qu'ils apportent vides et qu'ils remportent pleins de morceaux de viande. On ne tue pas une bête que ces gens n'en prélèvent la dîme et les prémices sur le plus savoureux et le plus appétissant. Comme à Séville il n'y a point d'entrepreneur chargé des approvisionnements de viande ; chacun peut amener le bétail qui lui plaît, et les animaux qu'on tue en premier lieu tantôt sont de la première viande, tantôt de la moins taxée. Avec cet arrangement, il y a toujours grande abondance. Les maîtres se recommandent aux braves gens dont je viens de parler, non pour qu'ils ne les volent pas, ce serait impossible, mais pour qu'ils se modèrent sur les tranches qu'ils escroquent aux bêtes abattues, car ils les élaguent et les recèpent comme si c'étaient des saules et des treilles. Mais ce qui m'étonnait le plus et me semblait le pire, c'était de voir que ces bouchers vous tuent un homme avec la même facilité qu'une vache. Pour un rien, un enfantillage, ils vous enfoncent une lame de coutelas dans le ventre d'une personne, comme s'ils saignaient un taureau. C'est un miracle s'il se passe un jour sans querelles, sans blessures et quelquefois sans meurtres. Tous se piquent de bravoure, tous

---

de mépris qu'on applique aux gens de cette profession, et qui n'a point de corrélatif en français.

font les fanfarons, et souvent même de plus vilains métiers. Il n'y en a pas un qui n'ait son ange gardien sur la place San-Francisco[1], gagné par des filets et des langues de bœuf. Finalement, j'ai ouï dire à un homme d'esprit qu'il y avait trois choses à Séville que le roi avait à conquérir : la rue de la Caza, la Costanilla[2], et l'abattoir.

SCIPION. — Si, pour peindre la condition des maîtres que tu as eus et les défauts inhérents à leurs métiers, tu es chaque fois, ami Berganza, aussi long que celle-ci, il faudra demander au ciel qu'il nous accorde la parole tout au moins pour un an; et je crains qu'au train où tu vas, tu n'arrives pas à la moitié de ton histoire. Je veux te faire observer une chose, dont tu feras à ton tour l'expérience quand je te conterai les événements de ma vie : c'est que, parmi les histoires, les unes renferment la grâce en elles-mêmes, les autres dans la manière de les conter. Je veux dire qu'il y en a quelques-unes qui, bien que racontées sans préambule et sans ornement, font plaisir à entendre. Il en est d'autres qu'il faut revêtir de paroles, et qui, avec des gestes du visage et de la main, avec des inflexions de voix, de rien se font quelque chose; qui enfin, de fades et pâles, deviennent agréables et piquantes. N'oublie pas cet avertissement pour le mettre à profit dans ce qui te reste à dire.

BERGANZA. — C'est ce que je ferai, si je le puis, et si l'extrême tentation que j'ai de parler me laisse y prendre garde. Il me semble plutôt que je ne pourrai qu'à grande peine me retenir la main.

SCIPION. — Retiens plutôt ta langue; c'est d'elle que viennent les plus grands maux de la vie humaine.

BERGANZA. — Je dis donc que mon maître m'apprit à porter un panier dans la gueule, et à le défendre contre quiconque voudrait me l'enlever. Il m'apprit aussi la demeure de sa bonne amie. De cette façon, l'on évita les voyages de sa servante à l'abattoir, car je portais le matin à la belle ce qu'il avait volé la nuit. Un jour qu'entre chien et loup j'allais diligemment lui porter la ration, je m'entendis appeler par mon nom d'une fenêtre; je levai les yeux, et vis une jeune fille, belle au dernier point. Je m'arrêtai un moment; elle descendit à la

---

1. C'est-à-dire un protecteur parmi les bas-officiers de justice, *escribanos*, *alguaziles* et *corchetes*.

2. Quartiers de la populace.

porte de la rue, et m'appela de nouveau. Je m'approchai d'elle, comme pour voir ce qu'elle me voulait, et ce ne fut autre chose que me prendre ce que je portais dans le panier, et me mettre en place une vieille pantoufle. Alors je me dis à part moi : « La chair s'en est allée à la chair. » La jeune fille me dit, après m'avoir pris la viande : « Allez, Gavilan[1], ou comme on vous appelle, et dites à Nicolas le camus, votre maître, qu'il ne se fie plus à des animaux, et que du loup il ne faut pas seulement toucher la queue[2]. » J'aurais bien pu lui reprendre ce qu'elle m'avait pris; mais je ne le voulus pas, pour ne point mettre ma gueule sale et sanglante sur ses mains blanches et propres.

SCIPION. — Tu fis très-bien, car c'est une prérogative de la beauté, qu'on lui doit toujours porter respect.

BERGANZA. — C'est ce que je fis, et je revins à mon maître sans la ration, et avec la vieille pantoufle. Il trouva que j'étais revenu bien vite; puis il aperçut la savate, devina le tour, tira un couteau de sa poche, et me lança une telle estocade, que, si je n'eusse évité le coup, tu n'aurais jamais entendu cette histoire, ni beaucoup d'autres que je pense te conter. Je pris mes jambes à mon cou, et, enfilant la venelle des mains et des pieds, par derrière San-Bernardo, je m'en allai tout à travers ces champs de Dieu, où il plut à la fortune de m'emmener.

Cette nuit-là, je dormis à la belle étoile, et le lendemain le sort m'envoya un troupeau de brebis et de moutons. Dès que je le vis, je m'imaginai que j'avais trouvé là une situation à jamais prospère : car il me semblait que l'office le plus propre et le plus naturel aux chiens était de garder un troupeau, œuvre qui renferme en soi une vertu bien grande, comme l'est celle de défendre et de protéger les humbles et les faibles contre les superbes et les puissants. A peine un des trois bergers qui gardaient le troupeau m'eut-il aperçu, qu'il m'appela en disant *to*, *to*. Moi, qui ne désirais pas autre chose, je vins à lui, baissant la tête et remuant la queue. Il me passa la main sur le dos, m'ouvrit la gueule, me cracha dedans, regarda mes crochets, reconnut mon âge, et dit aux autres bergers que

---

1. Épervier.
2. Il y a dans l'original : *Del lobo un pelo, y ese de la espuerta*; jeu de mots sur *espuerta*, qui veut dire panier, en espagnol, et, dans le jargon des bohémiens, quelque chose qu'on ne nomme guère que par périphrase.

j'avais toutes les marques qui indiquent un chien de race. En ce moment arriva le maître du troupeau, monté sur une jument grise, à l'écuyère, portant lance et bouclier, ce qui le faisait plutôt ressembler à un soldat garde-côte qu'à un propriétaire de troupeaux. « Quel est ce chien-là? demanda-t-il au berger. Il m'a l'air d'être bon. — Votre Grâce peut le croire, répondit le berger. Je l'ai bien examiné, et il n'y a pas un signe chez lui qui n'annonce et ne promette un fameux chien. Il vient de s'approcher de nous, et je ne sais à qui il appartient, bien que je sache qu'il n'appartient pas aux troupeaux d'alentour. — Eh bien! puisqu'il en est ainsi, reprit le maître, mets-lui vite le collier de Léoncillo[1], le chien qui est mort, donne-lui la même ration qu'aux autres, et caresse-le tant que tu pourras, pour qu'il s'affectionne au troupeau et ne le quitte plus désormais. » Cela dit, il s'en alla, et le berger me mit au cou un gros collier armé de pointes de fer, après m'avoir donné dans une auge de bois une copieuse soupe au lait. Il se chargea aussi de me donner un nom, et m'appela Barcino[1]. Je me trouvai bien rassasié par mon second maître et satisfait du nouveau métier. Aussi, je me montrai soigneux et diligent pour la garde du troupeau. Je ne m'en éloignais jamais qu'aux heures de la sieste, que j'allais passer soit à l'ombre de quelque arbre, de quelque roche, de quelque buisson, soit sur le bord de quelqu'un des ruisseaux qui courent en grand nombre dans ces parages. Mais ces heures de mon repos, je ne les passais point oisives : car je m'occupais alors la mémoire à me rappeler bien des choses, spécialement la vie que j'avais menée dans l'abattoir, et celle que menaient mon maître et tous ceux qui, comme lui, étaient soumis à satisfaire les caprices impertinents de leurs maîtresses. Oh! que de choses je pourrais te dire maintenant parmi celles que j'appris à l'école de cette bouchère, dame de mon maître! mais il vaut mieux les taire, crainte que tu ne me tiennes pour diffus et pour médisant.

SCIPION. — Comme, à ce que j'ai ouï dire, un grand poëte de l'antiquité disait qu'il était fort difficile de ne pas écrire de satires, je permettrai que tu médises un peu, mais jusqu'à la lumière et non jusqu'au sang; je veux dire, que tu signales les choses, mais que tu ne blesses pas les personnes, car la médisance est mauvaise, quelque rire qu'elle excite, dès

---

1. Lionceau. — 2. Roussâtre, couleur de vache.

qu'elle tue quelqu'un ; et, si tu peux plaire sans elle, je te tiendrai pour un prodige d'esprit.

BERGANZA. — Je suivrai ton conseil, et j'attendrai bien impatiemment que le temps vienne où tu me conteras les événements de ta vie : car de quelqu'un qui sait si bien reconnaître et corriger les défauts que je montre en racontant mon histoire, on doit attendre qu'il racontera la sienne de manière à enseigner et à réjouir tout à la fois. Mais enfin, rattachant le fil rompu de mon récit, je dis que, pendant le silence et la solitude de mes siestes, je considérais, entre autres choses, que tout ce qu'on raconte de la vie des bergers ne devait pas être vrai, au moins de ceux dont la bonne amie de mon maître lisait les aventures dans des livres, quand j'allais chez elle. Tous ces livres parlaient de bergers et de bergères, disant que leur vie se passait à chanter, à jouer de la musette, du chalumeau, du luth, de la cornemuse, et d'autres instruments extraordinaires. Je me mettais à l'écouter lire, et la voilà qui lisait comment le berger d'Amphryse chantait d'une façon divine les louanges de la sans pareille Bélisarde, sans qu'il y eût dans toutes les montagnes de l'Arcadie un seul arbre à l'ombre duquel il ne se fût assis pour chanter, depuis que le soleil se levait des bras de l'Aurore jusqu'à ce qu'il se couchât dans ceux de Téthys ; et même, quand la sombre nuit avait étendu sur la face de la terre l'obscurité de ses ailes noires, il ne cessait point ses plaintes bien chantées et pleurées mieux encore. La dame n'oubliait pas entre les lignes le pasteur Elicio, plus amoureux que hardi, de qui elle disait que, sans s'occuper de ses amours et de son troupeau, il prenait plutôt part aux afflictions d'autrui. Elle disait encore que le fameux berger de Philida, peintre unique d'un unique portrait, avait été plus présomptueux que fortuné. Quant aux évanouissements de Sireno et au repentir de Diane, elle rendait grâce à Dieu, disait-elle, et à la sage Felicia, de ce qu'avec son eau enchantée elle avait renversé cette machine d'intrigues amoureuses et démoli ce labyrinthe de difficultés[1]. Je me rappelais beaucoup d'autres livres de la même espèce que je lui avais entendu lire ; mais ils n'étaient vraiment pas dignes d'occuper ma mémoire.

SCIPION. — Il paraît, Berganza, que tu mets mon conseil à

---

[1]. Allusion aux personnages et aux aventures de la *Diana*, nouvelle pastorale en prose et en vers, par Jorge de Montemayor.

profit. Médis, pique, mords, emporte la pièce, et que ton intention soit louable, bien que le coup de langue ne le soit pas.

BERGANZA. — Dans ces matières, ce n'est jamais la langue qui trébuche, à moins que l'intention ne soit déjà par terre. Mais si par hasard, soit négligence, soit malice, je médisais du prochain, je répondrai à ceux qui m'en feraient le reproche ce que répondit Mauléon, poëte sot, et académicien pour rire de l'Académie des *Imitateurs*[1], à quelqu'un qui lui demandait ce que voulait dire *Deum de Deo* ; il répondit : « Donne d'en bas ou d'en haut[2]. »

SCIPION. — Cette réponse fut d'un imbécile ; mais toi, si tu as de l'esprit, ou si tu veux en avoir, tu ne dois jamais rien dire dont il faille ensuite t'excuser. Continue.

BERGANZA. — Je dis donc que toutes ces pensées, et bien d'autres encore, me venaient en voyant combien les manières et les occupations de mes bergers, et de tous les gens de cette plage, étaient différentes de celles que j'avais entendu prêter aux bergers des livres. En effet, si les miens chantaient, ce n'étaient pas des chansons harmonieuses et bien composées, mais un : *Gare au loup!* un : *Où va Juanica*, et d'autres refrains semblables ; et cela non pas au son d'une musette ou d'un chalumeau, mais au bruit que faisaient une houlette frappée contre une autre, ou de petits tuileaux mis entre les doigts ; non pas avec des voix délicates, sonores et merveilleuses, mais avec des voix si rauques que, seuls ou ensemble, ils ne paraissaient pas chanter, mais crier ou grogner. Ils passaient presque tout le jour à chercher leurs puces ou à ravauder leurs sandales de peaux. On n'entendait nommer parmi eux ni Amaryllis, ni Philis, ni Galatée, ni Diane, et ils ne s'appelaient ni Lisardo, ni Lauso, ni Jacinto, ni Riselo[1] ; c'étaient tous des Antoine, des Dominique, des Paul et des Laurent. De là je vins à comprendre ce que j'imagine que tout le monde doit croire ; c'est que tous ces livres sont autant de choses rêvées et écrites pour l'amusement des oisifs, mais qu'il n'y a pas un mot de vrai. Autrement, parmi mes bergers, il y au-

---

1. Académie fondée à Madrid, vers 1586, en imitation de celles d'Italie.
2. En espagnol *de donde diore*. Le même mot est cité par Cervantès dans le chapitre LXXI de la seconde partie du *Don Quichotte*.
3. Personnages de divers poëmes pastoraux, entre autres de la *Galatea* de Cervantès.

rait bien eu quelque reste, quelques vestiges de cette vie bienheureuse, de ces prés fleuris, de ces vastes forêts, de ces monts sacrés, de ces beaux jardins, de ces clairs ruisseaux, de ces fontaines cristallines, de ces galanteries aussi fines qu'honnêtes, de ces évanouissements du berger par ici et de la bergère par là, du son de la musette à droite et des pipeaux à gauche.

SCIPION. — Assez, Berganza; reviens à ton sentier, et marche en avant.

BERGANZA. — Je te remercie, ami Scipion; car si tu ne m'eusses pas averti, je m'échauffais si bien le gosier que je n'aurais pas fini sans te décrire un livre entier de ceux qui me trompaient si bien. Mais un temps viendra où je dirai tout cela en meilleurs termes et avec plus de suite et d'à-propos qu'à présent.

SCIPION. — Regarde à tes pieds et tu déferas la roue[1], Berganza; je veux dire, prends garde que tu es un animal dépourvu de raison, et, si maintenant tu en montres quelque peu, nous avons déjà reconnu entre nous deux que c'est une chose inouïe et surnaturelle.

BERGANZA. — Cela serait vrai si j'étais encore dans ma première ignorance; mais, à présent qu'il me revient en mémoire ce que j'aurais dû te dire au commencement de notre conversation, non-seulement je ne m'étonne plus de parler, mais je m'émerveille de passer tant de choses sous silence.

SCIPION — Eh bien! ne peux-tu dire à présent ce qu'à présent tu te rappelles?

BERGANZA. — C'est une certaine aventure qui m'est arrivée avec une grande sorcière, disciple de la Camacha de Montilla.

SCIPION. — Je te prie de me la conter avant que tu continues l'histoire de ta vie.

BERGANZA. — Oh! non; je ne le ferai pas avant le temps. Prends patience et écoute mes aventures dans leur ordre. De cette façon elles te feront plus de plaisir, à moins que tu ne sois démangé du désir de savoir le milieu avant le commencement.

SCIPION. — Sois bref, et conte ce que tu voudras, comme tu le voudras.

BERGANZA. — Je dis donc que je me trouvais bien du métier de garder un troupeau; il me semblait que je mangeais le

---

1. Phrase proverbiale, qui s'adresse au paon.

pain de mon travail et de ma sueur, et que l'oisiveté, racine et mère de tous les vices, n'avait rien à voir avec moi. En effet, si je me reposais de jour, de nuit je ne dormais pas, car les loups nous donnaient fréquemment l'assaut et nous faisaient crier aux armes! A peine les bergers m'avaient-ils dit : « Au loup, Barcino! » que je courais avant tous les autres chiens du côté où ils me montraient qu'était le loup. Je parcourais les vallons, je fouillais les montagnes, je battais les forêts, je sautais les ravins, je croisais les routes, et, le matin je revenais au troupeau, sans avoir trouvé ni le loup ni sa trace, essoufflé, harassé, mis en pièces, les pieds meurtris, et je trouvais à la bergerie, tantôt une brebis morte, tantôt un mouton saigné et demi-dévoré par le loup. Je me désespérais de voir combien peu servaient mon zèle et ma diligence. Le maître du troupeau venait de temps en temps; les bergers allaient le recevoir avec les peaux des bêtes mortes; il grondait les bergers pour leur négligence, et faisait rosser les chiens pour leur paresse ; sur nous pleuvaient les coups de bâton, et sur eux les reproches. Aussi, voyant un jour qu'on m'avait châtié sans motif, et que mon zèle, ma légèreté, mon courage, ne servaient à rien pour prendre le loup, je résolus de changer de batterie, et de ne pas m'éloigner à sa recherche, comme j'en avais coutume, mais de rester près du troupeau : « Car, me disais-je, puisque le loup vient jusque-là, je serai plus sûr de le prendre. » Chaque semaine on sonnait l'alarme, et, par une nuit très-obscure, j'eus d'assez bons yeux pour voir les loups dont il était impossible que le troupeau se défendît. Je me blottis derrière un buisson; les chiens, mes camarades, passèrent en courant, et de là, je guettai et vis deux bergers qui empoignèrent un mouton, des plus gras de la bergerie, et le tuèrent de façon que véritablement le matin on eût dit que le véritable loup avait été son bourreau. Je restai stupéfait, anéanti, quand je vis que les bergers étaient les loups, et que ceux-là dévoraient le troupeau à qui la garde en était confiée. Aussitôt ils faisaient savoir au maître l'attaque du loup; ils lui donnaient la peau, une partie de la viande, et mangeaient le reste, c'est-à-dire le meilleur. Le maître recommençait à les gronder; eux recommençaient à battre les chiens; il n'y avait pas de loup, et le troupeau diminuait : j'aurais voulu dénoncer la ruse, mais je me trouvais muet. Tout cela me remplissait d'étonnement et d'affliction. « Bon Dieu! disais-je à part moi, qui pourra remédier à cette iniquité? qui aura le pouvoir de faire entendre que la défense attaque, que les sentinelles dorment, que la confiance dérobe, et que celui qui vous garde vous tue? »

SCIPION. — Et tu disais fort bien, Berganza; car il n'y a pas de plus grand et de plus subtil larron que le voleur domestique; aussi périt-il plus de gens confiants que de gens avisés. Oui, le mal est qu'il est impossible de bien passer le temps en ce monde sans se fier et se confier; mais restons-en là, car je ne veux pas que nous ressemblions à des prédicateurs. Continue.

BERGANZA. — Je continue, et je dis que je résolus de laisser là ce métier, tout bon qu'il parût, et d'en choisir un autre où, pour faire le bien, si je n'étais pas récompensé, je ne fusse pas du moins puni. Je retournai à Séville, et me mis au service d'un riche marchand.

SCIPION. — Quels moyens prenais-tu pour entrer au service d'un maître? car, à voir ce qui se passe, il est fort difficile pour un homme de bien, au jour d'aujourd'hui, de trouver un seigneur à qui servir. Les seigneurs de la terre sont bien différents de celui du ciel; ceux-là, pour recevoir un serviteur, épluchent sa naissance, examinent son habileté, contrôlent son maintien, et veulent savoir jusqu'aux habits qu'il a. Mais, pour entrer au service de Dieu, le plus pauvre est le plus riche, le plus humble est le plus noble, et il suffit de se disposer avec droiture de cœur à vouloir le servir, pour qu'il vous inscrive aussitôt sur son registre de gages, vous en fixant de si considérables, qu'à peine peuvent-ils tomber sous votre désir, tant ils sont nombreux et grands.

BERGANZA. — Tout cela, c'est prêcher, ami Scipion.

SCIPION. — C'est justement ce qu'il me semble; aussi je me tais.

BERGANZA. — Quant à ce que tu me demandes, de la manière dont je m'y prenais pour entrer au service d'un maître, la réponse est facile. Tu sais que l'humilité est la base et le fondement de toutes les vertus; rien n'est vertu sans elle. Elle aplanit les difficultés, elle vainc les obstacles; c'est un moyen qui nous conduit toujours à de glorieuses fins. Des ennemis, elle fait des amis; elle calme la colère des emportés, elle affaiblit l'arrogance des superbes; c'est la mère de la modestie, la sœur de la tempérance; enfin, avec elle, les vices ne peuvent remporter aucun triomphe sérieux et durable : car les flèches des péchés s'émoussent et se brisent contre sa douceur et sa bénignité. Eh bien! c'est d'elle que je me servais quand je voulais entrer dans quelque maison, après avoir toutefois bien observé le logis, et m'être assuré qu'on y pouvait recevoir et nourrir un chien de grande taille. Je me tenais près de la porte, et, quand il s'en approchait quelqu'un qui me semblait étranger, je l'aboyais ; au contraire, quand venait le maître, je baissais la tête, et, remuant la queue, je m'approchais de lui, et nettoyais ses souliers avec ma langue. Si l'on me chassait à coups de bâton, je le souffrais, et je revenais avec la même douceur caresser ceux qui m'avaient battu, et personne ne recommençait, voyant ma constance et ma noble résignation. De cette manière, au bout de deux épreuves, je restais à la maison. Je servais fidèlement : on m'aimait bientôt, et jamais personne ne m'a chassé. C'était moi qui me chassais ou, pour mieux dire, qui m'en allais ; et, maintes fois, j'ai trouvé maître dans la maison de qui je serais encore à l'heure qu'il est, si le sort contraire ne m'eût persécuté.

SCIPION. — De la même façon que tu viens de le conter, j'entrais aussi chez les maîtres que j'ai eus. On dirait que nous lisons mutuellement nos pensées.

BERGANZA. — En ces choses comme en d'autres, nous nous sommes rencontrés, si je ne me trompe, et je te le dirai à leur temps, puisque je te l'ai promis. Mais écoute maintenant ce qui m'arriva, lorsque j'eus laissé le troupeau à la garde de ces mauvais sujets. Je revins, comme je te l'ai dit, à Séville, qui est l'asile des pauvres et le refuge des abandonnés : car, dans sa grandeur, non-seulement les petits tiennent, mais les grands ne s'aperçoivent pas. Je me plaçai à la porte d'une grande maison de marchand ; je fis mes diligences accoutumées, et j'eus bientôt l'entrée du logis. On m'admit pour me tenir attaché de jour derrière la porte, et me lâcher la nuit. Je servais avec beaucoup de zèle et de diligence ; j'aboyais les étrangers, je grognais ceux qui ne m'étaient pas très-connus. La nuit, je ne dormais pas, visitant les cours, montant sur les terrasses, et me faisant la sentinelle générale de ma maison et de tout le voisinage. Mon maître fut si charmé de mes bons services, qu'il ordonna de me bien traiter, de me donner une ration de pain, et les os qu'on enlevait ou qu'on jetait de sa table, ainsi que les restes de la cuisine. A cela je me montrais fort reconnaissant, faisant des sauts à l'infini quand je voyais mon maître, surtout quand il revenait du dehors : car alors je donnais tant de signes de joie et faisais tant de cabrioles, qu'à la fin mon maître ordonna qu'on me détachât, et qu'on me laissât libre de jour et de nuit. Quand je me vis en liberté, je courus à lui, je tournai tout autour, mais sans oser le toucher avec mes pattes, me rappelant la fable d'Ésope, quand cet âne, si âne, voulut faire à son seigneur les mêmes caresses que lui faisait une petite chienne gâtée, et attrapa une volée de coups de bâton. Il me semble que, dans cette fable, on nous faisait entendre que les grâces et les gentillesses des uns ne vont pas bien aux autres. Que le bouffon vous apostrophe, que l'histrion joue des mains et fasse la voltige, que le polisson braie, que le manant imite le chant des oiseaux, les mouvements des animaux et les gestes de l'homme, quand ils s'y sont adonnés, passe; mais qu'il ne prenne pas envie d'en faire autant à l'homme de qualité, à qui nul de ces talents ne saurait donner ni crédit ni renom.

SCIPION. — Assez, Berganza; on t'a compris.

BERGANZA. — Plût à Dieu que, de même que tu m'entends, ceux pour qui je le dis m'entendissent! Je ne sais ce que j'ai de bon naturel, mais je souffre extrêmement quand je vois un gentilhomme se faire saltimbanque, se piquer de savoir jouer des gobelets, et de danser la chaconne mieux qu'âme qui vive. Je connais un gentilhomme qui se vantait d'avoir découpé, à la demande d'un sacristain, trente-deux fleurs en papier pour mettre à un *monument*[1] sur du drap noir; et il était si fier de ses découpures, qu'il menait ses amis les voir, tout comme s'il les eût menés voir les drapeaux et les trophées de l'ennemi déposés sur la sépulture de ses pères et de ses aïeux.

Ce marchand, pour revenir à lui, avait deux fils, un de douze ans et l'autre de quatorze, qui étudiaient la grammaire chez les pères de la compagnie de Jésus. Ils allaient au collége en grande pompe, avec un gouverneur et des pages qui leur portaient les livres et ce qu'on appelle le *vade mecum*. En les voyant ainsi marcher avec tant d'apparat, en chaise s'il faisait du soleil, en carrosse s'il pleuvait, je remarquai davantage avec quelle grande simplicité leur père allait à la Bourse négocier ses affaires; il ne menait d'autre valet qu'un nègre, et quelquefois il s'oubliait jusqu'à s'y rendre sur un méchant mulet, assez mal harnaché.

SCIPION. — Il faut que tu saches, Berganza, que c'est la

---

[1]. On appelle ainsi une sorte de théâtre élevé dans les églises pendant la semaine sainte, et où l'on représente les actes de la Passion.

coutume et l'humeur des marchands de Séville, ainsi que des autres grandes cités, de montrer leur considération et leurs richesses, non sur leurs personnes, mais sur celles de leurs enfants. Les marchands sont plus grands dans leur ombre qu'en eux-mêmes; et, comme ils ne s'occupent pas d'autre chose que de leurs achats et de leurs ventes, ils se traitent modestement; mais aussi, comme l'ambition et la richesse meurent d'envie de se montrer, elles éclatent dans leurs enfants. C'est pour cela qu'ils les traitent et les rehaussent comme si c'étaient les fils de quelque prince. Il y en a même qui leur procurent des titres, et trouvent moyen de leur mettre sur la poitrine le signe qui distingue si bien les gens de qualité des gens du peuple[1].

BERGANZA. — C'est ambition, mais ambition généreuse, celle qui vise à rehausser sa situation sans préjudice d'autrui.

SCIPION. — Rarement ou jamais l'ambition ne se satisfait sans que ce soit au préjudice d'autrui.

BERGANZA. — Nous avons déjà dit que nous ne médirions pas.

SCIPION. — Oui, et je ne médis de personne.

BERGANZA. — J'achève maintenant de reconnaître pour vrai ce que j'ai ouï dire bien des fois. Un médisant, une méchante langue, vient de déchirer dix noblesses et de calomnier vingt hommes de bien; si quelqu'un le reprend en ce qu'il dit : « Je n'ai rien dit vraiment, répond-il, ou, si j'ai dit quelque chose, ce n'était pas avec dessein, et, si j'avais cru que quelqu'un pût en être offensé, je ne l'aurais pas dit. » Ma foi, Scipion, il faut savoir beaucoup, et se bien tenir sur ses étriers, si l'on veut soutenir deux heures de conversation sans toucher aux limites de la médisance. Je le vois en moi-même; animal comme je le suis, pour quatre propos que je m'avise de tenir, les paroles me viennent à la langue comme les moucherons au vin doux, et toutes malicieuses, toutes piquantes pour le prochain. J'en reviens donc à répéter ce que j'ai dit une autre fois, que le mal faire et le mal dire, nous l'héritons de nos premiers parents, nous le suçons avec le lait. Cela se voit clairement à ce qu'à peine un enfant tire son bras du maillot, qu'il lève la main, montrant vouloir tirer vengeance de celui qu'il croit l'avoir offensé; et presque la première parole qu'il articule, c'est d'appeler coquine[2] sa nourrice ou sa mère.

1. Les croix des ordres d'Alcantara, de Saint-Jacques, etc.
2. Le mot est plus dur en espagnol.

SCIPION. — Tu as raison, et je confesse ma faute; mais je veux que tu me la pardonnes, comme je t'en ai pardonné tant d'autres. Jetons notre bonnet en l'air, comme disent les petits garçons, et ne médisons plus du prochain désormais. Continue ton histoire; tu l'as laissée à la pompeuse façon avec laquelle les fils du marchand ton maître allaient au collége de la compagnie de Jésus.

BERGANZA. — C'est à lui que je me recommande en tout événement. Bien que se priver de médire me semble fort difficile, je pense user d'un remède dont usait, à ce que j'ai ouï dire, un grand jureur, lequel, repentant de sa mauvaise habitude, chaque fois qu'il jurait depuis son repentir, se pinçait le bras ou baisait la terre en peine de sa faute. Malgré tout cela il jurait encore. Ainsi donc, chaque fois que je violerai le précepte que tu m'as donné de ne pas médire, et l'intention que j'ai de ne pas le faire, je me mordrai le bout de la langue, de façon qu'il m'en cuise, et que je me rappelle ma faute pour n'y plus retomber.

SCIPION. — Tel est ce remède, que, si tu en uses, j'espère bien une chose : c'est que tu te mordras tant de fois qu'à la fin tu resteras sans langue, et dès lors dans l'impossibilité de médire davantage.

BERGANZA. — Du moins, je ferai de mon côté toutes mes diligences; que le ciel fasse le reste. Je dis donc qu'un jour les enfants de mon maître laissèrent un cahier dans la cour, où je me trouvais en ce moment; et, comme j'étais appris à porter le panier du boucher, mon premier maître, j'empoignai le *vade mecum*, et je suivis les jeunes gens, avec l'intention de ne pas le lâcher jusqu'au collége. Tout m'arriva comme je le désirais. Mes maîtres, qui me virent venir avec le *vade mecum* à la gueule, délicatement porté par les cordons, commandèrent à un page de me l'ôter; mais je ne voulus pas y consentir, et je ne lâchai prise qu'après être entré dans la classe, chose qui fit rire tous les étudiants. Je m'approchai de l'aîné de mes maîtres, et lui remis avec beaucoup de civilité le cahier dans les mains; puis j'allai m'accroupir à la porte de la classe, regardant en face le maître qui occupait la chaire. Je ne sais quel charme a la vertu : car, bien que je ne puisse la comprendre ni peu ni beaucoup, je pris bientôt plaisir à voir avec quel amour, quelle sollicitude et quelle adresse ces bons pères enseignaient ces jeunes enfants, redressant les tendres tiges de leur jeunesse, pour qu'elles ne vinssent pas à se tordre et à dévier du chemin de la vertu, qu'ils leur montraient en même temps que celui des belles-lettres. J'observai comme ils grondaient leurs élèves avec douceur, comme ils les châtiaient avec miséricorde, comme ils les exhortaient avec de bons exemples, comme ils les excitaient avec des prix, comme ils leur distribuaient le travail avec sagesse, enfin comme ils leur peignaient la laideur des vices et la beauté des vertus, pour que haïssant ceux-là, chérissant celle-ci, ils atteignissent le but pour lequel ils furent créés.

SCIPION. — Tu as bien raison Berganza : car j'ai ouï dire de ces bons pères qu'en fait d'hommes capables de mener les affaires publiques, il n'y en a pas d'aussi sages dans le monde entier, et qu'en fait de guides dans le chemin du ciel, peu de gens les valent. Ce sont des miroirs où se réfléchissent l'honnêteté, la doctrine catholique, la prudence singulière, et finalement l'humilité profonde, base sur qui s'élève tout l'édifice de la félicité future[1].

BERGANZA. — Tout est comme tu le dis ; mais revenons à mon histoire. Mes maîtres s'amusèrent à me faire porter toujours le *vade mecum*, ce que j'exécutais de fort bonne grâce. Cela me faisait passer une vie de roi, et meilleure encore, car elle était tranquille et sans soucis, parce que les étudiants se mirent à jouer avec moi. De mon côté je m'apprivoisai si bien avec eux, qu'ils me mettaient la main dans la gueule, et que les plus petits me montaient sur le dos. Ils jetaient leurs bonnets ou leurs chapeaux, et je les leur rapportais proprement, avec de grandes marques d'allégresse. Ils se mirent à me donner à manger tant qu'ils pouvaient, et ils se divertissaient beaucoup de voir que, quand ils me donnaient des noix ou des noisettes, je les cassais comme un singe, laissant la coque et mangeant la chair. Il y eut tel d'entre eux qui, pour éprouver mon talent, m'apporta dans un mouchoir une grande quantité de salade, que je mangeai comme si j'eusse été une personne. C'était pendant l'hiver, alors qu'on se régale à Séville de pains mollets et de gâteaux au beurre, et j'en étais si bien servi que plus de deux *Antonios*[2] furent vendus ou mis en

---

1. Fondée en 1540 par l'approbation du pape Paul III, la compagnie de Jésus était encore bien nouvelle à l'époque où écrivait Cervantès. Elle avait à peine un demi-siècle d'existence. Le portrait qu'il trace des jésuites eut bientôt cessé d'être ressemblant.

2. On appelait ainsi les *grammaires latines d'Antonio de Lebrija*.

gage pour me faire déjeuner. En un mot, je menais une vie d'étudiant, mais sans faim et sans gale, ce qui est tout ce qu'on peut dire de plus pour indiquer qu'elle était bonne : car, si la gale et la faim n'étaient pas si inséparables des étudiants, il n'y aurait pas de vie plus agréable et plus réjouissante. En effet, la vertu et le plaisir y font assaut, et la jeunesse se passe en apprenant et en s'amusant. De ce bonheur et de cette quiétude vint m'arracher une certaine dame qu'on appelle, ce me semble, *Raison d'État*, qu'il ne faut écouter que quand beaucoup d'autres raisons parlent pour elle. Le cas est que ces messieurs les professeurs trouvèrent que les élèves passaient la demi-heure qui s'écoule d'une leçon à l'autre, non à repasser leurs leçons, mais à s'amuser avec moi. Aussi ordonnèrent-ils à mes maîtres de ne plus m'amener à la classe. Ceux-ci obéirent; on me ramena à la maison, et l'on me remit à l'ancienne garde ; et, sans que le vieux seigneur se rappelât la grâce qu'il m'avait accordée d'être libre de jour et de nuit, je revins livrer mon cou à la chaîne et mon corps à un vieux tapis de jonc qu'on me mit derrière la porte. Hélas! ami Scipion, si tu savais quelle dure chose c'est à souffrir que de passer d'un état heureux à une situation malheureuse! Tiens, quand les misères et les afflictions sont profondes et continuelles, ou elles finissent vite avec la mort, ou leur continuité même en fait une sorte d'habitude qui, au milieu de leur plus grande rigueur, sert à les soulager. Mais lorsque d'un sort triste et malheureux on arrive tout à coup, sans y penser, à un autre sort, heureux, prospère et plein de joie; puis que, bientôt après, on retombe dans le premier sort, dans les premières peines et les premiers tourments, c'est une douleur si cruelle, que, si elle n'ôte pas la vie, c'est pour la tourmenter davantage en la prolongeant. Enfin, je fus remis à ma ration de soupe de chien, et aux os que me jetait une négresse de la maison; encore ces os étaient-ils dîmés par deux gros chats mouchetés, auxquels il était facile, étant libres et légers, de me prendre tout ce qui sortait du district de ma chaîne. Maintenant, frère Scipion, que le ciel t'accorde tout le bien que tu désires, pourvu que, sans te fâcher, tu me laisses philosopher un peu : car, si je manquais de dire les choses qui me reviennent à présent à la mémoire, de celles qui me vinrent alors à l'esprit, il me semble que mon histoire ne serait ni complète ni d'aucune utilité.

SCIPION. — Prends garde, Berganza, que cette envie de

philosopher que tu dis te venir ne soit une tentation du diable. En effet, la médisance n'a pas de meilleur voile pour pallier et couvrir sa malignité que l'opinion qu'a le médisant que tout ce qu'il dit sont des sentences de philosophe, que mordre est reprendre, et découvrir les défauts d'autrui, zèle bien entendu. Il n'y a pas une vie de médisant, si tu l'examines avec soin, que tu ne trouves pleine de vices et d'excès. Cela su, philosophe maintenant tant qu'il te plaira.

BERGANZA. — Tu peux être tranquille, Scipion; je ne médirai pas davantage, puisque je me le suis promis. Le cas est donc que, comme j'étais tout le jour oisif, et que l'oisiveté est mère des réflexions, je me mis à repasser dans ma mémoire quelques morceaux de latin qui m'y étaient restés, de tous ceux que j'avais entendus quand j'allais au collège avec mes maîtres. Grâce à ces phrases, je me trouvai plus avancé en intelligence, et je résolus, comme si j'avais su parler, de m'en servir dans les occasions qui s'offriraient; toutefois, d'une manière bien différente de celle dont s'en servent quelques ignorants. Il y a de bons Espagnols [1] qui, dans les conversations, lâchent de temps en temps quelque bout de latin, bref et sentencieux, faisant croire à ceux qui ne l'entendent pas qu'ils sont de grands latinistes, quand ils savent à peine décliner un nom et conjuguer un verbe.

SCIPION. — C'est un moindre mal, à mon avis, que celui que commettent d'autres gens qui savent véritablement le latin, lesquels sont si malavisés, qu'en parlant à un cordonnier ou à un tailleur, ils versent du latin comme de l'eau.

BERGANZA. — De cela nous pouvons tirer la conséquence que celui-là pèche autant en parlant le latin à ceux qui ne le savent pas, que celui qui le parle sans le savoir.

SCIPION. — Eh bien! tu peux encore observer une chose : c'est qu'il y a des gens pour qui être latinistes ne les empêche pas d'être ânes.

BERGANZA. — Qui en doute? la raison en est claire. Lorsque, au temps des Romains, tout le monde parlait le latin comme langue maternelle, il s'est bien trouvé parmi eux quelque imbécile que parler latin n'empêchait pas d'être une bête.

SCIPION. — Pour savoir se taire en espagnol et parler en latin, il faut du tact et de l'esprit, frère Berganza.

---

1. L'original dit *romancistas*, ceux qui parlent le *romance* ou langue vulgaire.

BERGANZA. — Cela est vrai; car on peut aussi bien dire une sottise en latin qu'en espagnol. J'ai vu des lettrés fort sots, des grammairiens fort lourds et des Espagnols tout unis, rayés et bariolés de latin, capables d'ennuyer le monde du matin au soir.

SCIPION. — Laissons cela, et commence par débiter tes sentences de philosophie.

BERGANZA. — Elles sont dites; ce sont celles que tu viens d'entendre.

SCIPION. — Lesquelles?

BERGANZA. — Celles à propos du latin et de l'espagnol, que j'ai commencées et que tu viens de finir.

SCIPION. — Quoi donc! médire, tu appelles cela philosopher? ainsi vont les choses. Canonise, Berganza, canonise la maudite plaie de la médisance; donne-lui le nom que tu voudras. A son tour, elle nous donnera celui de cyniques, qui veut dire chiens détracteurs. Par ta vie, tais-toi, et continue ton histoire.

BERGANZA. — Comment puis-je la continuer, si je me tais?

SCIPION. — Je veux dire que tu la continues toute droite et tout unie, sans la faire ressembler à un polype, tant tu lui ajoutes de bras.

BERGANZA. — Parle avec justesse : on ne dit pas les bras, mais les queues du polype [1].

SCIPION. — Voilà l'erreur de celui qui a dit que ce n'est pas un vice d'appeler les choses par leurs noms propres; comme s'il ne valait pas mieux, puisqu'il faut absolument qu'elles soient nommées, les exprimer par des détours et des circonlocutions qui tempèrent le dégoût que causent leurs noms mêmes : les honnêtes paroles prouvent l'honnêteté de celui qui les prononce ou qui les écrit.

BERGANZA. — Je veux te croire, et je reviens. Ma mauvaise étoile, non contente de m'avoir arraché à mes études et à la vie si commode et si joyeuse que j'y menais, non contente de m'avoir enchaîné derrière une porte, et d'avoir troqué la libéralité des étudiants contre la parcimonie de la négresse, voulut encore me troubler dans la situation où j'avais fini par trouver du calme et du repos. Tiens, Scipion, sois certain, sois assuré comme je le suis moi-même, que les malheurs

---

1. Dans l'original, Scipion dit *colas*, au lieu de *rabos de pulpo*, expression proverbiale.

cherchent et trouvent le malheureux, se cachât-il dans les derniers recoins de la terre. Je dis cela, parce que la négresse de céans était amoureuse d'un nègre, esclave aussi dans la maison, lequel nègre couchait dans le vestibule qui est entre la porte de la rue et celle de la cour [1], derrière laquelle j'étais attaché. Ils ne pouvaient se réunir que de nuit, et, pour cela faire, ils avaient volé ou contrefait les clefs. La plupart des nuits, ma négresse descendait, et, me fermant la bouche avec un morceau de viande ou de fromage, elle ouvrait à son nègre, avec qui elle se donnait du bon temps, toujours à l'aide de mon silence et aux dépens de ce qu'elle volait. Pendant quelques jours, les cadeaux de la négresse me corrompirent la conscience, car il me semblait qu'à moins de cette ressource, mes flancs allaient se rétrécir, et que je deviendrais, de mâtin, lévrier. Mais enfin, ramené par mon bon naturel, je voulus répondre à ce que mon maître devait attendre de moi, puisque je recevais ses gages et mangeais son pain, comme le doivent faire, non-seulement les honnêtes chiens qui sont connus pour leur reconnaissance, mais encore tous ceux qui servent.

SCIPION. — Quant à ceci, Berganza, je veux que cela passe pour philosophie, car ce sont des propos qui réunissent à la bonne vérité la bonne intelligence. Et poursuis, sans trop donner de corde, pour ne pas dire de queue, à ton histoire.

BERGANZA. — Je veux d'abord te demander, si par hasard tu le sais, qu'est-ce que veut dire philosophie? Bien que je la nomme, je ne sais pas ce que c'est; seulement je m'imagine que c'est une bonne chose.

SCIPION. — Je te le dirai brièvement. Ce nom se compose de deux mots grecs, *philos* et *sophia*; *philos* veut dire amour, et *sophia*, science. Ainsi donc philosophie signifie amour de la science, et philosophe, amateur de la science.

BERGANZA. — Tu es bien savant, Scipion. Qui diable t'a appris des mots grecs?

SCIPION. — A ton tour, Berganza, tu es bien simple de faire cas de semblables choses. C'est ce que savent les petits enfants à l'école. Il y a d'ailleurs des gens qui se donnent aussi l'air de savoir le grec, en l'ignorant, comme le latin, sans le savoir.

BERGANZA. — C'est précisément ce que je dis. Mais je vou-

---

1. A Séville, on appelle ce vestibule *zaguan*.

drais qu'on mît ces gens-là sous le pressoir, comme font les Portugais à l'égard des Nègres de Guinée [1], et qu'à tour de bras on exprimât le jus de ce qu'ils savent, afin qu'ils cessent de tromper le monde avec les oripeaux de leurs chausses trouées et de leur latin en lambeaux.

SCIPION. — C'est à présent, Berganza, que tu peux te mordre la langue, et que je peux me la broyer aussi, car tout ce que nous disons est autant de médisance.

BERGANZA. — Oui ; mais je ne suis pas obligé de faire comme fit, à ce que j'ai ouï dire, un certain Corondas, Tyrien, lequel rendit une loi qui défendait que personne entrât en armes dans la municipalité de sa ville, sous peine de la vie. Un autre jour, il entra, par mégarde, au conseil, l'épée au côté. On l'en fit apercevoir ; et lui, se rappelant la peine qu'il avait portée, il tira son épée du fourreau, et s'en perça la poitrine : de sorte qu'il fut le premier qui rendit et qui viola la loi, et le premier qui encourut la peine. Ce que j'ai dit, ce n'était pas rendre une loi, mais promettre que je me mordrais la langue, s'il m'arrivait de médire. Or, à présent, les choses ne vont pas avec la rigueur inflexible de l'antiquité. Aujourd'hui on fait une loi, demain on l'enfreint, et peut-être convient-il qu'il en soit ainsi. Quelqu'un promet à cette heure de se corriger de ses vices, et le moment d'après il tombe dans de plus grandes fautes. Autre chose est approuver la discipline, autre chose s'y soumettre ; et, effectivement, du dit au fait, il y a grand trajet [2]. Que le diable se morde la langue ; moi, je ne veux pas me la mordre, ni faire des finesses sur ce bout de tapis, où je ne suis vu de personne qui puisse louer mon honorable résolution.

SCIPION. — De cette manière, Berganza, si tu étais homme, tu serais un hypocrite, et toutes les bonnes œuvres que tu ferais ne seraient qu'apparentes, feintes et fausses, couvertes seulement du manteau de la vertu, et dans l'unique but d'être loué, comme font tous les hypocrites ?

BERGANZA. — Je ne sais trop ce que je ferais alors ; ce que je sais, c'est qu'à présent je ne veux pas me mordre la langue, quand il me reste tant de choses à dire, que je ne sais ni quand ni comment je pourrai en venir à bout ; surtout avec

---

1. Allusion aux tortures qu'on faisait souffrir à ces malheureux pour leur arracher l'aveu de quelque faute.
2. Del dicho al hecho hay gran trecho.

la crainte qu'au lever du soleil nous ne restions à tâtons, c'est-à-dire que la parole ne nous manque.

SCIPION. — Le ciel en agira mieux. Poursuis ton histoire, et ne t'écarte pas du grand chemin par d'impertinentes digressions; de cette manière, quelque longue qu'elle soit, tu auras bientôt fini.

BERGANZA. — Je dis donc qu'ayant vu l'audace, l'impudicité et le brigandage des nègres, je résolus, en bon serviteur, d'y mettre ordre par tous les moyens que je pourrais employer; et je fis si bien, en effet, que je vins à bout de mon dessein. La négresse, comme tu le sais déjà, descendait s'ébattre avec le nègre, se fiant à ce que les morceaux de viande, de pain ou de fromage, qu'elle me jetait dans la gueule, me rendaient muet. Les présents ont une grande puissance, Scipion.

SCIPION. — Fort grande; mais ne t'amuse pas, continue.

BERGANZA. — Je me rappelle que, lorsque j'étudiais, j'ouïs dire au professeur un proverbe latin, de ceux qu'ils nomment adages, ainsi conçu : *habet bovem in lingua*.

SCIPION. — Oh ! que vous avez mal à propos fourré là votre latin ! Est-ce que tu as si vite oublié ce que nous disions tout à l'heure contre ceux qui entremêlent de latin les conversations en espagnol ?

BERGANZA. — Mais ce latin vient ici comme au moule. Sache donc que les Athéniens employaient, entre autres, une monnaie à l'effigie d'un bœuf, et lorsqu'un juge, pour s'être laissé suborner, manquait à dire ou à faire ce que lui prescrivaient la raison et la justice, ils disaient : « Ce juge a le bœuf sur la langue. »

SCIPION. — L'application manque.

BERGANZA. — Comment ! n'est-elle pas claire ? est-ce que les cadeaux de la négresse ne m'ont pas tenu muet plusieurs jours, au point que je ne voulais ni n'osais aboyer, quand la négresse descendait visiter son nègre amoureux ? C'est ce qui me fait répéter encore que les présents peuvent beaucoup.

SCIPION. — Je suis déjà convenu de cela, et, sans la crainte de faire à présent une trop longue diversion, je te prouverais par mille exemples la grande puissance qu'ont les présents. Mais peut-être le dirai-je, si le ciel m'accorde le temps, l'occasion et la parole pour te raconter ma vie.

BERGANZA. — Dieu te donne ce que tu souhaites! mais, en attendant, écoute. A la fin, ma bonne intention prévalut contre les mauvais cadeaux de la négresse; une nuit qu'elle descendait à son ordinaire passe-temps, je sautai sur elle, sans aboyer, pour ne pas alarmer les gens de la maison, et, en un instant, je lui mis toute sa chemise en pièces, et lui arrachai un morceau de la cuisse : plaisanterie qui suffit pour la tenir très-sérieusement au lit plus de huit jours, prétendant avec ses maîtres je ne sais quelle maladie. Elle guérit enfin. Une autre nuit, elle revint à la charge, et j'y revins aussi. Cette nuit, sans la mordre, je lui égratignai tout le corps, comme si on l'eût cardée à la façon d'une couverture. Nos batailles se livraient à la sourdine ; j'en sortais toujours vainqueur, et la négresse mal menée et plus mal contente. Mais son ressentiment se montrait bien à mon poil et à ma santé ; elle me rogna la ration et me retrancha les os, si bien que, peu à peu, les miens montraient les nœuds de l'échine. Cependant, bien qu'on m'ôtât le manger, on ne put m'ôter la voix pour aboyer. Mais la négresse, voulant en finir d'un seul coup, me servit une éponge frite dans du saindoux. Je reconnus la méchanceté, et vis que c'était pire que d'avaler des boulettes de verre et d'arsenic ; car, à quiconque mange un tel ragoût, l'estomac lui enfle, et l'éponge n'en sort plus sans emporter la vie avec elle. Comme il me parut impossible de me garder longtemps des embûches d'ennemis si acharnés, je résolus de m'éloigner d'eux et de prendre la clef des champs. Un jour que j'étais détaché, sans dire adieu à personne de la maison, j'enfilai la rue, et à cent pas de là, le sort me fit rencontrer cet alguazil que j'ai dit, au commencement de mon histoire, être grand ami de mon maître Nicolas le Camus. A peine m'eut-il vu, qu'il me reconnut et m'appela par mon nom ; je le reconnus de même, et, dès qu'il m'eut appelé, je m'approchai de lui avec mes caresses et mes cérémonies ordinaires. Il m'empoigna par le cou, et dit à ses recors : « Voici un fameux chien de garde, qui appartenait à un de mes amis ; emmenons-le chez nous. » Les recors se réjouirent, disant que, puisque j'étais de garde, je leur serais fort utile à tous. Ils voulurent me saisir pour m'emmener, mais mon maître leur dit que c'était inutile, et que je suivrais bien puisque je le connaissais. J'ai oublié de te dire que le gros collier à pointes de fer que j'emportai quand je déguerpis du troupeau, m'avait été pris par un Bohémien dans une hôtellerie de la route, et qu'à Séville je me promenais le cou nu ; mais l'alguazil me mit un élégant collier tout garni de clous de cuivre. Considère maintenant, Scipion, les singuliers caprices de cette roue changeante de ma fortune; hier j'étais étudiant, aujourd'hui tu me vois recors.

SCIPION. — Ainsi va le monde; il n'y a pas de quoi te mettre à présent à exagérer les vicissitudes de la Fortune, comme s'il y avait une grande différence entre servir un boucher ou un alguazil. Je ne puis souffrir ni entendre patiemment les plaintes que font de la Fortune certains hommes, pour qui la plus grande à laquelle ils pussent prétendre, c'était d'avoir l'espérance de devenir un jour écuyers [1]. Par combien de malédictions ils la maudissent! par combien d'injures ils la déshonorent! et tout cela pour que celui qui les entend pense que, d'une haute et prospère situation, ils sont descendus à l'état misérable où on les voit.

BERGANZA. — Tu as raison. Il faut que tu saches que cet alguazil était fort lié avec un greffier qui l'accompagnait dans ses expéditions. Ils vivaient tous deux en concubinage avec deux drôlesses, non pas de plus ou moins, comme on dit, mais de moins tout à fait. Elles étaient, il est vrai, assez bien de figure, mais très-mal de dévergondage et de fourberie de métier. Ces femmes leur servaient d'hameçon et de filets pour pêcher hors de l'eau, et voici comment : Elles s'habillaient de façon que, par le coin, elles découvraient toute la carte, et se faisaient prendre à portée d'arquebuse pour des dames de facile conquête. C'était toujours à la chasse d'étrangers qu'elles allaient, et, quand la foire venait à Cadix ou à Séville, leur gain venait aussi. Pas un Breton n'échappait à leurs agaceries, et, si l'encrassé tombait sous la main de ces proprettes, elles avisaient bien vite l'alguazil ou le greffier de l'auberge où se donnait le rendez-vous. A peine les amants étaient-ils ensemble, que les gens de justice venaient leur donner l'assaut, et les arrêtaient comme des gens de mauvaise vie; mais ils ne les emmenaient point à la prison, parce que les étrangers rachetaient toujours l'avanie à prix d'argent. Or, il arriva que la Colindrès (ainsi s'appelait la bonne amie de l'alguazil) pêcha un Breton crasseux et graisseux. Elle convint avec lui d'un souper et d'une nuit à son auberge, puis donna l'éveil à son bon ami. A peine le couple s'était-il déshabillé, que l'alguazil, le greffier, deux recors et moi, nous vînmes tomber dessus. Les amants prirent l'alarme; l'alguazil exagéra le délit, et les fit habiller en toute hâte pour les mener en

---

1. Espèce de noblesse parmi les serviteurs des grands.

prison ; le Breton se mit à pleurer ; ému de pitié, le greffier intervint, et à force de prières fit réduire la peine à cent réaux. Le Breton demanda des hauts-de-chausses de peau de buffle, qu'il avait mis sur une chaise au pied du lit, où il avait l'argent pour payer sa liberté ; mais les chausses ne se trouvèrent point, et ne pouvaient se trouver non plus. En effet, dès que j'étais entré dans l'appartement, il m'arriva aux narines une odeur de lard qui me consola singulièrement. Je cherchai le morceau avec l'odorat, et le trouvai dans un gousset des hauts-de-chausses ; j'y trouvai, dis-je, un gros morceau de jambon. Pour le tirer de là, et le savourer sans bruit, j'emportai les hauts-de-chausses dans la rue, et là, je me bourrai de jambon tout à mon aise. Quand je revins à l'appartement, je trouvai que le Breton jetait les hauts cris, disant dans son langage adultère et bâtard, mais qu'on entendait pourtant, qu'on lui rendît ses chausses, où il avait cinquante *escuti* d'or en or. Le greffier s'imagina que la Colindrès ou les recors les lui avaient volés ; l'alguazil eut la même idée ; il les prit à part, mais personne ne convint de la chose, et tous se donnaient au diable. Voyant ce qui se passait, je retournai dans la rue pour chercher les hauts-de-chausses et les rapporter, car je me souciais fort peu de l'argent ; mais je ne trouvai rien : déjà quelque heureux passant les avait emportés. Quand l'alguazil vit que le Breton n'avait point d'argent pour payer son tour de passe-passe, il se désespérait, et il pensa tirer de l'hôtesse ce qui manquait au Breton. Il l'appela ; elle vint à demi nue, et quand elle entendit les cris et les plaintes du Breton, quand elle vit la Colindrès nue et éplorée, l'alguazil en colère, le greffier furieux, et les recors dévalisant tout ce qu'ils trouvaient dans la chambre, le jeu lui déplut. L'alguazil lui ordonna de s'habiller et de le suivre en prison, puisqu'elle recevait chez elle des hommes et des femmes de mauvaise vie. Alors ce fut bien autre chose ; alors s'augmentèrent et les cris et la confusion, car l'hôtesse leur dit : « Seigneur alguazil et seigneur greffier, point de manigance avec moi, car j'entrevois la couture ; point de farces et point de bravades, fermez la bouche, et allez avec Dieu. Sinon, par le signe de la croix, je jette mon bonnet par-dessus les moulins, et je tire au grand jour toute la kyrielle de cette histoire. Oh ! je connais bien la dame Colindrès, et je sais qu'il y a plusieurs mois que le seigneur alguazil lui sert de couvercle ; qu'on ne m'en fasse pas dire davantage, mais qu'on rende l'argent à ce seigneur, et restons tous bons amis. Je suis une honnête femme, et j'ai un mari qui a ses lettres de noblesse avec leur pataraffe et leurs crochets de plomb, Dieu soit loué ; et je fais mon métier proprement, sans préjudice d'autrui, ni de moi-même. J'ai mon tarif cloué de façon que tout le monde le voie, et pas de contes avec moi, car je sais, par Dieu, m'épousseter la poussière. Ah! je suis bonne, vraiment, pour faire entrer des femmes avec mes hôtes ; ils ont la clef de leurs chambres, et je ne suis pas un linge[1] pour voir à travers sept murailles. »

Mes maîtres furent bien étonnés d'entendre la harangue de l'hôtesse, et de voir comme elle lisait couramment leur histoire ; mais pourtant, voyant aussi qu'ils n'avaient personne, si ce n'est elle, de qui tirer de l'argent, ils s'opiniâtraient à vouloir la mener en prison. Elle se plaignait au ciel de l'abominable injustice qu'on lui faisait, tandis que son mari était absent, et qu'elle était femme d'un si noble hidalgo ; le Breton mugissait pour ses cinquante *escuti ;* les recors juraient Dieu qu'ils n'avaient pas vu ses hauts-de-chausses ; le greffier pressait tout bas l'alguazil de chercher dans les habits de la Colindrès, soupçonnant qu'elle avait les cinquante *escuti*, car c'était son usage de visiter les poches et les cachettes de ceux qui se laissaient prendre à ses appas ; mais elle disait que le Breton était ivre, et qu'au sujet de l'argent, il en avait menti. Enfin, tout était confusion, tapage, jurements, sans qu'il y eût moyen d'y mettre le holà, si au même instant ne fût entré dans la chambre le lieutenant de l'*assistente*[2], qui, venant visiter cette auberge, fut amené par les cris à l'endroit de la mêlée. Il demanda la cause de ce vacarme ; l'hôtesse la lui conta par le menu. Elle lui dit qui était la nymphe Colindrès, laquelle s'était enfin vêtue ; elle révéla sa publique liaison avec l'alguazil ; elle dévoila toutes ses ruses et ses façons de voler ; elle se disculpa elle-même, affirmant que jamais femme de mauvaise vie n'était entrée avec son consentement dans sa maison ; elle se canonisa comme une sainte et son mari comme un bienheureux ; elle cria à une servante d'aller en courant chercher dans un coffre les lettres de noblesse de son mari, pour que le seigneur lieutenant les vît, et qu'il reconnût que la femme d'un mari si honorable ne pouvait rien faire de mal, ajoutant que, si elle faisait ce métier de tenir

---

1. Un lynx. — 2. On appelle ainsi le corrégidor de Séville.

maison garnie, c'était par nécessité, mais que Dieu savait combien elle en avait de peine, et si elle n'aimerait pas mieux avoir quelque revenu et du pain quotidien pour passer la vie, que de faire un tel métier. Ennuyé de son bavardage et de ses prétentions à la noblesse, le lieutenant lui dit enfin : « Sœur loueuse de lits, je veux bien croire que votre mari a ses lettres de noblesse, puisque vous m'avouez qu'il est hidalgo aubergiste. — Et très-honorablement, répondit l'hôtesse. Quelle noblesse y a-t-il au monde, si pure qu'elle soit, qui n'ait quelque chose à redire? — Ce que je vous dis, sœur, reprit le lieutenant, c'est que vous vous habilliez, car vous allez me suivre en prison. » Cette nouvelle la fit jeter par terre; elle s'égratigna le visage, elle poussa des cris perçants; mais, malgré cela, le lieutenant, sévère à l'excès, les mena tous en prison, à savoir : le Breton, la Colindrès et l'hôtesse. Je sus depuis que le Breton perdit ses cinquante *esculi*, et qu'il fut de plus condamné aux dépens. L'hôtesse en paya tout autant pour sa part. Quant à la Colindrès, on lui ouvrit la porte toute grande, et le jour même qu'elle fut relâchée, elle pêcha un marinier qui paya pour le Breton, et par le même stratagème. Vois un peu, Scipion, quelle foule de résultats fâcheux naquirent de ma gourmandise.

SCIPION. — Tu ferais mieux de dire de la coquinerie de ton maître.

BERGANZA. — Eh bien! écoute, car il portait ses coups plus loin encore. Mais pourtant j'ai regret à mal parler de greffiers et d'alguazils.

SCIPION. — Pourquoi? mal parler d'un n'est pas mal parler de tous. Il y a, certes, beaucoup de greffiers[1] honnêtes, fidèles, loyaux, aimant à rendre service sans préjudice d'autrui. Ce ne sont pas tous qui entretiennent les procès, qui avisent la partie adverse, qui prennent plus que leurs droits; ce ne sont pas tous qui font enquête et information de la conduite des gens pour en dresser des procédures, qui s'entendent avec le juge pour mettre en œuvre le proverbe : « Fais-moi la barbe et je te ferai le toupet. » Tous les alguazils non plus ne se mettent pas d'accord avec les vagabonds et les filous; tous n'ont pas des maîtresses, comme celle de ton maître, pour leurs fourberies. Plusieurs sont nobles de nature et de noble caractère; plusieurs ne sont ni brouillons, ni inso-

---

1. *Escribános*, qui réunissent les fonctions de greffiers et de notaires.

lents, ni mal élevés, ni fripons, comme ceux qui vont dans les auberges mesurer les épées des étrangers, et qui, s'ils les trouvent d'un cheveu plus longues que l'ordonnance ne le prescrit, ruinent ceux qui les portent[1]. Enfin, tous ne relâchent pas aussi bien qu'ils arrêtent, se faisant au besoin juges et avocats.

BERGANZA. — Mon maître visait plus haut et suivait un autre chemin. Il faisait le brave, et se piquait d'opérer de fameuses arrestations. Pour cela, il soutenait sa réputation de bravoure, sans péril de sa personne, mais aux dépens de sa bourse. Un jour, à la porte de Xerez, il attaqua lui seul six fameux rufiens, sans que je pusse en rien l'aider, parce que j'avais la gueule prise dans une muselière qu'il me mettait le jour et qu'il m'ôtait la nuit. Je restai stupéfait de voir son audace, sa résolution et sa dextérité. Il entrait et sortait à travers les six épées des bravaches, comme si elles eussent été des baguettes d'osier. C'était merveille que de voir avec quelle légèreté il attaquait, les coups qu'il portait d'estoc et de taille, les revers, les parades, et l'œil au guet pour qu'on ne le prît point par derrière. Finalement, il resta dans mon opinion, et dans celle de tous ceux qui connurent la bataille, pour un nouveau Rodomont, car il avait mené ses ennemis depuis la porte de Xerès jusqu'aux marches du collége de Maître Rodrigo, à plus de cent pas de là. Il les laissa quand ils se furent enfermés, et revint cueillir les lauriers du combat. C'étaient trois fourreaux qu'il alla aussitôt montrer au corrégidor, lequel, si je ne me trompe, était alors le licencié Sarmiento de Valladarès, célèbre par la destruction de la Sauceda[2]. On regardait mon maître dans les rues où il passait, en le montrant au doigt, comme si l'on eût dit : « Voilà le brave qui a osé combattre seul contre la fleur des crânes d'Andalousie. » Il passa le reste du jour à se promener par la ville pour se laisser voir, et la nuit nous prit au faubourg de Triana, dans une rue près du moulin à poudre. Après avoir bien quêté, bien espionné, comme dit la chanson, si personne ne le voyait, il entra dans une maison, et moi derrière lui. Là, au milieu de la cour[3], nous trouvâmes tous les crânes de la

1. Dans le temps où Cervantès écrivit cette nouvelle, un décret royal avait fixé la longueur des épées, et prohibait toutes celles qui dépassaient la *marca*.

2. La Saussaie, ancienne promenade.

3. Le *patio*, cour intérieure des maisons de Séville.

bataille, sans manteaux, sans épées, et tout déboutonnés.
L'un d'eux, qui devait être l'hôte, tenait d'une main un grand
pot de vin, et, de l'autre, un grand verre de cabaret, qui,
rempli jusqu'aux bords d'un vin généreux et écumant, trin-
quait à toute la compagnie. A peine eurent-ils aperçu mon
maître, qu'ils vinrent tous à lui les bras ouverts. Ils portèrent tous sa santé, et lui leur rendit raison à tous, car il était
d'humeur affable, n'aimant fâcher personne pour peu de chose.
Vouloir te conter à présent ce qui se passa dans ce taudis, le
souper qu'ils firent, les combats et les vols qui furent racon-
tés, les dames dont ils s'attribuèrent la conquête, celles qu'ils
maudirent et réprouvèrent, les louanges qu'ils se donnèrent
les uns aux autres, les braves absents qui furent mentionnés,
l'adresse aux armes dont ils firent preuve, se levant de table
au milieu du souper pour exécuter, en escrimant avec les
mains, les bottes et parades dont il était question, les expressions exquises dont ils se servaient, et finalement l'étrange
figure de l'hôte, auquel tous portaient respect comme à leur
seigneur et père, ce serait m'enfoncer dans un labyrinthe d'où
je ne pourrais plus sortir à mon gré. Enfin, je demeurai bien
convaincu que le maître de la maison, qu'on appelait Monipodio[1], était recéleur de larrons et de rufiens, et que la grande
bataille livrée par mon maître avait été d'abord concertée
entre eux. Ils étaient convenus de battre en retraite et de
laisser les fourreaux d'épées, que mon maître paya en bon argent comptant, avec tout ce que Monipodio dit que coûtait le
souper, qui ne finit qu'au point du jour à la satisfaction générale. Pour dessert, on dénonça à mon maître un rufien
étranger qui était venu, tout flambant neuf, s'établir dans la
ville. Il était sans doute plus vaillant qu'eux, et, par jalousie,
ils le dénoncèrent. Mon maître l'arrêta la nuit suivante, nu
et dans son lit; car, s'il eût été debout, je vis à sa mine qu'il
ne se serait pas laissé prendre si docilement. Cette arresta-
tion, qui vint après la bataille, augmenta singulièrement la
renommée de mon poltron, car il l'était plus qu'un lièvre;
mais, à force de collations et de verres de vin, il soutenait sa
réputation de brave. Tout ce qu'il tirait du métier et de ses
intelligences occultes s'en allait par le canal de la bravoure.
Mais prends patience, et écoute maintenant une aventure qui
lui arriva, sans que j'ôte ou que j'ajoute un atome à la vérité.

---

[1]. Voir la nouvelle de *Rinconète et Cortadillo*.

Deux larrons volèrent à Antequera un fort bon cheval. Ils l'amenèrent à Séville, et, pour le vendre sans danger, ils usèrent d'une ruse aussi ingénieuse, à mon avis, que raisonnable. Ils allèrent descendre à deux différentes auberges, et l'un se présenta à la justice, exposant dans une requête que Pedro de Losada lui devait quatre cents réaux qu'il lui avait prêtés, ainsi que l'attestait un billet signé de son nom, dont il était porteur. Le lieutenant du corrégidor ordonna que ce Losada reconnût son billet, et que, dans ce cas, il fournît des gages, ou fût conduit en prison. Cette affaire fut remise à mon maître et au greffier son ami. Le voleur les conduisit à l'auberge de l'autre, qui reconnut aussitôt sa signature, avoua la dette, et offrit le cheval pour nantissement. Dès que mon maître l'eut vu, l'animal lui donna dans l'œil, et il le marqua pour sien, si par hasard il était vendu. Le voleur convenant que l'échéance était passée, le cheval fut mis en vente et adjugé pour cinq cents réaux à un compère que mon maître avait placé là pour l'acheter. Le cheval valait une fois plus que le prix qu'on en avait donné; mais comme l'avantage du vendeur était dans la célérité de la vente, il adjugea sa marchandise à la première enchère. L'un des voleurs toucha la créance qu'on ne lui devait point; l'autre reçut la quittance dont il n'avait que faire, et mon maître resta avec le cheval, qui fut pire pour lui que celui de Seyano pour son maître [1]. Les voleurs levèrent pied sur-le-champ; et au bout de deux jours, après avoir bien rajusté et rapiécé les harnais de la bête, mon maître parut au milieu de la place San-Francisco, monté sur son cheval, plus fier et plus glorieux qu'un villageois en habits des dimanches. On lui fit mille compliments du bon marché, chacun affirmant que le cheval valait cent cinquante ducats comme un œuf un maravédi. Pour lui, piaffant et voltigeant, il représentait sa tragédie sur le théâtre de ladite place. Voilà qu'au milieu de ses tours et de ses caracolades arrivent deux hommes de bonne mine et de bel équipage. « Vive Dieu ! s'écria l'un deux, c'est Pied-de-Fer, mon cheval, qu'on m'a volé, il y a quelques jours, à Antequera ! — En vérité, répétèrent quatre domestiques qui l'accompagnaient, c'est bien là Pied-de-Fer, le cheval qu'on a volé. » Mon maître resta tout interdit. Celui du cheval porta

---

[1]. Expression proverbiale au temps de Cervantès, dont je n'ai pu découvrir l'origine.

plainte; il fut admis à preuves, et il en fournit de si bonnes, que la sentence fut rendue en sa faveur, et que mon maître fut dépossédé. L'aventure se répandit, ainsi que l'adresse des voleurs qui avaient su vendre par l'intervention de la justice ce qu'ils avaient volé, et presque tout le monde se réjouissait de ce que la convoitise de mon maître eût fini par rompre le sac[1]. Mais sa disgrâce ne s'arrêta point là. Cette même nuit, il alla faire la ronde avec le corrégidor lui-même, auquel on avait donné l'avis que des voleurs se montraient dans le quartier de San-Julian. Au passage d'un carrefour, on vit un homme se sauver en courant; aussitôt le corrégidor, me prenant par mon collier et m'excitant de la langue : « Au voleur, Gavilan, me dit-il; cours sus, mon fils, au voleur! » Moi, qui étais fatigué des iniquités de l'alguazil, pour exécuter ce que m'ordonnait le seigneur corrégidor, sans hésiter un moment, je m'élançai sur mon propre maître, et, quelque effort qu'il fît, je le jetai par terre tout de son long, et, si l'on ne me l'eût ôté des dents, j'en aurais vengé plus de quatre. Enfin, l'on nous sépara, à son grand plaisir et à mon grand regret. Les recors voulaient me battre, et même me tuer à coups de bâton, ce qu'ils n'auraient pas manqué de faire si le corrégidor ne leur eût dit : « Que personne ne le touche; le chien a fait ce que je lui avais commandé. » La malice fut comprise; mais moi, sans prendre congé de personne, je me sauvai à travers champs par un trou de la muraille, et j'arrivai avant le jour à Mayrena, qui est un bourg à quatre lieues de Séville. Ma bonne étoile voulut que j'y trouvasse une compagnie de soldats, qui allaient, à ce que j'ouïs dire, s'embarquer à Carthagène. Il y avait là quatre rufiens, des amis de mon maître, et le tambour en était un. Celui-là avait été recors, et c'était un grand bouffon, comme les tambours le sont d'habitude. Ils me reconnurent tous, et tous me parlèrent, me demandant des nouvelles de mon maître, comme si j'eusse pu leur répondre. Mais celui qui me fit le plus de caresses fut le tambour. Aussi me décidai-je à m'arranger avec lui, s'il y consentait, et à faire cette campagne, dût-il me mener en Italie ou en Flandre; car il me semble, et tu dois être du même avis, que, malgré le proverbe : « Qui est bête en son pays sera bête à Madrid, » cependant rien ne donne de l'esprit aux gens

---

[1]. Allusion au proverbe : *La codicia rompe el saco.*

comme de courir le monde et de faire toutes sortes de con
naissances.

SCIPION. — Cela est si vrai, que je me rappelle avoir entend
dire à un maître que j'eus, homme de forte tête, que le fa
meux Grec nommé Ulysse eut un grand renom de sagess
seulement pour avoir parcouru beaucoup de pays, et vu beau
coup de gens et de nations. J'approuve donc ton dessein d
t'en aller où te mèneraient ces soldats.

BERGANZA. — Le cas est que, pour mieux faire ses parades e*
bouffonneries, le tambour se mit à m'apprendre à danser au
son de la caisse, et à faire mille autres singeries, impossibles
vraiment d'être apprises par un autre chien que moi, comme
tu le verras quand je te les conterai. Pour arriver au lieu de
destination, l'on avançait fort lentement; il n'y avait point de
commissaire qui nous tînt en bride; le capitaine était jeune,
mais fort bon gentilhomme et fort bon chrétien; l'enseigne
n'avait quitté que depuis peu de mois Madrid et la salle des
pages; le sergent était retors et madré, et, de plus, grand
conducteur de compagnies du lieu où on les lève à celui
où elles s'embarquent. Quant à la compagnie, elle était
pleine de fanfarons et de gens de mauvaise vie, lesquels
commettaient, dans les lieux où nous passions, des in-
solences et des excès qui faisaient maudire tel qui en était
fort innocent. C'est le malheur d'un bon prince d'être accusé par ses sujets pour la faute de ses sujets, parce
que les uns sont les bourreaux des autres, sans que le
seigneur y soit pour rien. Il a beau le vouloir et l'essayer, il
ne peut remédier à ces maux, car les choses de la guerre
traînent presque toujours après elles la souffrance et les dissensions. Finalement, en moins de quinze jours, grâce à mes
dispositions heureuses et au zèle de celui que j'avais pris pour
patron, je sus sauter pour le roi de France, et ne pas sauter
pour la mauvaise cabaretière. Il m'apprit aussi à faire des
courbettes comme un cheval napolitain, et à tourner en rond
comme une mule de manivelle, ainsi que d'autres choses
telles, que, si je n'eusse pas eu soin de ne pas m'offrir moi-
même à les montrer, j'aurais fait douter si ce n'était pas
quelque démon sous la figure d'un chien qui les exécutait.
Mon maître me donna pour nom *le chien savant*, et à peine
étions-nous arrivés à l'étape que, se mettant à battre du tambour, il courait le pays en annonçant que toutes les personnes qui voudraient venir voir les tours et les talents mer-

veilleux du chien savant les verraient dans telle maison ou dans tel hôpital, moyennant quatre ou huit maravédis, selon que le pays était petit ou grand. Avec ces éloges et ces vanteries, il ne restait personne au pays qui ne vînt me voir, et personne ne s'en allait sans être étonné et ravi de m'avoir vu. Mon maître faisait parade du grand profit qu'il retirait, et traitait ses camarades comme des rois. La convoitise et la jalousie éveillèrent chez les mauvais sujets de la compagnie l'envie de me voler. Ils en cherchaient l'occasion, car cette façon de gagner sa vie sans rien faire a beaucoup d'amateurs très-friands. C'est pour cela que l'on voit en Espagne tant de gens montrer les marionnettes ou expliquer des images, et tant d'autres qui vendent des épingles ou des couplets. Tout leur fonds, s'ils le vendaient à la fois, ne leur donnerait pas de quoi vivre un jour ; et pourtant les uns et les autres ne quittent pas la guinguette et le cabaret de toute l'année : ce qui me fait croire que c'est d'une autre source que de leurs métiers que sort le courant de leurs débauches. Tous ces gens sont une race vagabonde, inutile, propre à rien, buvant le vin comme des éponges et mangeant le pain comme des charançons.

SCIPION. — Assez, Berganza, ne retombons point dans les fautes passées. Continue, car la nuit s'en va, et je ne voudrais pas qu'au lever du soleil nous restassions à l'ombre du silence.

BERGANZA. — Garde-le toi-même, et écoute. Comme c'est une chose facile de perfectionner une invention déjà faite, mon maître, voyant à quel point je savais imiter le coursier napolitain, me fit une schabraque de cuir doré et une petite selle qu'il m'ajusta sur les épaules. Il y plaça une légère poupée représentant un homme avec une petite lance à courir la bague, et il m'apprit à enlever une bague qu'il plaçait entre deux bâtons fichés en terre. Le jour que je devais faire cet exercice, il annonçait que ce jour-là le chien savant courrait la bague et ferait d'autres galanteries nouvelles et inconnues, que je tirais, en effet, de mon sac aux inventions, pour ne point faire mentir mon maître. Nous arrivâmes ainsi, par étapes, à Montilla, ville du célèbre et pieux marquis de Priego, seigneur de la maison d'Aguilar et de Montilla. Mon maître fut logé, sur sa demande, dans un hôpital. Il fit aussitôt la publication accoutumée, et, comme la renommée avait déjà répandu le bruit des talents et des tours d'adresse du chien savant, en moins d'une heure la cour se remplit de monde. Voyant que la récolte serait abondante, mon maître se réjouit, et se montra ce jour-là facétieux à l'excès. La fête commençait toujours par les sauts que je faisais dans un cerceau de tamis, qui semblait un cercle de cuve. Il me faisait, en forme d'exorcisme, les questions ordinaires, et, quand il baissait une baguette d'osier qu'il portait à la main, c'était signe qu'il fallait sauter ; quand il la tenait haute, qu'il fallait rester tranquille. La première adjuration qu'il m'adressa ce jour-là, mémorable entre tous ceux de ma vie, fut celle-ci : « Allons, Gavilan, mon ami, saute pour ce vieillard vert-galant que tu connais, qui se fait mariner la barbe ; et, si tu ne veux pas, saute pour la magnificence et le pompeux maintien de doña Pimpinela de Paphlagonie, qui fut compagne de la Galicienne, servante à Valdeastillas. L'adjuration ne te plaît pas, mon fils Gavilan ? Eh bien, saute pour le bachelier Pasillas, qui signe licencié, sans avoir reçu le moindre degré. Oh ! que tu es paresseux ! Pourquoi ne sautes-tu pas ? Mais voilà que je comprends fort bien tes malices. Maintenant, saute pour le vin d'Esquivias [1], aussi fameux que celui de Ciudad-Real, de San-Martin et de Rivadavia. » Il baissa la baguette, je sautai, et pris note des méchancetés qu'il avait dites. Alors, se tournant vers le public, il s'écria d'une voix haute : « N'allez pas penser, ô sénat valeureux, que la science de ce chien soit une chose pour rire. Vingt-quatre tours je lui ai appris, tels que pour le moindre d'entre eux volerait un épervier [2] ; je veux dire que, pour le moindre, on ferait trente lieues de chemin. Il sait danser la sarabande et la chaconne mieux que celle qui les a inventées ; il avale une pinte de vin sans en laisser une goutte ; il entonne un *sol, fa, mi, ré*, tout aussi bien qu'un sacristain. Toutes ces choses et beaucoup d'autres qui me restent à dire, Vos Grâces auront le temps de les voir pendant le peu de jours que passera ici la compagnie ; quant à présent, que notre savant fasse encore un saut, et nous entrerons dans le gros de l'affaire. »

En parlant ainsi, il tint en suspens l'auditoire, qu'il avait appelé sénat, et alluma chez les spectateurs le désir de voir jusqu'au bout tout ce que je savais. Mon maître alors se tournant vers moi : « Tournez-vous, mon fils Gavilan, me

---

1. Pays de la femme de Cervantès.
2. Un *gavilan*; jeu de mots sur le nom de chien.

dit-il, et avec agilité et gentillesse défaites les sauts que vous avez faits; mais il faut que ce soit en l'honneur et à la dévotion de la fameuse sorcière qu'il y eut, dit-on, dans ce pays. » A peine eut-il prononcé ces mots que la directrice de l'hôpital, qui était une vieille d'au moins soixante ans, éleva la voix et s'écria : « Maraud, charlatan, fils de coquine, il n'y a point ici de sorcière. Si tu dis cela pour la Camacha, elle a déjà payé son péché, et Dieu sait où elle est. Si tu le dis pour moi, méchant bouffon, je ne suis pas sorcière, et ne l'ai pas été de toute ma vie; et si j'ai eu la réputation de l'être, grâce à de faux témoins, et grâce au bon plaisir d'un juge étourdi et mal informé, tout le monde sait la vie que je mène maintenant en pénitence, non des sorcelleries que je n'ai pas faites, mais de bien d'autres péchés que j'ai commis comme une pécheresse. Ainsi donc, mauvais plaisant et mauvais tambourineur, sortez vite de l'hôpital; sinon, je jure Dieu que je vous ferai sortir plus vite qu'au pas. » Cela dit, la vieille commença à jeter des cris perçants, à accabler mon maître d'une telle grêle d'injures, qu'il resta tout confus et tout effrayé. Finalement, elle ne permit pas que la représentation allât plus loin. Mon maître ne fut pas très-fâché de la scène et de la défense, car il garda l'argent en poche, et remit à un autre jour, dans un autre hôpital, ce qui restait à faire dans celui-ci. Les gens s'en allèrent, maudissant la vieille, ajoutant au nom de sorcière celui de cousine du diable, et au nom du vieille celui de barbue. Cependant nous demeurâmes cette nuit dans l'hôpital, et la vieille, m'ayant rencontré seul dans la cour d'entrée, me dit avec douceur : « Est-ce toi, mon fils Montiel? est-ce toi, par hasard, mon fils? » Je levai la tête, et me mis à l'examiner. Voyant cela, elle s'en vint à moi, les larmes aux yeux, me jeta les bras autour du cou, et si je l'eusse laissée faire, elle me baisait sur la bouche; mais le dégoût me prit, et je me détournai.

SCIPION. — Tu as bien fait; car ce n'est pas un plaisir, c'est un supplice de baiser une vieille, ou d'en être baisé.

BERGANZA. — Ce que je vais te conter, j'aurais dû te le dire au commencement de mon récit; nous aurions évité, de cette manière, l'étonnement que nous avons éprouvé en nous trouvant doués de la parole; car il faut que tu saches que la vieille me dit : « Mon fils Montiel, viens derrière moi, tu apprendras où est ma chambre, et fais en sorte que nous nous trouvions cette nuit en tête-à-tête; pour cela, je laisserai la

porte ouverte, et sache que j'ai beaucoup de choses à te dire
tant sur ta vie que pour ton profit. » Je baissai la tête, en signe d'obéissance, ce qui la confirma tout à fait, comme elle
me l'avoua depuis, dans la croyance que j'étais bien le chien
Montiel qu'elle cherchait. Je restai tout interdit, en attendant
que la nuit vînt, pour voir où aboutirait ce mystère ou prodige qui faisait que la vieille m'avait parlé ; et, comme déjà je
l'avais entendu nommer sorcière, j'attendais de sa vue et de
son entretien des choses merveilleuses. Enfin, le moment arriva de me rencontrer avec elle dans sa chambre, qui était
étroite, basse, obscure, éclairée seulement par une petite
lampe de terre. La vieille en attisa la mèche, s'assit sur un
coffret, me prit auprès d'elle, et, sans me dire un mot, m'embrassa de nouveau, et moi j'eus soin de nouveau qu'elle ne
me baisât point. Les premiers mots qu'elle m'adressa furent
ceux-ci : « J'avais toujours espéré en la bonté du ciel qu'a-
vant que ces yeux se fermassent, je te verrais, mon fils ; et
maintenant que je t'ai vu, que la mort vienne et m'emporte
de cette pesante vie. Il faut que tu saches, mon fils, que dans
cette ville a vécu la plus fameuse sorcière qu'il y eut jamais
au monde ; on l'appelait la Camacha de Montilla. Elle fut si
supérieure en son métier, que les Érichthée, les Circé, les
Médée, de qui sont remplis les livres d'histoire, à ce que j'ai
ouï dire, n'approchèrent point d'elle. Elle formait des nuages
quand elle le voulait, pour en couvrir la surface du soleil ; et
dès qu'elle en prenait l'envie, le ciel le plus sombre redeve-
nait serein. En un instant, elle amenait les hommes de lointaines régions ; elle réparait merveilleusement la faute des
jeunes filles qui avaient mis quelque négligence à garder leur
pureté ; elle couvrait les actions des veuves de manière qu'elles
pussent être honnêtement déshonnêtes ; elle démariait les
femmes mariées, et mariait celles qu'il lui plaisait de pourvoir ; en décembre, elle avait des roses fraîches dans son jardin ; en janvier, elle faisait la moisson ; faire venir du cres-
son dans un pétrin était un jeu pour elle, aussi bien que de
montrer dans un miroir, ou sur l'ongle d'un enfant nouveau-
né, les vivants et les morts qu'on lui demandait de montrer.
Elle eut la réputation de convertir les hommes en animaux, et
l'on dit même qu'elle se servit, six années durant, d'un sacristain sous la forme d'un âne, en toute réalité, chose telle
que je n'ai jamais pu comprendre comment elle se fait. Effectivement, quant aux antiques magiciennes qui convertissaient

dit-on, les hommes en bêtes, ceux qui en savent le plus long disent que ce n'était pas autre chose, sinon que, par leur grande beauté et leurs tendres caresses, elles attiraient les hommes et se faisaient aimer d'eux; puis qu'elles les assujettissaient à ce point que, se servant d'eux en tout ce qui leur plaisait, ils finissaient par sembler de vraies bêtes. Mais en toi, mon fils, l'expérience me démontre le contraire; car je sais que tu es une personne raisonnable, et je te vois sous la forme d'un chien, à moins que cela ne se fasse par cette science qu'on appelle *tropelia*, qui fait voir une chose pour une autre. Qnoi qu'il en soit, ce qui m'afflige, c'est que ni moi, ni ta mère, qui avons été disciples de la bonne Camacha, nous n'avons jamais pu parvenir à en savoir autant qu'elle ; non par manque d'esprit, d'habileté ou de courage, car nous en avions plus qu'il n'en fallait, mais parce qu'elle avait encore plus de malice; elle ne voulut jamais nous enseigner les grandes choses, qu'elle réservait pour elle seule. Ta mère, mon fils, s'appelait la Montiela; après la Camacha, ce fut la plus fameuse. Moi, je m'appelle la Cañizares, si ce n'est aussi savante que les deux autres, au moins ayant aussi bonne envie d'apprendre qu'aucune d'elles. Il est vrai que, pour le courage qu'avait ta mère de faire un cerne, d'y entrer, et de s'y enfermer avec une légion de diables, la Camacha elle-même ne la surpassait point. J'ai toujours été un peu poltronne, et je me contentais d'en conjurer une demi-légion. Mais, soit dit sans les offenser, quant à confectionner les onctions avec lesquelles nous nous oignons, nous autres sorcières, je ne le cédais à aucune des deux, et ne le cède à aucune de celles qui suivent aujourd'hui nos règles. Sache, mon fils, qu'ayant vu et voyant que ma vie, qui court sur les ailes du temps, va bientôt finir, j'ai voulu laisser tous les vices de la magie, où j'étais ensevelie depuis longues années ; il ne m'est resté que la curiosité d'être sorcière [1], vice bien difficile à abandonner. Ta mère a fait de même ; elle s'est corrigée de bien des vices ; elle a fait beaucoup de bonnes œuvres en cette vie; mais à la fin elle est morte sorcière. Et ce n'est d'aucune maladie qu'elle est morte, mais du chagrin que lui a causé la Camacha, sa maîtresse, qui lui portait envie de ce

---

1. Nous n'avons qu'un mot en français pour rendre *hechicera*, sorcière faisant des sortiléges, et *bruja*, sorcière allant au sabbat. C'est de cette dernière espèce qu'il est ici question

qu'elle allait bientôt en savoir aussi long qu'elle, ou pour quelque autre querelle de jalousie dont je n'ai jamais pu vérifier le motif. Ta mère étant enceinte, et l'heure de l'accouchement étant venue, ce fut la Camacha qui fut sa sage-femme ; elle reçut dans ses bras ce que ta mère mit au monde, et lui montra qu'elle était accouchée de deux petits chiens. Dès qu'elle les vit : « Voici une action noire, s'écria-t-elle ; voici un tour infâme. Mais sois tranquille, sœur Montiela, je suis ton amie, et je cacherai cet accouchement. Occupe-toi de te guérir, et sois assurée que ce malheur restera enseveli dans le silence. N'aie aucun souci de l'événement, car je n'ignore pas, tu le sais, que depuis bien longtemps tu n'as de relations qu'avec Rodriguez, le crocheteur, ton bon ami. Ainsi donc cet accouchement de chiens doit venir d'ailleurs, et renferme quelque mystère. »

« Nous restâmes fort étonnées, ta mère et moi, car je me trouvai présente à toute l'étrange aventure. La Camacha s'en fut, emportant les deux petits chiens ; moi, je restai pour donner mes soins à ta mère, qui ne pouvait croire ce qui lui était arrivé. Quand la Camacha se vit près de mourir, et qu'elle fut à sa dernière heure, elle appela ta mère, et lui dit qu'elle avait changé ses enfants en chiens, à cause de certain motif de fâcherie qu'elle lui avait donné ; mais qu'elle ne s'en mît point en peine, et qu'ils reviendraient à leur être véritable quand ils y penseraient le moins ; que cependant cela ne pourrait être avant qu'ils eussent vu de leurs propres yeux ce qui suit :

« Ils recouvreront leur forme véritable quand ils verront, dans un rapide changement, abattre les superbes élevés et relever les humbles abattus, par une main assez puissante pour le faire. »

« Voilà ce que dit à ta mère la Camacha au moment de sa mort. Ta mère mit cela par écrit, et l'apprit par cœur. Moi, je le gravai aussi dans ma mémoire, pour le cas où le temps viendrait de pouvoir le dire à quelqu'un de vous deux. Et afin de pouvoir vous connaître, j'appelle par le nom de ta mère tous les chiens que je vois de ta couleur, non que je pense que les chiens doivent savoir ce nom, mais pour voir s'ils répondraient, étant appelés d'un nom si différent de celui des autres chiens. Ce soir, voyant que tu faisais tant de choses, et qu'on t'appelait le chien savant, voyant aussi que tu avais levé la tête quand je t'appelais dans la cour, je me suis imaginé que tu es le fils de la Montiela, et c'est avec un grand plaisir que je t'instruis de tes aventures et de la façon dont tu recouvreras ta forme première. Cette façon, je voudrais bien qu'elle fût aussi facile que celle dont parle Apulée dans *l'Ane d'or*, et qui consistait seulement à manger une rose; mais celle qui te concerne est fondée sur les actions d'autrui, et non sur ta diligence. Ce que tu dois faire, mon fils, c'est te recommander à Dieu dans le fond de ton cœur, et ce que je ne veux pas appeler prophéties, mais divinations, attends-toi à ce qu'elles arrivent promptement et heureusement. Puisque la bonne Camacha les a faites, elles s'accompliront sans nul doute; toi et ton frère, s'il est vivant, vous vous verrez tels que vous désirez devenir. Ce qui m'afflige, c'est d'être si près de ma fin que je n'aurai pas le temps de voir cela. Bien des fois j'ai voulu demander à mon bouc quelle issue aurait votre histoire; je n'ai pas osé, parce que jamais il ne répond directement aux questions qui lui sont faites, mais par des propos détournés et qui ont plusieurs sens. Ainsi donc, à ce bouc, notre maître et seigneur, il n'y a rien à demander, car il mêle à une vérité mille mensonges; et ce que j'ai conclu de ses réponses, c'est qu'il ne sait rien de l'avenir avec certitude, mais seulement par conjectures. Cependant il nous tient si bien abusées, nous autres sorcières, que, malgré les mille tours qu'il nous joue, nous ne pouvons l'abandonner. Nous allons le voir très loin d'ici, dans une vaste plaine, où se réunissent une infinité de gens, sorciers ou sorcières. Là, il nous donne à manger des mets âcres et sans goût, et il se passe d'autres choses, qu'en mon âme et conscience je n'ose pas raconter, tant elles sont sales et dégoûtantes, ne voulant pas offenser tes chastes oreilles. Il y a des gens qui croient que nous allons à ces festins par l'imagination, où le démon nous représente les images de toutes les choses que nous racontons ensuite comme nous étant arrivées. D'autres disent, au contraire, que nous y allons véritablement en corps et en âme. Je tiens, quant à moi, que ces deux opinions sont véritables, car nous ne savons pas au juste quand nous allons de l'une ou de l'autre manière. En effet, tout ce qui se passe dans notre imagination s'y montre avec tant de force et d'intensité, qu'il n'y a nulle différence avec ce que nous voyons réellement. Messieurs les inquisiteurs ont fait des expériences à ce sujet sur quelques-unes d'entre nous qu'ils tenaient en prison, et je crois qu'ils ont trouvé vrai ce que je dis. Je voudrais bien, mon fils, me corriger de ce péché. Pour cela, j'ai fait tous les efforts possibles. J'ai embrassé l'état d'hospitalière; je soigne les pauvres; quelques-uns meurent, qui me donnent la vie par ce qu'ils me lèguent, ou par ce qui reste caché entre leurs guenilles, car j'ai grand soin de bien éplucher leurs vêtements; je prie peu et en public; je médis beaucoup et en secret; il me convient mieux d'être hypocrite que pécheresse déclarée; les apparences de mes bonnes œuvres présentes effacent de la mémoire des gens qui me connaissent les mauvaises actions passées. En effet, la feinte sainteté ne fait de mal à personne, si ce n'est à celui qui la simule. Écoute, mon fils Montiel, voici le conseil que je te donne : « Sois bon en tout ce que tu pourras ; mais, si tu dois être méchant, tâche de ne pas le paraître en tout ce que tu pourras. » Sorcière je suis, et ne te le nie point ; sorcière aussi fut ta mère, car je ne peux te le nier davantage ; mais les bonnes apparences que nous gardions l'une et l'autre pouvaient nous donner crédit dans le monde entier. Trois jours avant qu'elle mourût, nous avions été toutes deux dans un vallon des Pyrénées assister à une grande ronde ; et cependant, quand elle expira, ce fut avec tant de calme et de repos, que, si l'on excepte quelques grimaces qu'elle fit un quart d'heure avant de rendre l'âme, on aurait dit qu'elle était couchée sur un lit de fleurs. Elle avait pourtant ses deux enfants sur le cœur, et jamais elle ne voulut, même à l'article de la mort, pardonner à la Camacha, tant elle était ferme et obstinée dans ses volontés. Je lui fermai les yeux, et l'accompagnai jusqu'à la sépulture, où je la laissai pour ne plus la revoir. Toutefois, je n'ai pas perdu l'espérance de la voir encore avant de mourir ; car on dit dans le pays que quelques personnes l'ont vue se promener par les cimetières et les croisières de routes sous différentes figures. Peut-être quelque jour la rencontrerai-je, et je lui demanderai si elle m'ordonne de faire quelque chose pour le soulagement de sa conscience. »

Chacune des choses que me disait la vieille, à la louange de celle qu'elle appelait ma mère, était un coup de lance qui me traversait le cœur. J'aurais voulu me jeter sur elle et la mettre en pièces avec mes dents. Si je ne le fis point, ce fut de crainte que la mort ne la surprît en si piteux état. Finalement, elle me dit que, cette nuit même, elle pensait s'oindre pour aller à un de ses festins d'habitude, et que, lorsqu'elle serait là, elle pensait questionner son maître sur ce qui devait m'arriver. J'aurais voulu lui demander quelles étaient ces onctions dont elle parlait. Il paraît qu'elle lut ce désir dans mes yeux, car elle répondit à mon intention comme si je lui eusse fait une question formelle. « Cet onguent, me dit-elle, avec lequel les sorcières se frictionnent, est composé de jus d'herbes extrêmement froids, mais non, comme dit le vulgaire, du sang des enfants que nous étouffons. Ici, tu vas peut-être me demander quel plaisir ou quel profit tire le démon de nous faire tuer de pauvres petites créatures, puisqu'il sait qu'étant baptisées, elles vont, innocentes qu'elles sont et sans péché, droit au ciel, tandis qu'il éprouve une peine particulière pour chaque âme chrétienne qui lui échappe. A cela je ne pourrai te répondre autre chose, sinon ce que dit le proverbe : « Tel se crève les deux yeux pour que son ennemi s'en crève un. » C'est aussi à cause du chagrin qu'il donne aux parents des enfants qu'il fait tuer, chagrin le plus grand qui se puisse concevoir. Ce qui lui importe surtout, c'est de nous faire commettre à chaque pas un si cruel et si atroce péché. Tout cela, Dieu le permet pour nos fautes, car j'ai vu par expérience que, sans sa permission, le diable ne peut faire mal à une fourmi. Cela est si vrai que, l'ayant un jour prié de ravager une vigne d'un de mes ennemis, il me répondit qu'il ne pouvait pas seulement toucher à une feuille, parce que Dieu ne le voulait pas. De là tu pourras conclure, quand tu seras homme, que tous les malheurs qui viennent aux gens, aux royaumes, aux cités, aux villages, les morts subites, les naufrages, les chutes, enfin tous les maux qu'on appelle par accident, viennent de la main du Très-Haut, et de son expresse volonté. Quant aux maux qu'on appelle par faute, ils viennent de nous-mêmes et n'ont pas d'autre cause. Dieu est impeccable : d'où il résulte que nous sommes les auteurs du péché, que nous le formons dans l'intention, dans la parole, dans l'action, Dieu le permettant pour nos péchés, comme je l'ai déjà dit. Maintenant, mon fils, tu vas demander, si par hasard tu m'entends, qui m'a faite théologienne ; et peut-être ajouteras-tu tout bas : « Au diable la vieille coquine ! Pourquoi ne cesse-t-elle pas d'être sorcière, puisqu'elle en sait tant, et pourquoi ne retourne-t-elle pas à Dieu, puisqu'elle sait qu'il est plutôt prêt à pardonner les péchés qu'à les permettre ? » A cela je te réponds, comme si tu me l'avais demandé, que l'habitude du vice se change en nature ; que celui d'être sorcière se convertit en chair et en sang, et qu'au milieu de mon ardeur, qui est brûlante, il amène un froid qui gèle l'âme et y engourdit jusqu'à la foi. De là naît pour elle un oubli de soi-même; de là vient qu'elle ne se rappelle ni les craintes dont Dieu la menace, ni la béatitude à laquelle il la convie. En effet, comme c'est un péché de la chair, il faut bien qu'il assoupisse tous les sens, qu'il les ravisse et les absorbe, sans les laisser faire leur office comme ils le doivent. Aussi l'âme restant inutile, lâche, abattue, elle ne peut pas même élever son attention jusqu'à former quelque bonne pensée; et demeurant enfoncée dans le profond abîme de sa misère, elle ne veut pas élever sa main vers celle de Dieu, qui lui tend la sienne, par sa seule miséricorde, pour qu'elle puisse se relever. J'ai une de ces âmes que je viens de te peindre. Je vois tout, je comprends tout; mais, comme le plaisir des sens m'a mis des menottes à la volonté, j'ai toujours été et serai toujours mauvaise.

« Mais laissons cela, et revenons à l'affaire des onctions. Elles sont si froides, je le répète, que, dès que nous en sommes frottées, elles nous privent de tous nos sens; nous restons étendues toutes nues par terre. Alors on dit que, dans notre imagination, se passe tout ce qui nous paraît se passer véritablement. D'autres fois, en achevant de nous oindre, il nous semble que nous changeons de forme, et que, transformées en coqs, en chouettes, en corbeaux, nous allons à l'endroit où nous attend notre Seigneur. Là, nous reprenons notre première forme, et nous jouissons de délices que je me garderai bien de te dire, car elles sont telles que la mémoire se scandalise en se les rappelant, et que la langue évite de les conter. Avec tout cela, je suis sorcière, et je cache mes nombreux défauts sous le manteau de l'hypocrisie. Il est vrai que, si quelques-uns m'estiment et m'honorent comme vertueuse, il ne manque pas de beaucoup d'autres qui me disent à deux doigts de l'oreille le nom de fête que nous imprima dans la chair la furie d'un juge colérique, lequel, ayant affaire, dans les temps passés, avec ta mère et avec moi, déposa sa fureur dans les mains d'un bourreau, qui, n'étant pas suborné, usa pleinement de sa puissance et de sa rigueur sur nos épaules. Mais c'est passé, et toutes les choses passent, les souvenirs s'effacent, les vies ne reviennent pas, les langues se fatiguent, les nouveaux événements font oublier les anciens. Je suis sœur hospitalière; je donne des marques de charité chrétienne, mes onctions me donnent de bons moments; je ne suis pas si vieille que je ne puisse vivre encore une année, bien que j'en aie soixante-quinze : et, bien que je ne puisse jeûner à cause de l'âge, ni prier longtemps à cause des vertiges, ni faire des pèlerinages à cause de la faiblesse de mes jambes, ni donner l'aumône parce que je suis pauvre, ni penser à bien faire parce que j'aime à médire du prochain, ni faire le bien parce qu'il faudrait d'abord le penser et que mes pensées sont toujours mauvaises ; néanmoins, je sais que Dieu est plein de bonté et de miséricorde, et qu'il sait ce que je deviendrai. Cela suffit, et laissons là cet entretien qui m'attriste véritablement. Viens, mon fils : tu me verras oindre et frictionner. Tous les chagrins sont bons avec du pain, et le bonheur qui passe il faut le faire entrer, car pendant qu'on rit, on ne pleure pas. Je veux dire que, si les plaisirs que nous donne le démon sont faux et n'ont que l'apparence, cependant ils nous semblent des plaisirs, et les délices sont bien plus grandes en imagination qu'en réalité, quoique, pour les plaisirs véritables, il doive arriver le contraire. »

La vieille se leva en achevant cette longue harangue, et, prenant sa lampe à la main, elle entra dans une autre petite chambre encore plus étroite. Je la suivis, agité de mille pensées contraires, mais étonné de ce que je venais d'entendre et de ce que je m'attendais à voir. La Cañizarès pendit la lampe à la muraille, et se déshabilla en grande hâte jusqu'à la chemise ; puis, tirant d'un coin un pot de terre vernissé, elle y mit la main, et, tout en murmurant entre ses dents, elle se frotta et se graissa des pieds à la tête, qu'elle avait sans coiffe. Avant qu'elle eût achevé de s'oindre, elle me dit que, soit que son corps restât dans la chambre privé de sentiment, soit qu'il en disparût, je ne devais ni m'affliger, ni manquer de l'attendre jusqu'au matin, parce que je saurais alors les nouvelles de ce qui m'arriverait jusqu'à ce que je devinsse homme. Je répondis, en baissant la tête, que je n'y manquerais point. Ensuite, elle acheva ses onctions, et s'étendit par terre comme une morte. J'approchai ma gueule de sa bouche, et je vis qu'elle ne respirait ni peu ni beaucoup.

Maintenant, ami Scipion, je dois t'avouer une chose : c'est que j'éprouvai une grande peur quand je me vis enfermé dans cet étroit cabinet, ayant devant moi cette figure que je vais essayer de te peindre. Elle était longue d'au moins sept pieds ; ce n'était qu'une anatomie, un squelette, dont une peau noire, velue et tannée, couvrait les os. Avec le ventre, qui était de basane, elle se faisait une espèce de tablier qui lui descendait jusqu'au milieu des cuisses. Ses mamelles ressemblaient à deux vessies de bœuf sèches et racornies. Ses lèvres étaient noirâtres, ses dents usées, son nez crochu et écrasé, ses yeux hors des orbites, sa tête échevelée, ses joues creuses, sa gorge étroite et sa poitrine enfoncée. Finalement, elle était maigre et laide comme le démon. Je me mis à l'examiner attentivement, et bientôt la peur commença à me galoper, en considérant l'horrible vision qu'offrait son corps, et l'occupation plus horrible de son âme. Je voulus la mordre, pour voir si elle reviendrait à soi; mais je ne vis pas une partie de son corps où le dégoût ne m'empêchât de porter la dent. Néanmoins je l'empoignai par un jarret, et je la tirai, en la traînant jusque dans la cour, sans qu'elle donnât la moindre marque de sentiment. Là, quand j'aperçus le ciel, et que je me vis en lieu spacieux, ma peur se dissipa, ou du moins se calma de telle sorte, que j'eus le courage d'attendre où aboutiraient l'aller et le retour de cette méchante femelle, et ce qu'elle me conterait de mes aventures. Cependant, je me demandais à moi-même : « Qui a fait cette mauvaise vieille si entendue et si mauvaise? D'où sait-elle ce que sont les maux par accident et les maux par faute? Pourquoi parle-t-elle tant de Dieu et agit-elle tant selon le diable? Comment pèche-t-elle si bien par malice qu'elle ne s'excuse point par ignorance? » La nuit se passa dans ces réflexions, et le jour vint, qui nous trouva tous les deux dans le milieu de la cour, elle toujours sans connaissance, et moi près d'elle, accroupi sur mes talons, observant attentivement son effroyable carcasse. Les gens de l'hôpital parurent, et, voyant cet étrange tableau, les uns disaient : « La bienheureuse Cañizarès vient de mourir; voyez comme la pénitence l'avait maigrie et défigurée. » D'autres, mieux avisés, lui tâtèrent le pouls, virent qu'il battait encore et qu'elle n'était pas morte, d'où ils conclurent qu'elle était tombée en extase et transportée au ciel par la force de sa vertu. Il y en eut d'autres qui dirent : « Cette vieille coquine doit être sorcière; elle se sera sans doute frottée d'onctions, car jamais les saints n'ont des extases si déshonnêtes, et jusqu'à présent, parmi ceux qui la connaissent, elle a plutôt le renom d'une sorcière que d'une sainte. » Des gens curieux s'avisèrent de lui planter des épingles dans les chairs, des pieds à la tête, sans que la dormeuse s'éveillât, ce qu'elle ne fit qu'à sept heures du matin. Quand elle se sentit criblée d'épingles, mordue aux jarrets, meurtrie par le trajet sur les pierres, hors de sa chambre, et à la vue de tant d'yeux qui la regardaient, elle crut, et crut avec raison, que j'étais l'auteur de son déshonneur. Alors elle se jeta sur moi, m'empoigna des deux mains à la gorge, et cherchant à m'étouffer : « Gredin, disait-elle, ingrat, ignorant et malicieux, est-ce là le payement que méritent les services que j'ai rendus à ta mère et ceux que je pensais te rendre? » Moi, qui me vis en danger de perdre la vie sous les griffes de cette harpie féroce, je me dégageai, et, la saisissant par les longs pans de son ventre, je la secouai et la traînai par toute la cour. Elle jetait des cris perçants pour qu'on la délivrât des dents de ce malin esprit. A ces propos de la méchante vieille, la plupart des spectateurs crurent que j'étais quelque démon, de ceux qui ont une perpétuelle rancune contre les bons chrétiens. Les uns accouraient pour me jeter de l'eau bénite ; les autres, n'osant s'approcher pour m'ouvrir la gueule, criaient qu'il fallait m'exorciser. La vieille grognait, moi je serrais les dents ; la confusion devenait plus forte, et mon maître, qui était accouru au bruit, se désespérait de m'entendre appeler démon. D'autres, qui ne comprenaient rien aux exorcismes, arrivèrent avec trois ou quatre bâtons, et commencèrent à me houspiller les reins. La plaisanterie me sembla cuisante; je lâchai la vieille, en trois sauts j'enfilai la rue, et en vingt autres je sortis de la ville, poursuivi par une multitude de petits garçons qui s'en allaient criant de toutes leurs forces : « Gare ! gare ! le chien savant est enragé. » D'autres disaient : « Il n'est pas enragé, mais c'est un démon sous la figure d'un chien. » Au milieu de ce tapage, je me sauvai du pays à toutes jambes, suivi d'un grand nombre de gens qui crurent, sans aucun doute, que j'étais un démon, tant par les choses qu'ils m'avaient vu faire que par les paroles qu'avait dites la vieille en sortant de son sommeil maudit. Je mis tant de hâte à fuir et à m'échapper de leurs yeux, qu'ils durent croire que j'avais disparu comme un démon. En six heures, je fis douze lieues de chemin, et j'arrivai à un campement de Bohémiens, qui était dans une plaine près de Grenade. Là, je me refis un peu, parce que plusieurs Bohémiens me reconnurent pour le chien savant. Ils m'accueillirent, non sans une grande joie, et me cachèrent dans un souterrain, pour que je ne fusse pas trouvé si l'on venait à ma recherche, et dans l'intention, à ce que je sus depuis, de gagner leur vie avec moi, comme le faisait mon maître le tambour. Je restai vingt jours avec eux, et pendant ce temps j'étudiai bien à fond leur vie et leurs mœurs, si curieuses qu'il faut que je te les conte.

Scipion. — Avant de continuer, Berganza, il est bon que nous revenions sur ce que t'a dit la sorcière et que nous vérifiions s'il peut y avoir quelque chose de vrai dans l'énorme mensonge auquel tu ajoutes confiance. Prends-y garde, Berganza, il y aurait une grande folie à croire que la Camacha changeât les hommes en bêtes, et que le sacristain l'eût servie sous la forme d'un âne autant d'années qu'on dit qu'il fut à son service. Toutes ces choses et celles qui leur ressemblent sont autant de prestiges, de visions mensongères et d'apparences forgées par le démon. Et si maintenant il nous semble que nous jouissons de quelque entendement et de quelque raison, puisque nous parlons, étant réellement chiens ou nous trouvant sous cette figure, nous avons déjà dit que c'est un cas prodigieux, inouï, tel que, bien que nous le touchions de la main, nous ne pouvons y ajouter foi jusqu'à ce que l'événement nous démontre ce qu'il convient d'en croire. Veux-tu t'en assurer davantage ? Considère en quelles choses vaines, en quelles conditions niaises et absurdes la Camacha dit que consistait notre retour à l'état d'hommes. Ces promesses, qui doivent te paraître des prophéties, ne sont que des paroles de contes de vieilles femmes, comme ceux du *Cheval sans tête* ou de la *Baguette de vertus*, avec lesquels on s'amuse au coin du feu pendant les longues nuits d'hiver. Si c'était autre chose, ces prophéties seraient accomplies déjà; à moins que leurs paroles ne doivent se prendre dans un sens qui s'appelle, à ce que j'ai ouï dire, allégorique, lequel sens ne signifie pas ce qu'indique la lettre, mais une autre chose, qui, bien que différente, lui ressemble d'une certaine façon. Or donc, dire : « Ils reprendront leur forme véritable, quand ils verront, dans un rapide changement, abattre les superbes élevés et relever les humbles abattus, par une main assez puissante pour le faire ; » cela me semble signifier, dans le sens que j'ai dit, que nous recouvrerons notre forme quand nous verrons que ceux qui étaient hier au faîte de la fortune sont aujourd'hui renversés et foulés aux pieds du malheur, et méprisés par ceux qui les estimaient le plus ; de même, quand nous verrons que d'autres, qui tout à l'heure n'avaient à faire dans le monde qu'à augmenter le nombre des vivants, sont à présent emportés si haut par le bonheur que nous les perdons de vue ; et si d'abord ils n'apparaissaient pas, tant ils étaient petits et cachés, maintenant nous ne pouvons plus les apercevoir, tant ils sont grands et élevés. Si c'est en cela qu'eût consisté notre retour à la forme que tu dis, nous l'aurions déjà vu, et nous le voyons à chaque pas ; d'où j'imagine que ce n'est pas dans le sens allégorique, mais dans le sens littéral, qu'il faut prendre les vers de la Camacha. Or, ce n'est pas davantage en cela que consiste le remède à notre métamorphose : car maintes fois nous avons vu ce que disent ces vers, et nous n'en sommes pas moins chiens, comme tu vois. Ainsi donc, la Camacha fut une moqueuse perfide, la Cañizarès une fourbe artificieuse, la Montiela une sotte, malicieuse et perverse, soit dit sans l'offenser, si par hasard elle est notre mère à tous deux, ou la tienne au moins, car je ne veux pas l'avoir pour mère. Je dis donc que le véritable sens est un jeu de quilles, où, par un rapide changement, on renverse celles qui sont en pied, et l'on relève celles qui sont tombées par terre ; et cela par la main de celui qui peut le faire. Vois un peu si, dans le cours de notre vie, nous aurons vu jouer aux quilles, et si, pour cela, nous nous sommes vus redevenir hommes, au cas que nous le soyons en effet.

BERGANZA. — Je dis que tu as raison, frère, et que tu es plus avisé que je ne pensais. De ce que tu as dit, je viens à penser et à croire que tout ce qui nous est arrivé et ce qui nous arrive à présent est un songe, et que nous sommes tout simplement des chiens. Mais que cela ne nous empêche point de jouir, aussi longtemps qu'il nous sera possible, de ce don de la parole que nous possédons, et du don plus excellent encore de l'intelligence humaine. Écoute-moi donc patiemment te conter ce qui m'arriva avec les Bohémiens qui m'avaient caché dans le souterrain.

SCIPION. — Je t'écoute très-volontiers, pour t'obliger à m'écouter à ton tour, quand je te conterai, si le ciel le permet, les aventures de ma vie.

BERGANZA. — Celle que je menai avec les Bohémiens se passa, dans ce temps, à considérer leurs nombreuses malices, leurs ruses, leurs fourberies, les vols auxquels ils s'exercent, Bohémiens et Bohémiennes, presque depuis le moment où ils sortent du maillot et commencent à marcher. Tu vois bien la multitude de ces gens qui sont répandus à travers l'Espagne ? Eh bien ! tous se connaissent, tous sont en relation les uns avec les autres. Ils passent et transportent les vols de ceux-ci à ceux-là, et de ceux-là à ceux-ci. Ils accordent obéissance, mieux qu'à leur roi, à l'un d'eux qu'ils appellent *comte*, lequel, ainsi que tous ceux qui lui succèdent, a le surnom de Maldonado ; non point parce qu'ils descendent de cette noble famille, mais parce qu'un page d'un gentilhomme de ce nom s'amouracha d'une Bohémienne, qui ne voulut pas répondre à son amour à moins qu'il ne se fît Bohémien et ne la prît pour femme. Le page passa par ces conditions, et se fit si bien agréer des autres Bohémiens, qu'ils le choisirent pour seigneur et lui rendirent obéissance. Depuis lors, comme en signe de vasselage, ils lui remettent une partie des vols qu'ils font, pour peu qu'ils aient de l'importance. Ils s'occupent, pour colorer leur oisiveté, à travailler le fer, faisant ainsi des instruments qui facilitent leurs vols. Aussi les verras-tu toujours porter à vendre dans les rues des tenailles, des vrilles, des marteaux ; et les femmes, des pelles et des trépieds. Celles-ci sont toutes accoucheuses, et en cela elles l'emportent sur les autres : car, sans peine ni secours, elles mettent leurs enfants au monde, et les lavent tout en naissant avec de l'eau froide. Depuis leur naissance jusqu'à leur mort, ils s'endurcissent et s'habituent à souffrir les inclémences et les rigueurs du ciel. Aussi verras-tu qu'ils sont tous agiles, robustes, voltigeurs, coureurs et danseurs. Ils se marient toujours entre eux, afin que leurs mauvaises mœurs ne viennent pas à être connues d'autres personnes. Les femmes sont soumises et respectueuses envers leurs maris, et il y en a bien peu qui les offensent avec d'autres hommes que ceux de leur race. Quand elles demandent l'aumône, elles l'arrachent plutôt par des tours d'adresse ou des bouffonneries que par des dévotions, et, sous prétexte que personne n'a confiance en elles, elles ne servent pas, et restent dans la paresse. Rarement ou peut-être jamais, si j'ai bonne mémoire, je n'ai vu de Bohémienne agenouillée à l'autel pour communier, bien que je sois souvent entré dans les églises. Les pensées de ces gens ne s'exercent qu'à imaginer comment ils pourront tromper, où ils pourront voler. Ils se communiquent leurs vols, et la manière dont ils s'y prennent pour les commettre. Aussi arriva-t-il un jour qu'un Bohémien raconta à d'autres devant moi un tour de fripon qu'il avait joué une fois à un laboureur. Voici ce tour. Le Bohémien avait un âne auquel on avait coupé la queue, et au tronçon, qui était sans poil, il avait ajusté une autre queue velue, qui semblait sa queue naturelle. Il mena cet âne au marché, et un laboureur le lui acheta pour dix ducats. Quand le Bohémien l'eut vendu et qu'il eut touché l'argent, il demanda à cet homme s'il voulait lui acheter un autre âne, frère de celui qu'il emmenait et tout aussi bon, qu'il le lui vendrait à plus bas prix. Le laboureur lui répondit d'aller chercher cet âne et de l'amener, qu'il le lui achèterait sans doute, et qu'en attendant son retour, il conduirait l'âne acheté à son auberge. Le laboureur s'en alla, le Bohémien le suivit, et, soit d'une façon, soit de l'autre, le Bohémien eut l'adresse de voler au laboureur l'âne qu'il lui avait vendu. Aussitôt il lui ôta sa queue postiche, de façon que l'animal resta avec son tronçon pelé. Il changea le bât et le licou, et ne craignit pas d'aller chercher le laboureur pour le lui vendre. Il rencontra celui-ci avant qu'il se fût aperçu de la perte du premier âne, et, après quelque débat, le laboureur acheta le second. Il alla, pour le payer, à son auberge, où la bête ne trouva plus la bête, et, bien qu'il le fût beaucoup, il soupçonna que le Bohémien lui avait volé l'âne, de manière qu'il ne voulait pas le payer. Le Bohémien recourut à des témoins, et amena ceux qui avaient touché *l'alcabala*[1] du premier baudet; lesquels jurèrent que le Bohémien avait vendu au laboureur un âne à longue queue et très-différent du second qu'il lui vendait. A tout cela se trouva présent un alguazil qui prit si bien le parti du Bohémien, que le laboureur fut obligé de payer l'âne deux fois. J'entendis conter bien d'autres vols, et presque tous d'animaux, car c'est une science où ils sont gradués et qu'ils exercent le plus. Finalement c'est une mauvaise engeance, et, quoique plusieurs juges fort avisés leur aient fait la guerre, ils ne s'en corrigent pas davantage.

Au bout d'une vingtaine de jours, ils voulurent m'emmener à Murcie. Je passai par Grenade, où était arrivé déjà le capitaine dont mon ancien maître était tambour. Les Bohémiens, ayant appris cela, m'enfermèrent dans une chambre de l'auberge où ils demeuraient; je les entendis en expliquer la cause. Le voyage qu'ils projetaient ne me plut pas, et je résolus de m'échapper; ce que je fis en effet. M'étant sauvé de Grenade, je me réfugiai dans le jardin d'un Morisque[2], lequel m'accueillit de très-bonne grâce; et moi je restai de meilleure grâce encore, car il me sembla qu'il ne m'emploierait qu'à garder le jardin, métier beaucoup moins fatigant, à mon avis, que celui de garder un troupeau; et comme il ne s'agissait pas de disputer sur le plus ou moins du salaire, il nous fut facile, au Morisque de trouver un valet à qui commander, et à moi un maître à qui obéir.

Je restai avec lui plus d'un mois, non pour le plaisir de la

---

[1]. Droit prélevé sur le prix des objets vendus.
[2]. Descendant des anciens Mores, devenu chrétien.

vie que je menais, mais pour celui que je trouvais à connaître la vie de mon maître, et, par elle, celle de tous les Morisques qui vivent en Espagne [1]. Oh ! combien et que d'étranges choses je pourrais te conter, ami Scipion, sur cette canaille morisque, si je ne craignais de ne pouvoir en venir à bout en moins de quinze jours ! et même, s'il fallait entrer dans les particularités, je n'aurais pas fini en deux mois. Mais cependant il faut que je t'en dise quelque chose : ainsi, écoute donc en général ce que je vis et remarquai en particulier de ces braves gens. Ce sera un miracle si, parmi cette foule, il s'en trouve un qui croie sincèrement à la sainte loi chrétienne. Tout leur but est de battre monnaie et de garder l'argent monnayé ; pour l'acquérir, ils travaillent et ne mangent pas. Dès qu'un réal entre en leur pouvoir, s'il est seulement double, ils le condamnent à la prison perpétuelle et à une éternelle obscurité ; de façon que, gagnant toujours et ne dépensant jamais, ils rassemblent et amassent la plus grande partie de l'argent qui circule en Espagne. Ils sont sa tirelire, son ver rongeur, ses pies et ses belettes ; ils ramassent tout, cachent tout et dévorent tout. Il faut observer qu'ils sont nombreux, que chaque jour ils gagnent et enfouissent peu ou beaucoup, et qu'une fièvre lente consume la vie aussi bien qu'une fièvre maligne. De plus, comme leur nombre s'accroît sans cesse, celui des enfouisseurs s'accroît aussi, et ils croîtront de la sorte à l'infini, ainsi que le démontre l'expérience. Parmi eux, il n'y a point de chasteté ; ni les hommes ni les femmes n'entrent au couvent. Tous se marient, tous multiplient, car la vie sobre augmente les causes de la population ; d'ailleurs, la guerre ne les décime point, ni aucun exercice trop fatigant. Ils nous volent en toute sûreté, et, avec les produits de nos biens qu'ils nous revendent, ils deviennent riches. Ils n'ont point de valets, parce que tous le sont d'eux-mêmes. Ils ne dépensent rien pour faire étudier leurs enfants, car leur science n'est pas autre que celle de nous voler. Des douze fils de Jacob qui entrèrent en Égypte, il en sortit, à ce que j'ai ouï dire, lorsque Moïse les tira de cet esclavage, six cent mille hommes, sans compter les femmes et les enfants. De là, l'on peut inférer à quel point multiplieront les femmes de ceux-ci, sans comparaison beaucoup plus nombreuses.

SCIPION. — L'on a cherché un remède pour tous les maux que

---

[1]. Cervantès écrivit cette nouvelle avant l'expulsion générale des Morisques, qui eut lieu de 1610 à 1614.

tu viens d'indiquer et d'esquisser à grands traits ; encore ceux que tu n'as pas dit sont-ils plus nombreux et plus grands que ceux-là. Jusqu'à présent on n'a pas trouvé ce remède convenable ; mais l'État a des gardiens vigilants et sages, lesquels, considérant que l'Espagne nourrit et renferme dans son sein autant de vipères que de Morisques, avec l'aide de Dieu trouveront à ce mal immense une prompte et certaine issue [1]. Poursuis, maintenant.

BERGANZA. — Comme mon maître était fort ladre, ainsi que le sont tous ceux de sa race, il me nourrissait avec du pain de maïs, et quelques bribes de *zahinas* [2], ses mets ordinaires. Mais cette misère m'aida à gagner le ciel par un moyen fort étrange, comme tu vas l'entendre.

Chaque matin, le jour, en se levant, trouvait assis au pied de l'un des nombreux grenadiers qu'il y avait dans le jardin, un jeune homme, qui semblait étudiant, vêtu de bayette, non si noire et si laineuse qu'elle ne parût plutôt brune et tondue. Il s'occupait à écrire dans un cahier, et de temps en temps il se frappait le front avec la main, ou se mordait les ongles en regardant le ciel ; d'autres fois, il tombait dans une telle rêverie, qu'il ne remuait plus ni pied ni main, ni même les paupières, tant son extase était profonde. Une fois, je m'approchai très-près de lui, sans qu'il m'aperçût ; je l'entendis murmurer quelque chose entre ses dents, et, au bout d'une longue pause, il jeta un grand cri : « Vive le Seigneur ! s'écria-t-il, c'est la meilleure octave que j'aie faite en tous les jours de ma vie. » Et écrivant en toute hâte dans son cahier, il témoignait une joie extrême. Tout cela me fit comprendre que le malheureux était poëte. Je lui fis mes caresses ordinaires, pour l'assurer de ma douceur ; je me couchai ensuite à ses pieds, et lui, tranquille sur mon compte, continua à suivre ses pensées, à se gratter la tête, à tomber en extase et à écrire ce qu'il avait pensé. Sur ses entrefaites, entra dans le jardin un autre jeune homme, de bonne mine et de bel équipage,

---

1. Cervantès se fait ici l'écho des injustes préjugés populaires qui, au grand détriment de l'Espagne, amenèrent la complète expulsion des Morisques (voir mon *Histoire des Arabes et des Mores d'Espagne*, t. I, chap. VII). Dans la seconde partie du *Don Quichotte*, publiée après leur expulsion, il se montre plus tolérant et plus charitable envers cette race infortunée.

2. Plante originaire des Indes, dont les grains servent à faire une sorte de pain ou de bouillie.

tenant à la main des papiers où il lisait de temps en temps. Il arriva où était l'autre, et lui dit : « Avez-vous fini la première *journée*[1]? Je viens de l'achever, répondit le poëte, et le plus gaillardement qu'il se puisse imaginer. — De quelle manière? demanda le second. — Voici comment, répondit le premier : Sa Sainteté le pape entre sur la scène, revêtu de ses habits pontificaux, avec douze cardinaux, tous habillés de violet, parce qu'à l'époque de l'histoire que représente ma comédie, c'était le temps de *mutatio capparum*, pendant lequel les cardinaux ne s'habillent pas de rouge, mais de violet. Ainsi donc, il convient de toutes manières, pour garder la convenance et la propriété, que mes cardinaux paraissent en violet : c'est un point très-important dans ma comédie. A coup sûr, on n'y aurait pas fait attention ; aussi fait-on mille sottises et mille impertinences. Moi, je ne puis pas m'être trompé, car j'ai lu tout le *Cérémonial romain*, seulement pour être sûr de la couleur de ces habits. — Mais, répliqua l'autre, où diable voulez-vous que mon *autor*[2] ait des habits violets pour douze cardinaux? — Eh bien! s'il m'en ôte seulement un, répondit le poëte, je lui donnerai ma comédie comme je vole. Jour de ma vie! faut-il perdre une apparition si grandiose? Imaginez un peu d'ici quel effet fera sur un théâtre un souverain pontife avec douze graves cardinaux, et les autres officiers de cortége qu'ils doivent nécessairement mener à leur suite! Vive Dieu! ce sera l'un des plus grands et des plus magnifiques spectacles qu'on ait vus en comédie, sans en excepter le bouquet de Daraja! » Ici j'achevai de comprendre que l'un était poëte et l'autre comédien. Le comédien conseilla au poëte de retrancher quelque chose de ses cardinaux, s'il ne voulait mettre le directeur dans l'impossibilité de jouer la comédie. « Qu'on me rende grâce, répondit le poëte, de ce que je n'ai pas mis tout le conclave qui se trouvait présent à l'acte mémorable que j'ai voulu, dans mon heureuse comédie, rappeler à la mémoire des gens. » Le comédien se mit à rire, et laissa l'autre dans son occupation pour retourner à la sienne, qui était d'apprendre un rôle dans une pièce nouvelle. Le poëte, après avoir écrit quelques strophes de sa magnifique comédie, tira de sa poche, avec beaucoup de lenteur et de sang-froid, quelques bribes de pain et une vingtaine de grains de

---

1. *Jornada*, acte de comédie. — 2. Directeur d'une troupe de comédie. Ce mot vient *d'auto*, représentation, acte public, et non du latin *auctor*.

raisin sec; il me semble du moins que je n'en comptai pas davantage, et je suis même en doute s'il s'en trouvait autant, puisqu'il y avait, parmi les grains de raisin, certaines miettes durcies qui en augmentaient le volume. Il souffla dessus, pour écarter les miettes, puis mangea un à un tous les grains, et même jusqu'aux grappes, car je ne lui en vis jeter aucune. Il aurait voulu en faire l'assaisonnement des bribes de pain, qui, frottées avec la doublure violette de sa poche, paraissaient moisies; mais elles étaient si dures de caractère que, bien qu'il essayât de les attendrir en les promenant mainte et mainte fois dans sa bouche, il ne put jamais les tirer de leur entêtement. Tout cela tourna à mon profit, car il me les jeta, en disant : « Tiens, tiens, attrape, et grand bien te fassent-ils ! — Voyez un peu ! dis-je à part moi, quel nectar et quelle ambroisie me donne ce poëte, ces mets divins dont ils disent que se nourrissent là-haut dans le ciel les dieux et leur Apollon ! » Enfin, le plus souvent, grande est la misère des poëtes; mais plus grande était ma nécessité, puisqu'elle m'obligeait à manger ce qu'il rejetait.

Tant que dura la composition de sa comédie, il ne manqua pas de venir au jardin, et les bribes de pain sec ne me manquèrent pas non plus, car il m'en donnait ma part avec beaucoup de libéralité. Ensuite nous allions au réservoir, où, moi en baissant la tête, et lui avec une écuelle, nous étanchions notre soif comme des princes souverains. Mais enfin le poëte disparut et la faim revint de plus belle, tellement que je résolus d'abandonner le Morisque, et d'entrer dans la ville pour y chercher fortune, ce que trouve toujours celui qui déménage. A l'entrée de la ville, j'aperçus mon poëte qui sortait du fameux monastère de San-Geronimo. Dès qu'il me vit, il vint à moi les bras ouverts, et moi j'allai à lui, témoignant une grande joie de l'avoir trouvé. Aussitôt il se mit à tirer de sa poche des morceaux de pain, plus tendres que ceux qu'il avait coutume de porter au jardin du Morisque, et à les jeter sous mes dents, sans les passer d'abord sous les siennes : faveur qui satisfit ma faim et ma sensualité. De manger ce pain tendre et d'avoir vu mon poëte sortir du couvent, je conçus le soupçon que sa muse, comme beaucoup d'autres, tendait la main en cachette[1]. Il s'achemina vers la ville, et je le suivis avec l'intention de le prendre pour maître, s'il y consentait, ima-

---

1. Alloit recevoir la soupe d'aumône à la porte des couvents.

ginant que des restes de son palais pourrait s'alimenter ma cabane. Il n'y a pas, en effet, de plus grande et de plus riche bourse que la charité, dont les mains libérales ne sont jamais pauvres. Aussi ne suis-je pas d'accord avec le proverbe qui dit : « Le dur donne plus que le nu. » Comme si le dur et l'avare donnaient quelque chose, ainsi que fait le libéral dépouillé, qui donne au moins la bonne intention quand il n'a rien de plus. De fil en aiguille, nous arrivâmes à la maison d'un *autor* de comédie, qui s'appelait, je m'en souviens, Angulo le Mauvais, pour le distinguer d'un autre Angulo, non pas auteur, mais acteur, le plus comique, le plus amusant qu'eussent alors et qu'ont aujourd'hui les salles de spectacle. Toute la compagnie s'assembla pour entendre la comédie de mon maître, car je tenais déjà le poëte pour tel. A la moitié de la première *journée*, les comédiens commencèrent à s'en aller, un à un, deux à deux, et tous disparurent, excepté l'*autor* et moi, qui servions d'auditeurs. La comédie était telle, que, bien que je fusse un âne en fait de poésie, il me sembla que Satan lui-même l'avait composée pour la perte et la damnation du poëte, lequel commençait à avaler sa salive, en voyant la solitude où l'avait laissé l'auditoire. Et ce n'était pas sans raison si un secret pressentiment lui annonçait la disgrâce dont il était menacé. Tous les comédiens, qui étaient plus de douze, revinrent bientôt, empoignèrent mon poëte sans dire un seul mot ; et si l'*autor*, priant et menaçant, n'eût interposé son autorité, sans nul doute ils le faisaient sauter sur la couverture. Je restai stupéfait de l'aventure, l'*autor* désappointé, les comédiens joyeux et le poëte de mauvaise humeur. Celui-ci, avec une admirable patience, bien que le visage un peu de travers, prit sa comédie, et la remit dans son sein en murmurant tout bas : « Il ne faut pas semer des perles devant les pourceaux. » Cela dit, il s'en alla fort paisiblement.

Moi, de honte et de dépit, je ne pus ni ne voulus le suivre ; et je fis bien : car l'*autor* me combla tellement de caresses, qu'elles m'obligèrent à rester avec lui En moins d'un mois, je devins grand joueur d'intermèdes et grand acteur de pantomime. On me mit un frein de lisières, et on m'apprit à m'élancer sur le théâtre contre ceux qu'on m'indiquait, de façon que les intermèdes, qui finissent pour la plupart en coups de bâton, finissaient, dans la troupe de mon maître, en gestes et en cris pour m'exciter ; alors j'attaquais et je bousculais tout le monde, ce qui donnait à rire aux ignorants et bon profit à mon maître. O Scipion, qui pourrait te conter tout ce que je vis dans cette troupe de comédiens, et dans deux autres où je servis? Mais, comme il est impossible de réduire ce sujet à une narration succincte, je suis forcé de le laisser pour un autre jour, si toutefois un autre jour arrive où nous puissions nous entretenir. Tu vois combien ma causerie a été longue, combien j'ai eu d'aventures diverses, combien j'ai fait de voyages, combien j'ai servi de maîtres. Eh bien! tout ce que tu as entendu n'est rien absolument en comparaison de ce que je pourrais te conter sur ce que j'ai vu, observé et vérifié dans ces gens-là : leur vie, leurs coutumes, leurs manières d'être, leurs occupations, leur travail et leur oisiveté, leur ignorance et leur esprit naturel, ainsi qu'une foule d'autres choses, les unes bonnes à dire à l'oreille, les autres à proclamer en public, et toutes à conserver dans la mémoire pour désabuser bien des gens qui s'amourachent de beautés artificielles et adorent de fausses divinités.

SCIPION. — J'aperçois fort bien, Berganza, le large champ qui s'offrait pour étendre ton histoire; mais je suis d'avis que tu laisses ce sujet pour un récit particulier, et pour un moment de repos sans alarmes.

BERGANZA. — J'y consens; écoute. J'arrivai, avec une troupe de comédiens, à cette ville de Valladolid, où, dans un intermède, on me fit une blessure qui me conduisit presque à ma dernière heure. Je ne pus pas me venger alors, parce que j'étais attaché, et depuis je ne voulus pas le faire de sang-froid, car la vengeance préméditée annonce mauvais cœur et cruauté. A la fin, ce métier me fatigua, non pour la peine qu'il donne mais parce que j'y voyais des choses qui exigeaient à la fois une réforme et un châtiment, et, comme il m'était plus facile d'en avoir le regret que d'y porter remède, je résolus de ne plus les voir, et, comme on dit, de prendre asile en un lieu saint, ainsi que font ceux qui laissent les vices quand ils ne peuvent plus les pratiquer, bien que, toutefois, mieux vaut tard que jamais. Je dis donc que, te voyant une nuit porter la lanterne devant le bon chrétien Mahudès, je considérai que tu vivais content dans ta sainte occupation, et, plein d'une pieuse envie, je voulus suivre tes traces. Dans cette louable intention, je me mis à marcher devant Mahudès, qui me prit bientôt pour ton compagnon, et m'amena à cet hôpital. Ce qui m'y est arrivé n'est pas de si mince importance qu'il ne faille du temps pour le conter, principalement ce que j'ouïs dire à quatre malades que le sort et le besoin avaient conduits à ce même hôpital, et réunis ensemble dans quatre lits jumeaux. Excuse-moi : car l'histoire, qui est courte, ne permet pas de retard et vient ici comme au moule.

SCIPION. — Eh bien ! je t'excuse ; mais achève : car, à ce que je crois, le jour ne doit pas être loin.

BERGANZA. — Dans les quatre lits qui sont au bout de cette infirmerie se trouvaient, dans l'un, un alchimiste, dans le second un poëte, dans le troisième un mathématicien, et dans le dernier un de ceux qu'on appelle *arbitristas*[1].

SCIPION. — En effet, je me rappelle avoir vu ces braves gens.

BERGANZA. — Or donc, pendant une sieste de l'été passé, les fenêtres étant fermées et moi prenant l'air sous le lit de l'un d'eux, le poëte commença à se plaindre douloureusement de son sort, et le mathématicien lui ayant demandé de quoi il se plaignait : « De ma mauvaise étoile, » répondit-il ; puis il continua de la sorte : « Eh comment ! n'ai-je pas raison de me plaindre ? Après avoir gardé le précepte donné par Horace, dans sa poétique, de ne point publier mon œuvre à moins qu'il ne se soit écoulé dix ans depuis sa composition, j'en ai une qui m'a coûté vingt ans de travail et douze ans de stage, grandiose par le sujet, admirable et neuve par l'invention, sublime par la poésie, amusante par les épisodes, merveilleuse par la division : car le commencement répond au milieu et à la fin, de manière à ce qu'ils constituent ensemble un poëme élevé, sonore, héroïque, exquis et substantiel ; avec tout cela, cependant, je ne puis trouver un prince à qui la dédier ! J'entends un prince qui soit intelligent, libéral et magnanime. O âge misérable, ô siècle dépravé ! — De quoi traite le livre ? demanda l'alchimiste. — Il traite, répondit le poëte, de ce qu'a oublié d'écrire l'archevêque Turpin sur le roi Artus d'Angleterre, avec un autre supplément sur l'histoire de la conquête du saint Grial[2], tout cela en vers héroïques, partie en octaves, partie en

---

1. *Arbitrios* est le nom qu'on donnait aux voies et moyens, aux expédients en matière de finances, et *arbitristas*, aux gens qui les proposaient. La suite fera mieux comprendre le vrai sens de ce mot, qui n'a point d'équivalent en français.

2. Le saint Grial ou saint Graal est le plat où Joseph d'Arimathie reçut le sang du Sauveur, quand on le descendit de la croix. La conquête de ce plat, par le roi Artus et les chevaliers de la Table-Ronde, est le sujet d'un livre de chevalerie écrit en latin, dans le XIIe siècle, et traduit depuis en espagnol.

vers libres, mais toujours à la façon dactyléenne, je veux dire en dactyles [1] de noms substantifs, sans admettre aucun verbe. — Quant à moi, reprit l'alchimiste, je m'entends fort peu en poésie; je ne saurais donc sentir convenablement l'infortune dont se plaint Votre Grâce : mais, fût-elle encore plus grande, elle n'égalerait pas la mienne, puisque, pour manquer d'un instrument ou d'un grand seigneur qui me favorise et me fournisse les ustensiles qu'exige la science de l'alchimie, je ne suis pas maintenant à nager dans l'or, plus riche que les Midas, les Crassus et les Crésus. — Est-ce que Votre Grâce, seigneur alchimiste, dit alors le mathématicien, est parvenue à tirer de l'argent des autres métaux ? — Pas encore jusqu'à présent, répondit l'alchimiste; mais je sais qu'à coup sûr on en tire, et il ne me manque pas deux mois pour arriver à trouver la pierre philosophale, avec laquelle on peut convertir les pierres en argent et en or. — Vos Grâces ont fait de leurs infortunes un triste tableau, reprit le mathématicien ; mais enfin l'un a un livre à dédier, et l'autre est en puissance prochaine de trouver la pierre philosophale. Mais que dirais-je de mon malheur, tellement unique qu'on ne peut le comparer à rien ? Il y a vingt-deux ans que je poursuis le point fixe : ici je le laisse, là je le reprends ; et, quand il me semble qu'enfin je l'ai saisi et qu'il ne peut plus m'échapper d'aucune façon, tout à coup je me trouve si loin de lui, que j'en suis tout stupéfait. La même chose m'arrive avec la quadrature du cercle ; je suis arrivé si près de la trouver, que je ne sais et ne peux savoir comment je ne l'ai pas déjà dans la poche. Aussi ma peine est-elle semblable à celle de Tantale, qui est près du fruit et meurt de faim, qui touche à l'eau et meurt de soif. Par moments, je pense rencontrer la conjoncture de la vérité, et par moments, je me trouve si loin d'elle, que je recommence à gravir la montagne que je venais de descendre avec toute la charge de mon travail sur les épaules, comme un autre Sisyphe.

Jusqu'alors l'*arbitrista* avait gardé le silence; il le rompit en cet endroit, et dit : « Quatre plaignants, tels qu'ils pourraient se plaindre même du Grand-Turc, sont réunis par la pauvreté dans cet hôpital. Au diable les offices et les métiers qui ne donnent ni plaisir ni pain à ceux qui les exercent !

---

1. *Esdrujulos*, mots d'au moins trois syllabes, dont les deux dernières sont brèves.

Moi, seigneurs, je suis *arbitrista*, et j'ai fourni à Sa Majesté, à diverses époques, de fort bons expédients, tous profitables pour elle et sans préjudice pour le royaume. Je viens maintenant de rédiger une pétition où je la supplie de me signaler une personne à qui je puisse confier un nouvel expédient que j'ai imaginé, tel qu'il doit la sortir complétement de tous ses embarras. Toutefois, ce qui est arrivé aux autres pétitions me fait craindre que celle-ci n'aille également aux oubliettes. Mais afin que Vos Grâces ne me tiennent pas pour un insensé, et bien que mon secret d'État devienne public dès ce moment, je veux le dire; le voici : On n'a qu'à demander aux cortès que tous les vassaux de Sa Majesté, depuis l'âge de quatorze ans jusqu'à celui de soixante, soient tenus de jeûner une fois par mois, au pain et à l'eau, le jour qui sera choisi et désigné, et que toute la dépense qui se ferait ce jour-là en ragoûts de fruits, de viande et de poisson, en vin, œufs et légumes, soit réduite en argent pour être versée à Sa Majesté, sans lui en souffler une obole, sous charge de serment. De cette manière, au bout de vingt ans, le roi se trouvera à l'abri de toute escroquerie et au niveau de ses affaires. En effet, si l'on établit le compte, comme je l'ai moi-même établi, il y a bien en Espagne au moins trois millions de personnes de cet âge, en outre des malades, des plus vieux et des plus jeunes, et chacune d'elles ne manquera pas de dépenser, en comptant la chose au plus bas, un réal et demi par jour; mais je veux bien que ce ne soit qu'un réal, et cela ne peut être moins, mangeât-elle des racines de pissenlit. Or, semble-t-il à Vos Grâces que ce serait une misère que d'avoir chaque mois trois millions de réaux comme passés au crible? D'ailleurs, cela tournerait plutôt au profit qu'au préjudice des jeûneurs : car, par ce jeûne, ils se rendraient agréables au ciel et serviraient leur roi; tel même pourrait, en jeûnant, faire une chose utile à sa santé. Voilà l'expédient, net de frais et de droits, et l'on pourrait en faire la perception par paroisses, sans entremise de commissaires qui ruinent l'État. » Tous se mirent à rire de l'expédient et de son inventeur, et lui-même rit de ses sottises. Quant à moi, j'étais fort surpris de les avoir entendus, et de voir que, pour la plupart, les gens de semblable humeur venaient mourir à l'hôpital.

SCIPION. — Tu as raison, Berganza; vois s'il te reste quelque chose à dire.

BERGANZA. — Deux choses seulement, avec lesquelles je terminerai ma causerie ; car il me semble que le jour commence à poindre. Une nuit que j'allais avec mon maître demander l'aumône chez le corrégidor de cette ville, qui est un gentilhomme très-noble et encore plus chrétien, nous le trouvâmes seul. Je crus devoir prendre occasion de cette circonstance pour lui donner certains avis, que j'avais recueillis d'un vieillard malade dans cet hôpital, sur le moyen de remédier à la perdition des filles vagabondes, qui, pour ne pas servir, se jettent dans le vice, et si profondément, qu'elles peuplent les hôpitaux des gens perdus qui les suivent : plaie intolérable, qui exige un remède prompt et efficace. Voulant donc le lui dire, j'élevai la voix, pensant que j'avais le don de la parole ; mais, au lieu de prononcer des mots suivis et distincts, j'aboyai avec tant de hâte et sur un ton si haut, que le corrégidor impatienté appela ses gens pour qu'on me chassât de la salle à coups de bâton. Un laquais, qui accourut à la voix de son seigneur (mieux eût valu qu'il fût sourd en ce moment), saisit une carafe de cuivre qu'il trouva sous sa main, et me la lança si rudement sur les côtes, que je garde encore à présent les reliques de ce coup.

SCIPION. — Et tu te plains de cela, Berganza ?

BERGANZA. — Comment ! n'ai-je pas raison de me plaindre, si j'en souffre encore, comme je te l'ai dit, et s'il me semble que ma bonne intention ne méritait pas un tel châtiment ?

SCIPION. — Écoute, Berganza ; personne ne doit se fourrer où on ne l'appelle point, ni vouloir faire le métier qui ne le regarde en aucun cas. Considère, d'ailleurs, que jamais le conseil du pauvre, si bon qu'il soit, ne fut accepté, et que le pauvre, dans son humble état, ne doit pas avoir la présomption de conseiller les grands et ceux qui pensent tout savoir. La sagesse dans le pauvre est comme assombrie ; le besoin et la misère sont les ombres et les nuages qui l'obscurcissent, et si, par hasard, elle se découvre, on la prend pour sottise, on la traite avec mépris.

BERGANZA. — Tu as raison, et, devenu sage à mes dépens, je suivrai dorénavant tes conseils. J'entrai une autre nuit chez une dame de haut parage, laquelle tenait dans ses bras une petite chienne de manchon, si petite, qu'on aurait pu la cacher dans le sein. Quand cette chienne me vit, elle s'échappa des bras de sa maîtresse, et se jeta sur moi en aboyant, avec tant d'audace, qu'elle ne cessa qu'après m'avoir mordu à une jambe. Je la regardai tout à la fois avec respect et avec colère, et je me dis tout bas : « Ah! si je vous tenais dans la rue, mauvaise petite bête, ou je ne ferais pas cas de vous, ou je vous mettrais en pièces sous mes dents. » Je fis, à propos d'elle, l'observation que jusqu'aux êtres lâches et sans cœur deviennent hardis et insolents quand ils sont favorisés, et qu'ils poussent l'audace jusqu'à s'attaquer à ceux qui valent mieux qu'eux.

SCIPION. — Un exemple et une preuve de la vérité que tu dis nous sont fournis par certains petits hommes de rien, qui, à l'ombre de leurs maîtres, se donnent le ton d'être insolents. Si, par hasard, la mort, ou tout autre accident de fortune, renverse l'arbre auquel ils s'appuient, aussitôt leur vraie valeur se montre au grand jour : car ils n'ont, en effet, d'autres mérites que ceux que leur prêtent leurs maîtres et protecteurs. La vertu et l'intelligence sont toujours les mêmes, nues ou vêtues, seules ou accompagnées ; il est bien vrai qu'elles peuvent souffrir atteinte dans l'estime des gens, mais jamais dans la réalité positive de ce qu'elles méritent et de ce qu'elles valent. Sur cela, mettons fin à notre conversation, car la lumière qui pénètre par ces fentes montre que le jour est déjà bien avancé. La nuit qui vient, si l'on ne nous a point retiré ce grand bienfait de la parole, ce sera mon tour à te conter ma vie.

BERGANZA. — Eh bien, soit, mais ne manque point de revenir au même endroit.

Finir la lecture du dialogue pour le licencié, et s'éveiller pour l'enseigne, ce fut l'affaire du même instant. Le licencié dit alors : « Bien que ce dialogue soit une fiction, et qu'il n'ait jamais eu lieu, il me semble si bien composé, que le seigneur enseigne peut continuer, et passer au second. — Cette opinion m'encouragera, répondit l'enseigne, et je vais me disposer à l'écrire, sans me mettre davantage en dispute avec Votre Grâce pour savoir si les chiens ont ou non parlé. — Seigneur enseigne, reprit le licencié, ne revenons plus à notre querelle : je comprends l'invention du dialogue et le sens qu'il cache ; c'est assez. Allons maintenant à l'Espolon [1] récréer les yeux du corps, puisque je viens de récréer ceux de l'esprit. — Allons, » dit l'enseigne. Et ils s'en allèrent.

1. Nom d'une promenade sur le bord de l'Arlanzon, à Valladolid.

PAMPHLET LITTÉRAIRE.

Le fragment qui suit n'est pas une *Nouvelle*; c'est un pamphlet littéraire. Cervantès avait écrit, sous le titre de *Voyage au Parnasse* (*Viage al Parnaso*), un petit poëme en tercets, moitié louangeur, moitié satirique, où il mettait aux prises les bons et mauvais poëtes de son temps, comme avait fait, avant lui, Cesare Caporali, en Italie; comme fit, après lui, Boileau parmi nous. Bien qu'on ait vu Cervantès le citer avec complaisance dans le *Prologue* de ses *Nouvelles*, ce poëme ne mérite pas d'être traduit. C'est un ouvrage faible, comme tout ce qu'il écrivit en vers, et qui serait, d'ailleurs, sans intérêt à notre époque et dans notre pays. Mais Cervantès fit suivre ce *Voyage au Parnasse* d'un morceau en prose, plus piquant et plus curieux, qu'il appela *La adjunta al Parnaso*. Nous le croyons digne d'être reproduit, ne serait-ce que comme exemple des pamphlets littéraires de l'Espagne et du temps.

Un matin que je sortais du couvent d'Atocha, je vis venir à ma rencontre un jeune homme qui paraissait avoir environ vingt-quatre ans, bien propret, bien attifé, faisant craquer la soie des pieds à la tête, mais avec un col à la wallonne si vaste, si empesé, qu'il me sembla que, pour le porter, il aurait fallu les épaules d'un autre Atlas. Ce col avait pour filles deux manchettes plates, lesquelles, commençant aux poignets, montaient et grimpaient le long des os du bras, si haut qu'elles semblaient vouloir livrer assaut à la barbe. Je n'ai jamais vu de lierre aussi ambitieux de s'élever du pied de la muraille où il s'appuie jusqu'aux créneaux, que ces manchettes mettaient d'empressement à s'aller heurter contre les coudes. Finalement, telle était l'exorbitance du col et des manchettes, que dans le col se cachait, ou plutôt s'ensevelissait le visage, et dans les manchettes, les bras. Or donc, ce dit jeune homme s'approcha de moi, et m'adressant la parole d'une voix grave et posée : « Êtes-vous par hasard, me dit-il, le seigneur Miguel de Cervantès Saavedra, celui qui est revenu, il y a peu de jours, du Parnasse ? » A cette question, je crois bien que je perdis couleur, car je pensai aussitôt et me dis à part moi : « Serait-ce quelqu'un des poëtes que j'ai mis ou omis de mettre dans mon *Voyage?* et viendrait-il à présent me payer ce qu'il croit me devoir? » Cependant, faisant contre fortune bon cœur, je lui répondis : « Oui, seigneur, c'est moi-même ; qu'y a-t-il pour votre service ? » Lui, entendant ces mots, ouvrit aussitôt les bras, me les jeta au cou, et sans doute il m'aurait baisé sur le front, si l'ampleur de son col ne l'en eût empêché. « Que Votre Grâce, me dit-il, seigneur Cervantès, me tienne pour son serviteur et son ami. Il y a bien longtemps que je vous suis attaché, tant par vos ouvrages que par la réputation de votre humeur douce et bienveillante. »

Quand j'entendis cela, je respirai, et mes esprits, qui s'étaient troublés quelque peu, se calmèrent promptement. Je l'embrassai aussi, en prenant grand soin de ne pas chiffonner son col, et je lui dis : « Je ne connais pas Votre Grâce, si ce n'est pour la servir ; mais ce que j'en vois me fait assez deviner que vous êtes de grand esprit et de haute naissance : qualités qui obligent à tenir en vénération la personne qui les possède. » Nous échangeâmes encore d'autres politesses, et les compliments allèrent grand train. Enfin, de fil en aiguille, il me dit : « Vous saurez, seigneur Cervantès, que, par la grâce d'Apollon, je suis poëte, ou que du moins je souhaite le devenir. Mon nom est Pancracio de Roncesvalles [1]. »

CERVANTÈS. — Je ne l'aurais jamais cru, si vous ne me l'eussiez dit de votre propre bouche.

PANCRACIO. — Et pourquoi ne l'auriez-vous pas cru ?

CERVANTÈS. — Parce que c'est merveille que les poëtes soient aussi galamment parés que vous ; et la cause en est qu'étant d'un génie si altier, si guindé, ils s'occupent plus des choses de l'esprit que de celles du corps.

PANCRACIO. — Moi, seigneur, je suis jeune, je suis riche et je suis amoureux. Ce sont des qualités qui détruisent en moi la nonchalance que me communique la poésie. En effet, la jeunesse me donne de l'ardeur et du feu, la richesse de quoi les montrer, et l'amour ne me laisse point paraître négligent.

---

[1] De Ronceyaux.

CERVANTÈS. — Vous avez fait les trois quarts du chemin pour arriver à être bon poëte.

PANCRACIO. — Comment cela?

CERVANTÈS. — Ayant la richesse et l'amour; car les enfantements de l'esprit d'un homme riche et amoureux sont l'effroi de l'avarice et l'aiguillon de la libéralité. Chez le poëte pauvre, au contraire, la moitié de ses divins enfantements, de ses divines pensées, sont emportés par les soins qu'exige la recherche de l'ordinaire soutien de la vie. Mais, dites-moi, je vous en conjure, de quel potage poétique faites-vous le plus d'usage ou le plus de cas?

PANCRACIO. — Je n'entends pas cette expression de potage poétique.

CERVANTÈS. — Je veux dire, à quel genre de poésie êtes-vous le plus enclin? est-ce au lyrique, à l'héroïque ou au comique?

PANCRACIO. — Tout style me va et me convient. Néanmoins, c'est du comique que je m'occupe le plus.

CERVANTÈS. — En ce cas, vous aurez composé quelques comédies?

PANCRACIO. — Beaucoup; mais on n'en a représenté qu'une seule.

CERVANTÈS. — Plut-elle?

PANCRACIO. — Au vulgaire, non.

CERVANTÈS. — Et aux gens d'esprit?

PANCRACIO. — Pas davantage.

CERVANTÈS. — La cause?

PANCRACIO. — La cause, c'est qu'on lui reprochait d'avoir trop de longueur dans les dialogues, fort peu de pureté dans les vers, et nulle vigueur dans l'invention.

CERVANTÈS. — Ce sont là des défauts qui pourraient faire trouver mauvaises celles de Plaute lui-même.

PANCRACIO. — D'ailleurs, on ne put pas la juger convenablement, car on ne la laissa point achever, tant on la siffla. Cependant le directeur l'a redonnée le lendemain. Mais à quoi bon s'obstiner? à peine vint-il cinq personnes.

CERVANTÈS. — Croyez-moi, les comédies ont leurs bons et leurs mauvais jours, comme quelques jolies femmes, et leur succès ne dépend pas moins du bonheur que du talent. J'ai vu telle comédie lapidée à Madrid, qu'on a couronnée de lauriers à Tolède. Que cette première disgrâce ne vous empêche pas de continuer à en écrire; peut-être, quand vous y penserez le moins, tomberez-vous sur quelqu'une qui vous donnera de la gloire et de l'argent.

PANCRACIO. — De l'argent je ne fais aucun cas, et la renommée me tient plus au cœur que toute autre chose. C'est, en effet, un plaisir extrême et un résultat non moins important, que de voir sortir une foule de gens de la comédie, tous contents et satisfaits, tandis que l'auteur qui l'a composée se tient à la porte du théâtre, recevant de tout le monde des félicitations.

CERVANTÈS. — Ces joies ont bien leurs mécomptes. Quelquefois la comédie est si mauvaise, si détestable, que personne ne lève seulement les yeux pour regarder le poëte, tandis que lui ne s'arrête pas à quatre rues du théâtre, et ceux même qui l'ont jouée n'osent pas non plus lever les yeux, tant ils sont honteux et confus de s'être trompés, de l'avoir choisie pour bonne.

PANCRACIO. — Et vous, seigneur Cervantès, êtes-vous amateur de la scène? avez-vous composé quelques comédies?

CERVANTÈS. — Oui, plusieurs; et, si elles n'étaient les miennes, je les trouverais dignes d'éloges, comme l'ont été *Los Tratos de Argel*, *La Numancia*, *La Gran Turquesca*, *La Batalla naval*, *La Jerusalen*, *La Amaranta ó La del Mayo*, *El Bosque amoroso*, *La única y la bizarra Arsinda*, et bien d'autres encore dont je ne me souviens plus. Mais celle que j'estime le plus, et dont je suis le plus fier, ç'a été et c'est encore une comédie intitulée *La Confusa*, laquelle, soit dit avec la permission de toutes les comédies de cape et d'épée qu'on a jouées jusqu'à ce jour, peut bien occuper une place signalée comme bonne parmi les meilleures [1].

PANCRACIO. — Et maintenant, en avez-vous quelques-unes?

CERVANTÈS. — J'en ai six, avec six intermèdes.

PANCRACIO. — Eh bien, pourquoi ne les joue-t-on pas?

CERVANTÈS. — Parce que les directeurs de théâtre ne me cherchent point, et que je ne vais pas non plus les chercher.

PANCRACIO. — Ils ne doivent pas savoir que vous avez ces comédies?

CERVANTÈS. — Si vraiment, ils le savent; mais comme ils ont leurs poëtes attitrés, leurs poëtes commensaux, dont ils se

---

[1]. Cette pièce est perdue. Celles qu'on a retrouvées, *La Numancia*, *Los Tratos de Argel*, et deux ou trois autres, sont loin, comme on sait, de mériter l'éloge qu'en fait Cervantès.

trouvent bien, ils ne vont pas chercher de meilleur pain que celui de froment. Toutefois, je pense faire imprimer les miennes, pour que l'on voie à loisir ce qui échappe où ne s'entend point à la représentation. Les comédies ont leurs saisons et leurs temps, comme les chanteurs. »

Nous en arrivions là de notre conversation, lorsque Pancracio mit la main dans son sein, en tira une lettre avec son enveloppe, la baisa et me la remit. Je lus l'adresse, qui portait ces mots : « A Miguel de Cervantès Saavedra, dans la rue de *Las Huertas*, en face de la maison où demeurait le prince de Maroc, à Madrid. Port : demi-réal, je veux dire 17 maravédis[1]. »

Je me scandalisai du port, ainsi que de cette déclaration du « demi-réal, je veux dire 17 maravédis; » et lui rendant la lettre, je lui dis : « Tandis que j'habitais Valladolid, on apporta à la maison une lettre pour moi, avec un réal de port. Ma nièce la reçut et la paya; que ne l'eût-elle jamais payée ! Mais elle me donna pour excuse qu'elle m'avait souvent ouï dire qu'en trois choses il était bon de dépenser l'argent : à faire l'aumône, à payer le bon médecin, et à payer le port des lettres, soient-elles d'amis ou d'ennemis; car, si celles des amis avertissent, de celles des ennemis on peut tirer quelque indice de leurs pensées. On me la remit, et j'y trouvai un mauvais sonnet, fade, décoloré, sans grâce et sans finesse, qui disait du mal de *Don Quichotte*. Ce qui me fâcha, ce fut la perte du réal, et je fis dès lors le propos de ne plus recevoir de lettre avec un port à payer. Ainsi donc, si vous en voulez un pour celle-ci, vous pouvez la reprendre, car je suis sûr qu'elle ne peut pas m'importer autant que le demi-réal qu'elle doit coûter. »

Le seigneur Roncesvalles se mit à rire de tout son cœur, et me dit : « Bien que poëte, je ne suis pas si misérable que je tienne à dix-sept maravédis. Prenez garde, seigneur Cervantès, que cette lettre n'est rien moins que d'Apollon lui-même. Il l'écrivit, il n'y a pas vingt jours, sur le Parnasse, et me la donna pour que je vous la remisse. Lisez-la, je sais qu'elle vous fera plaisir.

— Je ferai ce que vous m'ordonnez, répondis-je; mais avant de la lire, je voudrais que vous me fissiez une grâce, celle de me dire comment, quand et pourquoi vous avez été au Parnasse. » Il me répondit : « Comment j'y fus ? par mer, et sur une frégate que moi et dix autres poëtes frétâmes dans le

---

[1]. Un peu moins de trois sous.

port de Barcelone. Quand j'y fus? six jours après la bataille qui se livra entre les bons et les mauvais poëtes. Pourquoi j'y fus? afin de me trouver à cette bataille, puisque ma profession m'y obligeait.

CERVANTÈS. — A coup sûr, vous aurez été bien reçus du seigneur Apollon.

PANCRACIO. — Oui, vraiment; et pourtant nous le trouvâmes très-occupé, lui et mesdames les Piérides, labourant et semant de sel tout cet espace de champ où se donna la bataille. Je lui demandai pourquoi se faisait cette opération. Il me répondit : « De même que des dents du serpent de Cadmus étaient nés des hommes armés; de même que de chaque tête de l'hydre que tua Hercule en naissaient sept autres, et que des gouttes de sang de la tête de Méduse toute la Libye s'était remplie de serpents; de la même manière, du sang pourri des mauvais poëtes qui avaient été tués en cet endroit, commençaient à naître d'autres petits poëtereaux, gros comme des souris, qui prenaient le chemin de remplir toute la terre de cette mauvaise engeance. C'est pour cela qu'on laboure cette place et qu'on la sème de sel, comme si c'était la demeure d'un traître. »

Après avoir entendu cette réponse, j'ouvris sur-le-champ la lettre, et je vis qu'elle était ainsi conçue :

APOLLON DELPHIQUE
A Miguel de Cervantès Saavedra,
Salut:

« Le seigneur Pancracio de Roncesvalles, porteur de la présente, vous dira, seigneur Miguel de Cervantès, à quoi il m'a trouvé occupé, le jour qu'il est venu me voir avec ses amis. Quant à moi, je dis que je suis très-fâché contre vous à cause de l'impolitesse que vous avez commise à mon égard, en partant de ce mont sans prendre congé de moi et de mes filles, sachant combien je vous suis attaché, et les Muses par conséquent. Mais si vous me donnez pour excuse que vous vous êtes laissé emporter par le désir de voir votre Mécène, le grand comte de Lemos, et les fameuses fêtes de Naples, j'accepte cette excuse, et je vous pardonne[1].

---

1. Le comte Lemos, protecteur de Cervantès, était alors vice-roi de Naples.

« Depuis votre départ d'ici, il m'est arrivé bien des disgrâces et je me suis vu en de grands embarras, surtout pour détruire et exterminer les petits poëtes qui naissent incessamment du sang des mauvais poëtes tués en cet endroit; mais enfin, grâce au ciel et à mon industrie, ce mal est déjà réparé.

« Je ne sais si c'est du bruit de la bataille, ou des vapeurs qu'exhalait la terre trempée du sang des ennemis, mais j'ai pris des maux de tête et des étourdissements, qui véritablement m'ont rendu imbécile ; je ne viens pas à bout d'écrire chose qui vaille. Ainsi donc, si vous voyez par là quelques poëtes, fussent-ils des plus fameux, écrire des impertinences et composer des œuvres sans valeur, ne les accusez ni ne les méprisez pas, mais pardonnez-leur : car enfin, si moi, qui suis le père et l'inventeur de la poésie, je délire et parais insensé, il n'est pas étonnant qu'ils le paraissent aussi.

« Je vous envoie des priviléges, ordonnances et avertissements touchant les poëtes. Faites-les garder et exécuter au pied de la lettre, car je vous donne à ce sujet mes pleins pouvoirs, tels que de droit.

« Parmi les poëtes qui vinrent ici avec le seigneur Pancracio de Roncesvalles, quelques-uns se sont plaints de ce qu'ils n'étaient pas portés sur la liste de ceux que Mercure conduisit en Espagne, et qu'ainsi vous n'aviez point parlé d'eux dans votre *Voyage*. Je leur ai dit que la faute était à moi, non à vous, mais que le remède à ce mal était fort simple, qu'ils n'avaient qu'à se rendre fameux par leurs œuvres, et qu'elles leur donneraient d'elles-mêmes un éclatant renom, sans qu'ils eussent besoin de mendier les louanges d'autrui.

« De main en main, s'il s'offre des occasions de messager, j'enverrai d'autres priviléges, et j'informerai de ce qui se passe sur ce mont. Faites de même, en m'informant de votre santé et de celle de tous nos amis.

« Au fameux Vincent Espinel[1] vous ferez mes compliments, comme à l'un des plus anciens et des plus véritables amis que j'aie.

« Si don Francisco de Quevedo[2] n'est pas encore parti pour

1. Auteur du roman de *Marcos de Obregon*, célèbre, en outre, comme poëte et comme musicien, ami de Cervantes.
2. Autre poëte, trop connu pour qu'il soit besoin de rappeler ses titres à la célébrité.

aller en Sicile, où on l'attend, touchez-lui la main, et dites-lui qu'il ne manque pas de venir me voir, puisque nous serons si près. Quand il vint ici, son départ subit m'empêcha de lui parler.

« Si vous rencontrez par là quelqu'un des vingt transfuges qui ont passé au parti ennemi, ne leur dites rien, et ne les affligez pas ; ils doivent se trouver bien assez malheureux, puisqu'ils sont comme les démons, qui portent en eux-mêmes la peine et la honte, en quelque part qu'ils aillent.

« Prenez soin de votre santé, veillez sur vous, et gardez-z-vous de moi, principalement pendant la canicule. Bien que je sois votre ami, dans ces jours-là je ne me connais plus ; je ne regarde ni aux obligations ni aux attachements.

« Ayez pour ami le seigneur Pancracio de Roncesvalles, et fréquentez-le. Puisqu'il est riche, peu vous importe qu'il soit mauvais poëte. Sur cela, que notre Seigneur vous garde comme il le peut, et comme je le désire. Du Parnasse, le 22 juillet, jour où je me chausse les éperons pour enfourcher la canicule, 1614.

« Votre serviteur,

« APOLLON LUMINEUX. »

Quand j'eus fini de lire la lettre, je vis qu'un papier séparé contenait ce qui suit :

PRIVILÉGES, ORDONNANCES ET AVERTISSEMENTS
qu'Apollon envoie aux poëtes espagnols.

La première règle est que quelques poëtes soient connus autant par le négligé de leur personne que par la renommée de leurs vers.

Item. Que si un poëte dit qu'il est pauvre, il soit aussitôt cru sur sa simple parole, sans autre serment ni vérification.

Il est ordonné que tout poëte soit d'humeur douce et débonnaire, et qu'il ne soit pas à cheval sur le point d'honneur, en eût-il quelqu'un de lâché dans ses bas.

Item. Si un poëte entre chez quelqu'un de ses amis ou connaissances, que celui-ci soit à dîner et l'invite, quand même le poëte jurerait qu'il a déjà dîné, qu'on ne le croie en aucune manière et qu'on le fasse manger par force ; dans ce cas, ce ne sera pas lui faire grande violence.

Item. Que le plus pauvre poëte du monde, pourvu qu'il ne

soit pas un Adam ou un Mathusalem, puisse dire qu'il est amoureux, ne le fût-il pas, et donner à sa dame le nom qui lui conviendra le mieux, soit Amaryllis, soit Chloris, soit Philis, soit Philida, soit même Juana Tellez, enfin comme il lui plaira, sans qu'on lui demande de cela le moindre compte.

Item. Il est ordonné que tout poëte, de quelque état et condition qu'il soit, soit tenu pour hidalgo, en raison du généreux métier qu'il exerce, tout comme on tient pour vieux chrétiens les enfants trouvés.

Item. Qu'aucun poëte ne soit assez osé pour écrire des vers à la louange de princes ou de seigneurs : car mon intention et ma volonté formelle sont que la flatterie ni l'adulation ne passent le seuil de mon palais.

Item. Que tout poëte comique qui a fait jouer heureusement trois comédies puisse entrer dans les théâtres sans payer, si ce n'est l'aumône de la seconde porte[1], et que de celle-là même, si c'était possible, il fût exempt.

Item. On fait remarquer que, si quelque poëte voulait donner à l'imprimerie un livre qu'il aurait composé, il ne faudrait pas croire que, pour être dédié à quelque monarque, ce livre dût être estimé : car, s'il n'est pas bon, la dédicace ne le recommanderait pas, fût-elle adressée au prieur de la Guadalupe.

Item. Que tout bon poëte puisse disposer à sa fantaisie de moi et de ce qu'il y a dans le ciel, à savoir : qu'il puisse transporter et appliquer les rayons de ma chevelure aux cheveux de sa dame, et faire de ses yeux deux soleils. Avec moi, ça fera trois, et le monde en sera de la sorte mieux éclairé. Quant aux étoiles, signes et planètes, il peut s'en servir de façon que, lorsqu'il y pensera le moins, sa dame sera devenue une sphère céleste.

Item. Que tout poëte, à qui ses vers auront fait entendre qu'il l'est, s'estime et s'honore grandement, en vertu de ce proverbe : « Rien ne soit qui rien ne se croit. »

Item. Il est ordonné qu'aucun poëte grave ne fasse faire cercle autour de lui dans les lieux publics, en récitant ses vers. C'est aux écoles d'Athènes, et non dans les rues, qu'il faudrait réciter les bons.

Item. Il est particulièrement recommandé que, si quelque

---

1. Cette aumône était perçue au profit des couvents, et se payait *pour ôter le péché.* Il n'y a peut-être pas cinquante ans qu'elle est supprimée dans les théâtres d'Espagne.

mère a des petits enfants mutins ou pleureurs, elle puisse les menacer et les épouvanter du *coco* [1], en leur disant : « Prenez garde, petits ; voici venir le poëte un tel, qui vous jettera avec ses méchants vers dans la caverne de Cabra ou dans le puits Airon [2]. »

Item. Les jours où le jeûne est prescrit, qu'on ne croie pas qu'un poëte l'ait rompu pour s'être rongé les ongles le matin en faisant ses vers.

Item. Il est ordonné que tout poëte qui se mêlerait d'être bravache, spadassin et ferrailleur, voie perdre et s'écouler par ce côté de la crânerie toute la renommée qu'il pouvait acquérir par ses bons vers.

Item. Il est observé qu'on ne pourra pas tenir pour voleur le poëte qui volerait quelque vers à autrui et l'enchâsserait parmi les siens, pourvu que ce ne soit pas toute la pensée et toute la strophe ; dans ce cas, il est aussi voleur que Cacus.

Item. Que tout bon poëte, bien qu'il n'ait pas composé de poëme épique, ni affiché de grandes œuvres sur le théâtre du monde, puisse, avec quelques ouvrages que ce soit, et quoique en petit nombre, acquérir le titre de *divin*, comme l'ont acquis Garcilaso de la Vega, Francisco de Figueroa et Fernando de Herrera [3].

Item. Il est recommandé, si quelque poëte est favorisé par quelque prince, qu'il ne le visite pas fréquemment, et qu'il ne lui demande rien ; mais qu'il se laisse aller au courant de sa bonne fortune. Celui dont la providence prend soin d'alimenter les vermisseaux de la terre et les insectes de l'eau, prendra soin aussi de nourrir le poëte, quelque vermisseau qu'il soit.

Tels furent, en somme, les priviléges, avertissements et ordonnances qu'Apollon m'envoya, et que m'apporta le seigneur Pancracio de Roncesvalles, avec lequel je liai une étroite amitié. Nous demeurâmes tous deux d'accord d'envoyer un exprès au seigneur Apollon, avec la réponse et des nouvelles de cette capitale. On fera connaître le jour du départ, pour que tous ses affectionnés lui écrivent.

1. C'est le *croque-mitaine* des nourrices d'Espagne.
2. Précipice dont le nom est populaire.
3. Ces trois poëtes, en effet, dont le premier et le dernier sont restés, en Espagne, les modèles de l'églogue, de l'élégie et de l'ode, n'ont écrit que des pièces détachées.

FIN.

TABLE DES MATIÈRES.

PRÉFACE DU TRADUCTEUR.. Pages	I
Prologue au lecteur..	1
Cornélia..	5
Rinconète et Cortadillo...	41
L'Amant généreux...	78
La Bohémienne de Madrid...	124
Les Deux jeunes filles...	186
Le Petit-fils de Sancho Panza.....................................	224
Le Jaloux Estrémadurien..	254
L'Espagnole-Anglaise..	290
L'Illustre servante...	327
La Force du sang..	378
Le Mariage trompeur..	398
Le Dialogue des Chiens Scipion et Berganza....................	412
Pamphlet littéraire..	473

FIN DE LA TABLE.

IMPRIMERIE GÉNÉRALE DE CH. LAHURE
Rue de Fleurus, 9, à Paris

LIBRAIRIE DE L. HACHETTE ET Cie
Boulevard Saint-Germain, n° 77, à Paris.

ÉDITIONS A 1 FRANC LE VOLUME
FORMAT IN-18 JÉSUS.

I. ŒUVRES DES PRINCIPAUX ÉCRIVAINS FRANÇAIS.

Barthélemy : *Voyage du jeune Anacharsis en Grèce dans le IVe siècle avant l'ère chrétienne.* 3 vol. *Atlas dressé pour cet ouvrage.* In-8°. — 1 50
Boileau : *Œuvres complètes.* 2 vol.
Bossuet : *Œuvres choisies.* 5 vol.
Corneille : *Œuvres complètes.* 7 vol.
Fénelon : *Œuvres choisies.* 4 vol.
La Fontaine : *Œuvres complètes.* 3 vol.
Marivaux : *Œuvres choisies.* 2 vol.
Molière : *Œuvres complètes.* 3 vol.
Montaigne : *Essais*, précédés d'une lettre à M. Villemain sur l'éloge de Montaigne, par P. Christian. 2 vol.
Montesquieu : *Œuvres complètes.* 3 vol.
Pascal : *Œuvres complètes.* 3 vol.
Racine : *Œuvres complètes.* 3 vol.
Rousseau (J. J.) : *Œuvres complètes.* 13 vol.
Saint-Simon (le duc de) : *Mémoires complets et authentiques sur le siècle de Louis XIV et la Régence*, collationnés sur le manuscrit original, avec une notice de M. Sainte-Beuve. 13 vol.
Sédaine : *Œuvres choisies.* 1 vol.
Voltaire : *Œuvres complètes.* 35 vol.

II. AUTEURS CONTEMPORAINS.

1° ROMANS.

Arnould (A.) : *Les trois Poëtes.* 1 vol.
Assollant (A.) : *Jean Rosier.* 1 vol.; — *La mort de Roland.* 1 vol.
Aunet (Mme L. d') : *Etiennette; — Silvère; — Le Secret.* 1 vol.
Barbara (Ch.) : *L'assassinat du pont Rouge.* 2e édit. 1 vol.
— *Mes petites Maisons.* 1 vol.
Bast (A. de) : *Contes à ma voisine.* 2 vol. Chaque vol. se vend séparément.
— *Les Fresques*, contes et anecdotes. 1 v.
Claveau (A.) : *Nouvelles contemporaines.* 1 vol.
Deslys (Ch.) : *Le Mesnil-aux-Bois; — La mère Jeanne.* 1 vol.
— *Les Compagnons de minuit.* 1 vol.
Du Bois (Ch.) : *Nouvelles d'atelier.* 1 vol.
Enault (Louis) : *Christine.* 1 vol.
Forgues (E) : *Le Rose et le Gris.* 1 vol.
Gauthier (Th.) : *Militona.* 1 vol.
Goudall (L.) : *Le Martyr des Chaumelles.* 1 vol.
Laboulaye (Éd.) : *Abdallah, ou le trèfle à quatre feuilles*, conte arabe. 1 vol.
— *Souvenirs d'un voyageur.* 1 vol.
Legouvé (Ern.) : *Béatrix.* 1 vol.
Lennep (J. van) : *La dame de Wardenbourg.* 1 vol.
Marchand-Gerin (Eug.) : *La Nuit de la Toussaint; — Il Cantatore.* 1 vol.
Marcoy (P.) : *Souvenirs d'un mutilé.* 1 v.
Masson (M.) : *Les Contes de l'atelier.* 1 v.
— *Une Couronne d'épines.* 1 vol.
Monnier (M.) : *Les Amours permises.* 1 v.
Ponson du Terrail : *Le nouveau Maître d'école.* 1 vol.
Reybaud (Mme Ch.) : *Le Cabaret de Gaubert.* 1 vol.
— *L'Oncle César.* 1 vol.
Rivière (H.) : *Pierrot; — Caïn.* 1 vol.
Robert (A.) : *Contes excentriques.* 1 vol.
— *Nouveaux contes excentriques.* 1 vol.
Sand (George) : *André.* 1 vol.
Vilbort (G.) : *Les Héroïnes*, nouvelles polonaises. 1 vol.
Vitu (A.) : *Contes à dormir debout.* 1 v.
Wailly (J. de) : *Henriette; — Les Mortes aimées.* 1 vol.
Wailly (L. de) : *Angelica Kauffmann.* 2 v.
— *Les deux filles de M. Dubreuil.* 2 vol.
— *Stella et Vanessa.* 1 vol.
Wey (Fr.) : *Gildas.* 1 vol.
— *Le Bouquet de cerises.* 1 vol.
Yvan (le D^r) : *Légendes et récits.* 1 vol.

VI

2° VOYAGES.

Castella (Hub. de) : *Les Squatters australiens.* 1 vol.
Colet (Mme L.) : *Promenade en Hollande.* 1 vol.
Deschanel (Em.) : *A pied et en wagon.* 1 vol.
Gérardy-Saintine : *Trois ans en Judée.* 1 vol.
Gobineau (comte A. de) : *Voyage à Terre-Neuve.* 1 vol.
Léouzon-Leduc : *La Baltique.* 1 vol.
Marcoy (P.) : *Scènes et paysages dans les Andes.* 2 vol.
Perron d'Arc (H.) : *Les Champs d'or de Bendigo* (Nouv.-Holl.). 1 vol.
Pichot (A.) : *Les Mormons.* 1 vol.
Piotrowski (Rufin) : *Souvenirs d'un Sibérien.* 1 vol.
Reclus (Él.) : *Voyage à la Sierra-Nevada de Sainte-Marthe.* 1 vol.

3° ŒUVRES DIVERSES.

About (Ed.) : *Nos artistes au Salon de 1857.* 1 vol.
Lasteyrie (Ferd. de) : *Causeries artistiques.* 1 vol.
Révoil : *Chasses dans l'Amérique du Nord.* 1 vol.
— *Pêches dans l'Amérique du Nord.* 1 vol.
Viennet : *Épîtres et Satires.* 1 vol.

III. BIBLIOTHÈQUE DES MEILLEURS ROMANS ÉTRANGERS.

Ainsworth (W. Harrisson) : *Abigaïl*, roman historique tr. de l'angl. 1 vol.
— *Crichton*, tr. de l'angl. 1 vol.
— *La Tour de Londres*, trad. de l'anglais. 1 vol.
Anonymes : *César Borgia, ou l'Italie en 1500*, trad. de l'anglais. 1 vol.
— *Les Pilleurs d'épaves*, tr. de l'angl. 1 v.
— *Paul Ferroll*, trad. de l'angl. 1 vol.
— *Violette; Éléanor Raymond.* 1 vol.
— *Whitehall*, tr. de l'angl. 1 vol.
— *Whitefriars*, trad. de l'angl. 1 vol.
Beecher-Stowe (Mrs) ; *La Case de l'oncle Tom*, trad. de l'anglais. 1 vol.
— *La Fiancée du ministre.* 1 vol.
Bersezio (V.) : *Nouvelles piémontaises*, tr. de l'italien. 1 vol.
Bulwer-Lytton (sir Edward) : Œuvres, trad. de l'anglais, sous la direction de P. Lorain. 19 vol.
Devereux. 2 vol.
Ernest Maltravers. 1 vol.
Le Dernier des barons. 2 vol.
Le Désavoué. 2 vol.
Les Derniers jours de Pompéi. 1 vol.
Mémoires de Pisistrate Caxton. 2 vol.
Mon roman. 2 vol.
Paul Clifford. 2 vol.
Qu'en fera-t-il? 2 vol.
Rienzi. 2 vol.
Zanoni. 1 vol.
Caballero (F.) : *Nouvelles andalouses*, trad. de l'espagnol. 1 vol.
Cervantès : *Nouvelles*, trad. 1 vol.
Cummins (miss) : *L'Allumeur de reverbères*, traduit de l'anglais. 1 vol.
— *Mabel Vaughan*, traduit. 1 vol.
— *La Rose du Liban*, trad. 1 vol.
Currer-Bell (miss Brontë) : *Jane Eyre*, traduit de l'anglais. 1 vol.
— *Le Professeur*, traduit. 1 vol.
— *Shirley*, traduit. 2 vol.
Dickens (Charles) : Œuvres, trad. de l'anglais sous la direct. de P. Lorain. 23 vol.
Aventures de M. Pickwick. 2 vol.
Barnabé Rudge. 2 vol.
Bleak-House. 2 vol.
Contes de Noël. 1 vol.
David Copperfield. 2 vol.
Dombey et fils. 3 vol.
La petite Dorrit. 2 vol.
Le Magasin d'antiquités. 2 vol.
Les Temps difficiles. 1 vol.
Nicolas Nickleby. 2 vol.
Olivier Twist. 1 vol.
Paris et Londres en 1793. 1 vol.
Vie et aventures de Martin Chuzzlewit. 2 vol.
Disraeli : *Sybil*, traduit de l'anglais. 1 vol.
Freytag (G.) : *Doit et Avoir.* 3 vol.
Fullerton (lady) : *L'Oiseau du bon Dieu*, trad. de l'anglais. 1 vol.
Fullon (S. W.) : *La comtesse de Mirandole*, traduit de l'anglais. 1 vol.
Gaskell (Mrs) : Œuvres, traduites de l'anglais. 6 vol.
Autour du sofa. 1 vol.
Marie Barton. 1 vol.
Cranford. 1 vol.
Marguerite Hale (Nord et Sud). 2 vol.
Ruth, traduit par M***. 1 vol.
Gerstäcker : *Les deux Convicts.* 1 vol.
— *Les Pirates du Mississipi.* 1 vol.
— *Aventures d'une colonie d'émigrants en Amérique*, traduit de l'allemand. 1 vol.
Goethe : *Werther.* 1 vol.
Gogol (N.) : *Les Ames mortes.* 2 vol.

Grant (J.): *Les Mousquetaires écossais*, trad. de l'anglais. 2 vol.
Hackländer : *Boutique et Comptoir*, trad. de l'allem. 1 vol.
Hauff (W.): *Nouvelles*. 1 vol.
— *Lichtenstein*, trad. 1 vol.
Hawthorne (N.) : *La Lettre rouge*. 1 v.
Keiberg (L.) : *Nouvelles danoises*. 1 v.
Hildreth : *L'Esclave blanc*. 1 vol.
Immermann : *Les Paysans de Westphalie*, trad. de l'allem. 1 vol.
James : *Léonora d'Orco*. 1 vol.
Kavanagh (J.): *Tuteur et Pupille*. 1 vol.
Kingsley : *Il y a deux ans*. 2 vol.
Lennep (J. van) : *La Rose de Dekama*, trad. du hollandais. 2 vol.
— *Les Aventures de Ferdinand Huyck*, trad. du hollandais. 2 vol.
Lever (Ch.) : *Harry Lorrequer*. 2 vol.
— *L'Homme du jour*. 1 vol.
Ludwig (O.) : *Entre ciel et terre*. 1 vol.
Lutfullah : *Mémoires d'un gentilhomme mahométan*. 1 vol.
Marvel (I.) : *Le Rêve de la vie*. 1 vol.
Mathews : *Légendes indiennes*. 1 vol.
Mayne-Reid : *La Piste de guerre*. 1 vol.
— *La Quarteronne*. 1 vol.

Mugge (Th.) : *Afraja*. 1 vol.
Pouchkine : *La Fille du capitaine*. 1 vol.
Smith (J. F.): *La Femme et son maître* trad. de l'anglais. 3 vol.
— *L'Héritage* (Dick Tarleton). 2 vol.
Sollohoub (comte) : *Nouvelles choisies*, trad. du russe. 1 vol.
Stephens (miss A. S.) : *Opulence et Misère*, trad. de l'anglais. 1 vol.
Thackeray: *Œuvres*, trad. de l'anglais. 8 vol.
— *Henry Esmond*. 1 vol.
— *Histoire de Pendennis*. 3 vol.
— *La Foire aux vanités*. 2 vol.
— *Le Livre des Snobs*. 1 vol.
— *Mémoires de Barry Lyndon*. 1 vol.
Tourguéneff : *Scènes de la vie russe*, trad. du russe. 2 vol.
— *Mémoires d'un seigneur russe*. 1 vol.
Trollope (Mrs): *La Pupille*. 1 vol.
Wieland (C.-M.) : *Obéron*, poëme historique, trad. de l'allemand. 1 vol.
Wilkie Collins : *Le Secret*. 1 vol.
Zschokke : *Addrich des Mousses*. 1 vol.
— *Le Château d'Aarau*. 1 vol.

IV. LITTÉRATURE POPULAIRE,

SPÉCIALEMENT DESTINÉE AUX OUVRIERS DES VILLES ET DES CAMPAGNES.

Cette collection comprendra environ deux cents volumes.

Le cartonnage en percaline gaufrée se paye 40 cent. en sus par volume.

Barrau (Th. H.) : *Conseils aux ouvriers sur les moyens d'améliorer leur condition*. 1 vol.
Calemard de la Fayette : *Petit-Pierre, ou le bon cultivateur*. 1 vol.
— *La Prime d'honneur*. 1 vol.
Carraud (Mme): *La Petite-Jeanne ou le Devoir*. 1 vol.
— *Maurice ou le Travail*. 1 vol.
Charton (Éd.): *Histoires de trois enfants pauvres*, racontées par eux-mêmes et abrégées par É. Charton. 1 v.
Corneille (Pierre): *Chefs-d'œuvre*. 1 v.

DelaPalme : *Le premier Livre du citoyen*. 1 vol.
Homère : *Les Beautés de l'Iliade et de l'Odyssée*, par Giguet. 1 vol.
Joinville (sire de) : *Histoire de saint Louis*, texte rapproché du français moderne, par Natalis de Wailly. 1 vol.
La Fontaine : *Choix de fables*. 1 vol.
Molière : *Chefs-d'œuvre*. 2 vol.
Racine (Jean) : *Chefs-d'œuvre*. 2 vol.
Shakspeare : *Chefs-d'œuvre*. 3 vol.
Véron (Eugène): *Les Associations ouvrières en Allemagne, en Angleterre et en France*. 1 vol.

ATLAS UNIVERSEL
D'HISTOIRE ET DE GÉOGRAPHIE

CONTENANT

1° LA CHRONOLOGIE

Notions préliminaires : concordance des principales ères avec les années
avant et après Jésus-Christ ;
Table des archontes d'Athènes, des consuls de Rome ;
Catalogue des Saints, Calendriers, etc., etc.)
et tables chronologiques universelles contenant tous les faits de l'histoire universelle ;

2° LA GÉNÉALOGIE :

Tableaux généalogiques des dieux et de toutes les familles historiques
suivis d'un traité élémentaire de l'art héraldique,
avec : 1° neuf planches de blason coloriées ;
2° une planche coloriée des principaux ordres de chevalerie ou décorations ;
3° deux planches coloriées de pavillons des principales puissances ;

3° LA GÉOGRAPHIE :

88 cartes gravées et coloriées, faisant connaître la géographie ancienne et moderne
de tous les pays du monde.
Cette troisième partie comprend en outre des tables explicatives
indiquant les ressources commerciales et industrielles,
les divisions administratives et religieuses de chaque pays ;

PAR M.-N. BOUILLET,

Auteur du *Dictionnaire universel des Sciences, des Lettres et des Arts*,
et du *Dictionnaire universel d'Histoire et de Géographie.*

En beau volume grand in-8, broché, 30 francs.

Le cartonnage en percaline gaufrée se paye en sus 2 fr. 75.
La demi-reliure en chagrin, tranches jaspées, 4 fr. 50.
La demi-reliure en chagrin, avec tranches et gardes peignes, 5 fr. 50.

LE MÊME OUVRAGE

SANS LES DOUZE PLANCHES DE L'ART HÉRALDIQUE

BROCHÉ, 24 FR.

Le cartonnage en percaline gaufrée se paye en sus 2 fr. 25.
La demi-reliure en chagrin, tranches jaspées, 4 fr. ;
La demi-reliure en chagrin, avec tranches et gardes peignes, 5 fr.

Imprimerie générale de Ch. Lahure, rue de Fleurus, 9, à Paris.

Librairie de L. HACHETTE et C⁹, boulevard Saint-Germain, n° 77, à Paris.

ÉDITIONS A 1 FRANC LE VOLUME

FORMAT IN-18 JÉSUS

BIBLIOTHÈQUE DES MEILLEURS ROMANS ÉTRANGERS

Ainsworth (W. Harrison) : Abigaïl. 1 vol. — Crichton. 1 vol. — La Tour de Londres. 1 v.

Anonymes : César Borgia, ou l'Italie en 1500, 1 vol. — Les Pilleurs d'épaves. 1 vol. — Paul Ferroll. 1 vol. — Violette. 1 vol. — Whitehall. 1 vol. — Whitefriars. 1 vol.

Beecher-Stowe (Mrs) : La case de l'oncle Tom. 1 vol. — La Fiancée du ministre. 1 vol.

Bersevio (V.) : Nouvelles piémontaises. 1 vol.

Bulwer-Lytton (sir Edward) : Œuvres. 19 vol. — Devereux. 2 vol. — Ernest Maltravers. 1 vol. — Le dernier des barons. 2 vol. — Le Désavoué. 2 vol. — Les Derniers jours de Pompéi. 1 vol. — Mémoires de Pisistrate Caxton. 2 vol. — Mon roman. 2 vol. — Paul Clifford. 2 vol. — Qu'en fera-t-il? 2 vol. — Rienzi. 2 vol. — Zanoni. 1 vol.

Caballero (F.) : Nouvelles andalouses. 1 vol.

Cervantès : Nouvelles, trad. 1 vol.

Cummins (miss) : L'Allumeur de réverbères. 1 v. — Mabel Vaughan. 1 vol. — La Rose du Liban. 1 vol.

Currer-Bell (miss Brontë) : Jane Eyre. 1 vol. — Le Professeur. 1 vol. — Shirley. 2 vol.

Dickens (Charles) : Œuvres. 23 vol. — Aventures de M. Pickwick. 2 vol. — Barnabé Rudge. 2 v. — Bleak-House. 2 vol. — Contes de Noël. 1 v. — David Copperfield. 2 vol. — Dombey et fils. 3 vol. — La petite Dorrit. 2 vol. — Le Magasin d'antiquités. 2 vol. — Les Temps difficiles. 1 vol. — Nicolas Nickleby. 2 vol. — Oliver Twist. 1 vol. — Paris et Londres en 1793. 1 v. — Vie et aventures de Martin Chuzzlewit. 2 v.

Disraeli : Sybil. 1 vol.

Freytag (G.) : Doit et Avoir. 3 vol.

Fullerton (lady) : L'Oiseau du bon Dieu. 1 vol.

Fullom (S. W.) : La comtesse de Mirandole. 1 v.

Gaskell (Mrs) : Œuvres. 6 vol. — Autour du sofa. 1 vol. — Marie Barton. 1 vol. — Cranford. 1 vol. — Marguerite Hale (Nord et Sud). 2 vol. — Ruth. 1 vol.

Gerstäcker : Les deux Convicts. 1 vol. — Les Pirates du Mississipi. 1 vol. — Aventures d'une colonie d'émigrants en Amérique. 1 v.

Goethe : Werther. 1 vol.

Gogol (N.) : Les Ames mortes. 2 vol.

Grant (J.) : Les Mousquetaires écossais. 2 v.

Hackländer : Boutique et comptoir. 1 vol. — Le Moment du bonheur. 1 vol.

Hauff (W.) : Nouvelles. 1 vol. — Lichtenstein. 1 vol.

Hawthorne (N.) : La Lettre rouge. 1 vol.

Holberg (L.) : Nouvelles danoises. 1 vol.

Hildreth : L'Esclave blanc. 1 vol.

Immermann : Les Paysans de Westphalie. 1 vol.

James : Leonora d'Orco. 1 vol.

Kavanagh (J.) : Tuteur et Pupille. 1 vol.

Kingsley : Il y a deux ans. 2 vol.

Lennep (J. van) : La Rose de Dekama. 2 vol. — Les Aventures de Ferdinand Huyck. 2 vol.

Lever (Ch.) : Harry Lorrequer. 2 vol. — L'homme du jour. 1 vol.

Ludwig (O.) : Entre ciel et terre. 1 vol.

Lutfullah : Mémoires d'un gentilhomme mahométan. 1 vol.

Marvel (I.) : Le Rêve de la vie. 1 vol.

Mathews : Légendes indiennes. 1 vol.

Mayne-Reid : La piste de guerre. 1 vol. — La Quarteronne. 1 vol.

Mügge (Th.) : Afraja. 1 vol.

Pouchkine : La Fille du capitaine. 1 vol.

Ruffini (G.F.) : La Femme et son maître. 3 v. — L'Héritage (Dick Tarleton). 2 vol.

Ségur (comte) : Nouvelles choisies. 1 vol.

Stephens (miss A. S.) : Opulence et Misère. 1 v.

Thackeray : Œuvres. 8 vol. — Henry Esmond. 1 vol. — Histoire de Pendennis. 3 vol. — La Foire aux vanités. 2 vol. — Le Livre des Snobs. 1 vol. — Mémoires de Barry Lyndon. 1 vol.

Tourguenef : Scènes de la vie russe. 2 vol. — Mémoires d'un seigneur russe. 1 vol.

Trollope (Mrs) : La Pupille. 1 vol.

Wieland (C.M.) : Obéron, poème historique. 1 vol.

Wilkie Collins : Le Secret. 1 vol.

Zschokke : Addrich des Mousses. 1 vol. — Château d'Aarau. 1 vol.

Imprimerie générale de Ch. Lahure, rue de Fleurus, 9, à Paris.

www.ingramcontent.com/pod-product-compliance
Lightning Source LLC
Chambersburg PA
CBHW071721230426
43670CB00008B/1077